Annette Kossow

Irland

Iwanowski's *i* **Reisebuchverlag**

Im Internet:

www.iwanowski.de

Hier finden Sie aktuelle Infos zu allen Titeln, interessante Links – und vieles mehr!

Einfach anklicken!

Schreiben Sie uns, wenn sich etwas verändert hat. Wir sind bei der Aktualisierung unserer Bücher auf Ihre Mithilfe angewiesen: **info@iwanowski.de**

**Irland
10. Auflage 2016**

© Reisebuchverlag Iwanowski GmbH
Salm-Reifferscheidt-Allee 37 • 41540 Dormagen
Telefon 0 21 33/26 03 11 • Fax 0 21 33/26 03 34
info@iwanowski.de
www.iwanowski.de

Titelfoto: Imago/Arco Images
Alle anderen Farbabbildungen: s. Bildnachweis S. 472
Lektorat und Layout: Ronit Jariv, www.derschoenstesatz.de
Innenkarten: Thomas Vogelmann, Mannheim
Reisekarte: Thomas Buri, Bielefeld
Titelgestaltung: Point of Media, www.pom-online.de
Redaktionelles Copyright, Konzeption und deren
ständige Überarbeitung: Michael Iwanowski

Alle Rechte vorbehalten. Alle Informationen und Hinweise erfolgen ohne Gewähr für die Richtigkeit im Sinne des Produkthaftungsrechts. Verlag und Autoren können daher keine Verantwortung und Haftung für inhaltliche oder sachliche Fehler übernehmen. Auf den Inhalt aller in diesem Buch erwähnten Internetseiten Dritter haben Autoren und Verlag keinen Einfluss. Eine Haftung dafür wird ebenso ausgeschlossen wie für den Inhalt der Internetseiten, die durch weiterführende Verknüpfungen (sog. „Links") damit verbunden sind.

Gesamtherstellung: Werbedruck GmbH Horst Schreckhase, Spangenberg
Printed in Germany

ISBN: 978-3-86197-148-1

EINLEITUNG 12

Vorwort 13
Die Republik Irland auf einen Blick 13

1. LAND UND LEUTE 14

Geschichtlicher Überblick 15
- Zeittafel _15
- Vor- und Frühgeschichte _18
- Die Christianisierung _18
- Wikinger und Normannen _19
- Die Zeit der Rebellionen im 16. und 17. Jahrhundert _20
- Unter englischer Herrschaft im 18. Jahrhundert _22
- Das 19. Jahrhundert: Union, Hunger und Auswanderung _23
  - Daniel O'Connell (1775–1847) 24
- Kampf um Unabhängigkeit _25
- Zwei Staaten in Irland _27
- Neue Entwicklungen _29

Kunst- und Kulturgeschichtlicher Überblick 30
- Vor- und Frühgeschichte _30
- Die Kunst der Mönche _31
  - Ogham-Steine 31 • Kirchenbau 32 • Grabmalkunst 34 • Hochkreuze 34 • Rundtürme 35 • Das Metallhandwerk 36 • Handschriftenherstellung 37
- Der Profanbau _37
  - Burgenbau 37 • Renaissance 38 • Mansion Houses und Landschaftsgärten 38
- Literatur 39
  - Irischsprachige Literatur 41 • Englischsprachige Literatur 41
- Musik 45
  - Rock/Folk 47 • Singing Pubs 47
- Kino _48

Landschaftlicher Überblick 49
- Geologie und Geografie _49
- Gewässer _50
- Klima _51
- Flora und Fauna _51
  - Flora 52 • Fauna 53

Wirtschaftlicher Überblick 54
- Tourismus _54
- Umweltschutz _55

Gesellschaftlicher Überblick	56
Bevölkerung	56
Immigration und Emigration 57 • Ahnenforschung 58 • Travellers 58	
Bildungswesen	58
Verwaltung	60
Politik	60
Religion	61
„Heiße Themen" 61 • Wallfahrten 62	
Sprache	62
Irisches Glossar 63	
Irland sportlich	64
Hurling 64 • Gälischer Fußball 65 • Fußball (soccer) 65 • Rugby 65 • Reitsport 65	
Irland kulinarisch	66
Getränke 68	

2. IRLAND ALS REISEZIEL 70

Die Gelben Seiten:
Allgemeine Reisetipps von A–Z 71
    Entfernungstabelle 109

Die Grünen Seiten:
Das kostet Sie das Reisen in Irland 110

Reisen in Irland 113

3. DUBLIN UND UMGEBUNG 114

Dublin: Überblick 115
    Redaktionstipps 115

Geschichtlicher Überblick 116

Sehenswertes in der Innenstadt	118
Nördlich des Liffey	118
Am Parnell Square 121 • Glasnevin 124	
Südlich des Liffey:	
das Museumsviertel und die georgianischen Plätze	125
Das Museumsviertel 130	
Dublin Castle, die großen Kathedralen	
und das Temple-Bar-Viertel	132

Außerhalb des Stadtzentrums 136
    Kilmainham 137

Tagesausflüge in die nähere Umgebung 148
Nördlich von Dublin 148
Howth 148 • Malahide 150
Südlich von Dublin 152
Dun Laoghaire 152 • Dalkey 155

Nördlich von Dublin: die Grafschaften Meath und Louth 155
Überblick 155
Redaktionstipps 155
Die Grafschaft Meath 157
Das Boyne Valley 157
Die Grafschaft Louth 162
Drogheda 162
Die Cooley-Halbinsel 166

Südlich von Dublin: die Grafschaften Kildare, Wicklow und Carlow 168
Redaktionstipps 168
Die Grafschaft Kildare 168
Die Grafschaft Wicklow 171
Die Wicklow Mountains 171 • Bray 175 • West-Wicklow 177 •
Süd-Wicklow 182
Die Grafschaft Carlow 184
Carlow 184 • Moone 185

4. DER SÜDOSTEN 186

Überblick 187
Redaktionstipps 187

Rosslare, Wexford und New Ross 188
Rosslare, Rosslare Harbour und Umgebung 188
Wexford und Umgebung 189
Enniscorthy 192
New Ross und Umgebung 194
Die Halbinsel Hook Head 195

Kilkenny und Umgebung 197
Kilkenny 197
Sehenswertes in der Stadt 198
Umgebung von Kilkenny 201

Waterford und Umgebung 204
Waterford 204
Umgebung von Waterford 207
Tramore und Dunmore East 207 • Dungarvan 208 • Ardmore 209 •
Youghal 210 • Lismore 211

Zwischen Waterford und Cork	212
Carrick-on-Suir	212
Cashel	213
Rock of Cashel 213 • Golden Vale 217	
Cahir	217
The Vee und die Knockmealdown Mountains 219	

5. DER SÜDWESTEN 220

Überblick 221
Redaktionstipps 221

Cork 224
- Geschichtlicher Überblick _____ 225
- Sehenswertes in der Innenstadt _____ 226
- Sehenswertes in der Umgebung _____ 230

Blarney Castle 230 • Fota Island 231 • Cobh 232 • Midleton 234

Das Lee-Tal, Macroom und Mallow 234
- Das Lee Valley _____ 234
- Mallow _____ 235

Von Cork zur Bantry Bay 235
- Kinsale und Umgebung _____ 236

Kinsale 236 • Umgebung von Kinsale 238

- Skibbereen _____ 240
- Baltimore _____ 242
- Die vorgelagerten Inseln: Cape Clear und Sherkin Island _ 243

Cape Clear Island 243 • Sherkin Island 244

- Mizen Peninsula _____ 245

Schull 245 • Mizen Head 246

- Sheep's Head Peninsula _____ 247
- Bantry _____ 248

Umgebung von Bantry 250

- Ilnacullin (Island of Holly) _____ 251

Der Ring of Beara 251

Killarney und der Ring of Kerry 254
- Killarney und Umgebung _____ 254
- Der Ring of Kerry _____ 261

Killorglin 261 • Cahersiveen 263 • Valentia Island 264 • Die Skellig Islands 266 • Von Waterville nach Sneem 268 • Sneem 269 • Kenmare 269

Die Dingle-Halbinsel 271
- Dingle _____ 273

Von Dingle zum Connor-Pass	275
Der Connor-Pass 280	

Zwischen Tralee und Limerick	280
Tralee	280
Nördlich von Tralee	282

6. DER WESTEN 284

Überblick 285
Redaktionstipps 285

Limerick und Umgebung 288
Geschichtlicher Überblick	288
Sehenswertes in Limerick	289
Sehenswertes in der Umgebung	294
Adare 294 • Lough Gur 295	

Von Limerick nach Galway: die Grafschaft Clare 295
Zwischen Shannon und Ennis	295
Quin 296 • Lough Derg und Umgebung 297	
Ennis	299
Von Ennis zum Burren	301
Dysert O'Dea 301 • Corofin 301 • Kilfenora 303	
Im Westen von Clare	304
Kilrush 304 • Abstecher zum Loop Head 306 • Doonbeg 306 • Lahinch 307 • Cliffs of Moher 308 • Doolin 309 • Lisdoonvarna 311 • Ballyvaughan und Umgebung 312	

Die Grafschaft Galway 313
Südlich von Galway	313
Die Aran Islands	315
Inishmore (Inis Mór) 317 • Inishmaan (Inis Meáin) 318 • Inisheer (Inis Oírr) 319	
Galway	320
Geschichtlicher Überblick 321 • Sehenswertes 322	
Connemara	328
Entlang der Küste nach Clifden 330 • Über Oughterard und durch das „Joyce Country" nach Clifden 332 • Clifden 334 • Inishbofin Island und Inishturk Island 336 • Von Clifden nach Leenane 337 • Leenane 341	
Lough Corrib und Lough Mask	342

Die Grafschaft Mayo 344
Zwischen Leenane und Westport	344

　　　　　　Clare Island 345 • Croagh Patrick 345
　　　　Westport _____ 347
　　　　Von Westport nach Achill Island _____ 350
　　　　Achill Island _____ 350

Nordwestliches Mayo 352
　　　　Mullet Peninsula 353 • Entlang der Nordküste nach Killala 353 •
　　　　Killala und Umgebung 356 • Rund um Lough Conn 358

Abstecher in die mittleren Landesteile 361
　　　　Boyle 361 • Strokestown 362 • Athlone 363 • Ballinasloe 365 •
　　　　Clonmacnoise 366 • Birr 369

7. DER NORDWESTEN: DIE GRAFSCHAFTEN SLIGO UND DONEGAL 370

Überblick 371
　　　　Redaktionstipps 371

Sligo und Umgebung 374
　　　Sehenswertes in der Stadt Sligo _____ 375
　　　Sehenswertes in der Umgebung _____ 377
　　　　Im Osten von Sligo 377 • Im Westen und Norden von Sligo 378

Donegal und Umgebung 381
　　　Südlich von Donegal _____ 381
　　　　Bundoran 381 · Ballyshannon 382
　　　Donegal _____ 383
　　　Östlich von Donegal _____ 386
　　　　Lough Derg 386
　　　Von Donegal entlang der Küste bis Dungloe _____ 386
　　　　Killybegs und Umgebung 386 • Glencolmcille 388 • Ardara 390 •
　　　　Dungloe 390
　　　Die Inseln Arranmore und Tory Island _____ 391
　　　　Arranmore 391 • Tory Island 392 • Rund um den Glenveagh
　　　　National Park 392
　　　Von Dungloe entlang der Nordküste _____ 396
　　　　Die Halbinsel Fanad 398
　　　Letterkenny _____ 399
　　　Inishowen _____ 400

8. NORDIRLAND 402

Überblick 403
　　　　Redaktionstipps 403

Die Grafschaft Londonderry 410
Derry 410
Geschichtlicher Überblick 410 • Sehenswertes 413
Von Derry nach Coleraine 416
Im Landesinneren 418

Die Grafschaft Antrim 418
Portrush 419 • Bushmills 420 • Giant's Causeway 421 • Carrick-a-Rede 424 • Ballycastle 424 • Rathlin Island 425
Entlang der Antrim Coast 427
Carrickfergus 429

Belfast 430
Geschichtlicher Überblick 430
Sehenswertes in der Stadt 432
City Centre 432 • Cathedral Quarter 433 • Laganside und Titanic Quarter 434 • Gaeltacht Quarter (West Belfast) 436 • Queen's Quarter (South Belfast) 437 • Nördlich des Stadtzentrums 437
Sehenswertes in der Umgebung 438

Die Grafschaft Down 444
Die Halbinsel Ards 444 • Downpatrick 447 • Nördlich von Downpatrick 449
Von Strangford über die Mourne Mountains 448
Die Mourne Mountains 450

Die Grafschaft Armagh 451
Armagh 451
Geschichtlicher Überblick 451 • Sehenswertes 452
Südlich von Armagh 454
Nördlich von Armagh 454
Lough Neagh 455

Die Grafschaft Tyrone 455
Omagh 456 • Die Sperrin Mountains 457

Die Grafschaft Fermanagh 459
Enniskillen 460 • Umgebung von Enniskillen 461 • Lough Erne 463 • Devenish Island 463 • White Island 464 • Boa Island 464 • Belleek 465

9. ANHANG 466
Kleines kulinarisches Wörterbuch 467
Literaturverzeichnis 468
Glossar 471
Bildnachweis 472
Stichwortverzeichnis 473

Weiterführende Informationen zu folgenden Themen

The Great Famine – Der große Hunger	24
Irische Märchen und Mythen	39
Der Streit um die letzten Moore: der Torfabbau	49
Greyhound Races	66
Der Pub	68
Mit dem Kabinenkreuzer unterwegs	80
Der heilige Patrick und der St. Patrick's Day	88
Wer oder was ist ein Claddagh?	99
George Bernhard Shaw	130
Das georgianische Zeitalter	131
Irlands Nationalgetränk: Guinness	137
James Joyce (1882–1941)	153
Was ist der Bloomsday?	154
Pferdezucht oder Pferdesucht?	170
Fastnet-Leuchtturm und Fog Signal Station	247
Der Killarney Nationalpark	255
Die Blasket Islands	277
Der Limerick	289
Der Burren	303
Salmon of Knowledge	311
John Millington Synge	317
Making Kelp	332
Der Connemara National Park	339
Wer war Grace O'Malley?	344
Céide Fields – eine Steinzeitlandschaft unter Torf versteckt	354
William Butler Yeats	374
Der heilige Colum Cille	388
Torfstechen	395
Die Glens of Antrim	427
Was ist der Orange Order?	436
Der National Trust	449
Die Auswanderungsbewegung in Ulster	457
Hungerstreik	459
Sheela-na-gig	465

Alle Karten zum Gratis-Download – so funktioniert's
In diesem Reisehandbuch sind alle Detailpläne mit sogenannten QR-Codes versehen, die per Smartphone oder Tablet-PC gescannt und bei einer bestehenden Internet-Verbindung auf das eigene Gerät geladen werden können. Alle Karten sind im PDF-Format angelegt, das nahezu jedes Gerät darstellen kann. Für den Stadtbummel oder die Besichtigung unterwegs hat man so die Karte mit besuchenswerten Zielen und Restaurants auf dem Telefon, Tablet-PC, Reader oder als praktischen DIN-A-4-Ausdruck dabei. Mit anderen Worten – der „gewichtige" Reiseführer kann im Auto oder im Hotel bleiben und die Basis-Infos sind immer und überall ohne Roaming-Gebühren abrufbar.

Verzeichnis der Karten und Grafiken

Belfast	431
Christ Church Grundriss	134
Clonmacnoise	368
Cork	224/225
Counties	59
Derry	411
Dingle-Halbinsel	271
Dublin Umgebung	149
Galway	321
Galway-Westport	328
Glendalough	179
Kilkenny	198
Killarney National Park	256
Limerick	290
Nordirland	404/405
Der Nordwesten	372
Ring of Beara	252
Ring of Kerry	262
Der Shannon und der Shannon-Erne-Waterway	81
Shannon River, Grand Canal, River Barrow	82
Der Südosten	190/191
Der Südwesten	222/223
Trinity College	126
Der Westen	286/287
Irland Highlights	Vordere Umschlagklappe
Stadtplan Dublin	Hintere Umschlagklappe

EINLEITUNG

Vorwort

Irland zieht Urlauber an, die eine Alternative zum Komplettpaket und zu voraussehbaren Attraktionen suchen. Sie werden belohnt mit einer wunderbaren Landschaft mit Hügeln und einsamen Buchten, urigen Pubs, einer Fülle an kunst- und kulturgeschichtlichen Stätten sowie fantastischen Möglichkeiten zum Wandern, Reiten, Fahrrad fahren, Angeln oder Golf spielen. Immer wieder gibt es Neues zu erleben. Obwohl auch in Irland die Schnelligkeit des modernen Lebens Einzug gehalten hat, ist immer Zeit für ein Schwätzchen. Die Iren reden gerne, und häufig kann man in einem Gespräch viel mehr über Land und Leute erfahren kann als in dem besten Reiseführer.

Das Reisehandbuch wendet sich vor allem an Individualreisende, die Irland auf eigene Faust erkunden möchten. Aufgebaut ist das Buch in drei Hauptteile. Im ersten Teil finden sich allgemeine Betrachtungen zu Geschichte, Kunst- und Kulturgeschichte, Landschaft, Wirtschaft und Gesellschaft Irlands. Das zweite Kapitel (gelbe Seiten) enthält reisepraktische Informationen, die dazu beitragen, sich vor Ort besser zurechtzufinden und die vor der Reise eine sinnvolle Vorbereitung ermöglichen. Der dritte Teil stellt die Insel mit ihren wichtigsten Sehenswürdigkeiten sowie interessante Abstecher jenseits der ausgetretenen touristischen Pfade vor. Die regionalen Reisetipps finden Sie bei den jeweiligen Orten. Die Reiseroute führt im Uhrzeigersinn mit verschiedenen Abstechern ins Landesinnere einmal um die Insel.

Annette Kossow

Die Republik Irland auf einen Blick

Fläche	Mit einer Gesamtfläche von 84.405 km² (Republik Irland 70.283 km²) erstreckt sich die Insel Irland über eine Länge von 486 km (Malin Head – Mizen Head), die Ausdehnung von Ost nach West beträgt 285 km.
Bevölkerung	Die Bevölkerung umfasst knapp 6,2 Millionen. Davon leben 4,4 Millionen in der Republik Irland und rund 1,8 Millionen in Nordirland. Die Bevölkerung besteht zum größten Teil aus keltischen Iren.
Bevölkerungsdichte	Die durchschnittliche Bevölkerungsdichte liegt bei 73,4 Einwohnern/km² – stark divergiert je nach Region.
Religionen	87 % der Iren sind römisch-katholisch, 4 % ohne Religion. Die übrigen gehören protestantischen Denominationen an, vor allem der anglikanischen Kirche.
Sprache	Die erste Amtssprache ist Irisch, die zweite (und Umgangssprache) Englisch.
Hauptstadt	Dublin (Baile Atha Cliath): 528.000 Einwohner. Die Hauptstadt Nordirlands ist Belfast mit 337.000 Einwohnern.
Längster Fluss	River Shannon, 370 km
Flagge	Grün-weiß-orange (von links nach rechts) gestreift

1. Irland: Land und Leute

Geschichtlicher Überblick

Zeittafel

7000–6000 v. Chr.	Sammler und Jäger kommen aus Nordengland nach Irland.
2500 v. Chr.	Die sogenannten Glockenbecherleute führen die Kunst des Kupfergießens in Irland ein.
Um 600 v. Chr.	Beginn der keltischen Besiedlung.
Um 450	Der hl. Patrick christianisiert das Land.
Ab 800	Wikingereinfälle. Die Wikinger gründen u. a. Dublin, Waterford und Wexford, führen die Geldwirtschaft ein und die Kunst des Schiffbaus.
1014	In der Schlacht von Clontarf besiegt Brian Boru die Wikinger.
1152	Kirchenreform und Neuorganisation der irischen Kirche.
1169	Die Normannen besetzen das Land.
1171	König Henry II. von England besucht Irland und beansprucht Gebiete.
1210	Henrys Sohn Johann („Ohneland") versucht, ganz Irland zu unterwerfen. Zwei Drittel des Landes fallen bis zur Mitte des 13. Jh. an Anglowaliser. Der übrige Teil wird weiterhin von den irischen Rís (Kleinkönigen) beherrscht. Die Anglo-Waliser werden fortan Anglo-Iren genannt.
1366	Durch die Statuten von Kilkenny soll die Gälisierung der anglo-irischen Oberschicht verhindert werden.
15. Jh.	Abnahme des anglo-normannischen Einflusses.
Ab 1534	Henry VIII. (zuerst Lord of Ireland, ab 1541 King of Ireland) dehnt seine Macht über ganz Irland aus. Im Zuge der Reformation und der Säkularisierungswelle werden rund 400 Klöster zerstört. Unterdrückung der katholischen Kirche.
1569–83	In Munster kommt es zum Aufstand gegen die politische und religiöse Unterdrückung durch Elizabeth I. von England.
1591	Gründung des Trinity College in Dublin durch Elizabeth I.
1595	Der Aufstand der Grafen Hugh O'Neill und Red Hugh O'Donnell in Ulster führt 1601 zur Schlacht bei Kinsale, bei der die Iren unterliegen.
1603	Die englische Zentralgewalt und das Common Law werden eingeführt.
1607	„Flucht der Grafen" und Beginn der „Ulster-Plantations".
1649/50	Cromwell und seine Truppen ziehen plündernd durch das Land.
1690	In der Schlacht am Boyne am 1. Juni 1690 unterliegt der katholische James II. dem protestantischen William III. of Orange. Gründung der Protestant Ascendency.
1691	Die Penal Laws (Strafgesetze) bedeuten die politische und religiöse Diskriminierung der katholischen Iren.
1782	Dem irischen Parlament wird größere Unabhängigkeit gewährt. Unterstützt von der Volunteer's Movement mit protestantisch-patriotischer Ausrichtung, gelingt es Henry Grattan, Verbesserungen im Handel und in der Verfassung zu erzwingen.
1798	Gründung der United Irishmen durch Wolfe Tone. Das Ziel der national-revolutionären Bewegung ist die Gründung einer unabhängigen Republik.
1801	Auflösung des irischen Parlaments im Act of Union.

1823	Gründung der Catholic Association durch Daniel O'Connell.
1829	Das antikatholische Strafgesetz wird aufgehoben. O'Connell wird zum Parlamentsmitglied gewählt.
1846–1851	Große Hungersnot. Nationale Erhebungen scheitern.
1858	Die Irish Republican Brotherhood wird in New York gegründet. Ihr Ziel ist die Unabhängigkeit Irlands, zur Not auch mit Gewalt.
1870	Charles Stewart Parnell, aus einer anglo-irischen protestantischen Gutsbesitzerfamilie stammend, wird Präsident der Irish Home Rule League.
1875	Parnell wird ins Unterhaus gewählt. Seine Forderung nach Home Rule wird von vielen Protestanten im Norden nicht geteilt.
1879	Gründung der Land League zum Schutz der Pachtbauern.
1893	Gründung der Gaelic League. Das Ziel ist die Wiederbelebung der irischen Sprache und Literatur.
1905	Gründung von Sinn Féin. Die Vereinigung setzt sich kämpferisch für die Unabhängigkeit Irlands ein.
1916	Osteraufstand. Patrick Pearse verliest die Unabhängigkeitserklärung der Republik Irland. Nach fünf Tagen ist der Aufstand niedergeschlagen.
1919	Die irischen Mitglieder des britischen Parlamentes bilden in Dublin ihr eigenes Parlament, Dáil Éireann, unter Eamon de Valera.
1919–1921	Unabhängigkeitskrieg gegen Großbritannien.
1920	Government of Ireland Act: Bildung zweier Regierungszonen in Irland, eine im Norden mit protestantischer Mehrheit, die andere für das übrige katholische Irland.
1921	Die britische Regierung und die Führer der irischen Unabhängigkeitsbewegung unterzeichnen den Vertrag des Irish Free State. Der Freistaat Irland wird als selbstständiges Mitglied im Commonwealth aufgenommen. Nordirland bleibt Teil des Vereinigten Königreiches Großbritannien und erhält ein eigenes Parlament, den Stormont.
1921–1923	Bürgerkrieg zwischen den Gegnern (später Fianna Fáil-Partei) und den Befürwortern des anglo-irischen Vertrages (später Fine Gael-Partei).
1926	Eamon de Valeras Anhänger bilden die Fianna Fáil-Partei.
1932–1948	Wahlsieg der Fianna Fáil über Fine Gael. De Valera wird erster Premierminister (bis 1948). Allmähliche Loslösung von Großbritannien.
1937	Der „souveräne, unabhängige demokratische Staat" Eire wird proklamiert. Irland erhält eine neue Verfassung. Nach dem Zweiten Weltkrieg erklärt sich Eire zur Republik (1949) und scheidet aus dem Commonwealth aus.
1955	Irland wird Mitglied in den Vereinten Nationen.
30.1.1972	Beim „Blutsonntag" werden 14 Menschen getötet, als Reaktion darauf wird die Britische Botschaft in Dublin angezündet. Auflösung des nordirischen Parlaments.
1972	Irland wird zusammen mit Großbritannien Mitglied in der EG.
1985	Anglo-irisches Abkommen: Ziele sind die Gleichstellung der Katholiken in Nordirland, das Mitspracherecht Dublins in Nordirland sowie die Zusammenarbeit bei der Verfolgung der IRA-Terroristen.
1987	Die Arbeitslosenrate erreicht 20 %. Auswanderungswelle.
1990	Irland übernimmt Präsidentschaft in der EU. Die Juristin Mary Robinson wird als erste Frau Präsidentin Irlands (bis 1997).

Zeittafel

1991	Dublin wird Europäische Kulturhauptstadt.
1992	Irland stimmt dem Maastrichter Abkommen zu.
1993	Der britische und der irische Premierminister unterschreiben ein Abkommen zum Friedensprozess in Nordirland.
1994	Die IRA ruft einen Waffenstillstand aus.
1996	Ende des Waffenstillstandes durch erneute IRA-Bombenattacken.
1997	Bertie Ahern wird neuer Premierminister (Koalitionsregierung Fianna Fáil und Progressive Democrats). Bei den Präsidentschaftswahlen löst Mary McAleese Mary Robinson als Präsidentin des Landes ab. Erneuter Waffenstillstand. Die Sinn Féin nimmt an den Friedensverhandlungen aller Parteien teil. Sie führen 1998 zum Good Friday Agreement.
1998	Erneute Unruhen in Nordirland kulminieren in den Bombenanschlägen in Omagh. Verschärfung der Anti-Terror Gesetze.
1999	Koalitionsregierung in Nordirland. Ende der Fremdregierung aus London. David Trimple wird erster Minister. Zum ersten Mal drei Abgeordnete der Sinn Féin im Parlament.
Ende '90er	Enormer wirtschaftlicher Aufschwung der Republik Irland (Celtic Tiger).
2000	Nordirland wird wieder unter direkte britische Regierung gestellt. Erneute Aufnahme der Devolutionsgespräche.
2001	Die IRA beginnt mit der Ausmusterung ihrer Waffen. Die gemeinsame nordirische Regierung nimmt ihre Arbeit wieder auf. David Trimple wird erneut erster Vorsitzender.
2002	Einführung des Euro in der Republik Irland. Nordirland: David Trimble wird als Führer der UUP (Ulster Unionist Party) wieder gewählt. Erneuter Wahlsieg der Fianna Fáil-Partei unter Bertie Ahern.
2007	Republik Irland: erneute Koalitionsregierung unter Bertie Ahern. Nordirland: Erfolgreiche Wahlen für ein gemeinsames Northern Ireland Assembly. Historisches Treffen zwischen den Erzfeinden Ian Paisley (DUP) und Gerry Adams (Sinn Féin).
2008	Republik Irland: Nach 31 Jahren im irischen Parlament tritt Ahern wegen Korruptionsvorwürfen zurück. Nachfolger wird Brian Cowen.
2009	Nach zwei Referenden akzeptiert die Republik Irland den Vertrag von Lissabon der EU.
2008/2009	Die weltweite Finanz- und Bankenkrise trifft Irland schwer. Der IWF und die EU gewähren dem Land ein Rettungspaket von 85 Milliarden Euro.
2011	Enda Kenny (Fine Gael) löst Brian Cowen als Premierminister ab. Bei den Präsidentschaftswahlen gewinnt Michael D. Higgins.
2011	Queen Elizabeth besucht die Republik Irland. Es ist der erste Staatsbesuch eines Mitglieds des britischen Königshauses seit 1911.
2013	Die Arbeitslosenquote ist mit 14% die höchste seit 20 Jahren.
2014	Langsam erholt sich die Wirtschaft: Die Republik Irland kann ein Wirtschaftswachstum von 4,8 % verzeichnen.
2015	Irland stimmt per Referendum für die gleichgeschlechtliche Ehe.
2016	Die Parlamentswahlen im Februar enden mit sehr unklaren Mehrheitsverhältnissen: Die Regierungskoalition unter Enda Kenny muss – vor allem auch wegen der Einführung von Wassergebühren – große Verluste hinnehmen.

Vor- und Frühgeschichte

Jäger und Sammler

Nach dem Ende der letzten Eiszeit (um 6000 v. Chr.) kamen die ersten Menschen über die damals noch existierende Landbrücke nach Irland. Die Jäger und Sammler beeinflussten ihre Umgebung nur gering, sie bearbeiteten keine Felder, hüteten keine Viehherden und lebten jeweils nur für kurze Zeit an einem Ort. Die nächste **Einwandererwelle** erfolgte um 3000 v. Chr. und brachte den Ackerbau nach Irland. Aus jener Zeit haben sich als Relikte die gewaltigen Megalithgräber erhalten.

Um 600 v. Chr. kamen die **Kelten** nach Irland. Sie waren in Stammesverbänden organisiert und mit der Verarbeitung von hartem Eisen bestens vertraut. Langsam vermischten sie sich mit der einheimischen Bevölkerung. Die Kelten unterteilten die Insel in rund 150 Territorien (Kleinkönigreiche), wählten Könige oder Stammesfürsten und bildeten Befestigungen. Der König (Rí) stand seinem Volk (Túath) vor, war aber andererseits seinem Hochkönig (Ard Rí) verpflichtet. Ein geografisches Zentrum gab es zu jener Zeit nicht. Da Irland über viele Jahrhunderte hinweg von den Entwicklungen im übrigen Europa abgeschnitten war, konnten sich dort Gesellschaftsformen erhalten, die im restlichen Europa bereits überkommen waren. Die Kelten bestimmten für rund 1000 Jahre die Kultur des Landes.

Wer waren die Kelten?

Für eine knappe Zusammenfassung dieses geheimnisvollen Menschenschlags siehe www.ibiblio.org/gaelic/celts.html.

Die Christianisierung

Nach Irland verschleppt

Ab dem 5. Jh. begann mit der Christianisierung eine neue Epoche in Irland. Der Legende nach wurde der 16-jährige **Patrick** durch irische Piraten von England nach Irland verschleppt. Nach gelungener Flucht ging er zum Studium nach Gallien und später nach Rom, wo ihm die Bischofswürde verliehen wurde. Im Jahre 432 kehrte Patrick nach Irland zurück mit dem Ziel, die Heiden zu bekehren. Er gründete Kirchen und Klöster und ernannte Bischöfe und Priester. Nachdem er fast das ganze Land bereist und missioniert hatte, starb er im Jahr 465. Durch ihn wurde das Christentum fest in Irland etabliert. Da kein einziger irischer Märtyrer bekannt ist, nimmt man an, dass die Christianisierung, trotz des Widerstandes der keltischen Druiden, friedlich vonstattengegangen ist. Im Gegensatz zur römischen Kirche war in Irland das Kloster, nicht der Bischofssitz, das religiöse Zentrum. In kurzer Zeit entwickelte sich Irland zum geistlichen Gelehrtenzentrum der westlichen Welt. Klostersiedlungen wurden auf der ganzen Insel gegründet.

Der irische Prinz St. Columba d.Ä. (Colum Cille, 521–97) gründete 563 auf der schottischen Hebrideninsel Iona ein Kloster. Von dort aus wurden im 7. Jh. Schottland und Nordengland christianisiert. Irische Mönche waren aber nicht nur auf den britischen

Inseln, sondern im gesamten Mitteleuropa tätig. Zahlreiche Klostergründungen im heutigen Deutschland, in Österreich, Oberitalien und der Schweiz stammen aus dieser Zeit. Die Mönche aus Irland waren als Schreiber und Lehrer berühmt. Berühmte irische Geistliche waren der hl. Kilian von Würzburg und der hl. Gall, nach dem St. Gallen in der Schweiz benannt wurde. Andererseits kamen aber auch Gelehrte vom Kontinent nach Irland.

Wikinger und Normannen

Innerhalb der einzelnen Königreiche kam es immer wieder zu kriegerischen Auseinandersetzungen, wodurch das Land innerlich geschwächt wurde. Dies war die Situation, als ab dem späten **8. Jh. die Wikingerüberfälle** begannen. Die Skandinavier segelten mit ihren Langschiffen die irischen Küsten entlang und die Flüsse hinauf. Hauptsächlich waren sie an den Schätzen der Klöster interessiert. Nach einigen Jahren der Plünderung siedelten sie sich schließlich im Süden der Insel an. Cork, Limerick, Waterford und Wexford sind Gründungen der Wikinger. Rasch entwickelten sich diese Orte zu wichtigen Handelsstädten. Die Wikinger brachten die Geldwirtschaft nach Irland, trieben regen Handel und vermischten sich mit der irischen Bevölkerung.

Langschiffe

1014 gelang es dem irischen Hochkönig Brian Boru in der **Schlacht von Clontarf**, die Wikinger zu besiegen und ihre Macht zu brechen. Der Hochkönig und seine Söhne kamen allerdings in der Schlacht ums Leben. Nach dem Tode Brian Borus begann in Irland eine Zeit stetiger Kleinkriege zwischen den einzelnen Königsfamilien. Dermot,

Ferns Castle sind die Reste eines im 13. Jh. errichteten, anglo-normannischen Forts

Strongbow

König von Leinster, floh nach England, um bei Henry II. Hilfe zu erbitten. Dieser schickte zur Unterstützung anglo-walisische Normannen. 1169 besetzten sie unter Richard de Clare, genannt Strongbow die irische Ostküste. Dermot eroberte sein Königreich zurück, gab Strongbow seine Tochter zur Frau und ernannte ihn zum Thronfolger. Es dauerte nicht lange, bis Strongbow rund drei Viertel der Insel sein Eigen nannte. Angezogen durch Strongbows Erfolg, kamen normannische Familien nach Irland. Sie siedelten vornehmlich in den inneren Landesteilen und gründeten Burgen, Klöster und Städte.

In den folgenden Jahrhunderten kam es immer wieder zu kriegerischen Auseinandersetzungen zwischen den Iren und den anglo-normannischen Familien. Teilweise erhielten die Iren Unterstützung durch die katholischen Länder Spanien und Frankreich, konnten aber die normannische Landnahme trotzdem nicht abwenden. Nach einiger Zeit begannen sich die normannischen Siedler und die Iren zu assimilieren. Allmählich hatten die Iren wieder an Macht gewonnen, und dem englischen König gehörte lediglich der **Pale**, ein begrenztes Gebiet rund um Dublin. Die normannischen Großadligen im Süden und Osten – die Fitzgeralds von Kildare und Desmond sowie die Butlers von Ormond – konnten den irischen Angriffen standhalten, waren allerdings durch Mischehen bereits „gälisiert".

Verbot des Irischen

1366 wurden die **Statuten von Kilkenny** verabschiedet. Der englische König sah mit Besorgnis auf die „Gälisierung" seiner normannischen Kolonie. Die Statuten verboten den Anglo-Normannen das Tragen gälischer Tracht und die Verwendung der irischen Sprache. Da mittlerweile jedoch aus den Anglo-Normannen Anglo-Iren geworden waren, interessierten sie sich mehr für ihr eigenes Fortkommen als für ihre Loyalität gegenüber England.

In den 90-er Jahren des 15. Jh. versuchte der englische König erneut, seinen Herrschaftsanspruch in Irland durchzusetzen. Er ließ den Earl of Kildare als Statthalter absetzen und schickte stattdessen den Engländer Sir Edward Poynings. Auf Poynings gehen die berühmt-berüchtigten **Poynings Laws** (1494) zurück, die knapp 300 Jahre lang das Leben in Irland bestimmen sollten.

Die Zeit der Rebellionen im 16. und 17. Jahrhundert

Grundstein für Auseinandersetzungen

Auch Irland war im 16. Jh. von den Wirren der Reformation betroffen. Henry VIII. versuchte, Irland der englischen Krone zu unterwerfen und 1541 erklärte er sich selbst zum **König über Irland**. Trotzdem gelang es ihm nicht, die anglikanische Staatskirche in Irland zu etablieren. Bis auf den Pale (s. o.) blieb Irland katholisch. Bereits zu jener Zeit wurde der Grundstein für die späteren Auseinandersetzungen zwischen den Konfessionen gelegt. Königin Elizabeth I. von England gelang es, ihre Macht in Irland auszudehnen, und immer mehr englische Siedler kamen ins Land.

Am Ende des 16. Jh. kam es unter Führung von Hugh O'Neill und Hugh O'Donnell, den Grafen von Ulster, zu einem Aufstand gegen Elizabeth I. O'Neill bat Spanien, Englands

Die Zeit der Rebellionen im 16. und 17. Jahrhundert

Todfeind, um Unterstützung, woraufhin König Philip III. von Spanien eine 40.000 Mann starke Flotte entsandte. 1601 kam es zur Schlacht bei Kinsale. Elizabeth hatte ihrerseits Truppen nach Irland geschickt, die unter Führung von Lord Mountjoy die spanisch-irischen Truppen besiegen konnten. O'Neill musste sich ergeben, doch gelang ihm 1607, zusammen mit O'Donnell, die Flucht aus Irland. Die Flucht der Grafen (**Flight of the Earls**) führte dazu, dass Ulster nun „frei" geworden war. König James I. konfiszierte 3,5 Millionen Hektar Land und trieb die katholische Bevölkerung – Pächter und Grundbesitzer gleichermaßen – nach Westen, wo sie mit kargen Böden vorlieb nehmen mussten. In die so „gewonnenen" Ländereien setzte er 150.000 protestantische Siedler aus Südschottland und Nordengland.

Flucht der Grafen

Auch andere Gegenden Irlands wurden Anfang des 17. Jh. besiedelt, allerdings keine so gründlich und erfolgreich wie Ulster, wo systematisch eine protestantische Bevölkerung angesiedelt wurde. Die restliche Insel blieb weiterhin überwiegend katholisch. Die gezielte Ansiedlung von Protestanten wird als **Ulster-Plantations** bezeichnet. Die „Plantation"-Städte wurden befestigt, die Beschäftigung von Katholiken in ihren Mauern verboten. Irland wurde in einen presbyterianischen, industriell geprägten Norden und einen katholischen, agrarorientierten Süden geteilt. Die Protestanten in Nordirland waren stark an der Union mit England interessiert, daher der Begriff „Unionisten".

Sie blieben unter sich und versuchten, ihre religiösen und gesellschaftlichen Unterschiede zu wahren. Allerdings waren sie auf England angewiesen (*United we stand – divided we fall*), und die katholischen Unabhängigkeitsbestrebungen mussten verhindert werden. Die protestantischen „Kolonialherren" fühlten sich den Einheimischen überlegen. Zu einer Vermischung der beiden Gruppen kam es nicht. Die englischen und schottischen Siedler bauten Städte, entwickelten den Handel, rodeten Land, verbesserten die Anbaumethoden und führten moderne Bauweisen ein. Sie waren technisch weit fortschrittlicher als die Iren in den südlichen Landesteilen. Von großem Selbstbewusstsein, empfanden sie sich als treue Diener Großbritanniens, das zu jener Zeit eines der fortschrittlichsten Länder in Europa war. 1640 wurde Sir Thomas Wentworth zum Vizekönig Irlands ernannt. Dabei soll er geäußert haben: „Politische Klugheit gebietet, das Königreich Irland in einer möglichst abhängigen und untergeordneten Stellung gegenüber England zu halten. Und wenn wir die Iren an der Herstellung von Wolle hindern und sie auf diese Weise dazu zwingen, ihre Kleidung aus England zu beziehen, wie könnten sie sich dann von uns trennen, ohne dabei zu nackten Bettlern zu werden?"

Protestantische Kolonialherren

Im August 1649 traf Oliver Cromwell, dessen Ziel die Ausrottung aller Katholiken war, mit 12.000 Soldaten in Dublin ein. Brandschatzend zogen seine Truppen jahrelang durch das ganze Land. Cromwell war nun Herrscher über ganz Irland. Er ließ sämtliche katholischen Landbesitzer enteignen, wobei kein Unterschied zwischen Iren und Anglo-Iren gemacht wurde, und in die unfruchtbaren Gebiete im Westen Irlands vertreiben. Die so freigewordenen Landgüter wurden von englischen Protestanten übernommen.

1690 kam es zu der bedeutendsten Schlacht in der Geschichte Irlands: die **Schlacht am Boyne** zwischen James II. und William III. of Orange. Die Iren unterstützten den vom englischen Parlament abgesetzten katholischen Stuart-König James II. Am Fluss Boyne trafen die Truppen von James II. und William III. aufeinander. James II. unterlag.

Entscheidende Schlacht

Die nun eingeführten **Penal Laws**, ein Gesetzeskatalog, verbot den Iren Landbesitz, Lehrtätigkeit, das Richteramt, die Bekleidung öffentlicher Ämter und selbst den Besitz von Pferden mit mehr als 5 Pfund Wert.

Umstrittener Nationalfeiertag

Der Jahrestag dieser Schlacht wird in Nordirland noch immer als Nationalfeiertag begangen (*Orangemen's Day*), und zwar mit gewaltigem Pomp und Aufwand. Für die Katholiken ist dies eine jährlich wiederkehrende Provokation, die oft zu blutigen Ausschreitungen führte.

Unter englischer Herrschaft im 18. Jahrhundert

Das 18. Jh. war von dem Gegensatz zwischen dem Wohlstand der protestantischen Oberschicht einerseits und der Armut der katholischen Unterschicht andererseits geprägt. Die *Protestant Ascendancy*, die protestantische Oberschicht des 18. Jh., setzte sich aus Großgrundbesitzern zusammen. Sie gehörten der *Church of Ireland* an, einer anglikanischen Kirche mit calvinistischen Zügen.

Die zweite Hälfte des 18. Jh. wird als das **Goldene Zeitalter** bezeichnet. Zahlreiche stattliche Herrenhäuser und Landsitze entstanden sowie Prachtbauten in den Städten. Das georgianische Dublin ist mit seinen breiten Hauptstraßen und den weiten Plätzen ein Paradebeispiel der *Ascendancy*.

Die überall in Dublin zu findenden Georgian Doors zeugen vom Goldenen Zeitalter

Verschiedene Gesetze sorgten dafür, dass die noch verbliebenen katholischen Landbesitzer nicht wieder an Macht gewinnen konnten. Ihr Besitz war auf kaum 10 % der Insel geschrumpft. Katholiken durften weder Land von einem Protestanten erwerben, noch kaufen oder als Geschenk annehmen. Das Land musste gleichmäßig unter allen Söhnen aufgeteilt werden, es sei denn, der älteste Sohn konvertierte zum Protestantismus. Es war daher unmöglich, den Besitz zu vermehren. Katholische Kinder durften weder Schulen noch Universitäten besuchen. Katholiken durften nicht lehren, als Anwalt praktizieren, öffentliche Ämter bekleiden, Waffen tragen und als Offiziere dienen. Da katholische Gottesdienste verboten waren, fanden diese in aller Heimlichkeit statt, wodurch die Solidarität untereinander gestärkt wurde. Katholik zu sein bedeutete, besitzlos zu sein. Ob gälische oder anglo-irische Katholiken, gleichermaßen empfanden sie das ungute Gefühl, dass ihr Land gestohlen und Fremden übergeben worden war.

Besitzlose Katholiken

Das erwirtschaftete Kapital der protestantischen Oberschicht floss direkt nach England. Die englische Handelspolitik verbot den Export von irischen Waren. Dadurch waren die Iren von der Landwirtschaft abhängig, die allerdings kaum mehr in der Lage war, die Bevölkerung zu ernähren. Bedingt durch die wirtschaftliche Misere brodelte die Unzufriedenheit. Es kam zu Unruhen. In Ulster entstanden zwei populistische Volksbewegungen: der *Orange Order* (protestantisch und für England) und auf katholischer Seite die *Defenders* (für Irland).

Der amerikanische Unabhängigkeitskrieg (1775–1783) und die Ideen der Französischen Revolution erschütterten das von wirtschaftlicher Hoffnungslosigkeit und konfessionellen Unruhen gebeutelte Irland. Der Widerstand gegen die englische Kolonialpolitik nahm zu. Eine der Hauptfiguren war **Henry Grattan** (1746–1820), der 1782 das Recht auf eigene Gesetzgebung des irischen Parlaments durchsetzen konnte. Seit den **Poynings Law** von 1494 war dieses stark eingeschränkt. Auch der Dubliner Anwalt **Theobald Wolfe Tone** (1763–98) machte sich für die Belange der Iren stark. 1791 gründete er in Dublin und Belfast die Gesellschaft der *United Irishmen*, die versuchten, sich an die Spitze der katholischen Volksmassen zu stellen. Beeinflusst vom Ideengut der Französischen Revolution, wollte Tone Irland in eine Republik verwandeln und die Gleichberechtigung der Katholiken erzwingen. In der vergeblichen Hoffnung auf französische Unterstützung unternahm Tone 1798 einen bewaffneten, allerdings völlig planlosen Aufstand, der katastrophal endete. Rund 30.000 Menschen kamen ums Leben, die Anstifter des Aufstandes wurden hingerichtet. Wolf Tone beging im Gefängnis Selbstmord.

Konfessionelle Unruhen

Das 19. Jahrhundert: Union, Hunger und Auswanderung

Der niedergeschlagene Aufstand von 1798 gab Anlass für den Anschluss Irlands an die englische Krone. Am 1. Januar 1801 wurde mit dem **Act of Union** die Unabhängigkeit des irischen Parlaments beendet und das *United Kingdom of Great Britain and Ireland* begründet. Beide Länder hatten nun ein gemeinsames Parlament in London, mit 100 Abgeordneten aus Irland.

Daniel O'Connell (1775–1847)

Daniel O'Connell stammte aus einer katholischen Familie des niederen Adels, die sich durch Geschick ihren Wohlstand hatte bewahren können. Als Anwalt setzte er sich gewaltlos für die Belange der Katholiken ein. Da er Katholik war, konnte O'Connell allerdings kein Mitglied des Parlamentes werden. So gründete er 1823 die volkstümliche, nationale *Catholic Association*. Durch die Einführung eines Mitgliedsbeitrags von einem Penny monatlich gelang es ihm, die Bevölkerung politisch für ein friedliches Ziel zu motivieren. 1829 wurde der **Emancipation Act** erlassen, der nun auch Katholiken im Parlament in London zuließ. Weitere Errungenschaften waren, dass Katholiken fortan auch Volksschulen besuchen und lokale Ämter bekleiden durften. Ein Armengesetz bot Schutz durch ein Minimum an Sozialfürsorge. Diese Neuerungen stellten für die katholische Bevölkerung nach jahrhundertelanger Unterdrückung einen großen Erfolg dar. O'Connell wurde als „Befreier" und Held gefeiert, vor allem von der besitzlosen Klasse. Auch heute noch sieht man unzählige Straßen und Plätze, die nach ihm benannt sind. O'Connells größtes Ziel war die Aufhebung der Union mit England, was ihm allerdings nicht gelingen sollte.

Befreiungskämpfer

Ab Mitte des Jahrhunderts wurde das Land von einer Hungersnot gebeutelt, und Epidemien, wie Cholera und Typhus, überzogen das ganze Land. Über zwei Millionen Menschen starben an Hunger oder wanderten nach Übersee aus.

The Great Famine – Der große Hunger

In den Jahren 1845 bis 1849 ereignete sich die größte Katastrophe in der irischen Geschichte. Durch die brutale Kolonialpolitik der Engländer wurden die Pächter aus dem fruchtbaren Osten in den unfruchtbaren Westen getrieben. Das zu bewirtschaftende Land gehörte nun zum größten Teil den englischen Großgrundbesitzern. Ackerflächen wurden in Weideland für die Rinderzucht umgewandelt, die Erträge allerdings nach England exportiert. Den Iren wurde die Ausfuhr von Waren untersagt. Die Nahrung der Landbevölkerung bestand ausschließlich aus Kartoffeln, die selbst auf den unergiebigsten Böden, die mit Seetang gedüngt wurden, gediehen. Im Herbst 1845 wurden die Kartoffelpflanzen von einer schlimmen Pilzkrankheit (Phytophthora Infestans) befallen, die in diesem und in den darauffolgenden Jahren die Ernten vollständig vernichteten. Die englischen Großgrundbesitzer schlossen entweder die Augen oder bemerkten die Katastrophe nicht einmal. Sie lebten in ihren großen Herrenhäusern und führten selbst während der Hungerjahre noch massenhaft Fleisch und Getreide von Irland nach England aus. In diesen Jahren starben 1 Million Menschen, 1 Million wanderte nach Übersee aus, wobei allerdings während der Überfahrt auf den völlig heruntergekommenen Schiffen bereits Tausende starben.

Die Ironie der Geschichte lag darin, dass der südliche Teil der Insel während der 40er-Jahre des 19. Jh. von der Hungersnot gebeutelt, der Norden hingegen, also das protestantische Ulster, von der **Industriellen Revolution** erfasst wurde. Leinenwebereien, Schiffswerften und der Maschinenbau expandierten mit rasanter Geschwindigkeit. Aus Belfast wurde eine industrielle Großstadt, und Tausende Arbeiter strömten, auf der Suche nach Arbeit, vom Land in die Stadt. Der Norden Irlands bezog sein Selbstbewusstsein sowohl aus dem neuen Wohlstand als auch aus dem Zugehörigkeitsgefühl zur „Mutter England". In der städtischen Arbeiterklasse waren sowohl Protestanten als auch Katholiken vertreten, wobei die gelernten Berufe allerdings von Protestanten ausgeübt wurden.

Industrialisierung

Kampf um Unabhängigkeit

Während der Hungersnot kam die nationalistische Bewegung ins Stocken, doch dauerte es nicht lange, bis sich erneut Aktivitäten regten. 1850 wurde in Ulster die *Irish Tenant Right League* gegründet, 1858 die als *Fenier* (auch *Fenian* oder *Finian*) bekannte *Irish Republican Brotherhood* und 1879 die *Land League*. Unter Führung eines – protestantischen – Anwalts namens Isaac Butt begannen 1870 die Bestrebungen, wieder ein irisches Parlament einzuführen. Zumindest sollten die inneren Angelegenheiten im Land selbst geregelt werden. Das Ziel war die Selbstregierung – **Home Rule** – innerhalb des Vereinigten Königreiches. Mitte der 1870er-Jahre hatten die *Home Ruler* bereits 56 Abgeordnete in Westminster. **Charles Stewart Parnell**, aus einer alteingesessenen protestantischen Gutsherrenfamilie in der Grafschaft Wicklow stammend und einer der wichtigsten Politiker in der irischen Geschichte, wurde 1870 ihr neuer Präsident. 1875 wurde er ins Unterhaus gewählt. Aus den *Home Rulern* entstand die *Irish Parliamentary Party* (IPP), die 1885 bereits 85 Abgeordnete im Parlament hatte. 1879 gründete Parnell zusammen mit **Michael Davitt** die irische Landliga (*Irish National Land League*). Davitt war der Sohn eines Pachtbauern aus der Grafschaft Mayo, der 1850 zwangsgeräumt worden war.

Selbstregierung

Die Ziele der Landliga waren u.a. ein gerechter Pachtzins und ein dauerhafter Pachtbesitz. Die Landliga wurde zu einer Massenbewegung, die sich nicht ohne Erfolg, aber vor allem ohne Gewalt um eine Agrarreform bemühte. Die entscheidenden Fragen waren: wem soll das Land gehören und wer soll das Land regieren? Verschiedene Landreformen führten schließlich zur Entstehung eines freien Kleinbauerntums.

Parnell hatte in Irland ein großes Ansehen, auch von Seiten der katholischen Kirche. Das Volk verehrte ihn wie einen ungekrönten König. Als jedoch seine Affäre mit der Frau eines Parteimitgliedes bekannt wurde, war seine politische Karriere und bald auch sein Leben beendet. Parnell starb im Oktober 1891.

In den 80er-Jahren des 19. Jh. hatten sich nicht nur die Gesetzeslage und das Agrarwesen verändert, sondern auch das soziale Gefüge des Landes. Inzwischen war eine nationalistisch orientierte Mittelschicht entstanden. 1893 wurde eine Bewegung zur Wiederbelebung der irischen (gälischen) Sprache ins Leben gerufen (s. S. 63), und auch das Studium der irischen Geschichte wurde mit Eifer betrieben. Der stark nationalistisch geprägte Gälische Sportverband (*Gaelic Athletic Association*) förderte die einheimischen Sportarten, insbesondere den gälischen Fußball und das uralte Hurling-Spiel (s. S. 64).

Förderung des Gälischen

*Radikali-
sierung*

Nach Parnells Tod radikalisierten sich die nationalistischen Aktionen, und es kam auch zu Auseinandersetzungen innerhalb der einzelnen Gruppierungen. 1905 gründete der Dubliner Journalist Arthur Griffin die Bewegung **Sinn Féin** („Wir selbst"). Ihre Forderung war, dass die irischen Abgeordneten ihre Mandate in Westminster nicht wahrnehmen, sondern stattdessen in Dublin zu einer verfassungsgebenden Versammlung zusammentreten. 1912 wurde die *Home Rule Bill* im britischen Unterhaus vorgelegt, was allerdings von den Protestanten im Norden des Landes abgelehnt wurde.

Der 200.000 Mann starken Truppe der illegalen *Ulster Volunteers* standen die *Irish Volunteers*, eine irische Bürgerarmee, gegenüber. Auch *Sinn Féin*, die Irische Republikanische Bruderschaft (eine Abspaltung der *Irish Volunteers*), und die *Gaelic League*, 1893 von Douglas Hyde gegründet, kämpfte für die irische Unabhängigkeit. Im September 1914 wurde die **Home Rule Bill** verabschiedet. Irland „bedankte" sich, indem es England Unterstützung im Ersten Weltkrieg anbot. 30.000 Soldaten fielen.

*Ausrufung
der Republik*

Mittlerweile hatte die Irisch Republikanische Bruderschaft zum Aufstand gerüstet und rief für den Ostermontag 1916 zu einer nationalen Erhebung auf. Auf dem Dach des Hauptpostamtes in der O'Connell Street in Dublin hissten die Aufständischen die Trikolore der irischen Republik, und vor dem Hauptportal verlas **Patrick Pearse** die Proklamation der Republik. Der Aufstand endete im Chaos und wurde nach einer Woche niedergeschlagen. Weite Teile der Innenstadt wurden durch britische Kanonen zerstört. Die Führer des Aufstandes wurden ins Kilmainham-Gefängnis (heute Museum) geschafft und 16 von ihnen hingerichtet. Noch Jahrzehnte nach dem Aufstand hing das Porträt von Patrick Pearse in jedem Haus. Trotz der Niederlage waren durch den Aufstand das Nationalgefühl und der Widerstandswille des irischen Volkes erneut gestärkt.

1918 wurden allgemeine Wahlen abgehalten. Das protestantische Ulster wählte fast einstimmig für die Unionisten. Im übrigen Irland konnte sich die Nationalpartei Sinn Féin durchsetzen, doch nahmen sie ihre 73 Mandatssitze im Parlament von Westminster nicht wahr, sondern bildeten in Dublin ein eigenes Parlament, den *Dáil Éireann* (Versammlung von Irland). Sie beriefen sich auf die 1916 von den Aufständischen ausgerufene Republik. **Eamon de Valera** wurde als Präsident eingesetzt. England reagierte postwendend und schickte Truppen ins Land.

*Anglo-
Irischer Krieg*

Der zweieinhab Jahre dauernde anglo-irische Krieg begann, in dem die *Irish Volunteers* (inzwischen Irisch Republikanische Armee = IRA genannt) gegen die Streitkräfte der britischen Krone kämpften. 1921 endete der Krieg mit der Auflösung der 120 Jahre bestehenden Verbindung mit England. Das Ergebnis war die Teilung der Insel: Eine Volksabstimmung in den sechs protestantischen Grafschaften des Nordostens fiel aufgrund der protestantischen Siedlermehrheit für Großbritannien aus. Diese Gebiete wurden der englischen Krone zugeschlagen, die übrigen 26 irischen Grafschaften (*counties*) hingegen zum Freistaat erklärt. Als selbstständiges Mitglied wurde das nun unabhängige Irland in den Commonwealth aufgenommen. Nordirland erhielt ein eigenes Parlament in Belfast, den *Stormont*.

Michael Collins (1890–1922), Mitglied der *Sinn Feín*, der *Irish Republican Brotherhood* und ab 1914 der *Irish Volunteers*, kämpfte nach dem Osteraufstand als Kommandant der

IRA. Er akzeptierte die Teilung Irlands, da er es für die beste Lösung hielt, und um weiteres Blutvergießen zu verhindern. Dies wurde sein Todesstoß. Am 22.8.22 wurde er umgebracht. 1996 verfilmte *Neil Jordan* seine Geschichte.

Aus dem südlichen Irland war der Irische Freistaat entstanden, woraus sich allmählich die Republik Irland entwickelte. 1937 wurde der **souveräne, unabhängige demokratische Staat** Eire ausgerufen. Der Präsident war Douglas Hyde. Irland erhielt eine neue Verfassung und wurde jeglicher Verpflichtungen gegenüber der britischen Krone entbunden. Während des Zweiten Weltkrieges verhielt sich die Republik Irland neutral. Nordirland kämpfte unter britischer Flagge. 1955 trat Irland den Vereinten Nationen bei.

Staat Eire

Obwohl Irlands Unabhängigkeit ohne den Beitrag von Eamon de Valeras nicht denkbar gewesen wäre, stimmte seine konservative und traditionelle Haltung in den 1950er-, 1960er-Jahren kaum mehr mit der Realität des Landes überein: Die wirtschaftliche Not war immens, Ineffizienz, chronische Arbeitslosigkeit und Auswanderung führten beinahe zu einem Zusammenbruch. De Valeras Nachfolger als Premierminister war Sean Lemass, dem es immerhin gelang, die Auswanderung bis Mitte der 1960er-Jahre zu halbieren. Der Beitritt zur EWG 1972 brachte weitere wirtschaftliche Vorteile, z. B. festgesetzte Preise für Agrarprodukte. Die internationale Wirtschaftskrise, die durch die internationale Ölkrise 1973 ausgelöst wurde, führte zu einer erneuten Auswanderungswelle, die bis Mitte der 1980er-Jahren anhielt.

In den frühen 1990er-Jahren brachte europäische Hilfe einen Kickstart für die irische Wirtschaft. Riesige Geldsummen flossen in Bildung, Infrastruktur und Steuererleichterung für ausländische Investoren. In weniger als zehn Jahren verwandelte sich Irland von einem der ärmsten Länder zu einem der reichsten Länder Europas. Die Arbeitslosigkeit fiel von 18 auf 3,5 %. Die durchschnittlichen Arbeitslöhne waren die höchsten in Europa, und der dramatische Anstieg im BSP bedeutete, dass das Land mehr Geld hatte, als es ausgeben konnte. Irland wurde zum „keltischen Tiger", ein Wirtschaftsmodell, das von der ganzen Welt bewundert wurde. Im ganzen Land wurde die Infrastruktur verbessert, und große Computer- und Telekommunikationsfirmen kamen ins Land. Sie schufen Arbeitsplätze und förderten weitere Investitionen. Damit verbunden waren soziale Veränderungen, z. B. in Bezug auf die Stellung der Kirche. Globale Veränderungen und größerer Wohlstand führten dazu, dass die katholische Kirche immer mehr an Einfluss verlor. Bis 2008 war Irlands Wirtschaft eine der gesündesten in der EU, 2011 bereits eine der schwächsten. Die weltweite **Finanzkrise** sowie die **Bankenkrise** trafen Irland schwer.

Finanzkrise

Zwei Staaten in Irland

Die Entwicklung in Nordirland verlief anders als im Süden des Landes. Ein großer Bevölkerungsanteil in Ulster fühlte sich aufgrund von Blutsbanden, Geschichte, Religion und Loyalität britisch. Nordirland stand als Teil des Vereinten Königreichs materiell besser da als der Süden. Der Unterschied lag darin, dass Nordirland besiedelt und gezielt bebaut, der Süden hingegen lediglich kolonisiert und relativ vernachlässigt worden war. Nicht nur die Religionszugehörigkeit, sondern auch die Wirtschaft und die un-

Unterschiedliche Entwicklung

terschiedlichen Besitzverhältnisse waren ausschlaggebend für die weitere **Entwicklung des Landes**. England führte in Ulster verschiedene Industrien ein, während der Süden landwirtschaftlich orientiert blieb. Die Bauern im Norden waren reicher, konnten ihren Besitz eher vermehren und vergrößerten so natürlich das Gefälle zwischen dem Norden und dem Süden. Zusätzlich entwickelte sich eine blühende Leinenindustrie, und Belfast wurde der größte Hafen des Vereinigten Königreiches.

Nach der Teilung des Landes 1921 wurde der historische Streit im Süden der Insel allmählich begraben. Hier verlief die Assimilation der protestantischen Minderheit ohne größere Probleme. Im Norden hofften die Nationalisten auf eine Wiedervereinigung des Landes, wurden jedoch von den Unionisten wie Bürger zweiter Klasse behandelt, z. B. mit Diskriminierung am Arbeitsplatz und in der Wohnungspolitik. Es kam zur **Bürgerrechtsbewegung**, doch fast gleichzeitig arteten die Spannungen von beiden Seiten in Gewalt aus. Die IRA, jahrelang untätig, lebte wieder auf. Die „neue" Irish Republican Army versuchte, ihre Forderungen mit Gewalt durchzusetzen. Mit Terrorkampagnen sollte ein vollständiger Abzug der Briten aus Nordirland erzwungen werden. Großbritannien schickte Truppen ins Land, um die beiden Seiten auseinander zu bringen. Im August 1969 marschierten die ersten 400 britischen Soldaten in Derry ein, weitere 600 in Belfast. Beim *Bloody Sunday*, dem 30.1.1972, wurden 13 Zivilisten von Soldaten der britischen Armee erschossen, ein weiterer starb später an seinen Verletzungen. Als Reaktion darauf wurde die britische Botschaft in Dublin in Brand gesetzt. Weitere Anschläge folgten. Nordirland verwandelte sich in ein Schlachtfeld.

Anschläge der IRA

Mit politischen Reformversprechen und -maßnahmen versuchte man in London, die IRA-Kampagnen zu beenden, allerdings ohne Erfolg. Man kam daher zu der Ansicht, dass eine direkte Regierung am ehesten die terroristischen Aktivitäten verhindern könnte. Der Stormont wurde 1972 aufgelöst und Nordirland von einem Minister in London vertreten. 1973 scheiterte der Versuch einer politischen Machtteilung zwischen der katholischen Minderheit und der protestantischen Mehrheit. Die Terrorkampagnen gingen weiter. Im Juni 1985 wurde das **Nordirland-Abkommen** zwischen London und Dublin geschlossen (Mitspracherecht der Republik in Nordirland und eine Einflussnahme auf nordirische Belange), doch die Konflikte gingen weiter.

Nordirland-Abkommen

Trotz eines Waffenstillstands 1994 zwischen Sinn Féin, Dublin und London kam es im Februar 1996 erneut zu Bombenanschlägen seitens der IRA in London. Die schlimmsten Unruhen seit 15 Jahren begannen. Der Friedensprozess lag brach. 1997 gab es einen erneuten Waffenstillstand. Sinn Féin nahm an Friedensgesprächen aller Parteien teil. Der gemäßigte Vorsitzende der Sinn Féin, **Gerry Adams**, und der Sozialdemokrat John Hume entwickelten eine Friedensinitiative. 1998 wurde das **Good Friday Agreement** von den Parteien beschlossen und durch Volksabstimmungen bestätigt. Statt Westminster ist jetzt das Parlament in Nordirland für die inneren Angelegenheiten verantwortlich.

Der Norden wählte ein neues Parlament. **John Hume** und **David Trimble** wurden für ihre Bemühungen, das *Good Friday Agreement* durchzubringen, mit dem Friedensnobelpreis ausgezeichnet. John Hume (geb. 1937), Gründungsmitglied der Social Democratic and Labour Party, wird auch der „Martin Luther King von Nordirland" genannt. 1999 spendete er den Armen und Opfern der Bombenanschläge in Nordirland

Gleiche Rechte für alle

300.000 Pfund, und zwar unabhängig von ihrer Konfession. In den 1960er-Jahren eine der führenden Figuren in der Bürgerrechtsbewegung, setzte sich der ehemalige Lehrer mit aller Kraft für den Frieden und für die Gleichheit in Nordirland ein.

Noch während der Vertragsunterzeichnungen kam es zu Interessenkonflikten. Im August 1998 wurde in Omagh der **schlimmste Bombenanschlag** seit 30 Jahren verübt. 29 Menschen kamen dabei ums Leben. Das *Good Friday Agreement* wurde von vielen Seiten kritisiert. Trimble bekam Widerstand auch aus den eigenen Reihen. Im November 1999 wurde nach einem 300-stündigen Gespräch zwischen David Trimble und Gerry Adams eine Lösung erreicht. Trimble sprach sich dafür aus, die verschiedenen kulturellen Traditionen anzuerkennen, Adams betonte die Wichtigkeit des Waffenabbaus. Im November wurde eine **Koalitionsregierung in Nordirland** eingeführt. Die direkte Herrschaft aus London war damit zu Ende. Trimble (Ulster Unionist Party) wurde vorsitzender Minister. Sinn Féin stellte drei Minister. Erst im Frühjahr 2000 konnte das neue *Good Friday Agreement* tatsächlich eingeführt werden.

Good Friday Agreement

Neue Entwicklungen

Nach Jahren schwierigster Verhandlungen, Rückschlägen (zwischen 2002 und 2007 erneute Fremdherrschaft aus Westminster) und Misstrauen innerhalb und zwischen den Parteien, scheint Nordirland endlich ein Ende der „*troubles*" erreicht zu haben. Endlose Diskussionen um Abrüstung und Waffenstillstand führten schließlich doch dazu, dass die IRA 2005 ihre Waffen niedergelegte. Im März 2007 wurden Wahlen für ein gemeinsames **Northern Ireland Assembly** erfolgreich abgehalten, und im Mai kam es zu einem Übereinkommen zwischen den „Hardlinern" Sinn Féins und der Democratic Unionist Party (DUP).

Dass die lebenslangen Feinde DUPs Ian Paisley († 2014) und Sinn Féins Martin McGuinness im Stormont als erster und stellvertretender Minister eingeschworen wurden, gilt als Zeichen dafür, dass Frieden in Nordirland tatsächlich möglich ist. 2014 wurde McGuinness sogar zum Staatsbankett im Winsor Castle eingeladen.

> **Buchtipp und Infos im Netz**
>
> **A.T.Q.Stewart**: The Narrow Ground. Aspects of Ulster 1609–1969, London (1) 1977, 1997. Der Historiker Tony Stewart hat sich auf das Thema Nordirland spezialisiert, und das Buch bietet eine gute Einführung in das Thema.
> **Websites**:
> www.cain.ulst.ac.uk: zur Geschichte des Konfliktes in Nordirland; www.nio.gov.uk/: Informationen des Northern Ireland Office;
> http://www.theguardian.com/uk/northernireland

Kunst- und kulturgeschichtlicher Überblick

Vor- und Frühgeschichte

Die überwiegend aus der Jungsteinzeit erhaltenen Steinmonumente lassen sich in folgende Gruppen einteilen:
Menhire (Menhir = langer Stein) oder Stehende Steine: Man nimmt an, dass diese einzeln stehenden Steine als Grenz- oder Totengedenksteine dienten.
Megalithgräber, wörtlich „Großsteingräber": Megalithgräber sind die wichtigsten Überreste der Jungsteinzeit in Nordeuropa; sie entstanden ca. 4000–2500 v. Chr. Die Gräber sind mit einem Hügel aus Steinen und Erde bedeckt. Kammergräber (3000–2500 v. Chr.) sind die frühesten Gräber dieser Art. In dem runden Vorhof fanden die Beerdigungsriten statt, dahinter befand sich eine oft in Nischen unterteilte Kammer. Ganggräber (*passage graves*), wie zum Beispiel bei Newgrange, sind eine spätere Entwicklung. Von einer zentralen Grabkammer, zu dem ein enger, von stehenden Steinen begrenzter Gang führt, gehen einzelne Nischen ab. Die Gräber wurden für die Toten einer Familie oder ganzer Dörfer genutzt. Die sogenannten **Dolmen** (= Steintisch) sind kleinere Megalithgräber. Mehrere senkrecht stehende Steine (Orthostaten) sind von einem großen Deckstein bedeckt. Dieser tonnenschwere Deckel wurde mit Hilfe von Erdrampen auf die Monolithen aufgelegt. Der Legende nach sind Dolmen allerdings ein Werk des irischen Sagenhelds Diarmuid, der mit Gráinne, der angehenden Frau des Recken Finn MacCool, geflohen war. Nacht für Nacht musste er, auf Flucht vor *Finn*, ein neues Lager aufbauen, und zwar jene Hütten aus Stein, die daher auch *Beds of Diarmuid and Gráinne* genannt werden.

Großsteingräber

Die dritte Gruppe bilden **Steinsetzungen**. Die Steinkreise oder Steinreihen entstanden in der Bronzezeit, ca. 2500–300 v. Chr. Die Anlagen dienten kultischen Zwecken oder als Versammlungsstätten der Sippe. Vermutlich wurden sie auch zur Beobachtung der Sterne genutzt.

In der **Bronzezeit** erreichte die Verarbeitung von Metall ein hohes Niveau. Neben Waffen und Gebrauchsgegenständen wurden vor allem Goldschmiedearbeiten angefertigt, feine Ohrringe und sogenannte *Lunulae*, mondsichelförmige Halskragen.

Metallverarbeitung

In der **Eisenzeit** (ca. 300 v. Chr. bis 450 n. Chr.) entstanden die beeindruckenden Hügel- oder Steinforts, die als Wohn- und Verteidigungsanlagen dienten. Innerhalb der Wälle aus Erde oder Lehm (sogenannten Raths) befanden sich schlichte, in Trockensteinbauweise, d.h. ohne Mörtel, errichtete Behausungen. Gute Beispiele sind Staigue Fort, Dún Aengus oder Grianán of Aileach. **Crannógs** sind ein weiterer Befestigungstyp. Es handelt sich um künstlich angelegte und mit Palisaden befestigte Inseln.

Die Kunst der Mönche

Die Bekehrung Irlands vom Heidentum zum Christentum verlief friedlich. Die Traditionen der Inselbewohner wurden nicht zerstört, sondern dem Christentum dienstbar gemacht und das jahrhundertealte künstlerische Schaffen der irischen Bevölkerung mit christlichen Inhalten belegt.

Ab dem 6. Jh. fand das kirchliche Leben mehr und mehr in Klöstern statt, die sich über das ganze Land ausbreiteten. Hier befanden sich die Zentren des literarischen, künstlerischen und architektonischen Schaffens. Die aus dem 6. Jh. erhaltenen Schriften zeugen von der großen Gelehrsamkeit der Mönche. Im 7. und 8. Jh. erlangte Irland bereits einen künstlerischen Höhepunkt, der im übrigen Europa, das durch die Wirren der Völkerwanderung und durch den Zerfall des Römischen Reiches stark zerrüttet war, erst sehr viel später einsetzte. Klöster waren nicht nur Zentren der Gelehrsamkeit und des Kunstschaffens, sondern gleichzeitig auch Handwerksstandort, Markt- und Münzstätte sowie Pilgerziel. Diese verschiedenen Funktionen lassen die Bezeichnung **Klosterstädte** zu. Die ersten Klöster bestanden aus einer Kirche, um die sich mehrere kleine Bienenkorbzellen scharten, die Wohnstätten der Mönche.

Künstlerischer Höhepunkt

Ogham-Steine

Eine Steinmauer umgab den Klosterbezirk und schirmte ihn von der Außenwelt ab. Ogham-Steine und mit Kreuzen versehene Grabplatten markierten die Gräber der Verstorbenen.

Rund 270 mit Ogham-Schrift verzierte Steine wurden in Irland gefunden. Die Schrift, benannt nach Ogmios, dem keltischen Gott der Schrift, ist die älteste irische Schrift. Sie entstand etwa um 300 n. Chr. nach dem Vorbild des lateinischen Alphabetes. Allerdings wurde sie fast nur für Inschriften auf Grab- und Gedenksteinen angewendet.

Der Reask Stone

Die Schrift war bis zum 7./8. Jh. in Gebrauch. Das Alphabet umfasst 20 Zeichen, die aus vier Gruppen von je einem bis fünf parallelen Strichen gebildet werden. Sie verlaufen rechts und links, quer oder schräg über eine horizontale Grundlinie – meist die Kante eines aufrecht stehenden Steines. Bis zu fünf Striche bildeten einen Buchstaben, gelesen wurde von oben nach unten.

Kirchenbau

Die Anfänge der Kirchenarchitektur in Irland waren einfache Bauten aus Holz. Um das 9./10. Jh. entstanden unter dem Einfluss der **Wikinger** die ersten Steinkirchen. Die kleinen Oratorien bestanden aus einem Raum und waren in Trockenbauweise (ohne Mörtel) zusammengefügt.

Das perfekte Beispiel einer solchen Steinkirche ist das Gallarus Oratorium auf der Dingle-Halbinsel (siehe S. 278). Es entstand vermutlich zwischen 800 und 1200. Die Form der Kirche erinnert an ein umgekipptes Boot. Die Wände werden aus Lagen flacher Steine, die nach innen geneigt sind, gebildet. Die frühen Steinkirchen ähnelten in ihrer Form den frühen Holzkirchen. Typische Merkmale sind die Mauervorsprünge, sogenannte Antenpfeiler, die an den Nord- und Südmauern über die Ost- und Westgiebel hinausragen, sowie die nach oben hin abnehmende Größe der Steine und die rechteckigen, mit einem flachen Türsturz versehenen Eingänge, die sich nach oben hin leicht verjüngen. Die kleinen Kirchen waren mit Stroh oder Schindeln gedeckt. Die steilen Steindächer dieser frühen irischen Steinkirchen sind in der europäischen Kirchenbauweise einzigartig. Um die Last dieser Steindächer abzustützen und den Druck abzuleiten, wurde über dem Hauptraum ein zweiter Raum mit einem starken Gewölbe gebaut. Später fügte man an einigen der alten Kirchen einen rechteckigen Chor an, wie bei der St. Kevin's Church in Glendalough.

Pfarrkirchen Im 12. Jh. erlebte der irische Kirchenbau seinen Höhepunkt. Neben den Klosterkirchen entstand eine große Anzahl an Pfarrkirchen. Diese waren zumeist kleine romanische Kirchen mit rundbogigen Fenstern, Eingängen und Chorbögen, die mit abstrakten geometrischen oder zoomorphen Motiven verziert wurden.

Die Romanik des Kontinents hatte nur begrenzten Einfluss auf die irische Bauweise. Große Kirchenbauten wie in England und dem kontinentalen Europa gibt es in Irland nicht. Nach wie vor wurde hier kleinformatig und auf rechteckigem Grundriss gebaut. Eine Übernahme aus der normannischen Romanik Englands sind allerdings die Zickzackfriese an Bögen und Portalen. Der Skulpturenschmuck erscheint im Vergleich mit der europäischen Architektur dieser Zeit fast archaisch. Dennoch besitzen sie oftmals eine erstaunliche Schönheit und Vielfalt im Detail und aus verschiedenen, d.h. keltischen, skandinavischen, anglo-normannischen und französischen Quellen geschöpfte Motive. Kennzeichnend für den romanischen Kirchenbau in Irland sind die spitzen Giebel über dem Eingang. Ein wunderschönes Beispiel ist die Kathedrale von Clonfert, wo der Giebel mit Darstellungen menschlicher Köpfe verziert ist.

Verzierungen

Mit der Ankunft der **Normannen** ab dem letzten Drittel des 12. Jh. begann der Zerfall des irischen Klosterlebens. Im gesamten Europa wurde das Christentum im 12. Jh. durch die Kreuzzüge und durch die Gründung neuer Mönchsorden verändert. Die irische Architektur blieb fortan eng an der europäischen Bauweise orientiert.

Die wegen ihrer Kutte „Weiße Mönche" genannten **Zisterzienser** waren bereits vor der Invasion der Normannen nach Irland gekommen, und hatten sich 1142 als erster Orden in Irland niedergelassen. 1257 gab es 38 Zisterzienserklöster in Irland, die nach den strengen Ordensregeln angelegt sind. Ein gutes Beispiel ist Mellifont Abbey. Um den quadratischen Kreuzgang gruppieren sich im Norden die Kirche als höchstes Gebäude, im Osten Sakristei und Kapitelhaus, im Süden Refektorium (Speisesaal) und Küche, im Westen die Wirtschafts- und Lagerräume und im ersten Stock die Schlafsäle. Auf überflüssige Dekorelemente wurde, dem Ideal der Schlichtheit entsprechend, verzichtet. Die Bauweise der Zisterzienser war funktional und entsprach dem genau geregelten Tagesablauf der dort lebenden Mönche. Viele irische Mönche wechselten in dieser Zeit zum Zisterzienserorden über.

Weiße Mönche

Am Ende des 12. Jh. kamen nach den Zisterziensern die Augustiner, Benediktiner, Dominikaner, Franziskaner und Karmeliter. Die Insel wurde mit einem dichten Netz an mächtigen Klöstern im gotischen Stil übersät. Auch Kathedralen – beispielsweise die beiden Kathedralen in Dublin – sowie Dorfkirchen wurden in gotischer Bauweise gebaut. Hohe Lanzettenfenster mit filigranem Abschluss und Spitzbögen sind die typischen Kennzeichen.

Im relativ friedlichen 15. Jh. wurden etliche Klöster und Kathedralen verändert oder neu aufgebaut. Im Stil des Flamboyant wurden die alten schmalen Fenster durch größere und breitere mit fantastischem Maßwerk ersetzt. In der Zeit zwischen 1400 und 1535 erfolgte eine **neue Blüte der Kirchenbaukunst**, die meist vom Franziskanerorden getragen wurde. Die überwiegende Anzahl aller erhaltenen irischen Kirchen stammt aus dieser Zeit.

Im Jahre 1540 löste der englische König Henry VIII. die Klostergemeinden auf und eignete sich deren Besitztümer und Ländereien an. Nicht nur war damit dem irischen Kirchenbau ein Ende gesetzt, sondern auch der freien Religionsausübung der katholischen Bevölkerung. Im 17. und 18. Jh. wurden nur einige protestantische Kirchen gebaut, wobei kontinentale Kirchen als Vorbild dienten. Nach der Emanzipation der Katholiken 1829 entstanden zahlreiche – meist neogotische – Kathedralen überall im Lande. Eine Wiederbelebung der irischen Kirchenbauweise begann im letzten Drittel des 20. Jh. Die Bauten des Architekten **Liam McCormick** fügen sich harmonisch in die sie umgebende Landschaft ein. Die Burt Church (1967) nimmt die Rundung des nahe gelegenen Steinforts Grianán of Aileach auf, und die Kirche von Creeslough (1971) ist an den Formen der Berge im Hintergrund angelehnt.

Moderne Architektur

Grabmalkunst

Aus dem 15. bis 17. Jh. sind wunderbare Grabmäler erhalten. Zu nennen ist vor allem die Steinmetzfamilie *O'Tunney*, deren prachtvolle Sarkophage beispielsweise in Jerpoint Abbey zu sehen sind. Die in der ersten Hälfte des 16. Jh. entstandenen Werke sind mit *Roricus O Tuyne scripsit* signiert. Typisch sind die individuellen Gesichtszüge der Abbilder der Verstorbenen auf den Deckeln der Sarkophage. Die Seiten der Sarkophage werden durch nebeneinandergereihte Heiligen- und Apostelfiguren geschmückt. Oft befinden sie sich in Nischen, die mit feinem Maßwerk verziert sind.

Hochkreuze

Das keltische Kreuz ist ein Kreuz, das von einem Ring umgeben ist. Das war eine praktische Lösung: eine Kombination der neuen Christenlehre (das Kreuz) mit überlieferten heidnischen Vorstellungen, in diesem Fall die Verehrung der Sonne (dargestellt durch den Kreis).

Noch rund 100 Exemplare der berühmten irischen Hochkreuze existieren auf der Insel. Auch in Schottland und in England gibt es Hochkreuze, wobei die englischen Kreuze allerdings keinen Kreuzring haben. Die irischen Hochkreuze waren zwischen 3,50 und 4 Meter hoch und immer streng geostet. Hochkreuze sind keine Grabkreuze, sondern Orte der Predigt, der Versammlung und des Gebetes. Als Bibelkreuze hatten sie auch didaktische Funktion.

Immer streng geostet

Die frühesten Hochkreuze waren einfache Steine (teilweise Menhire aus vorchristlicher Zeit), entweder in Form eines Kreuzes oder mit einem Kreuz verziert. Gute Beispiele sind die Kreuze von Cardonagh und Fahan aus dem 7. Jh. Die Kreuze standen an exponierter Stelle innerhalb der Klosteranlage.

Im 8. Jh. entstanden die ersten Hochkreuze aus Sandstein. Ein gutes Beispiel ist das Kreuz von Ahenny. Der kurze Schaft wird durch einen Kreuzring mit den Armen verbunden. Der Ring, der um das Kreuz gelegt wurde, diente zum einen als Stütze für die schweren steinernen Arme, symbolisierte wohl aber auch die Welt. Das Kreuz ist mit

Die Entwicklung der Hochkreuze

Flechtwerk, Spiralen, abstrakten Motiven sowie Tierbildern verziert. Nur auf dem Sockel sind Figuren zu erkennen. Möglicherweise handelt es sich bei diesen Kreuzen um Nachbildungen der prachtvoll **verzierten Vortragekreuze**. Die hervorspringenden Bossen sind den Cabochons der Prozessionskreuze auffällig ähnlich.

Die ersten Darstellungen von Szenen aus dem Alten Testament stammen aus dem 9. Jh. Die Kreuze waren nun nicht mehr nur rein repräsentativ, sondern übernahmen eine didaktische Funktion. Durch die zahlreichen Bildfelder und Figuren sollte den Schriftunkundigen das Wort Gottes nahegebracht werden. Ein gutes Beispiel dafür ist das Südkreuz von Clonmacnoise.

Didaktische Funktion

Beliebte Themen aus dem Alten Testament waren der Sündenfall, der Brudermord an Abel, Daniel in der Löwengrube und die Opferung Isaaks. Darstellungen aus dem Neuen Testament sind das Wunder der Brotvermehrung, die Anbetung der Könige und im Zentrum der Kreuze entweder die Kreuzigung oder der glorifizierte Christus. Der Höhepunkt der Bibelkreuze war um die Mitte des 10. Jh. erreicht. Über und über sind die Kreuze mit Szenen aus dem Alten und Neuen Testament und die leeren Zwischenräume mit Ornamenten und geometrischen Mustern, Tier- und Jagdszenen ausgefüllt. Durch längere Schäfte wirkten die Kreuze insgesamt leichter und zierlicher. Ein schönes Beispiel dafür ist das Muiredach-Kreuz in Monasterboice.

Scheibe statt Kreuzring

Vom späten 10. bis späten 11. Jh. wurden kaum noch neue Kreuze aufgestellt, und diejenigen aus dem 12. Jh. sind ganz anders als die früheren Kreuze. Es gibt weniger plastische Figuren, höchstens eine prominente Darstellung von Christus oder eines einzelnen Bischofs. Das Kreuz ist nicht mehr in einzelne Felder unterteilt, und auf ornamentale Verzierungen wird verzichtet. Beispiele hierfür sind die Kreuze von Drumcliff und Durrow. Manche dieser Hochkreuze haben statt eines Kreuzringes nur eine Scheibe in der Mitte. Das Kreuz sowie Teile der Figuren werden aus einzelnen Elementen gebildet, die mittels Steinzapfen zusammengehalten werden. Ein Beispiel ist der heute fehlende Arm des Bischofs auf dem Kreuz von Dysert O'Dea. In der Romanik endet die Entwicklung der irischen Hochkreuze. Im 19. Jh. werden Hochkreuze wieder als Grabkreuze modern.
Info: www.megalithicireland.com

Rundtürme

In Irland gibt es noch etwa 70 Rundtürme, von denen ein Dutzend recht gut erhalten ist. Sie sind schmal und hoch und verjüngen sich nach oben. In der flachen Landschaft kann man sie schon von weitem erkennen. Außerhalb Irlands gibt es nur noch zwei weitere Rundtürme in Schottland. Die Türme waren zwischen 25 und 34 Meter hoch, hatten einen Durchmesser von ca. 4,50 Meter an der Basis und Mauerstärken von bis zu 1,40 Meter. Hölzerne Treppen verbanden die 5 bis 7 Stockwerke im Inneren des Turmes.

Die Rundtürme fungierten – wie der Campanile in Italien und das Minarett in der islamischen Welt – als **Orientierungspunkte**, die den sich nähernden Pilgern das Ziel ihrer Wanderung zeigten und von denen aus die Mönche zum Gebet gerufen wurden.

Wegweiser für Pilger

Schutz der Kirchenschätze rüber hinaus dienten sie dem Schutz der Mönche und ihrer Kirchenschätze in Gefahrenzeiten. Der Eingang lag in der Regel mindestens drei Meter über dem Boden, und in jedem Stockwerk gab es höchstens ein Fenster, unter dem konischen Dach vielleicht vier oder fünf. Zwar waren die Türme durch den erhöhten Eingang relativ angriffssicher, doch da die Böden und Treppen aus Holz waren, kam es immer wieder zu verheerenden Feuersbrünsten.

Die frühesten Türme werden auf ca. 900 datiert, zeitgleich mit den ersten Steinbauten, die im Zuge der Wikingereinfälle errichtet wurden. Anfänglich waren sie nicht verziert und relativ klobig. Später kamen dekorative Elemente, wie umlaufende Friese und romanische Torbögen und Fenster, hinzu. Da die Türme auch noch bis ins 12. Jh., also nach den Wikingerinvasionen, errichtet wurden, dienten sie vermutlich auch zur Repräsentation, um die Macht und das Ansehen der Klöster zu zeigen. Während des 18. und 19. Jh. wurden viele Rundtürme oft ohne Sachkenntnis restauriert und verändert. Manche erhielten einen Zinnenkranz anstelle des typischen Kegeldachs.
Info: www.roundtowers.org

Das Metallhandwerk

Das Metallhandwerk hat in Irland eine lange **keltische Tradition**, die bis in die Bronzezeit zurückreicht, als fantastische Goldblecharbeiten und hochentwickelte Gebrauchsgegenstände entstanden. Nach der Christianisierung und durch das Klosterwesen wurde die Kunst der Metallverarbeitung äußerst wichtig, denn man brauchte Messgeschirr, Reliquienschreine, liturgische Geräte, Gefäße und Vortragekreuze. Viele wunderbare Stücke können heute im Nationalmuseum in Dublin (s. S. 130) bestaunt werden.

Wichtige Metallverarbeitung Der Silberkelch von Ardagh ist ein herausragendes Beispiel dieser Kunst. Er wurde vermutlich im 8. Jh. gefertigt. Mit seinen wunderschönen Filigranarbeiten und Kerbschnittornamenten diente er gewissermaßen als Musterbuch der damaligen Handwerkskunst. Aus dem 8. Jh. stammt auch die sogenannte **Tara-Fibel**, eine prachtvolle Ringfibel, die über und über mit Filigranornamenten, Bernstein und buntem Glas verziert ist.

Aus dem 11. und 12. Jh. sind überwiegend Reliquiare für persönliche Gegenstände der Heiligen, wie Krummstäbe, Bücher und Glocken, erhalten. Besonders beeindruckend ist der Krummstab von Lismore (um 1100, heute in Dubliner Nationalmuseum). Er gilt als gutes Beispiel für die Verschmelzung von einheimischen Motiven und außeririschen – in diesem Fall skandinavischen – Stilen.

Handschriftenherstellung

Die wichtigste Kunst vom späten 7. bis zum frühen 9. Jh. war neben dem Metallhandwerk die **Buchmalerei**. Beide Künste sind hinsichtlich ihrer ornamentalen Gestaltung recht ähnlich. Die Motive waren in ihrer Anzahl relativ begrenzt, wurden allerdings immer wieder variiert. Die Beschaffung der Farben war aufwändig und kostspielig. Rot gewann man z. B. aus einer im Mittelmeergebiet beheimateten Schildlausart, Gelb aus Auripigment, gelbem Ocker und Rindergalle, Purpur, Lila und Kastanienbraun aus einer Mittelmeerpflanze und Hellgrün aus Grünspan. Verschiedene Blautöne stammen aus Indigopflanzen und aus dem kostbaren Lapislazuli aus dem Fernen Osten.

Die kostbaren, in den Klöstern entstandenen Schriften mit ihren fantastischen Illustrationen waren von höchster künstlerischer Qualität. Die kleinen „Taschenevangeliare", in Minuskeln (Kleinbuchstaben) geschrieben, waren für den Missionsgebrauch gedacht. Die großen, prächtigen Bücher, in Majuskeln (Großbuchstaben) geschrieben, wurden für besondere Feierlichkeiten verwendet.

Kostbare Handschriften

Die zwei berühmtesten Bücher sind in der Bibliothek des Trinity College in Dublin aufbewahrt. Es ist das Buch von Durrow aus dem 7. Jh. und das Buch von Kells aus dem 9. Jh.

Das **Book of Durrow** ist ein um 675 in Majuskeln geschriebenes Evangeliar und das älteste derart reich verzierte Evangeliar Irlands. Verziert ist das Buch mit Flechtmustern in abstrakten und zoomorphen Formen, keltischen Ornamenten und mit den Symbolen der Evangelisten. Die Eingangsworte der Evangelien sind ebenfalls verziert.

Das **Book of Kells** entstand um 800. Es ist das meistdekorierte Schriftstück aus dem ersten Jahrtausend nach Christi, das bis heute erhalten geblieben ist. Der Name „Book of Kells" nimmt Bezug auf das Kloster von Kells in der Grafschaft Meath, ca. 70 km NW Dublins. Kells wurde zum Zufluchtsort für die Anhänger des hl. Columba, die im Jahre 806 vor den Wikingern von der Insel Iona geflohen waren. Wissenschaftler gehen davon aus, dass das Buch ein Werk der Iona-Gemeinschaft ist. Entweder entstand es noch auf Iona oder aber in Kells.

In Majuskeln mit Gallensud auf Kalbsleder geschrieben, enthält das Buch eine lateinische Version der vier Evangelien mit einem Vorspann von Vorworten, Zusammenfassungen der biblischen Geschichte und kanonischen Tafeln oder Konkordanzen zu den Evangelien. Das Buch enthält in seinem jetzigen Zustand 340 Doppelseiten, d.h. 680 Seiten auf Vellum (Kalbshaut) im Ausmaß von 330 x 250 mm. Ungefähr 30 Doppelseiten sind im Laufe der Zeit abhanden gekommen. 1953 wurde es vierbändig eingebunden, ursprünglich war es ein einziger Band. Von den vier Bänden werden jeweils zwei Bände unter höchsten Sicherheitsvorkehrungen ausgestellt. Die Illustrationen sind geradezu atemberaubend, insbesondere die leuchtenden Farben, das Flechtwerk der Ornamente, die Initialen und die humorvollen Randzeichnungen.

Atemberaubend schön

Der Profanbau

Burgenbau

Wie die Baukunst der Romanik und der Gotik, war auch der Burgenbau nicht typisch irisch. Zur Kontrolle des unterworfenen Landes bauten sich die normannischen Eroberer ab etwa 1200 mächtige Festungen, sogenannte **Motte-and-Bailey-Burgen**.

Stein anstelle von Holz

Auf der *motte*, einem künstlichen Erdhügel, stand ein meist hölzerner Turm, der von einer Palisade umgeben war. In dem *bailey*, dem Innenhof, befanden sich weitere Gebäude. Ab dem 13. Jh. wurde anstelle von Holz nur noch Stein verwendet. Stein war als Baumaterial bis dahin nur für Kirchen verwendet worden. Die normannischen Burgen hatten meist einen quadratischen Bergfried (*keep*), der von starken Mauern umgeben war.

Im 15. Jh. kam die vor allem in Schottland bekannte Form des **Tower House** nach Irland, eine Bauform, die vom niederen Adel und von reichen Kaufleuten übernommen wurde. Bei einer Fahrt durch das Land wird man unzählige Ruinen solcher Tower Houses entdecken können. Tower Houses sind Zwischenformen zwischen Haus und befestigter Burg und dienten beiden Zwecken gleichermaßen. Ein Stockwerk hatte oft nur einen Raum, dafür waren die Tower Houses drei bis sechs Etagen hoch. Zinnen, Wehrgänge, Schießscharten und nur wenige kleinformatige Fenster zeigen die defensive Funktion.

Renaissance

Der Stil der Renaissance konnte sich in Irland nie durchsetzen. Das einzige Beispiel ist das Schloss der Butler von Ormond in Carrick-on-Suir.

Mansion Houses und Landschaftsgärten

Mit der Vorherrschaft der Engländer gelangte der **Klassizismus** ab ca. 1720 nach Irland. Der Reichtum der Großgrundbesitzer (protestantisch und britisch) wird an der großen Anzahl an Herrenhäusern, den sogenannten Mansion Houses, deutlich. Castletown House wurde 1722 von dem Architekten **Sir Edward Lovett Pearce** erbaut und ist der erste irische Bau im palladianischen Stil. Der aus Kassel stammende Architekt **Richard Cassels** (Castle) wurde nach Pearces Tod dessen Nachfolger und baute weiterhin in der palladianischen Bauweise.

Herrenhäuser

Mansion Houses sind meist von parkähnlichen Gärten umgeben. Auch diese Mode kam aus England. Heute ist Irland für seine wunderschönen Gärten berühmt. Kunstvolle und großzügig angelegte Anlagen mit Rosenarrangements, exotischen Pflanzen, Steingärten und Wasserspielen wurden harmonisch in die sie umgebende Landschaft integriert. In dem milden und feuchten Klima Irlands wächst (fast) alles. Die Herrenhäuser, meist an den schönsten Stellen des Landes gelegen, stehen heute zum Teil der Öffentlichkeit zur Besichtigung zur Verfügung, zum Teil sind sie als Hotel oder Restaurant umgestaltet.

> **Buchtipp**
>
> **Howley, James:** The Follies and Garden Buildings of Ireland, 2004. Das großformatige Buch enthält neben erläuterndem Text wunderschöne Abbildungen über Gartengebäude.

Literatur

Irland hat eine lange literarische Tradition. Kennzeichen der irischen Literatur sind die Kunst des Fabulierens und ein Hang zum Übernatürlichen. Die irische Literatur wird in gälische und anglo-irische Literatur unterschieden.

Irische Märchen und Mythen

In keinem Land Europas ist das mündliche Erzählen von Märchen und Geschichten so lange lebendig geblieben wie in Irland. Ebenso beispielhaft ist die Sicherung dieses folkloristischen Gutes. Die Irische-Folklore-Kommission hat 1,5 Millionen Manuskriptseiten mit Aufzeichnungen und Notizen zu Märchen und märchenhaften Stoffen sowie zahllose Tonbänder gesammelt.

Die Gründe für das reiche Erbe an Geschichten und Sagen sind vielfältig:
– Die geografische Insellage am Rande Europas. Die Insel wurde nie von den Römern erobert, und keltische Tradition und Christentum verbanden sich hier friedlich.
– Die keltische Kulturtradition mit ihrer Vorliebe für reiches Ornament.
– Die gälische Sprache wurde über Jahrhunderte hinweg von den britischen Besatzern unterdrückt, aber von der verarmten Landbevölkerung rege gepflegt.
– Der Rückgriff auf die alten keltischen Sagen- und Märchenstoffe im Zuge des Irish Revival im ausgehenden 19. Jh. spielte eine wichtige Rolle im Unabhängigkeitskampf. In den 1920er-Jahren bemühte sich die neue Regierung stark um die Bewahrung der irischen Folklore. Im ganzen Land gab es Märchenerzähler, die bereit waren, Sammlern ihr Märchenrepertoire zu erzählen. Der ausgeprägte Nationalismus und die Glorifizierung der gälischen Tradition sind eine Reaktion auf die jahrhundertelang währende Unterdrückung.

Zur Geschichte der Sammlertätigkeit irischer Folklore
1953 wurde die „Irische Folklore Kommission" ins Leben gerufen. Ihre Absicht war, das überlieferte Erzählgut zu sammeln, zu katalogisieren und so für die Nachwelt zu bewahren. Bereits 1825 hatte der Londoner Buchhändler Thomas Crofton Crocker die „Fairy Legends and Traditions of the South of Ireland" herausgegeben, Geschichten, die er auf ausgedehnten Wanderungen durch das südliche Irland gehört hatte. Dies war die erste Sammlung und schriftliche Fixierung mündlich tradierter Märchen und Sagen. Seitdem haben sich etliche Sammler die irischen Märchen und Mythen erzählen lassen und für die Nachwelt aufgeschrieben, u.a. die Brüder Grimm, die bereits ein Jahr nach Erscheinen Crockers Fairy Tales unter dem Titel „Irische Elfenmärchen" ins Deutsche übersetzten.

In den letzten beiden Jahrzehnten des 19. Jh. begannen zahlreiche englische und irische Schriftsteller mit dem Sammeln irischer Märchen. Zu nennen ist **William Makepeace Thackerey** mit seinem „Irish Sketch Book" sowie **Sir William Wilde** (der Vater von Oscar Wilde) mit seinem Bändchen „Irish Popular Superstitions", 1853. Am Ende des Jahrhunderts folgten **Lady Gregory** und **William Butler**

Yeats mit den „Fairy and Folk Tales of the Irish Peasantry", 1888, und den „Irish Fairy Tales", 1892. **Lady Gregorys** „Visions and Beliefs in the West of Ireland" ist eine zweibändige Anthologie der irischen Feenwelt, in der sie die Arten und Gewohnheiten der irischen Feen darstellt. Auch **John Millington Synge** bemühte sich um die Erhaltung des irischen Märchengutes und verarbeitete die Themen in seinen teils fantastisch-poetischen, teils kritisch-realistischen volkstümlichen Theaterstücken.

Vor allem ist **Douglas Hyde** zu nennen, Professor für irische Sprache und Literatur in Dublin und von 1938–1945 der Präsident der Republik Irland. Ihm ist es zu verdanken, dass sich Folklore zu einem beachteten Wissenschaftsgebiet entwickeln konnte. Als Freund von Lady Gregory und W.B. Yeats, veröffentlichte Hyde 1890 die Sammlung „Beside the Fire, A Collection of Irish Gaelic Folk Stories", von denen er einige in Gälisch und Englisch wiedergab. Er war der Gründer und Vorsitzende der Gaelic League, einer ursprünglich unpolitischen Körperschaft, deren Ziel die Erneuerung der gälischen Sprache, der Erhalt des literarischen Erbes und die Schaffung einer neuen nationalen Literatur war.

Die irische Märchenwelt
Die irische Märchenwelt ist eine Kombination von keltischer Tradition, Christentum, gälischer Sprachkultur, Mythologie und Folkore. Die frühen Bewohner Irlands glaubten an die Existenz der Feen. Sie boten Erklärungen für Dinge, die sich sonst nicht erklären ließen. Der Glaube an eine „andere Welt" war eine Flucht aus der entbehrungsreichen Welt in eine andere, bessere – die der Fantasie.

Die Feen (*Sidhe*) werden als *Good People, Little People, Noble People, The People of the Hills* oder auch einfach *Other People* bezeichnet. Sie wohnen in leer stehenden Häusern, in alten Ruinen, in Büschen, auf Hügeln oder Bergen. Es gibt verschiedene Erklärungen für die Existenz der Feen: Eine Theorie besagt, dass die Kelten die irische Urbevölkerung (in der Sage *Tuatha Dé Danann*) in den Untergrund verdrängten. Fortan war ihr Wohnsitz der Hügel und das Hügelgrab, beispielsweise in den zahlreichen Ganggräbern am Boyne. In den Legenden waren die Erbauer der Megalithgräber die Wesen der Unterwelt.
Einer anderen Erklärung nach sind die Feen beim Sturz der Engel aus dem Himmel entstanden, nachdem sich Luzifer gegen Gott erhoben hatte. Gott erlaubte jedem Engel, gefallen oder nicht, zu bleiben, wo er gerade war. Jene, die sich zu diesem Zeitpunkt auf der Erde befanden, sind die Feen, während die noch Fallenden in der Luft leben. Die Feen zeichnen sich durch eine große Vielfalt aus. Nach eigenem Gutdünken können sie als Tier, Mensch oder Element erscheinen. Manchmal sind sie freundlich und hilfsbereit und tragen sogar menschliche Züge. Sie können krank werden und sterben, die Frauen spinnen oder kochen, männliche Feen neigen zur Trunksucht. Sie singen und tanzen gern und lieben das leibliche Wohl.

Frederik Hetmann: Irische Märchen, 2009. Hetmann gibt eine gute Einführung in das Thema und hat 23 charakteristische Märchen und Feengeschichten ausgewählt. Mit ausführlichen Literaturangaben und Quellenverzeichnis.

Irischsprachige Literatur

Das mündliche Erzählen geht in Irland viele Jahrhunderte zurück. Die Gilde der Geschichtenerzähler (*Shanachies* oder *Seanchai*), die noch bis ins 20. Jh. existierte, tradierte ihr Wissen von Generation zu Generation und konnte so das literarische Erbe trotz der Unterdrückung durch die Engländer bewahren. Die Shanachies entwickelten sich aus den Dichtern und Sängern (*Filidh*) der vorchristlichen Zeit und hatten, wie die Druiden und die Rechtsgelehrten, ein hohes gesellschaftliches Ansehen.

Mit der Christianisierung wurde die lateinische Schrift in Irland eingeführt. Mönche schrieben die bis dato mündlich überlieferten Geschichten auf, und zwar nicht nur religiöse, sondern auch historische Texte und Sagen. Die Mönche begegneten den heidnischen Epen erstaunlich unvoreingenommen. In der irischen Literatur gibt es vier große Sagenkreise. Kennzeichnend sind die Lust an Übertreibungen, die Fantasie, die Naturnähe, aber auch ein Sinn für das Unheimliche und Übernatürliche. Auch die religiöse Literatur des Mittelalters, meistens Heiligenlegenden, wurde mit fantastischen Wundern ausgeschmückt, was wiederum die große Fabulierfreude der Iren zeigt.

Fabulierfreude

Mit den Normannen erreichte die Tradition der höfischen Troubadourlyrik Irland und wurde von den gelehrten irischen **Barden** bereitwillig übernommen. Vom 13. bis 16. Jh. blühte die bardische Dichtung. Die Lobgesänge auf Mitglieder des Adels sind die früheste, nur mündlich überlieferte Form dieser Dichtkunst. Später gab es festere Regeln und kunstvolle Strophen- und Reimschemata. Sie ähneln den Dichtungen der deutschen Meistersänger. Im darauffolgenden Jahrhundert waren vor allem Märchen und abenteuerliche Reiseromane beliebt. Daneben entstanden in den Klöstern aber auch Chroniken, so im 17. Jh. die berühmten Annals of the Four Masters. Vom 17. bis zum 19. Jh. waren als Reaktion auf die Unterdrückung durch die Engländer vor allem die nationalistisch angehauchte Ballade und das Heldenlied populär. Durch die Bemühungen der Gaelic League (s. S. 63) erhielt die vom Aussterben bedrohte Sprache neue Beachtung, und heute beschäftigen sich zahlreiche jüngere Autoren und Autorinnen mit traditionellen irischen Formen und Inhalten.

Wichtig ist der Ulaid-/Ulster-Zyklus, mündlich aus dem 8.–12. Jh. überliefert. Die Hauptgeschichte handelt vom Rinderraub von Cooley, wobei es um den Kampf zwischen Königin Maeve von Connaught und Cúchulainn, dem Haupthelden der irischen Mythologie, geht. Cúchulainn taucht in den Arbeiten späterer irischer Autoren, von Samuel Beckett bis hin zu Frank McCourt, wieder auf.

Held der irischen Mythologie

Englischsprachige Literatur

Eine ganze Reihe irischer Schriftsteller hat Weltberühmtheit erlangt. Immerhin wurden im 20. Jh. vier irische Autoren mit dem Nobelpreis für Literatur ausgezeichnet: Yeats, Beckett, Shaw und Heaney. Die anglo-irische Literatur hatte einen ersten Höhepunkt bereits im 18. Jh., wobei die bedeutendsten Schriftsteller jener Zeit aus protestantischen Familien der anglo-irischen Oberschicht stammten. Zu nennen sind Edmund Burke (1729–1797), Staatstheoretiker, Historiker und Politiker, Laurence Sterne (1713–68), Oliver Goldsmith und natürlich Jonathan Swift. Nach der Aufhebung der

Strafgesetze im Jahr 1829 (s. S. 24) erstarkte der irische Nationalismus wieder. Angeregt durch die Bemühungen der Gaelic League sahen sich irische Dichter und Dramatiker dem gälischen Erbe verpflichtet und versuchten, irische Themen in ihren in englischer Sprache geschriebenen Werken aufzunehmen. Federführend für die **Irische Renaissance** wurde William Butler Yeats.

Bedeutende Dramtiker

Das 20. Jh. sah mit Shaw, Wilde und Beckett einige der bedeutendsten Dramatiker dieses Jahrhunderts überhaupt, aber auch auf dem Sektor des Romans brachte Irland Geniales hervor, wie beispielsweise James Joyces „Finnegans Wake" von 1939. In den Werken der genannte Autoren finden sich all jene Merkmale der frühen gälischen Literatur: die Liebe für die Form, für die Sprache und für die Kunst des Fabulierens.

Unter dem *Free State Government* (ab 1921) waren unzählige Autoren verboten, so auch George Bernhard Shaw, Samuel Beckett, William Butler Yeats, Sean O'Casey und Oscar Wilde. Etliche Literaten verließen ihre Heimat, da sie die Ansichten der jungen Republik als verklemmt, spießig und borniert empfanden.

Hier ein Überblick über die bekanntesten Dichter und Dramatiker in chronologischer Reihenfolge.

> **Hinweis**
>
> Zu George Bernhard Shaw (1856–1950) s. S. 130, William Butler Yeats (1865–1939) s. S. 374, J.M. Synge (1871–1909) s. S. 317, James Joyce (1882–1941) s. S. 153.

Jonathan Swift (1667–1745)
„Satire is a sort of glass wherein beholders do generally discover everybody's face but their own" (Vorwort, *Battle of the Books*)
Swift war Theologe, Politiker, Misanthrop und ein wahrer Meister der Satire. Nach seinem Studium am Trinity College in Dublin, wurde er Dekan der St. Patrick's Cathedral. Obwohl sich sein Leben in der oberen englischen Gesellschaftsschicht abspielte, zeigte er in seinen satirischen und geistreichen Schriften schonungslos die menschlichen Fehler und Schwächen. In den *Irish Tracts* beschäftigte er sich mit der Situation des armen und ausgebeuteten Irland. Zwischen 1721 und 1727 entstand der satirisch-utopische Roman *Gullivers Reisen*, der Weltberühmtheit erlangte. Trotz des Unterhaltungscharakters lässt der Roman den tiefen Zivilisationspessimismus und die bittere Menschenverachtung seines Autors erahnen. In seinen späteren Schriften wird Swift immer zynischer und menschenverachtender. Vereinsamt verfällt er in geistige Umnachtung und stirbt 1745.

Oscar Wilde (1854–1900)
Oscar Wilde war der Sohn des bekannten Augenarztes William Wilde und der Dichterin „Speranza" Wilde. Er studierte am Trinity College in Dublin und in Oxford. In seinem einzigen Roman, „The Picture of Dorian Gray" (1891), thematisiert Wilde die von Dekadenz geprägte Atmosphäre der Jahrhundertwende. Er war ein Individualist und Ästhet. Stets skandalumwittert, wurde er einerseits von der Londoner Oberschicht geliebt und bewundert, andererseits empfand man seine Eskapaden übertrie-

Literatur **43**

ben. Berühmt geworden sind seine flotten, ironischen Konversationskomödien, wie „An Ideal Husband" und „The Importance of Being Ernest". *Irische Komödien*

Aufgrund seiner homosexuellen Beziehungen zu Lord Alfred Douglas wurde Wilde zu zwei Jahren Zuchthaus mit Schwerstarbeit verurteilt. Im Gefängnis kam er zum ersten Mal mit Menschen der Arbeiterklasse in Berührung. Ausgelöst durch diese Erfahrung setzte er sich später für die von der Gesellschaft benachteiligten Menschen ein.

Edith Somerville (1858–1949)
Gut zu lesen, bieten ihre Romane, die sie zusammen mit Violet Martin (1862–1915) schrieb und unter dem Namen *Somerville and Ross* herausgab, einen kritischen Einblick in das Leben der herrschenden Klasse im 19. Jh. Nach Martins Tod schrieb Edith weitere Romane, die sie nach wie vor unter dem gemeinsamen Namen veröffentlichen ließ. *Kritische Einblicke*

T. C. Murray (1873–1959)
Dramatiker, Prosaist und Journalist. Sein autobiografischer Roman „Spring Horizon" beschreibt das Leben in Macroom am Ende des 19. Jh. während der englischen Herrschaft. Murray gründete später die Cork Little Theatre Company. Insgesamt hat er 14 Stücke geschrieben, einen Roman, etliche Gedichte und unzählige Artikel. Seine bekanntesten Stücke sind: "Autumn Fire", „Maurice Harte" und „The Briary Gap".

Sean O'Casey (1880–1964)
„An' as it blowed an' blowed often looked up at the sky an' assed meself the question, what is the stars, what is the stars?"(„Juno and the Paycock")
O'Casey wurde als Sohn einer protestantischen Arbeiterfamilie in Dublin geboren. Seine Dramen wurden am Abbey Theatre uraufgeführt. *Juno and the Paycock* (Juno und der Pfau, 1924) ist eine deftig-bittere Komödie, die im Dubliner Arbeitermilieu angesiedelt ist, wo er geboren wurde und aufwuchs. Eindringlich schildert er die Wirren des irischen Bürgerkrieges und die Auswirkungen der katholischen Moralvorstellungen auf das Leben der Frauen. In seiner Autobiografie, die sich über sieben Jahrzehnte seines Lebens abspielt, beschreibt er seine Heimatstadt Dublin und gibt gleichermaßen ein Porträt der damaligen Gesellschaft ab. *Gesellschaftsporträt*

Liam O'Flaherty (1897–1984)
Liam O'Flaherty verbrachte seine Kindheit auf den Aran-Inseln und erhielt später in einem Dubliner Jesuiteninternat eine Ausbildung in den Priesterstand. Nachdem er als Soldat im Ersten Weltkrieg gedient hatte, ging er während des Bürgerkrieges nach Frankreich und England. In seinen Romanen, z. B. „The Informer", 1925, „The Assassin", 1928, und „Famine", 1937 gibt er mit detaillierten Beschreibungen ein vortreffliches Porträt irischer Charaktere ab.

Kate O'Brian (1897–1974)
Die Dichterin wurde in Limerick als Tochter eines Pferdehändlers geboren. Ihre Romane schildern das Leben der Frauen und die Ansprüche der katholischen Kirche. Einige ihrer Schriften waren in Irland verboten. Ihr berühmtester Roman ist „The Ante-Room" (1934). Obwohl Kate O'Brian den größte Teil ihres Lebens in England verbrachte, sind ihre Themen in der irischen Mittelklasse angesiedelt. *Leben der Frauen*

Samuel Beckett (1906–1990)

„Perhaps my best years are gone … but I wouldn't want them back. Not with the fire in me now." („Krapp's Last Tape"). Samuel Beckett wurde als zweiter Sohn einer wohlhabenden protestantischen Familie in dem Dubliner Vorort Foxrock geboren. Seine Erziehung erhielt er in Privatschulen, später studierte er Romanistik und Neue Literatur am Trinity College in Dublin. 22-jährig ging er nach Paris, wo er mit James Joyce zusammentraf, der sein frühes Werk nachhaltig beeinflusst. Beckett schöpfte aus englischen und französischen Quellen. Er ist ist daher eher als internationaler denn ausschließlich als anglo-irischer Dramatiker zu bezeichnen: Seine Stücke (ab 1947) schrieb er zunächst auf Französisch und übersetzte sie dann ins Englische. Beckett stellt das menschliche Dasein als absurd, als Leerlauf und sinnloses Warten dar. Die Handlungen der Personen spielen sich oft nur im Bewusstsein der Figuren ab. Mit dem Stück „Warten auf Godot" (uraufgeführt 1953) begründete er seinen Ruhm als Urvater des Absurden Theaters. Beckett gilt als einer der wichtigsten Dramatiker des 20. Jh. 1969 wurde er mit dem Nobelpreis für Literatur ausgezeichnet. In seiner Heimat ehrte man ihn mit einem Bauwerk: Die Samuel Beckett Bridge in Dublin wurde 2009 eingeweiht.

Internationaler Dramatiker

Flann O'Brian = Brian O'Nolan (1911–1966)

„When money's tight and hard to get / And your horse has also ran / When all you have is a heap of debt – / A PINT OF PLAIN IS YOUR ONLY MAN." („The Workman's Friend", aus: „At Swim-Two-Birds")

Flann O'Brian kam unter dem Namen Brian O'Nolan (ir.: Brian O'Nualláin) als drittes von zwölf Kindern 1911 in Strabane, Co. Tyrone, zur Welt. In seinem Elternhaus wurde nur Irisch gesprochen. O'Brian promovierte in Moderner Irischer Dichtung und schrieb unter dem Pseudonym Myles na gCopaleen (oder na Gopaleen) eine beliebte satirische Kolumne für die Irish Times. Sein Hauptwerk, der turbulente, bohèmehafte und oft mit Joyce' „Ulysses" verglichene Roman „At Swim-Two-Birds" (1939, deutsch 1966 in der Übersetzung von Lore Fiedler unter dem Titel „Zwei Vögel beim Schwimmen"), ist nach einer winzigen Insel im Shannon benannt. Wie sein Schriftstellerkollege Brendan Behan neigte auch Flann O'Brian zu übermäßigem Alkoholkonsum. Beiden gemeinsam war ebenso ihre illusionslose Sicht der irischen Gesellschaft.

Satirische Kolumne

C.S. Lewis (1898–1963)

Lewis, gebürtig in Belfast, hinterließ die „Chronicles of Narnia", eine Serie von allegorischen Kindergeschichten, von denen einige mit großem Erfolg verfilmt wurden.

Brendan Behan (1923–1964)

Brendan Behan stammte aus einer katholischen Dubliner Arbeiterfamilie und wurde einer der bedeutendsten irischen Dramatiker seiner Generation. Als aktives Mitglied der IRA verbrachte Behan fast sechs Jahre im Gefängnis. Seine genaue Kenntnis der Gefangenenwelt schildert er in seinem Schauspiel „The Quare Fellow", 1955, und in seinem autobiografischen Bericht „Borstal Boy", 1958. Alkoholische Exzesse behinderten immer wieder das weitere literarische Schaffen Behans, der sich einmal selbst als „drinker with a writing problem" bezeichnete. Behan starb 41-jährig in Dublin.

Aktives IRA-Mitglied

Roddy Doyle (geb. 1958)

Roddy Doyle stammt aus Dublin. Bekannt sind vor allem seine Romane „The Commitments" 1987 und „The Snapper" 1990, die von Alan Parker und Stephen Frears mit großem Erfolg verfilmt wurden. Mit dem Roman „Paddy Clarke HaHaHa", einer ironisch-melancholischen Kindheitsbeschreibung in Irland, gewann Doyle 1993 den begehrten Booker Prize und gilt als der „Superstar" unter den zeitgenössischen Autoren.

Seamus Heaney (1939–2013)
Als ältestes von neun Kindern in der Grafschaft Londonderry geboren, studierte Seamus Heaney Englische Literatur an der Queen's Universität Belfast. 1963 wurde er Dozent für Englische Philologie in Belfast, 1989 Professor für Dichtkunst in Oxford. Heute ist er einer der führenden, zeitgenössischen Dichter der englischen Sprache. Mit seinem ersten Gedichtband „Eleven Poems" (1965), fand Heaneys dichterisches Schaffen zum ersten Mal öffentliche Anerkennung. Als in Nordirland gebürtiger Katholik nahm Heaney regen Anteil an den dortigen Ereignissen und beteiligte sich an den Bürgerrechtsdemonstrationen in den 1960er-Jahren. In „Preoccupations and Wintering Out", 1972, findet sich Heaneys Beschäftigung mit dem Nordirland-Konflikt wieder. 2006 erschien die Gedichtsammlung „Distric Circle". 1995 erhielt er den Nobelpreis für sein lyrisches Schaffen. Er ist damit nach Yeats, Beckett und Shaw der vierte irische Autor, der diese Auszeichnung erhielt.

Nobelpreis

Weitere bekannte irische Autoren sind Edna O'Brian (geb. 1930), Iris Murdoch (1919–1999) und Maeve Binchy (1940–2012). Frank McCourts (1930–2009) Roman „Angela's Ashes" erschien in der deutschen Übersetzung unter dem Titel „Die Asche meiner Mutter" bereits vor dem Original und wurde umgehend ein Besteller. Nuala O'Faolain (1940–2008) schrieb amüsant und bewegend zugleich einen internationalen Besteller über ihr eigenes Leben. Weitere bekannte irische Autoren sind John Banville (geb. 1945) und der beliebte Colm Toíbín (geb. 1955). Als einer der bedeutendsten englischsprachigen Dramatiker Irlands gilt Brian Friel (1929–2015).

> **Buchtipp**
>
> **Welch, Robert (Hrsg.)**: The Oxford Companion to Irish Literature, Oxford 2000. Das über 600 Seiten umfassende Nachschlagewerk ist ein nützlicher Begleiter für alle, die sich für irische Literatur interessieren. Welch war Professor für Englisch an der University of Ulster in Coleraine.

Musik

Die früheste Form irischer Musik sind die Lieder der Barden, die sie als Begleitung zur Harfe sangen. Bis ins 17. Jh. wurde diese Musik nicht aufgeschrieben. Die früheste überlieferte Musik stammt von dem Harfenisten **Turlough O'Carolan**. Spätere Sammlungen gehen auf das Harfenfestival in Belfast, 1792, zurück. Es handelte sich um irische und schottische Jigs, Polkas, Märsche und langsame Vokalstücke.

Im 18. Jh. entstand die „traditionelle" irische Musik, so wie wir sie uns heute vorstellen. Die Harfe, das Instrument der Barden, wurde mehr und mehr durch die Fiedel, Flöten und die Uilleann Pipe (s.u.) verdrängt. Durch Balladentexte wurden Neuigkeiten, wie zum Beispiel Aufstände und Hinrichtungen, im ganzen Land verbreitet. Das Lied

Musik ist immer dabei

diente also der Nachrichtenübermittlung. Einige dieser Lieder haben überlebt, andere sind verschwunden. Sänger und Tanzlehrer waren fahrende Leute. Sie fuhren durch das Land und brachten den Menschen die neuesten Tänze und Lieder bei. Auch in der protestantischen Oberschicht fanden sie Anklang, und manchmal wurden in den prächtigen Herrenhäusern anstelle von Kammermusik Konzerte mit traditioneller Musik abgehalten.

Zu den häufigsten Musikinstrumenten gehören das zweireihige Akkordeon, die Blechflöte (Tin Whistle), die Geige (Fiedel) und die Querflöte. Für den Grundrhythmus sorgt mit seinem tiefen Klang der Bodhrán, eine mit Ziegenfell bespannte Handtrommel. Die Uilleann Pipe ist die irische Version des Dudelsackes. Im Gegensatz zu den schottischen Dudelsäcken wird die **Uilleann Pipe** nicht mit der Lunge, sondern mit dem Ellenbogen betrieben (*uille* = Ellbogen). Die Fiedel hingegen hat keinen irischen Ursprung, sie kam vermutlich im 18. Jh. mit Kesselflickern über Wales und Schottland nach Irland. Es handelt sich dabei um eine ganz normale Violine, die allerdings nicht auf klassische Art gespielt wird. Es gibt keine vorgeschriebene Haltung, einige klemmen sie sich unters Kinn, andere pressen sie gegen die Brust, den Oberarm oder gar die Hüfte. Im 18. Jh. war die Fiedel so beliebt, dass sich Spieler damit ihren Lebensunterhalt verdienen konnten.

Beliebte Fiedel

Im 19. Jh. wurde durch die große Hungersnot fast alle musikalische Tradition zerstört. Wandermusikanten verkamen zu Bettlern, oft waren die Fiedler blind. Dass die Volksmusik überlebte, ist zum einen den Auswanderern in Amerika, Australien, London und Glasgow zu verdanken, die in ihrer neuen Heimat die musikalische Tradition fortsetzten. Zum anderen bemühte sich in Irland auch die Gaelic League um eine Wiederbelebung der traditionellen Musik. Sie führten das **céilí** ein, ein Vorführungsort für irische Musik und irischen Tanz. Es war üblich, dass die irischen Familien, alt und jung gemeinsam, abends zusammen saßen, um zu musizieren.

Mit wachsendem Nationalbewusstsein erwachte die Volksmusik wieder zu neuem Leben und brachte legendäre Musiker, wie **Denis Murphy** und **Michael Coleman**, hervor. Letzterer ging 1916 in die USA und produzierte dort Schellack-Schallplatten. Die Tradition des gemeinsamen Musizierens verebbte allmählich, und mit Einführung des Radios in den 1950er-Jahren nahm der Beliebtheitsgrad der traditionellen Musik noch weiter ab. *Singing Pubs* (siehe unten) waren so gut wie unbekannt, Singen und Musizieren war in den meisten Pubs sogar untersagt. In den 1960er-Jahren erfolgte eine starke Wiederbelebung irischer Folk-Musik. Die 1951 gegründete Vereinigung der irischen Musiker, **Comhaltas Ceoltoiri Éireann** (andere Bezeichnung: Ceoltítí), organisiert Musik- und Liederfestivals, darunter auch das All-Ireland Fleadh, ein dreitägiges Festival, das alljährlich an wechselnden Orten im Sommer stattfindet.

Wiederbelebung irischer Musik

Die Kombination von traditioneller Musik und orchestralen Arrangements vor allem der **Chieftains**, machten die irische Folklore weltweit beliebt. Im internationalen Musikgeschäft nahm die irische Folk-Musik in den 1970er-Jahren durch die Verschmelzung mit anderen Musikrichtungen, insbesondere die Kombination mit Rockmusik, ihren Höhepunkt: Neben den die Chieftains, spielten auch die **Dubliners** und die **Fureys** vor ausverkauften Hallen. Info: www.comhaltas.ie

Rock/Folk

Arbeitslosigkeit oder der Bürgerkrieg in Nordirland sind, wie auch in der Folk-Musik, die Themen der Rockmusiker. **Christy Moore** ist seit den 1960er-Jahren im Geschäft. Seine erste Band, Planxty, mischte traditionelle Musik mit akustischer Gitarre, Folklore und Balladen. Traditionelle Melodien wurden mit eigenen Kompositionen, Jazz und Rockmusik verbunden. Viele seiner Stücke sind politisch.

Eine andere Ikone ist **Van Morrison** aus Belfast, der in den 1960er-Jahren mit der Gruppe Them in Großbritannien Hits landete. **Rory Gallagher**, 1996 verstorben, verkaufte in den 1960er- und 1970er-Jahren über 30 Millionen Alben. Weitere irische Stars sind die **Boomtown Rats** und **Bob Geldof** und natürlich **U2**. In den 1980er-Jahren betraten Künstlerinnen wie Mary Black, Dolores Keane, Maura O'Connell und schließlich auch Sinead O'Connor die Bildfläche. Sharon Shannon ist für ihre virtuose Akkordeon- und Fiedel-Musik bekannt. Die heutige irische Musikszene ist sehr lebhaft und vielfältig mit vielen neuen Bands. In der 14-tägig erscheinen Musikzeitschrift „Hot Press" (www.hotpress.com) werden auch nationale Musikereignisse aufgelistet.

O'Farrell und die Keltic Kats

Singing Pubs

Zahlreiche Kneipenwirte locken mit Ankündigungen wie *„traditional irish music tonight"* Kundschaft an. Viele Singing Pubs sind mittlerweile nur auf Urlauber eingestellt. In Touristenorten, wie beispielsweise Killarney, gibt es zahllose solcher Pubs und auch in den traditionellen Musikhochburgen, wie Doolin im Co. Clare, sind die *sessions* recht kommerzialisiert.

Kino

Irland hat nicht nur zahlreiche ausgezeichnete Schauspieler und Filmemacher hervorgebracht, sondern diente in etlichen Filmen als Kulisse. In den 1950er-Jahren wurde der Ort Cong in der Grafschaft Mayo berühmt, als dort der Film „The Quiet Man" (John Ford) gedreht wurde, gefolgt von der Halbinsel Dingle, auf der „Ryan's Daughter" (1970) spielt. Viele Filme wurden zwar in Irland gedreht, haben aber nichts „Irisches" an sich. Berühmte Filme sind beispielsweise Richard Burtons „The Spy Who Came In from the Cold", der teilweise in Dublins Smithfield spielt, und Paul Newmans „The Mackintosh Man", der in Connemara gedreht wurde. Der Film „Moby Dick" entstand in der Nähe von Youghal in der Grafschaft Cork, „Educating Rita" im Trinity College. Auch Teile von „Braveheart" (1994) entstanden in Irland, wobei irische Studenten und Soldaten bei den großen Schlachtenszenen mithalfen. Später war die gleiche Crew auch an „Saving Private Ryan" (Steven Spielberg, 1998) beteiligt. Der Film wurde am Ballinesker Strand in Curracloe, Grafschaft Wexford, gedreht.

Filmkulisse

Ein großer Hit wurde „The Commitments" von Alan Parker (1990). Der in Norddublin angesiedelte Film, für den Parker nur irische Schauspieler auswählte, zeigt das raue Alltagsleben in der irischen Hauptstadt. 1990 folgte Jim Sheridan mit der Verfilmung des Stücks „The Field" von John B. Keane. Das Stück handelt von einem kleinen Feld im Westen Irlands und offenbart schonungslos das harte Leben im ländlichen Irland. Der Film wurde in der Gegend um Leenane im County Galway gedreht.

Der nächste große Erfolg war „Far and Away" (1991) mit Tom Cruise und Nicole Kidman in den Hauptrollen. „The Crying Game" von Neil Jordan (1992) und Jim Sheridans Filme „In the Name of the Father" (1993) und „Some Mother's Son" (1996) setzen sich mit dem Nordirlandkonflikt auseinander. Ein riesiger Erfolg wurde der Film „Michael Collins", 1996, der in der Zeit des Unabhängigkeitskrieges 1916–22 spielt. Neil Jordan, Filmemacher aus Sligo, ist mittlerweile international berühmt. Weitere Filme von ihm sind – neben „The Crying Game" und „Michael Collins" – „Angel", „Mona Lisa", „The Company of Wolves" und „The Butcher Boy". Ebenfalls ein großer Kinohit war die Verfilmung von Frank McCourts Bestseller „Angela's Ashes" mit Emily Watson und Robert Carlyle in den Hauptrollen (Alan Parker, 1999). Der Film wurde hauptsächlich in Dublin, einige Szenen aber auch in Limerick, gedreht, wobei die Filmemacher haarklein die vom Autor beschriebenen Wohnverhältnisse rekonstruierten.

Buchverfilmung

Neuere irische Produktionen sind „Evelyn" (2003), ein Film über den Kampf gegen irische Verwaltungsorgane, sowie „Veronica Gueri" (2003), ein biografischer Film über eine Journalistin, die 1996 ermordet wurde. Ken Loachs „The Wind That Shakes the Barley" 2006, spielt zwischen 1919 und 1921 sowie zwischen 1922 und 1923 und schildert den Kampf zweier Bruder für die Unabhängigkeit von England. Die Landschaft Connemaras diente als Hintergrund für den Erfolgsfilm „The Guard" von 2013, einer sehenswerten Tragikomödie unter der Regie von John Michael McDonagh mit Brendan Gleeson in der Hauptrolle. Gleeson spielt in „Calvary" (2014) auch fulminant die Rolle eines an der Kirche zweifelnden Priesters. In diesem Film setzt sich Regisseur McDonagh äußerst kritisch mit der katholischen Kirche und den moralischen Grundwerten seiner Landsleute auseinander.

Landschaftlicher Überblick

Geologie und Geografie

Mit einer **Gesamtfläche** von 84.405 km² (Republik 70.283 km²) erstreckt sich die Insel Irland über eine Länge von 486 km (Malin Head – Mizen Head), die Ausdehnung von Ost nach West beträgt 285 km. Die stellenweise nur 200 Meter tiefe und maximal 220 km breite Irische See trennt Irland im Osten von den Britischen Inseln. Im Norden ist die schottische Küste teilweise nur 20 km entfernt.

Irland ist Teil des europäischen Festlandssockels. Vor der irischen Westküste fällt dieser Sockel steil zum Tiefseeboden ab. An den felsigen Küsten bilden die präkarbonen Gesteinsschichten die heutige Oberfläche. Die Gebirge im Südwesten des Landes bestehen aus rotem Sandstein, in den Grafschaften Mayo und in Donegal sowie in der Umgebung von Galway hingegen aus Granit. In der irischen Zentralebene liegen diese Gesteine weiter unter Meeresniveau und sind von dicken Schichten jüngerer Sedimente bedeckt (Karbonkalke, Moränen). Der Norden des Landes besteht hauptsächlich aus Basalt.

Steile Küsten

Die **Oberfläche** Irlands wird in zwei Bereiche unterteilt, die mit der einer flachen Schüssel verglichen werden: Im **Zentrum** (und nur im Osten, um Dublin herum, an das Meer heranreichend) die fruchtbare Kalksteintiefebene. Sie wird von Seen, Flüssen und Moorgebieten durchzogen. Die **Küstenlinie** mit ihrem nur an der Ostküste offenen Felsenkranz. Die Berge sind nur bis zu 1.000 Meter hoch, wirken aber im Vergleich mit dem Tiefland, das meist unter 100 Meter liegt, höher, vor allem im Westen des Landes. Nur etwa 5 % der Oberfläche Irlands liegt über 300 Höhenmetern.

Der Streit um die letzten Moore: der Torfabbau

info

Ab ca. 7000 v. Chr. entstanden Moore, die nahezu 16 % der Oberfläche der Insel bedecken. Moore gedeihen am besten in Gebieten mit hohen Niederschlägen, niedrigen Temperaturen und wenig Verdunstung. Die schwammige braune Masse besteht zu 90 % aus Wasser. Der restliche Teil sind Flechten, Farne und Moose, die bei Trockenheit Wasser aus dem Untergrund nach oben transportieren. Absterbende Pflanzen lassen das Moor („Bog") langsam wachsen, durchschnittlich bis zu einem Zentimeter im Jahr. Moore haben die Eigenschaft, organische Stoffe über Jahrtausende zu konservieren, ein gutes Beispiel dafür sind Moorleichen.

Man unterscheidet grob zwischen Hochmooren (*raised bogs*) und Nieder- oder Deckenmooren (*blanket bogs*). Hochmoor ist nicht – wie der Name zunächst vermuten lässt – in Hang- oder Berglagen zu finden, sondern ist vielmehr durch die Art des Wachstums charakterisiert. Teilweise sind sie bis zu 7 Meter hoch. Während Hochmoore hauptsächlich im Landesinneren zu finden sind, werden die nicht mehr als 2 Meter dicken Flach- oder Deckenmoore von Grund- oder Hangwasser gespeist und kommen überwiegend im westlichen Irland und in den Berglagen vor.

Torfabbau in Co. Kildare

Traditionell wird Torf per Hand mit einem Spaten mit einem langen, schmalen Blatt (dem so genannten „Sléan") gestochen. Die Soden werden gestapelt, mehrfach gewendet und im Spätsommer eingefahren. Im offenen Feuer oder im Herd werden sie verbrannt und entfalten dabei ihren charakteristischen Torfgeruch. Mitte der 1940er-Jahre begann man dann damit, Torf industriell abzubauen. 1946 wurde das halbstaatliche Torfamt Bord na Móna (www.bordnamona.ie) gegründet, und 1950 entstand das erste Torfkraftwerk in Portarlington.

info

Für den industriellen Abbau müssen die Moore zunächst trockengelegt werden. Danach schälen riesige Maschinen Schicht um Schicht ab und spucken sie als Würfel oder Würste wieder aus. Die Soden werden getrocknet, zermahlen, zu Briketts gepresst oder in kleinen Kraftwerken in Elektrizität verwandelt. Die durch die Maschinen entstehenden Schneisen zerstören die bislang intakte Landschaft.

Das Torfamt argumentiert mit Arbeitsplatzbeschaffung und mit der Entlastung für Irlands Energieimportüberhang. Die abgetorfte Landschaft könne für Wiederaufforstung genutzt werden oder es könnten Seen für den Wassersport entstehen. Gegen diese Argumente wehren sich die Umwelt- und Naturschützer, insbesondere der *Irish Peatland Conservation Council*: Pro Jahr werden durch den industriellen Torfabbau acht Moore zerstört, und nur noch ein Bruchteil von Irlands Moorflächen befindet sich in natürlichem Zustand (www.ipcc.ie).

Gewässer

1.390 km² der Gesamtfläche des Landes sind von Wasser. bedeckt. Der größte See der Insel ist der **Lough Neagh** (396 km²), er bildet gleichzeitig das größte Gewässer der Britischen Inseln. Andere irische Seen sind der Lough Derg und der Lough Corrib. Der **Shannon** ist mit 370 km der längste Fluss der Britischen Inseln und auf 220 km schiffbar. Weitere Flüsse sind der Boyne, der Blackwater, die Liffey, die „drei Schwestern" Nore, Barrow und Suir sowie der Lee. Der Royal Canal führt von Dublin nach Mullingar und der Grand Canal zieht sich von Dublin bis nach Athy. Flussschifffahrt ist auf dem Shannon, dem Shannon-Erne-Waterway, dem Grand Canal und dem River Barrow möglich.

Klima

In Irland herrscht kühl-gemäßigtes Klima, das durch ozeanischen Einfluss und den wärmenden **Golfstrom** gemildert wird. Das Wetter wechselt ständig, ist jedoch ausgeglichen. Selten gibt es Schnee oder Frost, meist steigt das Thermometer nicht über 25 Grad. Geschlossene Schneedecken sind an der Westküste Irlands nur an etwa 3–7 Tagen pro Jahr zu erleben. Dagegen fällt im Jahresmittel an etwa 11 bis 24 Tagen Schneeregen. Die Wassertemperaturen belaufen sich, auch im Sommer, selten auf mehr als 14 Grad.

Ausgeglichenes Klima

Die sonnigsten Monate sind Mai und Juni, die wärmsten Monate Juli und August, am kältesten ist es im Januar und Februar. Im Südosten liegen die sonnigsten Gebiete. Meist weht eine kräftige Brise aus Südwest. Von Oktober bis Dezember bringen von Westen stürmende Winde viel Niederschlag, der von West (bis zu 2.500 mm) nach Ost (800 mm und weniger) abnimmt.

„Between the showers", sagen die Iren, ist das Wetter in Irland schön. Regenschauer sind an der Tagesordnung, meist kurze Schauer oder weiche Sprühregen, der *Irish Mist* genannt wird. Dieser unaufdringliche, farbenbelebende Nieselregen fällt das ganze Jahr hindurch und dem Reisenden kaum zur Last. Manchmal regnet es bis zu 10-mal am Tag, aber jeweils nur für ein paar Minuten. Diesem Klima verdankt Irland seine immergrüne Vegetation. Aktuelle Wettervorhersagen bei Met Éireann, the Irish National Meteorological Service (www.met.ie).

Flora und Fauna

In Irland gibt es noch weniger Tier- und Pflanzenarten als in Großbritannien. Irland hat nur etwa 70 % der in Großbritannien vorkommenden Pflanzenarten. Die Gründe dafür sind die Trennung des Landes vom europäischen Festland sowie die menschliche Besiedlung über Jahrtausende hinweg.

Es gibt rund 70 Naturschutzgebiete und sechs Nationalparks auf der Insel. Sie liegen alle in der Republik Irland: Der Killarney National Park, der Burren National Park, der Connemara National Park, der Glenveagh National Park, der Wicklow Mountains National Park und der Mayo National Park. In Nordirland gibt es keinen Nationalpark, wohl aber sechs Gebiete von „außerordentlich schöner Natur". Die geplante Gründung eines Nationalparks rund um die Mountains of Mourne sind umstritten.

Sechs Nationalparks

Irlands jüngster Nationalpark ist der 11.837 Hektar große **Mayo National Park**. Er ist auch unter dem Namen Ballycroy National Park bekannt. Flüsse, Klippen und Oberflächenmoore prägen den Nordwesten Mayos. Vergleichbare Sumpflandschaften wurden in Westeuropa meist trocken gelegt. Nur in der Grafschaft Mayo in Irland findet man noch Sümpfe in solcher Ausdehnung. Die Owendruff-Region in den Nephin Mountains bildet das Zentrum des Parks. Der Owendruff River ist der letzte Fluss in Westeuropa, der in ein relativ intaktes Oberflächenmoor mündet. Wandervögel, u.a.

auch seltene Arten, nutzen das Gebiet als zeitweiliges Terrain. Auskunft vom **National Parks and Wildlife Service**, www.npws.ie.

Flora

Irland hat atlantische, arktisch-alpine und im Südwesten sogar mediterrane Arten. Aufgrund des milden, ausgeglichenen Klimas können, vor allem im Westen des Landes, Pflanzen mit unterschiedlichsten Ansprüchen nebeneinander leben. Der **Burren** in der Grafschaft Clare stellt ein botanisch interessantes Gebiet dar. Auf dem karbonhaltigen Kalkstein wachsen sowohl alpine, arktische als auch mediterrane Pflanzen und seltene Orchideen. Es gibt elf Arten an fleischfressenden Pflanzen. Bei Killarney und Glengarriff in Kerry wachsen subtropische Pflanzen und Bäume.

Fuchsienhecken bestimmen das Bild

Ein Kennzeichen des Landes sind seine Hecken, die im Frühsommer und Sommer das Bild bestimmen: Rhododendron, Fuchsien, Schlehen, Johannisbeeren, Holunder, Weißdorn und Ginster. Sie wurden von englischen Grundbesitzern zur Verschönerung ihrer Landsitze importiert. Die rosa und weiß blühenden Rhododendren sind nur bei Touristen beliebt, für Farmer sind sie eine Plage, denn sie wuchern überall.

Wald

Es gibt heute kaum Wälder auf Irland. Vor 1.000 Jahren war Irland mit einem dichten Urwald aus Eichen, Birken, Eiben, Eschen und Stechpalmen bedeckt. Von diesen Laubwäldern zeugen heute nur noch die Namen. Etliche Ortsbezeichnungen lehnen sich in irgendeiner Form an das Wort Eiche, **dair**, an oder beinhalten es. Auch noch im 16. Jh. waren weite Flächen der Insel bewaldet. Die **nahezu vollständige Vernichtung** der gewaltigen Wälder ist der fortschreitenden Ausdehnung der Menschen zuzuschreiben (Besiedlung, Beweidung, Ackerbau und später wirtschaftliche Ausbeutung, zum Beispiel für den Schiffbau).

Die saftigen, grünen Wiesen, die das Bild Irlands prägen, sind das Ergebnis von Monokultur und des Raubbaus an der Natur. Lediglich im Südwesten ist noch ein wenig originaler Wald erhalten: Muckross in Killarney, Glengarriff und Knockomagh Woods in der Nähe von Skibbereen und Shillelagh in der Grafschaft Wicklow.

Aufgrund staatlicher Aufforstungsmaßnahmen beträgt die Gesamtfläche des heutigen Waldbestandes Irlands ca. 5 % des Landes. Allerdings handelt es sich dabei um profitables Nutzholz, also schnellwachsende, anspruchslose Kiefernarten sowie Fichten, Lärchen und Tannen.

Fauna

Auch die Säugetierwelt Irlands ist artenarm. Es gibt nämlich nur 28 Säugerarten auf der Insel. Wild leben heute noch Dachs, Fuchs und Otter sowie Frettchen und Nerz. Aufgrund der isolierten insularen Lage konnte sich in Irland eine besondere Art des Irischen Hermelins entwickeln, ein braunes Tier mit weißem Bauch. Der Irische Hase ist schokoladenbraun und hat kurze Löffel. Einheimische Reptile gibt es, außer der Bergeidechse, nicht. Auch Schlangen wird man nicht begegnen. Zuchttiere sind der Irische Wolfshund und das irische Pferd.

Im Ausgleich zu den nur artenarm vertretenen Säugetieren ist die Tierwelt im Wasser und in der Luft besonders zahlreich. Seit Jahrzehnten gilt das wasserreiche Irland als ein Anglerparadies, insbesondere auf Forellen, Karpfen und Schleie, die allerdings gezielt aus dem Ausland eingeführt wurden.

Vögel

In Irland gibt es 350 Vogelarten. Ungefähr 130 sind sesshaft, die anderen überwintern hier oder machen kurze Zwischenstation auf der Insel. Die Feuchtbiotope der Flüsse, die Flussdeltas und Seeufer sind ideale Brutstätten. Die lange Küstenlinie mit ihren Klippen an der West- und Südküste sowie die vielen Inseln sind die Heimat riesiger Vogelkolonien, insbesondere von Möwen und Turmfalken. In den mittleren Landesteilen mit ihren vielen kleinen Seen und Marschgebieten nisten Wasservögel, wie Moorhühner, Schwäne (nach

Liebenswerte Puffins

einer irischen Sage die Children of Lir, verzauberte Königskinder), Wildgänse, Wildenten, Brachvögel und Seeschwalben. Auch Krähen sind weitverbreitet. In den Wäldern hört man Amseln, Drosseln, Dompfaff, Zeisig und Buchfink. Im Winter finden sich gefiederte Gäste aus Grönland, Island und Skandinavien ein, wie Blässgänse und Enten.

In Irland gibt es über 60 **Vogelschutzgebiete**, u.a. Little Skellig, die Shannon-Mündung und der Fluss Shannon, Lough Corrib und Clare Island. Vogelbeobachtungen lohnen sich das ganze Jahr hindurch, zum Beispiel auf Saltee Island vor Kilmore Quay, auf den Skellig Islands, auf Clare Island, den Cliffs of Moher, am Lough Corrib und am Horn Head. Mai und Juni sind die beste Zeit, um brütende Seevögel zu beobachten.

> **Informationen zur Vogelbeobachtung**
>
> Birds of Ireland News Service, www.irishbirding.com/birds/web; BirdWatch Ireland, www.birdwatchireland.ie; National Paks/Wildlife Services, www.npws.ie; Royal Society for the Protection of Birds, www.rspb.org.uk

Wirtschaftlicher Überblick

Europas Armenhaus

Noch lange in die zweite Hälfte des 20. Jh. hinein war Irland eines der ärmsten und wirtschaftlich rückständigsten Länder Europas. Unterentwickelt und unterbevölkert, wurde es als „Armenhaus" Europas bezeichnet. Die größten Probleme des Agrarlandes waren Arbeitslosigkeit und die Abwanderung von jungen Fachkräften. Doch dann setzte plötzlich der Aufschwung ein: In nur wenigen Jahren gelang es Irland, den wirtschaftlichen Standard der übrigen EU-Staaten (Mitgliedschaft seit 1973) nicht nur zu erreichen, sondern teilweise zu übertreffen. Mehr Menschen wanderten ein als aus. Sie kamen für Arbeitsplätze oder allgemein bessere Lebensbedingungen. Neben Zuwanderern aus England waren Polen die nächstgrößte Gruppe. Zweifelsohne wäre das **phänomenale Wachstum** (dem das Land den Namen *Celtic Tiger* verdankt) ohne die kräftigen Finanzspritzen der EU nicht möglich gewesen. Die Infrastruktur wurde verbessert und zahlreiche Investoren wurden ins Land gezogen. Tausende ausländische Firmen siedelten sich in Irland an, viele auch aus Deutschland. Mindestens ein Viertel der arbeitenden Bevölkerung hatte einen ausländischen Chef. 2008 war Irlands Wirtschaft eine der gesündesten in der EU.

Aufstieg des Celtic Tiger

Bankenkrise

War alles nur ein Traum? Die weltweite Finanzkrise und die Bankenkrise trafen Irland schwer. Die Blase war geplatzt, der Celtic Tiger am Ende. Nach dem Crash verdoppelte sich die Arbeitslosigkeit innerhalb eines Jahres: 2009 betrug sie in der Republik 12,5 %. Insbesondere der Bausektor war schwer betroffen. 150.000 Arbeiter der Baubranche verloren ihre Arbeit. Tausende Häuser halbfertig, riesige Neubaugebiete (*ghost villages*) standen leer und rotteten langsam vor sich hin. Ganz leicht war es gewesen, einen Kredit von der Bank zu bekommen – insbesondere die Anglo Irish Bank verlieh Beträge in Millionenhöhe, ohne Fragen zu stellen, und stand am Ende mit einem Schuldenberg von 30 Billionen Euro da. Und das Volk? Geblieben sind Wut, Verzweiflung und Frustration über die Politik, schlechte wirtschaftliche Entscheidungen sowie über die kleine, gut miteinander vernetzte Oberschicht. Die ältere Generation, die vor dem Celtic Tiger aufgewachsen ist, erinnert sich gut an die Arbeitslosigkeit und Auswanderung in ihrer Jugend. Und auch die jüngere Generation, die ja zu Zeiten der endlosen Möglichkeiten aufwuchs, muss sich nun härteren Zeiten stellen: Wie schon so oft vorher, verlassen viele junge Leute jetzt wieder das Land.

Tourismus

Land für Individualisten

Wer nach Irland reist, der ist Individualist, so preisen die irischen Tourismusstrategen ihr Land. Wegen des unbeständigen Wetters ist Irland nicht unbedingt ein Strandurlaubsziel. Wen es hierher führt, der kommt vor allem wegen der Schönheit der Natur, er will sich an der irischen Kunst und Kultur erfreuen, wandern oder ausgiebig Sport betreiben. In kaum einem anderen Land sind die Angelmöglichkeiten besser, findet man so gutes Reitgelände, sind die Golfplätze günstiger. Gezielten Tourismus gibt es allerdings erst seit den späten 1980er-Jahren. Der Tourismus ist, trotz Krise, Irlands wichtigster Wirtschaftszweig, und die Strategen setzen auf den Ausbau der oberen Hotelkategorien sowie auf eine klare Fokussierung ausgewählter Wahrzeichen. Die perfekte

Irlands Landschaft bietet alle Voraussetzungen für einen entspannten Urlaub

Vermarktung der Markenzeichen Irlands hat bedauerlicherweise aber auch negative Auswirkungen. Wer möchte in einer unbeschreiblich schönen Landschaft in einem Verkehrsstau stehen? Und welcher Reisende fühlt sich nicht unbehaglich, wenn kunsthistorisch bedeutsame Stätten die Gestalt eines Hollywoodparks annehmen, oder die vielgelobte Gastfreundschaft wie einstudiert wirkt?

Nachdem die Wirtschaftskrise auch den Tourismussektor stark betroffen hatte – die Zahl der ausländischen Besucher sank um 25 % – erlebte das Land 2015 ein neues Rekordjahr. Rund 7,7 Millionen Gäste kamen und spülten rund 4 Milliarden Euro in die Kassen.

In Nordirland wurde die Entwicklung des Fremdenverkehrs durch die jahrzehntelangen Unruhen stark behindert. Verstärkte Anstrengungen wurden jedoch in jüngster Zeit unternommen, um das negative Image zu revidieren. Neue Besucherattraktionen, wie der Ausbau des Giant's Causeway und Titanic Belfast, sind entstanden, und in Belfast hat sich die Anzahl der Gästebetten seit 1995 mehr als verdoppelt.

Umweltschutz

Die weitgehend unberührte Natur (aufgrund mangelnder umweltzerstörender Industrie) macht Irland als Reiseland so attraktiv. An Umweltschutz waren die Iren bis dato allerdings nicht sonderlich interessiert. Jahrzehntelang galt das Hauptinteresse der irischen Regierung dem wirtschaftlichen Überleben des Landes und nicht dem Erhalt der unberührten Natur. Bewusst lasche Umweltbestimmungen sollten helfen, Industrie-Investoren aus dem Ausland anzulocken und so die Wirtschaft anzukurbeln. Die Hochleistungs-Landwirtschaft ist durch den Einsatz von Kunstdünger, Insektiziden und Herbiziden, wie überall, ein großer Umweltschädiger. Außerdem führte die Konzentrierung großer Agrarbetriebe auf ihr jeweiliges spezielles Anbauprodukt zu einem Ungleichgewicht von Flora und Fauna. Die Berghänge werden durch die Schafzucht überweidet und die Moore zerstört. Der industrielle Abbau von Torf, vor allem in den mittleren Landesteilen, macht den Zwiespalt zwischen Umweltschutz und Industrieansiedlung besonders deutlich (s. S. 49).

Grünes Denken

Trotz Hochleistungs-Landwirtschaft gibt es in Irland noch viele idyllische Orte

Mit dem wirtschaftlichen Aufschwung hat sich in Irland jedoch ganz allmählich ein etwas „grüneres" Bewusstsein durchgesetzt. Umweltbestimmungen, z. B. in punkto Abfallbeseitigung und Gewässerschutz, wurden verschärft. Der grünen Insel entsprechend, ist es „in", grün zu sein und umweltbewusst zu denken.

Gute Wasserqualität

Die **Strand- und Badewasserqualität** in Irland ist die beste aller Staaten der Europäischen Union. Auch in einigen Seen kann gebadet werden. Mehr als 100 irische Strände sind mit der „Blauen Flagge" ausgezeichnet. Um diese zu bekommen, muss in erster Linie die Wasserqualität stimmen, daneben aber auch die Sauberkeit der Strände, die Zahl und der Zustand der sanitären Anlagen, es muss Einrichtungen zur Lebensrettung geben und für die Abfallentsorgung gesorgt sein. Die Vereinigung Greenbox (www.greenbox.ie) bemüht sich z. B., die Ziele des Ökotourismus auch in Irland einzuführen.

Gesellschaftlicher Überblick

Bevölkerung

Iren haben rote Haare und Sommersprossen – so die gängige Vorstellung. Diesen Typ gibt es zwar, aber er kommt nicht häufiger vor als blonde Deutsche mit blauen Augen. Die meisten Iren haben braune, nicht rote Haare. Im Laufe der Geschichte hat sich das

Bild der Iren häufig gewandelt. Der Grieche Diodorus Siculus beschreibt die Iren noch als „furchteinflößend", und auch von einem Geistlichen, der mit den Normannen auf die Insel kam, wurden sie als barbarische Wilde bezeichnet. Ein Überlebender der spanischen Armada hingegen rühmte die Größe und Schönheit der irischen Männer. Shakespeare beschreibt sie als tapfer, stolz und patriotisch.

Die Mischung aus Sensibilität und Mystik, Naturnähe, Musikalität und Dichtertum begeisterte die europäischen Dichter für Irland. Fürst Pückler (1785–1871) unterstreicht die Ähnlichkeit der Iren mit den Franzosen in Hinblick auf ihren Humor und ihre Genussfähigkeit. Die englischen Karikaturen des 19. Jh. hingegen zeichnen wiederum ein äußerst negatives Bild, wohl zur Rechtfertigung der englischen Kolonialpolitik. Die Iren werden hier als affenähnliche Gestalten mit überdimensionalen Unterkiefern dargestellt. Im 20. Jh. be-

Rothaarige sind eher die Ausnahme

geistert Heinrich Böll mit seinem „Irischen Tagebuch" (1952) die Leser für Irland, indem er sie als verträumte Geschichtenerzähler, als Individualisten, fernab von Stress und Konformität, darstellt.

Seit den 1990er-Jahren hat sich die Gesellschaft durch den wirtschaftlichen Aufschwung immens verändert, und das zeitgenössische Irland ist nicht so viel anders als andere europäischen Länder. Auch hier sind traditionelle Einstellungen verloren gegangen, und Großfamilien, die eng mit der Kirche und Gemeinschaft verbunden sind, gibt es immer weniger. Laut Volkszählung von 2011 war die Anzahl der Kinder pro Familie mit 1,3 Kindern so niedrig wie noch nie. 2009 wurde der *Civil Parntership Act* erlassen, der bewirkte, dass gleichgeschlechtliche Partnerschaften anerkannt werden. Seit 2015 ist die gleichgeschlechtliche Ehe erlaubt.

Es heißt, die Iren reden gerne und viel; sie gelten als warmherzig und umgänglich. Spaß (*craig*) haben ist wichtig, in guten wie in schlechten Zeiten, und einen Spaß verstehen zu können, ist Grundlage einer jeden Freundschaft. Sich selbst klein machen und mit (falscher) Bescheidenheit kokettieren ist den Iren lieber, als ein Lob. Den Iren wird ein ganz besonders schwarzer Humor nachgesagt. Die Iren lieben es zu meckern: über das Wetter, die Arbeit, die Politik, und doch leben sie im „besten Land der Welt".

Typisch Irisch

10 % der irischen Bevölkerung wurde nicht in Irland geboren. Rassistische Tendenzen treten, wie überall, zutage, wenn es um Arbeitsplätze geht.

Immigration und Emigration

Jahrzehntelang mussten Iren ihre Heimat verlassen, entweder, um im Leben voranzukommen oder lediglich, um zu überleben. Der Bevölkerungsniedergang begann in den 1840er-Jahren und endete in den 1980er-Jahren. Dann aber kam der Celtic Tiger: Iren kehrten in ihre Heimat zurück, und zum ersten Mal seit den „Plantations" im 17. Jh. kamen auch neue ethnische Gruppen ins Land, insbesondere aus dem Baltikum und

Polen. Die Polen stellen die größte Gruppe unter den Ausländern, sogar noch vor den Engländern. Und heute? Obwohl sich die Wirtschaft im Anschluss an den grossen Crash von 2009 langsam erholt, verließen 2015 wieder mehr Iren ihre Heimat, insbesondere die jungen und gut ausgebildeten.

Ahnenforschung

Auf der Suche nach Vorfahren

Fast 70 Millionen Menschen weltweit können irische Wurzeln aufweisen, und die Iren sind recht großzügig in der Verleihung von Bürgerschaft. Der irische Ursprung kann bis zu den Urgroßeltern zurückreichen, und das Argument, dass die Vorfahren aus ökonomischen Gründen emigrieren mussten, ist immer schlagkräftig. Jedes Jahr kommen Hunderte von Amerikanern, Neuseeländern und Australier auf der Suche nach ihren Ahnen nach Irland. Ahnenforschungsagenturen helfen, mögliche Familienwurzeln in Irland ausfindig zu machen.

> **Buchtipp**
>
> **Coogan, Tim Pat:** Wherever Green Is Worn. The Story of the Irish Diaspora, London 2000. 745 Seiten umfassendes, reichlich bebildertes Werk über die irische Diaspora. Der bekannte irische Autor ist vor allem für seine Arbeiten über die IRA und seine Biografien über Eamon de Valera und Michael Collins bekannt geworden.

Travellers

In Irland gibt es eine Gruppe nicht-sesshafter Menschen, die sogenannten Travellers. Abwertend werden sie auch *tinkers* genannt. Sie gehören nicht zu den europäischen Roma-Familien, sondern haben irische Wurzeln. Vergleichbar mit den Roma sind jedoch ihre Lebensweise und harten Lebensbedingungen sowie ihre soziale Stellung in der Gesellschaft. Die Regierung bemüht sich, die fahrenden Iren sesshaft zu machen. Ungefähr die Hälfte wohnt in Sozialwohnungen, die übrigen leben in Wohnwagen oder Kleinbussen. Eine Hochburg der sesshaften Travellers ist das Randgebiet von Limerick, mit einer enormen Anzahl an Kindern auf den Straßen und freilaufenden Pferden.

Bildungswesen

Unterricht hinter der Hecke

Seit jeher wurde Lehren und Lernen in Irland großgeschrieben. Das gesprochene und geschriebene Wort genießt großen Respekt. Während der Zeit der *Penal Laws*, der Strafgesetze, gab es die so genannten *hedge*(Hecken)-*teachers*, die durch das Land zogen, um katholische Kinder für einen Penny pro Woche geschützt in einer Hecke zu unterrichten. Heute besteht allgemeine Schulpflicht vom 6. bis zum 15. Lebensjahr. Während die Grundschulen staatlich sind, werden die weiterführenden Schulen vor-

Bildungswesen

wiegend von religiösen Orden oder privaten Institutionen unterhalten, meist jedoch mit finanzieller Unterstützung durch den Staat.

In der irischen Republik gibt es vier universitäre Hochschulen: das ehrwürdige Trinity College und die Dublin City University (DCU), beide in Dublin, die University of Limerick (UL) und die National University of Ireland (mit drei Colleges: in Dublin, Galway und Cork). In Galway wurde anfänglich der Unterricht ausschließlich auf Irisch abgehalten, mittlerweile aber auch in Englisch. Das College sieht sich aber immer noch als das intellektuelle und kulturelle Zentrum für die Gaeltacht-Gebiete. In Nordirland gibt es die Queen's University in Belfast und die University of Ulster mit Sitz

Universitäten

in Coleraine. Die Queen's University besuchen viele Studenten aus den ehemaligen Kolonien.

Die Effizienz des irischen Universitätssystems ist bekannt. Irische Hochschulabsolventen sind die am besten vermittelbaren auf dem europäischen Markt. Irland nach Finnland und Schweden die meisten Akademiker.

Verwaltung

Vier Provinzen

Die Gliederung der Insel in vier Provinzen stammt noch aus keltischer Zeit: Leinster im Osten, Munster im Südwesten, Connaught (auch Connacht genannt) im Westen, Ulster im Norden. Nach Gründung des Free State of Ireland, 1921, fiel ein Großteil Ulsters an Großbritannien, der Süden und Nordwesten zur Republik Irland. Die historisch gewachsene Aufteilung der Insel hat für die heutige Verwaltung kaum Bedeutung.

Die heutige Verwaltungsgliederung basiert auf der späteren Einteilung des Landes in Grafschaften, den sogenannten Counties, die etwa den deutschen Landkreisen entsprechen. Im Gegensatz zu den historisch gewachsenen Provinzen wurden die Counties während der Regierungszeit Elizabeth I. eingerichtet, damit ihre Gouverneure das Land besser kontrollieren konnten. Es gibt 26 Counties in der Republik und 6 in Nordirland. Dazu kommen die fünf grafschaftsfreien Städte Dublin, Cork, Limerick, Waterford und Galway, die mit kreisfreien deutschen Städten vergleichbar sind.

Die **Nationalhymne** heißt „A Soldier's Song" und ist ihrem Titel entsprechend patriotisch: „Soldaten sind wir. Mit unserem Leben treten wir für Irland ein", heißt es da. Der Text stammt von Peadar Kearney (1907), die Musik von Peadar Kearney und Patrick Heeney.

Goldene Harfe

Die **Nationalflagge** ist Grün, Weiß, Orange: Grün als Farbe der katholischen Kelten, Orange als Farbe der Protestanten (in Erinnerung an William of Orange, der in der Schlacht am Boyne, 1690, den katholischen König James II. besiegte), und das Weiß ist das Friedenssymbol zwischen beiden. Das Nationalemblem ist eine goldene Harfe, womit an die lange Tradition der Barden und Sänger erinnert wird. Auch das dreiblättrige Kleeblatt (*shamrock*), mit dem der hl. Patrick die Dreifaltigkeit erklärte, ist ein nationales Zeichen.

Politik

Die Politik des Landes ist liberal-demokratisch und relativ stabil. Die irischen Parteien sind stark an Geschichte und Vergangenheit ihrer Nation interessiert. Die beiden großen Parteien sind **Fine Gael** und **Fianna Fáil**, deren politische Ziele sich allerdings stark ähneln. Beide werden als konservative Volksparteien bezeichnet und haben abwechselnd die Regierung gestellt. Andere Parteien sind die Labour Party und die Progressive Democrats, die oft das „Zünglein an der Waage" darstellten.

Religion

Die Insel wurde seit dem 5. Jh. christianisiert. Da es keine Belege für irische Märtyrer gibt, nimmt man an, dass die Christianisierung ohne Blutvergießen vonstattengegangen ist. Die alten heidnischen Riten wurden mit christlichen Inhalten gefüllt und so den Iren schmackhaft gemacht (religiösen Synkretismus). Christus verkörperte beispielsweise den Held Cuchullainn, und die hl. Brigid stellte die heidnische Fruchtbarkeitsgöttin gleichen Namens dar.

Christianisierung

Jahrhundertelang prägte der römische Katholizismus, trotz der Unterdrückung durch die Engländer, das Bewusstsein der irischen Bevölkerung. Zwar wurden im Zuge der Reformation etliche Kirchen zerstört, doch im Untergrund lebte der fest verankerte Glauben weiter. Der heute praktizierte Katholizismus hat seine Wurzeln im 19. Jh. Der erzkonservative Gegenreformator *Cullen* war fast 30 Jahr lang, von 1849 bis 1887, Erzbischof, zuerst von Armagh, dann von Dublin. Unter ihm begann die totale Katholisierung des irischen Lebens. Etliche Kirchen und Klöster, meist große funktionale Bauten, wurden während und nach seiner Amtszeit errichtet. Nach der Trennung des Irish Free State vom Vereinigten Königreich 1921 wuchs die Macht der Bischöfe immens.

Bis 1972 prägte die katholische Kirche das öffentliche Leben und galt per Verfassung als „Wächter des Glaubens". Regelmäßiger Kirchenbesuch war für den größten Teil der Bevölkerung selbstverständlich. In den letzten Jahren nahm die Vormachtstellung der katholischen Kirche jedoch rapide ab. Mehrere Skandale (u. a. Kindesmissbrauch), die das Ansehen der Kirche in argen Misskredit gebracht haben, sowie eine allgemeine Liberalisierung, vor allem in den Städten, trugen dazu bei. In vielen Kirchen fiel die Anwesenheit bei den Messen bis auf 20 %. Der Priesterstand ist aufgrund von

Volksfrömmigkeit

Nachwuchsmangel überaltert. Pro Jahr treten nur noch fünf neue Männer in die Orden ein. Zwar hat der Klerus nach wie vor Anteil an der Kontrolle des Sozialstaates und der Schulen, doch in der öffentlichen Diskussion zählt der Kirchenstandpunkt immer weniger.

In den ländlichen Gebieten sind die Menschen, wie überall, fester in ihrem Glauben verankert als in den großen Städten. Von den 3,8 Mio Einwohnern der Republik sind 84,2 % katholisch, 2,8 % protestantisch und 0,5 % muslimisch.

„Heiße Themen"

1983 wurde ein absolutes Verbot jeder **Abtreibung** durch ein Referendum in der Verfassung verankert. 1992 sprach sich bei einer Volksabstimmung 64,5 % der Bevölkerung gegen eine Liberalisierung des Abtreibungsparagrafen aus. Abtreibung erscheint

Umstrittene Themen

vielen der gottesfürchtigen Katholiken (da Tötung ungeborenen Lebens) als verdammungswürdig. Erst seit 1992 ist es möglich, Kondome zu kaufen. Im März 2002 lehnte Irland nur mit knapper Mehrheit (49,5 % zu 50,4 %) einen Regierungsvorschlag (Fianna Fail und Progressive Democrats) zur Verschärfung der Abtreibungsparagrafen ab. Ebenfalls dagegen sind die politischen Parteien Sinn Féin, die Grünen, Labour und die Oppositionspartei Fine Gael. Die Änderung hätte eine Abtreibung mit bis zu 12 Jahren Gefängnis bestraft. Ein Schwangerschaftsabbruch ist bis heute in Irland nur möglich, wenn das Leben der Frau in Gefahr ist. Nach Vergewaltigung, Inzest oder Schädigung des Fötus ist keine Abtreibung möglich. Tausende irische Frauen fahren jährlich nach England, um dort den Eingriff vornehmen zu lassen.

Das Gesetz zur Strafbarkeit der **Homosexualität** von 1861 wurde 1993 aufgehoben. Ehescheidungen sind erst seit 1995 erlaubt und auch das nur mit knapper Mehrheit per Volksentscheid. Im Mai 2015 entschied Irland als weltweit erstes Land per Referendum positiv über die Möglichkeit der Schließung gleichgeschlechtlicher Ehen.

Wallfahrten

Einige Wallfahrten sind nach wie vor sehr beliebt, zum Beispiel nach Knock. 1879 hatten 15 Menschen gleichzeitig eine Marienerscheinung (s. S. 360). 1987 pilgerten Tausende zur Madonna von Ballinskelligs, nachdem mehrere Dorfbewohner beobachtet hatten, wie sie sich bewegte. Die Erscheinung löste eine wahre Pilgerwelle im ganzen Land aus. Auf den Croagh Patrick, den heiligen Berg, pilgern jährlich, jeweils am letzten Sonntag im Juli, rund 80.000 Menschen (s. S. 345).

Sprache

In Irland gibt es zwei offizielle Sprachen: Irisch (inkorrekt „Gälisch" genannt) und Englisch. Das Irische ist eine der anerkannten Sprachen der Europäischen Union. Alle offiziellen Papiere der irischen Regierung werden zweisprachig verfasst, und Straßenschilder sind zweisprachig. Allerdings wird Irisch nur in einigen Gebieten im Westen und im Süden der Insel gesprochen. Diese Regionen werden als sogenannte Gaeltacht-Gebiete bezeichnet. Rund um Waterford und in der Grafschaft Meath gibt es winzige Gaeltacht-Gebiete, vorwiegend jedoch im Westen des Landes, in Kerry und Dingle, um Galway und an der Küste von Donegal. Das Irische gehört zur keltischen Sprachgruppe der indoeuropäischen Sprachfamilie. Zusammen mit dem schottischen Gälisch und Manx, der Sprache der Isle of Man, bildet es die Untergruppe des Q-Keltischen (goidelischer Zweig), das Walisische, Cornische und Bretonische gehören dagegen zur Untergruppe des P-Keltischen (brythonischer Zweig). Das gälische

Irland ist zweisprachig

Irisch ist sehr wort- und nuancenreich. Das Alphabet besitzt nur 18 Buchstaben. Unbekannt sind j, k, q, v, w, x, y und z. Der Akzent „ " verlängert Vokale, lässt dagegen Konsonanten nur gehaucht erscheinen. Weiterhin existieren 60 Phoneme gegenüber unseren 30 Lauteinheiten. Die Aussprache ist sehr schwierig und variiert erheblich von Region zu Region. Von allen keltischen Sprachen ist das Irische am weitesten verbreitet, denn als offizielle und der Verfassung nach erste Landessprache ist es nicht nur die Sprache einer nationalen Minderheit. Seit dem 16. Jh. wurde das Irische immer mehr durch das Englische zurückgedrängt und war sogar lange Zeit verboten. 1851 sprach nur noch ein Drittel der Bevölkerung Irisch, 1911 nur noch ein Achtel der Bevölkerung. Am Ende des 19. Jh. kam es im Zuge der Bemühungen der Gaelic League (gegründet 1893) zu einer Wiederbelebung der einheimischen Sprache, womit allerdings auch politische Ziele verfolgt wurden. Die Erhaltung der Sprache war eines der Ziele der jungen irischen Republik. Zwischen 1851 und 1961 hat die Anzahl der irischsprechenden Bevölkerung um 80 % abgenommen. Die Erhaltung der Sprache wird dadurch gewährleistet, dass Irisch ein Pflichtfach in der Schule ist. Verschiedene Radiostationen und der Fernsehsender TG4 tragen ebenso dazu bei, dass das Irisch nicht ausstirbt. 86 % der Ortsnamen haben irischen Ursprung. Die meisten beziehen sich direkt auf die geografischen Gegebenheiten, beispielsweise Bally (anglisiert von gäl. *baile* = Stadt, Siedlung, Dorf), Rath (Erdbefestigung), Dun (Fort, Festung) und Cill (anglisiert *kill* = Kirche). Min kommt von gäl. *meen* = flaches Gebiet. Meencarrick bedeutet felsige Ebene (*carrick* = rock = Felsen).

Wiederbelebung des Gälischen

Irisches Glossar

Abha	Fluss	Farran	Land
Ard	Erhebung, Hügel	Fir	Herren
Ath	Furt	Gardaí	Polizei
Bal, Baile, Bally	Stadt, Siedlung, Dorf	Glen	Tal
Ben	Berg	Kill, cill	Kirche
Caher	Steinfort	Knock	Hügel
Carn	Steinhaufen	Liss	Feenhügel, Ringfort
Carrick	Felsen	Mac, Mc	Sohn des …
Cill	Wald	Mná	Damen
Cloch	Stein	Oifig an Phoist	Postamt
Cluain	Wiese	Siopa	Laden
Droghed	Brücke	Slieve	Berg
Dun	Fort, Festung	Telefón	Telefon
Ennis, Inis	Insel	Thór	(Rund-)turm
Fáilte	Willkommen		

Ein paar Begriffe

Dia Dhuit (dingidsch)	Hello	Hallo
Más é do thoil é (moschedohalee)	please	bitte
Go ra maith agat (goremohagötz)	thank you	danke
Slán leat (slonhatt)	Goodbye	Auf Wiedersehen

Gesellschaftlicher Überblick

In Nordirland wird **Ulster Scots** gesprochen, das in vielerlei Hinsicht das Schicksal der irischen Sprache teilt. Auch dort ist es mittlerweile zu einer Wiederbelebung gekommen, und die Sprache wird in Schulen und in Abendkursen unterrichtet.

> **Buchtipp**
>
> **Lars Kabel**: Irisch-Gälisch/Wort für Wort, Reise Know-How Verlag. Nützliche Sätze für die Reise in den Westen Irlands sowie Erläuterungen zur Herkunft der Sprache und der Umgangskultur.

Irland sportlich

In Irland werden fast sämtliche Sportarten betrieben. **Gaelic Football** und **Hurling**, alte gälische Ballspiele, sind ganz fest und unverrückbar im Leben der Iren verwurzelt und gelten als die beliebtesten Spiele im Lande. Auferstanden sind sie am Ende des 19. Jh. im Zuge der *gaelic revival* und dem Weg zur irischen Unabhängigkeit. Herzstück ist die GAA, gegründet 1884. Auf dem Kontinent fast unbekannt, in Irland jedoch sehr populär, ist auch das **Greyhound-Rennen**. Meist handelt es sich dabei um Abendveranstaltungen mit Wettbetrieb. Man sagt, dass die Iren überhaupt vom Wetteifer besessen sind. Der **Reitsport** ist ebenfalls sehr beliebt. Die großen Pferderennen auf dem Curragh in der Grafschaft Kildare oder die alljährlich im Sommer stattfindende Dublin Horse Show ziehen ein internationales (zahlungskräftiges) Publikum an. Trotzdem ist Pferderennen hier nicht so versnobt wie z. B. in England. Ideale Bedingungen bietet Irland für mußevollen Sport, wie **Angeln** und **Golf** (siehe auch www.gui.ie).

Wetteifer

Termine und Veranstaltungsorte sportlicher Ereignisse erfahren Sie über die Touristenbüros und örtlichen Tageszeitungen. Für Informationen über Hurling und Gaelic Football siehe auch www.gaa.ie.

Hurling

Hurling wird angeblich bereits in den alten irischen Sagenzyklen erwähnt. Die Sportart ist entfernt mit dem Hockey verwandt und gilt als das schnellste Feldspiel der Welt. Zwei Mannschaften à 15 Mann treiben eine etwa tennisballgroße Kugel mit einem flachen Stab voran. Der Ball muss über oder besser noch unter ein 2 Meter hohes Tor geschlagen werden. Wenn er über die Torstange fliegt, gibt es einen Punkt, landet er darunter, gibt es drei Punkte.

Nach Eishockey ist Hurling der schnellste Teamsport und erfordert viel Geschicklichkeit. Es wird vor allem in den Grafschaften Cork und Kilkenny gespielt. Im Museum der Gaelic Athletic Association in Dublin, kann man sich über den geschichtlechen Hintergrund des Hurling informieren (www.crokepark.ie/GAA-Museum) und in Tullaroan, Co. Kilkenny, gibt es sogar ein eigens dem Hurling gewidmetes Museum.

Gälischer Fußball

Gaelic Football ist die irische Version des amerikanischen Football. Die Mannschaften haben 15 Spieler, und der Ball wird sowohl mit Händen als auch mit Füßen fortbewegt. Man kann Tore, wie beim Fußball, aber auch Punkte, wie beim Rugby, erzielen, wobei ein Tor drei Punkten entspricht. Die Spielregeln sind recht kompliziert. Gespielt werden vier mal 20 Minuten. Anfassen, d. h. behindern und festhalten, ist erlaubt.

Wer wird gewinnen?

Fußball (soccer)

Die irische Fußballmannschaft besteht zum größten Teil aus „importierten" Spielern aus England, aber einen irischen Großvater oder Urgroßvater haben ja viele ... Der bekannteste Spieler Irlands ist wohl Roy Keane, der seit 2013 Co-Trainer der irischen Nationalmannschaft ist und sich mit dieser 2015 für die EM 2016 in Frankreich qualifizierte. Auskunft für die Republik Irland erteilt die Football Association of Ireland (www.fai.ie) und in Nordirland die Irish Football Association (www.irishfa.com).

Rugby

Irland nimmt an den jährlich zwischen Februar und April stattfindenden Six Nation Championship teil. Auskunft erteilt die Irish Rugby Football Union, Info: www.irishrugby.ie.

Reitsport

Der Reitsport hat in Irland viele Formen: als Reiterurlaub für Touristen, Show-Springen, internationale Wettrennen, Derby, den derben Pferdemärkten oder die exklusiven Jagden, womit meistens die Fuchsjagd gemeint ist. Die Jagdsaison beginnt im Oktober und endet im März. Die irischen Pferderennen sind international bedeutend, und falls man die Gelegenheit dazu hat, lohnt sich ein Besuch. Anders als beim Hunderennen, wirft mann/frau sich bei einem Pferderennen durchaus etwas in Schale. Auskunft über Tage, an denen Pferderennen stattfinden, erteilt Horse Racing Ireland (www.goracing.ie) oder die Association of Irish Racecourses (www.air.ie, www.hri.ie).

Fein in Schale

> **Greyhound Races**
>
> Der Besuch eines Hunderennens auf einer Windhundrennbahn ist ein besonderes Ereignis. Das ganze Jahr über finden fast täglich auf landesweit knapp 20 „tracks" Greyhound-Rennen statt. Meist handelt es sich um Abendveranstaltungen, das erste Rennen beginnt um 20 Uhr.
>
> Zunächst werden die spindeldürren Hunde von blaubemäntelten Betreuern an den Besuchern vorbeigeführt. Ihr bestes Alter erreichen die Greyhounds mit 3 Jahren, und ihre längste Renndistanz liegt bei 1.105 Metern. Sechs Hunde sind im Rennen, wobei jeder mit einer anderen Farbe markiert ist. In einer Broschüre kann man sich über Namen und Herkunft der Tiere informieren. Man trifft seine Auswahl, und ab geht es zu den Wettboxen. Beim Wetten gibt es verschiedene Möglichkeiten: Entweder setzt man auf den Gewinn eines Hundes oder aber auf eine Platzierung (z.B. „Disco Nelly" gewinnt den 3. Platz). Schnell geht es zurück an die Rennbahn. Auf los geht's los: Aus einer Klappe springt ein Plüschtierhase hervor, der automatisch in Windesgeschwindigkeit über die Rennstrecke gezogen wird. Die Hunde – in dem Glauben, es sei ein lebendiges Tier – sprinten hinterher. Ehe man sich's versieht, ist der Spaß schon vorbei. Aufregung herrscht im Stadion. Dann ertönt über Lautsprecher die Bekanntgabe der Gewinner. Hat man gewonnen, muss man sich beeilen, um an den Wettboxen seinen Gewinn in Empfang zu nehmen. Und schon geht es wieder weiter mit einem neuen Einsatz. 5 oder 6 Rennen finden pro Veranstaltung statt. Hat man am Ende des Abends immer noch ein paar Münzen in der Tasche und das Eintrittsgeld wieder raus, schmeckt das wohlverdiente Bier sicherlich besonders gut. Info: www.igb.ie

Irland kulinarisch

Iren essen viel und gerne: 150 % der täglich von der EU empfohlenen Kalorienmenge. Sie lieben Snacks und große Portionen. Traditionell zeichnet sich die irische Küche nicht durch eine große Vielfalt oder Raffinesse aus, sondern ist eher bodenständig. Fleisch, Gemüse und insbesondere Kartoffeln bilden die Grundzutaten. Das Nationalgericht ist **Irish Stew**, ein kräftiger Hammeleintopf. **Coddle** ist ein Eintopf aus Kartoffeln, Wurst und Speck, **Drisheen** eine Art Blutwurst. Die Kartoffel wurde angeblich von Sir Walter Raleigh, der 1585 in Virginia Englands erste amerikanische Kolonie gründete, in Irland eingeführt und entwickelte sich fortan zum Grundnahrungsmittel der Iren. Statistisch gesehen verzehren die Iren sechsmal so viel Kartoffeln wie die Amerikaner, entweder gekocht, als Püree, als Pommes frites (*chips*), als Pellkartoffel (*jacket potato*) oder in der Suppe. **Fisch- und Meeresfrüchte** gehören nicht zur traditionellen Kost der Iren, denn erstaunlicherweise waren die Inselbewohner nie ein Volk der Fischer. Irland produziert einige ausgezeichnete **Käsesorten**, wie z. B. den Cashel Blue aus der Grafschaft Tipperary oder Burren Gold aus der Grafschaft Clare.

Gemüse und Kartoffeln

Die irische Restaurantküche hat sich in den letzten Jahren stark verändert. In besseren Restaurants, aber auch in den gehobenen Privatunterkünften, wird nach dem so-

Nationalspeise: Fish&Chips

genannten **Country House Style** gekocht. An dieser „neuen" irischen Küche war die Kochschule des Ballymaloe House (s. S. 234) maßgeblich beteiligt. Die Grundlage bilden frische irische Produkte, beispielsweise Fleisch von frei laufenden Rindern (*filet of beef, sirloin steak*), Schafen (*lamb chops, rack of lamb*), Hirsch (*venison*), Ente (*duck*) und Huhn (*chicken*). Schwein (*pork*) wird man hingegen selten finden. Frische Meeresfrüchte, wie Garnelen (*prawn*), Krabben (*crabs*), Austern (*oysters*), Miesmuscheln (*mussels*), fleischreiche Muscheln (*abalones*), Venusmuscheln (*clams*) und Hummer (*lobster*) sowie Fisch, beispielsweise Forelle (*trout*), Seezunge (*sole*), Seehecht (*hake*), Scholle (*plaid*) und selbstverständlich Lachs (*salmon*) sind ebenso fester Bestandteil der Speisekarte.

Neue irische Küche

Zum *cooked breakfast* gibt es, neben *porridge* (Haferbrei) oder *cereals* (z. B. Cornflakes), Spiegel- oder Rühreier, Würstchen, gebratenen Speck (*bacon*) und manchmal auch Bohnen. Dazu werden Soda Brown Bread, eine irische Brotspezialität, Toast und Orangenmarmelade (*marmalade*) gereicht.

Das traditionelle Fast Food sind **Fish & Chips**, eine hinsichtlich Qualität und Wohlgeschmack stark variierende Speise. Die *chips* (Pommes frites) werden mit einem Schuss Essig (*vinegar*) beträufelt. Bei dem Fisch handelt es sich entweder um Kabeljau (*cod*) oder um Schellfisch (*haddock*).

 Hinweis

Ein kleines kulinarisches Wörterbuch findet sich im Anhang auf S. 467.
www.irishcheese.ie: Verbindung kleiner irischer Käsereien.

Der Pub

Der Begriff Pub bedeutet *public place*. Pubs sind nicht mit gewöhnlichen Kneipen zu vergleichen, obwohl das Hauptanliegen natürlich auch hier die Geselligkeit und der Genuss von Alkohol sind. Oft als „verlängertes Wohnzimmer" bezeichnet, ist in den angelsächsischen Ländern der Pub ein Ort, an dem Menschen aller sozialer Schichten und (abgesehen von Kindern) aller Altersgruppen zusammenkommen, nicht nur um zu trinken, sondern um zu reden, zu musizieren, Tratsch austauschen, sich zu verstecken, nachzudenken, Witze zu erzählen, Freundschaften zu schließen – was immer man möchte. Außerhalb der Stadt ist der Pub auch der beste Ort, um ein anständiges Essen zu bekommen, insbesondere Lunch.

Wichtiger Bestandteil des irischen Lebens: der Pub

Als Herzstück der irischen Existenz bezeichnet, hat selbst das noch so kleine Dorf einen Pub. Viele Pubs sind in die Bar (Ausschankraum) und in die meist gemütlichere Lounge unterteilt. Dies stammt noch aus der Zeit, als Pubs ausschließlich von Männern besucht wurden. Die Lounges sind eine jüngere Erscheinung. Im Pub holt man sich die Getränke am Tresen und bezahlt sofort. Tischservice, wie man es auf dem Kontinent kennt, gibt es nicht. Es ist üblich, sich gegenseitig Runden auszugeben: *It's impossible for two men to go to a pub for one drink.*

Das legale Alter, um einen Pub zu besuchen, ist 18 Jahre. Die Lokale sind normalerweise zwischen 10.30 Uhr und 23.30 Uhr und am Wochenende bis 00.30 Uhr geöffnet. Sowohl in der Republik als auch in Nordirland bieten viele Pubs abendliche Unterhaltung und sind dann länger geöffnet. Der Barkeeper oder die Barmaid kündigt laut „*last order*" an, dann hat der Gast noch eine halbe Stunde zum Austrinken.

Getränke

Die Iren sind **Teetrinker**. Getrunken wird er vor allem „white", d.h. mit Milch und Zucker. Kaffee hatte in Irland nie Tradition, und oft wird Nescafé an Stelle von Bohnenkaffee serviert. Der weltbekannte *Irish Coffee* (starker Kaffee, brauner Zucker, Whiskey und Sahnehaube) ist eine touristische Erfindung neueren Datums. Irland ist **kein Weinanbaugebiet**, daher sind die Preise für Wein weitaus höher als auf dem Kontinent.

Irland kulinarisch

Das irische **Bier** hat im Vergleich zum deutschen Bier weniger Kohlensäure, weniger Alkohol und weniger Geschmack. Guinness (siehe auch S. 137) ist ein Markenname für dunkles Bier (*Stout*). Weitere dunkle Biersorten sind Murphys und Beamish&Crawford, wobei die großen Stoutbrauerein gar nicht mehr Iren gehören. Dafür entstehen derzeit neuere, unabhängige irische Brauereien. Ein Lager (vergleichbar mit dem deutschen Exportbier) ist ein helles Bier, von dem es zahlreiche Sorten gibt. Weiterhin gibt es das Ale, ein dünnes, hellbraunes Bier, und das Bitter, das mit deutschem Altbier vergleichbar ist. Bis auf das Guinness werden alle Biersorten randvoll ins Glas gefüllt. Eine „Blume" ist nicht üblich. Mit 141 Litern Bier pro Jahr und Kopf sind die Iren hinter den Tschechen (160 Liter) und vor den Deutschen (138 Liter) die zweitgrößte Biertrinker-Nation der Welt.

Biersorten

Cider ist ein moussierendes Apfelweingetränk, das jedoch in seinem Alkoholgehalt (oft mehr als Bier) nicht unterschätzt werden sollte. Beliebt sind **Baileys**, ein Sahnelikör, und **Irish Mist**, ein aus Heidekräutern gebrauter Likör, der an kühlen Abenden so richtig gut durchwärmt. Auch **Whiskey** (im Gegensatz zum schottischen Whisky wird irischer Whiskey mit „e" geschrieben) wird in Irland gerne getrunken. Bushmills in Nordirland und Jameson's in Midleton bei Cork, produzieren neben billigeren Verschnittsorten auch reinen Malt Whiskey.

 Besichtigungen rund um Whiskey

Old Jameson Distillery, Dublin: In dem Fabrikgebäude von 1780 wurde einst Jameson destilliert. Das Museum erklärt die Geschichte des irischen Whiskeys. Info: www.dublintourist.com.

Jameson Heritage Centre, Midleton, Co. Cork: Die einst von Wasserkraft betriebene Anlage stammt aus dem 18. Jh. und wurde vorbildlich restauriert. Es gibt eine Audiovisionsshow und eine Führung durch die alte Destillerie. Die Tour endet in der Bar, wo jeder Besucher eine Kostprobe erhält. Die eigentliche Brennerei ist allerdings für Besucher nicht zugänglich. Info: www.discoverireland.ie/southwest.

Tullamore Dew, Bury Quay, Tullamore, Co. Offaly, ist nach dem Ort der Brennerei und ihrem Besitzer Daniel Edmond Williams benannt. Das Tullamore Dew Heritage Centre, ein lokalgeschichtliches Museum, wurde in einem ehemaligen Lagerhaus eingerichtet. Info: www.tullamore-dew.org.

Die einzige noch arbeitende Whiskey-Brennerei, die besichtigt werden kann, ist die **Old Bushmills Distillery**. Sie erhielt die Lizenz zum Brauen 1608. Die heutige Anlage entstand nach einem Brand 1885. Die Besucher werden während der Tour durch die Produktionsräume geführt (Achtung: im Juli Sommerpause) und erhalten einen Einblick in die riesigen Lagerhäuser. Am Ende der Tour gibt es einen Gratistrunk in der Bar. Info: www.discovernorthernireland.com.

In **Locke's Distillery** bei Kilbeggan im Co. Westmeath wird seit 1757 Whiskey hergestellt. Bei einer Besichtigung des Locke's Distillery Museum lernt man die Herstellungsweise von Whiskey und Sherry kennen und kann selbstverständlich auch einen kleinen Probeschluck zu sich nehmen. Info: www.kilbeggandistillery.com.

2. IRLAND ALS REISEZIEL

Allgemeine Reisetipps von A–Z

> **Hinweis**
>
> In den **Allgemeinen Reisetipps von A–Z** finden Sie – alphabetisch geordnet – reisepraktische Hinweise für die Vorbereitung Ihrer Reise und für Ihren Aufenthalt in Irland. Auf den **Grünen Seiten** (ab S. 110) werden Preisbeispiele für Ihren Irland-Aufenthalt gegeben. Im **Reiseteil** (ab S. 114) erhalten Sie dann bei den jeweiligen Orten und Routenbeschreibungen detailliert Auskunft über Infostellen, Sehenswürdigkeiten mit Adressen und Öffnungszeiten, Unterkünfte, Restaurants, Einkaufen, Nachtleben, Verkehrsmittel, Touren und Sportmöglichkeiten.
>
> Die Angaben in diesem Buch wurden sorgfältig recherchiert, sollten sich dennoch einige Details geändert haben, freuen wir uns über Ihre Anregungen und Korrekturen: info@iwanowski.de.

Abkürzungen	72
Angeln	72
Anreise und Weiterreise	73
Apotheken und Ärzte	76
Autofahren/Mietwagen	76
Baden	79
Behinderte	79
Bootsverleih	79
Camping/Caravan	83
Diplomatische Vertretungen	84
Einreise, Zoll	85
Elektrizität	85
Ermäßigungen	85
Fahrradfahren	86
Feiertage und Veranstaltungen	87
Geld	90
Golf	91
Informationen	91
Kartenmaterial	93
Kleidung und Ausrüstung	93
Maße und Gewichte	94
Notrufnummern	94
Öffnungszeiten	94
Organisationen/Verbände	95
Organisierte Reisen	95
Post/Porto	96
Pubs	96
Reisezeit	96
Reiten	97
Restaurants	98
Sprache/Sprachkurse	98
Souvenirs	100
Taxis	100
Telefonieren	101
Trinkgeld	101
Unterkunft	101
Wandern	105
Wassersport	106
Zeit	108
Zeitungen	108

Abkürzungen

Die in diesem Buch verwendeten Abkürzungen bedeuten:
N = Norden/nördlich von ... NO = Nordosten/nordöstlich von ...
O = Osten/östlich von ... NW = Nordwesten/nordwestlich von ...
S = Süden/südlich von ... SO = Südosten/südöstlich von ...
W = Westen/westlich von ... SW = Südwesten/südwestlich von ...

Angeln

Irland bietet unzählige Gelegenheiten für diese mußevolle Betätigung: Es gibt an die 4.000 Seen, und die Flüsse würden aneinander gereiht eine Länge von 14.000 km ergeben. Angeln ist eine der touristischen Attraktionen des Landes, und Angellizenzen sind für rund 10 € pro Tag erhältlich. Aufgrund des Golfstroms ist die Angelsaison länger. Die beste Angelgegend ist die irische Seenplatte. Dort reiht sich See an See, die alle durch Flüsse oder Kanäle untereinander verbunden sind. Die Seenplatte der Grafschaft Clare ist zwar kleiner, aber für den Angler genauso ergiebig wie die mittleren Landesteile. Beliebt bei Anglern sind auch die Grafschaften Galway und Mayo im Westen Irlands.

Anglerfreuden

Die **Angelausrüstung** sollte etwas schwerere Ruten und Schnüre als gewohnt enthalten, da die irischen Fische durchweg größer und als gute Kämpfer bekannt sind. Auch die Blinker sind größer zu wählen. Fachgeschäfte mit Anglerbedarf gibt es überall. Das Angeln mit Lebendködern (*live bait*) und mit mehr als zwei Angelruten gleichzeitig in einem Gewässer ist verboten.

Für Urlauber, die gezielt einen Angelurlaub machen wollen, gibt es spezielle Anglerhotels, die sich auf die Bedürfnisse von Anglern eingestellt haben. Die Angelgebühren sind in der Regel im Preis der Pauschalreise inbegriffen. Die Vereinigung The Great Fishing Houses of Ireland umfasst Hotels und Gästehäuser. Jedes hat Zugang zu herausragenden Fischgründen, einige haben sogar private Gewässer.

Informationsstellen
Republik Irland: **Central Fisheries Board,** ☏ 01-8842600, www.cfb.ie
Nordirland: **Department of Culture, Arts and Leisure,** ☏ 028-90258861, www.dcalni.gov.uk, sowie **British Disabled Angling Association,** ☏ 01922-860912, www.bdaa.co.uk.

▶ **Angeln von Nichtsalmoniden (*Coarse Fishing*)**

Da die Iren selbst vor allem auf Salmoniden aus sind, ist das Angeln auf Nichtsalmoniden weniger verbreitet und bietet ideale Bedingungen für den kontinentalen Angler. Fast überall kann man Coarse Fishing ohne Lizenz betreiben. Spezielle Lizenzen werden in den Gewässern des nördlichen Shannon verlangt.

Die häufigsten Nichtsalmoniden in irischen Gewässern sind:
- Barsch (*perch*): ganzjährig
- Brachse (*bream*): beste Angelzeit April, Juli, August
- Hecht (*pike*): beste Angelzeit Mai bis August
- Rotfeder (*rudd*): beste Angelzeit April, Juli bis Oktober
- Rotauge (*roach*): beste Angelzeit März, Mai, Juni, Juli
- Schleie (*tench*): beste Angelzeit April, Mai, September, Oktober

▶ Forellen- und Lachsfang (*Game Fishing*)

Irische Angler angeln vor allem auf Lachs und Forelle. Salmonidengewässer gibt es praktisch überall in Irland. Der Lachs lebt in fast allen zum Meer strebenden Flüssen. Am häufigsten sind die Braun- oder Bachforelle (*brown trout*) sowie die Regenbogenforelle. Für das Angeln auf Meer- oder Lachsforellen (Salmoniden) benötigt man eine Lizenz, ebenso für das Angeln auf Bach- oder Regenbogenforellen und auf Nichtsalmoniden im oberen Shannon. Die Lizenzen sind in Anglergeschäften, in einigen Hotels oder direkt bei den Geschäftsstellen der Fischereidistrikte erhältlich.

▶ Hochseeangeln (*Deep Sea Angling*)

Irland verfügt über beinahe 5.600 km Küstenlinie mit hervorragenden Fanggründen für den Hochseeangelsport. Besonders geeignet dafür sind die Küsten im Westen und Süden. Fischen kann man von der Hafenmole aus genauso wie von Brandungsfelsen oder vom Strand. Vom Frühjahr bis zum Herbst laufen besonders ausgerüstete Boote zum Hochseeangeln aus, die auch Hobbyangler mitnehmen. Zu den wichtigsten Hochseeangel-Zentren gehören neben Dungarvan, Youghal, Kinsale, Baltimore und Schull auch Valentia, Cahersiveen, Galway, Westport, Killala Bay, Killybegs, Rosses Point, die Clew Bay, die Mullet Peninsula und Achill Island.

☞ Nützliche Begriffe rund ums Angeln

Angel	rod	Schwimmer	float
Anglerausrüstung	tackle	Würmer.	worms
Anglerbedarfsladen	tackle shop	Karpfen	carp
Blinker	lure, spinner	Aal	eel
Fliegenfischen	fly fishing	Barsch	perch
Haken	hook	Lachs	salmon
Kescher	landing net	Forelle	trout
Köder	bait	Rotfeder	rudd
Maden	maggots	Hecht	pike
Rolle	reel	Schleie	tench

Anreise und Weiterreise

▶ Anreise mit dem Flugzeug

Irland hat mehrere internationale Flughäfen: Dublin, Cork, Shannon, Knock und Belfast, sowie eine Reihe regionaler Flughäfen: Waterford, Kerry, Galway, Sligo, Donegal, City of Derry, Belfast City and Carrickfinn. Busse verbinden die Flughäfen mit den Innenstädten.

Allgemeine Reisetipps von A–Z

Lufthansa (www.lufthansa.de) fliegt von den wichtigsten deutschen, österreichischen und Schweizer Flughäfen nonstop nach Irland. **Air Lingus** (www.aerlingus.com) fliegt von Hamburg, Frankfurt, München, Düsseldorf, Stuttgart, Berlin sowie Wien und Zürich direkt nach Dublin; von München auch nach Cork. **Ryan Air** (www.ryanair.com) fliegt von Basel, Berlin, Bremen, Frankfurt/Hahn, Hamburg, Köln, Memmingen und Salzburg nach Dublin und zusätzlich von Dortmund, Düsseldorf/Weeze, Karlsruhe/Baden, Leipzig/Halle und Linz nach Shannon. Von Frankfurt/Hahn kann man auch nach Kerry fliegen. Bei allen Billiganbietern gilt die Faustregel: Je früher gebucht, desto günstiger.

▶ Anreise mit dem Auto und der Fähre
Irland hat sechs Haupthäfen: Dublin Port, Dun Laoghaire, Belfast, Larne, Cork und Rosslare.

Die wichtigsten **Routen von England/Schottland** sind:
- Liverpool – Dublin, Norfolkline: 7 Stunden
- Holyhead – Dublin Port, Irish Ferries und Stena Line: 3 Stunden 15 Min. oder 1 Stunde 50 Min. (je nach Fähre)
- Fishguard – Rosslare, Stena Line: 3 ½ Stunden
- Pembroke – Rosslare, Irish Ferries: 3 Stunden 45 Min.
- Liverpool – Belfast, Norfolkline: 8 ½ Stunden
- Stranraer – Belfast, Stena Line: 2 Stunden
- Cairnryan – Larne, P&O Irish Sea: 1 Stunde oder 1 Stunde 45 Min., je nach Fähre.

Die wichtigsten **Direktverbindungen von Frankreich nach Irland** sind:
- Cherbourg – Rosslare, Irish Ferries: 18 Stunden
- Roscoff – Cork (Mai bis September), Britanny Ferries: 15 Stunden

Die „Landbrücke" über Großbritannien (Festland – Großbritannien – Irland) ist nicht unbedingt günstiger als die Direktverbindungen nach Irland und auch anstrengender, es sei denn,

Irland bietet viele Transportalternativen

man nimmt sich Zeit für Zwischenstopps in Großbritannien. Die Fährgesellschaften locken mit speziellen Durchbuchungsraten der Routen Festland – Großbritannien – Irland. Auskünfte erhält man von jedem Reisebüro oder direkt von den Fährgesellschaften:
- **Stena Line:** www.stenaline.de.
- **Irish Ferries:** www.irishferries.com.
- **P&O European Ferries:** www.poirishsea.com
- **DFDS Seaways:** www.dfdsseaways.de/faehrrouten/amsterdam-newcastle/irland/

▶ Weiterreise im Land
Irland verfügt über ein gut ausgebautes Bus- und Bahnnetz. Es gibt eine Reihe von Sondertickets, mit denen man nach Belieben Bahn- oder Buslinien (mit Ausnahme der innerhalb von Dublin) benutzen kann.
- **Irish Explorer Rail** (Republik, Bahn):
  5 Tage (von 15 aufeinander folgenden Tagen): Erw. 160, Kinder 80 €
- **Trekker Ticket** (Republik, Bahn):
  4 aufeinander folgende Tage: 110 €
- **Open Road Ticket** (Republik, Bus)
  3 Tage (von 6 aufeinander folgenden Tagen): 60 €

▶ Busse
Bus Eireann (www.buseireann.ie) bedient rund 350 Fahrziele; daneben gibt es zahlreiche lokale Anbieter. Preise: Dublin – Donegal 19,50 €; Dublin – Cork 14,70 €; Cork – Galway 18,50 €.
In Nordirland informiert **Translink** über Bus- und Bahnverbindungen (www.translink.co.uk). **Ulster Bus** bedient fast sämtliche Strecken. Eine Busfahrkarte (hin und zurück) Belfast – Dublin kostet 25 £.

▶ Eisenbahn
Bahnfahren in Irland ist in der Regel teurer als Busfahren, allerdings gibt es an bestimmten Tagen verschiedene Ermäßigungen. Die Züge sind meist sauber und modern.

Republik Irland
Auskunft: **Irish Rail – Iarnród Eireann**, www.irishrail.ie
Preisrichtlinien (einfach):
- Dublin – Cork: 15–37 €
- Dublin – Limerick: 15–31 €
- Dublin – Killarney: 15–37 €

In **Dublin** verkehrt die S-Bahn **DART** (Dublin Area Rapid Transit) rund um die gesamte Bucht von Malahide im Norden bis Greystones im Süden. Sie verbindet Mo-Sa von 7 bis 24 Uhr alle 10–20 Minuten und So alle 30 Minuten die Vororte entlang der Dubliner Bucht. Mit dem drei (aufeinanderfolgende) Tage gültigen Ticket **Freedom Ticket** können alle Busse inkl. Hop on Hop off und Airlink benutzt werden. Der **Dublin Explorer** kostet 33 €.

Nordirland
Auskunft: **Northern Ireland Railways**, www.translink.co.uk.
Zwischen Dublin und Belfast verkehrt mehrfach am Tag die „Enterprise". Die Preise rangieren zwischen 10 und 34 £.

Allgemeine Reisetipps von A–Z

▶ Reisen per Anhalter

Offensichtlich scheint das Reisen per Daumen ganz gut zu klappen, denn überall in Irland sieht man Tramper jeglichen Alters. Dank der Gastfreundschaft der Iren zählt Irland als eines der angenehmen Tramperländer Europas. In den besonders einsamen Gegenden lassen sich Wartezeiten allerdings kaum vermeiden. Generell gilt Irland als sicheres Reiseland. In den Randgebieten der großen Städte (Dublin, Cork, Limerick) muss man, wie in jeder größeren Stadt, besonders vorsichtig sein.

▶ Inlandsflüge

Zwischen den größeren Flughäfen Dublin, Shannon, Cork, Knock (Co. Mayo), Derry und Belfast sowie zu den kleineren, regionalen Flughäfen, wie Galway, Farronfore, Co. Kerry, Sligo, Donegal, Waterford und den Aran Islands gibt es mehrfach täglich Verbindungsflüge. Neben den internationalen und regionalen Flughäfen gibt es über 25 kleinere und private Flughäfen für Verkehrsmaschinen im Inlanddienst und Sportflugzeuge.

Die wichtigsten Flughäfen im Internet
- **Dublin,** www.dublinairport.com
- **Shannon,** www.shannonairport.com
- **Cork,** www.corkairport.com
- **Galway,** www.galwayairport.com
- **Knock,** *Charlestown, Co. Mayo,* www.irelandwestairport.com
- **Belfast International Airport,** *Aldergrove (30 km W),* www.belfastairport.com
- **Belfast City Airport,** www.belfastcityairport.com
- **Derry,** www.cityofderryairport.com

Apotheken und Ärzte

Apotheken (*chemist shops, pharmacies*) sind meist einer Drogerie angeschlossen. In den Städten gibt es einen wechselnden Apotheken-Notdienst. Die diensthabende Apotheke ist auf Tafeln in den Schaufenstern von Drogerien ausgehängt. Die üblichen Öffnungszeiten sind werktags von 9 oder 9.30 Uhr bis 17.30 oder 18 Uhr, in größeren Städten auch Do bis 20 Uhr und So von 11 bis 13 Uhr.

EU-Bürger erhalten von ihrer gesetzlichen Krankenkasse die personenbezogene **EHIC-Karte (European Health Insurance Card).** Sie ist automatisch auf die Rückseite der Versicherungskarte gedruckt und ersetzt den früher notwendigen Auslandskrankenschein. Bei Vorlage der Karte wird man in Krankenhäusern und bei Vertragsärzten kostenlos behandelt. Möchte man den Arzt frei wählen, sollte eine Auslandskrankenversicherung abgeschlossen werden. Privatversicherte können ihren Versicherungsschutz gegen Beitragserhöhung auf das Ausland erweitern.

Autofahren

In Irland herrscht **Linksverkehr**. Trotzdem hat immer der von rechts kommende Vorfahrt, wenn eine Kreuzung nicht anders beschildert ist. Kreisverkehr (*roundabout*) hat stets Vorfahrt. Die **Höchstgeschwindigkeit** beträgt in Ortschaften 30 Meilen (48 km/h), auf Landstraßen 60 Meilen (97 km/h) und auf den autobahnähnlichen Straßen 70 Meilen (113 km/h). Die Straßen (N für nationale und R für regionale Straßen) sind im Allgemeinen recht gut. Kleinere Straßen sind meist sehr schmal und durch Hecken und Mauern oft uneinsehbar. Außerdem muss man überall mit frei herumlaufenden Kühen oder Schafen rechnen. Zwar sind auch die kleineren Straßen asphaltiert, doch gibt es viele Schlaglöcher. Vor allem bei Fahrten in der Dunkelheit sollte man besonders vorsichtig sein. Die Iren fahren allerdings selbst auf den kleinen Straßen relativ zügig.

Die Entfernungsangaben auf den Straßenschildern sind meist in Kilometern angegeben, die Geschwindigkeitsangaben allerdings überwiegend in Meilen. Straßenschilder und Ortsnamen sind zweisprachig in Irisch und in Englisch gegeben. In Nordirland sind sowohl Entfernungs- als auch Geschwindigkeitsangaben in Meilen angegeben, und die Ortsschilder sind Englisch.

Pannen und Notfälle
Bei Pannen mit Personenschäden muss sofort die Polizei verständigt werden. Die in ganz Irland einheitliche Notrufnummer ist ☎ 999.
Im Falle einer Panne findet man (fast überall) in Autowerkstätten fachgerechte Hilfe. Die **AA (Automobile Association)** kann man Tag und Nacht unter ☎ 0161-79104 (Republik Irland) oder ☎ 0800-887766 (Nordirland) erreichen. Sie ist mit dem deutschen ADAC verbunden. Der RAC (Royal Automobile Club) hat die Rufnummer ☎ 0844-8913111 (Republik Irland) und ☎ 0800-828282 (Nordirland).

Reifendruck

Der Reifendruck wird in pounds per square inch (psi) gemessen:

atü	1	1,2	1,4	1,6	1,8	2,0	2,2	2,4
psi	14	17,0	20,0	23,0	26,0	28,5	31,5	34,5

▶ Mietwagen
Alle internationalen Firmen sind in Irland vertreten. Einheimische irische Firmen haben jedoch oft wesentlich günstigere Angebote. Ein Preisvergleich lohnt sich, wobei man jedoch Zusatzkosten für Versicherung und Zweitfahrer beachten sollte. An allen Flughäfen sowie an den meisten Fährhäfen gibt es Niederlassungen von Autovermietern. Eine Auswahl:
- **Argus Rent-a-Car:** www.arguscarhire.com
- **Europcar:** www.europcar.com
- **Atlas Car Rentals:** www.atlascarhire.com
- **Thrifty Car Rentals:** www.thrifty.ie
- **Dooley Car:** www.dooleycarrentals.com
- **Irish Car Rentals:** www.irishcarrentals.com

Campervans: Fortbewegung und Unterkunft in einem

Bunk Campers ist ein Anbieter von Mini-Campervans. Die Vans sind mit 2–4 Schlafplätzen, Kocheinheit und Kühlschrank ausgestattet. Ideal für das kleinere Budget, kostet der Mini-Camper für 2 Pers. ab 47 € pro Tag.
Info: www.bunkcampers.com

Allgemeine Reisetipps von A–Z

▶ Tankstellen

Das Netz an Tankstellen in Irland entspricht dem normalen Bedarf. In Dublin und Cork gibt es Tankstellen mit 24-Stunden-Service. Ansonsten gelten Mo–Sa die üblichen Öffnungszeiten von 9 bis 18 Uhr, in den größeren Städten manchmal auch länger. Sonntags sind die Öffnungszeiten eingeschränkt.

👉 Nützliche Begriffe im Straßenverkehr

Deutsch	Englisch	Deutsch	Englisch
abbremsen	to reduce speed	Kreuzung	crossroads
Ampel	traffic lights	Kühe	cattle
Ausweichbucht	passing place	Kurve	bend
Bauarbeiten	road work	langsam	slow
Einfahrt freihalten	keep access free	links halten	keep left
Eisenbahnübergang	level crossing	Parkplatz	car park
Fähre	ferry	Radarkontrolle	speed control
Geschwindigkeitsbegrenzung	speed limit	rechts halten	keep right
keine Durchfahrt	no through road	Rollsplitt	loose chippings
keine Einfahrt	no entry	Schaf	sheep
Kreisverkehr	roundabout	Schleudergefahr	slippery
		Tankstelle	petrol station

👉 Nützliche Begriffe rund ums Auto

abschleppen	to tow	Lenkung	steering
Abschleppseil	tow rope	Motor	motor
Anhänger	trailer	Öl	oil
Anlasser	starter	Ölwechsel	oil change
Auspuff	exhaust pipe	Panne	breakdown
Batterie	battery	Rad	wheel
Benzin	petrol	Reifendruck	tyre pressure
Benzinpumpe	fuel pump	Rückleuchte	rear lights
bleifrei	unleaded	Schaltung	gear shift
Bremse	brake	Schweinwerfer	headlight
Bremslicht	brake light	Schraube	screw
Dichtung	gasket	Schraubenzieher	screwdriver
Ersatzrad	spare wheel	Sicherheitsgurt	safety belt
Ersatzteile	spare parts	Standlicht	parking lights
Fernlicht	main beam	Tank	tank
Gas	accelerator	Türgriff	door handle
Getriebe	gear box	Unfall	accident
Handbremse	handbrake	Vergaser	carburetor
Hupe	horn	Wagenheber	jack
Kanister	can	Werkstatt	garage
Keilriemen	fan belt	Zündkerze	sparking plug
Kühler	radiator	Zylinder	cylinder
Kupplung	clutch		

Baden

Irland ist kein klassisches Reiseland für Badeurlaub. Dennoch gibt es einige sehr angenehme Seebäder, vor allem an der Ost- und Südküste, die klimatisch mit Orten an der Nord- und Ostsee zu vergleichen sind. Südlich von Wicklow bis nach Rosslare erstreckt sich ein fast durchgängiger Sandstrand, weitere sehr schöne Strände befinden sich bei Dungarvan, Youghal, Balleycotton, an der Nordküste der Dingle-Halbinsel, bei Louisburgh, südlich von Donegal und auf Achill Island. FKK ist in ganz Irland nicht erlaubt. Die Strand- und Badewasserqualität in Irland ist die beste aller Staaten der Europäischen Union. Auch in den meisten Seen kann gebadet werden. Viele Strände haben die sogenannte „Blaue Flagge". Um die Blaue Flagge zu bekommen, muss die Wasserqualität stimmen, daneben aber auch die Sauberkeit der Strände, die Zahl und der Zustand der sanitären Anlagen, es muss Einrichtungen zur Lebensrettung geben und für die Abfallentsorgung gesorgt sein.

Behinderte

Generell ist Irland für Reisende mit Behinderung gut erschlossen.
Informationen:
- Für Reisende mit Behinderungen in der Republik Irland: National Disability Authority, ☏ 01-6080400 oder www.nda.ie.
- Für Reisende mit Behinderungen in Nordirland: Disability Action, ☏ 028-90297880, www.disabilityaction.org.

Bootsverleih

Die Fahrt per Kabinenkreuzer ist eine sehr gemütliche Art, das Land kennen zu lernen. Jeder, der über 21 Jahre alt ist, kann als Freizeitkapitän auf dem 220 km schiffbaren Shannon und seinen Seen sowie auf dem Shannon-Erne-Waterway, dem River Barrow und dem Grand Canal ohne Vorkenntnisse einen Kabinenkreuzer mieten. Berufsschifffahrt gibt es dort nicht. Meist haben die Boote Schlafplätze für 2–8 Personen, eine Küche und sanitäre Einrichtungen. Für Einkäufe und Landausflüge empfehlen sich Klappfahrräder, die zusätzlich gemietet und mit an Bord genommen werden können. Die Fahrgeschwindigkeit der Boote beträgt 10 km/h.

„Marinas" gibt es am Shannon, Erne und Grand Canal. Bei Hinterlegung einer Kaution sind die Boote voll versichert. Mitglieder der IBRA (Irish Boat Rental Association) werden staatlich kontrolliert. In den Wintermonaten (Ende Oktober bis Ostern) liegen fast alle Boote still – wegen des zu hohen Wasserstandes und notwendiger Wartungsarbeiten. Etliche deutsche Reiseveranstalter bieten Urlaub mit Kabinenkreuzern auf dem River Shannon und seinen Seen an.

Mit dem Kabinenkreuzer unterwegs

Auskunft: Waterways Ireland, www.waterwaysireland.org oder www.iwai.ie.

Mit dem Kabinenkreuzer unterwegs

Touren mit Hausbooten auf dem Shannon, den umliegenden Seen, auf dem Grand Canal und auf dem River Barrow erfreuen sich großer Beliebtheit. Die besondere Attraktivität liegt in der Gemächlichkeit des Reisens durch die liebliche, wenngleich undramatische Landschaft, in der kein Verkehrslärm die Ruhe stört. Nicht länger als Handelswege genutzt, stellen Irlands Flüsse und Kanäle einen riesigen Freizeitpark dar, in dem alle nur erdenklichen Aktivitäten ausgeübt werden können, die etwas mit Wasser zu tun haben. Es besteht die Möglichkeit, die ganze Insel in ihrer gesamten Länge und Breite zu durchqueren.

Die Flüsse und Seen sind sehr sauber. Für den Angelfreund gibt es jede Menge Barsche, Brassen, Hechte, braune Forellen und manchmal auch Lachse. Ornithologen können sich an der bunten Vogelwelt erfreuen, über 120 Arten wurden gezählt. In den kleinen Ortschaften kann man sich mit dem Wichtigsten versorgen und des Abends die örtlichen Pubs aufsuchen.

Die Boote der auf den irischen Gewässern verkehrende „Flotte" sind komfortabel mit Küche, Bad, WC und 2–8 Betten ausgestattet. Um eines von diesen zu mieten, muss man mindestens 21 Jahre alt sein. Eine Lizenz ist nicht erforderlich. Bevor man ein Boot mietet, sollte man seine Route sorgfältig planen. Kabinenkreuzer, die für den Shannon geeignet sind, sind für den Grand Canal nicht unbedingt empfehlenswert und umgekehrt. Die Boote fahren etwa 10 km pro Stunde. (Siehe auch Stichwort „Bootsverleih", S. 79.)

Der Lough Erne
Der Lough Erne ist zweigeteilt – in den oberen Teil, den ca. 18 km langen, mit zahlreichen Inseln versehenen Upper Lough Erne, und in den unteren Teil, den Lower Lough Erne, der sehr in die Breite geht und von Belleek bis Enniskillen reicht. 64 km sind von der Anlegestelle in Belturbet bis zum Upper Lough Erne bei Belleek befahrbar.

Der Shannon-Erne-Kanal
Obwohl man bereits Ende des 18. Jh. daran arbeitete, den Woodford-Fluss schiffbar zu machen, dauerte es noch bis 1846, ehe man mit der Ausgrabung des Ballinamore-Ballyconnell-Kanals begann. Der Kanal sollte die Verbindung zwischen Shannon und Erne herstellen. Als das Projekt sich 14 Jahre später endlich seiner Vollendung näherte, mussten die Schifffahrtsangebote den Entwässerungsanforderungen weichen. Kosteneinsparungen führten zu undichten und zusammenbrechenden Uferbänken. In seiner kurzen neunjährigen Geschichte wurde der Kanal lediglich von acht Schiffen befahren. Mit dem Siegeszug der Dampfeisenbahn verlagerte sich der Transport auf die Schiene. Der Kanal wurde unrentabel. Man gab ihn auf.

Als man Anfang der 1990er-Jahre mit dem Restaurierungsprojekt begann, hatten 120 Jahre Vernachlässigung die Wasserstraße auf eine von Unkraut überwucherte Rinne mit zusammengefallenen Brücken und fehlenden Schleusen reduziert.

Allgemeine Reisetipps von A–Z

Der Shannon und der Shannon-Erne Waterway

Heute stehen die Brücken unter Verwendung der originalen Steinquader wieder an ursprünglichen Stellen, die Fahrstraße ist mit modernen Booten schiffbar und neue Schleusen werden per Knopfdruck mit elektro-hydraulischem System betrieben.

Die Shannon-Erne-Wasserstraße führt zwischen Leitrim und der Mündung des Woodford in den Erne durch eine reizvolle Landschaft und ist ein Paradies für Erholungssuchende. An den mit Wildblumen gesäumten Ufern stehen Schilfbänke, Hecken begrenzen die Felder. Die Wasserstraße wird von 34 Steinbrücken überspannt und von 16 Schleusen reguliert, jeweils acht auf den beiden Seiten des Scur-Sees. Früher mussten die alten Schleusen per Hand betrieben werden, heute geht alles vollautomatisch. Man braucht nur noch eine Karte in den Schlitz zu stecken, und schon öffnen sich die Tore. Jede Schleusendurchfahrt dauert ca. 15 Minuten, und die Fahrzeit für die gut 60 km lange Strecke beträgt etwa 13 Stunden. Man kann sich aber durchaus auch eine Woche dafür Zeit nehmen. Die besten Ausgangspunkte für die Fahrten auf dem Shannon-Erne-Kanal sind entweder Carrick-on-Shannon oder Belturbet. In Leitrim kann man in den Lough Allen „abbiegen" oder über den Boyne River zum Lough Key schippern.

Der Shannon River

Der Shannon ist mit 370 km der größte Fluss Irlands und auch Großbritanniens. Seit ungefähr 300 v. Chr. wurde er gewerblich genutzt und war Teil einer Handelsstraße, die über Gallien bis zum mittleren Rhein reichte. Der Astronom und Geograph Ptolemäus, der von 100 bis 160 n. Chr. lebte, zeichnete den Shannon bereits in seine Landkarte ein. Um 545 n. Chr. befuhr auch der heilige Cierán den Fluss. Er gründete direkt am Ufer des Shannon das berühmte Kloster von Clonmacnoise. Die Region war strategisch äußerst wichtig. Kriegerische Stämme, später die Iren und Anglo-Normannen, kämpften um die Vormachtstellung am Fluss. Zu Cromwells Zeiten war der Shannon eine wichtige Verteidigungslinie. Im 18. Jh. baute man den Grand Canal, um Dublin mit dem Shannon zu verbinden.

Der Shannon entspringt im Cuilcagh-Gebirge, fließt nach Westen zum Lough Allen und schlängelt sich mitten durch die zentrale Kalksteinebene. Bei Limerick formt er eine große Flussmündung und fließt in den Atlantik. In seinem Verlauf verbreitert sich der Shannon zu zahlreichen Seitenarmen und Seen aus. Die Niederungen, Buchten und Binnenseen gelten als Naturparadiese für Wildvögel und andere Tiere. Sie beherbergen eine äußerst farbenfrohe und vielfältige Flora.

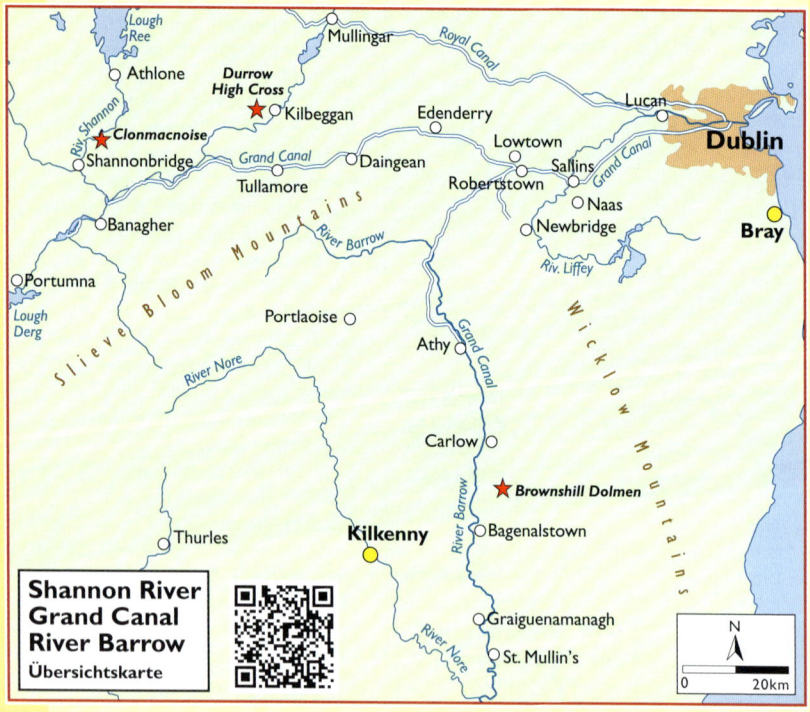

220 km des Shannon sind befahrbar, vom Lough Key über den Allan-Kanal und dem Lough Ree bis zum Lough Derg. Nur sechs Schleusen unterbrechen den Strom. 205 km sind nicht von den Gezeiten beeinflusst. Die von Mooren, Wiesen und Wäldern durchsetzte nördliche Shannon-Landschaft ist touristisch weit weniger erschlossen als der Süden.

Stationen für die Shannon-Kreuzschifffahrt sind Carrick-on-Shannon, Athlone, Banagher, Portumna, Williamstown und Killaloe.

Der Lough Derg
Der Lough Derg ist der größte Shannon-See und hat 67 kleine Inseln. Der langgestreckte See wird von sanften grünen Hügeln gerahmt und bietet ein liebliches und ruhiges Landschaftsbild – ideal für Entspannung und Erholung. Am gesamten Ufer finden sich Übernachtungsmöglichkeiten, z. B. in Killaloe, Ballina und Mountshannon, sowie Anlegestellen, wo man sich mit Proviant eindecken kann

Der Grand Canal
Der Grand Canal, der Dublin mit dem Shannon verbindet, wurde im 18. Jh. gebaut. Auf seinen 130 Kilometern gibt es 36 Schleusen. Man darf als Mieter eines Kabinenkreuzers nicht bis in die direkte Umgebung von Dublin fahren. Unterwegs gibt es auf der Strecke genügend Möglichkeiten, sich mit Frischwasser und Proviant einzudecken.

Der Fluss Barrow
Der Barrow ist ein stiller Fluss, der aber gerade deshalb zum Schippern ideal ist. Zusammen mit dem Grand Canal stehen den Freizeitkapitänen 240 km Wasserweg zur Verfügung. Der Barrow wird als eines der schönsten Reviere für Flusskreuzfahrten in ganz Europa bezeichnet. Auf einer Länge von 110 km schlängelt er sich durch eine malerische Landschaft mit großem Baumbestand und bietet jede Menge reizvolle Anlegestellen, die zum Angeln oder als Ausgangspunkt für Erkundungen in die Umgebung geeignet sind. In den drei größeren Orten, die am Barrow liegen, Monasterevan, Athy und Bagenaltstown, gibt es eine Vielzahl an Restaurants, Pubs, Golfplätzen und historischen Sehenswürdigkeiten.

Weitere Informationen: www.waterwaysireland.org

Camping/Caravan

In Irland gibt es rund 130 offiziell anerkannte Campingplätze, die regelmäßig vom Irischen Fremdenverkehrsamt überprüft und klassifiziert werden. Die Kriterien für die Klassifizierung sind: Toiletteneinrichtungen, Wasserhähne, Abfallkübel, eine festgesetzte Parzellendichte, Pflege und Bewachung, verbindliche Gebührenordnung, Freizeiteinrichtungen wie Minigolf- und Tennisplätze oder Kinderplanschbecken, Restaurants, Läden und Waschsalons. Auf vielen Plätzen können auch Wohnwagen und einfache Hütten gemietet werden. Eine Auflistung der Plätze enthält die Broschüre „Caravan & Camping Parks", die bei der Irischen Fremdenverkehrs-

Wildes Zelten ist nicht verboten

zentrale, den regionalen Tourist Offices sowie beim Irish Caravan and Camping Council (Website s. u.) erhältlich ist. Wildes Zelten ist offiziell nicht verboten, jedoch sollte man den Grundstücksbesitzer vorher um Erlaubnis fragen. In der Nähe von Wäldern ist das Zelten und Feuermachen untersagt.

Wer Urlaub auf dem Campingplatz machen und die Fährkosten für das eigene Campingmobil sparen möchte, kann in vielen Teilen des Landes *mobile homes* (Mobilheime) mieten, die komplett eingerichtet sind.

 Informationen
Irish Caravan and Camping Council, www.camping-ireland.ie.

Diplomatische Vertretungen

▶ **In Irland**
- **Deutsche Botschaft,** 31 Trimleston Avenue, Booterstown, Co. Dublin, ☎ 01-2693011, www.dublin.diplo.de
- **Österreichische Botschaft,** 15 Ailesbury Court, 93 Ailesbury Road, Dublin 4, T ☎ 01-2694577, www.aussenministerium.at/dublin
- **Schweizer Botschaft,** 6 Ailesbury Road, Dublin 4, ☎ 01-2186382, www.eda.admin.ch/dublin

▶ **In Deutschland**
- **Irische Botschaft,** Jägerstraße 51, 10117 Berlin, ☎ 030-22 0720, , www.dfa.ie/irish-embassy/Germany/

▶ **In Österreich**
- **Irische Botschaft,** Rotenturmstraße 16–18, 1010 Wien, ☏ 0043-1-7154246

▶ **In der Schweiz**
- **Irische Botschaft,** Kirchenfeldstraße 68, 3005 Bern, ☏ 0041-31-3521442

Einreise/Zoll

Für die Einreise reicht ein gültiger Personalausweis oder Reisepass. Für Fahrzeuge, auch für Wohnwagen, genügt der nationale Führerschein, die Mitnahme der grünen Versicherungskarte ist nicht erforderlich. Auch für die Mitnahme von Booten erfordert keine besonderen Formalitäten. Haustiere müssen mittlerweile keine sechsmonatige Quarantäne mehr durchlaufen. Dennoch sollte man sich im Vorfeld beim Department of Agriculture (www.agriculture.gov.ie) oder in Nordirland beim Department of Agriculture and Rural Development (www.dardni.gov.uk) nach möglichen Sonderregelungen erkundigen.

Die Einfuhr frischer und konservierter Fleisch-, Geflügel- und Molkereiprodukte ist verboten. Die Einfuhr von Milch- oder Fleischprodukten in Dosen ist gestattet. Die Einfuhr von Waffen ist nicht erlaubt.

▶ **Zoll- und Devisenbestimmungen**
Theoretisch gibt es keine Beschränkung für die Einfuhr von Waren von einem EU-Land in ein anderes EU-Land mehr, vorausgesetzt, dass im Heimatland für die erworbenen Waren Steuern entrichtet wurden und dass die Waren für den persönlichen Bedarf bestimmt sind. Es gibt gewisse Richtlinien für den persönlichen Bedarf: 800 Zigaretten, 400 Zigarillos, 200 Zigarren, 1 kg Tabak, 10 Liter Schnaps, 90 Liter Wein, 110 Liter Bier. Reisende aus Ländern außerhalb der EU, die außerhalb der EU erworbene Waren nach Irland einführen möchten, haben folgende Begrenzungen: 200 Zigaretten oder 50 Zigarren oder 250 Gramm Tabak, 1 Liter Schnaps, 2 Liter Wein, 60 Milliliter Parfum und 250 Milliliter Eau de Cologne.

Elektrizität

Die Stromspannung beträgt normalerweise 220 Volt in der Republik Irland und 240 Volt in Nordirland. Überwiegend werden britische (Dreipol-)Stecker verwendet, man sollte daher für die Reise besser Adapter mitnehmen, die man auch im deutschen Fachhandel erwerben kann.

Ermäßigungen

ⓘ *siehe auch die Grünen Seiten sowie „Weiterreise im Land"*

▶ **Fahrtkosten**
Die Flug- und Fährgesellschaften sowie Bahn und Bus bieten verschiedene Ermäßigungen für Jugendliche, Studenten oder Senioren. Daneben gibt es eine Reihe von Sondertickets.

▶ **Besichtigungen**
Studenten erhalten unter Vorlage eines Internationalen Studentenausweises für die Besichtigung vieler Sehenswürdigkeiten sowie beispielsweise im Abbey Theatre und im Peacock Theatre (Dublin) Ermäßigungen.

Die **Heritage Card** vom OPW (Office of Public Work) lohnt sich bereits, wenn man nur drei bis vier Sehenswürdigkeiten aufsuchen möchte. Sie kostet für Erwachsene 25 €, für Senioren 20 €, für Kinder und Studenten 10 € und für Familien 60 €. Auskunft: ☏ 01 647 65 92, www.heritageireland.ie. Mit der Heritage Card hat man für ein ganzes Jahr unbegrenzten Zugang zu den vom OPW betreuten Stätten. Sie ist in den vom OPW betreuten Sehenswürdigkeiten oder vorab online erhältlich.

In Nordirland bietet der **National Trust** Jahres- und Familienkarten für den Besuch der unter der Obhut des National Trust stehenden Sehenswürdigkeiten an.
Infos: The National Trust, ☏ 028 97 51 07 21, www.nationaltrust.org.uk.
Weiterhin gibt es von Heritage Island den **Ireland's Visitor Attraction Guide** mit zahlreichen Preisnachlässen, www.heritageisland.com (6,99 € online) sowie das Gutscheinheft „Ireland at a Glimpse", www.take-a-glimpse.com (13,95 € von DERTOUR).

Fahrradfahren

Irland ist ein beliebtes Reiseziel für Fahrradtouristen. Es gibt über 5.000 km gut ausgeschilderte Fahrradrouten. Die ganze Insel abzufahren, ist in einem Urlaub wohl kaum zu schaffen. Man sollte sich also vorher auf eine bestimmte Region (z. B. Connemara, Donegal oder Wicklow) festlegen. Die Strecken in Irland sind bis auf das flache Landesinnere zwar nicht alpin, gehen jedoch ständig bergauf und bergab. Es gibt allerdings kaum Extreme: Der höchste Berg, der Carrantuohill im Südwesten, ist 1.000 m hoch. Ungeübten Radlern sind der flache Westen und die Mitte zu empfehlen. Der Osten (südlich Dublins), der Südwesten (Beara, Iveragh und Dingle) und der Nordwesten sind hügeliger. Auch das Wetter ist nie ein Dauerzustand, Regen und Sonnenschein wechseln sich oft mehrfach am Tag ab. Regenkleidung ist daher ein Muss. Ein Ärgernis, abgesehen vom Naßwerden, ist allerdings der oft erhebliche Verkehr, und vor allem in der Ferienzeit im Sommer sind auch die kleineren Straßen sehr befahren.
Fluggesellschaften transportieren Fahrräder normalerweise im Rahmen ihrer Gepäck-Regelung, wobei jedoch in der Regel ein Aufpreis verlangt wird. Die **Fährgesellschaften** Irish Ferries und Stena Line transportieren Fahrräder auf manchen Routen gratis. Auf jeden Fall sollte man das Rad bei der Buchung mit anmelden, da in den Transportmitteln und nur begrenzt Platz vorhanden ist.

 Organisierte Fahrradtouren

Cycle West Ireland ist auf kleine Gruppen (max. 7 Personen) mit erweitertem Anspruch, d.h. hochwertige Unterkünfte, Verpflegung usw. spezialisiert. Angeboten werden z. B. Touren an der Westküste, auf der Beara Peninsula, an der Causeway-Küste und in den Glens of Antrim (www.cyclewest.com).
Self-Guided-Tours im Westen bietet der in Galway City ansässige Fahrradverleih **Bike Hire Ireland** an (www.bikehireireland.com).

Für die **Planung von Radtouren** gibt es eine Reihe von Spezialveranstaltern, sowohl in Deutschland als auch in Irland, die verschiedene Arten von Unterkünften, den Transport des Gepäckes von einer Unterkunft zur nächsten oder Radtouren in Begleitung eines Führers organisieren. Auch kann man sich speziell nach persönlichen Wünschen zusammengestellte Touren ausarbeiten lassen. Informationen und Adressen: www.discoverireland.de.

▶ **Fahrradverleih**
Es gibt etliche Fahrradvermieter im ganzen Land, und auch in Jugendherbergen und Hostels kann man sich oft Drahtesel leihen. Vorbestellungen sind im Juli und im August ratsam. Landesweit vertreten ist **Ireland Rent A Bike** (www.irelandrentabike.com). Neben normalem Fahrradverleih und „One-Way"-Mieten gibt es auch komplette Arrangements, die die Unterkunft (entweder auf „Go-As-You-Please-Basis" oder vorgebucht) enthalten. Dabei kann man zwischen verschiedenen Übernachtungsarten wählen: Hostel, B&B, Camping oder Hotel. Auch Gepäcktransfer und Transfer vom und zum Flughafen sind möglich. Für ein Leihrad muss eine Kaution hinterlegt, Satteltaschen und anderes Zubehör können ebenfalls gemietet werden.

▶ **Ersatzteile**
Wer sein eigenes Fahrrad mitbringt und auf Nummer Sicher gehen will, der sollte einen Ersatzreifen und -schlauch mitnehmen, denn die handelsüblichen Größen sind in Irland anders als in Deutschland.

Weitere Infos
www.cyclingireland.ie

Feiertage und Veranstaltungen

Hier sind nachfolgend die wichtigsten Feste des Jahres aufgeführt. Darüber hinaus gibt es noch etliche weitere Veranstaltungen. Über sämtliche Ereignisse informieren die Tourist Offices sowie www.discoverireland.ie unter der Rubrik „What's on?". Das Angebot ist sehr vielfältig und reicht vom Pferderennen über Sommerschulen, Hurling-Wettbewerbe, Kunstausstellungen und Folklorefestivals bis hin zu Antiquitätenmessen.

Informationen im Internet
- **www.discoverIreland.com/de** und **www.visitdublin.com**
- **www.irishtheatremagazine.ie** *bietet die neuesten Nachrichten aus der Theaterwelt (Premieren, Kritiken, Vorschauen usw.).*

Veranstaltungskalender
März
- Vier Tage rund um den 17. März: St. Patrick's Festival. Enormes Spektakel zu Ehren von Irlands Nationalheiligem; die größte Party findet in Dublin statt mit zahlreichen Paraden und Feuerwerk. Rund 250.000 Besucher, viele auch von Übersee, nehmen daran teil. Der eigentliche St. Patrick s Day ist der 17. März (www.stpatricksfestival.ie).

Mai
- Cork International Choral and Folk Dance Festival: Der wichtige 5-tägige Chorwettbewerb beginnt am 1. Montag im Mai (www.corkchoral.ie).

Der hl. Patrick und St. Patrick's Day

Um das Jahr 400 wurde der 16-jährige Padraig von irischen Piraten aus Britannien nach Irland als Gefangener verschleppt. Es gelang ihm zu fliehen und nachdem er eine Ausbildung zum Priester erhalten hatte, kehrte er im Jahre 432 nach Irland zurück. Seine Mission war, die dortigen Heiden zu bekehren. Zunächst war er nur im Norden und Westen des Landes tätig, durchquerte später das ganze Land, gründete Kirchen und Klöster und berief Bischöfe und Priester. Obwohl sich die keltischen Druiden gegen die neue Religion wehrten, ist es dem Geschick des hl. Patrick zu verdanken, dass die Christianisierung in Irland ohne Kampf und Blutvergießen vor sich gegangen ist. Irische Märtyrer sind nicht bekannt.

Ein Souvenir erinnert an das Fest

Im 17. Jh. setzte sich der 17. März als St. Patricks Tag in Irland durch. Die Art und Weise, wie der Tag heute – karnevalsähnlich – begangen wird, ist allerdings erst eine jüngere Entwicklung. Zehntausende von Amerikanern – Nachfahren irischer Auswanderer – kommen extra für diesen Tag nach Irland. Die Feierlichkeiten beginnen bereits am Vortag mit Musikumzügen und Konzerten. Am Heiligentag folgt die Parade durch die Stadt. Auf den Umzugswagen werden historische Szenen dargestellt. Musik- und Tanzgruppen aus der ganzen irischen Welt sorgen für Stimmung. Schulkinder schwenken Fähnchen. Die Farbe Grün, als Nationalfarbe des keltischen Irland, bestimmt das Bild. Der Tag endet meist feucht-fröhlich im Pub. Beliebt ist das sogenannte *Drowning of the Shamrock:* Auf dem festen Schaum eines Guinness ist das Kleeblatt gezeichnet. Man muss das Bier so geschickt trinken, dass am Schluss immer noch etwas Schaum mit dem Kleeblatt darauf im Glas ist.
Weitere Informationen: www.stpatricksfestival.ie.

- Dublin Summer Opera Festival/Dublin Dance Festival (www.dublindancefestival.ie)
- Ennis Fleadh Nua: 1-wöchiges, traditionelles Musik- und Tanzfestival in der 3. Maiwoche (www.fleadhnua.com)
- Belfast Marathon (www.belfastcitymarathon.com)
- North West 200: Berühmtes Autorennen, Mitte Mai (www.northwest200.org)

Juni
- 16. Juni: Bloom's Day. Der Tag im Leben des Leopold Bloom, Protagonist aus James Joyces „Ulysses", wird alljährlich von Hunderten seiner Anhänger festlich mit Lesungen und sze-

> **Gesetzliche Feiertage**

In der Republik Irland:	In Nordirland:
• 1. Januar (Neujahr)	• 1. Januar (Neujahr)
• 18. März: (St. Patrick's Day)	• 18. März (St. Patrick's Day)
• Karfreitag	• Karfreitag
• Ostermontag	• Ostermontag
• 1. Montag im Mai (May Day)	• 1. Montag im Mai
• 1. Montag im Juni (Bank Holiday)	• 3. Juni (Queen's Golden Jubilee)
• 1. Montag im August (Bank Holiday)	• 12. Juli (Orangemen's Day)
• letzter Montag im Oktober (Bank Holiday)	• letzter Montag im August (Summer Bank Holiday)
• 25. Dezember (Weihnachten)	• 25. Dezember (Weihnachten)
• 26. Dezember (St. Stephen's Day)	• 26. Dezember (Boxing Day)

nischen Aufführungen in den Straßen Dublins begangen (www.jamesjoyce.ie).
• Listowel Writer's Week (http://writersweek.ie)

Juli
- Ballyshannon International Folk Festival: Folkmusik-Festival mit zahlreichen Begleitveranstaltungen (www.ballyshannonfolkfestival.com)
- Galway International Arts Festival: Internationales Kunstfestival mit Musik, Film, Theater, Tanz und Folklore und viel Spaß (www.giaf.ie)
- Galway Races: Berühmte Renn- und Gesellschaftsveranstaltung, jeweils sechs Tage lang, beginnend am letzten Montag im Juli (www.galwayraces.com)
- Willie Clancy Irish Music Festival: 6-tägiges legendäres Musikfestival in Miltown Malbay Anfang Juli. Es gibt Workshops, Gigs und traditionelle Pub Sessions (www.willieclancyfestival.com). Sommerschule: www.scoilsamhraidhwillieclancy.com.

August
- All Ireland Fleadh (Fleadh Cheoil na Éireann): Jeweils an einem anderen Ort findet am letzten Wochenende im August ein 3-tägiges Musikfestival, das Nationale Irische Volksmusik-Festival, statt. Bis zu 250.000 Besucher machen sich auf (www.comhaltas.ie).
- Dublin Horse Show: In ganz Irland bekanntes Pferde- und soziales Ereignis, das seit 1926 von der Royal Dublin Society veranstaltet wird (www.dublinhorseshow.com).
- Puck Fair in Killorglin, Co. Kerry: Die Puck Fair ist Irlands ältestes und größtes Volksfest. Hohepunkt des kuriosen Festes ist die Krönung eines Ziegenbocks (www.puckfair.ie).
- Rose of Tralee International Festival: Mit viel Musik und Tanz findet die Wahl der Rose of Tralee statt (www.roseoftralee.ie).
- Connemara Pony Show, Clifden: Fröhliches Volksfest mit Tanz, Musik und buntem Treiben.
- Kilkenny: Arts Week (www.kilkennyarts.ie)
- Oul' Lammas Fair, Ballycastle: Der älteste Pferdemarkt in Irland hat sich zu einem buntem Volksfest entwickelt und lohnt auf jeden Fall einen Besuch.

September
- Waterford International Festival of Light Opera: Geboten werden Operetten und Musicals (www.theatreroyal.ie).

- All-Ireland Finals: Die Endspiele der Hurling and Gaelic Football Meisterschaften. Dublins Croke Park Stadium fasst immerhin 80.000 Fans (www.gaa.ie).
- Galway Oyster Festival (http://galwayoysterfest.com/)

Oktober/November
- Wexford: Opernfestival. Das 1951 ins Leben gerufene Festival hat es sich zur Aufgabe gemacht, auch unbekanntere Meisterwerke der Oper aufzuführen (www.wexfordopera.com).
- Dublin: Theaterfestival: Das beliebte Festival mit Theaterveranstaltungen aller Art existiert schon seit 1953 (www.dublintheatrefestival.com).
- Cork: Das fantastische Guinness International Jazz Festival und Film Festival findet jeweils am letzten Wochenende des Monats statt (www.guinnessjazzfestival.com).
- Dublin: Dublin Marathon
- Kinsale: Bei dem Festival of Autumn Flavours dreht sich alles um Fisch, Meeresfrüchte und lokale Produkte. Es gibt Kochvorführungen, Weinproben und viele Begleitveranstaltungen.
- Belfast: Belfast International Arts Festival. Im Oktober/November kommen Künstler aus aller Welt zu diesem Kunst-, Tanz-, Theater- und Musikfestival (http://belfastinternationalartsfestival.com).
- Halloween: Dieses Fest wird an vielen Orten in Irland gefeiert, aber besonders gerne in Derry in Nordirland. Man sagt, dass die Kelten eine vergleichbare Zeremonie namens Samhain hatten, mit der sie ihre Toten ehrten. Das Fest ging in die Bräuche des Christentums ein als Nacht vor Allerheiligen.

Dezember
- Dublin Grand Opera Society Winter Season. Das Gaiety Theatre führt beliebte Opern auf..
- Christmas Dip: Im ganzen Land tauchen mutige Schwimmer ins kalte Nass. Im Dubliner Sandycove schwimmen sie z. T. in Weihnachtsmann-Badeanzügen zu einem 20 m entfernten Felsen und zurück.

Geld

Der **Euro** ist die einzige legale Währung in der **Republik Irland.**

Nordirland (als Teil Großbritanniens) hat weiterhin das **Pfund Sterling.** Es gibt Banknoten zu 5 Pfund, 10 Pfund, 20 Pfund, 50 Pfund und 100 Pfund sowie Münzen zu 2 Pfund, 1 Pfund,

Kartensperrung

In Deutschland gibt es eine **einheitliche Sperrnummer** ☏ **0049-116116** und vom Ausland zusätzlich ☏ **0049 (30) 4050-4050**. Sie gilt mit wenigen Ausnahmen für alle Arten von Karten (auch Maestro/EC-Karten) und Banken sowie Mobilfunkkarten. Details unter **www.sperr-notruf.de**.

Für Karten von bisher nicht angeschlossenen Kreditinstituten und für **österreichische** und **Schweizer Karten** sind die gültigen Notrufnummern dem mit der Karte erhaltenen Merkblatt zu entnehmen oder bei der jeweiligen Bank vor der Reise zu erfragen und zu notieren.

50 Pence, 20 Pence, 10 Pence, 5 Pence, 2 Pence und 1 Pence. Die Währungen zwischen Nordirland und der Republik sind nicht austauschbar. Es wird empfohlen, eine ausreichende Menge Pfund schon im Heimatland zu kaufen, weiteren Umtausch jedoch im Land vorzunehmen. An Geldautomaten können Sie mit Ihrer EC-Karte rund um die Uhr Geld abheben. In der Regel ist es kein Problem, mit Kreditkarte zu zahlen. Geld wechseln kann man bei den Banken, in Postämtern, American-Express- und Thomas-Cook-Büros sowie in großen Hotels. Auch in einigen größeren Geschenkeläden, Reisebüros und Tourist Information Offices ist es möglich, Geld einzutauschen.

Golf

Viele Aktivurlauber fahren wegen der ausgezeichneten Golfmöglichkeiten nach Irland. Golf ist dort ein echter Volkssport und dementsprechend sind die Preise günstiger als anderswo. Es gibt mehr als 400 Plätze (80 % davon mit 18 Loch), auf denen auch Nicht-Mitglieder spielen können. Für bekanntere Plätze, auf denen die Gebühren entsprechend hoch sind, sollte man sich frühzeitig anmelden. An vielen Orten kann man Ausrüstungen leihen und Golfstunden nehmen. Für die Auswahl der Plätze spielt die Lage und Beschaffenheit eine Rolle, z. B. ob die Anlage im Landesinneren liegt, ein Heideland- oder Parklandkurs ist oder sich direkt am Meer befindet. Ein „Links" ist ein Platz, der durch hohe Sanddünen und die fast ständig vorherrschende Seebrise spürbar anspruchsvoller ist als herkömmliche Plätze. Mehr als 30 % der Küstenplätze weltweit befinden sich in Irland. Auf der ganzen Welt gibt es nur etwa 150 echte Dünengolfplätze.

Pitch and Putt, eine irische Erfindung, ist weniger aufwändig und günstiger. Diese Plätze haben zwar auch 9 oder 18 Löcher, doch sind die *fairways* nie länger als 70 m, im Gegensatz zu den 150–520 m auf den großen Plätzen.

Weitere Informationen
- **Tourism Ireland** gibt eine jährlich überarbeitete **Broschüre** heraus, in der man nützliche Informationen und Adressen rund um den Golfsport findet. Die Plätze sind ihrem Schwierigkeitsgrad entsprechend gekennzeichnet (herunterladbar auf www.ireland.com).
Ein deutscher Reiseveranstalter, der sich auf Golf-Urlaube spezialisiert hat, ist **Hayes Golfreisen** (www.hayes-golfreisen.de).
- **Im Internet**: www.irishgolfcourses.co.uk und www.irelandgolf.com

Informationen

Eine *Tourist Information* findet sich in jedem größeren Ort, über die ganze Insel verteilt gibt es über 100. Während der Saison werden zusätzliche Büros geöffnet. Die Informationsbüros bieten Stadtpläne, Unterkunftsverzeichnisse, beraten über örtliche Sehenswürdigkeiten und Einkaufsmöglichkeiten und nehmen Buchungen für Veranstaltungen vor. Viele Touristeninformationen bieten Souvenirs und Bücher an.

Über die meisten Touristeninformationen kann man auch Unterkünfte buchen. Meist muss man eine Anzahlung von 10 % des Gesamtpreises leisten; den Rest zahlt man dann im Quartier. Für eine Vermittlung ist eine kleine Vermittlungsgebühr zu entrichten. Während der Hoch-

Allgemeine Reisetipps von A–Z

saison haben die *Tourist Offices* in den größeren Städten auch oft sonntags oder abends länger geöffnet.

Adressen der wichtigsten Touristeninformationen
▶ **In der Republik Irland**
- Dublin Tourism Centre, Suffolk Street, ☏ 0180-230330, aus Deutschland 069-66800950, www.visitdublin.com
- Cork Kerry Tourism (Cork, South Kerry), Áras Fáilte, Grand Parade, Cork, ☏ 021-425 5100 www.discoverireland.ie
- Ireland West Tourism (Galway, Mayo, Roscommon), Áras Fáilte, Forster Street, Galway, ☏ 091-537700, www.discoverireland.ie
- East Coast Tourism (Kildare, Laois, Longford, Louth, Meath, North Offaly, Westmeath, Wicklow), Clonard House, Dublin Road, Mullingar, Co. Westmeath, ☏ 044-9348650, www.discoverireland.ie
- North West Tourism (Cavan, Donegal, Leitrim, Monaghan und Sligo), Temple Street, Sligo, ☏ 071-9161201, www.discoverireland.ie
- South East Tourism (Carlow, Kilkenny, South Tipperary, Waterford, Wexford), 41 The Quay, Waterford, ☏ 051-875823, www.discoverireland.ie
- Shannon Development (Clare, Limerick, North Kerry, North Tipperary, South Offaly), Shannon Town Centre, Co. Clare, ☏ 061-361555, www.discoverireland.ie

Hier gibts alle Informationen, die man braucht

▶ **In Nordirland:**
- Belfast Welcome Centre, 47 Donegall Place, Belfast BT1 5AD, ☏ 028 9024 6609, www.visitbelfast.com
- Derry Convention Bureau, 44 Foyle Street, Derry, BT48 6AT, ☏ 028 7126 7284, www.visitderry.com

▶ **Fremdenverkehrsamt in Deutschland**
- Irland Information, Tourism Ireland, Gutleutstraße 32, 60329 Frankfurt, ☏ 069-66800950, www.ireland.com/de-de (Viele Hinweise, Infos und Routenvorschläge sowie Broschürenbestellung)

 Informationen im Internet
- **www.ireland.com/de-de:** *Offizielle Seite von Tourism Ireland: Reiseangebote, Unterkünfte, Aktivitäten, Angebote etc.*

Allgemeine Reisetipps von A–Z

- **www.visitdublin.com:** *Offizielle Webseite Dublins mit vielen Informationen.*
- **www.discovernorthernireland.com:** *Informationen rund um Nordirland*

▶ Irische Regierung
- **www.gov.ie:** *Homepage der irischen Regierung mit Informationen über das Land, einschließlich wirtschaftlicher und politischer Grunddaten sowie Termine aller Art*
- **www.foreignaffairs.gov.ie:** *Webseite des irischen Außenministeriums*
- **www.cain.ulst.ac.uk:** *Infos zur Geschichte des Konfliktes in Nordirland*
- **www.nio.gov.uk:** *Informationen des Northern Ireland Office*
- **www.belfastcity.gov.uk:** *Informationen rund um Belfast*

▶ Organisationen
- **www.heritageireland.ie:** *Die Projekte des Heritage Service, der irischen Denkmalschutzorganisation, werden hier (auch auf Deutsch) vorgestellt.*
- **www.heritageisland.com:** *rund 80 Touristenattraktionen, die im Verband Heritage Island zusammengeschlossen sind*
- **www.nationaltrust.org.uk:** *Der National Trust kümmert sich um die Pflege des kulturellen Erbes in Nordirland.*
- **www.poetryireland.ie, www.ireland-writers.com** und **www.irelandliterature.com** *informieren über die reiche Literaturszene Irlands.*

▶ Verschiedenes
- **www.ordnancesurvey.co.uk:** *Ordnance Survey ist die wichtigste geografische Anstalt.*
- **www.met.ie/forecasts:** *Wettervorhersage des irischen Wetterdienstes*
- **www.theguardian.com/uk/northernireland:** *Webseite der Tageszeitung „The Guardian" über Nordirland*
- **www.belfasttelegraph.co.uk:** *Webseite der größten nordirischen Tageszeitung, dem Belfast Telegraph*

Kartenmaterial

Eine Karte im Maßstab 1:600.000 ist diesem Buch beigefügt. Für eine reine Autotour durch Irland sollte man sich am besten eine Karte im Maßstab 1:250.000 zulegen. Das Angebot an Kartenmaterial ist in gutsortierten Reisebuchhandlungen groß, bei der Auswahl sollte man sorgfältig vorgehen. Bewährt haben sich die vier Karten des Ordnance Survey, die sogenannten „Holiday Maps" (West, East, South, North) im Maßstab 1:250.000. Für Naturfreunde, Wanderer und Fahrradfahrer ist die Ordnance Survey „Discovery Series" (1:50.000) geeignet (siehe Ordnance Survey Ireland, www.osi.ie).
Hinweis: Auf beiliegender Faltkarte sind die **Mautstellen nicht eingetragen!**

Kleidung und Ausrüstung

Selbst im Sommer empfiehlt sich die Mitnahme eines geeigneten Regenschutzes sowie wärmerer Bekleidung. Im Frühling und Herbst sind sie unerlässlich. Für Radtouren ist Regenkleidung zu jeder Jahreszeit ein Muss. Festes Schuhwerk und/oder Gummistiefel sollte man ebenfalls einpacken. Ornithologen werden ein Fernglas benutzen wollen.

Maße und Gewichte

Auch in Irland erfolgte in den letzten Jahren im Zuge der Annäherung an den europäischen Binnenmarkt die Umstellung auf das Dezimalsystem. Trotzdem hält man noch gerne an den alten Maßeinheiten fest, und auch das Pint (entspricht 0,568 Liter) blieb auf der Insel natürlich erhalten.

Hohlmaße
1 pint (pt) = 0,568 l
1 gallon (gal) = 4,55 l

1 acre = 0,405 ha
1 mile (m) = 1,609 km

Längen
1 inch (in) = 2,54 cm
1 foot (ft) = 12 inches = 30,48 cm
1 yard (yd) = 3 feet = 91,4 cm

Gewichte
1 ounce (oz) = 28,35 g
1 pound (lb) = 16 ounces = 453,6 g
1 stone (st) = 14 pounds = 6,35 kg

Temperaturen
Die Temperatur wird meist in Fahrenheit angegeben: 0 °C = 32 °F. Für die Umrechnung muss man von der jeweiligen Fahrenheit-Temperatur die Zahl 32 abziehen, mit 5 multiplizieren und durch 9 dividieren – ganz einfach!

20 °F	-7 °C	32 °F	0 °C
40 °F	4 °C	50 °F	10 °C
60 °F	16 °C	70 °F	21 °C
80 °F	27 °C		

Notrufnummern

ⓘ *siehe auch „Autofahren" und „Geld"*

Polizei, Feuerwehr und Krankenwagen haben die Rufnummern **999** oder **112.**

Öffnungszeiten

„Als Gott die Zeit schuf, hat er genug davon gemacht" ist ein vielzitiertes Sprichwort in Irland. Auch wenn per Hinweisschild die Öffnungszeiten an einem Gebäude angeschlagen sind, sollte man sich in Toleranz üben und keine übertriebenen Pünktlichkeitsansprüche walten lassen.

- **Geschäfte:** Normalerweise sind die Geschäfte Mo–Sa von 9 oder 9.30 Uhr bis 17.30 oder 18 Uhr geöffnet, vielfach Do auch bis 20 oder 21 Uhr. An Sonntagen haben einzelne Supermärkte in den größeren Orten oder in ausgesprochen touristischen Gegenden von mittags bis 17 oder bis 18 Uhr geöffnet.
- **Banken:** In ganz Irland Mo–Fr 9.30–16.30 Uhr, Do bis 17 Uhr
- **Postämter:** Mo–Fr 9–17.30 Uhr und Sa 9–12 Uhr

Allgemeine Reisetipps von A–Z

Organisationen/Verbände

- **Heritage Towns of Ireland,** www.heritagetowns.com. Der Verband kümmert sich um die Erhaltung und Pflege von historischen Orten in der Republik.
- **Houses, Castles & Gardens of Ireland,** Lisdua, 16A Woodlands Park, Blackrock, Co. Dublin, ☎ 01-2889114, www.hcgi.ie. Ein Zusammenschluss der wichtigsten historischen Gebäude und Parks. Die Broschüre enthält Angaben zu Lage, Öffnungszeiten, Telefonnummern und Eintrittspreisen.
- **Heritage Island,** 27 Merrion Square, Dublin 2, ☎ 01-7753870, www.heritageisland.com. Umfasst 93 Besucherzentren und andere Touristenattraktionen (einschließlich Nordirland). Die Broschüre „Heritage Island Explorer" bietet eine Reihe von Preisnachlässen sowie Tourenvorschläge für historisch interessierte Urlauber.
- **Irish Georgian Society,** 58 South William Street, Dublin 2, ☎ 01-6798675, www.igs.ie. Die Gesellschaft bemüht sich um die Erhaltung der Architektur des 18. und 19. Jh.
- **The National Trust,** ☎ 028-97510721, www.nationaltrust.org.uk. Der National Trust zeichnet verantwortlich für die Pflege und den Erhalt des kulturellen Erbes in Nordirland.
- **OPW – Office of Public Work,** www.opw.ie. Die Behörde für öffentliche Bauten ist für die Erhaltung zahlreicher Nationaldenkmäler, Binnenwasserstraßen, Parkanlagen, Gärten und Naturschutzgebiete verantwortlich.
- **Ahnenforschung:** Für Auskünfte und Adressen einzelner Agenturen wende man sich an die National Library of Ireland, www.nli.ie. Die Zentralstelle für Geburts- und Heiratssowie Todesurkunden ist das General Register Office, ☎ 090-6632900 oder www.groireland.ie.

Organisierte Reisen

Es gibt in Deutschland über 100 Reiseveranstalter, die organisierte Urlaube in Irland anbieten. Die Palette der Angebote ist vielfältig: Studien- und Sprachreisen, Angel-, Golf-, Segel-, Wander-, Fahrrad- oder Reiterurlaub, kreative Wochen oder Ferien mit dem Wohnmobil. Vielfach besteht die Möglichkeit, Übernachtungsschecks in Kombination mit der Anfahrt zu erwerben, die dann eine individuelle Routenplanung ermöglichen.
Beliebt sind Fly & Drive-Angebote, bei denen ein Leihwagen ohne Kilometerbegrenzung am Flughafen zur Verfügung gestellt wird.

Das Irische Fremdenverkehrsamt gibt alljährlich eine Broschüre heraus, die sämtliche Ferienangebote deutscher Reiseveranstalter auflistet und zusätzlich auf Spartarife außerhalb der Saison aufmerksam macht. Der lang etablierte irische Reiseveranstalter **CIE Tours International** hat sich auf Gruppen- und Studienreisen konzentriert, z. B. Pilger-, Wander- und Golfreisen. Die Reisen werden von deutschsprachigen Reiseleitern begleitet (www.cietours.com).

Auch in Irland selbst gibt es unzählige Angebote an organisierten Urlauben: Zu der reichhaltigen Palette zählen z. B. archäologische, kunsthandwerkliche oder geologische Kurse, Umweltstudien, Seminare für Folkmusik oder Folktanz. Wer es aktiver mag, für den gibt es Abenteuerurlaube, bei denen man unter Aufsicht und Anleitung wandern, klettern, Kajak oder Kanu fahren sowie andere Wassersportarten betreiben kann – hier findet sich alles, was das Herz begehrt.

Post/Porto

Eine Postkarte oder ein Standardbrief innerhalb der Republik Irland und nach Nordirland kostet 70 Cents, ins EU-Ausland 1,05 €. Von Nordirland kostet die Beförderung einer Postkarte oder eines Standardbriefes ins europäische Ausland 68 Pence.

Briefkästen sind in der Republik Irland grün, in Nordirland rot. Die Postämter haben in der Regel folgende Öffnungszeiten: Mo–Fr 9–17.30 Uhr, Sa 9–12 Uhr, in ländlichen Gebieten sind sie über Mittag geschlossen.

Irischer Briefkasten

Pubs

Die irischen Pubs sind weltberühmt. Bier, insbesondere Guinness, ist das am meisten getrunkene Getränk in einem irischen Pub. Die Getränke muss man sich direkt an der Theke holen und dort auch gleich bezahlen. In Irland ist es üblich, sich gegenseitig 'Runden' auszugeben, d.h. eine Person kauft jeweiles die Getränke für alle in der Gruppe. Es gibt, im Gegensatz zu kontinentalen Kneipen, keinen Tischservice. Ein kleines Bier ist *half a pint*, ein normales Bier ein *pint*. Das ist etwas mehr als ein halber Liter.

Pubs sind normalerweise zwischen 10.30 Uhr und 23.30 Uhr und am Wochenende bis 0.30 Uhr geöffnet. Ausnahmen bestätigen auch hier die Regel! Sowohl in der Republik als auch in Nordirland bieten viele Pubs abendliche Unterhaltung wie etwa Live-Musik an und sind dann länger geöffnet. Der Barkeeper kündigt laut *last order* an, dann hat der Gast per Gesetz noch eine halbe Stunde zum Austrinken, bevor der Laden schließt.

Reisezeit

Die Reisesaison beginnt im Mai und endet im September. Im Frühling und Herbst kann das Wetter sehr schön sein, aber in der Regel gibt es auch Regen und Stürme. Die besten Reisemonate sind die in Irland trockensten Monate Mai, Juni und September. Mit Regen muss man aber auch im Sommer täglich rechnen. Mai und Juni haben im Jahresdurchschnitt die längste Sonnenscheindauer. Juli und August sind die betriebsamsten Monate. Im August gehen auch die Irländer in Urlaub, und wenn das Wetter gut ist, verbringen sie diesen gerne in ihrem eigenen schönen Land. Unterkünfte sollten während der Hauptreisezeit vorgebucht werden, vor allem, wenn man länger an einem Ort verweilen möchte. Im Winter fällt das Thermometer selten unter 0 °C, im Sommer übersteigt es kaum 25 °C – Ausnahmen bestätigen die Regel.

Reiten

▶ Reiturlaub

Reiturlauber haben in Irland verschiedene Möglichkeiten. Für den **Gelegenheitsreiter** gibt es an vielen Orten Reiterhöfe, wo man Pferde stundenweise ausleihen kann. Die Reiterzentren bieten Reitunterricht für Anfänger und Fortgeschrittene. Für erfahrene Reiter gibt es Unterricht im Springen und in der Dressur. Viele Reiterzentren bieten Reiterferien mit unterschiedlichen Unterkunftsarten an: vom Schlosshotel über Herrenhäuser bis hin zum Bauernhof. Einige Zentren sind auf Jagd spezialisiert, manche bieten die Möglichkeit, Reit- und Englischunterricht zu kombinieren, andere wiederum nehmen auch Kinder ohne Begleitung auf.

Trail-Reiten wird in verschiedenen Formen angeboten. Es gibt sogenannte *post-to-post trails* mit täglich wechselnden Quartieren oder *based trails* mit einem festen Standquartier. Bei den Post-to-Post-Trails handelt es sich um 1-wöchige Reittouren, bei denen täglich ca. 4 Stunden geritten wird. Das Gepäck wird vom Vermieter zur nächsten Etappe gebracht. Man wohnt in traditionellen Farmhäusern, komfortablen Landhäusern oder in Luxushotels. Die schönsten Trekking-Touren gibt es in Connemara, auf der Dingle-Halbinsel, in Sligo und bei Killarney.

Meutejagden sind nur für gute und erfahrene Reiter geeignet. Sie finden während der Saison Mitte Oktober bis Ende März praktisch täglich statt. Verschiedene Jagdgesellschaften bieten Gästen die Teilnahme an. Vorausbuchungen für die Teilnahme können bei Reitställen vorgenommen werden. Dort kann auch gleich eine Jagdausrüstung mitgemietet werden, denn bei Meutejagden ist ein klassischer Reiterdress gefragt.

Für „passive" Reiter: Spaß macht der Besuch eines traditionellen Pferdemarktes (z. B. in Ballinasloe), einer Pferde-Show (am bekanntesten ist die Connemara-Ponyschau Ende August in Clifden) oder der renommierten Dublin Horse Show ebenfalls alljährlich im Monat August.

▶ Pferderennen

Die irischen Pferderennen sind von internationaler Bedeutung und, falls man die Gelegenheit dazu hat, auf jeden Fall einen Besuch wert. Die Eintrittspreise sind erschwinglich, und Kinder erhalten meist freien Einlass. Das bekannteste Galopprennen ist das Irish Derby auf der Curragh-Rennbahn in Kildare am letzten Juni-Wochenende. Auch in Leopardstown, Co. Dublin (ganzjährig) und in Listowel, Co. Limerick (Ende September) finden größere Rennen statt. Auskunft über Renntage erhält man von **Horse Racing Ireland,** ☎ 045-455455, www.goracing.ie, oder von der Association of Irish Racecourses, www.air.ie.

> **ℹ Informationen rund um Reitsport und Reiterferien**
> - **AIRE** *(Association of Irish Riding Establishment),* ☎ *045-854518, www.aire.ie. Reiterferienhöfe, Ställe, Reiterhotels, die der AIRE angeschlossen sind, unterliegen ständiger Kontrolle.*
> - **Equestrian Holidays Ireland,** *www.ehi.ie. Equestrian Holidays Ireland ist eine Vereinigung von Reiterhöfen. In ihrer Broschüre sind über 30 Reiterzentren mit Unterkunft aufgelistet.*
> - **British Horse Society** *(Nordirland), www.bhs.org.uk*
> - *Langjährige Erfahrung in der Organisation von Reiturlauben bietet die deutsche* **Agentur Katja van Leeuwen,** *www.reitferien-in-irland.de*

Restaurants

Die Auswahl an irischen Restaurants reicht vom Feinschmeckerlokal über Pubs und Cafés bis zum schlichten Schnellrestaurant.

Restaurants sind in Irland häufig erst zum Abendessen geöffnet. Die Preise sind im Allgemeinen recht hoch. In den besseren Lokalen wird man vor dem Essen gerne an die Bar gebeten, wo man einen Aperitif zu sich nimmt und von der Speisekarte (Speisekarte = *menu*, in diesem Fall nicht Menü) auswählt. Die Bedienung ist zum Teil im Preis inbegriffen (*service included*), zum Teil wird sie extra berechnet. In den Touristenzentren gibt es Restaurants, die sogenannte *tourist menus* (dreigängiges Touristenmenü) zum festen Preis anbieten. Diese sind günstiger als à la carte.

In fast jedem Ort gibt es mindestens ein **Take-Away-Restaurant** (vor allem chinesisch, indisch und Fish & Chips). In den größeren Städten findet man natürlich auch die bekannten weltweit vertretenen McDonalds und Burger Kings. **Coffee Shops** sind eine Mischung aus Grill-Restaurant und Café. Hier gibt es einen Becher Tee oder Kaffee, Fish and Chips, Eier und Speck. Auch hier variieren die Qualitätsansprüche erheblich: Vom sogenannten *greasy spoon* bis hin zur Laura-Ashley-gestylten Teestube. Vegetarische Restaurants haben sich nur in den Städten etabliert. Die meisten Restaurants bemühen sich jedoch, wenigstens ein vegetarisches Gericht anzubieten.

Viele **B&B-Unterkünfte** bieten ebenfalls Dinner an, allerdings muss man meistens bis Mittag Bescheid sagen, ob man ein Abendessen möchte oder nicht. Die Qualität ist in diesen Privatrestaurants außerordentlich gut. Da viele keine Lizenz zum Ausschank von Alkoholika besitzen, kann man sich Bier oder Wein selber mitbringen. In den meisten Pubs wird Essen (sogenannte Bar-Menus, auch *pub-grub* genannt, z. B. Pasteten, Kurzgebratenes und Suppen) serviert. Dies ist eine gute Möglichkeit, wenn man unkompliziert und vergleichsweise preisgünstig essen möchte. Serviert wird in der Regel von 12–21 Uhr. Meistens ist das Essen in Pubs recht solide. Eine weitere Möglichkeit ist es, abends in **Hotels** in der Lounge oder Bar ein Tellergericht zu sich zu nehmen. Dies geht meistens auch, wenn man nicht im Hotel wohnt.

In den letzten Jahren hat sich eine **neue „irische" Küche** entwickelt – der sogenannte *Country House Style*, an deren Entwicklung die Köchinnen des Ballymaloe House (Ballymaloe House, Shanagarry, Midleton, Co. Cork, ☎ 021 4652531, www.ballymaloe.ie) maßgeblich beteiligt waren. Die Basis dieser neuen Kochkunst bilden frische Produkte aus Irland.
Weitere Information: Dining in Ireland, Restaurant Association of Ireland, www.rai.ie. Der Verband umfasst rund 500 Mitglieder.

Sprache/Sprachkurse

Irland hat zwei offizielle Sprachen: Irisch und Englisch. Obwohl alle offiziellen Papiere der Regierung und auch Straßenschilder zweisprachig verfasst werden, wird Irisch aktiv nur noch in einigen Gebieten im Westen und Süden der Insel, in den sogenannten Gaeltacht-Gebieten, gesprochen. Alle Iren können Englisch, sodass es keinerlei Verständigungsprobleme auf der Reise gibt.

▶ Sprachkurse Englisch

Sprachferien für Jugendliche und Erwachsene – Anfänger wie auch Fortgeschrittene – kann man das ganze Jahr über z. B. in Dublin, Cork, Donegal und Waterford buchen. Kulturelle und sportliche Rahmenprogramme sind meist inbegriffen. Die Unterkunft erfolgt in irischen Gastfamilien, auf Wunsch aber auch in Pensionen oder Hotels. Neben Sprachferien gibt es die Möglichkeit, an Intensivkursen oder berufsbezogenen Spezialkursen (z. B. für Manager, Geschäftsleute, Ärzte, Bankfachleute, Techniker und Wissenschaftler) teilzunehmen. Auch gibt es die Kombination von Reiterferien mit Sprachunterricht. Die anerkannten Sprachschulen haben sich unter dem Namen **MEI RELSA** zusammengeschlossen (www.mei.ie).

▶ Sprachkurse Irisch

Auch Irisch wird in Sommerkursen gelehrt: z. B. bei folgenden Anbietern:
- **University College Galway,** Summer School Office, Galway, Co. Galway, ☏ 091-524411, www.nuigalway.ie.
- **Gael-Linn,** 35 Dame Street, Dublin 2, ☏ 01-6751200, www.gael-linn.ie

Die größte gaelischsprachige Grafschaft ist Donegal. Hier kümmert sich die Organisation **Oideas Gael** um die gälische Kultur. In Glencolumbkille werden Spezialkurse rund um das keltische Leben angeboten: Sprachferien, Musikkurse (Bodhran, Flöte, Harfe), archäologische Wanderungen und Ausflüge (www.oideas-gael.com).

Wer oder was ist ein Claddagh?

Das Claddagh-Motiv zeigt zwei Hände, die ein Herz halten. Die Hände bedeuten Freundschaft, das Herz Liebe und die Krone Loyalität. Der Ring wurde als Freundschafts-, Verlobungs- und Hochzeitsring verwendet. Wenn er von einer verheirateten Person getragen wurde, musste die Krone zum Nagel zeigen, bei einer unverheirateten Person umgekehrt. Damit wird angedeutet, dass das Herz noch frei ist.

Am Ufer (oder Claddagh) der Bucht von Galway befand sich einst ein kleines Fischerdorf. Die Bewohner des kleinen Dorfes lebten ausschließlich vom Fischfang. Das bekannte Zeichen geht angeblich auf dieses Dorf zurück. Richard Joyce, ein Fischer aus diesem Dorf, wurde von Piraten gefangen genommen und von diesen als Goldschmied ausgebildet. Als er auf Veranlassung des Königs freigelassen wurde, fertigte Richard ihm einen Ring mit diesem Motiv an. Als Königin Victoria Irland besuchte, soll sie jenen Ring getragen haben.

Das Claddagh-Motiv: Freundschaft und Liebe

Allgemeine Reisetipps von A–Z

Wie wäre es mit einem Leprechaun?

Souvenirs

Begehrte Souvenirs sind Whiskey, Kristall, Kunsthandwerk, Strick- und Webarbeiten, handgewebter Tweed, feine Spitzen, Räucherlachs und Keramik. Irisches Kunsthandwerk bedient sich gerne alter keltischer Formen als Vorlage. Das keltische Claddagh-Design (zwei Hände halten ein gekröntes Herz) wird gerne bei Ringen und anderem Schmuck verwendet. Das in Waterford hergestellte Kristall ist weltberühmt. Das Unternehmen wurde 1783 gegründet. Es wird sowohl nach alten Formen als auch modernem Design gearbeitet.

Irische Spitze (z. B. in Tischdecken und Taschentüchern) stammt traditionell aus der Gegend um Limerick. Marmor aus Connemara wird zu Buchstützen, kleinen Skulpturen und Briefbeschwerern verarbeitet. Handgewebter Tweed, verarbeitet zu Decken, Schals und Jacken, stammt vor allem aus der Gegend um Donegal und ist von hoher Qualität. Wollwaren bekommt man nicht nur an ihrem Entstehungsort, sondern im ganzen Land.

Taxis

Taxis mit Taxameter gibt es in den größeren Städten, in allen anderen Gebieten sollte man sich vor der Fahrt nach dem Preis erkundigen. Die Taxis stehen an bestimmten Taxiständen und kreuzen normalerweise nicht durch die Straßen, um von Passagieren herbei gewunken zu werden.

Telefonieren

▶ **Vorwahlen**
- Um **vom Ausland die Republik Irland** anzurufen, muss man 00353 wählen und dann die gewünschte Rufnummer ohne die 0 der irischen Ortsnetzkennzahl.
- **Vom Ausland nach Nordirland** gilt die britische Vorwahl 0044, gefolgt von der Rufnummer ohne die 0 der Ortsnetzkennzahl.
- **Von der Republik nach Nordirland** muss man 048 wählen und dann die gewünschte Nummer.
- **Innerhalb Nordirlands** muss man stets die Vorwahl 028 wählen.
- **Von Nordirland in die Republik Irland** wählt man 00353, dann die Vorwahl ohne die Null und dann die gewünschte Rufnummer.
- Die Durchwahl **von der Republik Irland sowie von Nordirland nach Deutschland** lautet: 0049, gefolgt von der Ortsnetzkennzahl ohne 0 und der gewünschten Nummer. Die Vorwahl nach Österreich lautet 0043, die Vorwahl in die Schweiz 0041.

▶ **Telefonauskunft**
Republik Irland: 11850, Nordirland: 118 500 (Auslandsauskunft: 118 505)

▶ **Mobilfunk**
Erkundigen Sie sich am besten vor Reisebeginn bei Ihrem Provider nach den Gebühren oder kaufen Sie sich eine irische Prepaid-Karte.

Trinkgeld

Üblicherweise werden zwischen 5 und 15 % Trinkgeld gegeben. In Hotels und vielen Restaurants wird der Bedienungszuschlag automatisch auf die Rechnung gesetzt. Aber auch Reiseleiter, Zimmermädchen oder Friseure freuen sich über eine finanzielle Anerkennung.

Taxifahrer erhalten normalerweise 10 % der Fahrtkosten als Trinkgeld und Kofferträger etwa 1 €/1 £ pro Gepäckstück. In Pubs ist es unüblich, Trinkgeld zu geben, es sei denn bei Tischservice.

Unterkunft

Irland bietet vom Luxushotel bis zum schlichten Dorfgasthof ein vielfältiges Angebot an Übernachtungsmöglichkeiten. Besonders schön sind die ehemaligen Schlösser, Burgen oder großherrschaftlichen Landsitze, die oft auch Jagd-, Angel- oder Reitmöglichkeiten bieten. Die klassische Übernachtungsart in Irland ist Bed & Breakfast. Man wohnt in einem Privathaus, in dem je nach Größe einige Zimmer für Besucher zur Verfügung stehen. Die Bettenkapazität und der Grad der Professionalität variieren erheblich.

Die meisten Unterkünfte werden regelmäßig vom Irischen Touristenamt geprüft und gemäß ihres Standards, ihrer Ausstattung und Serviceleistung (Kleiderpresse, Telefon, Fernseher, großer Spiegel, nächste Bushaltestelle etc.) klassifiziert. Natürlich geben die Sterne keinerlei Hin-

Übernachtungstipps

The Hidden Ireland („das verborgene Irland") ist ein Zusammenschluss der Eigentümer historischer Häuser. Man wohnt in alten Herrenhäusern und wird von den Besitzern persönlich betreut. Meist bietet die Aufnahme von Gästen für die Besitzer eine Möglichkeit, ihre Gebäude, die in vielen Fällen seit Jahrhunderten in Familienbesitz sind, zu erhalten, denn von staatlicher Seite gibt es für Renovierungsarbeiten keine Unterstützung. In diesen Häusern hat der Besucher die Möglichkeit, das (vornehme) irische Landleben kennen zu lernen. Wenn es zeitlich einzurichten ist, sollte man versuchen, mindestens zwei Tage an einem dieser schönen Orte zu verweilen, um die Ruhe auf sich wirken zu lassen. Die Gebäude sind durchweg von besonderem architektonischen Wert und Charme. Einige liegen im Mittelpunkt großer Ländereien oder sind zumindest von Park- oder Gartenanlagen umgeben. Sie wurden einst von bedeutenden Persönlichkeiten bewohnt. Andere Häuser sind vielleicht kleiner, aber nicht weniger hübsch oder von weniger Charme. Über den Häusern liegt eine Atmosphäre von Exklusivität und Ruhe. Für den Ruhesuchenden ist Hidden Ireland geradezu ideal. In den meisten Fällen hat man Möglichkeiten zum Reiten, Angeln, Golfen oder zur Jagd. Meist sprechen die Besitzer zumindest eine kontinentaleuropäische Sprache. Trotz aller Vornehmheit ist die Atmosphäre warm und persönlich. Da die Mahlzeiten oftmals gemeinsam an der langen Tafel (oft mit familieneigenem Silber gedeckt) eingenommen werden, entwickeln sich leicht Gespräche unter den Gästen. Nicht selten kommt es zu spontanen Schachpartien oder zu einer Runde Billard im Billard-Room.
Website: www.hiddenireland.com

Eine Vereinigung von irischen Landhäusern und Restaurants ist in **Ireland's Blue Book** zusammengefasst. Meist handelt es sich um erstklassige Unterkunft mit stilvollem Ambiente und ausgezeichneter Küche für den eher anspruchsvollen Reisenden. Wie beim Hidden Ireland gleicht auch hier kein Haus dem anderen. Jedes wird vom Besitzer selbst geführt. Meist liegen die Häuser inmitten schöner Landschaft und bieten sich daher als Ruhepol zur Erholung oder für sportliche Aktivitäten an.
Website: www.irelandsbluebook.com

weis, wie wohl Sie sich in der Unterkunft fühlen. Manchmal schläft es sich eben besser in einem einfachen Gasthof als in einem 5-Sterne-Hotel. Viele deutsche Reiseveranstalter bieten B&B-Urlaube an, mit wahlweise fest gebuchten oder offenen Übernachtungsgutscheinen.

Klassifizierung: Das Irische Fremdenverkehrsamt nimmt eine jährliche Klassifizierung mittels eines Sterne-Systems für Unterkünfte vor. Die im Reiseteil erwähnte Einteilung der Unterkünfte in Sterne basiert auf dieser Einteilung.

▶ Bed & Breakfast

In Irland B&Bs zu finden stellt keinerlei Problem dar. Große Schilder machen den Vorüberfahrenden auf diese Übernachtungsstätten aufmerksam. Häufig zeigt ein Schild an, ob das Haus belegt ist oder noch freie Zimmer hat: *Vacancies* = Zimmer frei, *No Vacancies* = Zimmer belegt. Viele *landladies* offerieren nicht nur das reichhaltige irische Frühstück, sondern auch ein Dinner. Allerdings muss man vorher Bescheid sagen, ob man Abendbrot essen möchte oder nicht (und sich nach dem Preis erkundigen). Die meisten B&B-Unterkünfte haben keine Lizenz zum

Weiterführende Informationen und Adressen

Broschüren
Die **Irische Fremdenverkehrszentrale** hat mehrere Unterkunfsführer herausgebracht:
- Self Catering Guide
- Bed & Breakfast Guide
- Be Our Guest – Hotels and Guesthouses
- Farmhouse B&B Guide
- Blue Book (Charming Country Houses and Restaurants)
- Hidden Ireland
- Friendly Homes of Ireland
- Caravan and Camping in Ireland

Auskunft über Unterkunftsarten und Reservierungen
Buchungen kann man bei allen Touristeninformationen im Land vornehmen oder natürlich direkt beim Vermieter.
Buchungen im Internet auf www.discoverireland.com oder www.discovernorthernireland.com oder telefonisch über die Tourism Ireland Information Line, ☏ 080-003 97000.

Websites wichtiger Hotel- und Gästehausvereinigungen
- Irish Hotels Federation (Republik Irland), www.irelandhotels.com
- Northern Ireland Hotels Federation, www.nihf.co.uk
- Town, Farm and Country Accommodation, www.bandbireland.com
- Bed & Breakfast Association of Northern Ireland, www.tourismireland.com
- The Hidden Ireland, www.hiddenireland.com.
- Ireland's Blue Book, www.irelandsbluebook.com
- Irish Youth Hostel Association, www.anoige.ie
- Independent Holiday Hostels of Ireland (IHH), www.hostels-ireland.com
- Northern Ireland Hostelling International, www.hini.org.uk
- Irish Farm Holidays, www.irishfarmholidays.com
- Northern Ireland Self Catering Holidays Association, www.nischa.co.uk
- Selfcatering Ireland, www.selfcatering-ireland.com
- Cashelfean Holiday House, www.cashelfean.com. (Noble Ferienhäuser in toller Lage.)
- Elegant Ireland, www.elegant.ie
- Landmark Trust, www.landmarktrust.org.uk (Einzigartige historische Gebäude, einschließlich mehrerer Leuchttürme!)

Ausschank von Alkoholika, aber es ist üblich, eine Flasche Wein oder Bier selber mitzubringen. In jeder Touristeninformation erhält man ein Verzeichnis über die B&B-Anbieter des Ortes und kann dort auch gegen eine geringe Gebühr Reservierungen vornehmen lassen (siehe Stichwort „Informationen").

Jugendherbergen/Hostels
Jugendherbergen und Hostels bieten preiswerte Übernachtungsmöglichkeiten in Schlafsälen

Allgemeine Reisetipps von A–Z

Ein guter Start in den Tag

oder Familienzimmern. Hinsichtlich Alter und Aufenthaltsdauer gibt es keine Beschränkung. Zur Hochsaison sollte man im Voraus buchen. Die Übernachtungspreise hängen von der Saison, Lage und Ausstattung der Herberge/des Hostel ab (zwischen 15 und 30 £), sind aber in der Regel günstiger als B&B-Unterkünfte.

Die staatlich betriebenen Jugendherbergen sind in der **Irish Youth Hostel Association – An Óige** zusammengeschlossen. Es muss ein internationaler Jugendherbergsausweis vorgelegt werden. Ein Jugendherbergsverzeichnis erhält man von der Irish Youth Hostel Association, 61 Mountjoy Street, Dublin 7, ☏ 01-8304555 www.anoige.ie.

Die **Independent Holiday Hostels** of Ireland sind ein Zusammenschluss privater Hostels. Als Co-Operative betreibt diese Vereinigung über 140 Hostels in ganz Irland. Sie sind (im Gegensatz zur IYHA) ganztägig geöffnet, eine Mitgliedskarte ist nicht erforderlich. Sie sind in Größe und Standard sehr unterschiedlich gestaltet. In vielen dieser Hostels werden Workshops (z. B. Musiksessions, Reiten, Kanu fahren) organisiert. Meist gibt es eine Küche, einen Gemeinschaftsraum, warme Duschen und Waschmaschinen, Doppelzimmer und Familienzimmer und auf Vorbestellung auch warme Mahlzeiten. Man kann Bettwäsche ausleihen oder selbst mitbringen.
Auskunft: Independent Holiday Hostels of Ireland (IHH), P.O. Box 11772, Fairview, Dublin 3, ☏ 01-862158786, www.hostels-ireland.com.
Für Jugendherbergen/Hostels in Nordirland wende man sich an Northern Ireland Hostelling International, 22–32 Donegal Road, Belfast BT12 5JN, ☏ 0044-28-90324733 oder www.hini.org.uk.

▶ Urlaub auf dem Bauernhof

Farmhäuser eignen sich nicht nur für einen längeren Aufenthalt, beispielsweise für Reiterferien, sondern auch für einen kurzen Zwischenstopp, wenn sie zentral genug liegen. Die *farmhouse accommodations* werden ebenfalls von der Irischen Fremdenverkehrszentrale registriert und sind in einem amtlichen Katalog verzeichnet. Viele Farmen haben sich auf Familien spezialisiert. Auf Wunsch wird auch Abendessen gereicht. In der Regel gibt es aber keine Ausschanklizenz für Alkohol.

Allgemeine Reisetipps von A–Z

Auskunft: Irish Farm Holidays, 2 Michael Street, Limerick, ☏ 071-9822222 oder www.irishfarmholidays.com.

▶ **Ferienhäuser**
Für einen längeren Aufenthalt an einem landschaftlich reizvollen Ort sind Ferienhäuser für Selbstversorger eine gute Alternative zur Hotel- oder B&B-Unterkunft. Sie sind sehr unterschiedlich gestaltet: vom reetgedeckten Cottage über die moderne Feriensiedlung bis hin zum romantischen Landschlösschen oder der mittelalterlicher Burg. Irische Ferienhäuser werden ebenfalls vom Touristenamt hinsichtlich ihrer Qualität geprüft und bewertet.

Weitere Informationen: Auskunft und Verzeichnisse der Anbieter erhält man vom Fremdenverkehrsamt.

Wandern

Wandern ist sicherlich eine der schönsten und gleichzeitig erholsamsten Arten, die „grüne Insel" kennen zu lernen. Es gibt zahlreiche gut ausgeschilderte Weitwanderrouten, die durch die schönsten Gegenden der Insel führen, beispielsweise der knapp 70 km lange **Aran Island Way,** der am Hafen von Kilronan auf Inishmore beginnt und über die drei Aran-Inseln führt. Der **Wicklow Way** führt 132 km von Marlay Park bei Dublin durch die Wicklow Mountains nach Clonegal in der Grafschaft Carlow, der **Munster Way,** 65 km lang, führt von Carrick-on-Suir über die Panoramastraße „The Vee". Der 215 km lange **Kerry Way** umrundet von Killarney aus die Halbinsel Iveragh. Ein Wanderweg im Norden der Grafschaft Kerry ist der

An B&Bs und Ferienhäusern gibt es keinen Mangel

Allgemeine Reisetipps von A–Z

> **Sicherheitshinweise und Verhaltensregeln**
>
> - Das bekannte irische Wetter (s. S. 51) macht es erforderlich, warme Pullover, rutschfeste und wasserabweisende Wanderschuhe oder in sehr feuchten Gebieten sogar Gummistiefel mitzunehmen.
> - Auf keinen Fall sollten Sie die Gefahren der irischen Bergwelt unterschätzen, auch wenn die Berggipfel nicht höher als 1000 m sind. Oft trifft man stundenlang keine Menschenseele, es gibt häufig Wetterumschwünge und manchmal nur ungenügende Markierungen. Vor längeren Wanderungen sollte man in der Unterkunft Bescheid geben.
> - Entlang der Wanderwege gibt es oft Gatter und Tore. Man sollte diese stets hinter sich schließen, sich in landwirtschaftlich genutzten Gebieten auf den Wegen halten und mit Rücksicht auf das Vieh keine Hunde mitnehmen.
> - Selbstverständlich ist, dass man Feuerrisiken vermeidet, seinen Abfall wieder mitnimmt, Hecken und Mauern nicht beschädigt und Tiere und Pflanzen schützt.

Shannon Way. Er ist 34 km lang und führt von Ballybunion nach Tarbert. Der 135 km lange **Dingle Way** beginnt in Tralee und führt um Dingle-Peninsula. Der nur 23 km kurze **Burren Way** führt von Ballyvaughan nach Ballinalacken. Der **St. Kevin's Way,** Irlands längster Pilgerweg, wurde wieder eröffnet. Die knapp 30 km lange Strecke führt von Holywood nach Glendalough.

Sogenannte *forest parks* bieten sich für kürzere und leichtere Wanderungen an. Sie sind ausreichend gekennzeichnet und mit Park- und Picknickplätzen versehen. Die Irische Fremdenverkehrszentrale bietet zahlreiche Informationen zum Thema *walking*: Übersichtskarten, Informationen zu den Weitwanderwegen und eine Liste von Wanderferienveranstaltern, die sowohl Gruppenwanderungen als auch „maßgeschneiderte" Routen anbieten.

▶ Klettern

Alpines Bergsteigen ist auch in Irland möglich. Die besten Gebiete dafür liegen in der Grafschaft Donegal (Derryveagh Mountains, Lough Barra, die Klippen von Malinbeg nahe Glencolmcille), in der Grafschaft Clare (die Kalksteinklippen bei Doolin), in der Grafschaft Galway (Ben Corr in den Twelve Bens), in der Grafschaft Kerry (Sneem, Brandon, Gap of Dunloe) und in der Grafschaft Sligo (Tormoore/Glencar und Mullaghmore).

Wassersport

▶ Segeln

Irland ist ein ideales (allerdings nicht unbedingt für Anfänger geeignetes) Segelland. Am begehrtesten ist die Südwestküste zwischen Cork und Dingle, aber auch am Lough Derg, in Rinvyle bei Galway, Clifden, Westport und Sligo wird gesegelt. Der Segelsport hat in Irland Tradition. Der Royal Yacht Club in der Grafschaft Cork wurde 1720 gegründet und ist somit der älteste der Welt.

Die **eigene Jacht** darf für den Urlaub zollfrei eingeführt werden. Man kann aber auch Jachten, mit oder ohne Besatzung, vor allem an der Südwestküste und rund um den Lough Derg chartern. Entlang der Küste gibt es zahlreiche Segelschulen und Segelzentren für Anfänger und Fortgeschrittene, beispielsweise in Dublin, Cobh, Baltimore und Galway.

ℹ️ Infos rund ums Segeln sowie Adressen von Bootsverleihern

In der Republik Irland:
- Dachverband Irish Sailing Association, www.sailing.ie

In Nordirland:
- Department of Culture, Arts and Leisure, www.dcalni.gov.uk
- Sports Council for Northern Ireland, www.sportni.net
- Royal Yachting Association, www.ryani.org.uk

▶ **Surfen**

Viele Küstenabschnitte bieten zum Wellenreiten hervorragend geeignete Brandungsverhältnisse:

- **Ostküste:** z. B. in Bray, Britta's Bay, Maghramor oder Jack's Hole. Nur bei stärkerem Südwind gibt es eine Wellenhöhe von über 1 m.
- **Südküste:** z. B. Tramore Strand, Annestown, Bunmahon Bay, Garrettstown, Barley Cove oder Inchydoney. Ganzjährige Wellenhöhe ca. 1–2,5 m.
- **Südwestküste:** z. B. Derrynane, Waterville Bay, Slea Head, Brandon Bay, Ballyheigue oder Ballybunion. Ganzjährige Wellenhöhe 1–3,5 m.
- **Mittlere Westküste:** z. B. Doughmore, Spanish Point, Silver Strand, Lahinch, Cornish Point oder Fanore Strand. Ganzjährige Wellenhöhe ca. 1–4 m.
- **Nordwestküste:** z. B. Achill Island, Enniscrone, Easkey, Strandhill, Bundoran, Bloody Foreland, Loughros, Rosbeg oder Marble Strand. Ganzjährige Wellenhöhe 1–4 m.

An vielen Orten kann man Surfbretter ausleihen, und es gibt auch Kurse für Anfänger und Fortgeschrittene.
Weitere Informationen: Irish Surfing Association, www.isasurf.ie.

▶ **Tauchen**

Die irischen Küstengewässer bieten eine vielfältige Unterwasserfauna und -flora und sind zum Tauchen (*scubadiving*) ideal. Die Sichtweiten betragen bis zu 30 m. Der warme Golfstrom begünstigt die Wassertemperaturen: Bis 20 m Tiefe herrschen ca. 17 °C, zwischen 20 und 30 m ca. 14 °C, ab 30 m um 10 °C. Die beste Zeit zum Tauchen ist von April bis Oktober.

Der Weg zum Strand ist oft nicht weit

An einigen Stellen fällt die Küste steil 30–40 m ab. Auf dem Grund befinden sich zahlreiche Wracks. Einige stammen sogar noch von der spanischen Armada. Tauchzentren gibt es z. B. in Westport, Glencolmcille (Co. Donegal), Kilkee (Co. Clare), auf Valentia Island und Tralee (Co. Kerry), Rinvyle (Co. Galway), Schull, Skibbereen, Kinsale und Bantry (Co. Cork) und in Dun Laoghaire (Co. Dublin).

Weitere Infos
Irish Underwater Council, www.diving.ie

Zeit

Irland gehört zur Zeitzone der Greenwich-Zeit oder westeuropäischen Zeit (WEZ). Deshalb ist es eine Stunde früher als in Deutschland. Im Sommer ist es manchmal bis 23 Uhr hell, aber im Winter wird es schon um 16 Uhr dunkel.

Zeitungen

Die **Irish Times** (www.ireland.com) und der **Irish Independent** (www.independent.ie) sind die großen Tageszeitungen der Republik. In Nordirland sind es **The Guardian** (www.theguardian.com/world/ireland) und der **Belfast Telegraph** (www.belfasttelegraph.co.uk)
Deutsche Tageszeitungen sind in den größeren Städten, wie Dublin, Cork, Galway, Belfast, problemlos erhältlich.

„The Irish Times" ist eine der größten Tageszeitungen

Entfernungstabelle

	Ath-lone	Belfast	Cork	Done-gal	Dublin	Dun-dalk	Galway	Kil-kenny	Killar-ney	Lime-rick	Port-laoise	Ros-com-mon	Sligo	Water-ford	Wex-ford
Athlone		227	219	183	126	145	93	126	232	121	74	32	117	174	188
Belfast	141		424	180	167	84	306	284	436	323	253	224	206	333	309
Cork	136	264		402	257	325	209	148	87	105	174	251	336	126	187
Donegal	114	112	250		222	158	204	309	407	296	257	151	66	357	372
Dublin	78	104	160	138		85	219	117	309	198	84	146	217	158	142
Dundalk	90	52	202	98	53		238	198	352	241	151	151	167	243	227
Galway	58	190	130	127	136	148		172	193	105	150	82	138	220	253
Kilkenny	78	177	92	192	73	123	107		198	113	51	158	245	48	80
Killarney	144	271	54	253	192	219	210	123		111	225	264	343	193	254
Limerick	75	201	65	184	123	150	65	70	69		114	151	232	129	190
Portlaoise	46	157	108	160	52	94	93	32	140	71		106	191	100	114
Roscommon	20	139	156	94	91	94	51	98	164	94	66		85	208	222
Sligo	73	128	209	41	135	104	86	152	213	144	119	53		293	307
Waterford	108	207	78	222	98	151	137	30	120	80	62	129	182		63
Wexford	117	192	116	231	88	141	157	50	158	118	71	138	191	39	

Das kostet Sie das Reisen in Irland

– Stand März 2016 –

Da die Republik Irland zur Euro-Zone gehört, sind die Kosten für einen Urlaub relativ leicht kalkulierbar. Auf den Grünen Seiten geben wir Ihnen Preisbeispiele für Ihren Urlaub in Irland, damit Sie sich ein realistisches Bild über die Kosten einer Reise machen können. Natürlich sollten Sie die Preise nur als Richtschnur auffassen. Berücksichtigen sollte man, dass die Preise sowohl in der Republik Irland als auch in Nordirland höher als in Deutschland sind.

Wenn Sie eine Ferienwohnung gemietet haben und auf die Reisekasse achten müssen, lohnt es sich, die Vorräte im nächstgelegenen größeren Supermarkt einzukaufen (auch Aldi hat sich mittlerweile auf der Insel breit gemacht).

Achtung: In Nordirland gilt nach wie vor das Britische Pfund Sterling. Der **Umtauschkurs** lag im März 2016 bei 1 Euro = 0,78 Pfund Sterling (1 £ = 1,28 €).

Beförderungskosten

▶ **Internationale Flüge**
Die Reiseanbieter locken mit Spartarifen, z. B. für Senioren oder Jugendliche, oder günstigen Wochenendtarifen. Es lohnt sich, die Angebote der Fluggesellschaften zu vergleichen. Bucht man rechtzeitig im Voraus und ist man zeitlich nicht auf bestimmte Abflugsdaten fixiert, kann man besonders bei den „Billigfliegern" recht gute Tarife bekommen.

▶ **Fähren**
Es lohnt sich, nach Spartarifen Ausschau zu halten. Irish Ferries bietet Frühbucher-Sparangebote für ihre Direktverbindung Frankreich – Irland an einer Reihe von ausgewählten Abfahrtstagen. Diese Tage verteilen sich über die Hochsaison und gelten für Hinfahrten ab Frankreich und Rückfahrten ab Irland. Auch bieten die Fährunternehmen Übernachtungspakete an, d. h. Fährpassage plus Übernachtungsgutscheine.

▶ **Mietwagen**
Die Preise der verschiedenen Anbieter variieren erheblich. Mit 200–300 € pro Woche pro Kleinwagen sollte man rechnen, in der Nebensaison ist es ggf. günstiger.

▶ **Busse/Bahnen**
Beabsichtigt man, den Irland-Urlaub per Bus oder Bahn zu gestalten, lohnt sich möglicherweise die Anschaffung eines Sondertickets (siehe „Weiterreise im Land", S. 75).

Aufenthaltskosten

▶ **Übernachten**
Die Preise für Unterkünfte variieren je nach Lage und Saison erheblich. Viele Hotels bieten am Wochenende Angebote zu „*special rates*" sowie zum Teil erhebliche Vergünstigungen in der

Es muss nicht immer ein teueres Restaurant sein …

Nebensaison an. Die im vorliegenden Reise-Handbuch angegebenen Richtlinien (günstig, mittlere Preisklasse, gehobene Preisklasse, obere Preisklasse) beziehen sich, wenn nicht anders angegeben, auf die Kosten pro Person in einem Doppelzimmer pro Nacht. Beachten sollte man die Angebote auf den jeweiligen Hotelwebseiten. Wegen der nach wie vor unsicheren wirtschaftlichen Lage gibt es oft sehr günstige Angebote, vor allem in der gehobenen Preisklasse.

Für die Republik wie auch für Nordirland gelten folgende Richtlinien:
günstig €:	unter 30 €
mittlere Preisklasse €€:	30–70 €
gehobene Preisklasse €€€:	70–140 €
obere Preisklasse €€€€:	über 140 €

▶ Restaurant

Die Preise für Essen und Trinken in Lokalen variieren erheblich, wobei in der Republik ein Restaurantbesuch teurer ausfällt als in Nordirland. Die irische Restaurantszene wechselt rapide, und eine Empfehlung vor Ort oder in den Touristeninformationen kann nützlich sein. Folgende Angaben beziehen sich auf ein Abendgericht ohne Getränk:

Republik Irland
günstig: unter 10 €

mittlere Preisklasse:	unter 20 €
gehobene Preisklasse:	20–40 €
obere Preisklasse:	über 40 €

Nordirland

günstig:	5–7 £
mittlere Preisklasse:	7–13 £
gehobene Preisklasse:	13–25 £
obere Preisklasse:	über 25 £

▶ Tanken

Die Preise variieren von Region zu Region. In der Republik muss man zurzeit mit ca. 1,20–1,25 €/l (Benzin), bzw. ca. 1,05–1,10 €/l (Diesel) rechnen, in Nordirland kostet Benzin ca. 1,02 £ und Diesel zwischen 1 und 1,04 £. Aber auch hier gilt: Die Preise ändern sich relativ schnell.

▶ Porto

Eine Postkarte oder ein Standardbrief innerhalb der Republik Irland und nach Nordirland kostet 70 Cents, ins EU-Ausland 1,05 €. Von Nordirland kostet die Beförderung einer Postkarte oder eines Standardbriefes ins europäische Ausland 68 pence.

▶ Besichtigungen

Die „Heritage Card" – The Heritage Service ist für die Erhaltung zahlreicher Nationaldenkmäler, Binnenwasserstraßen, Parkanlagen, Gärten und Naturschutzgebiete verantwortlich – bietet ein ganzes Jahr lang unbegrenzten Zutritt zu allen vom Heritage Service unterhaltenen Kulturdenkmälern. Die Heritage Card wird bei allen eintrittspflichtigen Sehenswürdigkeiten verkauft. Da die Einzeltickets oft recht teuer sind, lohnt sich die Anschaffung der Heritage Card bereits, wenn man nur 3 bis 4 Sehenswürdigkeiten aufsuchen möchte. Sie kostet für Erwachsene 25 €, für Senioren 20 €, für Kinder und Studenten 10 € und für Familien 60 €. Info: www.heritageireland.ie.

Kostenkalkulation

Folgende Kostenkalkulationen beziehen sich auf einen zweiwöchigen Aufenthalt mit Übernachtung und Verpflegung. Die Transportkosten sind dabei nicht berücksichtigt, da die Art des Reisens in Irland selbst sowie die Kosten der Anreise preislich erheblich variieren. Auch beinhaltet die Rechnung keine Eintrittspreise sowie Pub-Besuche.

günstig:	500–700 €
	Übernachtung in Jugendherbergen/Hostels, überwiegend Selbstversorgung
Mittelklasse:	1.200–1.400 €
	Übernachtung in B&Bs oder Gästehäusern, Pub-Lunch und Dinner in Mittelklasse-Restaurants
hochwertig:	2.000–3.000 €
	Übernachtung in Hotels, Lunch und Dinner in Restaurants

Reisen in Irland

> **Achtung Maut**
>
> Fahrer der M50 zwischen Junction 6 (N3 Blanchardstown) und Junction 7 (N4 Lucan) müssen Maut (*toll*) zahlen: entweder bei einer *payzone* (z. B. im Flughafen) oder bis 20 Uhr des folgenden Tages online (www.eflow.ie) bzw. per Telefon und Kreditkarte (☎ 0189-501050 oder international ☎ 00800-50105011). An allen anderen Mautstationen kann man mit Bargeld bezahlen (3,10 €/Auto). Bei Mietwagen ist die Maut oft schon im Preis enthalten.

Die im Reisehandbuch vorgestellte Route geht von einer Ankunft in Dublin per Flugzeug aus. Von hier aus wird die Insel im Uhrzeigersinn umrundet, wobei immer wieder Abstecher ins Landesinnere gemacht werden. Wenn man weniger als 14 Tage zur Verfügung hat, sollte man sich genau überlegen, was man möchte: wandern, Rad fahren, besichtigen, angeln oder relaxen. Das „klassische" Ziel ist seit jeher die landschaftlich besonders attraktive irische West- und Südwestküste. Aber auch andere Gegenden lohnen sich allemal und sind im Sommer nicht ganz so stark frequentiert.

Zeiteinteilung und touristische Interessen

Gebiet	Seite	Unternehmungen/ Reiseziele	Tage	Touristische Interessen
Osten	114	Dublin, Newgrange, Monasterboice, Wicklow, Glendalough	3–4	Stadt, Kunst- und Kulturgeschichte, Wandern
Südosten	186	Wexford, Kilkenny, Waterford, Jerpoint Abbey, Rock of Cashel	2–3	Stadterlebnis, Kunstgeschichte
Südwesten	220	Cork, Mizen Head, die drei Halbinseln: Beara, Iveragh und Dingle, Killarney National Park, Skellig Michael	4–6	Natur- und Stadterlebnis, Wandern
Westen	284	Limerick, der Burren, Cliffs of Moher, Galway, die Aran-Inseln, Connemara, Westport, Achill Island, Mayo, Céide Fields	4–5	Stadt- und Naturerlebnis, Kulturgeschichte, Wandern
Nordwesten	370	Sligo, Donegal, Slieve League, Glencolumbcille, Glenveagh National Park	3	Naturerlebnis, Kunstgeschichte
Nordirland	402	Derry, Giant's Causeway, Antrim-Küste, Belfast, Lough Erne	3–4	Kunst- und Kulturgeschichte, Stadt- und Naturerlebnis
Mitte	361	Shannon, Clonmacnoise, Clonfert	2	Naturerlebnis, Kunst- und Kulturgeschichte, Bootstouren

3. DUBLIN UND UMGEBUNG

Überblick

Zeiteinteilung
Besichtigung der Stadt Dublin 1–2 Tage

Die irische Hauptstadt Dublin erstreckt sich hufeisenförmig über 20 km entlang der gleichnamigen Bucht, die sich in einem weiten Bogen von der Halbinsel Howth im Norden bis nach Dalkey im Süden spannt. Mit der DART-Bahn, einer modernen Schnellbahn, die regelmäßig zwischen Howth im Norden, Dublin und Bray im Süden pendelt, kann man leicht in die Küstenorte gelangen.

Die Stadt wird im Osten durch das Meer, im Süden durch die Wicklow Mountains, im Westen und Norden durch die fruchtbaren Ebenen der Grafschaft Meath eingegrenzt. Der Fluss Liffey teilt die Stadt in zwei Hälften. Die Unterteilung der Stadt in Nord und Süd ist nicht nur geografischer, sondern auch sozialer Art. In der südlichen Hälfte befinden sich die Universität, die Regierungsgebäude und die meisten Touristenattraktionen.

Redaktionstipps

Sehens- und Erlebenswertes
- Eine Theateraufführung im traditionellen **Abbey Theatre** besuchen (S. 119)
- Im **Phoenix Park** ausruhen (S. 123).
- Das berühmte **Book of Kells** im Trinity College bestaunen (S. 126).
- Sich im **St. Stephen's Green** erholen (S. 129).
- Dem **National Museum** einen Besuch abstatten (S. 130).
- Die eleganten **georgianischen Straßenzüge** und Plätze entlangschlendern (S. 131).
- Die **Chester Beatty Library** besichtigen (S. 133).
- Den schönen Fliesenboden in der **Christ Church Cathedral** bestaunen (S. 133).
- Das **Temple-Bar-Viertel** kennenlernen (S. 135).
- Das **Guinness Storehouse** besuchen (S. 136).
- Einen **literarischen Stadtspaziergang** machen (S. 143).
- Auf dem **Blackrock Market,** Black Lane, stöbern (S. 146).

Dublin ist das politische, wirtschaftliche und kulturelle Zentrum der Insel. Hier befinden sich der größte Flugplatz, der größte Seehafen des Landes und die größte Dichte des Eisenbahn- und Straßennetzes. Die Hauptstadt ist auch die Schatzkammer des Landes für die wichtigsten Funde aus frühchristlicher Zeit, die im Trinity College und im National Museum untergebracht sind. In Dublin gibt es sowohl einen protestantischen als auch einen katholischen Erzbischof. Dublin besitzt ungewöhnlicherweise zwei protestantische Kathedralen. Der katholischen Mehrheit der Einwohner steht die im Jahr 1814 erbaute Pro-Cathedral zur Verfügung.

Zentrum der Insel

Denkmal für Molly Malone

Bei der Beurteilung der Stadt gibt es konträre Meinungen. Das „schöne Dublin" wird in der Ballade von Molly Malone beschrieben. Ihr Denkmal steht am Anfang der Grafton Street: „*In Dublin's fair city where girls are so pretty, I first set my eyes on Molly Malone.*" James Joyce hingegen ist anderer Meinung: „*Wie satt, satt, satt habe ich Dublin. Es ist die Stadt des Versagens, der Verbitterung, des Unglücks. Ich sehne mich danach, von hier wegzukommen.*" Dublin hat, wie jede Großstadt, ihre Schattenseiten. Besucher, die nur ein paar Tage hier sind, werden davon aber wohl kaum etwas sehen, sondern Dublin als eine moderne, junge und selbstbewusste Stadt empfinden. Der wirtschaftliche Aufschwung, der Irland in den letzten Jahren erfasst, macht sich vor allem in der Hauptstadt des Landes bemerkbar. Dublin „boomt" – oder boomte, zumindest bis zum wirtschaftlichen Herzinfarkt 2010. Wie es weitergeht, bleibt immer noch abzuwarten.

Geschichtlicher Überblick

Neolithische Völker siedelten vor 5.000 Jahren an der Mündung des Flusses Liffey. Sie nannten ihre Siedlung *Ath Cliath* (= eine mit Zäunen aus Weidengeflecht geschützte Furt). Von Süden aus kommend bestand hier der beste Übergang über die Liffey, wenn man zum Hochkönig nach Tara wollte. In der ersten Hälfte des 9. Jh. erreichten von den Orkney-Inseln kommende Wikinger die Gegend. Auf dem Areal um die heutige Christ Church Cathedral gründeten sie eine Siedlung und betrieben von hier aus regen Handel. Trotz mehrerer Anläufe gelang es erst dem Hochkönig Brian Boru in der Schlacht von Clontarf (Karfreitag, den 23.4.1040), *Dubh Linn* den Wikingern wieder zu entreißen.

Wikingersiedlung

Zu dieser Zeit hatten sich die Wikinger allerdings schon mit den Iren vermischt, viele von ihnen sprachen Gälisch und waren zum Christentum konvertiert. Rund 150 Jahre später verloren die Iren die Stadt jedoch wieder. Sie wurde von den Normannen erobert (1170–1172), die das Feudalsystem einführten. Henry II. (1154–1189) nahm Dublin und Umgebung für England ein. Dieses Gebiet von 60 km war von einer Palisade geschützt und wurde mitsamt der Stadt **The Pale**, der Pfahl (im Fleisch Irlands), genannt. Zwar verschoben sich im Laufe der Zeit die Grenzen des *Pale* mehrere Male, doch änderte sich an dem eigentlichen Stadtbild nicht viel.

Dublin besaß zu dieser Zeit zwei Kathedralen, hatte den Status einer Stadt, war einer der größten Häfen in Irland und betrieb einen florierenden Handel mit Wein. In der

Stadt gab es 50 Handelsgilden und in den Außenbezirken große Klöster. Im 14. Jh. wurde Dublin durch die Pest, durch Feuersbrünste und wiederholte Angriffe stark gebeutet. Sowohl für Henry VIII. (1509–1547), als auch für Elizabeth I. (1558–1603) war Dublin die Basis für die Reformation und für die Unterdrückung der gälisch-irischen Bevölkerung.

Unter den Engländern entwickelte sich Dublin zur britischen Metropole. Damit verbunden war ein starker Bevölkerungsanstieg. Zwischen 1700 und 1750 stieg die Bevölkerungszahl von 65.000 Einwohnern auf mehr als das Doppelte. Das 17. und vor allem das 18. Jh. waren Dublins **Goldenes Zeitalter**. Der Ort stieg nach London zur zweitwichtigsten Stadt des britischen Weltreichs auf. Baukunst und Kultur standen in hoher Blüte. 1757 gründete die protestantische Oberschicht die erste Stadtplanungsbehörde Europas mit dem Ziel, Dublin völlig neu zu entwerfen. Der Städtebau war systematisch geplant und von den **Wide Street Commissioners** kontrolliert: Breite Straßen, der Grand Canal (1765), etliche Brücken sowie elegante Straßenzüge und Plätze wurden angelegt, die auch heute noch das gegenwärtige Stadtbild prägen. Es entstand eine der großzügigsten und prächtigsten Städte Europas.

Systematisch angelegt

Nach 1798 ließ die Bedeutung Dublins nach. England sah in Irland einen Unsicherheitsfaktor. Die „Union der Parlamente" (1801) bedeutete das Ende der parlamentarischen Unabhängigkeit sowie den wirtschaftlichen und kulturellen Niedergang. Das politische Zentrum wurde von Dublin nach London verlegt. Die reichen Landbesitzer verließen ihre Herrenhäuser, die Dubliner Familien der Oberschicht ihre Stadtpaläste. Viele Stadthäuser wurden in Mietwohnungen unterteilt. Auch das weitere 19. Jh. brachte keinen erneuten Aufschwung, und zur Jahrhundertwende hatte Belfast Dublin in wirtschaftlicher Hinsicht überholt.

1916 kam es in Dublin zum **Osteraufstand** (s. S. 26). Der sich anschließende Bürgerkrieg zerstörte große Teile der Stadt, doch waren bereits 1931 die meisten öffentlichen Gebäude wiederhergestellt. Zeugnisse der britischen Vergangenheit, wie z. B. die mächtigen Denkmäler für Queen Victoria, William of Orange und Lord Nelson, wurden entfernt und ehemals nach Engländern benannte Straßen erhielten irische Namen. Unter dem *Irish Free State* begann eine Reihe an Bebauungen, insbesondere der Vororte. Das Stadtzentrum blieb mehr oder weniger, wie es war, und bis in die 1960er-Jahre hinein veränderte sich Dublin kaum. In den 1960er- und 1970er-Jahren fiel ein großer Teil georgianischer Bausubstanz einer unkontrollierten Bauwut zum Opfer. Wertvolle Gebäude wurden durch fantasielose Betonbauten ersetzt. Der **Denkmalschutz** bemühte und bemüht sich um die Wahrung des kulturellen Erbes der Stadt, und obwohl viel zerstört wurde, kann man in Dublin noch immer die meisten georgianischen Häuser in ganz Europa sehen. Eine umfassende Schönheitskur hat das Image der Stadt erheblich verändert. In den 1990er-Jahren begann ein sagenhafter Aufschwung der Stadt. Von großem Erfolg gekrönt war beispielsweise der Ausbau des Temple Bar District, und zu Beginn des 21. Jh. war das Gebiet um Smithfield an der Reihe.

Wahrung des kulturellen Erbes

Heute präsentiert sich Dublin als eine junge, moderne Stadt, die zwar in die Zukunft gerichtet ist, die Bewahrung ihrer historischen Bausubstanz aber trotzdem sehr ernst nimmt.

Empfehlungen für die Stadtbesichtigung

Die Sehenswürdigkeiten Dublins sind in vier Kapitel eingeteilt: „Nördlich des Liffey", „Südlich des Liffey: Das Museumsviertel und die georgianischen Plätze", „Dublin Castle, die großen Kathedralen und das Temple-Bar-Viertel", „Außerhalb des Stadtzentrums".
Ein Schnelldurchgang für Eilige beginnt am Custom House am Nordufer der Liffey. Die hier beginnenden Docklands haben einen dramatischen Wandel erlebt: Anstelle ehemaliger Hafenanlagen blitzen nun supermoderne Glas- und Stahlgebäude. Architektonische Highlights sind das National Convention Centre sowie, auf der Südseite des Flusses, das Grand Canal Theatre, ein Bau von Daniel Libeskind. Entlang des Liffey geht es zurück zum Stadtzentrum, wo im berühmten Trinity College eine weitere Attraktion wartet: In der Old Library des College wird das großartige „Book of Kells", das aus dem 8./9. Jh. stammt, aufbewahrt. Durch die verkehrsberuhigte Grafton Street geht es bis zum Stadtpark St. Stephen's Green und weiter zum National Museum. Nicht weit davon entfernt bestechen der Merrion Square und die Fitzwilliam Street durch ihre prächtigen georgianischen Bürgerhäuser. Zurück geht es zum Trinity College über die Nassau Street. Schräg gegenüber wird die ganze rechte Straßenseite von der Bank of Ireland eingenommen. Von hier aus führt die Dame Street zum Dublin Castle und zur Christ Church Cathedral. Die zweite Kathedrale Dublins, die St. Patrick's Cathedral, liegt nicht weit davon entfernt. Auf dem Rückweg zum Ausgangspunkt bieten zahlreiche Bars im Temple Bar Viertel eine Verschnaufpause.

Sehenswertes in der Innenstadt

Kartenverweis
Die Nummerierung der Sehenswürdigkeiten bezieht sich auf die Dublin-Karte in der hinteren Umschlagklappe.

Der **Liffey** fließt mitten durch die Stadt und trennt sie in zwei Hälften. Die nördlichen Gegenden, wie Finglas oder Ballymun, sind typische Arbeiterviertel. Die Südstadt hingegen ist reicher, grüner und hat prächtige Häuser.

Nördlich des Liffey

Benannt nach dem Befreier

Die **O'Connell Street**, einst eine Wohnstraße für die Reichen, ist heute eine lebendige Einkaufsstraße mit Kinos, Geschäften, Fast-Food-Läden und sehr viel Verkehr. Kurz vor Beginn der Einkaufsmeile steht vor der gleichnamigen Brücke das Denkmal für Daniel O'Connell, den „Befreier" Irlands. Vier große historische Figuren mit Flügeln am Sockel der Säule stellen die Eigenschaften Mut, Beredsamkeit, Treue und Patriotismus symbolisch dar.

Das **General Post Office (1)**, das Hauptpostamt, ist ein bedeutsamer Schauplatz irischer Geschichte. Es wurde 1815–1817 im neoklassizistischen Stil erbaut. Hier begann 1916 der Osteraufstand. Die Aufständischen (unter Führung von James Connolly und Patrick Pearse) verschanzten sich im Postgebäude. Auf die Unabhängigkeitserklärung von Pearse folgte ein Bombenangriff der Engländer, wodurch fast die ganze Ostseite der O'Connell Street zerstört wurde. Die Anführer wurden im Kilmainham Jail (s. S. 138) hingerichtet. Bis zur Renovierung des Gebäudes im Jahr 1960 konnte man noch Schießspuren dieser Kämpfe sehen. In der Schalterhalle steht eine kleine Bronzestatue, die an den Tod des irischen Sagenhelden Cuchullain und an die Opferbereitschaft der Aufständischen des Osteraufstands erinnert.

Beginn des Osteraufstands

In der Mitte der O'Connell Street befinden sich weitere Denkmäler. Die 120 m hohe Stahlnadel **The Spire (2)**, ein Werk des Londoner Architekten Ian Ritchie, ist seit 2002 Dublins Wahrzeichen und angeblich die höchste Skulptur in der Welt. Die Nadel hat am Fuß einen Durchmesser von 3 m, an der Spitze sind es etwa 15 cm. Nachts wird die Statue beleuchtet. Bei Wind bewegt sich die 126 Tonnen schwere Nadel um bis zu 1,5 m. Eingebaute Dämpfelemente verhindern größere Schwankungen. The Spire steht an der Stelle, wo seit 1808 die Nelson-Säule gestanden hatte. Am 50. Jahrestag des Osteraufstands, 1966, wurde sie bei einem Anschlag der IRA in die Luft gesprengt. Bei der Explosion ging Nelsons Kopf verloren. Glücklicherweise tauchte er aber später wieder auf und befindet sich heute im Dublin Civic Museum.

In der Marlborough Street, nicht weit vom O'Connell Denkmal entfernt, befindet sich das **Abbey Theatre (3)**. Das moderne funktionale Gebäude ersetzte 1966 das alte, durch einen Brand zerstörte Theatergebäude. Das berühmte Theater wurde 1898 von Augusta Lady Gregory, William Butler Yeats und Edward Martyn als Abbey Theatre Company gegründet und entwickelte sich zum Schauplatz der Dramatiker der *Irish Renaissance*. Ab 1904 wurden hier die Stücke von Yeats selbst (Yeats war bis zu seinem Tod Direktor des Abbey Theatre) und von Autoren wie John Millington Synge und Sean O'Casey gespielt. Bei Uraufführungen kam es nicht selten zu Protesten der nationalistisch gestimmten Dubliner. Sie fühlten sich angesichts der ungeschminkten, oft negativen Darstellung des irischen Patriotismus gekränkt, wie er sich z. B. in Stücken wie „Der Pflug und die Sterne" von O'Casey ausdrückte. Das heutige Abbey Theatre beherbergt zwei Bühnen: das eigentliche Abbey Theatre und das kleinere Peacock Theatre. Im Peacock werden avantgardistische Stücke gezeigt, während sich das Abbey auf die mittlerweile „klassischen" irischen Autoren und auf moderne irische Stücke konzentriert.

Schauplatz der Renaissance

Die katholische Hauptkirche **St. Mary's Pro-Cathedral (4)**, ebenfalls in der Marlborough Street, ist ein neoklassizistischer Bau von 1815–1825. „Pro" bedeutet „fast, nicht ganz". Im 19. Jh. wurden nach der Aufhebung der *Penal Laws* und durch zunehmenden Wohlstand katholischer Familien zahlreiche katholische Kirchen gebaut. Da die Stadt jedoch bereits zwei Kathedralen hatte, die von Rom anerkannt worden waren, konnte St. Mary`s nur eine „fast" anerkannte Kathedrale sein. Die Kirche ist ringsum von Häusern umgeben, sodass man kaum einen Eindruck von der Größe des Baus bekommt.

Fast anerkannt

St. Mary's Pro-Cathedral, *Marlborough Street,* ☏ *01-874544, www.procathedral.ie, Mo–Fr 7.30–18.45, Sa bis 19.15, So 9–13.45 und 17.30–19.45 Uhr.*

Klassizistisches Meisterwerk

Das gewaltige **Custom House (5)** wurde 1781–1791 im klassizistischen Stil erbaut, und ist eines der schönsten Gebäude der Stadt. Den besten Blick hat man von der anderen Flussseite. James Gandon, der auch durch die Gestaltung wichtiger Bauten in St. Petersburg bekannt wurde, schuf mit dem Custom House ein Meisterwerk. Die Hauptfront wird durch einen mit Statuen versehenen Portikus betont, die Seitenflügel enden in Pavillons mit dem Wappen Irlands. Auf der 38 m hohen Kupferkuppel kann man eine Allegorie des Handels sehen. Die rückwärtige Nordfront wird durch einen kleinen Säulenportikus verziert. Im Besucherzentrum informiert ein kleines Museum über die Geschichte des beeindruckenden Gebäudes.

Custom House, *Custom House Quay*, ✆ *01-8882000, Mitte März–Okt. Mo–Fr 10–12.30, Sa/So 14–17, Nov.–Mitte März Mi–Fr 10–12.30, So 14–17 Uhr, 1 €.*

Im alten Hafen

Östlich vom Custom House beginnen die **Docklands**. Das **Famine Memorial (6)**, ein Werk von Rowan Gillespie, erinnert an die Hungersnot im 19. Jh., als Irland über eine Million Menschen verlor. Auch auf der **Jeanie Johnston (7)**, dem Nachbau eines Auswandererschiffes, das im 19. Jahrhundert ausreisewillige Iren nach Amerika brachte, wird man nachdenklich. 47 Tage dauerte die Fahrt auf einem sogenannten Sargschiff, aber wie durch ein Wunder verlor die Jeanie Johnston bei ihren 16 transatlantischen Überfahrten keinen einzigen Passagier.

Jeanie Johnston, *Custom House Quay, www.jeaniejohnston.ie, tgl. Führungen um 11, 12, 14 und 15 Uhr (im Winter seltener), Erw. 9,50, Kinder 5 €.*

Weiter flussabwärts, beim ultramodernen **Convention Centre**, führt die schwungvolle **Samuel Beckett Bridge** über den Fluss. Architekturfans dürfen sich dort einen Blick auf das diamantenförmige **Bord Gáis Energy Theatre** (2010 von Daniel Libeskind erbaut) nicht entgehen lassen.

Die formschöne Samuel Beckett Bridge

Am Parnell Square

Am oberen Ende der O'Connell Street kommt man zum **Parnell Square**, dem ältesten Platz der Stadt. Hier liegt das georgianische **Rotunda Hospital**, das als erste Geburtsklinik Europas 1745 von Dr. Bartholomew Mosse gegründet worden war. Seit Gründung der Klinik wurden hier über 300.000 Babies entbunden. An dem Bau wirkten namhafte Architekten jener Zeit mit: Richard Cassels (= Castle), später John Ensor und James Gandon. Vor dem Krankenhaus an der Südseite des Platzes steht eine Statue von Charles Stewart Parnell auf einem hohen Sockel.

Der **Garden of Remembrance (8)** erinnert nicht nur an die Patrioten des Osteraufstands, sondern an alle, die ihr Leben im Kampf für die Freiheit Irlands ließen. Die Plastik über dem rechteckigen Wasserbassin ist ein Werk von Oisín Kelly (1971). Es zeigt die in Schwäne verwandelten Kinder des Königs Lir. Die Kinder des Seegottes wurden von dessen zweiter Frau aus Eifersucht in Schwäne verwandelt. Sie waren dazu verdammt, 900 Jahre lang an den Küsten Irlands entlangzuschwimmen. Am Ende der 900 Jahre krochen sie an Land und starben geschwächt.
Garden of Remembrance, *Parnell Square, ☏ 01-8213021, www.heritageireland.ie, April–Sept. tgl. 8.30–18, Okt.–März tgl. 9.30–16 Uhr, Eintritt frei.*

Garten der Erinnerung

Nicht weit davon entfernt, am Parnell Square North Nr. 18, lohnt für Literaturliebhaber ein Besuch im **Dublin Writer's Museum and Irish Writer's Centre (9)**. Das Dichtermuseum ist in zwei attraktiven Stadtresidenzen aus dem 18. Jh. untergebracht. Das Ziel ist, durch Sammlungen, Ausstellungen und Veranstaltungen das Interesse an irischer Literatur und am Leben und Werk irischer Schriftsteller zu fördern.

Dargestellt wird die Geschichte der irischen Literatur von den frühesten Anfängen bis zum großen literarischen Aufblühen am Ende des 19. Jh. unter Führung von Lady Gregory und W. B. Yeats. Fotografien und Briefe vermitteln einen Eindruck vom Leben berühmter irischer Literaten wie Swift, Shaw und Wilde. Eine weitere Abteilung widmet sich der Literatur des 20. Jh., beginnend mit der Entwicklung des Abbey Theatre. Synge, der den berühmten „Playboy of the Western World" geschrieben hat, O'Casey und James Joyce, der behauptete, dass die Stadt Dublin auf der Basis seiner ausführlichen Beschreibung in „Ulysses" vollständig wiederaufgebaut werden könne, werden ebenso vorgestellt wie die Autoren Frank O'Connor, Liam O'Flaherty, Patrick Kavanagh und Austin Clarke. Von Brendan Behan sind einige persönliche Gegenstände zu sehen, beispielsweise seine Schreibmaschine. Angeblich soll er sie in einem Wutanfall aus dem Fenster eines Pubs geworfen haben. Im Untergeschoss befindet sich das noble Restaurant Chapter One.
Dublin Writer's Museum, *18 Parnell Square North, ☏ 01-8722077, www.writersmuseum.com, ganzjährig 10–17, an Feiertagen ab 11, letzter Einlass 16.45 Uhr, Erw. 7,50, Kinder 4,70 €.*

Reiche irische Literatur

Die **Dublin City Gallery The Hugh Lane (10)** lohnt einen Besuch. Sir Hugh Lane, ein Neffe von Lady Gregory, hinterließ dem Staat 1908 seine reichhaltige Gemäldesammlung mit Schwerpunkt auf den französischen Impressionisten, das Museum hat aber auch moderne und zeitgenössische irische und internationale Malerei und Skulpturen zu bieten. Im Stained Glass Room kann man „The Eve of St. Agnes" bestaunen,

das bekannteste Werk von Harry Clarke, einem irischen Künstler, der sich auf das Medium Glas spezialisiert hat. Absolutes Highlight ist aber das Studio des Malers Francis Bacon, das mitsamt Türen, Wänden, Boden und Decke in London abgebaut und in Dublin haargenau so wieder eingerichtet wurde. Der 1992 gestorbene Bacon wurde 1909 in Dublin geboren.
Dublin City Gallery The Hugh Lane, *22 Parnell Square North,* ☎ *01-2225550, www.hughlane.ie, Di–Do 10–18, Fr/Sa 10–17, So 11–17 Uhr, Eintritt frei.*

Gälische Sportarten

Für Sportfans interessant ist das Croke Park Stadium mit dem **Gaelic Athletic Association Museum (11)**, das die verschiedenen, auf dem Kontinent kaum bekannten gälischen Sportarten erläutert. Dabei geht es allerdings nicht nur um Sport, sondern auch um die nationale Identität und irische Kultur. Ein Highlight der Croke Park Experience ist die **Etihad Skyline Tour**, eine Führung auf dem 17 Stock hohen Dach des Stadiums (Erw. 20, Kinder 12 €).
Gaelic Athletic Association Museum, *Clonliffe Road,* ☎ *01-8192300, www.crokepark.ie, Anfahrt: Bus Nr. 3, 11, 11A, 16, 16A, 123, ganzjährig geöffnet, Jan.–Mai u. Sept.–Dez. Mo–Sa 9.30–17, So 10.30–17, Juni–Aug. Mo–Sa 9.30–18, So 10.30–17 Uhr, Erw. 6,50, Kinder unter 12 J. 4,50 €. Besichtigung an Spieltagen nur für Besucher eines Spiels.*

In der North Great George Street wurden einige georgianische Häuser sehr schön restauriert. In Nr. 35 ist das **James Joyce Centre (12)** untergebracht, wo man zahlreiche Erinnerungsstücke der Familie und Erstausgaben bestaunen kann. Zum Centre gehören auch eine Bibliothek, ein Buchladen und das Café Ulysses, und es werden Ausstellungen, Vorträge und Stadtführungen angeboten.
James Joyce Centre, *35 North Great George Street,* ☎ *01-8788547, www.jamesjoyce.ie, ganzjährig Mo–Sa 10–17 Uhr. Stadtführungen (8–10 €): Sa 11 und 14, nach Anmeldung auch Di und Do 11 und 14 Uhr (Zeiten und Themen der Führungen variieren, Infos auf der Webseite), Erw. 5, erm. 4 €.*

Die **Four Courts (13)**, die vier Gerichtshöfe, sind in einem klassizistischen Kuppelbau am Inns Quay, dem Norduferder Liffey, untergebracht. Heute residiert hier der Oberste Gerichtshof. Die Fassade des stattlichen Baus ist knapp 140 m lang. Von der Haupthalle aus geht es zu den Gerichtshöfen: Finanzgericht, Zivilgerichtshof sowie Oberhof- und Kanzleigericht.

Die **St. Michan's Church (14)** ist eine im 19. Jh. entstandene Rekonstruktion einer Kirche aus dem 17. Jh. Allerdings stand an dieser Stelle bereits im Jahr 1095 eine Kirche. Im Inneren gibt es eine Empore mit kunstvollen Schnitzereien und eine Orgel zu bewundern. Auf der damals noch intakten Orgel in der Eingangshalle soll Händel anlässlich der Uraufführung des „Messias" 1742 gespielt haben. Die „Hauptattraktion"

Kreuzfahrermumien

der Kirche ist jedoch die Krypta (nur mit Führung zu besichtigen), denn dort kann man zahlreiche Mumien – vermutlich Kreuzfahrer – besichtigen, die durch die dort herrschende säurehaltige Atmosphäre konserviert wurden.
St. Michan's Church, *Church Street,* ☎ *01-8724154, Nov.–März Mo–Fr 12.30–15.30, Sa 10–12.45, März–Okt. Mo–Fr 10–12.45, 14–16.45, Sa 10–12.45 Uhr, Erw. 5, Kinder 4 €.*

In der Bow Street befindet sich an der Stelle der alten Jameson Whiskey Distillery die **Old Jameson Distillery (15)**. Die Destille wurde 1972 geschlossen und die Ge-

Das beeindruckende Famine Memorial

bäude sachverständig renoviert. Es gibt eine interessante Ausstellung rund um das Thema Whiskey und einen Film, der die Geschichte der irischen Whiskeyproduktion erläutert. In der Bar wird ein Probierschluck gereicht.
Old Jameson Distillery, *Bow Street, 01-50774748, tgl. 10–17.30 Uhr (letzte Führung), Erw. 12,50, erm. 6–9 €.*

Smithfield, der Stadtteil am Nordufer der Liffey, nicht weit von der O'Connell Street, war bereits ziemlich heruntergekommen und wurde hervorragend restauriert. Heute gibt es zwischen der Bow Street und der Smithfield Street Kultureinrichtungen und Geschäfte. Das Restaurierungsprojekt begann mit der Sanierung eines alten Schornsteins und dessen Umwandlung in einen Aussichtsturm, den **Chimney Viewing Tower (16)**. Ein gläserner Aufzug am Schlot trägt die Besucher hinauf auf zwei verglaste Aussichtsebenen, die einen perfekten Rundumblick über die irische Hauptstadt bieten. Am Fuß des Turms kann man sich in der Bar stärken.
Chimney Viewing Tower, *Smithfield Village, Mo–Sa tgl. 10–17, So 11–17.30 Uhr, Erw. 5, erm. 3,50 € (zur Zeit wegen Reparaturen geschlossen).*

Der riesige **Phoenix Park (17)** liegt im Westen der Stadt, nördlich des Stadtteils Kilmainham. Er ist 4 km lang, 2 km breit und mit über 800 Hektar der größte Stadtpark in Europa. Hier kann man durchaus einen ganzen Tag verbringen und nett picknicken. Der Phoenix Park wurde 1747 für die Öffentlichkeit zugänglich gemacht. Ein Shuttlebus fährt vom Haupteingang zum Besucherzentrum mit Halt am Zoo und am „Papel Cross". 1970 hielt der damalige Papst an dieser Stelle vor rund 1,25 Millionen Menschen eine Messe ab.
Phoenix Park, *www.phoenixpark.ie, Seiteneingänge geöffnet 7–23 Uhr, Haupteingang Parkgate Street: stets geöffnet. Bus Nr. 37, 38 von Lower Abbey Street, Nr. 39 von Middle Abbey Street zum Ashtown Gate. Bus Nr. 10 von O'Connell Street.*

Stadtpark

Innerhalb des Parks befinden sich, abgesehen vom Zoo und vom Besucherzentrum, ein befestigtes Haus aus dem 17. Jh., zahlreiche Statuen, die Residenz des irischen Präsidenten (Àras an Uachteráin) und des amerikanischen Botschafters sowie Sporteinrichtungen und Wanderwege.

Àras an Uachteráin (Präsidentschaftsresidenz), *Phoenix Park, ☏ 01-6770095, www.heritageireland.ie, Besichtigung Sa im Sommer 10.15–16, im Winter 10.30–15.30 Uhr. Tickets vom Phoenix Park Visitor Centre, Eintritt frei.*

Der **People's Flower Garden** ist ein schöner, in Terrassen angelegter Blumengarten. Der **Zoo** wurde 1831 eröffnet. Berühmt ist er vor allem wegen seiner Raubkatzen. Linkerhand sieht man den Wellington-Obelisk, mit 60 m der höchste Obelisk in Europa. Er wurde 1817 hier aufgestellt und ist von Weitem sichtbar.

Blumen und Tiere

Zoo, Phoenix Park, *☏ 01-6771425, www.dublinzoo.ie, tgl. ab 9.30 Uhr, im Winter bis 16–17, im Sommer bis 17–18 Uhr, je nach Witterung, Erw. 16,80, Kinder (3–16 J.) 12,50, unter 3 J. frei, Studenten 13,50 €.*

Nicht weit vom Park entfernt, in der Benburb Street, befindet sich Europas älteste und größte Militärbaracke, die **Collins Barracks (18)**. Sie wurde 1701 angelegt und bot Platz für 5.000 Männer. 1969 wurden die Kasernen aufgelöst. In den 1990er-Jahren wurden die Gebäude renoviert. Heute befindet sich hier eine Zweigstelle des National Museum (**National Museum of Ireland Decorative Arts and History**). Hier werden Stücke gezeigt, die bislang im Depot des National Museum verborgen waren, z. B. landeskundliche und volkskundliche Exponate, hauptsächlich jedoch Kunstgewerbe wie Silber, Glas, Keramik, Möbel und Schmuck. Einige der besten Gegenstände gehören zur Curator's-Choice-Ausstellung, einer Sammlung von 25 Objekten von jeweils verschiedenen Kuratoren. Besonders beeindruckend ist das Gebäude selbst. Den riesigen Platz in der Mitte umrunden Kolonnaden. Bis zu sechs Regimenter konnten hier sich aufstellen.

Collins Barracks/National Museum of Ireland Decorative Arts and History, *Benburb Street, ☏ 01-6777444, Di–Sa 10–17, So 14–17 Uhr. Anfahrt: Bus 90 Aston Quay, Bus Nr. 25, 66, 73, Wellington Quay, Eintritt frei.*

Glasnevin

Im Stadtteil Glasnevin im Norden Dublins befinden sich der Prospect Cemetery und der Botanische Garten.

Glasnevin oder **Prospect Cemetery** ist die letzte Ruhestätte zahlreicher berühmter Dubliner Persönlichkeiten. Daniel O'Connell liegt unter einem (rekonstruierten) Rundturm und Charles Stewart Parnell unter einem großen Granitstein begraben. Auch das Familiengrab der Joyces ist hier. In der Rotunda befinden sich die Grüfte der wohlhabenden Dubliner Familien. Am Eingang des Friedhofs steht noch einer der Wachtürme, von denen aus man nach Leichenräubern Ausschau hielt. Die Architektur der Grabmäler und die Inschriften zeugen vom Reichtum oder von der Armut der Menschen, die hier begraben liegen.

Berühmte Persönlichkeiten

Glasnevin/Prospect Cemetery, *☏ 01-8826500, www.glasnevintrust.ie, tgl. 10–17 Uhr, Führungen siehe Website. Anfahrt: Bus Nr. 40, 40A, 40B von Parnell Street.*

In nördlicher Richtung geht der Friedhof in den Botanischen Garten über. Der **National Botanic Garden** wurde 1795 von der Royal Dublin Society zunächst zu Studienzwecken gegründet. Als Irlands erster Garten für Botanik und Gartenbau ist er mittlerweile nicht nur ein wissenschaftliches Institut, sondern eine Oase der Ruhe und der Erholung. Vorbei an Felsen, Rosenbeeten, Kräutergärten und wunderschönen, üppig blühenden Pflanzen kann man herrlich spazieren gehen. Mehr als 20.000 verschiedene Pflanzenarten gibt es im Park zu bewundern. Über einige Brücken gelangt man zu den Gewächshäusern. Die in der Mitte des 19. Jh. erbauten viktorianischen Glashäuser sind sehenswert. Das Besucherzentrum bietet Informationen über den Park und die Pflanzen. Auch eine nette Teestube gibt es hier. Jeweils im Herbst wird der Botanische Garten durch eine große Skulpturenausstellung bereichert.

Oasen der Ruhe

National Botanic Gardens, Glasnevin, ☏ 01-8040300, www.heritageireland.ie, Besucherzentrum: ☏ 01-8570909, www.botanicgardens.ie, tgl. März–Okt. 9–18, Sa/So 10–16, Nov.–Feb. 9–16.30, Sa/So ab 10 Uhr, Eintritt frei. Das Glashaus schließt im Winter um 16.15 Uhr, Führungen Mo–Sa 11.30 und 15 Uhr, 5 €, Gratisführung So um 12 und 14.30 Uhr. Anfahrt: Bus Nr. 13, 19 von O'Connell Street.

Der **Royal Canal** wurde 1789 angelegt und verband die Hauptstadt mit dem Shannon. Der mit dem älteren Grand Canal konkurrierende Royal Canal war ein wirtschaftlicher Flop. In den 1960er-Jahren wurde der Betrieb eingestellt. Entlang des Kanals kann man auf einem Langstreckenweg bis nach Maynooth wandern. Richtig schön wird es ab der Ashtown Bridge, nahe dem Phoenix Park.

Südlich des Liffey: das Museumsviertel und die georgianischen Plätze

Die erste irische Universität war **Trinity College (19)**. Sie wurde 1592 von Elizabeth I. gegründet, denn auch ihre protestantischen Untertanen im fernen Irland sollten eine gute Bildung erhalten. Vor allem aber hatte sie Angst, dass diese auf den Kontinent abwandern könnten. Erst ab 1793 durften auch Katholiken am Trinity College studieren. Dies wurde allerdings von der katholischen Kirche unterbunden, denn das protestantische Trinity war den Katholiken höchst suspekt. Aufgrund des liberalen Rufs des College verbot die katholische Kirche ihren Mitgliedern noch bis in die 1960er-Jahre hinein den Besuch, was aber nicht oft befolgt wurde, denn die Ausbildung am Trinity College war von höchstem Niveau. Heute sind die meisten Studenten katholisch. Zu den berühmten Absolventen des College zählen Oliver Goldsmith, Jonathan Swift, Robert Emmet, Henry Grattan sowie Samuel Beckett. James Joyce beschrieb das Trinity als „ein langweiliges Gemäuer in einem Land der Ignoranz".

Liberaler Ruf

Ab 1903 wurden auch Frauen hier zum Studium zugelassen. Die ältesten Universitätsgebäude sind mittlerweile zerstört. Was man heute sieht, stammt aus dem 18. und 19. Jh. Der Gebäudekomplex ist von schönen Grünflächen umgeben, und viele Dubliner verbringen hier ihre Mittagspause.

Fast ein Muss ist der Besuch der **Old Library**, der alten Bibliothek. Trinity College verfügt über den größten Buchbestand des Landes und ist eine der ältesten Forschungs-

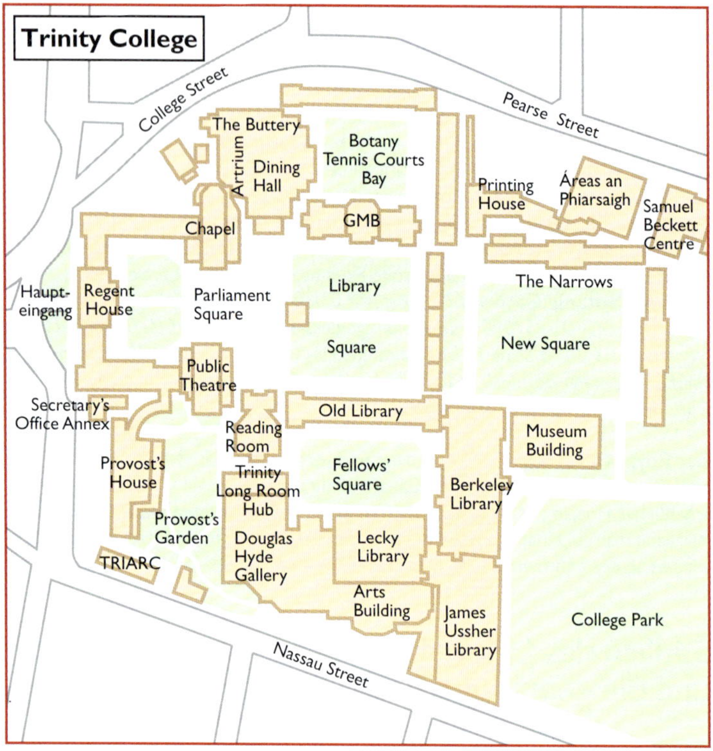

Trinity College

bibliotheken. Zudem besitzt sie die größte Handschriften- und Büchersammlung in Irland. Es gibt acht Bibliotheksgebäude, von denen die 1712–1732 gebaute Old Library die berühmteste ist. Seit 1801 hat die Trinity College Library das Recht, ein Freiexemplar aller britischen und irischen Veröffentlichungen einzufordern. In der Old Library sind dem Besucher vier Bereiche zugänglich. Die Tour beginnt (und endet) in der wohlsortierten Bibliotheksbuchhandlung und führt dann in den Ausstellungsraum in den Kolonnaden. Hier finden Wechselausstellungen statt, die dem Besucher einen Einblick in die umfangreichen Sammlungen der Bibliothek und der Universität geben. Dann geht es in die „Schatzkammer", den Ausstellungsbereich für das „Book of Kells", und schließlich im Obergeschoss zum Long Room, dem Hauptraum der alten Bibliothek.

Die größte Sehenswürdigkeit ist das **Book of Kells**: Der Name „Book of Kells" nimmt Bezug auf das Kloster von Kells in der Grafschaft Meath, 70 km NW Dublins. Kells wurde zum Zufluchtsort für die Anhänger des hl. Columba, die vor den Angriffen der Wikinger im Jahr 806 von der Insel Iona (Schottland) geflohen waren. Wissenschaftler sind sich mittlerweile darüber einig, dass das Buch ein Werk der Iona-Gemeinschaft ist, das entweder in Kells oder auf Iona oder teilweise an beiden Orten angefertigt worden ist. Das Buch enthält in seinem jetzigen Zustand 340 Doppelseiten, d. h. 680 Seiten auf Vellum (Kalbshaut) im Ausmaß von 330 mal 250 mm. Ungefähr 30 Doppelseiten sind im Laufe der Zeit abhanden gekommen. Seit 1953 ist das Buch aus Restaurierungsgründen vierbändig eingebunden, ursprünglich war es ein einziger Band. Die Prunkhandschrift wurde in Majuskeln (Großbuchstaben) mit Gallensud auf Kalbsleder geschrieben und enthält eine lateinische Version der vier Evangelien mit einem Vorspann von Vorworten, Zusammenfassungen der biblischen Geschichte und kanonischen Tafeln oder Konkordanzen zu den Evangelien. Mit seinen Illustrationen ist das Buch von Kells das hervorragendste Beispiel für die Blüte der irischen Buchmalerei zwischen dem 7. und 9. Jh. Besonders eindrucksvoll sind die leuchtenden Farben, das Flechtwerk der Ornamente, die Initialen und die schalkhaften Randzeichnungen. Weitere faszinierende Bücher sind das „Book of Dimma" (spätes 8. Jh.) mit den vier Evangelien in Minuskelschrift und das „Book of Durrow", das auf 675 datiert wird. Das „Book of Armagh" konnte aufgrund eines Verweises auf das Jahr 807 datiert werden. Das in Minuskelhandschrift geschriebene Buch ist einzigartig, da es, neben Glaubensbekenntnissen sowie der Vita des hl. Patrick und der Vita des hl. Martin von Tours, das einzige erhaltene früh-irische Manuskript mit einem vollständigen Text des neuen Testaments enthält.

Auf Kalbshaut geschrieben

Im Hochsommer kommen bis zu 1.000 Besucher täglich, um „The Book" zu sehen, und drängeln sich durch die Bibliothekshallen. Wenn man das Buch, das in einem gläsernen Kasten untergebracht ist, endlich erreicht hat, bleibt kaum Zeit, sich dieses Kunstwerk genauer anzuschauen.

Der Hauptraum der Old Library ist der **Long Room**. Er ist 64 m lang und beherbergt rund 200.000 der ältesten, meist schweinsledergebundenen Bände der Bibliothek.

Das altehrwürdige Trinity College

Die wichtigsten Sehenswürdigkeiten des Long Room sind die Marmorbüsten an beiden Seiten der Halle. Die Sammlung begann 1743 mit 14 Büsten des Bildhauers Peter Scheemakers. Die Büste von Jonathan Swift von Louis François Roubiliac gehört zu den schönsten der Sammlung.

Schönste irische Harfe

Am Ende des Saals hängt die am Ostersonntag 1916 verlesene Proklamation der Irischen Republik. Es handelt sich dabei um eine von ungefähr zwölf noch erhaltenen Kopien. Mit ihrer Verlesung durch Patrick Pearse begann der Osteraufstand am Hauptpostamt von Dublin am 24.4.1916. In einem Schaukasten ist eine der ältesten (wenn nicht gar die älteste) und sicherlich die schönste irische Harfe ausgestellt. Sie wurde wahrscheinlich am Anfang des 15. Jh. gefertigt. Das Instrument ist aus Eichen- und Weidenholz und mit Messingsaiten bespannt. Die Harfe ist in Anlehnung an die keltische Bardentradition das irische Nationalinstrument.

Trinity College, *zwischen Pearse Street und Nassau Street. Eingang von College Street bzw. College Green, ☎ 01-8962320, Old Library: Juni–Sept. 9–18, So ab 9.30, Okt.–Mai 9.30–17, So 12–16.30 Uhr, Erw 10, erm. 9 €, Kinder unter 12 J. frei.*

In der heutigen **Bank of Ireland (20)** tagte bis 1801 das irische Parlament. Nach der Union der Parlamente wurde es von der Bank of Ireland Company erworben. Das imposante klassizistische Gebäude entstand zwischen 1729–1939. Über dem Mittelgiebel sieht man drei Statuen. Sie zeigen *Hibernia* (dies ist der alte Name für Irland), die Treue und den Handel. Über der Ostfront (1785) sind Allegorien der Weisheit, der Gerechtigkeit und der Freiheit zu sehen.

Die **Grafton Street**, einst Wohnadresse vornehmer Leute, ist heute eine lebendige verkehrsberuhigte Einkaufsstraße mit vielen Straßenmusikanten und Blumenständen. Am Anfang der Grafton Street, schräg gegenüber dem Eingang zum Trinity College, steht das Bronzedenkmal von Molly Malone. Die Fischhändlerin ist auch als „The Tart with the Cart" (Nutte mit Wagen) bekannt.

Molly Malone

Das **Dublin Civic Museum (21)** bietet als Stadtmuseum Informationen über die Geschichte Dublins von den Wikingern bis heute. Weiterhin erinnert ein Sammelsurium an Exponaten an berühmte, teilweise auch kuriose Dubliner Persönlichkeiten. Unter anderem sind dort die Schuhe des irischen Riesen Patrick O'Brian (1761–1806) ausgestellt, der 2,61 m gemessen haben soll. Außerdem befindet sich im Museum der Kopf Nelsons, der bei dem Bombenanschlag 1966 von der Skulptur in der O'Connell Street abgefallen ist.

Dublin Civic Museum, *South William Street Nr. 58, ☎ 01-6794260, Di–Sa 10–18, So 11–14 Uhr, Eintritt frei.*

Das **Powerscourt Town Centre (22)** in der South William Street, die westlich parallel zur Grafton Street verläuft, wurde 1771–1774 für Lord Powerscourt errichtet. Ihm gehörte auch Powerscourt House in der Grafschaft Wicklow. Später als Warenlager und Büro genutzt, beherbergt es heute ein Einkaufszentrum mit zahlreichen Geschäften, Restaurants, Antiquitätenläden, Galerien und Boutiquen.

Wertvolle Manuskripte

Im Gebäude Nr. 19 befindet sich die **Royal Irish Academy (23)**, in deren Bibliothek kostbare Handschriften aufbewahrt werden. Zu den wertvollsten Manuskripten gehö-

ren der Cathach (Psalter) des hl. Columba, die älteste erhaltene irische Handschrift und der einzige Codex, der von dem Heiligen selbst stammen könnte. Kennzeichen des Manuskriptes und typisch für den späteren irischen Stil sind die mit kleiner werdenden Buchstaben verzierten Anfangswörter und die vergrößerten ornamentalen Initialen.
Royal Irish Academy, *Dawson Street Nr. 19*, ☏ *01-676 2570, www.ria.ie, Mo–Do 9.30–17.30, Fr bis 17 Uhr.*

St. Stephen's Green ist ein bei Einheimischen und Touristen gleichermaßen beliebter Park. Bereits Anfang des 19. Jh. bestand hier eine Grünanlage, die allerdings nur für Besitzer eines „Schlüssels", also für Bewohner der umliegenden Gebäude zugänglich war. 1877 ließ Lord Ardilaun (Sir Arthur Edward Guinness) einen öffentlichen Park anlegen. Es gibt einen künstlichen Teich, wunderschöne Blumenrabatten und etliche Denkmäler und Statuen berühmter Iren, u. a. eine Statue von W.B. Yeats von Henry Moore. Im Sommer wird im Pavillon oft Musik gespielt.

Schöner Stadtpark

Umstritten ist das große Einkaufszentrum an der Ecke zur Grafton Street, das **St. Stephen's Green Shopping Centre** mit rund 100 Geschäften. Der im Volksmund als „Mississippi-Dampfer" bezeichnete Einkaufsstempel aus Glas und Metall wurde 1986 erbaut und lehnt an die gusseisernen Hallenbauten der Jahrhundertwende an. Bedauerlich, dass dem Komplex immerhin fast 70 georgianische Häuser weichen mussten.

An der Nordseite des Platzes befindet sich das **Shelbourne Hotel**. Erbaut zwischen 1865 und 1867 ist es das älteste und traditionsreichste Hotel der Stadt, gehört mittlerweile aber zur Marriott-Kette. 1867 wurde im Shelbourne Hotel die Verfassung des irischen Freistaates ausgehandelt. Wenig bedeutsam ist, dass hier Aloys Hitler, der Bruder von Adolf Hitler, als Weinkellner gearbeitet hat.

Etwas weiter südlich vom Park befindet sich die **National Concert Hall (24)**. Das prächtige Gebäude wurde 1865 gebaut und diente als Teil des University College Dublin. 1981 wurde das Gebäude als Konzerthalle eingeweiht. Hier finden Aufführungen des National Symphony Orchestra of Ireland sowie Gastspiele statt.
National Concert Hall, *Earlsfort Terrace*, ☏ *01-4170000, www.nch.ie.*

Konzerthalle

Hinter der Konzerthalle liegen die **Iveagh Gardens**, wo man schön picknicken kann. Sie wurden 1865 angelegt und zeigen eine Mischung von formalen französischen Gärten und englischem Landschaftsgarten.
Iveagh Gardens, *Clonmel Street*, ☏ *01-4757816, www.heritageireland.ie Mo–Sa ab 8, So ab 10, im Winter ab 15.30–16, im Sommer ab 18 Uhr geschlossen, Eintritt frei.*

Wenige Gehminuten entlang der Harcourt Street kommt man zum **Shaw Birthplace (25)**. In diesem viktorianischen Gebäude, das zwischen den vielen georgianischen Gebäuden Dublins hervorsticht, wurde am 26. Juli 1856 George Bernhard Shaw geboren. Hier verbrachte er seine frühe Kindheit, hier lernte er seine Liebe zur Musik kennen, hier begegnete er erstmals den Charakteren, die er später in seinen Werken verewigen sollte. Als junger Mann ging er nach London, wo er mit seiner Mutter lebte, die mit ihrem Gesangslehrer durchgebrannt war. Shaw blieb seiner Heimatstadt jedoch stets verbunden. 1990 erwarb der Shaw Birthplace Museum Trust das Haus und richtete ein kleines Museum mit Dokumenten zum Leben und Werk des Autors ein.

The Shaw Birthplace, 33 Synge Street, ☏ 01-4750854, Mai–Sept. Mo, Di, Do, Fr 10–13 und 14–17, Sa/So 15–17 Uhr, Erw. 7,25 €. Anfahrt: Bus Nr. 16, 19, 22. Achtung: Das Museum ist zur Zeit (Stand Feb. 2016) wegen Personalmangel geschlossen.

George Bernhard Shaw (1856–1950)

An Irishman's heart is nothing but his imagination
(Aus: „John Bull's Other Island")

George Bernhard Shaw wurde am 26. Juli 1856 in Dublin geboren. Er wurde einer der wichtigsten und erfolgreichsten Dramatiker des 20. Jh. Zunächst begann er seine Karriere als Musik- und Theaterkritiker. Obwohl ein Zeitgenosse, unterschied sich Shaw inhaltlich von den Autoren der Irish Renaissance, wie Yeats oder Synge. Shaw ging es weder um die Darstellung irischer Geschichte noch um eine irische Identität. Das Abbey Theatre war ihm zu nationalistisch. Ob die Engländer die Iren oder weit entfernte Kolonien unterdrückten, war für Shaw das gleiche. Seine Denkweise war kosmopolitisch, und so setzte er sich für die internationale Verbreitung sozialistischer Ideen ein. Obwohl er sich in einigen Werken auch mit Irland beschäftigt, bestimmte dieses Thema nicht sein Schaffen. Als Sozialreformer sah er das viktorianische Zeitalter sehr kritisch und legte seine Ansichten über Religion, Wirtschaft und Politik in zahlreichen Abhandlungen nieder. Durch seine oft bissigen und gesellschaftskritischen Dramen wurde Shaw weltberühmt, wobei er jedoch immer streng moralisch und puritanisch blieb. In satirischen und zeitkritischen Stücken, wie „Major Barbara" oder „Saint John" (1923), wird ein ernstes gesellschaftskritisches Thema in leichtem Komödienton vorgestellt. Die in zahlreichen Film- und Musicalvarianten immer wieder adaptierte Komödie „Pygmalion" ist sein wohl bekanntestes Werk. Geistreich deckt Shaw die Schwächen der Gesellschaft auf. Für ihn bot das Theater auch die Möglichkeit, pädagogisch auf ein Publikum einzuwirken – die Bühne als „moralische Anstalt". Die meisten seiner Stücke sind mit einem ausführlichen Vorwort versehen. 1925 erhielt Shaw den Nobelpreis für Literatur.

Das Museumsviertel

Irische Kulturgeschichte

Das **National Museum (26)** ist in einem beeindruckenden viktorianischen Gebäude untergebracht. Die Eingangshalle hat einen wunderschönen Mosaikfußboden und eine knapp 19 m hohe Kuppel. Ausgestellt sind zahlreiche Exponate zur irischen Kulturgeschichte von der Frühzeit bis heute, z. B. kostbare Funde aus megalithischer Zeit und wunderbarer Goldschmuck aus der Bronzezeit. Ganz besonders eindrucksvoll ist die sogenannte *Tara-Fibel* aus dem 8. Jh. Die Ringfibel ist mit verschiedenen Tier- und Flechtornamenten aus Filigran, Bernstein und buntem Glas verziert. Beide Seiten, der Außen- und Innenrand, sind bearbeitet, obwohl beim Tragen die Rückseite nicht zu sehen war. Eine andere Abteilung zeigt Waffen, Uniformen, Banner und Medaillen.

National Museum, Kildare Street, ☏ 01-6777444, www.museum.ie, ganzjährig Di–Sa 10–17, So 14–17 Uhr.

In der **National Library**, deren alter Lesesaal im 1. Stock 1890 eröffnet wurde und den man besichtigen kann, befinden sich bedeutende Erstausgaben irischer Autoren, wie z. B. von Swift, Goldsmith, Yeats und Joyce. Auch alte irische Landkarten, topografische Stiche und Zeichnungen werden in der Bibliothek verwahrt.
National Library, *Kildare Street, ☎ 01-6030200, www.nli.ie, Mo–Mi 9.30–19.45, Do, Fr 9.30–16.45, Sa 9.30–12.45 Uhr.*

Erstausgaben

In der Merrion Street Upper befindet sich das **Natural Hisotory Museum of Ireland**. Im Naturkundemuseum, in einem Museumsgebäude des 19. Jh., kann man in riesigen Hallen die irische Tierwelt kennenlernen. Beeindruckend ist das Skelett des Irischen Riesenhirschs, der um 8000 v. Chr. ausstarb.
Natural History Museum, *Merrion Street, ☎ 01-6777444, www.museum.ie, Di–Sa 10–17, So 14–17 Uhr.*

Die **National Gallery (27)** zeigt in ihrer Abteilung mit italienischer Malerei Werke von Titian, Tintoretto, Mantegna, Fra Angelico und Caravaggio. Außerdem gibt es flämische und holländische Gemälde (Rembrandt, Vermeer), französische Malerei, eine spanische Sammlung mit Werken von El Greco und Velasquez sowie britische und irische Malerei. Ein Raum ist den Werken von Jack B. Yeats (1871–1957) gewidmet, Bruder des Literaturnobelpreisträgers. Die Abteilung mit irischen Malern ist für den ausländischen Besucher besonders interessant. Irische Maler sind außerhalb des Landes so gut wie nie zu sehen.
National Gallery, *Merrion Square West/Clare Street, ☎ 01-6615133 www.nationalgallery.ie, ganzjährig Mo–Sa 9.15–17.30, Do 9.30–20.30, So 11–17.30 Uhr.*

Das georgianische Zeitalter

info

Das 18. Jh. war die Zeit der protestantisch-englischen Vorherrschaft, die auch Protestant Ascendancy genannt wird. Zu jener Zeit entwickelte sich Dublin zu einer der prächtigsten Hauptstädte in Europa – vergleichbar mit dem späteren Paris unter Napoleon III. 1757 wurde ein Gesetz zur „Stadtplanung" erlassen, im Zuge dessen einheitliche Straßenzüge angelegt wurden.

Die „georgianische" Epoche war nach den drei Georges auf dem englischen Königsthron (1714–1820) benannt. Die architektonischen Ideale dieser Zeit waren Eleganz, Harmonie, Regelmäßigkeit und Symmetrie, die Lebensweise von Vernunft und einem verfeinerten Lebensstil geprägt. Die Stadthäuser in Dublin hatten drei oder vier Stockwerke und waren einheitlich gestaltet. Um ihren Wohnhäusern dennoch eine individuelle Note zu geben, veränderten die Bewohner die vorgegebenen Bauformen durch interessant gestaltete Türklopfer, Oberlichter an den Türen, Eisengeländer im Erdgeschoss oder unterschiedlich gestaltete Halterungen für die Fackelbeleuchtung.

Der längliche **Merrion Square** gilt als Meisterwerk georgianischer Stadtarchitektur. Kennzeichnend sind die einheitlich gestalteten Häuser. Lediglich die bunten Haustüren verleihen den schlichten Backsteinbauten Individualität und sorgen für Abwechslung

Georgianische Türen am Merrion Square

in der ansonsten vorgeschriebenen backsteinernen Bauweise.

Der Platz wurde 1762 größtenteils von John Ensor angelegt. Im späten 18. und frühen 19. Jh. wohnten hier die Honoratioren der Stadt. In Nr. 1 lebte beispielsweise die Familie Wilde zwischen 1855 und 1876. Eine Hinweistafel empfiehlt den Vater Oscars nicht nur als Chirurg, sondern auch als Archäologen, Historiker, Antiquar, Biograph, Statistiker, Naturkundler und Topograph. Das **Oscar Wilde House** (01-6620281) gehört jetzt dem American College Dublin.

Lower Fitzwilliam Street Nr. 29 (28) ist ein Stadthaus aus dem späten 18. Jh. und wurde vorbildlich restauriert. Bei einer Besichtigung erhält man einen Einblick in das Leben einer gutbürgerlichen Familie. Vom Dienstbotenkeller über die Repräsentationsräume bis hin zu den Dachkammern für die Kinder ist alles originalgetreu eingerichtet.

Lower Fitzwilliam Street Nr. 29, 01-7026163, Di–Sa 10–17, So 12–17 Uhr. Führungen Erw. 6, erm. 3 €, Kinder unter 16 J. frei.

Südlich vom Merrion Square liegt der **Fitzwilliam Square**, der zwischen 1791 und 1825 entstand. Die georgianischen Stadthäuser bieten mit ihren bunten Türen und schmiedeeisernen Türklopfern schöne Fotomotive.

Spazierwege am Kanal
Entlang der **St. Stephen's Church** (1852) gelangt man zum **Grand Canal**, mit dessen Bau 1755 begonnen wurde. 1803 war der Kanal bereits über 500 km lang und verband den Shannon mit dem Hafen in Dublin. Entlang des Grand Canal gibt es schöne Spazierwege.

Dublin Castle, die großen Kathedralen und das Temple-Bar-Viertel

Es ist schwierig, sich vorzustellen, dass **Dublin Castle (29)** einst die mächtigste Festung der Stadt war. King John ließ an Stelle der Wikingerfestung zwischen 1208 und 1220 eine mächtige Burg errichten. Von diesem Bau sind lediglich ein kleiner Teil der umgebenden Ringmauer sowie der Record Tower erhalten. 1684 fiel der größte Teil der Burg einer Feuersbrunst zum Opfer, und das gesamte Gebäude wurde erneuert.

In Dublin Castle residierten jahrhundertelang die Abgeordneten der englischen Könige, weshalb das Gebäude den Iren stets verhasst war. Die heutigen, um zwei Höfe gruppierten Gebäude stammen aus dem 18. und 19. Jh. Alle sieben Jahre findet im Dublin Castle die Amtseinführung des Staatspräsidenten in der schönen St. Patrick's Hall statt. Der 27 m lange und 13 m breite Raum diente früher als Ballsaal der Stadt. **Dublin Castle**, *Dame Street, ☎ 01-6458813, www.heritageireland.ie, ganzjährig Mo–Sa 9.45–16.45, So und Feiertage 12–16.45 Uhr. Besichtigung nur mit Führung, bei Staatsbesuchen und Konferenzen geschlossen; Erw. 6,50, erm. 3, mit Führung Erw. 8,50 €.*

Unbeliebtes Gebäude

Die Chester Beatty Library and Gallery of Oriental Art beherbergt eine wertvolle Sammlung orientalischer und fernöstlicher Kunst. Der amerikanische Millionär Sir Alfred Chester Beatty siedelte 1953 nach Dublin um und übergab dem Staat seine Kunstsammlung. Zu den Ausstellungsobjekten gehören europäische Handschriften (u. a. ein Text des Mönchs Beda aus dem 9. Jh., eine Bibel aus dem 12. Jh. sowie ein Gebetbuch von König Philip II. von Spanien mit feiner Miniaturmalerei) und eine fernöstliche Sammlung mit seltenen Exponaten (800 chinesische Schnupftabakdosen, Pergamentrollen, zwei kaiserliche Gewänder sowie eine Sammlung Nashornbecher aus dem 11. Jh. und Jadebücher vom chinesischen Kaiserhof). In der islamischen Abteilung sind eine stattliche Anzahl Handschriften in arabischer, syrischer, hebräischer, koptischer, türkischer, armenischer, persischer und äthiopischer Sprache zu sehen sowie Sanskrit-Handschriften auf Palmblättern aus dem 12. und 13. Jh., tibetanische und indische Miniaturen. Die frühesten Ausstellungsstücke sind babylonische Tontafeln, die auf 2500–2300 v. Chr. datiert werden.
Chester Beatty Library and Gallery of Oriental Art, *Dublin Castle, Dame Street, ☎ 01-4070750, www.cbl.ie, Nov.–Feb. Di–Fr 10–17, März–Okt. Mo–Fr 10–17, ganzjährig Sa 11–17, So 13–17 Uhr, Eintritt frei.*

Fernöstliche Sammlung

Die **City Hall** ist ein klassizistisches Gebäude. Es wurde im letzten Drittel des 18. Jh. als Börse errichtet. Im 19. Jh. diente der Kuppelbau zeitweilig als Kaserne der Regierungstruppen. Heute ist hier eine Ausstellung über die Geschichte Dublins zu sehen.
City Hall, *Lord Edward Street, ☎ 01-2222204, Mo–Sa 10–17.15 Uhr, Eintritt frei, Ausstellungen: Erw. 4, erm. 2 €.*

Christ Church Cathedral (30) wurde 1038 gegründet, doch 1173 unter Strongbow strukturell verändert. Mit seiner Amtsübernahme im Jahr 1162 begann der später heiliggesprochene Erzbischof Lorenz (Laurence) O'Toole, die Kathedrale gegen die keltische Tradition nach europäischen Maßstäben zu reformieren. Die Liturgie glich sich der Tradition von Sarum (Salisbury) in England an.

1871–1878 wurde die Kathedrale von Grund auf renoviert und ihre heutige Gestalt geht auf diese Zeit zurück, wobei man allerdings den alten Bauplänen in großen Teilen folgte. Von der alten normannischen Kathedrale blieb nur die Krypta erhalten. Sie ist in Großbritannien und Irland die einzige aus dem Mittelalter, die die volle Länge der Kathedrale besitzt und sich sowohl über dem Mittelschiff als auch unter dem Chor entlang zieht. Die fast klobig wirkende Krypta steht im Gegensatz zum Zuckerbä-

Normannische Krypta

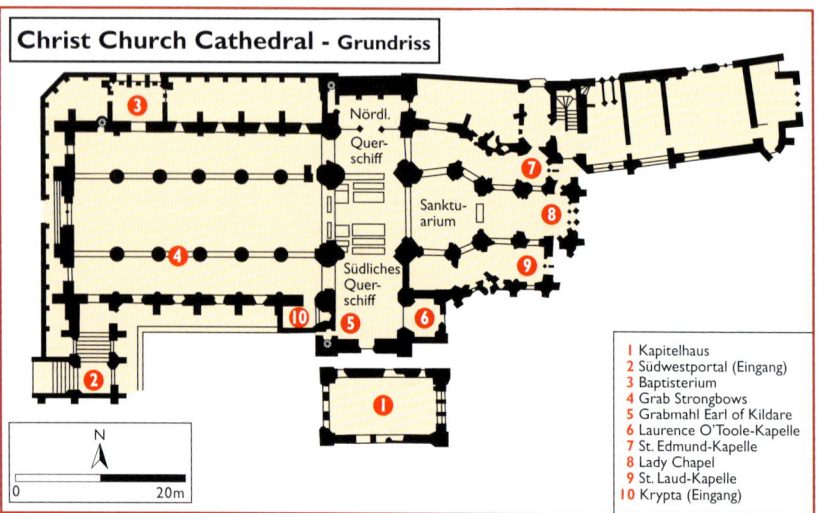

ckerstil der übrigen Gebäudeteile. Im südlichen Querschiff sind weitere Reste der romanischen Kirche zu sehen. Besonders eindrucksvoll ist der aus Bildkacheln gestaltete Fußboden. Er zeigt 63 verschiedene Motive, die im 19. Jh. nach Vorlagen des 13. Jh. angefertigt wurden.

Christ Church Cathedral, Christ Church Place, 01-6778099, christchurchcathedral.ie, tgl. April–Sept. Mo–Sa 9–19, So 12.30–14.30, 16.30–19 Uhr, März/Okt. Mo–Sa 9–18, So 12.30–14.30 u. 16.30–18 Uhr, Nov.–Feb. Mo–Sa 9–17, So 12.30–14.30 Uhr, Erw. 6, erm. 2–4,50 €.

Gegenüber von Christ Church und mit ihr durch eine Brücke verbunden, ist die multimediale Ausstellung **Dublinia and the Medieval Viking World** zu sehen. Mit Kopfhörern ausgerüstet, tritt der Besucher einen Gang durch die Stadtgeschichte an. Die wichtigsten historischen Episoden, wie beispielsweise die Ankunft der Normannen 1170, Strongbows Invasion, die Pest im Jahr 1348, die Reformation und Auflösung der Klöster im Pale nach 1539 und auch das alltägliche Leben werden anschaulich dokumentiert. Die Tonbild-Show in der Great Hall rundet den Eindruck ab. Außerdem sind wikingische Funde der Ausgrabungen am Wood Quay ausgestellt.

Wikingerfunde

Dublinia and the Medieval Viking World, 01-6794611, www.dublinia.ie, März–Sept. tgl. 10–18.30, Okt.–Feb. tgl. 10–17.30 Uhr, Erw. 8,50, erm. 7,50 €.

Gegenüber der Christ Church lädt der **Friedensgarten** zum Päuschen ein. Der Garten wurde auf Initiative der International Peace Garden Foundation (www.ipgf.org) angelegt.

An der Stelle der **St. Patrick's Cathedral (31)** soll einst der hl. Patrick bekehrte Heiden getauft haben. Später wurde hier eine Holzkirche errichtet und 1192 eine große Steinkirche. Der Auftrag des damaligen Erzbischofs war die Reformierung der irischen Kirche. Da es ihm nicht gelang, auf die Christ Church Einfluss auszuüben, ließ

Reformierung der irischen Kirche

er diese neue Kirche errichten. Fortan konkurrierten die beiden Gotteshäuser miteinander. Im 13. Jh. erfolgte die Umgestaltung im Early English Style. Im Laufe der Geschichte wurde das Gotteshaus mehrfach zerstört und Cromwell nutzte es als Pferdestall. Sir Benjamin Guinness (1864–1869) finanzierte eine grundlegende Restaurierung. Vor der südlichen Außenwand der Kathedrale steht sein Denkmal, ein Werk von John Foley. Von der ursprünglichen Bausubstanz ist kaum etwas erhalten. Im Inneren der Kirche kann man am Südwesteingang das Grab von Jonathan Swift sehen, von 1713 bis 1745 Dekan der Kirche. Neben ihm liegt das Grab von Hester Johnson, seiner geliebten Lebensgefährtin Stella.

Restaurierung durch Benjamin Guinness

St. Patrick's Cathedral, *Patrick Street,* ☎ *01-475 4817, www.stpatrickscathedral.ie, Mo–Fr 9.30–17, Sa 9–18 (Winter bis 17), So 10.30, 12.30, 14.30 Uhr (im Sommer auch 16.30–18 Uhr), Erw. 6, erm. 5 €.*

1701/1702 wurde auf Veranlassung von Erzbischof Marsh am St. Patrick's Close die erste öffentliche Bibliothek des Landes eröffnet, die **Marsh's Library (32)**. Der Entwurf zu dem Gebäude stammt von Sir William Robinson, der auch das Royal Hospital in Kilmainham (s. S. 137) errichtet hat. Ein Besuch lohnt sich für Bibliotheksliebhaber, da an der Inneneinrichtung aus dunkler Eiche kaum etwas verändert wurde. Man wundert sich, was es mit den drei merkwürdigen Käfigen auf sich hat. Hier wurden die Leser besonders wertvoller Bücher eingesperrt. Die Bibliothek beherbergt rund 25.000 Werke des 16.–18. Jh. Auch James Joyce zählte zu den Lesern der Marsh's Library. Die Bibliothek verfügt auch über eine Werkstatt, wo die kostbaren Bücher gepflegt und restauriert werden können.

Leser in Käfigen

Marsh's Library, *St. Patrick's Close,* ☎ *01-4543511, www.marshlibrary.ie, Mo, Mi–Fr 9.30–13 und 14–17, Sa 10–13 Uhr, Di geschlossen, Erw. 3, erm. 2 €.*

Temple Bar

Zwischen Dame Street und der Liffey und zwischen Westmoreland Street und Fishamble Street liegt das Temple-Bar-Viertel, Touristenattraktion mit alternativer Lebenskultur und vor allem Anziehungspunkt für Nachteulen. Benannt ist das Gebiet nach seinem Begründer im 17. Jh., Sir William Temple. Zur damaligen Zeit lag das Gebiet noch außerhalb der Stadt. Sir Temple ließ Anlegestellen für die Boote entlang der Liffey bauen, und es entstanden zahlreiche Lagerhäuser und kleine Fabriken. Größere Schiffe konnten hier aber nicht anlanden, und die alten Handwerksbetriebe waren bald nicht mehr gefragt. Das Gebiet lag brach und verkam. In den 1980er-Jahren entschloss sich die Stadtverwaltung, einen Architekturwettbewerb auszuschreiben, der den einzigartigen historischen Charakter des Gebiets und das Ambiente bewahren, gleichzeitig aber auch die kulturelle und kommerzielle Entwicklung fördern sollte.

Historischer Charakter

Temple Bar ist heute ein buntes lebendiges Stadtviertel, mit zahlreichen Pubs, Restaurants, Märkten, alternativen Läden und Boutiquen, einem regen Nachtleben, Straßenkunst sowie vielen kulturellen Einrichtungen. Der Temple Bar Cultural Trust bietet aktuelle Informationen über das Veranstaltungsprogramm und eine Straßenkarte des Viertels. Das **National Photographic Archive** beherbergt rund 300.000 Fotografien sowohl historische Aufnahmen als auch moderne, die in wechselnden Ausstellungen gezeigt werden.

National Photographic Archive, Meeting House Square, Temple Bar, ☏ 01-603 0371, www.nli.ie, ganzjährig Mo–Sa 10–17, So 12–17 Uhr.

Die **Halfpenny Bridge (33)**, westlich der O'Connell Bridge am Merchant's Arch, verbindet die beiden Ufer der Liffey. Die Fußgängerbrücke (offiziell heißt sie Liffey Bridge, genannt wird sie Ha'penny Bridge) wurde 1816 errichtet und stellt ein Pionierstück britischer Ingenieurkunst dar. Sie wurde mit einer Wegegebühr von einem halben Penny finanziert, daher der Name. Als 13. Überquerung über den Liffey wurde anlässlich der Jahrtausendfeier die **Millennium Bridge** eingerichtet.

Ingenieurskunst

Außerhalb des Stadtzentrums

Während man die Sehenswürdigkeiten im Stadtzentrum leicht erwandern kann, sind die außerhalb gelegenen Sehenswürdigkeiten am besten mit öffentlichen Verkehrsmitteln zu erreichen.

Guinness Storehouse (34)

Seit mehr als 250 Jahren stellt Europas größte Brauerei das dunkle bittere Bier mit wenig Kohlensäure und dem dicken weißlich-cremigen Schaum her. Das Bier wurde weltweit bekannt. Die Familie Guinness war und ist eine der einflussreichsten Familien Irlands. Im Jahr 1759 unterzeichnete der protestantische Arthur Guinness (1725–1803) den Pachtvertrag für die kleine Brauerei St. James's Gate mit einer Laufzeit von 9000 Jahren. Dort ließ er das dunkle Porter brauen, was schlagartig erfolgreich wurde. Bereits im 19. Jh. zu Irlands größter Brauerei aufgestiegen, wird hier heute über 60 % des gesamten irischen Biers hergestellt. Die Familie Guinness gab der Stadt Dublin allerlei Gutes. Sir Benjamin Guinness (1798–1868) finanzierte die Restaurierung der St. Patrick's Cathedral, und Sir Arthur Edward Guinness (1840–1915) stiftete den St. Stephen's Green Park. Das Besucherzentrum ist im **Storehouse** untergebracht, einem sechsstöckigen Lagerhaus von 1904 und das erste Gebäude auf den britischen Inseln, das nach Vorbildern in Chicago von einem Stahlgerüst getragen wurde. Dublins beliebteste Touristenattraktion sieht aus wie ein

Guinness is good for you!

riesiges Guinnessglas. Eine Ausstellung und ein Film erläutern den Brauprozess sowie Aspekte der Lagerung, des Transports und des Vertriebs des Biers in 150 Länder. Höhepunkt der Tour ist die *Gravity Bar* auf dem Dach des Gebäudes. Von hier aus hat man einen schönen Blick über die Hauptstadt.

Guinness Storehouse, *St. James's Gate*, ☏ *01-4084800*, *www.guinness-storehouse.com*, *tgl. 9.30–17 (letzter Einlass), Juli/Aug. 9.30–18 Uhr (letzter Einlass), Erw. 18, erm. 16, Kinder bis 12 6,50 €.*

Irlands Nationalgetränk: Guinness

Guinness ist weltweit bekannt und wird in vielen Ländern gebraut, aber das beste Guinness trinkt man in Irland und insbesondere in Dublin. Das dort hergestellte Guinness ist dunkler als andernorts, und die Krone ist fast weiß. Die braune Farbe entsteht durch den Zusatz von etwas ungemalzter, gerösteter Gerste. Obwohl auf dem neuesten Stand der Brautechnik, werden in der traditionellen Brauerei nach wie vor die alten, seit 1770 üblichen Hauptingredienzien verwendet. Diese sind Malz, Wasser, Hopfen und Hefe. 1759 hatte der Firmengründer Arthur Guinness (1725–1803) die kleine Brauerei in Dublin am St. James Gate gepachtet, wo er zunächst ein dunkles, kräftiges Starkbier herstellte, das Porter genannt wurde. Arthur Guinness I. vermachte die Brauerei an seinen Sohn Arthur II., dem es gelang, auch die englische Oberschicht für das Getränk zu begeistern. Bereits zu Wohlstand gekommen, ließ er 1880 den St. Stephen's Park in Dublin anlegen, und sein Bruder Edward Cecil, Lord Iveagh, gründete 1890 eine Stiftung, die Wohnungen für Unterbemittelte bereitstellte. Die Backsteinmiethäuser des Iveagh Trust in den Liberties hinter dem Park der St. Patrick's Cathedral sind auch heute noch bewohnt. Sir Benjamin Lee Guinness, bereits in der dritten Generation der Bierbrauer, wurde 1851 Bürgermeister von Dublin. Sein großzügiges Mäzenatentum (z. B. die Restaurierung der St. Patrick's Cathedral) ging Hand in Hand mit geschäftlichen Interessen. Heute versteckt sich hinter dem Namen Guinness nicht nur die Bierbrauerei, sondern eine ganze Firmengruppe, beispielsweise mit Anteilen in der Lebensmittelindustrie, Autoherstellung und dem Verlagswesen, nämlich als Herausgeber des Guinness Book of Records. Der Guinness-Familie gehören noch 51 % der Brauerei. Allerdings sitzen keine Familienmitglieder im Aufsichtsrat.

Kilmainham

Das **Royal Hospital (35)** wurde im späten 17. Jh. als Krankenhaus für Kriegsveteranen und als Altersheim für Militärangehörige errichtet. Dem *Hôtel des Invalides* in Paris nachempfunden, ist es das älteste und größte klassizistische Gebäude Irlands. Heute ist hier das **Irish Museum of Modern Art** untergebracht, das gleichsam als **National Centre for Culture and the Art**s dient. Neben Malerei und bildender Kunst des 20. Jh. (u. a. Joseph Beuys, Jack B. Yeats und Louis Le Brocquy), sind besonders die sogenannten Tain-Teppiche sehenswert. Der Dichter Thomas Kinsella hat die „Tain Saga" 1969 übersetzt und neu gefasst. Dieses Buch hatte der 1916 in Dublin geborene

Außerhalb des Stadtzentrums von Dublin

Kunst im Krankenhaus

Maler Louis le Brocquy seinerzeit mit eindrucksvollen Illustrationen versehen. Diese Kunstwerke dienten 1989 zur Vorlage für eine Serie von Wandteppichen, die zwischen 1998 und 2000 von Meisterwebern in den Tapestrie-Studios im französischen Aubusson entstanden. Das **National Centre for Culture and the Arts** bietet darstellende und visuelle Künste, wie Performance, Theater, Klanginstallationen, Video und Musik. Regelmäßig finden auch Konzerte und andere kulturelle Veranstaltungen statt.
Royal Hospital/Irish Museum of Modern Art, *Royal Hospital, Military Road, Kilmainham, Dublin 8, ☎ 01-6129900, www.modernart.ie. Eingang von der Military Road, neben Heuston Station. Bus Nr. 24, 79 oder 90 von Aston Quay, Di–Fr 11.30–17.30, Sa ab 10, So ab 12 Uhr. Freie Führungen Mi um 13.15, Sa und So um 14.30 Uhr.*

Im berüchtigten **Kilmainham Jail (36)** in der Inchicore Road wurden von 1796 bis 1924 politische Häftlinge inhaftiert. Hunderte Menschen litten und starben hier für ihre Überzeugung. Der spätere Minister- und Staatspräsident Éamon de Valera saß im Kilmainham Jail hinter Gittern. Aufgrund seiner amerikanischen Staatsbürgerschaft konnte er der Hinrichtung entgehen. Im Jahr 1924 wurde das Gefängnis aufgegeben. 1960 begann die Restaurierung und Einrichtung als **Kilmainham Jail Historical Museum**.

Gedenkstätte für politisch Verfolgte

Es handelt sich um das größte „leere" Gebäude seiner Art in Europa. Das Museum versteht sich sowohl als Mahnmal für politische Unterdrückung und irischen Freiheitsgeist als auch als historisches Zeitdokument. In der großen Gefängnishalle befindet sich eine Ausstellung über Irlands zahlreiche gescheiterte Aufstände. Während einer nachdenklich stimmenden Führung durch die beklemmenden Räumlichkeiten ist Folgendes zu besichtigen: die Gedenkstätte im Gefängnishof, wo die 15 Führer des Osteraufstands am 3.5.1916 hingerichtet wurden, die Zelle, in der Robert Emmet die letzte Nacht vor seiner Hinrichtung verbrachte, eine Zelle für Geisteskranke und die Kapelle, wo Joseph Plunkett drei Stunden vor seiner Hinrichtung heiratete.
Kilmainham Jail Historical Museum, *Inchicore Road, ☎ 01-4535984, www.heritageireland.ie, April–Sept. tgl. 9.30–18 Uhr, Okt.–März Mo–Sa 9.30–17.30, So 10–18 Uhr. Besichtigung nur mit Führung möglich. Anfahrt: Bus Nr. 51B, 51C, 78A, 79, 79A von Aston Quay, Erw. 4, erm. 2 €.*

In Kilmainham beginnt der die Stadt südlich im Halbkreis umschließende **Grand Canal**. Er wurde im 18. Jh. gebaut, um Dublin mit dem Shannon und dem Westen Irlands zu verbinden. Zu jener Zeit war diese Transportverbindung für den irischen Handel sehr wichtig. Auf Lastkähnen beförderte man Torf und Ziegel sowie die Rohprodukte für die Guinness-Brauerei und schließlich auch das fertige Bier, das in alle Welt exportiert wurde. 1960 wurde der Kanal geschlossen. Große Teile des Kanals werden heute von Freizeitkapitänen befahren. Viele Schleusen, die als industrietechnische Zeugnisse unter Denkmalschutz stehen, sind noch in Betrieb.

Die an den Kanal angrenzenden Grundstücke sind sehr beliebt. Im Waterways Visitors Centre am Grand Canal Basin, auch „Box in the Docks" genannt, kann man sich über die 200-jährige Geschichte von Irlands Binnenwasserwegen informieren.
Waterways Visitors Centre, *Grand Canal Basin, ☎ 01- 6777510, www.waterwaysireland.org, Sommer Mi–So 10–18 Uhr, Erw. 8, erm. 4 €. Anfahrt: Bus Nr. 3, 50, 77, 151 oder DART zur Grand Canal Station.*

Reisepraktische Informationen Dublin

Information
Dublin Tourism Centre, Suffolk Street (von der Grafton Street ab). In der ehemaligen St. Andrew's Church befindet sich heute die Touristeninformation mit Unterkunfts- und Veranstaltungsreservierungen, Café, Souvenir- und Buchladen, Autovermietung, Wechselstube und Internetanschluss, ganzjährig geöffnet.
www.visitdublin.com: Die offizielle Webseite der irischen Hauptstadt bietet neben allen wichtigen touristischen Informationen auch einen Buchungsservice.
Weitere Informationsbüros (ganzjährig geöffnet) in der O'Connell Street, am Flughafen Dublin (Ankunftshalle) und am Dun-Laoghaire-Fähranleger.

Unterkunft (s. Karte in der hinteren Umschlagklappe)
Hotels
*******The Merrion Hotel** €€€–€€€€ **(2)**, Upper Merrion Street, ☎ 01-6030600, www.merrionhotel.com. Elegant gestyltes Hotel im Stadtzentrum mit 143 Zimmern. Das Hotel ist in vier restaurierten georgianischen Stadthäusern sowie einem Gartenflügel untergebracht. Die 142 Zimmer sind um zwei Gärten herum gruppiert. Beeindruckende Ausstellung von Gemälden, darunter auch Gemälde von Jack B. Yeats, Irlands bedeutendstem Maler. Im Haupthaus ab 310 € p. P. Im Hotel befindet sich das ** **Michelin Patrick Guilbaud Restaurant**.
******The Schoolhouse Hotel** €€€–€€€€ **(3)**, 2–8 Northumberland Road, Ballsbridge, ☎ 01-6675014, www.schoolhousehotel.com. Das ehemalige Schulhaus liegt im Herzen des eleganten Stadtviertels Ballsbridge und wurde unter Beibehaltung des ehemaligen Charakters in ein originelles Hotel umgewandelt. Es gibt 31 individuell gestaltete Zimmer, und in den ehemaligen Klassenzimmern ist nun ein Restaurant untergebracht.
*** **Kilronan House** €€€ **(1)**, 70 Adelaide Road, ☎ 01-4755266, www.kilronanhouse.com. Nettes, komfortables Gästehaus unweit St. Stephens Green. 12 Zimmer.
** **Maple Hotel** €€–€€€ **(5)**, 74–75 Lower Gardiner Street, ☎ 01-8555442, www.maplehotel.com. Das Maple Hotel ist seit fast 40 Jahren in Familienbesitz. Mit nur 12 Zimmern hat es eine sehr persönliche Atmosphäre. Privater Parkplatz. Familienzimmer vorhanden.
**** **Ariel House** €€–€€€ **(4)**, 50–54 Lansdowne Road, Ballsbridge, ☎ 01-6685512, www.ariel-house.net. Denkmalgeschütztes viktorianisches Stadthaus, 37 komfortable Zimmer. Neben dem Aviva Stadium gelegen.

B&Bs
Es gibt Hunderte privater Unterkünfte in Dublin, die in Gehentfernung zur Innenstadt liegen, besonders zwischen Connolly Station und O'Connell Street.
Am einfachsten ist es, wenn man sich über die Touristeninformation gegen eine geringe Vermittlungsgebühr ein B&B vermitteln lässt. Man nennt seine Wünsche, und per Computer wird festgestellt, wo noch „vacancies" (freie Zimmer) vorhanden sind.
Es gibt in Dublin zahlreiche **Jugendherbergen und Hostels**.
Dublin International Youth Hostel € **(6)**, 61 Mountjoy Street, ☎ 01-8304555, www.anoige.ie. Geöffnet ganzjährig 24 Stunden, riesige Herberge, sehr sauber. 297 Betten (Einzel-, Doppel- und Mehrbettzimmer). DZ in der Hochsaison ab 52, Bett im Mehrbettzimmer ab 16 €.

Kinlay House € **(7)**, 2–12 Lord Edward Street, ☏ 01-6796644, www.kinlayhouse.ie. Ganzjährig, unweit vom Temple Bar District. DZ ab 25 und Mehrbettzimmer ab 15 €.
Oliver St. John Gogarty € **(8)**, 18–21 Anglesea Street, ☏ 01-6711822, www.gogartys.ie. Sehr beliebte Herberge im Temple Bar District. Doppel- und Mehrbettzimmer (ab 12 €). Auch Apartments (mit 4 Betten, ab 99 €).

Universitätsunterkünfte
Trinity College €€–€€€, Accommodation Office, Trinity College, ☏ 01-8961177, www.tcd.ie/accommodation. Es gibt 600 Zimmer, die zwischen Juni und September vermietet werden. Die meisten Zimmer haben ein privates Bad.
Dublin City University €€, Larkfield Apartments, Dublin City University, Glasnevin, ☏ 01-7005736, www.dcu.ie/accommodation. 1.000 Zimmer, 15 Busminuten vom Stadtzentrum gelegen.

Camping/Caravan
**** Camac Valley Tourist Caravan and Camping Park, Naas Road, Clondalkin, ☏ 01-4640644, www.camacvalley.com. 163 Plätze. Rund 30 Min. von Dublin entfernt. Shuttle Bus in die Innenstadt.

Essen und Trinken
Dublin hat sich in den letzten Jahren zu einem kulinarischen Zentrum entwickelt. Es gibt sowohl einheimische als auch internationale Spezialitätenküche. Hier eine kleine Auswahl:

Oben Hotel, unten Pub: das Oliver St. Gogarty

Mulberry Garden (1), Mulberry Lane, Donnybrook, ☏ 01-2693300, www.mulberrygarden.ie. Im Familienbetrieb geführt, bietet das Mulberry Garden irische Küche mit viel Lamm und Fisch. Das Restaurant ist u-förmig um einen Innenhof mit Blumenschmuck angelegt, an den Wänden hängt zeitgenössische irische Kunst. Di–Fr 12.30–14.30, Do–Sa ab 18 Uhr. Gehobene Preisklasse.

Chapter One Restaurant (2), 18/19 Parnell Square, ☏ 01-8732266, www.chapteronerestaurant.com. Im Erdgeschoss des Writer's Museum gelegen, bietet das Restaurant traditionelle irische Küche. Mehrfach preisgekrönt. Di–Fr 12.30–14 und Di–Sa 19.30–22.30 Uhr. Professionell, jedoch ungezwungen und behaglich. Besonders beliebt ist dieses Restaurant vor dem Theaterbesuch (Di–Sa ab 17.30–19.40 Uhr). Mittlere bis gehobene Preisklasse.

101 Talbot (3), 101 Talbot Street, ☏ 01-8745011, www.101talbot.ie. Moderne Küche mit mediterranem und osteuropäischem Einschlag, viel Fisch und vegetarisch. Die Atmosphäre ist lebhaft, viele Künstler kommen hier her, nahe Abbey Gate Theatre. Di–Sa 12–15 und 17–23 Uhr. Mittlere Preisklasse.

Bewley's Café (4), 78 Grafton Street, ☏ 01-6727720, www.bewleys.com. Das beliebte Café aus dem Jahr 1840 ist eine Institution in Dublin. Nach aufwendiger Restaurierung wird das Traditionshaus Mitte 2016 neu eröffnen, allerdings nur im Erdgeschoss.

Elephant & Castle (5), 18 Temple Bar, ☏ 01-6793121, www.elephantandcastle.ie. Im Stil einer amerikanischen Brasserie eingerichtetes Restaurant. Bekannt für seine Chicken Wings. Mo–Fr 8–23.30, Sa/So 10.30–23.30 Uhr. Mittlere Preisklasse.

Gallagher's Boxty House (6), 20/21 Temple Bar, ☏ 01-6772762, www.boxtyhouse.ie. Hervorragende Kartoffelpfannkuchen (=boxty) in rustikaler Atmosphäre, aber auch andere traditionelle irische Gerichte. Mo–Sa 9–22.30 Uhr. Mittlere Preisklasse.

Captain Americas Cookhouse and Bar (7), 44 Grafton Street, ☏ 01-671 5266, www.captainamericas.com. Seit den 1970er-Jahren etabliert. Amerikanisches Essen und Cocktails. Im Inneren unzählige Erinnerungsstücke an internationale Rockgrößen.

Il Vicoletto (8), 5 Crow Street, ☏ 01-6708633, www.tasteofireland.com. Nahe Temple Bar, unkomplizierter Italiener mit leckeren Pastagerichten. Reservieren lohnt sich, da das Lokal sehr klein ist.

Leo Burdock (9), 2 Werburgh Street, ☏ 01-4540306, www.leoburdock.com. Bietet angeblich die besten Fish n'Chips in der Stadt. Neben dem Lord Edward Pub gelegen. Mo–Sa 12 Uhr–Mitternacht. Günstig. Nur Take-Away. Sechs weitere Filialen in Dublin.

Cornucopia (10), 19 Wicklow Street, ☏ 01-6777583, www.cornucopia.ie. Lang etabliertes, vegetarisches Restaurant mit einer guten Auswahl an warmen und kalten Gerichten. Mo–Sa ab 8.30, So ab 12, So–Di bis 21, Mi–Sa bis 22.15 Uhr.

Pubs/Live-Musik

Was wäre eine Besichtigung Dublins ohne einen Pub-Besuch? Die Auswahl an Pubs ist groß, und es ist unmöglich, sie alle kennenzulernen. Empfehlenswert ist ein Pub-Bummel – entweder auf eigene Faust oder z. B. im Rahmen des Literary Pub Crawl! Unter der Woche sind die Pubs normalerweise bis 23.30 Uhr geöffnet, am Wochenende bis 0.30 Uhr. Der **Dublin Literary Pub Crawl** (☏ 01-6705602, www.dublinpubcrawl.com) bietet einen literarisch-feucht-fröhlichen Abend. Auf den Spuren irischer Dichter werden verschiedene ihrer Wirkungsstätten besucht. Zwei Schauspieler vom Abbey Theatre führen während der Saison in verschiedene Pubs und an andere literarisch assoziierte Plätze im Freien, wo dann beispielsweise Becketts „Warten auf Godot" gespielt, Oscar Wilde rezitiert oder ein Gassenhauer gesungen wird. Information und Tickets gibt es bei der Touristeninformation. Dauer ca. 2 ¼ Stunde.

Einige der bekanntesten Pubs sind:
Davy Byrne's Pub, 21 Duke Street, ☏ 01-6775217, www.davybyrnespub.com. Der weltberühmte Pub (1798 gegründet) wurde durch James Joyce' „Ulysses" unsterblich gemacht. Der 16. Juni, Bloomsday, wird hier standesgemäß mit einem Glas Burgunder und einem Gorgonzola-Sandwich begangen. Der Pub ist Treffpunkt von Literaten, Künstlern und Politikern. Davy Byrne's ist immer voll. Bar-Food gibt es den ganzen Tag und So Lunch. Tagesmenü (mit Getränk) 9,95 €.
MacDaid's, 3 Harry Street, ☏ 01-6794395. Der Pub besteht seit 1779. Patrick Kavanagh und Brendan Behan kehrten hier gerne und oft ein. Gutes Bar-Food (ganztägig). MacDaid's ist bei Einheimischen und Touristen gleichermaßen beliebt.
Brazen Head, 20 Lower Bridge Street (Bus Nr. 78), ☏ 01-6779549, www.brazen head.com. Dies ist angeblich der älteste Pub der Stadt (vermutlich seit 1198). Das jetzige Gebäude stammt allerdings von 1754. Jeden Abend sowie So 12.30–17.30 Uhr gibt es Live-Musik. Am Wochenende wird es sehr voll. Mit Biergarten.
Palace Bar, 21 Fleet Street, ☏ 01-6717388, www.thepalacebardublin.com. Am Eingang kann man einen „Snug" sehen, ein geschlossenes Trinkerabteil für Frauen, Priester und andere Menschen, die einst in der Öffentlichkeit nicht beim Trinken gesehen werden wollten oder durften. Abends gibt es oft Live-Musik.
Doheny & Nesbitt, 5 Baggot Street, ☏ 01-6762945, www.dohenyandnesbitts.ie. Viktorianisch, gemütlich, familiär, nicht weit vom irischen Parlament. Tagsüber relativ ruhig, abends lebhaft.
The Long Hall, 51 South Great George's Street, ☏ 01-4751590. Angeblich ist die Long Hall Dublins Pub der Pub mit der längsten Theke weit und breit. Bodenständig, solide, am Wochenende voll.
O'Donoghue's, 15 Merrion Row, ☏ 01-6607194, www.odonoghues.ie. Hier stimmten die Dubliners 1962 erstmalig ihre traditionellen Sauf-, Rauf- und Heldenballaden an. Allabendliche Live-Musik. Meist ist es recht voll. Mit B&B.
Mulligan's, 8 Poolbeg Street, ☏ 01-6775582, www.mulligans.ie. Beliebter Pub mit viktorianischem Interieur. Es gibt zwei Eingänge: den traditionellen und einen anderen für das jüngere Publikum.
Ryan's Pub and Restaurant, 28 Parkgate Street, ☏ 01-6776097 (Pub), 01- 6719352 (Restaurant), www.ryans.fxbuckley.ie. Alter, gemütlicher Pub mit vielen Antiquitäten. Mo–Fr 15–23 Uhr Bar-Food (auch vegetarische Gerichte), Restaurant Di–So 17.30–23 Uhr.
O'Neill's, 2 Suffolk Street, ☏ 01-6793656, www.oneillsbar.com. O'Neill's Bar gilt als Dubliner Institution. Im Sommer allabendlich Live-Musik. Mehrere Fernsehschirme für wichtige Sportübertragungen.
The Temple Bar, 47/48 Temple Bar, ☏ 01-6725287, www.thetemplebarpub.com. Das rote Eckgebäude kann man nicht übersehen. Hier ist es immer lebhaft, und es gibt täglich Live-Musik. Riesige Auswahl an Whiskey. Bar-Food zum Mittag und am frühen Abend.
Olympia Theatre, Dame Street, ☏ 01-6793323, www.olympia.ie. Von Disko bis Country; hier ist immer viel los und die Stimmung gut.
Sugar Club, 8 Lower Leeson Street, ☏ 01-6787188, www.thesugarclub.com. Jazz, Soul und Kabarett bietet dieses Venue neueren Datums.

Diskotheken/Nightclubs

Diskotheken und Nachtclubs gibt es in einigen Hotels, vor allem aber im Temple Bar District. An Sommerabenden verwandelt sich **Temple Bar** in eine große Straßenparty. Menschengruppen flanieren, hören der Straßenmusik zu und ziehen von einer Bar zur nächsten.

In den meisten der zahlreichen Pubs gibt es Live-Musik. Weitere Informationen und Veranstaltungskalender von Temple Bar Information Centre, 12 East Essex Street, ☏ 01-6772255, www.templebar.ie.
Fitzsimons Nightclub, 21/22 Wellington Quay, Temple Bar, ☏ 01-6779315, tgl. geöffnet. Kosmopolitisches Ambiente, Chart, R&B, Pop, Funk und Soul. Vor 23.30 Eintritt frei, danach So–Do 5, Fr/Sa 10 €.
Club M, Cope Street, Temple Bar, ☏ 01-6715622, www.clubm.ie. Großer Nachtclub auf zwei Etagen mit fünf Bars und Lazer Show. Manchmal gibt es Live-Musik. Fr und Sa 23–3 Uhr.
Gaiety Theatre, South King Street, ☏ 01-6795622, www.gaietytheatre.ie. Dublins ältestes Theater verwandelt sich am Wochenende in einen Nachtclub. R&B, Indie, HipHop, Classic Rock, Disco und Live Bands.

Organisierte Stadttouren
Stadtrundgänge
An Anbietern für Dubliner **Stadtrundgänge** gibt es keinen Mangel. Es gibt historische, literarische oder musikalische Stadtrundgänge und natürlich den berühmten Pub Crawl. Alle Rundgänge oder -fahrten und Besichtigungstouren in die Umgebung sind über die Touristeninformation zu buchen. Auskunft erteilt die Touristeninformation. Ein bekannter und lang etablierter Anbieter ist **Pat Liddy**, der auch private Highlight-Touren organisiert (www.walkingtours.ie). Auf der Website der Touristeninformation gibt es auch Rundgänge zum Downloaden: www.visitdublin.com/iwalks.

Stadtrundfahrten
City Sightseeing Dublin, ☏ 01-8980700, www.loveireland.com. Geboten werden 24 Stunden gültige Tickets. An 23 als „Heritage Tours" gekennzeichneten Haltestellen kann man ein- oder aussteigen. Sie befinden sich beispielsweise an der Tourist Information, am Trinity College, am St. Stephen's Green und am Dublin Castle. Die Busse fahren regelmäßig alle 10–15 Min. zwischen 9.30 und 17 Uhr, die Tickets kann man beim Fahrer, bei der Tourist Information oder online kaufen. Die gesamte Tour dauert 1 Std. und 15 Min. und wird kommentiert. Erw. 16,50 €, Kinder 6–14 J. frei.

Besichtigungstouren außerhalb von Dublin
Zahlreiche Veranstalter bieten **Tages- oder Halbtagestouren** zu den Sehenswürdigkeiten in der Umgebung wie Newgrange, Boyne Valley oder in die Wicklow Mountains. Auskunft in der Touristeninformation.
Bus Éireann, www.buseireann.ie. Ganztägige Besichtigungsfahrten, z. B. in die Wicklow Mountains, nach Newgrange und ins Boyne Valley, nach Kilkenny, Waterford und sogar nach Nordirland.

Kulturelle Veranstaltungen
Stadtmagazin: Das 14-tägig erscheinende Magazin „In Dublin", www.indublin.ie, informiert über aktuelle Veranstaltungen.
Irish Film Centre (IFC), 6 Eustace Street, Temple Bar, ☏ 01-6795744/3477, www.irishfilm.ie. Kino mit Schwerpunkt auf zeitgenössischen Filmen, Dokumentationen, Kurzfilmen sowie experimentellen Filmen.
The National Concert Hall, Earlsford Terrace, St. Stephen's Green, ☏ 01-4170000, www.nch.ie

Olympia Theatre, Dame Street, ☎ 01-6793323, www.olympia.ie. Die restaurierte Musikhalle (errichtet 1879) ist Dublins größtes Theater, vorwiegend werden hier Rock und Pop-Konzerte geboten.
Bord Gáis Energy Theatre, Grand Canal Square, ☎ 01-6777999, www.grandcanaltheatre.ie. Das nach einem Entwurf von Daniel Liebeskind gestaltete Energy Theatre in den Docklands bietet im 2000 Personen fassenden Auditorium Gastspiele aller Art: Musical, Oper, Konzerte und Ballet.

Theater

Dublin hat eine sehr lebendige und gute **Theaterszene**. Die irischen Klassiker werden überwiegend im **Gaiety**, im **Gate** und im **Abbey Theatre** gespielt. Die experimentellen Stücke sieht man eher in den kleineren Theatern, wie dem **Crypt Art Centre** (☎ 01-671 3387) in Dublin Castle. **Dublin Theatre Festival** s. u.
Abbey Theatre, 26 Lower Abbey Street, ☎ 01-8787222, www.abbeytheatre.ie. Das heutige Nationaltheater wurde 1904 von W. B. Yeats gegründet und spielt regelmäßig Werke irischer Dramatiker.
Peacock Theatre, 26 Lower Abbey Street, ☎ 01-8727222. Im gleichen Gebäude wie das Nationaltheater untergebracht, zeigt das Peacock eher experimentelle Stücke.
Gate Theatre, Cavendish Row, ☎ 01-8744045, www.gate-theatre.ie. Das Gate Theatre wurde 1928 gegründet. Internationale Klassiker stehen auf dem Spielplan.
Gaiety Theatre, South King Street, ☎ 01-6795622, www.gaietytheatre.com. Operetten, Pantomime und Shows stehen auf dem Programm. Das älteste Theater in Dublin wurde 1837 erbaut. Große Bandbreite an Aufführungen, am Wochenende Nachtclub.
Crypt Arts Centre, Dublin Castle, Dame Street, ☎ 01-6713387. Kleine, experimentelle Ensembles spielen hier.

Fahrradverleih

Dublin Bikes (DB), www.dublinbikes.ie, ähnlich dem Londoner und Pariser Fahrrad-Mietsystem mit rund 450 Rädern im Stadtzentrum. DB funktioniert nach dem Prinzip „pay as you go".

Windhundrennen

Harold's Cross Stadium, Dublin 6, ☎ 01-890269969, Mo, Di und Fr 18.30–22.30 Uhr, erstes Rennen 20 Uhr, Eintritt 10 €
Shelbourne Raceground, Ringsend, Dublin 4, ☎ 01-890269969, Mi, Do, Sa ab 18.30 Uhr.

Pferderennen

Leopardstown, ☎ 01-2890500, www.leopardstown.com, 9 km außerhalb der Stadt. Dublins beliebtester Rennplatz existiert seit 1888. Pro Jahr finden hier 23 Rennen statt. Zur Entlastung des Individualverkehrs wurde eine Busverbindung vom Stadtzentrum nach Leopardstown entwickelt.

Golf

Es gibt über 20 Golfplätze im Großraum Dublin. Viele sind jedoch privat und können nur genutzt werden, wenn man Mitglied ist. Öffentliche Plätze befinden sich z. B. in Sillogue, Elm Green, Clondalkin und Stepaside. Info: www.irishgolfcourses.co.uk und www.irelandgolf.com.

Feste

Das ganze Jahr über gibt es zahlreiche Feste und Festivals: Sport, Kultur, Familie, Musik etc. Für eine monatliche Auflistung der Veranstaltungen siehe www.visitdublin.com.
Feb./März: Anfang Februar findet ein **Filmfestival** statt (www.jdiff.com). Der 17. März, der **St. Patrick's Day**, ist ein Fest für das ganze Volk: Straßenumzüge, Musik, viel Essen und Trinken (s. S. 88).
16. Juni: **Bloomsday Festival**, www.jamesjoyce.ie (s. auch S. 154).
August: Die **Dublin Horse Show** in Ballsbridge ist nach dem St. Patrick's Day das zweitwichtigste Ereignis des Jahres – DAS gesellschaftliche Ereignis sowie ein großes Volksfest. Der Abschluss und Höhepunkt dieses Events ist das Springreiten um die hochdotierte Aga Khan Trophy (www.rds.ie).
Sept./Okt.: Das riesige zweiwöchige **Dublin Theatre Festival** (www.dublintheatrefestival.com.) bietet zahlreiche Vorführungen nationaler und internationaler Truppen, u. a. Gesangsgruppen, Tanz- und Körpertheater und zeitgenössische Stücke aus aller Welt. Tickets dafür werden bereits ab August verkauft. Die Tageszeitungen geben Informationen zu dem jeweiligen Spielplan. Tickets kann man per Kreditkarte telefonisch reservieren oder bei der Dublin Tourism Ticketline (Dublin Tourism Centre, Suffolk Street) erwerben.

Einkaufen

Die **Haupteinkaufsstraße** Dublins ist die verkehrsberuhigte Grafton Street. Das vornehmste Kaufhaus in der Grafton Street ist Brown Thomas. Preiswerter sind die Geschäfte in der O'Connell Street und der parallel dazu verlaufenden Henry Street. Mehrere **Einkaufszentren** vereinen viele verschiedene Läden unter einem Dach, z. B. das wunderschöne Powerscourt Townhouse Centre in der Nähe der Grafton Street mit Mode und Kunsthandwerk. Die üblichen Einkaufszeiten sind: Mo–Sa 9–17.30 oder 18, Do bis 20 oder 21 Uhr.

Tweed hält warm

Musikgeschäfte
Claddagh Records, 2 Cecilia Street, ☏ 01-6770262, www.claddaghrecords.com. Großes Fachgeschäft für Folkmusik.
Waltons World of Music, Blanchardstown Centre, ☏ 01-9603232, sowie 69–70 South Great Georges Street, ☏ 01-4750661, www.waltons.ie

Bücher
Eason's, 40 O'Connell Street, ☏ 01-8733811, www.easons.ie. Riesiger Buchladen in der Nähe des GPO mit guter Auswahl an ausländischen Zeitungen und Zeitschriften.

Kunsthandwerk/Strickwaren/Souvenirs
Design Yard, 25 Frederick Street, ☏ 01-4741011. Irischer Schmuck, teuer und schön.

House of Ireland, Nassau Street, ☏ 01-6711111, www.houseofireland.ie. Porzellan, Kristall, Strickwaren, Leinen, Tweed.

Antiquitäten
Zahlreiche Antiquitätenläden befinden sich südlich der Nassau Street zwischen Grafton Street, Dawson Street und Kildare Street.

Märkte
Blackrock Market, 19 Main Street, Blackrock. Kunsthandwerk, Lebensmittel, Second-Hand-Kleidung. Sa 11–17.30, So ab 12 Uhr.
Moore Street: tgl. Obst- und Gemüsemarkt.
George's Arcade, zwischen South Great George Street und Drury Street. Second-Hand-Kleidung und -Bücher, Kunsthandwerk, Musik.
Temple Bar Markets: Cow's Lane Market, Sa 10–17.30 Uhr in Cow's Lane. Ungewöhnliche Kleidung, Malerei, Keramik, Schmuck, Handtaschen; **Temple Bar Food Market**, Sa 10–17 Uhr im Meeting House Square. Irische Produkte und internationale Spezialitäten; **Temple Bar Book Market**, Sa/So 11–18 Uhr, East Essex Street. Bücher satt.

Busverbindungen
Von Dublin bestehen gute Busverbindungen in alle Landesteile.
Travel Information (Reiseauskunft): Bus Éireann, ☏ 01-8366111, www.buseireann.ie; Iarnród Éireann (Irish Rail), ☏ 01-8366222, www.irishrail.ie.
Der Hauptbusbahnhof befindet sich in der Amiens Street. Von hier fahren die **Express-Busse** zu allen Städten im Land. Die Fahrkarten müssen vor Fahrtbeginn gekauft werden.
Fahrten innerhalb der Stadt: Das Informationsbüro für Dublin Bus befindet sich in 59 Upper O'Connell Street. Der Fahrpreis für Stadtfahrten Stage 1–3 liegt bei 1,50 €, Stage 4–7 bei 2,05 €, Kinder unter 16 J. fahren Stage 1–7 für 90 Cents. Die Busse verkehren werktags von 6–23 Uhr. Tickets sind beim Busfahrer zu lösen. Nachtbusse fahren Donnerstag, Freitag und Samstag zwischen 0.30 und 4.30 Uhr. Bei regelmäßigen Busfahrten in der Stadt kauft man sich am besten eine Tages-, Wochen- oder Monatskarte (bei Zeitschriftenhändlern oder im Touristenbüro). Die Bushaltestellen sind grün.

Zugverbindungen
Von Dublin bestehen gute Zugverbindungen in alle Landesteile.
Die Eisenbahn ist teurer als der Bus, aber meist schneller und komfortabler. Dublin hat zwei große Bahnhöfe, Connolly Station, Amiens Street (Abfahrt nach Wexford, Rosslare, Sligo, Nordirland) und Heuston Station, St. John's Road West (Abfahrt Richtung Süden und Südwesten: Waterford, Cork, Kerry, Limerick, Galway, Mayo).
Iarnród Éireann (Irish Rail), Travel Centre, 35 Abbey Street Lower, ☏ 01-8366222, www.irishrail.ie.
DART (Dublin Area Rapid Transit) ist eine Schnellbahn, die durch das Stadtzentrum führt. Sie verbindet Mo-Sa von 7–24 Uhr alle 10–20 Min. und So alle 30 Min. die Vororte entlang der Dubliner Bucht von Malahide im Norden bis Greystones im Süden. Es gibt auch verschiedene Saison- und Sondertickets.
LUAS (Light Rail Tram System) verbindet ebenfalls die Vororte mit dem Stadtzentrum. Es gibt die grüne und die rote Strecke, wobei Letztere durch das Stadtzentrum führt,. www.luas.ie. Die grüne Linie verbindet St Stephen's Green mit Sandyford im Süden der Stadt. Tickets an jeder Haltestelle oder vorab im Zeitungsgeschäft.

Vergünstigungen

Der **Dublin Pass** bietet freie Fahrt vom Flughafen in die Stadt, freien Eintritt zu 30 Sehenswürdigkeiten und Vergünstigungen in Restaurants, Geschäften und Attraktionen. Erhältlich für ein, zwei, drei oder sechs Tage. Ab 39 € pro Tag, Kinder 5–15 J. 21 €, www.dublinpass.com. Das **Freedom Ticket** (Erw. 33, Kind 16 €) bietet drei Tage unbegrenztes Fahren mit allen Bussen von Dublin Bus, inkl. Airlink, Xpresso sowie Hop-on-Hop-off-Busse.

Flughafen

Dublin Airport, ☏ 01-8144717, www.dublin-airport.com, liegt 10 km nördlich des Stadtzentrums und ist nach Eröffnung des Terminal 2 einer der modernsten Flughäfen in Europa. Bis zu 35 Millionen Passagiere können pro Jahr abgewickelt werden. Der **Flughafenbus (Airlink Express Coach)** fährt alle 20–30 Min. vom Flughafen nach Connolly Station. Die Fahrt vom Flughafen in die Innenstadt kostet 6 € einfach für Erwachsene und dauert 30 Min. (löst man gleich ein Rückfahrticket, wird es günstiger). Die Taxifahrt vom Flughafen in die Stadt kostet rund 20 €, je nach Verkehr.

Autoverleih

Sämtliche internationale Firmen, wie Avis, Hertz etc., sind vertreten sowie zahlreiche lokale Anbieter. Auf der Dubliner Webseite www.visitdublin.ie gibt es eine ausführliche Liste der Anbieter, s. auch S. 77.

Taxi

Dublins drei wichtigste 24-Stunden-Taxi-Haltestellen sind in der Innenstadt am College Green, O'Connell St und St. Stephen's Green. Am Wochenende nachts ein Taxi zu bekommen, ist nicht ganz einfach. Wenn man weiß, wo man sein wird, am besten vom Vermieter vorher ein Taxi bestellen lassen. 10 % Trinkgeld sind üblich.

Rundumblick aus dem Doppeldecker-Bus

Tagesausflüge in die nähere Umgebung

> **Ausflugstipps**
>
> - Halbtagesausflug nach **Howth** (S. 148) und **Malahide** (S. 150).
> - Tagesausflug ins **Boyne Valley** (S. 157), nach **Monasterboice** (S. 164) und zur **Mellifont Abbey** (S. 165).
> - Halbtagesausflug nach **Dun Laoghaire** (S. 152) und **Bray** (S. 175).
> - Tagesausflug in die **Wicklow Mountains** (S. 172), zu den **Powerscourt Gardens** (S. 173) und nach **Glendalough** (S. 177).

Nördlich von Dublin

Im Stadtteil Marino, im Norden Dublins Richtung Howth, befindet sich das kleine **Casino Marino**. Das ehemalige Gartenschlösschen wird an allen vier Seiten von vier liegenden Steinlöwen bewacht. Der 1. Earl of Charlemont war nach seinem Italienaufenthalt so von der dortigen Architektur begeistert, dass er sich in Marino ein eigenes Arkadien schaffen wollte. Die Pläne (1758/1759) entwarf der schottische Architekt Sir William Chambers (1723–1796), der u. a. in Dublin das Stadthaus für Charlemont, die heutige Gallery of Modern Art, schuf. Nach Charlemonts Tod verkam das kleine Casino allmählich. In den 1970er-Jahren begannen die Restaurierungsarbeiten. Der vollkommene Renaissancebau über kreuzförmigem Grundriss ist mit vier Portiken und prachtvollem georgianischen Dekor versehen. Wunderschön ist die halbkreisförmige Apsis der Eingangshalle mit drei geschwungenen Mahagonitüren. Überraschend findet man im Inneren immerhin 16 Zimmer auf drei Etagen.

Vollkommener Renaissancebau

Casino Marino, *Cherrymount Crescent, westlich der Malahide Road, Dublin 3, Nähe Fairview Park. DART Clontarf Road Station, ☎ 01-8331618, www.heritageireland.ie, Apr.–Okt. tgl. 10–17 Uhr. Letzter Einlass 45 Min. vor Schließung, Besichtigung nur mit Führung, Erw. 4, erm. 2 €.*

Howth

Der nette Hafenort liegt 15 km NO Dublin (20 Min. vom Flughafen) auf der gleichnamigen, leicht hügeligen vorgelagerten Halbinsel und ist ein beliebtes Ausflugsziel der Dubliner. Der Ort ist mit der DART in einer halben Stunde von Dublin aus zu erreichen. Auf der langen Mole und entlang der Küste kann man schön spazieren gehen. Im Ortszentrum befinden sich die Ruinen der **St. Mary's Church**, die 1042 von den Wikingern gegründet wurde. Die meisten Ruinen stammen allerdings aus dem 15. Jh.

Vorgelagerte Halbinsel

Howth Castle, unweit des Hafens, wurde nach 1450 errichtet, wobei die heutige Bausubstanz überwiegend aus dem 16. und 18. Jh. stammt. Angeblich soll in Howth Castle auch heute noch ein Gedeck für den „unbekannten Gast" aufgetragen werden. Grace O'Malley wollte nach ihrer Rückkehr aus London eine Nacht im Howth Castle

Nördlich von Dublin 149

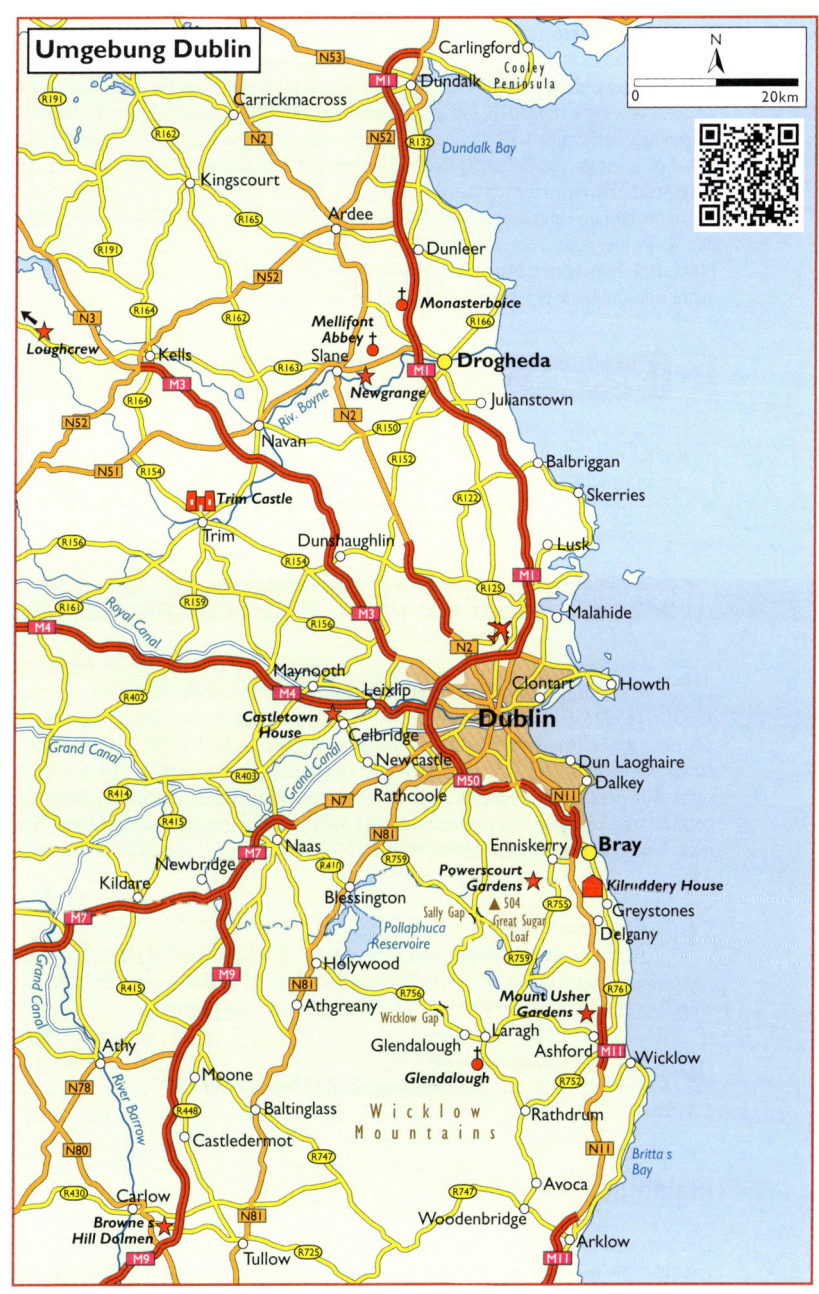

Tagesausflüge in die nähere Umgebung von Dublin

Gedeck für den unbekannten Gast

übernachten, wurde aber an der Tür abgewiesen. Zur „Strafe" kidnappte sie einen der Söhne und legte dem Burgherren, falls er seinen Sohn zurückhaben wollte, die Bedingung auf, stets ein Gedeck für einen Gast bereit zu haben. Die Burg ist von einem weitläufigen Park umgeben, mit prachtvollen Rhododendronhainen, einem Barockgarten aus dem frühen 18. Jh. und bis zu 9 m hohen Buchsbaumhecken. Das Schloss selbst ist nicht für die Öffentlichkeit zugänglich. Auf dem Grundstück befindet sich das **National Transport Museum**, in dem man eine stattliche Sammlung alter Fahrzeuge bestaunen kann, einschließlich einer alten Straßenbahn, die in der ersten Hälfte des 20. Jh. hier fuhr.

National Transport Museum, *Howth Castle Demense, ☎ 01-8320427, www.nationaltransportmuseum.org, ganzjährig Sa und So 14–17 Uhr.*

> ### Spaziergang
>
> Der Klippenweg verläuft parallel zur Küste. Man kann in beide Richtungen ca. 3 km laufen. Rechts liegt auf einer Landzunge der Bailey-Turm, links der Hafen von Howth.

Reisepraktische Informationen Howth

Unterkunft
**** King Sitric Fish Restaurant and Accommodation €€€, *East Pier, ☎ 01-8325235, 01-8392442, www.kingsitric.ie. Das alteingesessene Restaurant, ehemals das Haus des Hafenmeisters, bietet ausschließlich fangfrischen Fisch, neben Krebsen, Austern und Hummer (das King Sitric hat seinen eigenen Hummerfischer) auch ausgefallene Fischsorten. Von der Lounge im oberen Stock bietet sich ein sehr schöner Blick auf die Bucht. Gehobene Preisklasse. Alle acht Gästezimmer sind nach Leuchttürmen benannt und haben Seeblick. Kinder unter 12 J. frei. Dinner Mi–Sa ab 18.30, So 13–17 Uhr, 3-Gänge-Dinner So 35 €.*

Essen und Trinken
Abbey Tavern Restaurant, *Abbey Street, ☎ 01-8390307/ 8390284, www.abbeytavern.ie. Alter, solider und gemütlicher Pub. Loft Bar and Grill im oberen Stock. Ab und zu gibt es Live-Musik mit traditioneller irischer Musik. Bar Food ganztägig.*

Verkehrsverbindungen
Howth erreicht man in 20 Min. mit der DART von Dublin aus.

Malahide

Der nette Badeort **Malahide**, 10 km N Howth, ist von Dublin mit Bus und Bahn erreichbar. Die belebten Straßen laufen sternförmig auf den hübschen Ortskern zu. Der

Nördlich von Dublin

Blick auf Howth Castle

Hauptgrund, den Ort zu besuchen, ist **Malahide Castle**. Es wurde im späten 12. Jh. erbaut und war seitdem fast durchgängig bis 1976 von einer Familie, den Talbots, bewohnt. Heute ist hier ein Kunstmuseum untergebracht. Die beeindruckende Gemäldesammlung wird durch Leihgaben der National Portrait Galerie ergänzt. Ein Gemälde von Jan Wyck stellt die Schlacht von Boyne dar, bei der 14 Mitglieder der Familie, die hier ihre Henkersmahlzeit einnahmen, den Tod fanden.

Die Innenausstattung ist beeindruckend. Der sogenannte Eichensaal mit den einzigartigen Holzschnitzarbeiten und Wandvertäfelungen des 16. Jh. (u. a. Darstellungen von Szenen aus dem Alten Testament) ist sehenswert. Das Gebäude umgibt ein kunstvoll angelegter Garten. Die acht Hektar große Anlage – mittlerweile zum öffentlichen Park erklärt – wurde von Lord Talbot zwischen 1948 und 1973 angelegt und beherbergt über 1.000 verschiedene Pflanzenarten, vor allem aus Asien und Australien.

Exotische Pflanzen

Malahide Castle, ☎ 01-8169538, www.malahidecastleandgardens.ie. Infos unter www.visitdublin.com. Bus Nr. 42 vom City Centre nach Malahide oder mit der DART. Erw. 12, Kinder unter 12 J. 6 €.

Südlich von Dublin

Dun Laoghaire

Der „Dun Liery" ausgesprochene Ort liegt 15 km S Dublin und ist problemlos mit dem Bus und mit der DART-Schnellbahn zu erreichen. Dun Laoghaire ist Hafenstadt, Seebad und Jachthafen. Große, viktorianische Häuser und natürlich der Hafen, wo die Fähren aus Wales anlegen, prägen das Bild. Bis Mitte des 18. Jh. ein Fischerdorf, wurde der Ort, als der erste Pier gebaut wurde, in Kingstown umbenannt. 1934 entstand die erste Eisenbahnverbindung zwischen Dublin und Dun Laoghaire, die der kleinen Stadt einen raschen wirtschaftlichen Aufschwung brachte. Mit wohlerhaltenen Bürgerhäusern aus dem 18. und 19. Jh. und zwei langen Piers ist Dun Laoghaire nicht nur ein Wochenendausflugsziel der Dubliner, sondern auch ein beliebter Alterssitz für den Ruhestand. Von den Hafenmauern hat man einen schönen Blick auf die Bucht von Dublin. In der ehemaligen Mariner's Church befindet sich ein kleines **maritimes Museum** mit Exponaten über die Seefahrtgeschichte des Landes.

Dun Laoghaire Maritime Museum, Haigh Terrace, ☎ 01-2800969, www.mariner.ie. Di–So 11–17 Uhr, Erw. 5, Kinder unter 12 J. 3 €

In der Nähe des Museums steht die Bronzeskulptur **Christ the King**, ein Werk von Andrew O'Connor und ein Mahnmal für die Gefallenen des Ersten Weltkriegs.

Hafenstadt und Seebad

Reisepraktische Informationen Dun Laoghaire

Information
Dun Laoghaire Rathdown Tourism, Avoca House, 8 Marine Road, ☎ 01-2054855, www.dun-laoghaire.com.

Unterkunft
Entlang der Uferpromenade befinden sich mehrere Hotels und B&Bs, vor allem konzentrieren sie sich an den Rosmeen Gardens, an der Lower Mountown Road und an der Tivoli Road.
The Haddington Hotel €€, 9–12 Haddington Terrace, ☎ 01-2801810, www.thehaddington.ie. Familiengeführtes Hotel mit 52 Zimmern, einige mit tollem Blick über die Dublin Bay. Zentral gelegen, Bahnhof und Hafen sind zu Fuß erreichbar.

Essen und Trinken
Odell's Fish Restaurant, 49 Sandycove Road, ☎ 01-2842188, www.odellsrestaurant.com. Behagliches Restaurant mit Wein-Bar. Ungezwungene Atmosphäre, gute internationale Küche. Di–So und Bank Holidays ab 18 Uhr. Mittlere Preisklasse. Hauptgericht 17–26 €.

Verkehrsverbindungen
Regelmäßig fahren DART-Züge von und nach Dublin. Bus Nr. 7, 7A und 8 vom Stadtzentrum.

James Joyce (1882–1941)

I will not serve that in which I no longer believe, whether it call itself my home, my fatherland, or my church: and I will try to express myself in some mode of life or art as freely as I can and as wholly as I can, using for my defence the only arms I allow myself to use – silence, exile, and cunning.
(Aus: „A Portrait of the Artist as a Young Man")

James Joyce wurde 1882 in Rathgar, einem Stadtteil von Dublin, als ältestes von zehn Kindern geboren. Er wurde einer der wichtigsten, aber auch einer der umstrittensten Schriftsteller des 20. Jh. Nach seiner Schulausbildung in einem Jesuitenkolleg („A Portrait of the Artist as a Young Man" spiegelt diese Erfahrung wieder) studierte er 1898–1902 Moderne Sprachen am Trinity College in Dublin. 1904 verließ Joyce Irland und lebte fortan mit seiner Frau Nora und seinen zwei Kindern in verschiedenen Städten, u. a. in Triest, Zürich und Paris. Nach Irland kehrte er nur noch gelegentlich zurück.

Seine Werke sind stark von der irischen Geschichte und irischen Mythologie beeinflusst, sowie von der Stadtgeografie Dublins. Für den Roman „Ulysses" benötigte Joyce 7 Jahre. In einzigartiger Weise ist dieses Werk gleichermaßen ein Epos, eine Reportage und ein Entwicklungsroman, der aber auch essayistische Züge trägt. Joyce verwendet verschiedene Erzähltechniken, die Bedeutungsebenen sind vielschichtig und voller Symbole und Anspielungen. Mit diesem Werk und dem späteren „Finnegans Wake" war Joyce, wie Proust und Musil, bestimmend für die Romankunst des 20. Jh. Der Roman „Ulysses" fiel wegen sexueller Anspielungen unter die Zensur und durfte lange Zeit in Irland nicht verkauft werden. Als Literat war Joyce sehr erfolgreich, weniger hingegen in seinem Privatleben. Ein Augenleiden ließ ihn beinahe erblinden, die Tochter wurde wahnsinnig und der Sohn Alkoholiker. Joyce starb am 13. Januar 1941 in Zürich.

Wer sich für irische Literatur interessiert, ist im **James Joyce Museum** in Sandycove (13 km S Dublin) richtig, das in einem Martello Tower untergebracht ist. Gegen die drohende Invasion durch Napoleon errichteten die Briten an der Küste eine Verteidigungslinie aus solchen Türmen. James Joyce, Oliver St. John Gogarty und noch ein weiterer Freund verbrachten hier 1904 gemeinsam sechs Tage. Die Beschreibungen im Buch „Ulysses" und die Erinnerungen von Oliver St. John Gogarty, dem ersten zivilen Bewohner des Turms, gaben Hilfestellung, den James Joyce Tower möglichst originalgetreu so zu rekonstruieren, wie Joyce ihn damals vorfand. In der Halle sind eine Gipsbüste des Dichters von Milton Hebald und eine Originalseite aus „Finnegans Wake" ausgestellt, viele Erstausgaben seiner Werke, z. B. die Originalausgabe des „Ulysses" des Verlegers Shakespeare & Co (1922) sowie eine Luxusausgabe von „Ulysses" mit Illustrationen von Matisse. Es gibt auch persönliche Erinnerungsstücke, wie z. B. Joyce' Gitarre, eine Weste und Fotos.

Originalausgabe des „Ulysses"

James Joyce Museum, *Joyce Tower, Sandycove, ☎ 01-2809265, www.visitdublin.com, April–Okt. tgl. 10–18, im Winter bis 16 Uhr, Eintritt frei. Bus Nr. 59 von Dun Laoghaires Bahnhof zur Ecke Sandycove Avenue. DART nach Sandycove, von dort 10 Min. Fußweg.*

Was ist der Bloomsday?

Der Bloomsday ist jener 16. Juni 1904, an dem sich im „Ulysses" die Wege des jungen Stephen Dedalus und des etwas älteren Anzeigenverkäufers Leopold Bloom treffen und wieder trennen. Leopold Bloom legt zwischen 8 Uhr früh und 2 Uhr am nächsten Morgen eine Strecke von 27 km zurück, 12 km davon zu Fuß. Einige Streckenabschnitte, Gebäude, Geschäfte, Ereignisse und lebende Personen, werden genauestens beschrieben, und Joyce-Fans pilgern an bewusstem Tag zu Fuß zu den Stationen des Romanhelden. Der Weg beginnt am Martello Tower in Sandycove, wo das erste Kapitel des Romans spielt.

Die beste Informationsquelle für die vielfaltigen Aktivitäten gibt es im James Joyce Centre (s. S. 122). Dort oder am General Post Office beginnen auch geführte Touren zu den Schauplätzen des Romans. Die berühmte Eccles Street Nr. 7, das Wohnhaus Blooms und seiner Gattin Molly, wurde in den 1970er-Jahren abgerissen. Immerhin ist die Tür des Hauses noch zu besichtigen: Nachdem sie sich mehr als 30 Jahre im Pub The Bailey in der Duke Street befand, kann sie heute im James Joyce Centre bestaunt werden.

Im Zentrum Dublins fallen immer wieder die kleinen Messingplatten im Pflaster auf. Sie wurden 1988 im Zuge der Dubliner 1.000–Jahr-Feier eingelegt. Insgesamt sind es 14 Stück, die mit Zitaten aus dem „Ulysses" Stationen Leopold Blooms zeigen. Am Bloomsday werden Lesungen und kleine Aufführungen veranstaltet, bei denen die Schauspieler nach den Beschreibungen von Joyce gekleidet sind.

Zu Füßen des Joyce-Turms befindet sich die sogenannte **Forty-Foot-Badestelle**, wo bei Wind und Wetter tapfere Menschen in die Fluten steigen. Auf dem Schild steht „Gentlemen's Bathing Place", und ursprünglich durften hier auch nur Männer ins kalte Nass springen. Der Name bezieht sich auf das 40. Regiment of Foot, das hier stationiert war, und nicht – wie man meinen könnte – auf die Wassertiefe.

Für Hartgesottene: Die Forty-Foot-Badestelle

> **Buchtipp: „Dubliners" von James Joyce**
>
> Im Vergleich zum „Ulysses" viel weniger umfangreich, jedoch ebenfalls das alte Dublin schildernd, sind James Joyce' frühe Erzählungen „Dubliners" (1914) ein desolates Porträt des Dubliner Bürgertums. Sie beschreiben nuancenreich die katholische Enge, Einsamkeit, Trostlosigkeit und die alltäglichen Grausamkeiten der Menschen. Die deutsche Ausgabe ist bei Suhrkamp erschienen.

Dalkey

Dalkey ist eine am Südrand von Dun Laoghaire gelegene mittelalterliche Kleinstadt und, da leicht mit Bus und DART zu erreichen, ebenfalls ein begehrter Wohnvorort Dublins mit engen, steilen Sträßchen und individuell gestalteten Häusern. **Dalkey Castle & Heritage Centre** bietet eine Ausstellung zur Geschichte der Stadt. Auch Stadtführungen, Feierlichkeiten zum Bloomsday am 16. Juni sowie historische Theateraufführungen werden veranstaltet.

Dalkey Castle & Heritage Centre, *Castle Street, Dalkey, 01-2858366, www.dalkeycastle.com, ganzjährig geöffnet. Jan.–April und Sept.–Dez. Mo–Fr 10–17 (letzte Tour 16.15 Uhr), Sa und So ab 11 Uhr, Di geschl.,. Erw. 6, Kinder 4 €. Führungen Juni–Sept. Mo, Fr 11, Mi 14 Uhr. Im Sommer gibt es auch Vorführungen in historischen Kostümen.*

Nördlich von Dublin: die Grafschaften Meath und Louth

Überblick

Nördlich von Dublin liegt die Grafschaft **Meath**, eine durch sanfte grüne Hügel und fruchtbares Weideland geprägte Gegend mit zahlreichen Spuren und Ruinen der Vergangenheit. Hier erwarten den Besucher eine Fülle kunsthistorischer Schätze und Sehenswürdigkeiten. In dieser Gegend bauten die Menschen der Steinzeit vor rund 5.000 Jahren Grabpaläste für ihre Herrscher. Die vorchristliche Grabstätte Newgrange ist eine der bedeutendsten bronzezeitlichen Nekropolen ganz Europas. In Tara hatten die Hochkönige ihren Sitz und in Monasterboice studierten die Mönche.

In Kells stößt man auf Zeugnisse des frühen irischen Christentums mit Hochkreuzen, Rundturm und St. Columbas Haus. Die Überreste

> **Redaktionstipps**
>
> **Sehens- und Erlebenswertes**
> ▶ Die **prähistorische Kult- und Begräbnisstätte Newgrange** besichtigen (S. 157).
> ▶ Die **Hochkreuze von Monasterboice** bestaunen (S. 164).
> ▶ **Mellifont Abbey** besichtigen (S. 165).
> ▶ Auf der **Cooley-Halbinsel** wandern (S. 166).
>
> **Essen und Trinken**
> ▶ Bei O'Hares in der **Anchor-Bar** in Carlingford Austern essen (S. 167).

der gewaltigen Normannenburg von Trim zeugen von der Macht der anglo-normannischen Eroberer. Der heute so idyllisch wirkende Fluss Boyne war Schauplatz der berühmten Schlacht, bei der der protestantische William of Orange über den katholischen Stuartkönig James II. siegte und damit die Hoffnung auf eine Restauration des katholischen Königshauses zunichte machte.

> **Fahrradtour**
>
> Die Fahrradstrecke „**Valley of the Kings**" ist relativ anstrengend, passiert dafür aber historisch interessante Gebiete. Sie umfasst 45 km und führt von Drogheda über Oldbridge, Newgrange, Slane, Collon, Ardee nach Monasterboice und zurück nach Drogheda. Ausführliche Beschreibung und Kartenmaterial zu der Tour erhält man in der Tourist Information in Drogheda.

Louth, die kleinste der irischen Grafschaften, schließt sich der Grafschaft Meath im Norden an und umfasst nur die 317 Quadratmeilen zwischen dem Gebiet von Meath, der Grenze nach Nordirland und dem Meer. Die Klosterstätten von Monasterboice und Mellifont beeindrucken durch ihre Abgeschiedenheit. In Drogheda ist das letzte von ursprünglich zehn Stadttoren, das St. Lawrence Gate, sehenswert. Die Stadt hat unter den Kriegswirren und Verwüstungen zur Zeit Cromwells schwer gelitten. Dundalk ist die Hauptstadt der Grafschaft.

Weltkulturerbe Newgrange

Die Grafschaft Meath

Das Boyne Valley

Im Tal von Boyne gibt es zahlreiche prähistorische Grabstätten, und zwei von diesen, Newgrange und Knowth, in der Nähe des Dorfs Donore, zählen zu den wichtigsten Stätten aus der Steinzeit in Europa. Die Ganggräber im Boyne-Tal entstanden sogar einige Jahrhunderte früher als die Pyramiden im Niltal.

Newgrange – Brú na Bóinne

Newgrange, von der UNESCO zum Weltkulturerbe erklärt, ist die größte prähistorische Kult- und Begräbnisstätte Irlands und einer der Höhepunkte einer Irlandreise. Das Ganggrab wurde ca. 3000 oder 3200 v. Chr. errichtet, ist also noch älter als Stonehenge.

Höhepunkt einer Reise

Es gibt etliche Sagen und Legenden über die Erbauer von Newgrange. Zu der Zeit, als die Könige von Tara herrschten, war Newgrange schon einige Tausend Jahre alt. Man kennt weder die Erbauer noch diejenigen, für die die Gräber bestimmt waren. Ausgrabungen haben aber bewiesen, dass zu jener Zeit im fruchtbaren Boyne-Tal Getreide angebaut wurde, und dass die Wälder schon gerodet waren. Die damaligen Bewohner der Newgrange-Gegend waren also vermutlich eine Bauern- und Viehzüchtergemeinschaft. Ihr technisches Können und ihr feiner Kunstsinn, den die Steinverzierungen im Inneren des Grabhügels verraten, zeugen von einer hochentwickelten Kultur. Der eiförmig aus Steinen aufgeschichtete Hügel (Cairn) hat eine Höhe von 11–13 m, eine Breite von 79–85 m und umschließt einen Raum von nicht ganz einem halben Hektar. Bis 1962 war das Grab unter einem Erdhügel versteckt. Bei der Besichtigung fallen zunächst die ballgroßen Granitkugeln auf. Sie hatten vermutlich eine symbolische Funktion im Totenkult der frühen Bewohner. Der Hügel wird in etwa 11 bis 14 m Entfernung von einem Kranz von einzelnen großen Steinen umgeben. Dieser Kranz hat einen Durchmesser von 103,6 m. Die vier Steine, die dem Eingang gegenüberstehen, gehören mit 1,8–2,5 m zu den größten noch vorhandenen. Die restlichen Steine sind fast alle nahe dem Boden abgebrochen. Keiner der Kranzsteine ist verziert.

Symbolische Funktion

Der Eingang zum Grab

Erleuchtung

Das Grabmal im Inneren des Hügels besteht aus einem Gang und einer Kammer mit drei Apsiden. Eine besondere Entdeckung der Ausgrabungen war die **Roof-Box**. Es handelt sich um eine Art Steinkiste mit schlitzartiger Öffnung, die auf den vorderen Decksteinen des Gangs ruht. Zwischen dem 14. und 28. Dezember fallen die Sonnenstrahlen durch den Schlitz der Roof-Box bis in die Kammer. 17 Min. lang wird die ansonsten dunkle Kammer erhellt. Während der Führung wird dieses Phänomen mit Hilfe einer Taschenlampe nachempfunden. Per Losverfahren hat man eine geringe Chance, ein Ticket für die Teilnahme an der Wintersonnenwende in Newgrange zu ergattern – auf 30.000 Berwebungen kommen 60 Gewinner. Auskunft unter www.heritageireland.ie.

Den ca. 1,5 m hohen, 1 m breiten und 18,9 m langen Gang begrenzen 43 aufrecht gestellte Steine: 22 auf der linken und 21 auf der rechten Seite, die eine durchschnittliche Höhe von 1,5 m haben. Viele dieser Orthostaten sind mit geometrischen Motiven verziert und behauen. Gang und Kammer sind zusammen 24,1 m lang, das ganze Grab misst also nur ein Drittel vom Durchmesser des Hügels. Von der Hauptkammer führen drei Seitenkammern (eher Absiden) ab, sodass das ganze Grab einen kreuzförmigen Grundriss mit einem verlängerten Stiel besitzt. Die Scheitelhöhe über der zentralen Kammer beträgt 5 m. Das **Kuppelgewölbe** ist noch ganz in seinem ursprünglichen Zustand erhalten. Es ist in Trockenmauerweise zusammengefügt und noch immer wasserdicht.

Auf dem Boden der Seitenkammern und der Endkammer befinden sich vier große Beckensteine. Die Becken enthielten die Knochen der Toten. Opfergaben, wie Stein- und Knochenperlen, Gehänge, Knochennadeln und Steinkügelchen, wurden zu den Knochen gelegt. Sowohl diese typischen Grabwaren als auch einige Knochenreste, die auf eine kleine Anzahl von Toten schließen lassen, wurden während der Ausgrabungen entdeckt.

Opfergaben

Brú na Bóinne Visitor Centre – Newgrange und Knowth, *Donore, ☏ 041-9880300, www.heritageireland.ie Das Besucherzentrum veranschaulicht die neolithischen Zeugnisse von Newgrange, Knowth und Dowth. Die umfangreiche Ausstellung umfasst eine Replik der Begräbniskammer in Newgrange sowie die Nachbildung einer kleineren Grablege aus Knowth (beide im Maßstab 1:1). Nov.–Jan. 9–17, Feb.–April, Okt. 9.30–17.30, Mai 9–18.30, Juni–Mitte Sept. 9–19.30, Mitte–Ende Sept. 9–18.30, Okt. 9.30–17.30 Uhr. Newgrange ist das ganze Jahr über geöffnet, Knowth nur Ostern–Okt. Besucherzentrum Erw. 3, Kinder 2 €, Besucherzentrum und Newgrange 6, Kinder/Studenten 3 €, Besucherzentrum Newgrange und Knowth Erw. 11, Kinder/Studenten 6 €. Das Besucherzentrum liegt südlich des Boyne an der L21, 2 km W Donore. Von Drogheda (von der N1 ab) und von Slane (von der N2 ab) ausgeschildert. Der Zugang zu den Gräbern erfolgt durch das Besucherzentrum. Von dort geht es per Shuttlebus zu den Gräbern. Letzte Tour 1 Std. 45 Min. vor Schließung, letzter Zutritt zum Besucherzentrum 45 Min. vorher. Da es eine der beliebtesten Sehenswürdigkeiten Irlands ist, kann es im Sommer zu Warteschlangen kommen. Die Führungen durch Newgrange und Knowth dauern jeweils 1 Std.. 15 Min.; für die Besichtigung beider Gräber sollte man mit drei Stunden rechnen. Im Besucherzentrum befindet sich auch eine Touristeninformation, das Brú na Bóinne Tourist Office, ☏ 041-9880305.*

Knowth und Dowth

Knowth (ausgesprochen: Naut) und Dowth (ausgesprochen: daut) gehören ebenfalls zur Nekropole am Boyne. Dowth ist nicht zu besichtigen und Knowth nur von außen.

Das **Ganggrab Knowth** wird auf ca. 3000 v. Chr. datiert. Der zentrale Grabhügel besteht aus zwei Ganggräbern, die nach Ost und West ausgerichtet sind und von mächtigen Steinblöcken und 18 weiteren Grabmalen umgeben sind. Archäologische Ausgrabungen konnten beweisen, dass der Ort von der Steinzeit bis zur Normannenzeit bewohnt war. Rund um den pilzförmigen zentralen Grabhügel wurden Verteidigungswälle sowie die Überreste von Wohnstätten aus der Bronze- und Eisenzeit, aus frühchristlicher Zeit und von den Normannen gefunden.

Die Ausgrabungsarbeiten begannen 1963, und der Hügel konnte teilweise rekonstruiert werden. Auch hier gibt es mit geometrischen Ritzmustern, Zickzackbändern, Rauten und Spiralen verzierte Steine. In den Grabkammern der Satellitenhügel wurden etliche Menschenknochen gefunden. Die Gegend muss also bevölkerungsreich gewesen sein.

Einst sehr bevölkerungsreich

Slane

Der hübsche Ort liegt 14 km W Drogheda an der N51 und der N2 am Nordufer des Boyne und wurde im 18. Jh. von einem englischen Lord planmäßig angelegt. Der Platz in der Mitte des Orts ist an allen vier Ecken von vier gleichen georgianischen Häusern gerahmt. Das Castle, nach dem der Ort benannt ist, befindet sich in privater Hand. Bekannt ist Slane Castle vor allem für seine seit 1981 stattfindenden sommerlichen Open Air-Konzerte. Von den Rolling Stones über Madonna, U2 und Bon Jovi gab hier bereits alles, was Rang und Namen hat, sich ein Stelldichein. Im Sommer kann man das Schloss auch innen besichtigen (www.slanecastle.ie).

Nördlich des Dorfs, von der N2 ab, liegen auf dem **Hill of Slane** die Ruinen eines Franziskanerklosters. Angeblich soll hier der hl. Patrick im Jahr 433 das erste Osterfeuer angezündet haben, das den Sieg der Christen über die Heiden symbolisiert, also den Sieg der neuen über die alte Religion. Der Legende nach soll das Feuer im ganzen Land zu sehen gewesen sein. Von oben hat man einen herrlichen Blick über das Boyne-Valley. Ganzjährig frei zugänglich.

Trim

Im Mittelalter ein wichtiger Ort, ist Trim heute ein hübsches Landstädtchen mit rund 2.000 Einwohnern und lohnt einen Zwischenstopp. **Trim Castle** ist Irlands größte Normannenburg und wurde im Laufe der Jahrhunderte nur wenig verändert. Sie wurde im letzten Drittel des 12. Jh. als Motte-and-Bailey-Anlage mit Holzturm gebaut. Die beeindruckende Steinburg mit dreistöckigem Bergfried, dessen Wände bis zu 3 m dick sind, geht auf das Jahr 1220 zurück. Besichtigungen sind nur mit Führungen möglich. 1995 entdeckten die Filmemacher die Burg als ideale Kulisse für den Mel-Gibson-Film „Braveheart". Dass es sich dabei nicht um eine schottische, sondern um eine irische Burg handelt, scheint dem Film nichts anhaben zu können. Die Reste des Sheep Gate auf der gegenüberliegenden Seite des Flusses zeugen davon, dass die Stadt einst mit in die Festung einbezogen war.

Filmkulisse

Trim Castle and Visitor Centre, ☎ 046-9438619, www.meathtourism.ie. Juli–Aug. tägl. 10–18, Nov.–Mitte Feb. Sa/So 9–17, Mitte Feb.–Okt. 10–18 Uhr. Eintritt Castle mit Bergfried Erw. 4, erm. 2 €, Castle ohne Bergfried Erw. 2, erm. 1 €.

Trim Castle

Der **Yellow Steeple** ist Teil der Augustinerabtei St. Mary aus dem 14. Jh. Das imposante **Talbot Castle** wurde Anfang des 15. Jh. erbaut und mehrfach restauriert. Das Erdgeschoss gehörte zur Abtei. Führungen Juni/Juli und Sept., ☏ 046-9431213.

Reisepraktische Informationen Trim

Information
Tourist Information Centre and The Ramparts Coffee Shop, Castle Street, ☏ 046-9097001, www.meathtourism.ie.

Unterkunft
**** Knightsbrook Hotel and Spa and Golf Resort €€, Dublin Road, ☏ 046-9482100, www.knightsbrook.com. Mit viel Liebe zum Detail geführtes Hotel, gute Stimmung und ausgezeichneter Service.
Bridge House Tourist Hostel €, Bridge Street, ☏ 046-9431848, www.bridgehouse-touristhostel.com. Renoviertes, altes Haus am Fluss mit 20 Betten in Doppel- und Mehrbettzimmern.

Pub
Marcie Regan's Pub, ☏ 046-9436103, Lackanash Road, Newtown. Kleiner sehr gemütlicher und angeblich Irlands zweitältester Pub neben der St Peter's Bridge. Do–Di, traditionelle Musik am Wochenende.

Kells

Kells (16 km N Trim, an der Kreuzung der N 52 mit der M3/N3) war einst ein wichtiges Zentrum frühchristlicher irischer Kultur, und auch heute noch kann man einige mittelalterliche Zeugnisse wie Hochkreuze und einen Rundturm aus dem 10. Jh. sehen. Das berühmte „Book of Kells" wird allerdings nicht hier, sondern im Trinity College in Dublin aufbewahrt. Das 2,40 m hohe **Market Cross** zeigt biblische Szenen und an der Basis einen Fries von Reitern, Fußsoldaten und verschiedenen Tieren.

Die **Church of St. Columba**, westlich des Stadtzentrums von Kells, steht an der Stelle, wo einst das Kloster stand (gegründet 550 vom hl. Colum Cille = Columba d. Ä.). Möglicherweise entstand hier im Jahr 807 die berühmte Handschrift. Im Jahr 806 waren Mönche von der Hebrideninsel Iona (Schottland) nach Kells gekommen. Ihr eigenes Kloster in Schottland war durch die Wikinger verwüstet worden. Einige Experten meinen, dass das Buch bereits auf der Insel Iona angefertigt worden sei. Auch in Kells kam es im 10. und 11. Jh. immer wieder zu Überfällen der Wikinger. Das „Book of Kells" wurde im Jahr 1007 aus der Sakristei der Kirche von Kells gestohlen und wenige Monate später ohne seinen prachtvollen Einband im Erdboden vergraben wiedergefunden.

Schottische Mönche

Die Gräber von **Loughcrew**, auch *Hills of the Witch* genannt, verteilen sich auf drei Hügel, die malerisch in der Landschaft liegen. Sie werden auf die zweite Hälfte des

Nördlich von Dublin: die Grafschaften Meath und Louth

Ganggräber — 3. Jahrtausends v. Chr. datiert. Hier befinden sich über 30 z. T. unausgegrabene Ganggräber von der gleichen Art wie die Gräber im Boyne-Tal. Sie sind nicht so zugänglich wie Newgrange, weshalb nur relativ wenige Besucher kommen, und man hier fast ungestört die historischen Stätten aufsuchen kann.
Loughcrew, Oldcastle, 20 km von Kells, von der R163 ab, ☏ 049-8541240, www.heritageireland.ie, Juni–Ende Aug. tgl. 10–18 Uhr, Eintritt frei.

Zwischen Dunshaughlin und Navan an der N3 liegt der **Hill of Tara**. Obwohl außer Hügeln nicht mehr viel erhalten ist, hat der Ort doch – als einstiger Krönungsort der Hochkönige von Irland – eine historische und folkloristische Bedeutung. Im 19. Jahrhundert war Tara Schauplatz für eine der größten Volksversammlungen, die je in Irland stattgefunden haben: 1843 hielt Daniel O'Connell hier eine Rede vor rund 750.000 Zuschauern. Das in einer alten Kirche untergebrachte Besucherzentrum bietet eine kleine Ausstellung und einen 20-minütigen Film über die historische Bedeutung des Hill of Tara.
Hill of Tara Visitor Centre, ☏ 046-9025903, www.heritageireland.ie, Mitte Mai–Mitte Sept. tgl. 10–18 Uhr, Erw. 4, erm. 2 €.

Die Grafschaft Louth

Drogheda

Drogheda (gäl. Brücke oder Furt, ausgesprochen: Droheda, 50 km N Dublin an der N1 und N51) liegt direkt am Fluss Boyne und hat ein altes Stadttor. Am Abend wird die über den Boyne führende Brucke schön beleuchtet. Die geschäftige Stadt mit vielen Geschäften und Pubs hat 35.000 Einwohner und ist durch heftigen Verkehr beeinträchtigt, leider eine typische Erscheinung in vielen irischen Kleinstädten. Drogheda wurde 911 von den Wikingern gegründet und war als Folge im Mittelalter eine befestigte Stadt. 1649 nahm Oliver Cromwell mit großem Blutvergießen die Stadt ein. Für die nächsten zwei Jahrhunderte war Drogheda fest in den Händen der Protestanten.

Grab des Heiligen — In der alten **Church of Ireland** in der Mary Street befindet sich heute das **Drogheda Heritage Centre**. Im Erdgeschoss des Zentrums kann man Teile der alten Stadtbefestigung sehen. In der katholischen **St. Peter's Roman Catholic Church**, West Street, ruht in einem Schrein der einbalsamierte Kopf von Oliver Plunkett (1628–81), dem Erzbischof von Armagh. Plunkett wurde der Verschwörung gegen den König beschuldigt und 1681 in London gehängt. Papst Johannes Paul II. sprach ihn 1975 heilig. Fast in jeder irischen Stadt befindet sich eine nach ihm benannte Straße. Das am Ostende des Stadtzentrums gelegene mächtige **St. Lawrence Gate** stammt aus dem 13. Jh. und hat zwei miteinander verbundene Rundtürme. Die **Highlanes Gallery** ist in dem wunderschön umgebauten Kloster untergebracht. Hier ist jegliche Art von Kunst zu sehen. Es gibt einen kleinen Kunsthandwerksladen und das behagliche Café Andersons bietet eine gute Auswahl an Suppen, Salaten und Sandwiches.
Highlanes Gallery, Laurence Street, ☏ 041-9803311, www.highlanes.ie, Mo–Sa 10.30–17 Uhr, Eintritt frei.

Die Grafschaft Louth **163**

Das **Millmount Museum** ist in der Offiziersmesse eines ehemaligen Militärgebäudes untergebracht. Im Museum kann man sowohl Erinnerungsstücke an die Zeit zwischen 1912 und 1922 und lokalgeschichtliche und volkskundliche Exponate sowie Dokumente zum Drogheda des Mittelalters besichtigen. Das Museum wird von enthusiastischen Einheimischen betreut, die auch gerne die einzelnen Ausstellungsstücke erklären. Auch der Martello Tower ist für die Öffentlichkeit zugänglich.

Lokalgeschichte

Millmount Museum, ☏ 041-9833097, www.millmount.net, Mo–Sa 10–17.30, So 14–17 Uhr, Erw. Museum und Turm 5,50, erm. 3 €.

Reisepraktische Informationen Drogheda

Information
Drogheda Tourist Information, Mayoralty Street, ☏ 041-9872843, www.drogheda.ie

Unterkunft
*** **Boyne Valley Hotel & Country Club** €€, Stameen, ☏ 041-9837737, www.boynevalleyhotel.ie. Das Landhaus beherbergt ein kleines familienfreundliches Hotel und ist von einem schönen Garten umgeben. Es ist anzjährig geöffnet, 71 Zimmer, oft Angebote.

Pub/Live-Musik
Carberry's, North Strand, 041-9837409. Seit Generationen ein Anziehungspunkt für Liebhaber irischer Musik, ebenso **McPhails** in der Laurence Street, ☏ 041-9837371. Mit Biergarten und riesiger Leinwand, auf der alle wichtigen Sportereignisse gezeigt werden. Oft Live-Musik von Heavy Metal bis Folk.
Clarke & Sons, Peter Street, ☏ 041-9836724, www.clarkesofdrogheda.com. Ein herrlich altmodischer Eckpub mit original erhaltenen Snugs.

Festival
Im April findet das **Drogheda Arts Festival** statt: Fünf Tage lang Theater, Film, Tanz und Musik. ☏: 041-9833946.

Verkehrsverbindungen
Mehrmals tgl. **Busverbindungen** nach Dublin und Belfast sowie nach Navan, Galway und Dundalk. Der Busbahnhof befindet sich in der Donore Street, südlich des Flusses, ☏ 041-9835023. Der Bahnhof liegt ebenfalls südlich des Flusses in der Dublin Road. Mehrfach tgl. **Zugverbindungen** nach Dundalk, Dublin und Arklow sowie nach Belfast, Bahnhof ☏ 041-9838749.

Battle of the Boyne – Oldbridge Estate
Die Schlacht am Boyne (s. S. 21) zwischen König William III. und seinem Schwiegervater König James II. fand am 1. Juli 1690 (nach heutigem Kalender der 11. Juli) statt. Beide Könige führten ihre Armeen selber an. William hatte 36.000 Männer und James

Nördlich von Dublin: die Grafschaften Meath und Louth

Riesiges Truppenaufgebot

konnte mit 25.000 Soldaten aufwarten. Dies war das größte Truppenaufgebot in der irischen Geschichte. Es ging aber auch um Vieles: den britischen Thron, die Stellung Frankreichs in Europa und das Protestantentum in Irland. James II. unterlag.

Fünf verschiedene Spaziergänge (10–50 Min. lang) begehen den ehemaligen Schlachtenverlauf zwischen den Truppen Williams und denen der Jakobiten. Das Besucherzentrum wurde 2007 gemeinsam mit Südirlands ehemaligen Taoiseach Bertie Ahern und dem nordirischen ehemaligen First Minister Ian Paisley eingeweiht. Audiovisuelle Medien, eine Waffenausstellung mit Pistolen, Speeren, Bayonetten und Schwertern und das Modell des Schlachtfelds geben detaillierte Hintergundsinformationen. Jährlich kommen rund 100.000 Besucher hierher, hauptsächlich vom Norden – ein sicherlich positives Zeichen! Vor dem Besucherzentrum steht die Replika einer Saker Kanone.

Battle of the Boyne – Oldbridge Estate, ☎ 041-9809950, www.battleoftheboyne.ie, www.heritageireland.ie, März–April tgl. 9.30–17.30, Mai–Sept. tgl. 10–18, Okt.–Feb. tgl. 9–17 Uhr, letzter Einlass jeweils eine Stunde vor Schluss, Erw. 4, erm. 2–3 €. Am Südufer des Boyne gelegen, Anfahrt von Slane oder Drogheda, 3 km N Donore oder von der N51 (Drogheda – Slane) über die Obelisk Bridge.

Monasterboice

6 km N Drogheda liegt Monasterboice. Das Kloster, dessen Überreste man hier sehen kann, ist eines der frühesten in Irland. Es stammt aus dem 6. Jh. und existierte noch bis 1122. Übriggeblieben sind die Ruinen zweier Kirchen, eines Rundturms, die Reste von drei Hochkreuzen und zwei Grabsteine aus frühchristlicher Zeit, einer davon trägt eine Inschrift.

Hochkreuze

Die Hauptattraktionen der Klosteranlage sind zweifelsohne die beiden Hochkreuze, von denen das sogenannte **Muiredach-Kreuz** am besten erhalten ist. Da der weiche Sandstein der beiden Kreuze von Monasterboice wesentlich einfacher zu bearbeiten war als beispielsweise der harte Granit des Hochkreuzes von Moone (s. S. 185), sind die Figuren hier wesentlich detaillierter und naturalistischer ausgeführt.

Das Muiredach-Kreuz ist das schönste Kreuz in ganz Irland. Es ist 5,40 m hoch. Eine Weihschrift am Schaftsockel der Westseite erwähnt Muirdach als Errichter des Kreuzes. Man nimmt an, dass dieser Muiredach der gleiche ist wie der Abt (gleichen Namens), der das Kloster von 887–923 leitete und der 922 starb. Dieses Kreuz ist das erste in „Bildern sprechende" Bibelkreuz. Die Bilder sollten den Leseunkundigen das Alte Testament und die Lehre Christi verständlich machen. Der Betrachter des Mittelalters sah in fassbaren Bildern die christliche Deutung der Welt und des menschlichen Lebens dargestellt.

Die Ostseite zeigt viele kleinformatige Figuren. Die fünf Relieffelder stellen von unten nach oben dar: 1. eine seltene Zusammenstellung zweier Szenen: den Sündenfall (Adam und Eva) und Kain und Abel, 2. David und Goliath, 3. Moses schlägt für die staunenden Israeliten Wasser aus dem Fels, 4. die Anbetung der hl. drei Könige, 5. das Treffen der Eremiten (hl. Paulus und hl. Antonius) in der Wüste. Im Zentrum des Kreuzrings befindet sich eine Darstellung des Jüngsten Gerichts, zur Rechten des Weltenrichters die Seligen, zur Linken die Verdammten. Neben Christus ist der harfespielende David dargestellt, links von ihm erkennt man die Sibylle von Erithrea, darunter den Erzengel Michael mit der Waagschale.

Die Westseite zeigt im Zentrum die Kreuzigung in der für Irland typischen Form: Christus ist nicht als Leidender dargestellt, sondern als siegreicher Überwinder. Er hängt nicht am Kreuz, sondern steht aufrecht und mit ausgebreiteten Armen selbst das Kreuz bildend. Zu seinen Seiten befinden sich nicht identifizierbare Heilige. Vier Reliefs zeigen von unten nach oben: 1. die Gefangennahme Christi, 2. den ungläubigen Thomas, 3. „Traditio Legis" (Christus übergibt die Macht in Kirche und Lehre an Petrus und Paulus), 4. Moses bestürmt den Himmel im Gebet. An der Nord- und Südseite sind noch einige Bibeldarstellungen erkennbar, daneben aber auch geometrische Ornamentflächen mit Ranken und Flechtwerk. Auf dem sehr verwitterten Sockel, der den heilsgeschichtlich „niedrigsten" Symbolbereich des Kreuzes darstellt, sind Jäger, Tiere und Arabesken zu erkennen. Den oberen Abschluss des Kreuzes hingegen bildet die Darstellung einer Kirche in Form eines spitzgiebeligen Oratoriums.

Das Muiredach-Kreuz

Das zweite Kreuz, das Westkreuz, auch **Tall Cross** genannt, ist 6,45 m hoch und damit das größte erhaltene Hochkreuz in Irland. Das Kreuz ist stark verwittert, sodass man nur wenige Szenen erkennen kann. Es entstand vermutlich im späten 10. Jh. Das Westkreuz besteht aus drei Steinen, die mit über 50 Relieffeldern geschmückt sind.

Mellifont Abbey

10 km NW von Drogheda, von der R168 ab, erheben sich die malerischen Ruinen von **Mellifont Abbey**, das als erstes Zisterzienserkloster in Irland 1142 gegründet wurde. Mellifont, „Fons mellis" = Honigquelle, ist ein Hinweis auf die Schönheit der Klosteranlage. Die Gründung Mellifonts wird als Meilenstein in der Entwicklung der irischen Klöster bezeichnet, da zahlreiche Tochterklöster von hier aus gegründet wurden und fortan der Lebensstil europäischer Klöster auch in Irland Einzug erhielt. Die Mönche des im Jahr 1098 in Citeaux gegründeten Zisterzienserordens („Weiße Mönche") führten ein Leben in Armut, das mit harter Arbeit und Gebet ausgefüllt war. Der Orden brachte nicht nur eine neue klösterliche Ordnung mit sich, sondern auch eine neue Art der Kirchenarchitektur. Architekten vom Kontinent wurden zum Bau der Kirche in Mellifont beordert. 1157 fertig gestellt, zeigt die Kirche einen von der nordfranzösischen

Zisterzienserkloster

Melifont Abbey: einst eine stattliche Anlage

Funktionaler Bau

Gotik geprägten und somit für Irland völlig untypischen Stil. In Anlehnung an das Mutterhaus des Ordens liegt die Kirche nördlich des Kreuzgangs, um den alle anderen Gebäude gruppiert sind. Alle späteren irischen Zisterzienserklöster sind nach diesem Schema gebaut. Überflüssiger Dekor wurde vermieden, die Bauten waren schlicht und funktional. Mellifont Abbey existierte noch bis 1743, als der letzte Abt starb.

Heute ist nur noch wenig von der ursprünglichen Anlage erhalten. Am besten erhalten ist das achteckige Brunnenhaus (um 1200 oder 1210), das Lavabo.
Mellifont Abbey, Tullyallen, Drogheda, ☎ 041-9826459, www.heritageireland.ie, Ende April–Ende Sept. tgl. 10–18 Uhr, Erw. 3, erm. 1 €. Die Abtei liegt 10 km NW Drogheda von der R168 ab. Es gibt keinen Bus hierher. Auto, Taxi oder Fahrrad von Drogheda.

Die Cooley-Halbinsel

Die landschaftlich reizvolle **Cooley-Halbinsel** erstreckt sich zwischen Dundalk Bay und Carlingford Lough. Hier verläuft die Grenze zu Nordirland. Das Gebiet ist eng mit irischer Mythologie verbunden.

Der nett gelegene Ort **Carlingford** liegt am Ufer des Carlingford Lough zwischen den Cooley Mountains und den Mountains of Mourne. Im Gegensatz zu vielen anderen Orten Irlands, die während der 1960er- und 1970er-Jahre oft erheblich verändert wurden, ist in Carlingford noch viel alte Architektur erhalten. Der Ort ist relativ „unberührt", und es gibt einige nette Pubs und Cafés. Am Ortseingang liegen die Ruinen einer 1305 gegründeten Dominikanerabtei. Ein quadratischer Vierungsturm und zwei

Westtürme sind erhalten. In einer kleinen, vom Hauptplatz abzweigenden Straße, der Tholsel Street, kommt man zur „Münze", einem befestigten Stadthaus aus dem 15. Jh. Schön sind die mit keltischen Ornamenten verzierten Fenster. Über der Carlingford Bay erheben sich die imposanten Ruinen des normannischen **King John's Castle**, das um 1210 erbaut wurde. Im Besucherzentrum, das in der mittelalterlichen **Holy Trinity Church** eingerichtet wurde, kann man sich über die Geschichte des Orts informieren.

Normannische Burg

Holy Trinity Church, ☎ 042-9373454, *im Sommer Mo–Fr 10–12.30, 14–16.30 Uhr.*

Reisepraktische Informationen Cooley-Halbinsel

Information
The Cooley Peninsula Tourist Office, *Old Dispensary, Carlingford,* ☎ *042-9373033, www.carlingford.ie*

Unterkunft
** McKevitts Village Hotel €€, *Market Square, Carlingford,* ☎ *042-9373116, www.mckevitts.ie. Alteingesessenes Hotel im Familienbetrieb mit 17 Zimmern, ganzjährig geöffnet.*

Essen und Trinken
Magee's Seefood Bistro, *Tholsel Street,* ☎ *042-9373751, www.masgeebistro.com. Unkomplizierte Anlaufstelle: leckeres Essen und sehr kinderfreundlich.*
PJ O'Hares (The Anchor Bar), *Carlingford,* ☎ *042-9373106. Eine Institution in Carlingford. Der traditionelle Pub plus Spirituosen-Krämerladen bietet nicht nur eine tolle Atmosphäre, entweder im Biergarten oder beim Kaminfeuer (je nach Wetter), sondern auch hervorragendes Essen – vor allem natürlich Austern!*

O'Hare's: Hier geht's gemütlich zu

Radfahren
Die **Cooley Cycle Tour** ist relativ anstrengend. Vor allem bei der ersten Etappe geht es oft bergauf. Insgesamt umfasst die Tour 80 km. Etappe 1 führt von Dundalk über Faughart, Dromad, Ravensdale nach Omeath, wo es viele Übernachtungsmöglichkeiten gibt. Entlang der Strecke hat man wunderschöne Ausblicke auf das Land, die Berge und die See. Etappe 2 führt von Omeath über Carlingford, Greenore, Gyles Quay, Ballymascanlon und anschließend zurück nach Dundalk. Diese Etappe ist leicht zu bewältigen. Die Touristenämter in Dundalk und Drogheda halten Routenvorschläge und -karten bereit.

Wandern

Der **Táin Trail** führt auf den Hügel zwischen Carlingford und Omeath. Er ist 40 km lang, gut ausgeschildert und bietet herrliche Ausblicke. Der Ordnance Map Discoveries Series Nr. 29 deckt den Weg ab. Man kann auch mit dem Táin Trail beginnen und dann den Windy Gap hinaufgehen. Ein anderer, 12 km langer Rundweg führt von Ravensdale auf den Black Mountain nach Clarmont Cairn (510 m), dann entlang dem Táin Trail und durch den Riversdale Forest zur R174..

Buchtipp

Der „Rinderraub" von Cooley ist eine der ältesten, mündlich tradierten Geschichten in Europa. Erst im 8. Jh. wurde sie aufgeschrieben. Die Sage handelt von Medb, der Königin von Connaught. Medb versuchte, einen großen Bullen von den Ulsteranern auf der Cooley-Halbinsel zu stehlen, um damit den Bullen ihres Mannes zu übertrumpfen. Als beste moderne Übersetzung der keltischen Sage ins Englische gilt Thomas Kinsella: „The Táin", 1969.

Feste/Veranstaltungen

Im September findet das **Carlingford Oyster & Jazz Festival** statt, ein ganzes Wochenende mit kulinarischen Köstlichkeiten und buntem Begleitprogramm. Info: www.carlingford.ie

Verkehrsverbindungen

Bus Èireann verbindet Dundalk und Newry via Carlingford mehrmals am Tag, am Sonntag seltener. Fahrplan und Tickets siehe www.buseireann.ie.

Südlich von Dublin: Die Grafschaften Kildare, Wicklow und Carlow

Redaktionstipps

Sehens- und Erlebenswertes
➤ In den **Wicklow Mountains** wandern (S. 172).
➤ Eine **Gartentour** durch die Grafschaft Wicklow, – besonders toll während des Garden Festival (S. 175).
➤ Früh am Morgen die Schönheit der **Klostersiedlung Glendalough** genießen (S. 177).
➤ Das **Moone Cross** bestaunen (S. 185).

Unterkunft
➤ Übernachten und Dinner im im **Hunter's Hotel** in Rathnew (S. 182) und im **Lorum Old Rectory** in Bagenalstown (Grafschaft Carlow).

Die Grafschaft Kildare

Die Grafschaft Kildare stößt fast an die Grenzen Dublins und wird durch flaches, sanftes Land bestimmt. Sie ist vor allem Pferdenarren ein Begriff. In Tully, unweit der Grafschaftshauptstadt Kildare, hat das **Irish National Stud** seinen Sitz. Im berühmten Terrain des Curragh befinden sich die Rennbahnen des Irish Derby und zahlreiche Gestüte.

Kildare, 50 km SW Dublin an der N7, der Hauptort der gleichnamigen Grafschaft, hat 7.500 Einwohner. Der Ort ist eine Gründung der hl. Brigid. Anfang des 6. Jh. gründete sie hier eine Kirche und ein Doppelkloster für Mönche und Nonnen. Sie soll deren erste Äbtissin gewesen sein. Die Kathedrale stammt weitgehend aus dem 19. Jh. und steht auf den Resten eines Klosters, das vermutlich von der hl. Brigid gegründet wurde. Beachtenswert sind die mittelalterlichen Grabplatten und Fußbodenziegel im Inneren der Kirche. Auf dem Friedhof neben der Kirche befindet sich ein Rundturm aus dem 12. Jh. Er ist 31 m hoch und kann bestiegen werden. Der 4 m über dem Erdboden liegende Eingang ist ungewöhnlich verziert. Bei der Figur der hl. Brigid (Symbol: Kreuz aus Binsen) scheint es sich um einen christlichen Rückgriff auf die Fruchtbarkeits- und Muttergottheit aus heidnischer Zeit zu handeln. Auch deren Symbole waren das ewige Feuer und ein Kreuz (Sonnensymbol).

Reisepraktische Informationen Kildare

Information
Tourist Information, ☏ 045-521240, geöffnet Mai–Sept.

Unterkunft
Martinstown House €€€–€€€€, The Curragh, ☏ 045- 441269, www.martinstownhouse.com. *Ehemaliges Jagdhaus im neugotischen Stil mit vier eleganten Gästezimmern. Für Kleinkinder ist das Haus ungeeignet. Martinstown House liegt zehn Autominuten von dem berühmten Rennplatz entfernt.*

In **Tully**, 2 km O Kildare, befindet sich das Mekka aller Pferdeliebhaber. In den weiten Grünflächen reiht sich ein Gestüt an das nächste. Der kalkhaltige Boden der Grafschaft ist für Pferdebeine bestens geeignet. Verkehrsschilder warnen vor kreuzenden Pferden. Hier befindet sich auch die bekannteste Rennbahn Irlands, der **Curragh**, auf dem alljährlich die berühmten klassischen Rennen stattfinden. Hauptattraktion ist dabei zweifellos das seit 1865 im Sommer stattfindende irische Derby. Pferderennen gab es hier schon im 18. Jh. (☏ 045-441205, www.curragh.ie).

Das Irische Nationalgestüt, das Pferdemuseum, der St. Fiachra's Garden und die Japanischen Gärten

Das **Nationalgestüt** wurde von dem Schotten Colonel William Hall-Walker um 1900 gegründet. Im Jahr 1915 schenkte er das Gestüt der Britischen Krone, die ihm dafür den Titel eines Lords verlieh. Tully wurde bis 1943 unter dem Namen Britisches Nationalgestüt (British National Stud Company) geführt und dann der irischen Regierung übergeben. 1945 wurde die Irish National Stud Company gegründet, um die Interessen der irischen Vollblutzucht zu vertreten. Eigenartig sind die zehn Hengstboxen, die mit Laternendächern versehen sind. Diese Fenster sind als Fortsetzung der Tradition von Hall-Walker zu sehen. Er glaubte, dass die Sterne nicht nur das Schicksal von Menschen bestimmen, sondern auch das der Pferde. Der Mond und die Sterne sollten den größtmöglichen Einfluss auf die Tiere haben. Hall-Walkers Art zu züchten, wurde als exzentrisch und außergewöhnlich bezeichnet, war aber offensichtlich recht erfolgreich. Hinter den Hengstboxen kann man einen sechseckigen Unterstand sehen, in den die Stuten während der Deckzeit gebracht werden, um die Hengste zu treffen.

Schicksalsbestimmende Pferde

Der irische Champion Ridgewood Pearl

Im **Pferdemuseum** kann man sich über die Entwicklungsgeschichte des Pferdes von den Anfängen bis heute informieren. Das Museum wurde 1977 in den ehemaligen Unterkünften der Pferdeknechte eingerichtet. **St. Fiachra's Garden** wurde anlässlich des Millenniums angelegt und ist in Anlehnung des frühchristlichen klösterlichen Lebens gestaltet. Es ist eine wunderschöne Gartenanlage mit Wald, Seen und kleinen Inselchen. Neben dem Besucherzentrum liegt auf dem gleichen Gelände der **Japanische Garten**. Er ist nicht nur einer der ältesten, sondern auch einer der schönsten Japanischen Gärten in Europa. Er wurde 1906–1910 von dem japanischen Gärtner Tassa Eida angelegt und konnte 2010 seinen hundertjährigen Geburtstag feiern. Mittels Zeichen aus Sand und Stein und durch geschickte Pflanzenanordnung werden die Ideen von Schlichtheit, Zeitlosigkeit, Beständigkeit und das menschliche Leben dargestellt. Der Besucher kann auf dem Weg durch die Parklandschaft die Stationen des menschlichen Lebens von der Geburt bis zum Tod nachvollziehen.

Irisches Nationalgestüt, Pferdemuseum, St. Fiachra's Garden und die Japanischen Gärten, ☎ 045-522963, www.irish-national-stud.ie, tgl. 9–18 Uhr. Man betritt das Gelände durch ein Besucherzentrum mit Cafeteria. Im Eintritt sind der Besuch des Pferdemuseums, der beiden Gärten und eine Führung durch das Gestüt enthalten. Erw. 12,50, erm. 7–9,50 €.

Pferdezucht oder Pferdesucht?

An über 270 Renntagen im Jahr setzen manche Iren auf den 26 Rennbahnen des Landes ihr Vermögen aufs Spiel. Iren sind Pferdenarren, aber nicht nur aus Wettleidenschaft. Auf jeden dritten Iren kommt ein Pferd, und die Ballinasloe Horse Fair im Oktober gilt seit dem Mittelalter als größter Pferdemarkt Europas. Heute ist die Pferdezucht in Irland ein „big business", in dem auch Amerikaner, Araber und Japaner mitmischen. Es geht dabei um astronomische Summen. Einige der Hengste bringen es in der Decksaison auf über 1,5 Millionen € Deckgebühren. Fünfstellige Summen sind für die Zeugung eines Nachkommens berühmter Pferde zu zahlen. Natürlich werden die Verträge schon lange im Voraus verhandelt, gelten aber erst dann als erfüllt, wenn das Fohlen die ersten 24 Stunden stehend überlebt.

Castletown House

In **Celbridge**, 20 km W Dublin an der N4/R403, liegt **Castletown House**, das zwischen 1722 und 1732 für William Conolly, Speaker des Irish House of Common, erbaut wurde und neben Russborough House (s. S. 181) ein weiteres herausragendes

Beispiel der palladianischen Bauweise in Irland ist. Es ist das größte und beeindruckenste Anwesen in ganz Irland und zeugt unverhohlen von dem großen Reichtum der Anglo-Iren im 18. Jh. Bei einer Besichtigung kann man eine schöne Sammlung irischer Gemälde und Möbel aus dem 18. Jh. sehen. Castletown war bis 1965 im Familienbesitz der Conolly. Heute befindet sich hier der Hauptsitz der Irish Georgian Society, die sich um die Bewahrung von Irlands architektonischem Erbe bemüht.

Palladianische Bauweise

Castletown House, ☎ 01-6288252, www.heritageireland.ie, www.castletownhouse.ie, Mitte März–Okt. 10–17 Uhr (letzter Einlass). Besichtigung nur mit Führung, Erw. 7, erm. 3 €.

Coolcarrigan Gardens

18 km NW Naas lohnt sich für Gartenliebhaber ein Abstecher zu den **Coolcarrigan Gardens**. Man erreicht den Garten über eine lange Allee, die durch einen Wald führt. Hier gedeihen zahlreiche Rhododendron- und Azaleenarten. Er wurde im 19. Jh. angelegt, erstreckt sich über drei Hektar und enthält seltene Büsche und Bäume, einen kleinen See, einen Steingarten und ein elegantes viktorianisches Gewächshaus.

Coolcarrigan Gardens, ☎ 045-863527, www.coolcarrigan.ie. Zu besichtigen an ausgewählte Tagen, siehe Webseite. Nach Anmeldung kann man auch zum Lunch beim Gutsherren vorsprechen.

Die Grafschaft Wicklow

Von Dublin aus braucht man nicht mehr als eine Autostunde, um in die **Wicklow Mountains** zu gelangen. Die Berge und Täler der gleichnamigen Grafschaft kann man gut erwandern. Die einzigartige Landschaft mit steilen Granitkegeln, wie dem Great Sugar Loaf, sanften Hügeln, Seen und Flüssen sowie romantischen Schluchten geht auf die Gletscher der Eiszeit zurück. In der Grafschaft Wicklow laden die berühmten Gärten von Powerscourt und die alte Klostersiedlung Glendalough zur Besichtigung ein. Die Küsten sind flach, oft sandig und zum Baden geeignet.

Wanderungen

Der Hauptort der Grafschaft ist Wicklow. Südlich davon schließt sich Carlow, die zweitkleinste der irischen Grafschaften, an, die von Wexford durch einen schmalen Gebirgszug, den Blackstairs Mountains, getrennt ist.

Die Wicklow Mountains

Die Wicklow Mountains sind nicht sonderlich hoch und seit jeher ein beliebtes Wochenendziel der Dubliner. Hier gibt es Täler, Hochmoore und für Irland seltenen Wald mit Eichen, Buchen und Stechpalmen. Die Gegend ist sehr erzreich. Früher wurde hier Gold abgebaut. Im Westen der Wicklow Mountains staut sich die Liffey zu den Blessington Lakes, einem großen Wasserreservoir. Ein Elektrizitätswerk versorgt die Hauptstadt mit Strom. Vom Dubliner Vorort Rathfarman aus verläuft die Military Road (R115) 58 km in südlicher Richtung. Sie windet sich durch die abgeschiedene Landschaft mit einsamen Bergtälern wie Glenmacnass, Glenmaluure und Glendalough, und bietet dabei spektakuläre Ausblicke. Ein guter Einstieg befindet sich bei Glencree, das man

Beliebtes Wochenendziel

Wandern in den Wicklow Mountains

Die Wicklow Mountains sind ein Wander- und Naturparadies und bieten vielfältige Wander- und Spaziermöglichkeiten.

Der Wanderweg auf den 501 m hohen **Great Sugar Loaf** dauert ungefähr eine Stunde (hin und zurück). Die N11 bei Kilmacanoque verlassen. Die R755 nehmen, dann die 1. links bei Calary Upper. Am Parkplatz beginnt der Weg auf den Sugar Loaf. Es geht überwiegend durch grüne Weidelandschaft, nur das obere Ende ist steil. Von oben hat man einen herrlichen Blick auf die Umgebung.

Der Wicklow Way, der 1981 als erster Langstreckenweg der Irischen Republik eingerichtet wurde, ist 132 km lang und führt in Nord-Süd-Richtung von Marlay Park in der Grafschaft Dublin durch die Wicklow Berge nach Clonegal in der Grafschaft Carlow. Geübte Wanderer schaffen den Weg in fünf Tagen. Der Weg beginnt auf einer Höhe von 100 m. Die höchste Erhebung liegt mit 657 m bei Mullacor. Der Weg ist ausreichend markiert und es bestehen zahlreiche Übernachtungsmöglichkeiten. Man braucht gute Wanderschuhe, wasserfeste Kleidung und Verpflegung.

Tag 1: Wicklow nach Knockree, 21 km
Tag 2: Knockree nach Glendalough, 29 km
Tag 3: Glendalough nach Aghavannagh, 29 km
Tag 4: Aghavannagh nach Tinahely, 22 km
Tag 5: Tinahely nach Clonegal, 29 km

Für eine Ein-Tages-Wanderung empfiehlt sich die Etappe von Knockree nach Glendalough.

Anreise und Unterkunft: Es gibt verschiedene Busverbindungen von Dublin nach Marlay Park, alternativ DART nach Bray, dann Bus Nr. 85. Der St. Kevin's Bus folgt dem Wanderweg parallel von Calary nach Glendalough und biegt in Laragh ab. Die Langstreckenbusse von Bus Éireann bedienen den südlichen Abschnitt des Wegs. Die in Frage kommenden Haltestellen heißen Aughrim, Tinahely, Shillelagh und Hacketstown. Die nächste Bahnstation für den Wicklow Way ist Rathdrum Station. Hostels gibt es in Knockree, Glencree, Glendalough und Glenmalure.

Infos und Wanderkarten erhält man in den Touristeninformationen. Ordnance Survey Discoveries Series Nr. 50, 56 und 62 decken den ganzen Weg ab. Weiterhin gibt es eine ganze Reihe an Publikationen, z. B. das altbewährte und mehrfach neu aufgelegte Buch von J.B. Malone, „The Complete Wicklow Way – A Step by Step Guide", 2005.

über Enniskerry erreicht. Durch Enniskerry verläuft auch die gewundene R 117, die auch „21 Bends" genannt wird. Ein Teil der Wicklow Mountains, ein Areal von 3.700 Hektar um Glendalough herum, ist Irlands vierter Nationalpark. Die meisten einheimischen Säugetiere, Rotwild, Füchse, Dachse, Hasen und rote Eichhörnchen, leben hier.

National Park Information Point, *Bolger's Cottage, Miner's Road, Upper Lake, Glendalough,* ☏ *0404-45425, wicklowmountainsnationalpark.ie, Mai–Sept 10–17.30 Uhr,*

Die Grafschaft Wicklow

Landschaft in der Grafschaft Wicklow

Okt.–April Sa und So bis Sonnenuntergang (ca. 2 km vom Glendalough Visitor Centre, von der Green Road ab, die beim Upper Lake verläuft).
Enniskerry an der R117 ist ein hübsches Dorf, das im 18. Jh. von der Powerscourt-Familie gegründet wurde, um ihre Arbeiter dort unterzubringen. In den kleinen Häusern haben sich heute Kunstgalerien und Gourmet-Cafés einquartiert. Enniskerry ist ein idealer Ausgangspunkt für Wanderungen in die Umgebung und für die Besichtigung von **Powerscourt House and Gardens** (der Haupteingang befindet sich 500 m S vom Dorfzentrum).

Die wunderschönen **Powerscourt Gardens** liegen in einem Tal inmitten der Wicklow Mountains. Der Garten wurde um die Mitte des 18. Jh. angelegt, aber später umgestaltet. Powerscourt House selbst ist ein imposantes Granitgebäude aus der Mitte des 18. Jh. Der Mittelblock brannte 1974 bis auf die Fassade nieder. Imposant ist das schmiedeeiserne Tor, durch das man den Garten betritt. Das Anwesen gibt einen Einblick in das Leben der High Society im 18. Jahrhundert.

Bestimmend für die Anlage sind die groß angelegten Terrassen, die antiken Standbilder, die schmiedeeisernen Geländer und ein Teich mit Fontäne. Besonders reizvoll wirkt der Gegensatz zwischen der Symmetrie des im italienischen Stil angelegten Gartens und der Naturkulisse des Bergs Great Sugar Loaf (504 m) im Hintergrund. Im Garten findet man zahlreiche Kopien europäischer Bauwerke. So imitiert die Brunnenanlage den Brunnen der Piazza Babberini in Rom, und einige klassische Statuen und Urnen sind denen aus Versailles nachgebildet. Die Pegasi-Statuen am See, Wappentiere des Schlossherren, wurden 1869 von dem Berliner Professor Hugo Hagen in Zink gefer-

Great Sugar Loaf als Hintergrund

Der wunderbarer Ausblick auf die Powerscourt Gardens vom Haupthaus aus

tigt. Es gibt alte Bestände an Nadelbäumen, Zedern, Pinien, Zypressen und Lärchen sowie einen Japanischen Garten. Eine besondere Attraktion und einzigartig in Irland ist der Friedhof für Haustiere.

Ein 7 km langer Weg führt vom Garten zu dem südlich gelegenen, 121 m hohen **Powerscourt Waterfall**, dem höchsten Wasserfall in Großbritannien und Irland. Der Wasserfall ist auch von der Straße erreichbar.

Powerscourt Gardens, *3 km W Bray an der R760, 19 km S Dublin, von der N11 (Dublin–Wexford) ab, Busse von Dublin oder Bray Dart Station.* ☎ *01-2046000, www.powerscourt.ie, Haus (Ballroom und Garden Room) ganzjährig So 9.30–13.30, Mai–Sept. auch Mo 9.30–13.30 Uhr, Garten tgl. 9.30–17.30 Uhr. Wasserfall Nov.–Feb. 10.30–16, März, April, Sept., Okt. 10.30–17.30, Mai–Aug. 9.30–19 Uhr. Es gibt ein Café und einen verführerischen Kunsthandwerksladen. Eintritt Wasserfall Erw. 5,50, erm. 3,50 €, mit Garten 8,50 bzw. 5 €. Die Eintrittskarten beinhalten eine Karte mit Vorschlägen für Spaziergänge. Auf dem Powerscourt Estate befindet sich auch das Powerscourt Hotel Resort & Spa (☎ 01-2748888, www.powerscourthotel.com, €€€–€€€€) – Luxus pur.*

Reisepraktische Informationen Wicklow Mountains

Information
Tourist Information Wicklow Mountains, Arklow, Parade Ground/Main Strett, ☎ 0402-32484; Bray, Main Street, ☎ 01-2867128; Glendalough, ☎ 0404-45688; Wicklow, Fitzwilliam Square, ☎ 0404-69117.

Ausflüge
Verschiedene Anbieter bieten halb- oder ganztägige Touren von Dublin aus zu den Powerscourt Gardens und nach Glendalough an, z. B. Bus Eireann (www.buseireann.ie), Dublin Bus Tours (www.dublinbus.ie) und Grey Line Tours (www.grayline.com).

Fahrradtour
Eine Fahrradtour durch den „Garten Irlands" umfasst 190 km. Die Tour ist relativ bergig und entsprechend anstrengend. Am Sally Gap steigt sie auf 518 m und am Wicklow Gap auf 457 m an. Sehenswürdigkeiten entlang der Strecke sind die Powerscourt Gardens und die Klostersiedlung in Glendalough. Auf der Westseite des Bergrückens liegt der 12 km lange Blessington Lake und Russborough House. Es bestehen gute Übernachtungsmöglichkeiten entlang der Tour.

Feste/Veranstaltungen
Ostern–Ende Sept. findet das seit vielen Jahren etablierte **Garden Festival** statt. Nicht nur die prächtigen Gartenanlagen von Powerscourt und Mount Usher, sondern auch viele Privatgärten sind dann für die Öffentlichkeit zugänglich. Das Festival wird von zahlreichen Rahmenveranstaltungen begleitet, wie Gartenführungen und Ausstellungen, www.visit wicklow.ie.

Verkehrsverbindungen
Zug: Die Bahnlinie Dublin–Wexford–Rosslare-Europort führt durch die Grafschaft Wicklow mit Bahnhöfen in Bray, Greystones, Wicklow, Rathrum, Arklow und Gorey. Die DART fährt alle 10–15 Min. von Dublin nach Bray.
Bus: Bus Éireann, ☎ 01-8366111, bedient die Orte Arklow, Ashford, Avoca, Baltiglass, Blessington, Bray, Enniskerry, Greystone, Jack White's Cross (hier aussteigen für Britta's Bay), Kilmacanogue, Newtownmountkennedy, Rathdrum, Rathnew, Wicklow Town. St. Kevin's Bus Service, ☎ 01-2818119, fährt täglich von Dublin über Bray und Kilmacanogue, Roundwood, Annamoe, Laragh nach Glendalough.

Bray

Der Badeort südlich von Dublin hat 31.000 Einwohner. Im Sommer strömen Horden von Dublinern in das einst elegante viktorianische Seebad, bevölkern die B&B-Unterkünfte, spielen am steinigen Strand oder an einarmigen Banditen in den „Daddelhallen" und betrinken sich des Nachts in einem der zahlreichen Pubs. Bray bietet aber neben einer guten DART-Verbindung nach Dublin und einer langen Uferpromenade auch schöne Spaziermöglichkeiten entlang der Klippen. Am Bray Head gibt es einen Aussichtspunkt, von dem man einen weiten Blick auf die Küste und die Berge im Landsinneren genießen kann. Ein schöner 7 km langer Spazierweg verläuft entlang der Klippen bis nach Greystones. Die größte Attraktion Brays ist das **National Sea Life Centre**. In der Tourist Information informiert ein Besucherzentrum über die Lokalgeschichte.

National Sea Life Centre, ☎ 01-2866939, www.sealife.ie, tgl. 10–18 Uhr (letzter Einlass 17 Uhr), Erw 11,50, Kinder (3–14 J.) 8,50 €, Online-Tickets vergünstigt.

Drehort

Das **Killruddery House** wurde um 1820 im damals wieder in Mode gekommenen Stil der Tudor-Zeit erbaut. Wichtiger als das Haus ist jedoch der prachtvolle Garten, der in den 1680er-Jahren angelegt wurde. Killruddery House ist ein beliebter Filmdrehort. Gedreht wurden hier z. B. Szenen für „Lassie", „Mein linker Fuß" sowie „Die Asche meiner Mutter". Um die laufenden Kosten für die Erhaltung des Anwesens und insbesondere die Renovierungsarbeiten nach dem Feuer zu decken, werden in Killruddery zahlreiche Veranstaltungen angeboten: ein Filmfestival, Konzerte, Workshops aller Art und Ausstellungen.

Killruddery House, 2,5 km S Bray, etwas abseits der R761 nach Greystones, ☎ 087-4198674, www.killruddery.com, Sa/So 9.30–18 Uhr im April und Okt., tgl. im Sommer, im Winter geschl., jeden Samstag 10–16 Uhr Farm Market. Erw. 6,50, Kinder (3–12 J.) 2 €.

7 km weiter südlich, in Kilquade, lohnt für Gartenliebhaber das **National Garden Exhibition Centre**. Auf einer Fläche von 1,2 Hektar gibt es 20 verschiedene Gärten mit ulkigen Namen wie z. B. „Kräuterknoten". In der Teestube werden leichte Gerichte serviert.

National Garden Exhibition Centre, ☎ 01-2819890, www.arboretum.ie, Mo–Sa 9–18, So ab 11 Uhr, Erw. 5 €, Kinder unter 16 J. frei.

Reisepraktische Informationen Bray

Information
Tourist Information, Old Court House, Main Street, ☎ 01-2867128.

Unterkunft
*** **Best Western Esplanade Hotel** €€, Seafront, ☎ 01-2862056, www.esplanadehotel.ie. An der Strandpromenade gelegenes stattliches Hotel mit 94 Zimmern, ganzjährig geöffnet.

Pub
The Porterhouse, Strand Road, ☎ 01-2860668, www.porterhousebrewco.com. An der Seefront gelegener Pub mit großer Bierauswahl (eigene Brauerei). Auch ein Restaurant gehört zum Betrieb sowie die Porthouse Inn mit 16 modern gestylten Zimmern.

Verkehrsverbindungen
Von Dublin erreicht man Bray mit verschiedenen Stadtbussen. Auch die Nachtbusse fahren nach Bray. Bus Éireann Rosslare Harbour–Dublin hält ebenfalls dort. Außerdem gibt es regelmäßige Verbindungen mit der DART-Bahn.

West-Wicklow

Im westlichen Teil der Grafschaft liegen Glendalough, das Wandergebiet rund um Blessington, Russborough House und Baltinglass Abbey.

Glendalough

Die Klostersiedlung Glendalough ist einer der Höhepunkte einer Irlandreise. In einem engen, entzückend gelegenen Tal stehen die gut erhaltenen Bauten einer frühchristlichen Gemeinschaft. Die beiden Seen, an denen die Gebäude liegen, gaben der Siedlung ihren Namen: „Gleann da locha" = Tal der zwei Seen. Die Ursprünge der Klosteranlage befinden sich am oberen See. Hier errichtete der hl. Kevin ein Kloster, eine kleine Kirche und eine Einsiedelei. Der hl. Kevin starb 618, und wahrscheinlich liegt er in der St. Mary's Church begraben. Im 8. Jh. erfolgte am unteren See eine Neugründung, die sich rasch zu einem geistigen Zentrum des Landes entwickelte.

Das Tal, das der hl. Kevin wegen seiner Abgeschiedenheit ausgewählt hatte, entwickelte sich zu einer der größten kirchlichen Siedlungen des Landes. Bis zu 3.000 Mönche und Studenten sollen hier gebetet, gelehrt und gelernt haben. Bis 1862 zählte Glendalough zu den größten Wallfahrtszentren in Irland. Im 19. Jh. und dann noch einmal 1911/1912 wurde die gesamte Anlage renoviert.

Abgeschiedenes Tal

Hinweis

Glendalough ist eine der beliebtesten Besucherattraktionen Irlands. An einem vollen Tag im Sommer kommen rund 1.000 Besucher hierher. Um die Stimmung genießen zu können, sollte man früh am Morgen aufbrechen. Am schönsten ist ein Spaziergang rund um den Upper Loch.

Im **Besucherzentrum** sind eine Ausstellung zum Klosterleben, ein Modell der Anlage und drei Hochkreuze zu sehen. Das Market Cross stammt aus dem 12. Jh. und weist wenige große und fast plastisch vom Hintergrund gelöste Figuren auf, wie es für die Spätphase der Hochkreuzbauweise typisch ist.

Lower Lake

Am Lower Lake konzentrieren sich die interessantesten Denkmäler. Sie stehen alle in einem Friedhof mit Grabsteinen vom 18. Jh. bis heute. Durch ein Torgebäude, das früher noch ein oberes Stockwerk hatte, gelangt man in den unteren Klosterbezirk. Die den Aposteln Petrus und Paulus gewidmete **Kathedrale**, das größte Gebäude der Klosteranlage, allerdings ohne Dach, stammt aus dem 9. Jh. Das Schiff misst 15 mal 9 m. Der Chor und die Sakristei wurden im 11. und 12. Jh. hinzugefügt. Südlich des Hauptschiffs steht das **St. Kevin's Cross**. Es stammt von 1150 und ist 3,30 m hoch.

Den Aposteln gewidmet!

Das **Priest's House** ist ein kleines Oratorium aus dem 12. Jh. Die **St. Kevin's Church**, auch **St. Kevin's Kitchen** genannt, hat einen kaminähnlichen Turmaufbau über dem Eingang im Westen. Die Kirche wurde im 11.–12. Jh. errichtet, zeigt aber die gleiche Bauweise wie die frühen Oratorien aus dem 6. Jh. Sie ist nur 7 mal 4,50 m groß und hat ein Tonnengewölbe, das von einem steilen Schieferdach bedeckt wird.

Der ehemalige Chorbogen ist jetzt der Eingang. Warum das Bauwerk „Kitchen" genannt wird, ist ein Geheimnis. Der **Rundturm** entstand zwischen 900 und 1200 und diente in Gefahrenzeiten als Zufluchtsort der Mönche. Der Eingang liegt 3 m über dem Bodenniveau. Im Westen der Anlage liegen die Ruinen der **St. Mary's Church**. Am St. Saviour's Way entlang gelangt man flussabwärts zur Kirche **St. Saviour**. Sie wurde 1162 erbaut, und ist somit die jüngste Kirche von Glendalough. Sie hat vor allem am Chorbogen und am Ostfenster schöne iro-romanische Steinmetzarbeiten. Die **Trinity Church** stammt aus dem 11.–12. Jh. und besteht aus Schiff, Chor, West- und Südportal. Wie die **Reefert Church** am oberen See, hat auch die Trinity Church an den Ecken vorkragende Steine, die das Holzdach trugen.

Upper Lake
Vom Besucherzentrum führt ein Fußweg durch den Eichenwald zum Upper Lake. Zwischen dem See und dem Berg liegen die Ruinen des **Teampull na Skellig**, dessen älteste Teile aus dem späten 7. Jh. stammen. Über einige steile Stufen gelangt man zu einer Höhle, die als **St. Kevin's Bed** bezeichnet wird.

Unterdrückte Liebe — Einer Legende zufolge, war der hl. Kevin, um seine Liebe zu der schönen Kathleen zu unterdrücken, in eine Felsenhöhle geflohen. Das Mädchen aber folgte ihm, fand den Schlafenden und beugte sich liebevoll über ihn. Er erwachte und stieß Kathleen unwissentlich hinterrücks den Felsen hinab in den See. Er glaubte, sie sei der Teufel, der ihn versuchen wolle. Die Fragmente eines Steinforts am Ostende des Oberen Sees las-

Romantisch gelegen: die Klostersiedlung Glendalough

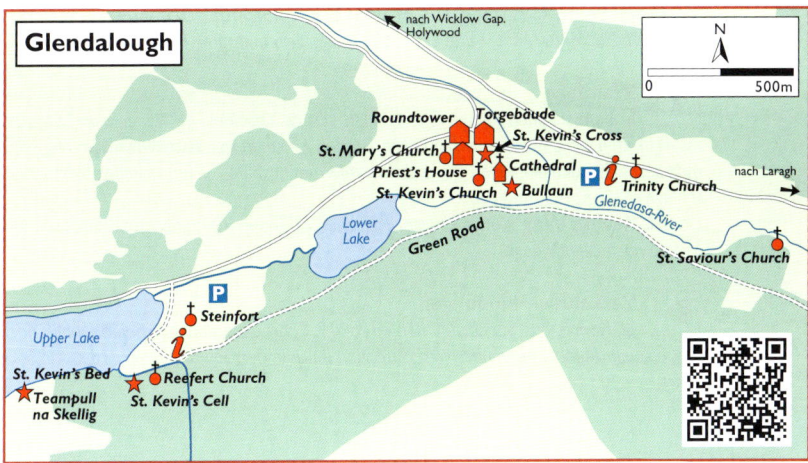

sen vermuten, dass der Platz schon in der späten Bronze- und frühen Eisenzeit bewohnt war.

Glendalough, bei Laragh, 50 km S Dublin, 17 km W Wicklow, 30 km N Arklow oder von Westen kommend über den Sally Gap-Pass, ☏ 0404-45325/45352, www.heritageireland.ie, tgl. Mitte Okt.–Mitte März 9.30–17, Mitte März–Mitte Okt. 9.30–18 Uhr, Erw. 4, Kinder/Studenten 2 €.

Reisepraktische Informationen Glendalough

Information
Tourist Information im Glendalough Visitor Centre, ☏ 0404-45325.

Unterkunft
*** Glendalough Hotel €€–€€€, Glendalough, Co. Wicklow, ☏ 0404-45135, www.glendaloughhotel.com. Das inmitten des Glendalough National Park gelegene Hotel hat 44 Zimmer und wird im Familienbetrieb geführt. Es wird häufig von Ausflugsbussen frequentiert.

***** Glendalough International Hostel €–€€, Glendalough, Co. Wicklow, ☏ 0404-45342, www.anoige.ie. Moderne saubere Herberge, wunderbar gelegen, mit 119 Betten (Familien- und Mehrbettzimmer), ganzjährig und ganztägig, Internetanschluss. Angeln, Wandern und Reiten in der Umgebung möglich. Auch Betten im Mehrbettzimmer.

Glendalough Hermitage €€, St. Kevin's Parish Church, Glendalough, ☏ 0404-45571, www.glendaloughhermitage.ie. Die Gemeindekirche vermietet fünf kleine Bungalows, die bescheiden, aber komfortabel. Besucher aller Glaubensrichtungen sind willkommen, sollten allerdings meditative und reflektive Absichten haben. Man kann an dem spirituellen Angebot und an den Morgen- und Abendandachten teilnehmen. 1 km O Glendalough an der R756 nach Laragh.

*** **Moat Farm Camping & Caravan Park**, Donard, ☏ 045-404727, www.camping-ireland.ie, Mitte März–Mitte Sept., 40 Plätze, klein und ruhig, Familienbetrieb.

Wandern
In dem schönen Tal von Glendalough gibt es verschiedene Wander- und Spaziermöglichkeiten von unterschiedlicher Länge. Für den 17 km langen **Rundwanderweg** sollte man sechs Stunden einplanen. Die örtlichen Informationsbüros bieten vielfältige Wandervorschläge sowie Kartenmaterial.
Der **St. Kevin's Way**, Irlands längster Pilgerweg, ist knapp 30 km lang und führt von Holywood nach Glendalough.

Verkehrsverbindungen
St. Kevin's Bus Service, ☏ 01-2818119. Fährt zweimal täglich von Dublin nach Glendalough. Abfahrt gegenüber vom Mansion House in der Dawson Street. (13 € einfache Fahrt).

Athgreany
In **Athgreany**, ein aus einer Sackgasse bestehender Ort, 40 km SW Dublin an der N81, S Holywood, steht der Piper's Stone. Am besten parkt man an dem kleinen Hinweisschild an der Straße. Nach einem kurzen Fußmarsch sieht man rechts den gewaltigen Steinkreis mit vierzehn Monolithen liegen, der vermutlich aus der Bronzezeit stammt. Einer Legende nach sollen hier am Sabbath Feen getanzt und ein „piper" musiziert haben, daher der Name des Orts. Die N81 führt weiter südlich durch die Grafschaft Carlow (s. u.).

Russborough House

Baltinglass

Noch in der Grafschaft Wicklow liegt die kleine Stadt **Baltinglass** am Fluss Slaney. Die Gegend war schon in prähistorischer Zeit besiedelt – ein unweit des Orts gelegenes Ganggrab zeugt davon. Auf der Ostseite des Flusses Slaney liegen auch die Ruinen von **Baltinglass Abbey,** einer Zisterzienserabtei, die im Jahr 1148 als Tochterabtei von Mellifont gegründet wurde und bis zum 16. Jh. in Betrieb war. Die Klosterkirche besteht aus Hauptschiff mit Seitenschiffen, Chor und Querschiffen. Schön sind die Kapitelle der Säulen.

Russborough House

3 km S Blessington lohnt ein Besuch von **Russborough House**, einem stattlichen Gebäude aus der Mitte des 18. Jh., das ein herrlicher Park umgibt. Der Architekt war der Deutsche Richard Cassels, der auch Powerscourt und Westport House erbaut hat. Cassels führte die palladianische Bauweise in Irland ein. Die schönen Rokoko-Stuckdecken der Lafranchini-Brüder im Großen Salon, die Kaminsimse, die Einlegearbeiten der Böden sowie die großzügige Verwendung von Mahagoni für Türen, Paneele und Geländer sowie kostbare Möbelstücke zeugen von Kunstsinn und Reichtum. Nach dem Tod des Earl of Milltown, für den Russborough House gebaut wurde, wurde seine reichhaltige Kunstsammlung der National Gallery of Ireland übergeben. 1952 erwarb Sir Alfred Beit das Haus, um seiner Kunstsammlung einen würdigen Rahmen zu geben. Sir Alfred Beit war (mit Cecil Rhodes) Mitbegründer der De Beer Diamond Mining Company in Südafrika.

Kunstsinn

Zur Beit-Sammlung gehören herausragende Gemälde holländischer, flämischer, spanischer, britischer, italienischer und französischer Meister (u. a. Murillo, Vermeer, Goya, Reynolds) sowie erlesenes Porzellan und Silber. Auch gibt es eine wertvolle Sammlung von Bronzen, darunter Meisterwerke der Renaissance von Riccio, Giambologna und Bernini. 2010 zerstörte eine verheerende Feuerbrunst den Westflügel des Anwesens. Nach hervorragender Restaurierung sind dort sind dort nun zwei grandiose Unterkünfte für Selbstversorger entstanden. Auskunft: www.landmarktrust.org.uk.

Russborough House, *30 km SW Dublin an der N81, 7 km N Hollywood, beim Poulaphouca-Stausee gelegen,* ☏ *045-865239, www.russboroughhouse.ie, Mai–Ende Sept. tgl. 10–18 Uhr (letzte Tour 17 Uhr), So im April und Okt. Verschiedene Kunsthandwerks-Workshops werden angeboten, und im Westflügel gibt es Unterkünfte für Selbstversorger. Besichtigungen des Hauses sind nur mit Führung möglich. Matthew Harts „The Irish Game. Russborough House" (2004) beschreibt spannend die Geschichte der wiederholten Kunstraube hier.*

Süd-Wicklow

Wicklow

Der Ort Wicklow wurde im 9. Jh. von den Wikingern gegründet und hat heute rund 7.000 Einwohner. Allerdings gab es hier bereits lange vor den Wikingern eine Siedlung. Wicklow wurde später Teil des sogenannten *Pale* (s. S. 20), und reiche englische Landlords bauten sich in dieser Gegend ihre großen Herrenhäuser. Der freundliche Ort ist als Ausgangspunkt für Ausflüge in die Wicklow Mountains gut geeignet.

Das ehemalige **Stadtgefängnis** stammt von 1702. Die interaktive Ausstellung verdeutlicht auf drei Etagen die schrecklichen Gefängnisbedingungen der damaligen Zeit. Auch der Aufstand von 1798, die große Hungersnot und die Auswanderung werden thematisiert.
Stadtgefängnis, Kilmantin Hill, ☏ 0404-61599, www.wicklowshistoricalgaol.com, ganzjährig tgl. 10.30–16.30 Uhr, Erw. 7,90, erm. 6,70 €.

Reisepraktische Informationen Wicklow

Information
Tourist Information, Fitzwilliam Square, Wicklow, ☏ 0404-69117, ganzjährig geöffnet.

Unterkunft
*** Hunter's Hotel €€–€€€, Rathnew, Co. Wicklow, ☏ 0404-40106, www.hunters.ie. Schön übernachten kann im 2 km von Wicklow enfernten Rathnew. Dies ist

Hunter's Hotel

eine der ältesten Kutschenstationen in Irland und nun bereits in der fünften Generation als Hotel im Familienbesitz. Der schöne Garten führt direkt zum Fluss Vatry herunter. Das etwas altmodische Hotel hat 16 Zimmer und ein gutes Restaurant. Ganzjährig außer Weihnachten. Afternoon Tea ab 12,50 €, Dinner ab 29,50 €.

Tynte House €€, Dunlavin, Co. Wicklow, ℡ 045-401561, www.tyntehouse.com. Altes, liebevoll restauriertes Farmhaus mit behaglichem B&B, Ferienhäuschen und -apartments. Guter Ausgangspunkt für Touren in die Umgebung.

Verkehrsverbindungen

Bus Éireann fährt mehrmals am Tag von Dublin nach Arklow mit Halt in Wicklow. Auch der Bus zwischen Dublin und Rosslare Harbour hält hier. Auch die Bahnlinie zwischen beiden Städten führt über Wicklow.

Ashford

In Ashford kommen Gartenliebhaber im **Mount Usher Gardens** auf ihre Kosten. Der herrliche Park wurde um 1870 angelegt. Heute kann man auf acht Hektar eine beeindruckende Pflanzensammlung mit über 4.000 Bäumen, Sträuchern und Büschen sehen, die aus aller Welt zusammengetragen wurde. In seinem Buch „Irish Gardens" beschreibt E. Hyams den Garten von Mount Usher als „the most nearly perfect example of the romantic paradise Robinsonian garden. It is entirely successful in combining plantmanship with layout which idealises to perfection a possible natural world". Von der Teestube hat man einen schönen Blick über den Garten und den Variety River.

Herrlicher Garten

Mount Usher Gardens, 40 km S Dublin an der N11 nach Wexford, ℡ 0404-40205, www.mountushergardens.ie. Ganzjährig tgl. 10.30–18 Uhr. Café 10–16 Uhr.

Auch der **Avondale Forest Park** ist ein beliebtes Ausflugsziel. Von hier ist es nicht weit zum sogenannten **Meeting of the Waters**, dem Zusammenfluss von Avonmore und Avonbeg zum Avoca (R752). Im **Avondale House** wurde am 27.6.1846 Charles Stewart Parnell, einer der größten Vorkämpfer der irischen Freiheit und der politische Führer des modernen Irlands, geboren. Rund um das Haus gibt es ein Restaurant, Picknickplätze und schöne Spazierwege.

Politischer Anführer

Einkaufen

In der **alten Kornmühle des Dorfs Avoca** ist die berühmte Avoca-Weberei untergebracht *(Avoca Handweavers, Avoca Village, ℡ 0402-35105, www.avoca.ie, geöffnet täglich 9–18, im Winter 9.30–17.30, Weberei und Café bis 17 Uhr)*. Sie wurde 1723 gegründet und ist damit das älteste Familienunternehmen Irlands. Man kann dort den Produktionsprozess der handgewebten irischen Wolle verfolgen und schöne Stoffe und Kleidungsstücke erwerben. Die Kombination von Eleganz und traditionellen Herstellungsverfahren macht den Betrieb so erfolgreich. Avoca betreibt landesweit sieben Zweigstellen. Im angeschlossenen Restaurant werden nur die besten und frischesten Produkte verwendet; ganz besonders beliebt ist die Beef and Guinness Casserole.

Herrlich ist der 3 km lange **Sandstrand** mit Sanddünen in **Britta's Bay**, der auch gerne von Tagesausflüglern aus Dublin aufgesucht wird.

Die Grafschaft Carlow

Die **Grafschaft Carlow** ist die zweitkleinste Grafschaft in Irland. Die Landschaft ist grün und leicht hügelig, und in den **Blackstairs Mountains** hat man gute Wandermöglichkeiten. Der Landstrich ist besonders für seine hervorragenden Angelgewässer in den Flüssen Slaney und Barrow bekannt.

Carlow

Carlow liegt 37 km NO Kilkenny an der N9, hat 20.000 Einwohner und ist ein lebhafter Ort mit engen Gassen, zahlreichen Pubs, einem toll aufbereiteten Heimatmuseum, wo man sogar einen echten Galgen bestaunen kann (www.carlowcountymuseum.ie), und einer Galerie mit zeitgenössischer Kunst (www.visualcarlow.ie). Interessant ist das **Gerichtshaus** am oberen Ende der Dublin Street, das eine Kopie des Parthenon darstellt. Die meisten Gerichtshäuser Irlands stammen aus dem ausgehenden 18. Jh., als der antike Stil sehr beliebt war.

Tierdarstellungen

4 km W Carlow an der R430 liegt die Ruine der romanischen Kirche von **Killeshin**. Hier gründete der hl. Comgan im 5. Jh. ein Kloster. Im 11. Jh. wurde es zerstört, aber im 12. Jh. erneuert. Die Inschrift auf dem Tor „A Prayer for Diarmait, King of Leinster" lässt eine ziemlich genaue Datierung zu, denn Diarmait starb im Jahr 1171. Das Portal aus weißen und braunen Steinen hat vier zurückgesetzte Rundbögen. Am äußeren Bogen kann man Blätter und Tiermotive sehen. Der mittige Stein bildet einen Kopf mit Bart. Darüber erhebt sich ein spitzes Giebelfeld. Die anderen Bögen sind mit Tierdarstellungen und einfachen und doppelten Zickzackbändern verziert. In der Nähe von Carlow, 3 km O Carlow an der R726 nach Hacketstown, liegt der **Browne's Hill Dolmen**. Der Portaldolmen wird auf 2500 v. Chr. datiert. Auf drei Orthostaten (ein vierter steht noch davor) thront ein an die 100 Tonnen wiegenden Deckstein. Eine Seite davon steht in der Erde. Angeblich ist dieser Deckstein der schwerste in ganz Europa.

Reisepraktische Informationen Carlow

Information
Tourist Information, *Tullow Street*, ☎ *059-9131554*.

Unterkunft
*** **Barrowville Town House** €€, *Kilkenny Road, Carlow, Co. Carlow,* ☎ *059-914 3324, www.barrowville.com. Das schmucke Gästehaus mit sieben Zimmern hat alle Annehmlichkeiten einer 3-Sterne-Unterkunft und ist ganzjährig geöffnet. Die Gastgeber sprechen Deutsch.*

Lorum Old Rectory €€€, Bobbie Smith, Bagenalstown, Co. Carlow, ☏ 059-9775282, www.lorum.com. Unweit der Blackstairs Mountains sehr romantisch gelegen und als Ausgangspunkt für Besichtigungen oder Wanderungen in der Umgebung ideal oder auch als Basis für Radtouren in die umliegenden Grafschaften, denn das Gepäck wird auf Wunsch zur nächsten Unterkunft gebracht. Die Besitzerin Bobby Smith ist in diesem Haus aufgewachsen und kennt die Gegend wie ihre Westentasche. Vier Zimmer. Hervorragendes Frühstück, Dinner (45 €) mit Anmeldung. Auf halber Strecke zwischen Bagenalstown und Borris gelegen.

Essen und Trinken
The Beams Restaurant, 59 Dublin Street, ☏ 059-9131824. Charaktervolles Restaurant in alter Kutschenstation. Die Spezialität des Hauses ist Fisch. Di–Sa 19–21.30 Uhr. Gehobene Preisklasse. Neben Beams Weinladen.

Einkaufen
In der **Dolmen Pottery**, 113 Green Road, ☏ 086-8951381, www.dolmenpottery.ie, betreibt Jim Behan seit 1970 eine Keramikwerkstatt. Er ist Mitglied der Crafts Pottery Society of Ireland und seine Kreationen wurden bereits in zahlreichen Ausstellungen gezeigt.

Moone

In Moone steht innerhalb der Klostermauern ein sehenswertes Kreuz aus dem 9. Jh. Auffällig sind seine ungewöhnlichen Proportionen: Es ist über 7 m hoch und hat einen sehr langen Schaft. Der Sockel ist pyramidenförmig gestaltet. Die kurzen Arme und der enge Kreuzring lassen das Kreuz gedrungen erscheinen. Bei der Dekoration der einzelnen Felder überwiegen die figuralen Darstellungen. Wenig Ornament und wenige Details sowie eine gewisse Stilisierung der Figuren (es handelt sich um vorwiegend quadratische Körper, kurze Köpfe und z. T. fehlende Arme) lassen das Kreuz recht archaisch wirken. Das Kreuz von Moone ist aus hellem Granit gearbeitet, der im Gegensatz zu den Kreuzen von Monasterboice (weicher Sandstein) nur sehr schwer zu bearbeiten ist.

Hochkreuz aus Granit

Die einzelnen Bilder des Kreuzes stehen in einem programmatischen Zusammenhang, der sich im Gegensatz zu vielen anderen Kreuzen hier gut entschlüsseln lässt: Sie zeigen Szenen aus dem Alten und Neuen Testament, den Sündenfall, und illustrieren die Menschwerdung Christi, die Verkündung seiner Lehren, den Erlösertod sowie die Bewährung des jungen Christentums in der Welt.

Auf der Ostseite sieht man Christus mit ausgebreiteten Armen und langem Gewand. Auf dem Sockel sind Adam und Eva, die Opferung Isaaks und Daniel in der Löwengrube zu erkennen. Die Südseite zeigt Szenen aus dem Alten und Neuen Testament: Die drei Jünglinge im Feuerofen, Flucht nach Ägypten und die Speisung der Fünftausend. Die Westseite stellt Christus und die zwölf Apostel dar, und auf der Nordseite zeigen die beiden Reliefs zwei zentrale Szenen aus dem Leben des Antonius Eremitus: die Versuchung und den Besuch des Einsiedlers Paulus.

Szenen aus der Bibel

4. DER SÜDOSTEN

Überblick

Die Südostküste wird von einer sanften, freundlichen Landschaft geprägt, die zu Fahrradtouren, Wassersport und zum Wandern einlädt. Reisende, die mit der Fähre in Rosslare ankommen, gewinnen ihren ersten Eindruck von der fruchtbaren Weidenlandschaft und den langen Sandstränden an der ausgedehnten Küste der irischen See. Die Grafschaft Wexford mit ihrer gemütlichen und gleichnamigen Hauptstadt ist überwiegend flach. Die Grafschaft Kilkenny hat eine liebliche Landschaft, die von dem Fluss Nore durchzogen wird. In der Umgebung der alten Hauptstadt Kilkenny gibt es zahlreiche Sehenswürdigkeiten. Die Grafschaft Waterford im Süden ist im nördlichen Teil bergig, zum Meer hin läuft sie in Hügelland aus. Der Suir mündet bei der Hauptstadt der Grafschaft ins Meer. Um 850 ließen sich hier bereits die Dänen nieder, und dreihundert Jahre später war Waterford Ausgangspunkt der normannischen Invasion. Die Grafschaft Tipperary ist eine hügelige, von den Galtee und Knockmealdown Mountains, dem Lough Derg und dem River Suir geprägte Landschaft. Der Südosten ist die trockenste und wärmste Region in Irland.

Redaktionstipps

Sehens- und Erlebenswertes
➤ Einen Abstecher zum **Hook Head** machen und die Ausstellung im Leuchtturm anschauen (S. 196).
➤ Die historischen Städte **Wexford** (S. 189) und **Kilkenny** (S. 197) aufsuchen.
➤ Den **Rock of Cashel**, den Fels der Könige, besteigen (S. 213).
➤ Die steinernen Ritter von **Jerpoint Abbey** bestaunen (S. 202)
➤ Die **Hochkreuze von Ahenny und Kilkeeran** bewundern (S. 213).

Übernachten
➤ Übernachtung im **Churchtown House** (S. 189) in Rosslare, im **Ballinkeele House** (S. 193) bei Enniscorthy, im **Ballyduff House** (S. 203) in Thomastown, oder im **Coach House** (S. 206) in Butlerstown.

Essen und Trinken
➤ Einkehren in **Aherne's Townhouse and Restaurant** (S. 210) in Youghal.

Streckenführung und Zeiteinteilung

Die Route, ausgehend von einer Ankunft in Rosslare Harbour, beginnt in der südöstlichsten Ecke, führt über Wexford, Enniscorthy, New Ross nach Kilkenny und weiter südlich nach Waterford. Beschrieben werden außerdem ein Abstecher in das Landesinnere (Clonmel, Cashel, Cahir) und die Strecke entlang der Küste in Richtung Cork.

Für den Südosten sollte man sich mindestens zwei bis drei Tage Zeit nehmen. Kilkenny, Jerpoint Abbey und der Rock of Cashel sind die herausragenden Sehenswürdigkeiten. Wexford und die Küstenregionen sind interessant, weil sie gerade in ihrer Bescheidenheit viel irische Atmosphäre vermitteln. Attraktiv ist der Südosten aber auch, weil man hier relativ unberührt vom Tourismustrubel der Südwestküste die herrliche Landschaft genießen kann.

> ### Radfahren und Wandern
>
> Die flache Küstenlandschaft ist sehr gut zum **Radfahren** geeignet, denn nirgends muss man mehr als 900 m ansteigen. Rund um die sanfte Bannow Bay führen ausgeschilderte Routen, ebenso um das Hook-Cap, wo der älteste Leuchtturm der Insel steht. Er wurde um 1200 gebaut. Von den flach ins Wasser gleitenden Felsen aus kann man Vögel, manchmal auch Seehunde beobachten. Wenn man den Südosten per Fahrrad erkunden will, sind die Karten Ordnance Survey Nr. 19 und 23 zu empfehlen.
> Auch **Wandern** lässt es sich hier gut. Der Wexford's Coastal Pathway erstreckt sich 221 km lang von Kilmichael Point im Nordosten bis nach Ballyhack im Südwesten. Der Weg führt entlang schöner Strände wie dem dünengesäumten Curracloe Beach, schroffer Klippen, archäologischer Stätten, pittoresker Dörfer und der landschaftlich reizvollen Hook-Head-Halbinsel, an deren Spitze der älteste noch funktionierende Leuchtturm Nordeuropas aus dem 13. Jh. steht. Natürlich kann man den Weg auch in umgekehrter Richtung oder nur streckenweise beschreiten. Er ist durchgehend markiert.

Rosslare, Wexford und New Ross

Rosslare, Rosslare Harbour und Umgebung

In **Rosslare Harbour** kommen die Autofähren vom europäischen Kontinent und von Wales an. 8 km nördlich von Rosslare Harbour liegt der Badeort **Rosslare,** der von schönen dünengesäumten Sandstränden flankiert wird. Dieser Küstenabschnitt ist auch bei Surfern beliebt.

Entlang der Küste in südlicher Richtung passiert man bei dem Dorf Broadway die Windmühle von Tacumshane, eine der letzten zwei Windmühlen Irlands. Sie wurde 1846 erbaut und war bis 1936 in Betrieb.

Kilmore Quay, 20 km SW Rosslare Harbour, ist ein hübscher kleiner Hafenort mit vielen weißgekalkten Cottages. Von hier aus werden Angeltouren veranstaltet (z. B. Quay Boat Charters, ☏ 053-9129704) sowie Bootstouren zur 4 km vorgelagerten unbewohnten **Saltee Island** (www.salteeislands.info) eines der wichtigsten Vogelreservate Irlands, wenn nicht ganz Europas. Besonders gut sind die Möglichkeiten zur Vogelbeobachtung zwischen Frühling und Frühsommer, wenn die Felsen dicht an dicht mit Vögeln bevölkert sind. Über 375 Arten sind verzeichnet. Im August, sobald die Jungen fliegen können, verlassen die Vögel die Brutstätte, und es wird seltsam ruhig.

Reisepraktische Informationen Rosslare und Umgebung

Unterkunft

Dicht an dicht liegen Hotels und B&Bs über dem Hafen und an den Ausfallstraßen von Rosslare.

**** **Churchtown House** €€, Tagoat, Rosslare, ☏ 053-9132555, www.church townhouse.com. Das behagliche Gästehaus, das Haus aus dem frühen 18. Jh. ist von alten Bäumen und Parkland umgeben. Es liegt 4 km vom Fähranleger entfernt und bietet daher für den Ankunfts- oder Abreisetag eine gute Unterkunft. 14 Zimmer.

**** **Groveside Farm** €€, Ballyharty, Kilmore, ☏ 053-9135305, www.groveside farm.com. Großzügige, helle B&B-Zimmer auf einer Farm, die u. a. Gerste für die Guinness-Brauerei anbaut. Herzlicher Service.

Verkehrsverbindungen

Bus: Bus Éireann verbindet Rosslare Harbour mehrmals mit Dublin (via Bray, Wicklow, Enniscorthy und Wexford). Ebenfalls mehrmals am Tag Busverbindungen von Rosslare Harbour nach Tralee über Wexford, Waterford, Cork und Killarney.

Bahn: Vom Europort in Rosslare Harbour mehrfach täglich Zugverbindungen nach Dublin via Wicklow und Bray sowie nach Limerick via Waterford.

Fähre: Irish Ferries bietet 2 x täglich Verbindungen von und nach Pembroke sowie nach Cherbourgh. Stena Line fährt nach Fishguard. www.irishferries.com, www.stenaline.de

Wexford und Umgebung

Wexford hat 19.000 Einwohner und ist die Hauptstadt der gleichnamigen Grafschaft. Die Stadt wurde im 9. Jh. von den Wikingern an dieser strategisch günstigen Stelle an der Mündung des Slaney gegründet. Nachdem die Normannen 1169 Wexford als erste irische Stadt erobert hatten, befestigten sie sie mit vier Burgen. Von diesen ist aber in heutiger Zeit kaum mehr etwas erhalten. Einzig das Westtor und Teile der Stadtmauer sind von der mittelalterlichen Stadtbefestigung noch erhalten geblieben. Im Laufe des Mittelalters entwickelte sich Wexford erfolgreich zu einer florierenden Hafen- und Handelsstadt, bis sie schließlich im Jahr 1649 von Oliver Cromwell zerstört wurde.

Heute präsentiert sich Wexford als nette Kleinstadt mit bunt gestrichenen Häusern, kleinen Läden und einer langen Hafenpromenade. Schön ist ein Bummel durch den alten Stadtkern. Der **Bullring**, ein Platz in der Altstadt, war im Mittelalter Austragungsort für Hetzjagden auf Stiere. Die Schlachter des Ortes erhielten ihren Zunftbrief, indem sie dafür jährlich einen Stier zur Verfügung stellten. Die **Lone Pikeman Statue** auf dem Platz erinnert an die Teilnehmer des Aufstands von 1798 (s. S. 193). Hinter der Statue wurde eine „Zeitkapsel" in Form eines Metallzylinders in den Boden eingelassen, mit Gegenständen die typisch für das heutige moderne Leben in Wexford sind. Auf dem Bullring findet jeweils Freitags und Samstags von 9 bis 16 Uhr ein bunter Markt mit Antiquitäten, Kunsthandwerk, Kleidung und Kulinarischem aus der Region statt.

Hetzjagd auf Stiere

Neogotisches Schloss

Johnstown Castle Gardens (5 km SW Wexford) ist eine wunderschöne Gartenanlage, die das aus dem 19. Jh. stammende neogotische Schloss umgibt, das man allerdings nicht besichtigen kann. Seen, die Ruine eines mittelalterlichen Turmhauses, von Mauern umgebene Gärten und Gewächshäuser sowie zahlreiche Zierpflanzen wie beispielsweise Rhododendren, Azaleen, Kamelien und imponierend riesige Bäume machen den Reiz der Anlage aus. In einem alten Farmhaus mitten auf dem Gelände von Johnstowns Castle Gardens befindet sich darüber hinaus auch das **irische Landwirtschaftsmuseum**. Besucher können sich hier Exponate zur Geschichte der Landbearbeitung ansehen. Auch eine Ausstellung zur Hungersnot im 19. Jh. gibt es.
Johnstown Castle Gardens, ☎ 053-9184671, www.irishagrimuseum.ie.
Garten und Landwirtschaftsmuseum: März–Okt. Mo–Fr 9–17, Sa/So 11–17, Juni–Aug. bis 18.30, Nov.–Feb. Mo–Fr 9–16, Sa/So 11–16 Uhr, Erw. 6, Kinder 4 €.

Wexford und Umgebung

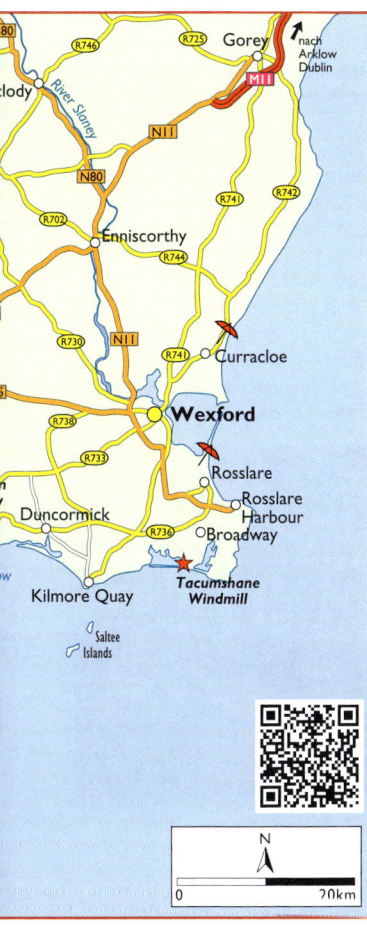

Inmitten der sumpfigen Landschaft am Ufer des Slaney entstand der **Irish National Heritage Park**. In originalgetreuen Rekonstruktionen sieht man hier Fellzelte der ersten Jäger und Sammler, neolithische „Häuser", die Rekonstruktion einer Wikinger-Siedlung sowie ein kleines Kloster aus dem frühen Mittelalter und eine normannische Burg. Unterhaltame und informative Führungen mit zeitgenössischen Kostümen.

Erste Gebäude Irlands

Irish National Heritage Park, *Ferrycarrig, 4 km N Wexford an der N11 nach Dublin, ☏ 053-9120733, www.inhp.com; tgl. 9.30–18.30, im Winter 17.30 Uhr, letzter Einlass 90 Min. vorher, Eintritt 9,50, erm. 8 €.*

Das Naturschutzgebiet **Wexford Wildfowl Reserve** ist aufgrund der Tausenden dort überwinternden Wildgänse (ein Drittel der Weltpopulation) berühmt. Auf Wunsch werden Führungen veranstaltet. Eingang von Ardcavan Lane.

Wexford Wildfowl Reserve, *☏ 053-9123406, www.heritageireland.ie; ganzjährig tgl. 9–17 Uhr, Eintritt frei.*

In **Curracloe**, 12 km N Wexford, erstrecken sich weite, dünengesäumte Sandstrände gen Norden. Am Strand von Curracloe wurde Steven Spielbergs preisgekrönter Kriegsfilm „Saving Private Ryan" (dt. „Der Soldat James Ryan", von 1998) gedreht, der während der Invasion in der Normandie im Zweiten Weltkrieg spielt.

Drehort

Reisepraktische Informationen Wexford

Unterkunft

Ferrycarrig Hotel €€–€€€, *Ferrycarrig, ☏ 053-9120999, www.ferrycarrighotel.ie.* Wunderbar am River Slaney gelegen, alle 102 Zimmer haben Ausblick auf den Fluss. Das Hotel ist familienfreundlich und hat eine Etage, die nur für Erwachsene bestimmt ist.
*** The Faythe House €, *Swan View, ☏ 053-9122249, www.faytheguesthouse.com.* Gästehaus im Familienbetrieb mit 10 Zimmern, ruhig gelegen und günstig.
** St. George Guest House €€, *Upper George Street, ☏ 053-9143474, mobil: 087-6483598, www.stgeorgeguesthouse.com.* Nettes Bed & Breakfast in Laufweite des Bullring, dennoch ruhig und gemütlich. Besitzer Michael ist stets hilfsbereit. Eigener Parkplatz im Innenhof.

Essen und Trinken
Tim's Tavern, 51 South Main Street, ☏ 053-9123861. Irische und internationale Küche und Bar-Food in gemütlicher Umgebung. Zum Sunday-Lunch gibt es als musikalische Untermalung traditionelle irische Folklore. Günstig bis mittlere Preisklasse.

Golf
Wexford Golf Club, Mulgannon, ☏ 053-9142238. 18-Loch. Der Wexford Coastal Golf Pass, www.wexfordgolfclub.ie, bietet für 95 € Runden auf verschiedenen Plätzen.

Feste/Veranstaltungen
Im Oktober/November findet in Wexford seit den frühen 1950er-Jahren ein international bekanntes **Opernfestival** statt. Vor allem wenig gespielte Opern kommen dabei zur Aufführung. Zusätzlich zum eigentlichen Festival gibt es zahlreiche Begleitveranstaltungen, wie z. B. Lunchtime-Konzerte oder Mini-Opernaufführungen, bei denen nur der Hauptdarsteller singt, sowie Kunstausstellungen und Theateraufführungen. Auskunft vom Festival Office, ☏ 053-9122240, www.wexfordopera.com. Karten 12–100 €.

Wexford Opera Festival

Verkehrsverbindungen
Der Bahnhof und der Busbahnhof befinden sich am Redmond Place. Gute **Busverbindungen** nach Dublin, Wicklow und Enniscorthy, Rosslare Harbour, Waterford, Cork, Tralee, Limerick. **Zugverbindungen** nach Dublin und Ballina.

Enniscorthy

Enniscorthy liegt 21 km N Wexford und ist eine gemütliche Kleinstadt am Fluss Slaney. In der Burg (erbaut 1232–1240) befindet sich das **Wexford County Museum**. Das heutige Aussehen mit runden, zinnenbewehrten Ecktürmen erhielt Enniscorthy Castle erst im späten 16. Jh. Das darin untergebrachte Heimatmuseum erklärt sowohl die militärische und landwirtschaftliche als auch die maritime, industrielle und religiöse Geschichte der Stadt.

Wexford County Museum, ☎ 053-9235926, Juni–Sept. Mo–Sa 10–18, So 14–17.30, Okt.–Nov. 14–17 Uhr, Dez.–Mai eingeschränkte Zeiten.

Das **National 1798 Visitor Centre** beschäftigt sich mit der Geschichte der United Irishmen und der Rebellion von 1798 gegen die britische Vorherrschaft. Neben der irischen Geschichte und ihrer Bedeutung für die Rebellion von 1798 werden auch amerikanische und europäische Ereignisse dieser Zeit präsentiert. In Enniscorthy kam es 1798 zu einem der schwersten Kämpfe, als die Rebellen die Stadt besetzten und auf dem Vinegar Hill ihr Lager aufschlugen. Einen Monat später zwangen britische Truppen die Rebellen zurück und massakrierten Frauen und Kinder. Um auf Vinegar Hill zu steigen braucht man etwa 45 Min. (oder 5 Min. im Auto).

Familienfreundliches Museum

National 1798 Visitor Centre, ☎ 054-9237596, www.1798centre.ie; Sommer: Mo–Fr 9.30–17, Sa 12–17 Uhr, So geschlossen, im Winter eingeschränkte Öffnungszeiten beachten, Erw. 7, Kinder 4 €.

Lohnenswert ist auch ein Besuch der **St. Aidan's Cathedral** (tgl. 8.30–18 Uhr), entstanden 1846 nach einem Entwurf von Augustus Pugin, der auch für das Parlamentsgebäude in London verantwortlich war.

Reisepraktische Informationen Enniscorthy

Information
Tourist Information Enniscorthy, The Castle, ☎ 053-9234699, saisonal geöffnet.

Unterkunft
Ballinkeele House €€–€€€, Ballymurn, Val und Laura Maher, ☎ 053-9138105, www.ballinkeele.ie. Ballinkeele House wurde bereits im Jahr 1840 errichtet und ist der Familiensitz der Familie Maher. Die Räume sind mit Originalgemälden und etlichen Familienporträts ausgestattet. Die Mahlzeiten werden im großen Speisesaal an einer langen Tafel serviert. Im Billardzimmer nebenan kann man abends bei einer Runde Billard sehr gut entspannen. Von allen 5 Gästezimmern aus hat man einen herrlichen Ausblick auf das riesige Grundstück. Das Besondere an Ballinkeele House ist neben der vornehmen Eleganz des Gebäudes die herzliche Natürlichkeit und die warme und liebevolle Art ihrer Bewohner. Dez.–Jan. geschl. Abendessen für Gäste auf Wunsch erhältlich (45 € p. P. – bis 11 Uhr anmelden).

Hunderennen
Enniscorthy Greyhound Race Company, ☎ 053-9233172, www.igb.ie, Mo u. Do 1. Rennen ab 20 Uhr.

Verkehrsverbindungen
Bus: Bus Éireann verkehrt zwischen Dublin und Rosslare Harbour und hält in Enniscorthy. Außerdem gibt es Regionalbusse nach New Ross und Wexford.
Bahn: Zugverbindungen von und nach Dublin und Rosslare Harbour. Der Bahnhof befindet sich auf der Ostseite des Flusses.

New Ross und Umgebung

New Ross hat 6.500 Einwohner und liegt nett am Fluss Barrow. Die Kleinstadt bildet die Grenze der Grafschaften Wexford, Waterford und Kilkenny. Aufgrund der günstigen Lage am Barrow und dessen Nebenflüssen gründeten um 1200 die Normannen hier ihren Handelsumschlagplatz. Heute ist New Ross ein gut ausgebauter Ort. Schön ist das **Rathaus** (Tholsel), ein klassizistischer Bau von 1749 mit oktogonaler Kuppel und Uhrenturm. Die Kirche stammt aus dem 19. Jh., beinhaltet aber die Reste der zwischen 1207 und 1220 errichteten St. Mary's Church. Die **SS Dunbrody** ist ein originalgetreuer Nachbau eines jener Segler, die im 19. Jh. hungernde Iren nach Amerika brachten. Sie liegt im Hafen von New Ross. In zeitgenössischen Kostümen gekleidete Schauspieler vermitteln ein realistisches Bild jener Zeit. Die Geschichte von John Fitzgerald Kennedy und seiner Verbindung nach New Ross sind Teil der Ausstellung.
SS Dunbrody, ☎ *051-425239, www.dunbrody.com, April–Sept. tgl. 9–18, Okt.–März 10–17 Uhr, Erw. 8,50, erm. 5 €*

Schiff der Auswanderer

Das **John-F.-Kennedy-Arboretum** liegt 13 km S von New Ross. Kurz vor seiner Ermordung besuchte der amerikanische Präsident John F. Kennedy Irland. In Dunganstown, 8 km S New Ross, kann man das Haus seiner Vorfahren sehen. Der botanische Garten ist eine wissenschaftliche Sammlung von Pflanzen, die sich auf einer 252 Hektar großen Fläche verteilen. Über 4.500 verschiedene Baum- und Straucharten sind systematisch angeordnet, ausführlich beschrieben und auf gepflegten Wegen zu erwandern. Besonders bunt ist es im Heidegarten mit nicht weniger als 500 verschiedenen Rhododendron-Büschen und 150 Azaleen-Arten. Die vielen Eukalyptusbäume erfüllen einen besonderen Zweck. Sie dienen den Koalabären im Dubliner Zoo als Futter.
John-F.-Kennedy-Arboretum, 13 km S New Ross, ☎ *051-388171, www.heritage ireland.ie; tgl. Okt.– März 10–17, April 10–18.30, Mai–Aug. 10–20, Sept. 10–18.30 Uhr, Erw. 4, erm. 2 €.*

Kennedys Vorfahren

Streckenführung

Wer Zeit hat, sollte von New Ross aus einen Abstecher nach Süden zum Hook Head entlang der R733 Richtung Arthurstown machen und dann über die landschaftlich schöne Küstenstraße fahren. Reisende, die gleich nach Kilkenny weiterfahren wollen, nehmen am besten die R700 von New Ross über Thomastown, eine schön geschlungene hügelige Straße, die durch eine hübsche Weide- und Wiesenlandschaft führt.

Reisepraktische Informationen New Ross

Information
Tourist Information New Ross, *Dunbrody Famine Ship,* ☎ *051-421857, tgl. 9–17 Uhr.*

Unterkunft
MacMurrough Farm-Hostel €, *MacMurrough, ein paar km N von New Ross,* ☎ *051-421383, www.macmurrough.com. Das Hostel ist anzjährig geöffnet. Es bietet 18 Bet-*

ten in Mehrbett-, Doppel- und Familienzimmern und ist auch für Rollstuhlfahrer geeignet. Sehr ruhig gelegen.

Einkaufen
Markt: Entlang The Quay findet in New Ross jeden Samstag ein toller Bauernmarkt statt, 9–13 Uhr.

Tipp: Unterkunft und Gartenbesichtigung
Kilmokea Country Manor and Gardens €€€–€€€€, Kilmokea, Great Island Campile, ☎ 051-388109, www.kilmokea.com, Garten: Febr-Nov tgl. 10–18 Uhr, Erw. 7, Kinder 4 €. Das ehemalige Pfarrhaus aus dem späten 18. Jh. wurde liebevoll restauriert und beherbergt heute eine wunderbare Unterkunft (B&B sowie Selbstversorger). Das Gebäude ist von einem herrlichen Park umgeben. Es gibt einen Felsengarten, einen italienischen Garten mit Teich, einen Iris-, einen Zierkräutergarten und großflächige Wiesen. Der Besitzer bietet auch Aromatherapie an. B&B 75–150 € p. P., Dinner 50 €.

Die Halbinsel Hook Head

Wenige Kilometer vom John-F.-Kennedy-Arboretum entfernt liegt die um 1200 gegründete **Tintern Abbey**. Namensgeber der eindrucksvollen Zisterzienserabtei ist die berühmte Tintern-Abtei in Wales, wo die ersten Mönche herkamen. William the Earl Marshall schwor nach einer besonders rauen Überfahrt, dass er – sollte er die Passage überleben – ein Kloster gründen würde.
Tintern Abbey, Saltmills, 16 km S New Ross, nahe der Kreuzung R733/R734, ☎ 051-562650, www.heritageireland.ie, April–Okt. tgl 10–17 Uhr, Erw. 4, erm. 2 €.

Klostergründung

Ballyhack, 33 km W Wexford, an der landschaftlich schönen R733, ist ein hübscher, kleiner Hafenort. **Ballyhack Castle** wurde um 1450, angeblich von den Knights Hospitalers of St. John, gebaut. Heute ist es als Heritage Centre der Öffentlichkeit zugänglich und beherbergt Ausstellungsobjekte über die Geschichte der Region. In Ballyhack beginnt die landschaftlich schöne Straße entlang der Halbinsel Hook. (R 733/ 734).
Ballyhack Castle, ☎ 051-389468, www.heritageireland.ie, Ende Mai–Aug. tgl. 10.30–17 Uhr, Eintritt frei.

Dunbrody Abbey (gegr. 1210) war einst eines der größten Zisterzienserklöster in Irland. Das Hauptschiff hatte immerhin fast 60 m Höhe. Die Kirche, bestehend aus Schiff, Chor und Querschiff über kreuzförmigem Grundriss, wurde im 16. Jh. gebaut. Später wurden ein gewaltiger Vierungsturm und verschiedene Gebäude, wie Kapitelsaal, Wirtschaftsräume und Bibliothek, hinzugefügt. Die Gebäude waren – typisch für die Zisterzienserklöster – karg, düster und streng. Das Kapitelhaus, das Refektorium und die Küche sind erhalten. Im Kreuzgang erkennt man die Grundmauern eines Lavabos. Im **Dunbrody Abbey Visitor Centre** kann man sich über die Geschichte des Klosters informieren. In den Ruinen von Dunbrody Castle wurden kleine Kunsthandwerkerläden, ein kleines Museum sowie ein Café eingerichtet. Weiterhin gibt es

Großes Kloster

ein riesiges Puppenhaus und eine Replik des Castle zu bestaunen. Abende mit traditioneller irischer Musik und Kochkurse locken weitere Besucher an.
Dunbrody Abbey, *von der R733 S New Ross zur Hook-Halbinsel ab,* ☎ *086-2759149, www.dunbrodyabbey.com, Mitte Mai–Mitte Sept. tgl. 11–18 Uhr, Erw. 3, Kinder 1 €.*

Weiter Blick Die Fahrt von Fethard nach Hook Head fasziniert durch die unendliche Weite des Horizontes und die weiten, offenen Felder, die nur selten von einem Haus unterbrochen werden. Der Blick reicht bis zum Hafen von Waterford und an klaren Tagen sogar bis zu den Comeragh und Galtee Mountains. Am südlichen Ende des Hook Head steht der angeblich älteste arbeitende **Leuchtturm** in Nordeuropa, der noch bis 1996 besetzt war. Angeblich haben schon Mönche im 5. Jh. an der Spitze des Hook Head eine Fackel angezündet. Die Wikinger waren so glücklich über das Licht, dass sie die Mönche in Ruhe ließen.

Hook Head Lighthouse

Im 13. Jh. entstand eine festere Struktur, die mehr oder weniger unverändert auch heute noch steht. An diesem windumtosten Ort kann man sich die Einsamkeit eines Leuchtturmwärters lebhaft vorstellen. Seit dem Jahr 1996 ist der Leuchtturm voll automatisiert und beherbergt ein interessantes Museum. Beidseitig des Leuchtturms beginnen fantastische Wanderwege, die sich lohnen, wenn einen der oft sehr starke Wind nicht stört. Nachdem man ordentlich durchgepustet wurde, kann man im Caféi einkehren und sich vor dem Heimweg schön aufwärmen.
Hook Head Lighthouse, ☎ *051-397055, www.hookheritage.ie, ganzj. Juni-Aug. 9.30–18, Mai u. Sept. bis 17.30 Uhr, sonst bis 17 Uhr. Führungen Juni–Aug. halbstdl., sonst stdl. 11–17 Uhr, Erw. 6, Kinder (5–16 J.) 3,50 €.*

Reisepraktische Informationen Hook-Head-Halbinsel

Essen und Trinken
Templar's Inn, Templetown, ☏ 051-397162, www.thetempalrsinn.com. Familienfreundlich und im Sommer kann man auch draußen sitzen. Meeresfrüchte und Fisch sind die Spezialitäten des Hauses Hauptgerichte 9–20 €. Besitzerin Nancy kennt die Gegend gut und gibt breitwillig Auskunft.

Fähre
Zwischen Ballyhack und Passage East besteht ein Fährbetrieb. **The Passage East Car Ferry**, ☏ 051-382480, www.passageferry.ie. Auto und Passagiere 8 € einfach, 12 € hin und zurück, Fußgänger 1,50 bzw. 2 €.

Kilkenny und Umgebung

Nördlich des River Suir beginnt die Grafschaft Kilkenny. Sanfte Hügel und die lieblichen Niederungen des River Nore, an dem auch die gleichnamige Grafschaftshauptstadt liegt, prägen das romantische Bild dieser fruchtbaren Landschaft.

Kilkenny

Kilkenny hat 12.200 Einwohner und ist eine, wenn nicht gar die am besten erhaltene mittelalterliche Stadt Irlands. Kilkenny bietet alles, was sich ein Irlandbesucher unter einer typisch irischen Stadt vorstellt. Ein majestätisches Schloss, viele kleine Gäßchen, alte Pubs, in denen Live-Musik gespielt wird und eine beeindruckende mittelalterliche Kathedrale. Besonders im Sommer kommen viele Besucher hierher. Zahlreiche Kunst- und Kunsthandwerksläden, nette Restaurants und viele kulturelle Aktivitäten locken. Bereits im 7. Jh. gründete hier der hl. Cainnech ein Kloster und 1202 wurde Kilkenny Bischofssitz. Zur gleichen Zeit entstand anstelle einer Motte-and-Bailey-Anlage eine mächtige Steinburg mit runden Türmen an den Ecken. Der richtige Aufstieg zu einer

Typisch irisch

Ausflug mit dem Rad

Die Gegend um den Fluss Nore und das malerische Umland eignen sich bestens für Radausflüge. Eine besonders schöne Strecke umfasst ca. 80 km und führt durch die malerische Landschaft des Nore River zwischen Kilkenny und Jerpoint. Von Kilkenny geht es über Gowran (Kirchenruine), Tullaherin (Rundturm), Jerpoint Abbey, Kilree (Rundturm und Hochkreuz auf pittoreskem Friedhof), Kells (Abteiruinen), Stoneyford (Jerpoint Glass Studio) nach Bennettsbridge (Kunsthandwerk) und zurück nach Kilkenny. Informationsbroschüren und Kartenmaterial erhält man in der Tourist Information.

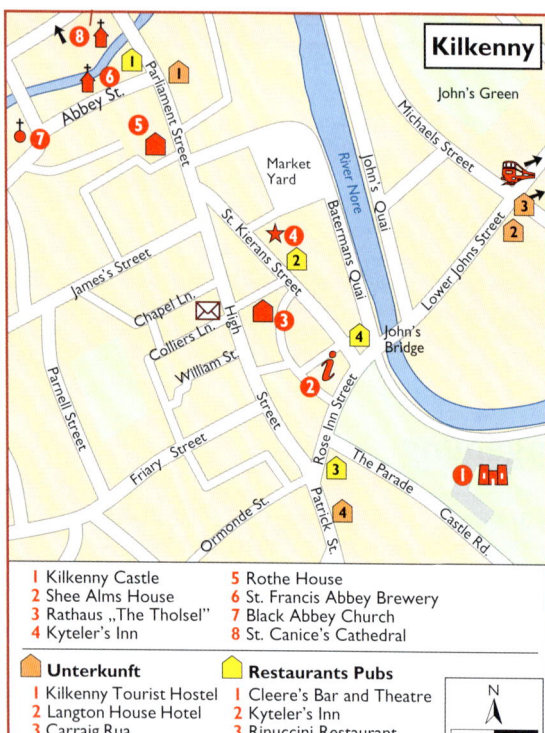

1 Kilkenny Castle
2 Shee Alms House
3 Rathaus „The Tholsel"
4 Kyteler's Inn
5 Rothe House
6 St. Francis Abbey Brewery
7 Black Abbey Church
8 St. Canice's Cathedral

Unterkunft
1 Kilkenny Tourist Hostel
2 Langton House Hotel
3 Carraig Rua
4 Butler House

Restaurants Pubs
1 Cleere's Bar and Theatre
2 Kyteler's Inn
3 Rinuccini Restaurant
4 Tynan's Bridge House

wichtigen Stadt erfolgte erst im 14. Jh., als in Kilkenny das Parlament abgehalten wurde. 1366 und 1367 wurden die „Statutes of Kilkenny" veröffentlicht, die verhindern sollten, dass sich die anglo-normannische Bevölkerung mit der irischen vermische. Im Jahr 1391 erwarb James Butler, der dritte Earl of Ormond, die Burg, und unter diesem anglo-irischen Adelsgeschlecht florierte das englischtreue Kilkenny. Im 19. Jh. erfolgte dann aufgrund der guten neuen Straßenverbindung nach Dublin und nach Cork ein wirtschaftlicher Aufschwung.

Sehenswertes in der Stadt

Kilkenny Castle (1)

Drei mächtige Rundtürme sind von der ursprünglichen Normannenburg erhalten. Der jetzige Bau stammt jedoch weitgehend aus dem 19. Jh. Der Haupteingang im Westen ist ein klassizistischer Torbogen mit vier korinthischen Pilastern. Im Ostteil befindet sich eine Bildergalerie mit der Ahnengalerie der Butlers und Werken von Rubens und Lely. Im Südturm hat die Butler Society, eine weltweite Organisation von Mitgliedern der Butler Familie, ihren Sitz. 1967 übergaben die Butlers von Ormond das Schloss der Stadt Kilkenny. Die Stadt schenkte es dann dem Staat. 40-minütige Führungen konzentrieren sich vor allem auf die Long Gallery, eine beeindruckende Halle mit Deckengemälden mit keltischen und pre-rephaelitischen Motiven und schönen Tapisserien.

Kilkenny Castle, ☎ 056-7704100, www.kilkennycastle.ie, tgl. April–Mai, Sept. 9.30–17.30, Juni–Aug. tgl. 9–17.30, Okt.–Feb. 9.30–16.30, März tgl. 9.30–17 Uhr, Eintritt 7, erm. 3 €. Im Untergeschoss des Castle befindet sich die Butler Gallery, eine der wichtigsten Kunstgalerien außerhalb Dublins, wo Wechselausstellungen zeitgenössischer Kunst zu sehen sind. Gallery und Cafe können unabhängig von einer Führung besucht werden. Eintritt frei.

Gegenüber der Burg lohnt das **Kilkenny Design Craft Centre** einen Besuch. Hier kann man schöne Dinge aus Wolle, Glas, Stoff, Holz, Keramik und Edelmetall, alle von ausgewählten irischen Künstlern und Kunsthandwerkern, erwerben.

Kilkenny Design Craft Centre, Castle Yard, ☎ 056-7722118, www.kilkenny design.com, tgl. 10–19 Uhr.

Shee Alms House (2), ein schönes Haus im Tudor-Stil, wurde 1584 für die Armen der Stadt gebaut und war noch bis Ende des 19. Jh. in Betrieb. Hier ist heute die Tourist Information untergebracht. **Das Rathaus (3)**, auch „The Tholsel" genannt, entstand in der 2. Hälfte des 18. Jh., wurde aber nach einem Brand 1987 komplett restauriert. Einige Steinstufen führen zur St. Kieran's Street hinunter. Hier befindet sich **Kyteler's Inn (4),** ein Gebäude aus dem 14. Jh., angeblich Kilkennys ältester Gasthof. Er hat einen schönen Innenhof mit zwei Brunnen sowie einen eindrucksvollen Gewölbekeller. Hier soll der Wirkungsort der 1280 geborenen „Hexe" Alice Kyteler gewesen sein, die ihre vier Ehemänner um die Ecke gebracht haben soll. Sie wurde daher für eine Hexe gehalten, konnte aber der Verbrennung durch Flucht entgehen.

Sehenswerte Gebäude

Rothe House (5) ist ein wohlerhaltenes Kaufmannshaus aus dem 16. Jh. Es beherbergt heute das sehenswerte Stadt- und Heimatmuseum und der Hauptsitz der Kilkenny Archaeological Society. Allein das Gebäude lohnt einen Besuch. Es besteht aus drei hintereinander liegenden Tudor-Häusern und wurde in der Zeit von 1594 bis 1610 gebaut. An der Außenfront sieht man die durch Mittelpfosten geteilten Fenster, ein typisches Merkmal der Tudorzeit.
Rothe House, Parliament Street, ☎ 056-7722893, April–Okt. Mo–Sa 10.30–17, So 15–17, Nov.–März Mo–Sa 10.30–16.30 Uhr.

In der **St. Francis Abbey Brewery (6)**, Teil des Guinness Imperiums, wird u.a. Smithwick's Draught, Irlands beliebtestes Ale, gebraut. Die Ruinen der Franziskanerabtei stammen aus dem 13. und 14. Jh., die Brauerei kann besichtigt werden.
St. Francis Abbey Brewery, Parliament Street, ☎ 056-779 6498, www.smithwicksexperience.com, März–Okt. 10–18, Nov.–Feb. 11-17 Uhr, Erw. 12, Kinder 4 €

Die **Black Abbey Church (7)** (von der Parliament Street die Abbey Street links hoch und durch das Tor) wurde 1225 für den Dominikanerorden gegründet und wird auch heute noch für Gottesdienste genutzt. Der Name Black Abbey geht auf die Dominikanermönche zurück, die auch die „schwarzen Mönche" genannt wurden.

Auf der anderen Seite des Flusses Bregagh liegt die **St. Canice's Cathedral (8)** (erbaut zwischen 1202 und 1285). Sie ist eine der schönsten mittelalterlichen Kathedralen Irlands. Seit über 800 Jahren wird hier Gottesdienst abgehalten. Sie wurde an der Stelle zweier früherer Kathedralen erbaut, die Bränden (1086 und 1114) zum Opfer gefallen waren. Abgesehen vom Turm und wenigen Veränderungen während der Restaurierungsarbeiten im 19. Jh., stammen Hauptschiff, Chor und zwei Querschiffe noch aus dem 13. Jh. An der Südseite der Kathedrale erhebt sich ein Rundturm (9. Jh.). Bis auf das fehlende Kegeldach ist der 30,5 m hohe Turm gut erhalten. Die schönen Grabmale – das älteste Grabmal stammt von 1285 – sind aus schwarzem Marmor. Dieser wird in der Nähe von Kilkenny gebrochen.

Mittelalterliche Kathedrale

St. Canice's Cathedral, Church Lane, ☎ 056-7764971, www.stcanicescathedral.com, Apr./Mai/Sept. Mo–Sa 10–13, 14–17, So 14–17, Juni–Aug. Mo–Sa 9–18, So 14–18, Okt.–März Mo–Sa 10–13, 14–16, So 14–16 Uhr. Kirche und Turm Erw. 6, erm. 5 €, nur Kirche: Erw. 4, erm. 3, nur Turm: 3 €.

Reisepraktische Informationen Kilkenny

Information
Tourist Information Kilkenny, Shee Alms House, Rose Inn Street, ☎ 056-7751500, www.kilkennytourism.ie, ganzjährig geöffnet.

Unterkunft
*** Butler House €€–€€€ **(4)**, 16 Patrick Street, ☎ 056-7722828, www.butler.ie. Das wunderschöne efeubewahsene Haus der Butlers stammt von 1770 und ist Teil des Castle Estates. Alle 13 Zimmer sind unterschiedlich, aber hell und klar und mit viel Kunst eingerichtet. Butler House bietet elegante aber ungezwungene Unterkunft.
**** Langton House Hotel €€ **(2)**, 69 John Street, ☎ 056-7765133, www.langtons.ie. Etabliertes Hotel im Familienbetrieb, luxuriös, aber behaglich, mit 34 Zimmern und Restaurant, Bars und Nachtclub. Es gibt die traditionelle Edward Langton Bar, die Garden Bar, den Swing Club (Do–Sa) in der 67Bar und den Langton Club Di, Do und Sa ab 22 Uhr.
Carraig Rua €€ **(3)**, Dublin Road, ☎ 056-7722929, www.bandbcitykilkenny.com. Einfaches B&B in Bahnhofsnähe.
Kilkenny Tourist Hostel € **(1)**, 35 Parliament Street, ☎ 056-7763541, www.kilkennyhostel.ie. Die Herberge in einem alten Stadthaus im Zentrum, wird im Familienbetrieb geführt, sauber und freundlich. Ganzjährig geöffnet, auch DZ (Merhbettzimmer ab 15 €).

Essen und Trinken
Kyteler's Inn (2), St. Kieran's Street, ☎ 056-7721064, www.kytelersinn.ie. Das Gasthaus stammt angeblich schon aus dem 14. Jh. und hat einen schönen Innenhof und einen eindrucksvollen Gewölbekeller. Mehrere Bars und sogar ein Nachtclub befinden sich hier unter einem Dach. Es gibt anständiges Bar Food und irische Folklore.
Rinuccini Restaurant (3), 1 The Parade, ☎ 056-7761575, www.rinuccini.com. Etabliertes, italienisch-irisches Restaurant im Familienbetrieb, gegenüber vom Castle, tgl. Lunch Mo–Fr 12–14.30, Sa/So 12–15 Uhr, Dinner Mo–Sa 17–22, So bis 21.30 Uhr. Mittlere bis gehobene Preisklasse.
Langton House Hotel, s.o.

Pubs
Kyteler s Inn, s.o.
Cleere's Bar & Theatre (1), 28 Parliament Street, ☎ 056-7762573, www.cleeres.com. Alteingesessener Pub, regelmäßig trad. Live-Musik (z. Zt. Mo), gute Stimmung, Pub-Food.
Tynan s Bridge House (4), St. John s Bridge, ☎ 056-7721291. Schöner uralter Pub mit viel Atmosphäre.
Langton House Hotel, s.o.

Hunderennen
Hunderennen finden im James' Park, Freshford Road, ☎ 056-7721214, jeden Mi u. Fr um 18.30 Uhr, statt. Erw. 10 €, erm. 4 €.

Feste/Veranstaltungen
Im August findet das 10-tägige **Kilkenny Arts Festival** statt, mit zahlreichen Veranstaltungen (Musik, Literatur, Kunst, Theater, Film, Kinderprogramm), www.kilkennyarts.ie.

Ende September folgt das **Kilkenny Celtic** Festival, ein einwöchiges Fest, bei dem irische Traditionen im Vordergrund stehen.

Einkaufen
Kilkenny Design Craft Centre, s.S. 198
Über 100 Kunsthandwerker arbeiten in und um Kilkenny, z. B. in Bennettsbridge, Graiguenamanagh und Stonyford. Siehe auch www.kilkennytourism.ie/craft_trail.

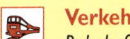
Verkehrsverbindungen
Bahnhof und Busbahnhof befinden sich in der John Street. Tägliche **Bus Éireann**-Verbindungen nach Dublin, Cork und Waterford sowie nach Longford und Athlone. Der **Regionalbus JJ Kavanagh** (☎ 081-8333222, www.jjkavanagh.ie) hat tägliche Verbindungen von Kilkenny z. B. nach Carlow, Thomastown und Portlaois. Tägliche **Zugverbindungen** nach Dublin und Waterford (☎ 056-772 2024).

Umgebung von Kilkenny

In **Tullaroan** (14 km W Kilkenny) lohnt für Sportfans ein Besuch im **Lory Meagher Heritage Centre**, ein zweigeschossiges, reetgedecktes Haus aus dem 17. Jh. In dem nach dem legendären Hurlingspieler benannten Haus wurde ein Museum zu Geschichte und Gegenwart des irischen Nationalsportes Hurling eingerichtet. Hurling ist eine entfernte Sportart des Hockey und gilt als das schnellste Feldspiel der Welt.
Lory Meagher Heritage Centre, Tullaroan, ☎ 056-7769202, März–Okt. Mo–Fr 10–17.30, So 14–17 Uhr, Mai–Sept. So Lunch 12.30–14.30 Uhr nach vorheriger Anmeldung, Nov.–Feb. So 14–17 Uhr.

Südlich von Urlingford, 12 km W Freshford an der R690, liegt in einem Waldstück, am Rande der nördlichen Ausläufer der Slieveardagh Hills, **Kilcooly Abbey**. Die Abtei wurde 1182 für Mönche aus dem Mutterkloster Jerpoint gegründet. Nachdem die Kirche in der Mitte des 15. Jh. fast komplett zerstört worden war, wurde sie ohne ursprüngliche Seitenschiffe, jedoch mit nördlichem Querschiff und Turm wieder aufgebaut. Dort, wo Hauptschiff und Chor zusammentreffen, kann man zwei Steinsitze für den Abt und seine Bediensteten sehen, die von einem Kielbogen überspannt sind. Kilcooly Abbey birgt weitere Werke des Steinmetzmeisters Rory O'Tunney: Im Chor stehen das Grabmal für Abt Philip (gest. 1463) und das Grab des Piers Fitz Oge Butler (gest. 1526) mit der Inschrift „Roricus O Tuyne scripsit". Der Ritter liegt auf dem Deckel des Sarkophags. Er hat ein Schwert an seiner Seite und – als Symbol seiner Tapferkeit – einen Löwen. Zehn würdige Figuren mit langen Gewändern sind an der Seite des Sarkophags dargestellt. Jeder der Heiligen und Kirchenväter hält einen symbolischen Gegenstand in den Händen: Bücher, Beile und Kelche als Zeichen der Gelehrsamkeit.

Symbolik

Einkehr-Tipp
Wer auf dem Weg nach Dublin ist, sollte in Abbeyleix, 30 km N Kilkenny, unbedingt eine Pause im **Morrissey's**, einem urgemütlichen altmodischem Pub einlegen – für Kenner der allerbeste Pub der ganzen Welt!

Beeindruckender Bauschmuck von Jerpoint Abbey

Versteck der Wikinger

Dunmore Cave ist eine gewaltige Tropfsteinhöhle mit wunderbaren Steinformationen. Die zahlreichen Kammern boten den Iren schon zur Zeit der Wikinger Unterschlupf und Schutz.

Dunmore Cave, *Castlecomer Rd, 12 km N Kilkenny an der N78, nicht im Dunmore Dorf, ☎ 056-7767726, www.heritageireland.ie, März–Mitte Juni tgl. 9.30–17, Mitte Juni–Mitte Sept. tgl. 9.30–18.30, Mitte Sept. –Okt. tgl. 9.30–17, Nov.–März Mi–So 9.30–17 Uhr. Zutritt nur mit Führungen (1 Std.) möglich. Letzter Einlass jeweils 1 Std. vor Schluss, Erw. 4, erm. 2 €.*

Jerpoint Abbey, am Ufer des Flusses Little Arrigle gelegen, ist eine beeindruckende Zisterzienser-Abtei. Sie bestand bis 1540. Im Mittelalter gab es eine Stadt Jerpoint, die aber im 17. Jh. zerfiel. Vermutlich wurde Jerpoint Abbey Mitte des 12. Jh. zunächst für Benediktinermönche gegründet. Im Jahre 1180 kamen Zisterziensermönche hierher. Die an den Grafen von Ormond verpachteten Besitztümer der Abtei umfassten eine Reihe von Pfarrhäusern, Ackerland, Weideland und Wälder sowie Fischereien – insgesamt 5.870 Hektar, die sich noch bis in die Mitte des 17. Jh. im Besitz der Butlers befanden.

Typischer Aufbau

Jerpoint Abbey zeigt den typischen Aufbau eines Zisterzienserklosters: Kreuzgang, im Norden davon die Kirche (Hauptschiff, Seitenschiff, zentralem Vierungsturm, Querschiffen und Chor), an den anderen Seiten Kapitelhaus, Refektorium, Dormitorium, Küche und Wirtschaftsgebäude. Die **Kirche** entstand zwischen den Jahren 1160 und 1180. Das Hauptschiff wirkt trotz der spitzbogigen Arkaden noch ganz romanisch. Die

Kapitelle der Arkadenpfeiler sehen den Flechtmustern der irischen Hochkreuze sehr ähnlich. Interessant sind die verschiedenartig gestalteten Pfeiler: Man sieht sowohl runde, als auch polygonale und quadratische Varianten. Auch die Fenster im Lichtgaden und das Westfenster mit drei runden Bögen zeigen noch romanischen Stil. Der Chor und die Querschiffe im Ostteil der Kirche entstanden um 1160. Noch ganz romanisch ist das Tonnengewölbe im Chor. Das jetzige Ostfenster mit seinem kunstvollen Filigranmuster stammt jedoch aus dem 14. Jh.

Die strenge Regel der frühen Zisterzienser verbot den Bau eines Steinturms. Der **Turm** wurde erst im 15. Jh. hinzugefügt. Er ruht auf vier massiven Pfeilern und hat ein feines Fächergewölbe. Als der Turm gebaut wurde, schien Jerpoint Abbey – zu diesem Zeitpunkt unter dem Schutz der Butlers von Kilkenny – etwas aufzuleben. Die Anzahl der Denkmäler für Laien und die Wappenwandmalereien im Chor weisen auf eine leichte Loslösung von der ursprünglichen Ordensstrenge der Zisterzienser hin. Zu den Schätzen der Kirche gehören wunderschöne **spätmittelalterlichen Grabdenkmäler**. Viele von diesen wurden in der berühmten Steinmetzwerkstatt von Callan gefertigt.

Strenge Regeln

Im Laufe der Restaurierungsarbeiten fand man **mittelalterliche Fliesen**, die aus dem 14. und 15. Jh. stammen. Die Steingutfliesen mit Bleiglasur benutzte man in Kirchen und manchmal in Klöstern und Kapitelsälen als Fußbodenbelag. In Jerpoint fand man zweifarbige Intarsienfliesen. Sie zeigen das Gesicht eines Löwen mit einem gepunkteten runden Band. Andere Fliesen haben vier verschiedene aufgeprägte Muster: einen aufgerichteten Löwen, die bourbonische Lilie, ein naturalistisches Muster auf einem Rahmen mit Spitzen und eine Fliese mit dem Motiv eines Rebstockschnörkels.

Das **Kloster** liegt auf der Südseite der Kirche. Faszinierend ist der **Kreuzgang** aus dem 15. Jh. Viele der Pfeiler sind mit interessanter Bauornamentik verziert, die eine beeindruckende Vielfalt an figuralen Skulpturen zeigen. Zwischen den zierlichen Zwillingssäulen sieht man verschiedene Figuren, z. B. einen Ritter und seine Dame, einen Bischof, aber auch Grotesken und kleine Figuren, die überraschend in Ecken und auf Sockeln auftauchen. Der Skulpturenschmuck wurde von Rory O'Tunney und anderen Steinmetzen aus seiner Werkstatt angefertigt.

Feine Skulpturen

Jerpoint Abbey, *an der N 9 gelegen, 2 km S Thomastown, ☎ 056-7724623, www. heritageireland.ie, tgl. März–Sept. 9–17.30, Okt. 9–17, Nov.-Anf. Dez 9.30–16 Uhr, Anf. Dez.–März nach Anmeldung, Erw. 4, erm. 2 €*

Unterkünfte in Thomastown

Ballyduff House €€, Breda Thomas, Thomastown, ☎ 056-7758488, www. ballyduffhouse.com, 10 Min. von Jerpoint Abbey. Das wunderschöne Landhaus aus dem 18. Jh. ist von einem großen Anwesen umgeben und ideal, um sich zu entspannen, spazieren zu gehen oder Ausflüge in die Umgebung zu unternehmen. Ungezwungene und persönliche Atmosphäre und drei gemütliche, mit altem Mobiliar eingerichtete Zimmer. Kinder willkommen. 50 € p. P.
Mount Juliet €€€–€€€€, Thomastown, www.mountjuliet.ie. Das berühmte Golfhotel bietet luxuriöse Unterkunft nicht nur für Liebhaber des Golfsports.

> **Lustwandeln**
>
> Der **Park Kilfane Glen and Waterfall** mit Wasserfall, Grotte, romantischen Wegen und einem reizenden Gartenpavillon wurde 1790 angelegt und kann besichtigt werden. Im Gartenpavillon kann man schön Tee trinken. In einem Teil des Gartens finden moderne Kunstausstellungen statt. Lage: 3 km N Thomastown an der N9, ☏ 056-7727105, www.kilfane.com, Juli/Aug. tgl. 11–18 Uhr, Erw. 7 €.

Schöne Brücke

Der kleine, pittoreske Ort **Inistioge** (ausgesprochen Inisteeg) liegt am westlichen Ufer des Nore. Die schöne Brücke mit zehn Bögen stammt aus dem 18. Jh. Mit seiner altertümlich aussehenden Kirche und dem hübschen Dorfplatz diente Inistioge schon öfter als Drehort für Filme. In der Umgebung kann man nett spazieren gehen, z. B. im Woodstock Park. Nordöstlich vom Dorf erhebt sich der Brandon Hill 516 m hoch.

Graiguenamanagh ist eine kleine, freundliche Stadt am Ufer des Flusses Barrow mit einigen guten Bücherantiquariaten, Secondhand-Bookshops und einem dreitägigen Bücherfestival im September (www.graiguenamanaghtownofbooks.com). Die relativ gut erhaltene **Duiske Abbey** wurde 1204 gegründet und ist die größte der 34 mittelalterlichen Zisterzienserabteien. Im Baptisterium gibt es einen Türbogen aus dem frühen 13. Jh. Das kleine **Abbey Centre** beherbergt eine Ausstellung über die Geschichte der Abtei sowie zeitgenössische christliche Kunst.

Abbey Centre, ☏ *059-9725893/9724238, ganzjährig, tgl. 9–18, im Winter 9–17 Uhr.*

Waterford und Umgebung

Waterford

Waterford ist Irlands älteste Stadt und feierte 2014 ihren 1.100ten Geburtstag. Der Dänenkönig Reginald baute im Jahre 1050 eine erste Kirche, und zwar an der Stelle, an der heute die Christ Church steht. Strongbow besiegte 1170 die Dänen. Er nahm Waterford in seinen Besitz und heiratete die Tochter von Dermot, dem König von Leinster. 1493 wurde der Stadt wegen der stets königstreuen Haltung vom englischen König der Wahlspruch „Intacta manet Waterfordia" verliehen. Im späten 18. und 19. Jh. entwickelte sich eine florierende Glasindustrie. Als besonders wertvoll gelten die Gläser der Jahre 1780–1810. Durch hohe Steuerabgaben wurde die Produktion erheblich erschwert und musste in der Mitte des 19. Jh. aufgegeben werden. Erst 1947 erinnerte man sich wieder an die alte Kunst, und die Arbeit in der Glasherstellung wurde erneut aufgenommen. Das Kristall aus Waterford ist ein wichtiger Bestandteil der Souvenirindustrie.

Waterford ist nicht sonderlich schön, und ein richtiges Stadtzentrum gibt es eigentlich nicht, dafür aber ein hervorragendes Stadtmuseum, das anhand von seltenen und

Waterford mit Reginald's Tower

kostbaren Kunstgegenständen die tausendjährige Geschichte der Stadt an drei historischen Schauplätzen dokumentiert: im Reginald's Tower, im Bishop's Palace und im Medieval Museum (waterfordtreasures.com). **Reginald's Tower** wurde im späten 12./frühen 13. Jh. gegründet und ist das einzig komplett erhaltene Gebäude dieser Art in Irland. Mit seinen 3–4 m dicken Wänden ist es ein herausragendes Beispiel einer mittelalterlichen Verteidigungsanlage. Im Jahr 1463 richtete man im Turm eine Münze ein und im 19. Jh. diente er als Stadtgefängnis. Das besucherfreundliche **Medieval Museum** beherbergt verschiedene Kostbarkeiten, wie z. B. das Great Parchment Book, welches bis ins kleinste Detail Aspekte des mittelalterlichen Lebens darstellt. Im hervorragend renovierten **Bishop's Palace** kann man vor allem Stadtgeschichtliches aus den Jahren 1700–1970 bewundern.

Stadtgeschichte

Reginald's Tower, ☎ 051 304220, Jan.–Anf. März Mi–So 9.30–17, Ende März–Mitte Dez. tgl. 9.30–17.30 Uhr, Erw. 3 €, erm. 1 €.
Medieval Museum, Cathedral Square, Mo–Fr 9.15–18, Sa ab 9.30, So ab 11 Uhr. Sept.–Mai jeweils bis 17 Uhr., Erw. 7 Euro, erm. 4 Euro.
Bishop's Palace, The Mall, gleiche Öffnungszeiten und Preise wie Medieval Museum.

Einzigartig in Europa, wurden beide Kathedralen, die katholische und die protestantische, von einem Architekten, nämlich John Roberts, erbaut. Die **Christ Church Cathedral** gilt als schönstes neo-klassizistisches Kirchengebäude in Irland. Der Architekt war John Roberts, der auch die katholische Kathedrale gestaltet hat. Das Gotteshaus wurde 1773 an Stelle einer Kirche aus dem Mittelalter errichtet, von der noch einige Grundmauern und Pfeiler erhalten sind. 1815 fielen Teile des Gotteshauses einer Feuersbrunst zum Opfer. 1891 wurde eine neue Fassade gebaut. Wunderschön ist in dem klar gestalteten Innenraum die Stuckdecke. Auf der hervorragend renovierten Elliot Jones Orgel (1817) werden oft Konzerte gegeben. Eine weitere Besonderheit ist das sogenannte *cadaver monument* aus dem 15. Jh. Es handelt sich um das Grabmal des

Orgelkonzerte

damaligen Bürgermeisters James Rice. Das Monument zeigt den Schrecken des Todes und die Kürze und Vergänglichkeit des irdischen Lebens. Dargestellt ist ein stark verwester Körper, auf dem Würmer, ein Frosch und eine Kröte kriechen. An der Seite des Grabmals erinnern Heiligenfiguren an die Herrlichkeit des himmlischen Lebens.
Christ Church Cathedral, Cathedral Square, 051-858958, www.christ churchwaterford.com, Ostern–Okt. Mo–Sa 10–17, im Winter 12–15 Uhr. Führungen (auf Anfrage): 5 € für 2 Pers.

Die **Chamber of Commerce**, die Handelskammer in der O'Connell Street entstand Ende des 18. Jh. und hat ein ovales freitragendes Treppenhaus. Der Architekt war ebenfalls John Roberts. Der umgebaute **Getreidespeicher The Granary** dient als Besucherzentrum mit Touristeninformation, Souvenirshop und Cafeteria. Nett gemacht ist die **William Vincent Wallace Plaza** entlang des River Suir, wo kleine Theater- und Musikveranstaltungen stattfinden. Besonders gelungen sind hier vor allem die gläserne Skulptur, die sich mit den Gezeiten bewegt, sowie die halboffene Bühne mit ihren seitlichen Flächen, deren Form Wikinger-Schutzschildern nachempfunden sind.

Reisepraktische Informationen Waterford

Information
Tourist Information Waterford, Treasury Museum, The Quay 051-875823 www.southeastireland.com, ganzjährig geöffnet.

Unterkunft
*** Coach House €€, Butlerstown Castle, Butlerstown, Cork Road, 051-384656, www.butlerstowncastle.com. Das umgestaltete Kutschenhaus des Butlerstown Castle liegt 5 km außerhalb Waterfords wunderbar romantisch im Grünen und hat 7 Zimmer und ein Restaurant.

Essen und Trinken/Pub/Einkaufen
Markt, Merchant's Quay, Sa/So 12–17 Uhr. Toller Bauernmarkt mit Produkten aus der näheren Umgebung sowie Brasserie/Grill im oberen Stockwerk.
Henry Downes Bar, Thomas Street, ab 17 Uhr. Spezialität des gemütlichen Pubs ist der „hausgemachte" Irish Whiskey.

Pferderennen
Waterford and Tramore Racecourse, 051-381425, www.tramore-racecourse.com. Im Jan., März und Nov. finden Rennen statt. Das Hauptereignis ist jedoch das 4-tägige Pferderennen Mitte August.

Verkehrsverbindungen
Bus Éireann, Plunkett Station, 051-879000, Expressbusse in alle Landesteile.
Zugverbindungen nach Dublin über Kilkenny, nach Rosslare Europort über Wexford und nach Limerick über Carrick-on-Suir. Der Bahnhof Plunkett Station, 051-873401, befindet sich auf der Nordseite des Flusses.
Fähre: s. S. 197.

Umgebung von Waterford

An der Küste von Waterford gibt es eine Reihe von Sandstränden, an denen man herrlich spazieren gehen oder Wassersport betreiben kann.

Tramore und Dunmore East

Tramore, ein paar Kilometer südlich von Waterford, ist ein bescheidenes Seebad mit *amusement park* und mehreren Surfschulen. Tramore ist von weiten Stränden umgeben. Herrlich schwimmen kann man in der geschützten Guillamene Cove. Schön ist auch der 8 km lange, gut ausgeschilderte Doneraile Walk.

Die **Copper Coast** ist Teil des European Geopark Network, wobei sich der Name auf den ehemaligen Kupferabbau in dieser Region bezieht. Schöne Strände zwischen Tramore und Dungarvan gibt es beispielsweise in Annestown, Bunmahon, Stradbally, Clonea und Ballinacourty. Entlang dieser Strecke liegen auch mehrere kleine Dörfer. Landeinwärts erstrecken sich die Comeragh Mountains (www.copper-coast.com).

Kupfer-Küste

Dunmore East (16 km S Waterford, www.discoverdunmore.com) ist ein malerisches Dorf. Entlang seiner gewundenen Hauptstraße ziehen sich einige reetgedeckte Häuser. Ein Strand befindet sich im Ort selber, der andere, der Counsellor's Strand liegt in der Nähe des Golfplatzes.

Waterfords Umgebung ist ländlich geprägt

Reisepraktische Informationen Dunmore East

Unterkunft
The Strand Inn €€–€€€, ☏ 051-383174/383161, www.thestrandinn.com. Das direkt am Wasser gelegene Hotel mit Bar und Restaurant wird seit vielen Jahren von der bekannten Hotelier-Familie Foyle geführt. In der Bar (mit Pooltable) gibt es im Sommer täglich Live-Musik. Die meisten Zimmer haben Meeresblick. Bar 12-1 (Küche bis 21), Restaurant Frühstück 8-12.30, Lunch 12.30 bis spät.

Dungarvan

Maritime Vergangenheit

Der lebendige Küstenort **Dungarvan**, 30 km SW Waterford, wird von den Comeragh und den Knockmealdown Mountains eingerahmt und hat schöne Sandstrände sowie vielfältige Übernachtungsmöglichkeiten. Das heutige Ortsbild geht auf das 19. Jh. zurück, als die Stadt schachbrettartig um den Grattan Square angelegt wurde. In der Old Town Hall gegenüber der Friary Church ist eine Ausstellung zur maritimen Vergangenheit des Ortes zu sehen (St. Augustine Street, ☏ 058-454960, Mo–Fr 10–17 Uhr). **Dungarvan Castle** stammt aus normannischer Zeit und kann mit Führung besichtigt werden.
Dungarvan Castle, ☏ 058-48144, www.heritageireland.ie, Juni–Sept. tgl. 10–18 Uhr, Eintritt frei.

In den letzten Jahren hat sich Dungarvan immer mehr zu einem kulinarischen Zentrum entwickelt und bietet inzwischen einige interessante Restaurants, eine **Kochschule**, einen tollen **Farmers Market** (Do 9.30–14 Uhr) und sogar ein **Food Festival** (www.waterfordfestivaloffood.com).

Die **Ring Halbinsel** (An Rinn), 12 km S Dungarvan, ist eine kleine Oase gälischer Musik und Kultur und für seine Sprachschule Coláiste na Rinne (www.anrinn.com) berühmt. Wunderschön gelegen, gibt es hübsche Spazierwege und die Möglichkeit zur Vogelbeobachtung.

Reisepraktische Informationen Dungarvan

Information
Tourist Information Dungarvan, Court House, Bridge Street, ☏ 058-41741.

Unterkunft/Essen und Trinken

The Tannery €€, 10 Quay Street, ☏ 058-45420, www.tannery.ie. Moderne irische Küche. Fr 12.30–14.30, So bis 15.30, Di–Sa ab 17.30 Uhr, Juli/Aug. auch So zum Dinner. Gehobene Preisklasse. Hauptgerichte 18–28 €. 14 Zimmer, 57,50-70 € p. P. Die Kochschule führt Restaurantchef Paul Flynn. Sein Markenzeichen: Innovative Kochkunst, kunstvoll präsentiert.

Reisepraktische Informationen Dungarvan 209

Pub
Marine Bar, Pulla (8 km W Dungarvan), ☏ 058-41583. Der beste Ort, um traditionelle irische Folklore zu geniessen. Die Sessions finden jeweils Mo und Sa statt, im Sommer fast täglich.

Golf
Das Golf-Dreieck: Drei Championship Golfplätze, auf denen auch Besucher spielen dürfen, liegen hier in unmittelbarer Nähe nebeneinander: der West Waterford Golf & Country Club, der Dungarvan Golf Club und der Golf Coast Golf Club, www.golftriangle.com.

Ardmore

Der beliebte Ferienort hat vier schöne, saubere Strände und erstreckt sich recht malerisch vom Meeresufer den von Ferienhäusern gesäumten Hügel hinauf. Entlang der Hauptstraße gibt es einige Cafés, Pubs und bescheidene Restaurants. Im Ort steht einer der am besten erhaltenen **Rundtürme** in Irland. Er ist 29 m hoch und stammt aus dem späten 12. Jh. Die sechs Stockwerke des schlanken Turms sind durch Leitern miteinander verbunden.

In dem sogenannten St. Declan's Oratory befindet sich angeblich das Grab des hl. Declan, der hier Irlands erste christliche Siedlung im Jahre 416 begründete, also noch vor dem Eintreffen von St. Patrick. Das kleine Gebäude stammt vermutlich aus dem 8. Jh., obwohl die Außenwände und das Dach im 18. Jh. erneuert wurden. Außen an der Westseite sieht man romanische Reliefs, die vermutlich aus dem 12. Jh. stammen.

Heiligengrab

 Zwei Wanderrouten ab Ardmore

Der **Cliff Walk** führt als Rundweg vom Friedhof durch Ginster und Baumheide zu den Klippen, von wo aus man eine wunderbare Aussicht auf die Bucht von Ardmore genießen kann. Man kommt an Father O'Donnell's Well vorbei, einem Brunnen, den Father O'Donnell in den 1920er-Jahren nach der erstaunlichen Heilung seines Augenleidens hier errichtet hat. Er hatte die Hoffnung, dass der Ort ein zweites Lourdes werden könne. Der Weg führt weiter entlang der 1867 errichteten Küstenwache. Über den Saint Declan's Stone – der Legende zufolge soll der Stein nach St. Declans Besuch mit den Wellen ans Land gespült worden sein – gelangt man wieder ins Dorf. Der Weg ist 5 km lang und dauert 60–90 Minuten. Im örtlichen Touristenbüro gibt es ein Faltblatt mit einer Karte und Erläuterungen zum Weg.

Der **St. Declan's Way**, ein alter Pilgerweg, verbindet Ardmore mit Cashel. Der Weg ist 94 km lang, führt durch herrliche Landschaft, ist gut ausgeschildert und dauert rund drei Tage. Katholische Pilger wandern am St. Declan s Day, dem 24. Juli. Ordnance Survey Discovery Series Nr. 66, 74, 81 und 82 decken den gesamten Weg ab. Übernachtungsmöglichkeiten entlang der Strecke.

Youghal

Langer Standstrand

Youghal (Grafschaft Cork, 30 km O Cork an der N25) liegt an der Mündung des Blackwater River und ist eine nette Hafenstadt mit 6.600 Einwohnern und einem 8 km langen Sandstrand. Der Name „Youghal" (ausgesprochen „Yawl") geht auf einen früheren Eibenwald zurück (Eibe = yew). Die Stadt wurde im 13. Jh. von den Anglo-Normannen gegründet, aber vermutlich bestand hier schon vorher eine Wikingersiedlung.

Sir Walter Raleigh (1552–1618) war eine Zeit lang Gouverneur in Youghal und soll hier die erste Kartoffel in Irland gepflanzt haben. Im 19. Jh. wurden Kartoffeln das Hauptnahrungsmittel der Iren. Das elisabethanische **Myrtle Grove** ist neben Ormond Castle (s. S. 212) das einzige in Irland erhaltene Gebäude aus dieser Zeit. Angeblich hat hier Raleigh gelebt.

Pubs und Cafés

Wie in so vielen Kleinstädten Irlands gibt es in Youghal eine lange, geschäftige Hauptstraße mit kleinen Geschäften, Pubs und Cafés. Die Hauptstraße wird von einem vierstöckigen Uhrenturm aus dem Jahr 1776 überspannt. Man kann über steile Treppen auf die Stadtmauer hinaufklettern, deren Fundamente zum Teil aus dem 13. Jh., überwiegend jedoch aus späterer Zeit stammen. Das **Visitor & Heritage Centre** bietet seinen Besuchern umfassende Informationen über die Geschichte der Stadt.
Visitor & Heritage Centre. *Market Square, ☏ 024-92447, ganzjährig geöffnet.*

Die gut erhaltene **St. Mary's Church** aus Naturstein lohnt einen Blick. Sie stammt aus dem 13. Jh. und ersetzte eine ältere Kirche aus dem 11. Jh. Im 16. Jh. wurde die Kirche zerstört und erst in den 1850er-Jahren wieder hergerichtet. Beeindruckend ist das flamboyante Grabmal von Richard Boyle und seiner Familie aus dem 17. Jh. Das **Fox's Lane Folk Museum** beherbergt ein Sammelsurium an Haushaltsgegenständen vom späten 19. Jh. bis Mitte des 20. Jh.
Fox s Lane Folk Museum, *North Cross Lane, ☏ 024-91145, www.tyntescastle.com, Juli–Sept. Di–Sa 10–13, 14–18 Uhr, Erw. 4, Kinder 2 €.*

Der **Memorial Park** an der Promenade ist dem Gedenken irischer Freiheitskämpfer gewidmet.

Reisepraktische Informationen Youghal

ℹ Information
Tourist Information Youghal, *Market Square, ☏ 024-92447, www.youghal.ie, ganzjährig geöffnet.*

🍴 Unterkunft/Essen und Trinken
**** Aherne's Townhouse and Seafood Bar €€–€€€, *163 North Main Street, ☏ 024- 92424, www.ahernes.net.* Nobles Restaurant mit Unterkunft (12 Zimmer). Aherne's ist in der dritten Generation im Familienbesitz. Im Restaurant und in der Bar gibt es eine wechselnde Speisekarte, abhängig von der Saison und dem täglichen Fang. Spezialitäten sind Fisch und Meeresfrüchte.

Lismore

Lismore wurde im Jahre 636 von St. Carthage gegründet und entwickelte sich bis zum 8. Jh. zu einer großen Klosterschule. Am Fluss Blackwater kann man entlang des Lady Louisa's Walk schön spazieren gehen. Sehr schön ist die **St Carthage s Cathedral**, erbaut 1679. Später kamen die Glasfenster von Edward Burne-Jones hinzu, im typischen Stil der Pre-Raphaeliten. Lismores **Heritage Centre** ist im alten Gerichtshaus eingerichtet. Hier informieren ein Film und eine Ausstellung über die Vergangenheit Lismores von keltischer Zeit bis heute.
Heritage Centre, ☏ 058-54975, www.discoverlismore.com, ganzjährig Mo–Fr 9.30–17.30, Mai–Okt. Sa 10–17, So 12–17 Uhr.

Lismore Castle – eine Burg des 12. Jh., die im 19. Jh. in ein neugotisches Schloss umgebaut wurde – ist nicht für die Öffentlichkeit zugänglich, doch die herrlichen Schlossgärten können besichtigt werden. Es gibt den umfriedeten *upper garden*, der im frühen 17. Jh. angelegt wurde sowie den *lower garden* aus dem 19. Jh. 1814 wurde in Lismore Castle eine Kiste gefunden, in der eine Handschrift aus dem 15. Jh. enthalten war sowie ein kostbarer Krummstab. Er ist heute in Dublin im Nationalmuseum ausgestellt. Heute werden in den Gärten auch moderne Skulpturen gezeigt, u. a. Werke von Antony Gormley. Im Westflügel ist zeitgenössische Kunst zu sehen.
Lismore Castle Garden, ☏ 058-54061, www.lismorecastlegardens.com, April–Sept. tgl. 10.30–17.30 Uhr, Erw. 8, erm. 5 €.

Zauberhafter Schlossgarten

Bauernmarkt
Ein herrlicher Farmers Market mit köstlichen Produkten und Kunsthandwerk aus der Umgebung findet zwischen dem 18. März und November immer sonntags von 9.30 bis 16.30 Uhr in Lismore in der Castle Avenue statt. Hier kann man sich für ein schönes Picknick oder mit Geschenken eindecken.

Cappoquin, 5 km O Lismore, ist ein wunderschön gelegener Ort und besonders für seine guten Angelmöglichkeiten bekannt. Im Ort dreht sich der Fluss Blackwater um 90 Grad, um in südliche Richtung in die Youghal Bay zu fließen. Im Ortszentrum beeindruckt das georgianische **Cappoquin House**, das von einem schönen Garten umgeben ist.
Cappoquin House, ☏ 058-54290, www.cappoquinhouseandgardens.com, Haus Mitte 11. April–2. Juni und 24. Aug–2. Sept. Mo–Sa 9–13 Uhr, Garten ganzj. Mo–Sa 10–16 Uhr, Haus und Garten 10, Garten 5 €.

6 km N Cappoquin liegt der **Glenshelane Forest Tourist Park**. Eine 12 km lange Wanderung entlang des Flusses führt zur Zisterzienserabtei **Mount Melleray**. 1832 wurde der Zisterzienserorden wieder in Irland eingeführt. In den 1950er-Jahren lebten rund 150 Mönche hier, derzeit sind es nicht einmal mehr 20. Besucher, die die friedliche Umgebung schätzen, können im Gästehaus einen Klosteraufenthalt verbringen (☏ 058-54404, www.mountmellerayabbey.org). Restaurant und Teestube sind Di–So ab 12 Uhr geöffnet.

Wanderung zum Kloster

Der Norden des County Waterford ist landschaftlich sehr schön, z. B. die Gegend um Ballymacarby und im Nire Valley zwischen Comeragh und Monavullagh Mountains.

Zwischen Waterford und Cork

Carrick-on-Suir

Sehenswert in dem 6.000 Einwohner zählenden Ort ist neben der mittelalterlichen Brücke über den Suir und dem **Heritage Centre** (☎ 051-640200, Okt.–Mai 10–16, Juni–Sept. 10–17 Uhr, mittags geschlossen, dort befindet sich auch die Touristinformation), das in einer alten Kirche untergebracht ist und eine stattliche Anzahl alter Fotografien und Dokumente über die Geschichte der Stadt beherbergt, vor allem Ormond Castle. Es ist das einzige Renaissanceschloss in Irland.

Schmuckstück für die Königin

Ormond Castle liegt malerisch am Suir. Die architektonische Bedeutung des Schlosses entspricht seiner damaligen gesellschaftlichen Rolle. Neben einem befestigten Wohnsitz aus dem 15. Jh. wurde 1568 ein Herrenhaus errichtet, das heute das einzige erhaltene, nicht befestigte Wohnhaus in Irland aus dieser Zeit ist. Mit dem elizabethanischen Anbau wollte Thomas Butler von Ormond seine Loyalität gegenüber England beweisen. Allerdings kam die Königin nie zu Besuch, um den Stuckschmuck, für den Ormond Castle berühmt ist, zu besichtigen.

Die noch bestehenden Gebäude stammen aus zwei verschiedenen Epochen. Die Zinnentürme und die Ruinen einiger Gebäudeteile sind die einzigen Überreste aus der Mitte des 15. Jh. Die großen Gebäude, die sich an die Türme anschließen und das Schloss zur Nordseite hin verlängern, wurden von Black Tom Butler, dem 10. Graf von Ormond, mehr als ein Jahrhundert später erbaut. Das Schloss erlebte seine Blütezeit, als es von „Black Tom" bewohnt wurde. Er führte den Renaissance-Stil ein und hatte engen Kontakt mit dem Hof der Elizabeth Tudor. Nach Black Toms Tod im Jahre 1614 verfiel das Gebäude allmählich. 1947 begannen die umfangreichen Restaurierungsarbeiten.

Teure Fenster

Im unruhigen sozialpolitischen Klima, das im Irland des Mittelalters vorherrschte und bis in das späte 17. Jh. andauerte, wurden Häuser immer auch für Verteidigungszwecke gebaut – Komfort war kein entscheidender Gesichtspunkt. Nicht so das Herrenhaus, das die Nordseite des Castle bildet: Die Fassade hat eine Veranda in der Mitte und ein großes achtteiliges Erkerfenster. Die breiteren Fenster im Obergeschoss gehören zur Langen Galerie, die sich über die gesamte Länge der Fassade auf dieser Ebene erstreckt. Mit seinen zahllosen Fenstern zeigt Ormond Castle den Reichtum des Erbauers, denn Glasscheiben waren sehr teuer und bis zu dieser Zeit in Irland weitgehend unbekannt.

Das Obergeschoss von Ormond Castle besteht aus drei großen Räumen. Da das Herrenhaus nur einen Raum tief ist, also nicht mehrere Räume hintereinander liegen, sind alle Zimmer auf dieser Etage sehr hell. Im elizabethanischen England häufig anzutreffen, in Irland jedoch einzigartig, ist die ausgedehnte Galerie mit einer Länge von ca. 30 m. Sie ist großzügig beleuchtet und mit prunkvoller Stuckarbeit versehen. Die lange Galerie wurde sorgfältig restauriert und die Stuckarbeiten sind in ihrer ursprünglichen Pracht wiederhergestellt. In diesem Saal befinden sich zwei beeindruckende Kaminsimse. Einer von ihnen ist von dem Ormond-Wappen bekrönt, der zweite Kamin zeigt ein Portrait von Königin Elizabeth mit dem Tudorwappen. Die Decke ist kunstvoll verputzt und zeigt das königliche Wappen und verschiedene Tudor-Wappensymbole, wie beispielsweise das Fallgitter und die Rose der Tudors. Die Holzarbeiten im Dachboden sind ein ausgezeichnetes Beispiel für die kunstvollen elizabethanischen Zimmermannsarbeiten – das gesamte Dach wird ohne Schrauben irgendwelcher Art zusammengehalten.

In Irland einzigartig

Ormond Castle, ☎ 051-640787, www.heritageireland.ie, April–Anf. Okt. tgl. 10–13.30 und 14–18 Uhr mit Führung, Eintritt frei.

Bei einer Fahrt durch friedvolle Weidelandschaft wenige Kilometer nördlich von Carrick-on-Suir lohnen die **Hochkreuze von Kilkieran, Ahenny und Killamery** einen Abstecher. Der **Friedhof von Kilkieran** liegt rund 6 km nördlich von Carrick-on-Suir. Hier stehen drei bemerkenswerte Hochkreuze aus dem 9. Jh. Das Westkreuz ist am eindrucksvollsten: Auf der Ostseite kann man acht Reiter erkennen, auf der Westseite geometrische Motive.

10 km nördlich (von der R697 abfahren) liegt an der Straße ein weiterer Friedhof, wo man die **Hochkreuze von Ahenny** bestaunen kann. Die beiden Kreuze werden auf das 8. Jh. datiert und sind damit zwei der frühesten Hochkreuze überhaupt. Die ineinander verschlungenen Spiralen und Muster erinnern an das Book of Kells. Figuren kann man nur auf dem Sockel sehen, allerdings sind sie stark verwittert. Die Kreuze wurden aus weichem Sandstein gefertigt. Sie haben beide einen relativ kurzen Schaft. Beide Kreuze wirken recht gedrungen. Wo die Kreuzarme und der Schaft zusammentreffen, gibt es halbkreisförmige Einkerbungen. Der Kreuzring selbst wirkt fast grazil. In der Mitte und auf den Schnittpunkten von Armen und Kreuzring sieht man fünf Bossen. Sie erinnern an Cabochons, einem typischen Kennzeichen des Metallhandwerks im 9. Jh. Das Nordkreuz ist mit einem „Topf" bekrönt. Man nimmt an, dass das Südkreuz eine ähnliche Bedeckung hatte, von dem jedoch nichts mehr erhalten ist.

Frühe Hochkreuze

Wer von Hochkreuzen noch nicht genug hatte, sollte 10 km NW von Ahenny fahren. In **Killamery** gibt es ein weiteres, gut erhaltenes Hochkreuz aus dem 9. Jh. zu bestaunen. Auf der Ostseite sind vier ineinander verschlungene Schlangen zu sehen, ein keltisches Symbol für Heilung. Auf dem Schaft sieht man christliche Blumenmotive.

Cashel

Die wichtigste Sehenswürdigkeit und das Wahrzeichen in dem kleinen Ort ist der berühmte, schon von weitem sichtbare Rock of Cashel. Als Hauptstadt der Könige von Munster war Cashel das politische und religiöse Zentrum der Region.

Rock of Cashel

Im 4. oder 5. Jh. entstand an dieser Stelle ein Steinfort. Die Legende sagt, dass der hl. Patrick am Cashel Rock ein Kleeblatt gepflückt und damit die Dreifaltigkeit erklärt

Rock of Cashel

habe. Dies gilt als die Geburtsstunde des irischen Emblems. Hochkönig Brian Boru wurde im Jahre 977 auf dem Rock of Cashel gekrönt. Im 12. und 13. Jh. entstanden eine Kathedrale, eine Kapelle und ein Rundturm, der noch am nördlichen Querschiff der Kathedrale steht. Die Gebäude zeugen von kontinentalem Einfluss. Im Süden der Insel findet man eher ausländische Einflüsse als im Westen und Norden, wo die Bevölkerung hartnäckig das gälische Erbe verteidigte und die englische Herrschaft bekämpfte.

Die **Hall of Vicar's Choral** (Saal der Chorvikare), ein aus dem 15. Jh. stammendes Gebäude, das samt der bemalten Holzdecke rekonstruiert wurde, bildet den Eingang. Eine Ausstellung und ein Film erläutern die Geschichte des Felsens.
Die **St. Cormac's Chapel** befindet sich zwischen dem südlichen Querschiff und der Südseite des Chors und wird leider von der Kathedrale optisch erdrückt. Die kleine Kapelle wurde beispielhaft für den Baustil späterer irischer Kirchen. Sie entstand zwischen 1127 und 1134. Das Gebäude aus gelblichen Sandsteinquadern besteht aus einem Schiff mit Chorabschluss und zwei Osttürmen. Baumeister aus Regensburg

brachten Kenntnis im Bauwesen mit. Die unterschiedlich großen Türme beidseitig des Chores zitieren die Jakobskirche in Regensburg (1111–1122).

Auch die Blendarkaden, die Tonnengewölbe im Schiff, die Osttürme und das Kreuzrippengewölbe im Chor sind nicht typisch irisch, wohl aber die unterschiedlich gestalteten Steinköpfe im Chorbogen und ebenso das steile Steindach, das man auch bei den frühen irischen Oratorien findet. Ein kleiner Chor schließt sich an das Kirchenschiff an. Die Fassade ist durch unregelmäßig angeordnete Steinbänder gegliedert, und auch die Blendarkaden am Chor sind ungleichmäßig. Am Nordportal kann man sechs Bögen sehen, die mit Zickzackbändern verziert sind. Das Tympanon zeigt einen Kentauren. Das Südportal ist mit zwei zurückgesetzten Bögen mit Zickzackornamenten verziert.

Verzierungen der Kapelle

Um das schwere, steile Steindach zu tragen, hätten die Gewölbe allein nicht ausgereicht, deshalb wurde über dem Tonnengewölbe des Hauptschiffs eine Kammer eingesetzt, deren Wände das Dach stützen helfen. Ob diese Methode des „Doppeldachs" bereits in den frühen irischen Steinbauten Anwendung fand oder ob Cormac's Chapel der Prototyp dieser Konstruktion war, der viele Nachahmer fand, ist nicht eindeutig geklärt. Keinen Zweifel gibt es darüber, dass die Perfektion der Bauweise von Cormac's Chapel von keinem anderen irischen Bau dieser Art erreicht wurde. Hauptschiff und Chor werden durch einen asymmetrischen Chorbogen über vier Säulen getrennt. Vom äußeren Bogen schauen über 30 Köpfe herab, mit hohen Backenknochen und scharfgeschnittenen, langen Nasen. Im Chor kann man Spuren von Wandmalereien sehen. Vielleicht war einst die ganze Kirche bemalt. Über dem Bogen am Ostende des Chors sieht man weitere Köpfe, ebenso an den Rippen des Chorgewölbes und an den Fenstern. Der Sarkophag stammt aus dem 12. Jh. und ist mit ineinander verschlungenen dicken und dünnen Schlangen verziert.

Perfekte Bauweise

Die **Kathedrale** ist das größte Gebäude auf dem Felsen der Könige und stammt aus dem 13. Jh. Sie besteht aus Hauptschiff, Chor, zwei Querschiffen, Vierungsturm und im Westen einem befestigten, mit Zinnen versehenen Wohnturm. Die Kapitelle der Bündelpfeiler, die den Turm (14. Jh.) tragen, sind mit Köpfen und Blattwerk verziert. Im nördlichen Querschiff kann man Gräber aus dem 15. und 16. Jh. sehen sowie verschiedene Skulpturen mit Darstellungen von Heiligen, Aposteln und apokalyptischen Tieren. In der nordöstlichen Ecke des nördlichen Querschiffs erhebt sich ein Rundturm von knapp 28 m. Er stammt aus dem 11. Jh. und ist mit einem Kegeldach und teils rechteckigen, teils spitzbogigen Fenstern versehen.
Rock of Cashel, ☏ 062-61437, www.heritageireland.ie, *Mitte März–Anf. Juni tgl. 9–17.30, Juni–Mitte Sept. 9–19, Mitte Sept.–Mitte Okt. tgl. 9–17.30, Mitte Okt–Mitte März 9–16.30 Uhr, letzter Einlass 45 Min. vor Schluss, Erw. 7, Kinder 3 €.*

Abgesehen vom Rock of Cashel gibt es im Ort weitere Besucherattraktionen, beispielsweise das **Folk Village**, ein volkskundliches Freilichtmuseum in einem rekonstruierten Dorf mit Häusern aus dem 18., 19. und 20. Jh. Ausgestellt werden hier auch vielfältige Dokumente zur Unabhängigkeitsbewegung und zum Bürgerkrieg des Jahres 1916.
Folk Village, *Dominic Street,* ☏ *062-63601, www.cashelfolkvillage.ie, Jan.–Mitte März 9.30–16.30, Mitte März–Mitte Juni 9.30–17.30, Mitte Juni–Mitte Sept. 9–19.30, Mitte Sept.–Mitte Okt. 9.30–17.30, Mitte Okt.–Mitte Dez. 9.30–16.30 Uhr, Erw. 5, erm. 3,50 €*

Museumsdorf

Zentrum irischer Musik

Für Liebhaber von Folklore lohnt ein Besuch im **Brú Ború Heritage Centre**, ein Kulturzentrum, das sich mit der irischen Musik, Tanz, Theater und weiteren kulturellen Kunstformen beschäftigt. Brú Ború ist „*A great night of Irish music, song & dance, a magical evening and pure tradition. A real Irish experience!*" Die begleitende Ausstellung beschäftigt sich mit der Geschichte der irischen Musik.
Brú Ború Heritage Centre, ☎ 062-61122, www.bruboru.ie, Sept.–Mitte Juni Mo–Fr 9–17, im Sommer Mo 9–15, Di–Sa 9–11 Uhr.

Die **Bolton Library** beherbergt rund 12.000 Exponate. Neben Handschriften aus dem 12. Jh. sind hier auch kostbare gedruckte Bücher ausgestellt. In den Jahren von 1730 bis 1744 wurde die Bibliothek von dem damaligen Erzbischof von Cashel, Theophilus Bolton, zusammengetragen.
Bolton Library, *John Street*, ☎ 062-61944, April–Okt. 10–17 Uhr.

Ausflug und Spaziergang

Von Cashel lohnt sich in östlicher Richtung ein Ausflug über Bansha in das ruhige Glen of Aherlow (Info: www.aherlow.com), zwischen den bis zu 900 Meter hohen Galtee Mountains im Süden und den Slievenamuck im Norden. Hier kann man ungestört unberührte irische Natur genießen. Auskunft, Wanderkarten und Informationen über Unterkunftsmöglichkeiten erhält man in der Tourist Information in Tipperary oder Cashel. Ein schöner Spaziergang durch die grünen Wiesen führt zu den grauen, hohen Ruinen der Hore Abbey. Sie wurde im Jahre 1272 gegründet.

Reisepraktische Informationen Cashel

Information
Cashel Heritage Town Centre and Tourist Information, *Town Hall*, ☎ 062-61333, www.cashel.ie, ganzjährig geöffnet.

Unterkunft
**** Cashel Palace Hotel €€–€€€, *Main Street*, ☎ 062-62707, www.cashel-palace.ie, Das elegant-gediegene Hotel in einem Haus im Queen-Anne-Stil aus dem Jahre 1730 macht der Bezeichnung „Palace" alle Ehre. Mitten im Dorfzentrum gelegen, ist es nicht zu übersehen – eine Institution. 23 behagliche Zimmer, ein Restaurant und eine Bar gehören zum Etablissement.
Aulber House €€, *Deer Park, Golden Road*, ☎ 062-63713, www.aulberhouse.com. Am Ortsrand von Cashel liegt dieses großzügig gestaltete Bed & Breakfast inmitten weitläufiger Rasenflächen mit schmuckem Garten. Die Gemeinschaftsräume sind mit antiken Möbeln eingerichtet.
Cashel Holiday Hostel €, *6 John Street*, ☎ 062-62330, www.cashelholidayhostel.com. Das im Ortszentrum gelegene Hotel ist ganzjährig geöffnet und hat 43 Betten, es gibt auch Einzel- und Doppelzimmer (DZ 27,50 €, Bett im Mehrbettzimmer ab 17 €).

Essen und Trinken

Chez Hans, Dominick Street (am Fuß des Burghügels), ☏ 062-61177, www.chez hans.net. Das von Deutschen geführte, lang etablierte Gourmetlokal ist in einer ehemaligen Kirche untergebracht. Di–Sa 18–22 Uhr, So u. Mo geschlossen. Hauptgerichte 28–40 €. Der Ableger **Cafe Hans** ist zum Stillen des kleineren Hungers ideal, ☏ 062-63660, Di–Sa 12–15 Uhr.

Verkehrsverbindungen

Bus Éireann-Busse (www.buseirann.ie) zwischen Dublin und Cork halten in Cashel. Außerdem gibt es Busverbindungen zwischen Cork und Athlone mit Halt in Cashel (Rafferty Travel) sowie **Regionalbusse** zwischen Clonmel und Thurles via Cashel.

Golden Vale

In dem fruchtbaren Gebiet zwischen Cashel und Limerick, dem sogenannten **Golden Vale**, sind – so heißt es – die Weiden am fettesten, die Böden am schwersten und die Ernten am besten. Darüber hinaus ist die Gegend, wie die gesamte Grafschaft Tipperary, landschaftlich besonders schön.

Holy Cross Abbey, 7 km SW Thurles an der R660, wurde 1180 für Zisterziensermönche erbaut. Im Mittelalter war der Ort ein beliebtes Pilgerziel, denn in einem Schrein befand sich ein Splitter vom Kreuze Jesu. Nur ein kleines Portal ist von der spätromanischen Kirche aus dem 12. Jh. übrig geblieben. Die übrigen Teile entstanden zwischen dem 13. und 15. Jh. 1538 wurde die Abtei aufgelöst. Ein gutes Beispiel spätgotischer irischer Baukunst ist der Chor mit seinem Fischblasenmaßwerk und seinem Kreuzrippengewölbe. Beachtenswert ist auch die Sedilia im Chor aus dem späten 14. Jh. Hier kann man drei von Kielbögen überspannte Nischen mit floralem Dekor sehen. Das Fresko, eine Seltenheit in Irland, im nördlichen Querschiff stammt vermutlich aus dem 15. Jh. und zeigt eine Jagdszene. Das Gewölbe unter dem Vierungsturm ist reichlich mit Baudekor verziert. In der nordwestlichen Ecke „sitzt" unter einem der Kragsteine eine steinerne Eule, und unter dem Südostpfeiler sind zwei Engel zu erkennen. In den 70er-Jahren des 20. Jh. begann man, die Kirche zu renovieren und in ihrer einstigen Pracht wiederherzustellen. Ein kleines Informationszentrum mit Souvenirladen und Cafeteria ist angeschlossen. Holy Cross Abbey wird regelmäßig für Gottesdienste genutzt.

Pilgerziel

Cahir

Cahir (ausgesprochen *care,* von Cathair = befestigte Stadt) ist ein hübscher, knapp 8.000 Einwohner zählender Ort, der sich malerisch um den Marktplatz gruppiert. Die besondere Anziehungskraft des Ortes ist das auf einer kleinen Felsinsel im Fluss Suir liegende trutzige **Cahir Castle**. Mit Wassergraben, massiven Wällen, Türmchen und Schießscharten bietet das Castle alles, was man sich unter einer irischen Burg vorstellt. 1142 gegründet, ist sie eine der großartigsten Anlagen in Irland. Im 14. Jh. kam sie in den Besitz der Butlers. Von Cromwell nicht zerstört, ist die alte Bausubstanz weitgehend erhalten und bietet ein eindrucksvolles Zeugnis des irischen Mittelalters. Im Inneren kann man die große Halle mit Kamin und die Einrichtung des 17. Jh. besichtigen. Viel Hintergrundsinformationen bieten die 15-minütige audiovisuelle Einführung und die Führungen.

Cahir Castle, ☏ 052-744 1011, www.heritageireland.ie, *März–Mitte Juni tgl. 9.30–17.30, Mitte Juni–Aug. tgl. 9–18.30, Sept.–Mitte Okt. 9.30–17.30, Mitte Okt.–Feb. 9.30–16.30 Uhr, Erw. 4, erm. 2 €.*

„Einfaches" Leben der wohlhabenden Iren

Swiss Cottage liegt 2 km südlich von Cahir (von der Straße nach Ardfinnan ab) in einem kleinen Waldstück malerisch auf einer Anhöhe. Von hier aus hat man herrliche Ausblicke auf den River Suir. Das Landhaus ist ein schönes Beispiel für ein *cottage orné* des frühen 19. Jh. mit verspieltem Dekor und vielen architektonischen Details. Im frühen 19. Jh. war es in Irland bei den gebildeten und wohlhabenden Menschen Mode, die Freizeit in extra dafür gebauten, meist rohrgedeckten Cottages zu verbringen und dort das „einfache" Leben zu genießen. Kennzeichen des Hauses ist das lang heruntergezogene Reetdach, unter dem sich eine breite, rustikale Veranda verbirgt. Die ori-

Cahir Castle: Hier ist das irische Mittelalter erfahrbar

ginale Inneneinrichtung ist nicht mehr vorhanden. Heute ist das Haus mit ausgewählten Stücken im gleichen Stil eingerichtet. Der umgebende Garten ist ebenfalls im Sinne des rustikalen Landlebens gestaltet.
Swiss Cottage, Kilcommon, ☎ 052-7441144, www.heritageireland.ie April–Okt. tgl. 10–18 Uhr, Erw 4, erm. 2 €. Besichtigung nur mit Führung möglich.

>
> **Tipp: Spaziergang**
> Vom Cottage kann man am Flussufer entlang bis zum Cahir Castle spazieren.

In **Mitchelstown Cave** lohnen drei Kalksteinhöhlen unbedingt einen Besuch, von denen eine rund 50x30 m groß ist. Die beeindruckenden Gestaltformationen werden als „Turm zu Babel", „Adlerflügel" oder „Säulen des Herakles" bezeichnet. Die Höhlen wurden 1833 entdeckt und bei einer Führung lernt man 1 km dieser unterirdischen Welt kennen. Aufgrund einer erstaunlichen Akustik finden hier sogar Konzerte statt. *Höhlen-Akustik*
Mitchelstown Cave, zwischen Cahir und Mitchelstown bei Burncourt, von der N8 ab, ☎ 052-7467246, März–Okt. tgl. 10–17, Feb. und Nov. tgl. 10–16, Dez. und Jan. Sa und So 10–16 Uhr, Erw 9, Kinder bis 12 Jahre 3 €, nur mit Führung.

Reisepraktische Informationen Cahir

Information
Tourist Information Cahir, Car Park, ☎ 052-744 1453, geöffnet Mai–Sept.

Angeln
Gute Angelmöglichkeiten bestehen im Fluss Suir. „A Trout Angler's Guide to the River Suir" ist in den lokalen Tourist Information Offices erhältlich.

The Vee und die Knockmealdown Mountains

The Vee, eine kurvenreiche, schmale Straße, führt durch die bis zu 800 m hohen Knockmealdown-Berge nach Lismore (s. S. 211). Entlang der Strecke verläuft die Grenze zwischen Tipperary und Waterford. Man hat herrliche Ausblicke auf die sanft ansteigenden Hänge mit Nadelhölzern und Akazienbüschen zur einen und auf die fruchtbare Suir-Tiefebene zur anderen Seite.

Die Bergkette wurde von Allister MacGillvary aus Cape Breton, Novia Scotia, in dem Lied „Kitty Bawn O'Brien" verewigt. Das Lied besingt eine junge Frau, die von Irland nach Kanada ausgewandert ist: *Verewigt in einem Lied*

Soft blow the winds both warm and sweet.
From the peaks called Knockmealdown.
The songbird pipes its cheery note above Blackwater Sound.
But from my heart no joys depart, no beauty can enthrall.
My Kitty Bawn O'Brien's gone to far off Montreal.

5. DER SÜDWESTEN

Überblick

Die Grafschaften West Cork und Kerry sind die am meisten besuchten Gebiete in Irland. Sie sind leicht zugänglich; entweder fährt man per Fähre nach Cork oder fliegt nach Cork oder Kerry. Viele Iren, aber auch Ausländer, haben sich an der Küste ein Häuschen gekauft und verbringen ihre Ferien oder ihren Ruhestand hier. Die Landschaft wird von kleinen Fischerdörfern mit bunt angestrichenen Häusern und von den von Steinwällen und Hecken umgrenzten Weiden geprägt. Oft sind sie so hoch, dass man nicht hinübersehen kann. Dass der Südwesten Irlands so beliebt ist, ist nicht verwunderlich, da das Klima – begünstigt durch den warmen Golfstrom – besonders mild ist und eine üppige Vegetation hervorgerufen hat. Das Wetter ist allerdings sehr wechselhaft. Sogar im Juli kann es mehrmals täglich heftig regnen. Wenig später kann man die durchweichte Kleidung jedoch wieder in der Sonne trocknen. Der Himmel wechselt dann innerhalb einer halben Stunde von zartem Gelb, Azurblau, Rosa und Weiß in ein dunkles Violett. Nach einem Regenguss ist die Schönheit der Natur in dieser Region wahrlich überwältigend.

Redaktionstipps

Sehens- und Erlebenswertes
▶ Sich in der **„Queenstown Story" in Cobh** über die Massenauswanderung des 19. Jh. informieren (S. 233).
▶ In der **Barley Cove** baden (S. 246).
▶ Auf dem **Beara Way** (S. 252), dem **Kerry Way** (S. 262) oder dem **Dingle Way** (S. 272) wandern.
▶ Eine Fahrt zum **Skellig Michael** (S. 266) und auf die **Great Blasket Island** (S. 277) unternehmen.
▶ Das **Gallarus Oratory** auf der Dingle-Halbinsel bestaunen (S. 278).

Übernachten
▶ Übernachten bei **Rolf's** in Baltimore (S. 252), im **Hotel Europe** in Killarney (S. 259), im **Ard Na Sidhe** am Caragh Lake (S. 263).

Essen und Trinken
▶ Einkehren im **Blair's Cove Restaurant** bei Bantry (S. 248) oder im **Heron's Cove** in Goleen (S. 245).

Die **Grafschaft Cork**, im Süden der Insel gelegen, ist mit 2.880 Quadratmeilen das größte County Irlands. Die Küste ist mit den vielen Buchten, die weit ins Land ragen, vielfältig geformt und im Landesinneren ziehen sich schmale Bergketten von Osten nach Westen. Cork ist die gleichnamige Hauptstadt der Grafschaft.

Zur **Grafschaft Kerry** gehören drei Halbinseln, die weit in den Atlantik reichen: Beara, Iveragh und Dingle. Um die Iveragh-Halbinsel führt der berühmte Ring of Kerry. Vor der Küste liegen die Felstürme der Skellig Islands mit einer uralten Klostersiedlung. Aber auch das

Der Südwesten: Überblick

Der Südwesten: Überblick

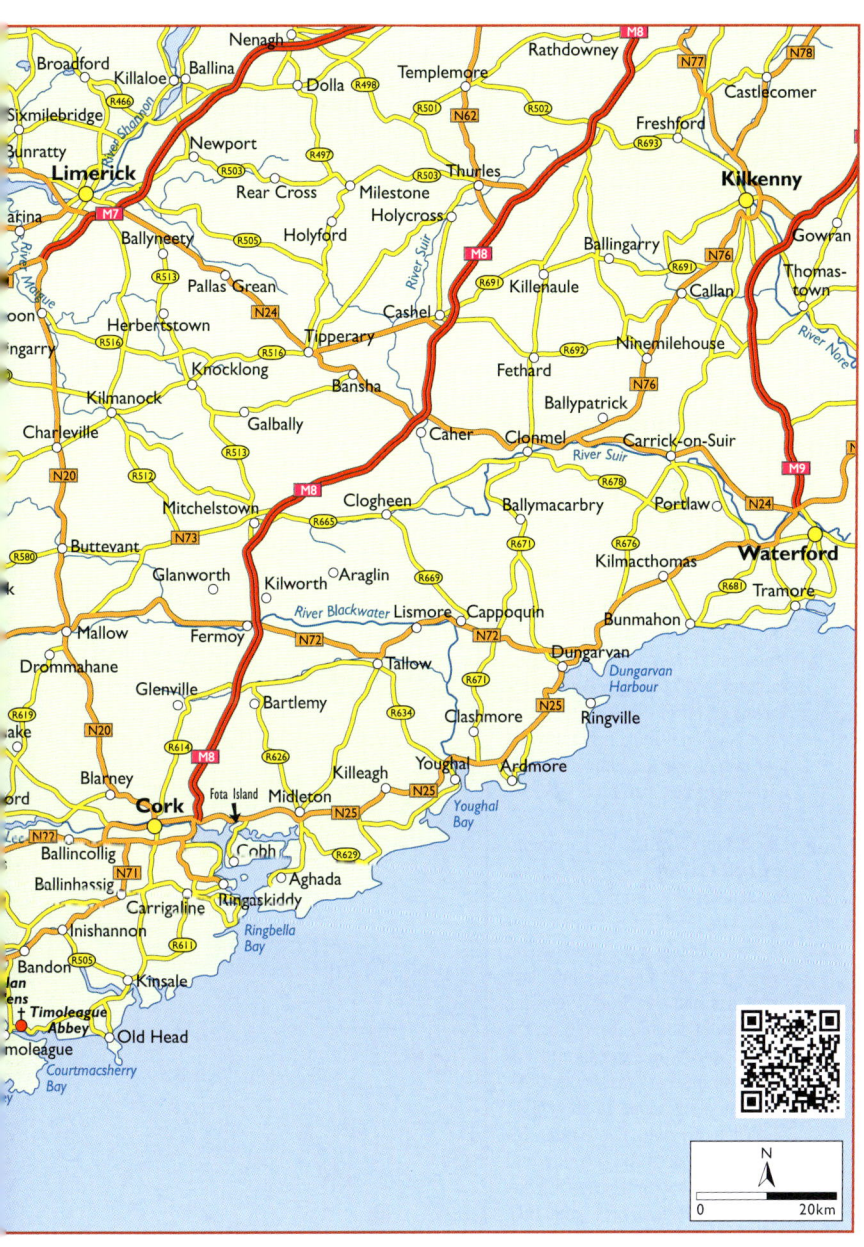

„Spiegel-bild des Himmels"

Landesinnere von Iveragh lockt mit seinen Gebirgszügen Besucher an. Hier liegt das Seengebiet von Killarney, das einst in poetischem Überschwang als „Spiegelbild des Himmels" bezeichnet wurde. Die Halbinsel Dingle ist ungewöhnlich reich an Altertümern aus vorgeschichtlicher und frühchristlicher Zeit. Allerdings regnet es in Kerry besonders viel, nämlich im Durchschnitt an 250 von 365 Tagen. Die Gebirge der Halbinseln, die Caha-Berge auf Beara oder die verzackten MacGillycuddy Reeks, zwingen die Wolken zum Abregnen. Die Hauptstadt der Grafschaft Kerry ist **Tralee** mit dem bekannten jährlichen Wettbewerb der „Rose of Tralee".

Streckenführung und Zeiteinteilung

Für den Südwesten sollte man mindestens vier bis sechs Tage einplanen, wenn man wandern oder Rad fahren möchte, entsprechend länger. Auf jeden Fall sollte man sich Zeit nehmen und unbedingt selektiv vorgehen, weil sich sonst die wahre Schönheit der Landschaft nicht offenbart. Die hier beschriebene Route führt von Cork entlang der Küste gen Westen und mit Abstechern ins Landesinnere zu den drei vorgelagerten Halbinseln in der Grafschaft Kerry.

Cork

Cork hat knapp 120.000 Einwohner und ist eine freundliche und lebhafte Universitäts- und Einkaufsstadt. 40 Prozent der Bevölkerung ist unter 40 Jahre alt. Dank eines reichen Kulturprogramms ist hier immer viel los, aber die Stadt wirkt nicht gekünstelt.

Lage am Fluss

Der Name Cork ist abgeleitet vom irischen *Corcaigh*, was so viel wie Marsch oder sumpfiges Gebiet heißt. Die Stadt ist auf einer Insel im Fluss Lee gebaut, der sich in zwei Arme teilt. Die Lage am Fluss prägt das Bild der Stadt. Viele der heutigen Straßen, z. B. die St. Patrick's Street und die Grand Parade, waren einst Wasserwege. Die Lee-Mündung bildet einen großen natürlichen Hafen. Die beiden Industriestandorte Ringaskiddy und Little Island haben eigene Tiefwasserhäfen für Schiffe bis 60.000 BRT. Hier befinden sich auch internationale Chemie- und Pharmabetriebe.

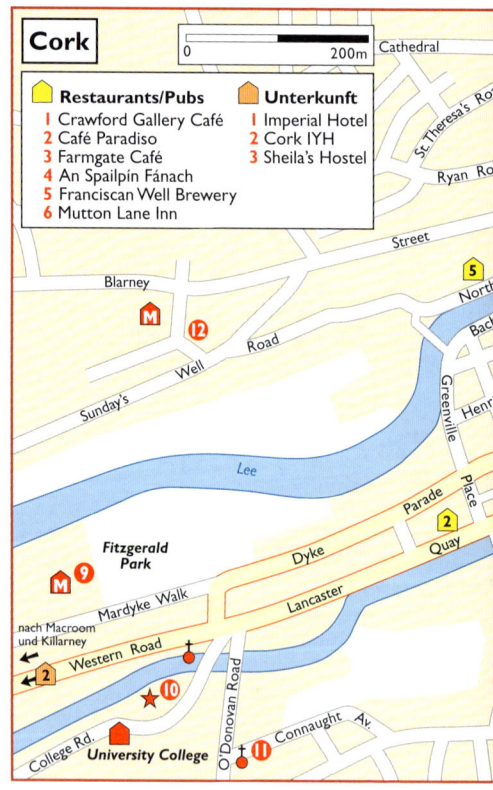

Geschichtlicher Überblick

Um 650 gründete St. Finbarr eine Klosterschule, die sich schnell zu einem Zentrum der Gelehrsamkeit entwickelte. Die Geschichte der Stadt beginnt, wie bei allen Hafenstädten Irlands, allerdings erst mit den Wikingern. Nachdem sie Cork mehrfach geplündert hatten, wurden sie sesshaft und begannen, lebhaften Handel zu treiben. Das einzige aus dieser Zeit erhaltene Gebäude, die Red Abbey, stand damals noch außerhalb der Stadt. 1172 vertrieb Diarmuid McCarthy, Lord of Desmond, die Wikinger.

Wikinger

Cork war stets bemüht, sich auch während der Jahrhunderte englischer Herrschaft eine gewisse Unabhängigkeit zu bewahren, was natürlich immer wieder zu heftigen Auseinandersetzungen führte. 1690 wurde die Stadtmauer bei der Belagerung durch die Engländer völlig zerstört.

Im ausgehenden 18. Jh. kam es zu einer wirtschaftlichen Blütezeit, u. a. durch den Aufschwung der Glasmanufaktur und, nach Einrichtung des „Buttermarktes", durch den

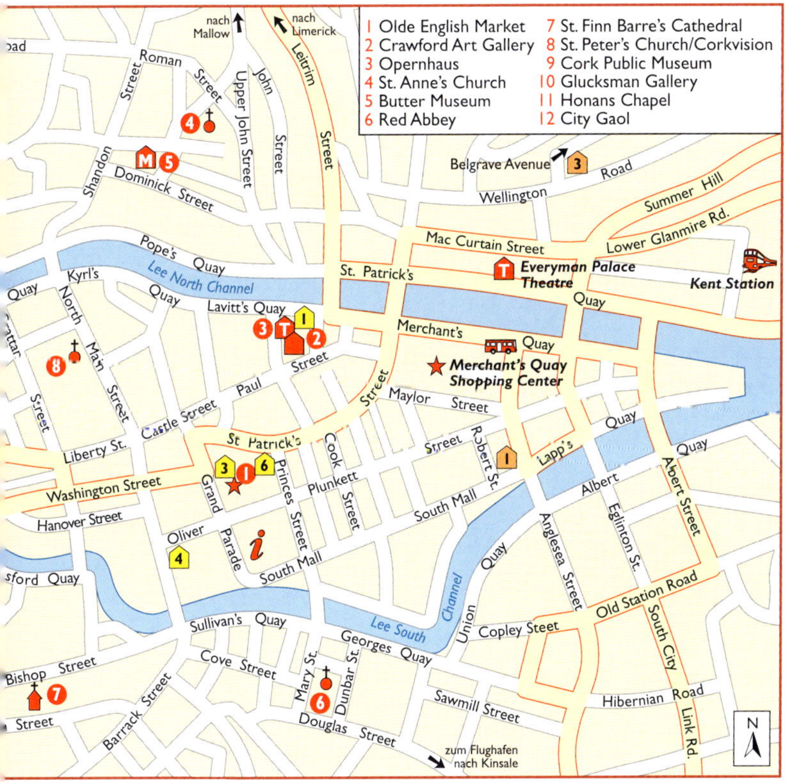

Imposante Bürgerhäuser

Handel mit Spanien, Holland, Deutschland, Nordamerika und den Westindischen Inseln. Bei einem Spaziergang von der Grand Parade in die St. Patrick's Street sieht man viele imposante georgianische und viktorianische Bürgerhäuser. Die Stadtkirchen, St. Finbarr's Cathedral und Father Mathews Memorial Church im neogotischen Stil und St. Mary's Pro-Cathedral im neoklassizistischen Stil, sind vorwiegend im 19. Jh. entstanden. In den 1920er-Jahren war Cork das Zentrum der IRA im Kampf gegen Großbritannien. Aus dieser Zeit stammt der Beiname „The Rebel City".

Sehenswertes in der Innenstadt

Die breite **Grand Parade** bildet das Zentrum der Stadt. Die Fassaden der Banken und Handelshäuser lohnen einen Blick, besonders der überdachte Markt, der **Olde English Market (1)**, ein Backsteingebäude mit gusseisernen Dachträgern. Eingänge gibt es von der Princes Street, St. Patrick's Street und Grand Parade. Nicht zu übersehen ist entlang der Grand Parade das **National Monument**, welches 1985 anlässlich der 800-Jahresfeier für die irischen Patrioten der Jahre 1798–1867 errichtet wurde. An der östlichen Seite wird es vom **Bishop Lucey Park** begrenzt. Dort befinden sich Reste der alten Stadtmauer.

Alte Meister und moderne Kunst

Die **Crawford Art Gallery (2)** ist die wichtigste Kunstgalerie außerhalb Dublins. Zu sehen sind alte Meister sowie moderne irische Kunst (Jack B. Yeats, Sean Keating, Harry Clarke, William Gerard Barry und Edith Somerville), Werke von britischen Künstlern (George Romney, Frank Bramley und Jacob Epstein) sowie Repliken berühmter antiker Skulpturen. Angegliedert ist ein nettes Café/Restaurant. Gleich neben der Art Gallery befindet sich das **Opernhaus (3)**.
Crawford Art Gallery, *Emmet Place*, ☏ *021-4805042, www.crawfordartgallery.ie, Mo–Sa 10–17, Do 10–20 Uhr.*

Nördlich des Lee liegt auf einem Hügel der **Stadtteil Shandon**. Von weitem sichtbar erhebt sich die an der Stelle einer Vorgängerkirche 1722–26 erbaute **St. Anne's Church (4)**. Ihr besonderes Kennzeichen ist die 3 m lange Wetterfahne in Form eines Lachses auf der Spitze. Der Turm aus rotem und hellem Sandstein verjüngt sich nach oben durch drei immer kleiner werdende Aufsätze. Vom Kirchturm hat man einen schönen Blick auf die Stadt. Die Shandon Clock wird auch als *four-faced liar* bezeichnet, weil die Ost- und Westseite unterschiedliche Zeiten anzeigen. Das berühmte, acht Töne umfassende Glockenspiel stammt von 1750.
St. Anne's Church, ☏ *021-450 5906, Nov.–Feb. Mo–Sa 11–15, So ab 11.30, März–Mai u. Okt. Mo–Sa 10–16, So 11.30–15.30, Juni–Sept. 10–17, So 11.30–16.30 Uhr, Erw. 5, erm. 2,50 €.*

Kunsthandwerker

Neben der Kirche befindet sich der im 18. Jh. eröffnete **Buttermarkt**. Der Butterexport trug im 19. Jh. zum Reichtum der Stadt bei. Heute sind hier verschiedene kleine Kunsthandwerker sowie ein kleines Café, wo man schön im Garten sitzen kann, untergebracht. Im **Cork Butter Museum (5)** wird die interessante Geschichte der Stadt Cork als Buttermetropole anschaulich dargestellt.

Vorschlag für eine Stadtbesichtigung

Die Altstadt Corks liegt auf der Insel zwischen den beiden Flussarmen. Alle Sehenswürdigkeiten liegen in einem Radius von 1,5 km (Nord-Süd) und 2 km (Ost-West), sodass man sie gut zu Fuß erwandern kann. Die Hauptgeschäftsstraßen sind vor allem die St. Patrick's Street sowie Grand Parade und South Mall. Wie ein U laufen sie ineinander. Die Verbindungsstraßen zwischen diesen großen Achsen sind teilweise verkehrsberuhigt. Vom English Market (in der Nähe der Tourist Information) geht es die St. Patrick Street entlang zur Crawford Art Gallery. Über die Brücke gelangt man nach Shandon, wo man der St. Annes's Church und dem Butter Museum einen Besuch abstatten kann. Von dort geht es zurück zum Merchant's Quay Centre und über die Clontarf Bridge zum Albert Quay. Die City Hall passierend und den Union Quay entlang, gelangt man zur St. Finbarr's Cathedral und zur Red Abbey. Über die Parliament Bridge geht es zur South Mall, Grand Parade und zum Bishop Lucey Park. Die Western Road entlang, gelangt man zum Eingang des University College. Der Mardyke Walk führt zum Fitzgerald Park und zum Cork Public Museum. Von dort fährt Bus Nr. 8 wieder zurück zum Stadtzentrum.

Cork Butter Museum, *O'Connell Square, 021-4300600, www.corkbutter.museum, März–Okt. 10–17 Uhr, Juli/Aug. 10–18, im Winter Sa/So 11–15 Uhr, Erw. 4, Kinder 1,50 €.*

Die **Red Abbey (6)** liegt südlich der Parliament Bridge. Von der Augustinerabtei (13./14. Jh.) ist lediglich der quadratische Turm erhalten. Es ist das älteste erhaltene Bauwerk der Stadt. Etwas weiter westlich, in der **St. Fin Barre's Cathedral (7)** in der Bishop Street, soll der hl. Finbarr um das Jahr 650 eine Klosterschule gegründet haben. Die jetzige Kirche wurde im gotischen Stil im letzten Drittel des 19. Jh. errichtet. Im Inneren befinden sich kunstvolle Marmorarbeiten und an der Westfassade ein schönes Rosettenfenster (Eintritt: Erw. 5, erm. 3 €).

Ältestes Bauwerk der Stadt

Das **Court House** in der Washington Street stammt aus dem Jahr 1835 und hat eine imposante Eingangsfront mit korinthischem Portikus. Die Rückseite ist im Tudorstil gehalten. Etwas weiter nördlich in der North Main Street liegt das **Cork Vision Centre in St. Peter's Church (8)**. In den alten Gemäuern finden heute wechselnde Ausstellungen statt, darüber hinaus ist hier auch ein detailliertes Model der Stadt zu sehen.

Cork Vision Centre, *North Main St., 021-4279925, www.corkvisioncentre.com, Di–Sa 10–17 Uhr, Eintritt frei.*

Der **Fitzgerald Park**, zwischen Western Road und dem Lee gelegen (Eingang ab Mardyke), ist ein großes Areal mit interessanten Skulpturen, Wasservögeln, dem **Cork Public Museum (9)** und einem Café. Das Stadtmuseum ist in einem stattlichen georgianischen Haus untergebracht und dokumentiert die Geschichte der Stadt Cork von den frühchristlichen Anfängen bis zum Beginn unseres Jahrhunderts. Interessant ist das Modell der Stadt aus ihrer Gründungszeit und ebenso die Dokumente zum Aufstand gegen die Engländer. Ein besonderer Schwerpunkt liegt auf der Darstellung der Freiheitsbewegung ab 1916.

Museum zur Stadtgeschichte

In Cork laden viele kleine Läden zum Bummeln ein

Cork Public Museum, ☏ 021-4270679, Mo–Fr 11–13, 14.15–17, Sa bis 16, So 15–17 Uhr.

Die **Universität** liegt in einem Park am Fluss. Direkt am Fluss liegt die **Lewis Glucksman Gallery (10)**, ein ausgezeichnetes Kulturzentrum mit Ausstellungen zeitgenössischer Kunst, Konzerten und Vorträgen. An der Donovan's Road lohnt die **Honan Chapel (11)**, 1916 errichtet, mit ihrem wunderschönen Mosaikfußboden und Glasfenster von Harry Clarke, einen Blick (Mo–Fr 8–20, Sa 10–18 Uhr).
Lewis Glucksman Gallery, *University College Cork*, ☏ 021-4901844, www.glucksman.org, Di–Sa 10–17, So 14–17 Uhr, Eintritt frei.

Gefängnis-Museum In dem ehemaligen Stadtgefängnis ist heute das **City Gaol (12)** Museum untergebracht. Anschaulich wird mit Hilfe von Licht- und Geräuscheffekten das Leben der Gefangenen und der Strafvollzug im 19. Jh. dargestellt. Eine Ausstellung dokumentiert die sozialen Lebensbedingungen im Cork dieser Zeit. Im gleichen Gebäude ist auch das Radio Museum untergebracht. Es zeigt die Anfänge des irischen und internationalen Radiowesens und stellt die Erfindung des Radios in einen weiteren soziokulturellen Kontext.
City Gaol und Radio Museum, *Sunday's Well*, ☏ 021-4305022, www.corkcitygoal.com, April–Sept. tgl. 9.30–17, Okt.–März. tgl. 10–16 Uhr, Erw. 8, Kinder 5 €.

Reisepraktische Informationen Cork

ℹ️ Information
Tourist Information Cork, Grand Parade, ☏ 021-4255100, www.corkguide.ie, ganzjährig, im Juli,/Aug. auch So.

🛏 Unterkunft
★★★★ Imperial Hotel €€€ **(1)**, South Mall, ☏ 021-4274040, www.flynnhotels.com. Altes, etabliertes Hotel und aus der Corker Innenstadt nicht wegzudenken. 130 Zimmer und elegantes Spa.
★★★★ Cork IYH € **(2)**, 1 & 2 Redclyffe, Western Road, ☏ 021-4543289, www.anoige.ie. Die Jugendherberge in einem viktorianische Gebäude aus rotem Backstein liegt 2 km außerhalb des Stadtzentrums in Uni-Nähe. Regelmäßiger Busservice Nr. 8. 96 Betten, ganzjährig und ganztägig. DZ 35–41 €, Bett im Mehrbettzimmer 13–15 €.
Sheila's Budget Hostel € **(3)**, 4 Belgrave Place, Wellington Road, ☏ 021-4505562, www.sheilashostel.ie. Ganzjährig geöffnet. Etabliertes Hostel im Stadtzentrum, 108 Betten in Doppel- und Mehrbettzimmer. Ab 15 € (DZ ab 40 €).

🍴 Essen und Trinken
Zwischen St. Patrick Street und Paul Street findet man nette kleine Cafés zum Lunch oder für den kleinen Snack zwischendurch.
Crawford Gallery Café (1), Crawford Gallery, Emmet Place, ☏ 021-4274415. Hier kann man hausgemachtes Brot, Suppen und leckere Kleinigkeiten bekommen.
Café Paradiso (2), 16 Lancaster Quay, ☏ 021-4277939, www.cafeparadiso.ie. Etabliertes, qualitätvolles vegetarisches und veganes Restaurant. Gehobene Preisklasse. Auch zwei Gästezimmer (DZ inkl. Abendessen/Frühstück € 220). Mo–Sa 17.30–22 Uhr.
Farmgate Cafe (3), English Market, ☏ 021-4278134, www.farmgate.ie, Mo–Sa 8.30–16.30, Sa bis 17 Uhr. Leckere Gerichte, unkompliziert, aber mit hochwertigen Zutaten und stets frisch zubereitet. Das Restaurant ist im Mezzaningeschoss des English Market, und am besten sitzt man auf dem Balkon, sodass man dem Markttreiben zuschauen kann. Frühstück und Lunch 2,50–15 €.

🍸 Pubs
Mutton Lane Inn (6), Mutton Lane, ☏ 021-4273471. In der Nähe von Patrick Street gelegener traditioneller, winziger Pub mit gemütlicher Atmosphäre.
An Spailpín Fánach (4), 28/29 South Main Street, ☏ 021-4277949. Alter, gemütlicher Pub, wo regelmäßig traditionelle Musik gespielt wird.
Franciscan Well Brewery (5), 14 North Mall, ☏ 021-4210130, www.franciscanwellbrewery.com. Die Franciscan Well Brewery braut ihr eigenes Bier und hat einen großen Biergarten. Oft finden hier Bierfestivals in Zusammenarbeit mit kleinen unabhängigen irischen Brauereien statt.

🎭 Musik und Theater
Everyman Playhouse, 15 MacCurtain Street, ☏ 021-4501673, www.everymanpalace.com. Theater, Musical, Oper und Komödie, überwiegend zeitgenössisch.
Triskel Arts Centre, Tobin Street (hinter Washington Street), ☏ 021-4272022, www.triskelart.com. Kunstforum für Live-Musik und Theater.

Cork Opera House, Emmet Place, ☏ 021-4270022, www.corkoperahouse.ie. Theater, Oper, klassische und traditionelle Musik, Varieté und Kabarett.

Feste/Veranstaltungen

Im Sommer finden das **Cork International Choral Festival** (www.corkchoral.ie) und das **Cork Midsummer Festival** mit Theater, Musik und Kunst (www.corkmidsummer.com) statt.
Mitte Okt./Nov.: **Das Cork International Film Festival** (www.corkfilmfest.org), gegründet vor über 50 Jahren, ist ein weit über die Grenzen Irlands bekanntes Filmfestival.
Ende Oktober: Das wichtigste Fest des Jahres ist das **Jazz-Festival** (www.corkjazzfestival.com) mit rund 1.000 Musikern aus 30 Ländern.

Einkaufen

Das **Merchant's Quay Shopping Centre** ist ein enormes Einkaufszentrum. Es liegt direkt am Merchant's Quay.
Cork City Market, auch **Olde English Market** genannt, liegt zwischen der Grand Parade und St. Patrick's Street in der Innenstadt. In der 1786 errichteten Markthalle werden Brot, Obst, Gemüse, Fisch und Fleisch feilgeboten.

Windhundrennen

Cork Greyhound Stadium, Curraheen Park, Curraheen, ☏ 021-4543095, www.igb.ie, Do/Fr/Sa 19.40 Uhr, Eintritt 10 €.

Verkehrsverbindungen

Bus: Bus Éireann, ☏ 021-4508188, www.buseirann.ie, bietet regelmäßige Busverbindungen in alle Landesteile. Der Busbahnhof befindet sich am Parnell Place.
Bahn: Von der Kent Railway Station, ☏ 021-4557277, Zugverbindungen nach Dublin und Tralee. Regionalzug nach Mallow und Cobh.
Flughafen: Cork International, 8 km S der Stadt, ☏ 021-4313131, www.corkairport.com. Der Flughafenbus Nr. 226 fährt zwischen Cork Airport und Cork City alle 30 Min. in beide Richtungen. Ein Taxi in die Stadt kostet 10–15 €.
Fähren: Der Hafen befindet sich in Ringaskiddy, 16 km SO der Stadt. Regelmäßige Busverbindungen vom Stadtzentrum.
Brittany Ferries, Roscoff-Cork, www.brittany-ferries.co.uk, ☏ 021-4277601.
Swansea Cork Ferries, Swansea-Cork, www.fastnetline.com, ☏ 021-4378892.

Sehenswertes in der Umgebung

Blarney Castle

Blarney Castle steht auf der Besucherhitliste ganz weit oben. Die Menschen kommen weniger wegen der stattlichen Burg, sondern wegen eines Steines, dem legendären Blarney Stone. Er befindet sich in 29 m Höhe auf der Brustwehr des auf 120 Stufen zu ersteigenden Turms. Wenn man ihn küsst, wird einem ewige Beredsamkeit zuteil – so die Legende. Es bedarf dazu der Hilfe eines Wärters. Man legt sich rückwärts auf ein

Gitter über den Abgrund, um den Stein auf der Außenwand küssen zu können. Warum der Stein zu dieser Ehre kam, ist allerdings nicht bekannt. Das heutige Blarney Castle ist der dritte Bau, der an dieser Stelle errichtet wurde. Das erste Bauwerk aus dem 10. Jh. war aus Holz. Um 1210 wurde es durch einen Steinbau ersetzt. 1446 kam der Burgfried hinzu. Das Schloss wurde später von Cormac McCarthy, dem König von Munster, bewohnt. Angeblich hat McCarthy Männer zur Verstärkung der Truppen von Robert the Bruce in die Schlacht von Bannockburn, 1314, geschickt und erhielt dafür aus Dankbarkeit den halben Stein von Scone, dem Krönungsstein der schottischen Könige. Dieser Stein, nun unter dem Namen Blarney-Stein bekannt, wurde in die Brustwehr eingefügt. Einer anderen Version zufolge soll McCarthy die Geschichte vom Stein von einer alten Frau erfahren haben, die er vor dem Ertrinken rettete. Als Lohn für seine gute Tat erzählte sie ihm das Geheimnis von einem Stein im Schloss, der demjenigen, der ihn küsst, die Gabe der Beredsamkeit verleiht. Seit den Zeiten von Königin Elizabeth I. bedeutet das Wort *blarney* so viel wie fantasievolles, aber überflüssiges Gerede. So sagt man z. B.: *„he has got the gift of the blarney"* oder einfach *„he has got the blarney"*. Im Schlossgarten befindet sich ein „Giftgarten", in dem alle möglichen giftigen Gartenpflanzen wachsen: Fingerhut, Oleander, Tollkirsche, Maiglöckchen und Eisenhut (der unter schützenden Drahtkäfigen lebt).

Stein der Beredsamkeit

Blarney Castle, 9 km NW Cork, ☎ 021-4385252, www.blarneycastle.ie, Juni–Aug. bis 19 Uhr, im Winter bis Sonnenuntergang, Erw. 13, erm. 11, Kinder (8–14 Jahre) 5 €, Regelmässige Busverbindungen von Cork zum Blarney Castle und zurück.

In **Ballincollig**, 8 km W Cork, an der Hauptstraße nach Killarney, befanden sich einst die **Royal Gunpowder Mills**. Die Munitionsfabrik datiert aus der Zeit der britisch-französischen Kriege. Nachdem Napoleon 1815 geschlagen worden war, verlor die Fabrik an Bedeutung und Ballincollig wurde geschlossen. In den 1830er-Jahren wieder aufgebaut, gewann sie zunehmend an Bedeutung. 1837 hatte die Fabrik über 200 Beschäftigte und produzierte rund 16.000 Fässer Schießpulver. Um 1850 zählte die Fabrik bereits 500 Angestellte. Während des Burenkrieges 1899–1902 noch einmal von Bedeutung, musste die Fabrik 1903, als andere Methoden und Materialen wichtig wurden, schließen. Heute umgibt die ehemaligen Fabrikanlagen ein schöner Landschaftspark mit zahlreichen Spazierwegen und Picknickplätzen, der ganzjahrig geöffnet ist (Ostern Sept tgl. 10–18 Uhr).

Schießpulverfabrik

Fota Island

Auf der Insel sind ein Tierpark, ein Herrenhaus und ein Arboretum zu bestaunen. **Fota House** ist ein herrschaftlicher Grundbesitz von 1820. Das Arboretum, wurde zeitgleich mit dem Haus angelegt. Beeindruckend ist der gewaltige Baumbestand mit Bäumen und Sträuchern aus aller Welt, die in dem milden und schützenden Klima besonders gut gedeihen. Ein Teil des Grundstücks dient der Zoological Society of Ireland als **Wildlife Park**, wo man exotische Tiere bestaunen kann, u. a. Antilopen, Giraffen, Zebras, Pelikane und Gibbons. Man kann den Park zu Fuß durchstreifen oder mit einem kleinen Bähnchen fahren. Es gibt einen Kinderspielplatz und Picknickplätze.

Fota Island, 16 km SO Cork, ☎ 021-4812678, www.fotawildlife.ie, Mo–Sa 10–18, So ab 10.30, letzter Einlass 17 Uhr, Erw. 15, erm. 10 €, Parkplatz 3 €. Regelmäßige Zugverbindungen von Cork Kent Station zur Fota Station.

Cobh

Cobh (ausgesprochen: *Kav*) wurde über Jahrhunderte hinweg von der Seefahrt geprägt und war einst der größte Hafen an der südirischen Küste. Bis 1849 war Cobh als Cove bekannt, da die Stadt in der Bucht (*cove*) von Cork liegt. Königin Victoria betrat hier 1849 zum ersten Mal irischen Boden. Zur Erinnerung an dieses Ereignis wurde der Name in Queenstown (Königinstadt) abgeändert. 1920 kehrte die Stadt zu ihrem ursprünglichen Namen in seiner irischen Fassung zurück. Das nette, lebhafte Hafenstädtchen liegt auf der Insel Great Island im Cork Harbour. Von Cork gibt es mehrfach täglich eine Bahnverbindung nach Cobh. 1720 wurde in Cobh der Royal Cork Yacht Club gegründet, der somit der älteste der Welt ist.

Königlicher Yacht Club

In der restaurierten **viktorianischen Bahnhofshalle** befindet sich das **Cobh Heritage Centre**, wo einem in der Ausstellung „Queenstown Story" die Geschichte Cobhs als Auswanderungshafen näher gebracht wird. Hunderttausende verließen während der Hungerjahre 1844–48 von hier aus auf Auswandererbooten das Land. Gezeigt werden die Härte des Lebens auf den Auswandererschiffen, aber auch die Vergnügungen, die die besser gestellten Passagiere dort hatten.

Beginn einer langen Reise

Weiterhin werden die Tage vor Beginn der langen Reise dargestellt: Auswanderer, die von hier abreisten, kamen normalerweise mit dem Zug in der Stadt an und übernachteten in einer der vielen Pensionen. Die örtlichen Geschäfte versorgten sie mit dem notwendigen Proviant und mit Andenken. Der Reedereivertreter in Queenstown las jeden Morgen die Liste derjenigen vor, die sich auf dem nächsten Schiff einschiffen konnten. Die Auswanderer begaben sich auf die Zubringerboote und wurden zum

Cobh war in den Zeiten der Hungersnot ein bedeutender Auswanderungshafen

Schiff gebracht. Nach dem Zweiten Weltkrieg nahmen die transatlantischen Linienschiffe Auswanderer und eine immer größer werdende Zahl an Touristen an Bord. In den 1960er-Jahren wurde es für die Reedereien immer schwerer, mit dem Flugverkehr zu konkurrieren. Der Hafen verlor seine Bedeutung.

Die Ausstellung dokumentiert auch das Schicksal all jener Männer und Frauen, die von 1791 bis 1853 als Strafgefangene von Irland nach Australien transportiert wurden. Ungefähr 40.000 waren es, die an Bord der Sträflingsschiffe unter unsäglichen Bedingungen zu überleben versuchten. Das Leben an Bord der Sträflingsschiffe war sehr hart, ganz besonders im frühen 19. Jh., als viele für ihre politischen Tätigkeiten im Zusammenhang mit den Aufständen von 1798 und 1803 in Irland verurteilt wurden.

Sträflinge nach Australien

Ein weiterer Bereich der Ausstellung informiert über die Bedeutung der Stadt in verschiedenen Kriegen: Während des Amerikanischen Unabhängigkeitskrieges 1775–1781 nahmen etliche Schiffe Schutz im Hafen von Cobh Proviant an Bord, bevor sie Kurs auf Amerika nahmen. Während der Kriege gegen Frankreich im letzten Jahrzehnt des 18. Jh. bis 1815 wurden hier die Truppentransporte abgewickelt. Zu dieser Zeit wandelte sich Cove von einem ruhigen Dorf in eine Stadt. In späteren Kriegen, wie zum Beispiel dem Krimkrieg (1854–1855) und dem Burenkrieg (1899–1902), wurden viele Truppen von diesem Hafen aus verschifft. Während des Ersten Weltkriegs legte die U.S.-Kriegsmarine im Hafen von Cobh an.

In einem anderen Teil der „Queenstown Story" werden berühmte Schiffe dokumentiert, die in Cobh Station gemacht haben, wie z. B. die Sirius, das erste Dampfschiff nach Amerika. 18 Tage dauerte die Fahrt. Später bauten Dampfschifffahrtsgesellschaften immer größere, schnellere und bequemere Schiffe, die Post, Passagiere und Fracht über den Atlantik transportierten. Im Jahr 1912 wurde Queenstown die letzte Station vor einer Reise in den Tod. Am 11. April 1912 ging die Titanic außerhalb des Hafens vor Anker und nahm 123 Passagiere und fast 1.400 Postsäcke an Bord. Drei Tage später lief sie ungefähr 840 km südöstlich von Kap Race auf Neufundland auf einen Eisberg und sank. Mehr als 1.500 Menschen kamen bei dieser Havarie ums Leben, nur 705 überlebten.

Letzte Station der Titanic

Eine weitere Tragödie spielte sich drei Jahre später 40 km W von Queenstown ab. Am 7. Mai 1915 wurde das Passagierschiff Lusitania 16 km vom Old Head of Kinsale versenkt. Kein Sturm, sondern die Torpedos eines deutschen U-Boots hatten den britischen Passagierdampfer Lusitania (unter dem Vorwand, er transportiere Waffen) an der Backbordseite getroffen und binnen 18 Minuten versenkt. Von den 1.959 Menschen an Bord starben 1.198. Die Überlebenden wurden von Rettungsbooten nach Queenstown und Kinsale in die örtlichen Krankenhäuser und Hotels gebracht. Viele der Ertrunkenen sind auf dem Old Church Friedhof, 3 km N Cobh, begraben.
Cobh Heritage Centre, ☎ 021-4813591, www.cobhheritage.com, täglich 9.30–17, Mai–Okt. bis 18 Uhr, Erw 9,50, Kinder 5 €.

Tipp
Der **Titanic Trail**, ☎ 021-4815211, www.titanic.ie, ist eine einstündige, historische Führung durch Cobh (Treffpunkt tgl. um 11 und 14 Uhr am Commodore Hotel), auf der Michael Martin die militärische, maritime und soziale Geschichte des Ortes erläutert.

> **Unterkunft mit Kochschule**
>
> **Ballymaloe House** €€€–€€€€, Shanagarry, Midleton, Co. Cork, ☏ 021-465 2531 www.ballymaloe.ie. Im Familienbetrieb von mehreren Generationen der Allen-Familie geführt (der Familie gehört auch die Crawford Art Gallery in Cork). Die Allens waren maßgeblich an der Entstehung des „neuen irischen Country Cooking" beteiligt. Das georgianische Landhaus bietet neben ausgezeichneter Unterkunft (34 Zimmer, auch Unterkünfte für Selbstversorger) eine eigene Kochschule, die berühmte Ballymaloe Cookery School, sowie ein Restaurant (Dinner 70–75 €). Zum Anwesen gehören 160 Hektar Land, ein kleines beheiztes Freibad sowie ein Tennis- und ein kleiner Golfplatz. Ganzjährig geöffnet, außer Weihnachten.

Midleton

In **Midleton**, 24 km O Cork, kann man in der stillgelegten alten Brennerei das **Jameson Irish Whiskey Heritage Centre** besichtigen. Das Besucherzentrum informiert über die Geschichte und Herstellungsweise des irischen Whiskeys. Die Tour dauert eine gute Stunde und endet mit einem Probeschlückchen.

Berühmte Whiskey-Marken

Heute wird Jameson in einer modernen Fabrik in Cork hergestellt. Die großen Firmen haben sich zur Gruppe Irish Distillers Ltd. zusammengeschlossen und produzieren nur wenige, dafür aber sehr bekannte Marken, darunter beispielsweise Redbreast, Jameson und Paddy. Von dem schottischen Getränk unterscheidet den irischen Whiskey nicht nur die Schreibweise (schottisch: *whisky*), sondern auch der günstigere Preis.

Jameson Irish Whiskey Heritage Centre, ☏ 021-4613594/6, März–Nov. tgl. 9–18, letzte Führung 16.30 Uhr.

Das Lee-Tal, Macroom und Mallow

Das Lee Valley

Die Landschaft im Landesinneren der Region Cork/Kerry ist nicht so spektakulär wie an der Küste, jedoch friedlich und weit weniger vom Tourismus frequentiert.

Komische Ortsnamen

Im **Lee Valley** gibt es kleine Ortschaften mit merkwürdig klingenden Namen wie Iveleary, Kilmichael, Cill na Martra, Ballyvourney, Clondrohid, Aghina, Macroom, Inniscarra, Kilmurry, Blarney, Grenagh und Ballingeary. Gougane Barra, Ballyvourney und Kilmichael sind alte Klostersiedlungen. Daneben sieht man etliche Burgruinen und Kirchen. Viele Orte mit Burgen haben die Vorsilbe *carrig*, Ortschaften mit Kirchen die Vorsilbe *kil*. Das Lee Valley war Schauplatz vieler Schlachten, worauf an die 100 Ruinen von Burgen und befestigten Tower Houses hinweisen.

Macroom ist eine lebhafte Marktstadt mit einer Burg, die vermutlich im 14. Jh. erbaut, mehrfach verwüstet und dann umgebaut wurde. Sie ist die Heimatstadt des 1873 geborenen Dramatikers, Prosaisten und Journalisten T.C. Murray. Sein autobiografischer Roman „Spring Horizon" beschreibt das Leben in Macroom am Ende des 19. Jh. während der englischen Herrschaft.

Marktstadt

Von Macroom führt die landschaftliche schöne R584 durch die Shehy Mountains nach Bantry, unterwegs führt ein Abzweig nach Gougane Barra.

> **Tipp: Unterkunft**
> ****Coolcower House** €€, *Coolcower, Macroom, Co. Cork,* ☎ *026-41695, www.coolcowerhouse.ie. Landhaus mit 12 Zimmern, hübsch am Fluss Lee gelegen, 3 km von Macroom Richtung Cork. Lizensierte Bar.*

Mallow

An der Kreuzung der N20 und der N72 liegt **Mallow**, eine lebendige Kleinstadt am Ufer des Barrow. Neben der Burg aus dem 16. Jh. (in Privatbesitz) befindet sich ein kleines Heimatmuseum. Für Gartenliebhaber lohnt ein Abstecher zu **Anne Grove's Gardens**, einem wunderschönen, urwüchsigen Garten. Im bewaldeten Teil der Anlage wachsen zahllose verschiedene Rhododendren, deren Herkunft auf Tafeln erläutert werden, sowie Magnolien und weitere Bäume und Sträucher von ungewöhnlicher Größe. Romantisch winden sich die Pfade bis hinunter zum Fluss. Viele tausend Pflanzen sind hier zu entdecken.

Wilder Garten

Anne Grove's Gardens, *1,5 km N Castletownroche, von der N72 ab, ausgeschildert,* ☎ *022-26145, www.annesgrovegardens.com, Ostern-Sept. Mo-Sa 10–17, So 13–18 Uhr, Erw. 7, erm. 5 €.*

Doneraile Park ist ein interessantes Beispiel eines Landschaftsgartens aus dem 18. Jh. Es gibt herrliche Spaziermöglichkeiten inmitten alten Baumbestandes, wobei man Rotwildherden sehen kann.
Doneraile Park, *11 km NO Mallow, 6 km von der Mallow-Limerick-Straße an der R581,* ☎ *087-2515965, www.heritageireland.ie, Sommer Mo-Fr 8–20, Sa/So 9–20, Winter Mo–Fr 8–17, Sa/So 9–17 Uhr, Eintritt frei.*

Von Cork zur Bantry Bay

Von Cork führt die N71 in südwestlicher Richtung durch sanfte Hügellandschaft bis zur wild-romantischen Südwestküste. Die Gegend eignet sich ausgezeichnet zum Radfahren, Wandern, Angeln und zum Wassersport. Die malerischen Orte entlang der Küste mit ihren schönen Buchten, Stränden und Klippen und den Bergen im Hintergrund zeichnen sich mehr durch ihre wunderschöne Lage als durch besondere Sehenswürdigkeiten aus. Vorwiegend handelt es sich um Straßendörfer mit Häusern zu beiden Seiten der Straße.

Malerische Küste

Bunte Häuschen — Die kleinen Häuschen haben keine Fensterrahmen oder Gesimse, Friese, Architrave oder andere architektonische Verzierungen, jedoch ist fast jedes Haus in einer anderen Farbe gestrichen, pfeffermintz- oder moosgrün, rosa, violett oder pink, butterblumengelb, orange, rot, beige oder schieferblau. Oft hängen Geranien, Fuchsien und Petunien in Körben vor den Fassaden.

Kinsale und Umgebung

Kinsale

Touristische Infrastruktur — Der beliebte Ferienort **Kinsale** liegt sehr schön an einer sanft gerundeten Bucht, die von Hügeln umgeben ist. Mit seinen gewundenen Gäßchen, kleinen Häusern und im Wind schaukelnden Fischerbooten bietet er eine Postkartenkulisse. Wegen der zahlreichen Restaurants mit außerordentlich guter Küche wird der Ort auch *Culinary City* genannt. Kinsale ist aber nicht nur für Gourmets, sondern auch für Wassersportler interessant. Es gibt mehrere Schulen, in denen man Tauchen, Segeln, Surfen oder Kanu fahren lernen kann. Viele kleine Galerien und Kunsthandwerkerläden laden zum Stöbern ein. Die geschützte Bucht wird von einem großen Fort bewacht, wenig außerhalb der Stadt in Summercove.

Der Ort wurde im 12. Jh. von den Anglo-Normannen gegründet und war noch im 17. Jh. der wichtigste Hafen im Süden Irlands. 1601 besiegten die Engländer die Iren und Spanier, die mit fast 4.000 Fußsoldaten im Norden von Kinsale gelandet waren und die Ulsterfürsten O'Neill und O'Donnell gegen die Engländer unterstützen sollten. Die Iren unterlagen den Engländern, und die Folge war die „Flucht der Grafen" (s. S. 21). Mit der verlorenen Schlacht von Kinsale war der große irische Aufstand beendet. Im 17. und 18. Jh. wurde Kinsale britischer Militärstützpunkt und englische Hafen- und Regimentsstadt. Bis zum Ende des 18. Jh. durften Iren und Katholiken die Stadt nicht betreten.

St. Multose Church wurde im ausgehenden 12. Jh. errichtet, im Laufe der Jahrhunderte mehrfach umgebaut und ist immer noch in Betrieb. Der Turm in der Nordwestecke hat am Portal schöne romanische Verzierungen. Das **Stadtmuseum im Old Court House** zeigt die Geschichte der Stadt von einer megalithischen Siedlung bis zur Schlacht der englischen Besatzer gegen die Spanier.
Stadtmuseum, *Old Court House*, ☏ *021-4777930, Sa 10–17, So 14–17 Uhr.*

Weinmuseum — Um 1500 wurde **Desmond Castle** gebaut. Zwischen 1630 und 1800 hielt man hier portugiesische, spanische und holländische und nach den napoleonischen Kriegen auch französische Seeleute gefangen. Dies gab schließlich dem Gebäude den Namen *French Prison*. Heute ist hier das **International Museum of Wine** untergebracht. Im 16. Jh. war Kinsale ein wichtiger Hafen mit Handelsbeziehungen nach England und Frankreich. Importiert wurden Wein und Salz, exportiert Holz und Fisch. Kinsale war einer von 16 Häfen in Irland, die Wein einführen durften.
Desmond Castle, *Cork Street*, ☏ *021-4774855, www.heritageireland.ie, April–Sept. tgl. 10–18 Uhr, Erw. 4, erm. 2 €.*

Kinsale und Umgebung

Am Strand von Kinsale

Die einander gegenüberliegenden Bollwerke **Fort Charles** und **Fort James**, nach 1677 errichtet, sicherten die Hafeneinfahrt von Kinsale. Vom James Fort ist kaum mehr etwas da. Das gewaltige Charles Fort ist jedoch recht gut erhalten. Die Wallanlage ist sternförmig und mit ihren 12 m hohen dicken Mauern typisch für Festungen des 17. Jh. Von hier aus hat man eine schöne Aussicht auf den Old Head of Kinsale.

Sichere Hafeneinfahrt

Fort Charles, *Summer Cove, 3 km S Kinsale*, ☎ *021-4772263, www.heritageireland.ie, Mitte März–Okt tgl. 10–18, Nov.-Mitte März tgl. 10–17 Uhr, Erw. 4, erm. 2 €.*

Reisepraktische Informationen Kinsale

Information
Tourist Information Kinsale, *Pier Road*, ☎ *021-4772234, www.kinsale.ie, ganzjährig geöffnet.*

Unterkunft
The Old Presbytery €€–€€€, *Cork Street*, ☎ *021-4772027, www.old-pres.com. Ein ganz besonders schönes B&B mit viktorianischem Flair. Auch Familienzimmer sowie Apartments für Selbstversorger mit 2 Schlafzimmern.*
Kinsale B&B €€, *Featherbed Lane*, ☎ *087-3459860, www.kinsalebandb.com. Gemütliches und günstiges B&B, geführt von Fiona & Anthony McCarthy. Einige Zimmer haben einen schönen Blick auf den Hafen.*

Dempsey's Hostel €, *Eastern Road,* ☏ *021-4772124, www.hostelkinsale.com, ganzjährig geöffnet, 32 Betten, 7 DZ. Von der Jugendherberge, 5 Min. vom Ortszentrum entfernt, hat man einen wunderschönen Blick auf die Bucht von Summercove. Camping möglich. Ab 15 €, DZ 20 € p. P., ausdrücklich keine Party-Herberge!*

Essen und Trinken

Kinsale gilt als Irlands Feinschmeckerzentrum, insbesondere für Meeresfrüchte. Dem Ruf als „Culinary Capital of Ireland" entsprechend, gibt es eine Reihe guter Restaurants, und im Oktober findet das Gourmet Food Festival statt.

Fishy Fishy Café, *Crowleys Quay,* ☏ *021-4700415, www.fishyfishy.ie. Nettes, unkompliziertes Restaurant sowie Chips-Shop mit Fish&Chips zum Mitnehmen. Auf der Speisekarte steht ausschließlich Fisch. Mittlere Preisklasse.*

Max's Wine Bar, *Main Street,* ☏ *021-4772443, www.maxs.ie. Etabliertes irisch-französisches Restaurant und Weinbar im Ortszentrum. Nebensaison Mi–So Dinner und Fr–So Lunch, Hochsaison Mi–Mo Lunch und Dinner. Mittlere Preisklasse.*

Bulman, *Summercove,* ☏ *021-4772131, www.thebulmann.ie. Gemütlicher und ungezwungener Gastropub am Meer. Fantastischer fangfrischer Fisch, köstlich mit frischen Gartenkräutern. Hauptgerichte 16–21 €, tgl. 12.30–9.30 Uhr.*

Wassersport

In Kinsale kann man verschiedene Wassersportarten, wie Tauchen, Segeln, Windsurfen oder Kanu fahren, lernen. Anbieter sind das **Oysterhaven Centre**, ☏ *021-4770738, www.oysterhaven.com, oder das* **Kinsale Outdoor Education Centre**, *St. John's Hill,* ☏ *021-4772896, www.kinsaleoutdoors.com.*

Feste/Veranstaltungen

Verschiedene Festivals finden in Kinsale statt, z. B. die **Art Week** *im Juli, www.kinsaleartsweek.com, oder im Oktober das* **Gourmet Food Festival***, www.kinsalerestaurants.com.*

Verkehrsverbindungen

Bus Éireann *bietet mehrfach tägliche Verbindungen zwischen Kinsale und Cork.*

Umgebung von Kinsale

Südlich von Kinsale liegt **Garrettstown** mit zwei herrlichen Stränden.

Das kleine Dörfchen **Timoleague** (von der N71 ab) liegt an einem weit in das Land greifenden Meeresarm, der Courtmacsherry Bay. Hier wurde im 7. Jh. vom hl. Molaga Timoleague Abbey gegründet. Im 14. Jh. erneuerten Franziskaner die Anlage, doch wurde sie im 17. Jh. von englischen Truppen zerstört. **Timoleague Abbey** wird – wie etliche andere Kirchen- oder Abteiruinen Irlands – als Friedhof genutzt. Weiterhin gibt es im Dorf eine sehr hübsche Dorfkirche (1811 erbaut), die unbedingt einen Blick lohnt. Sie ist im Inneren über und über mit Mosaiken verziert. Sie wurden 1920 vom Maharajah von Gwalior in Indien gestiftet – in dankbarer Erinnerung an seinen Arzt Dr. Croft, der aus Timoleague stammte (den Schlüssel zur Kirche bekommt man im Dorfladen).

Stiftung aus Indien

Kinsale und Umgebung

Der lebhafte Marktflecken **Clonakilty** leidet, wie so viele andere Orte in Irland, unter starkem Verkehr und verstopften Straßen, sodass die in fröhlichen Farben gestrichenen Häuser nicht so richtig gewürdigt werden. Bereits im Jahre 1292 hatte der Ort die Erlaubnis erhalten, regelmäßig Markt abhalten zu dürfen. Im 18. Jh. kam er durch die Leinenindustrie zu einigem Wohlstand. Clonakilty ist für zwei Dinge berühmt. Zum einen wurde **Michael Collins** auf einem Bauernhof unweit Clonakiltys geboren. Er war einer der wichtigsten Männer im Unabhängigkeitskrieg gegen England (s. S. 26). Das **Michael Collins Centre** in Castleview (☏ 023-8846107) informiert über Leben und Schaffen des mutigen Mannes. Die andere Attraktion des Ortes ist der ausgezeichnete Black Pudding – angeblich der beste in ganz Irland! Edward Twomey (16 Pearse Street, www.clonakiltyblackpudding.ie, Mo–Sa 9–18 Uhr) bietet eine gute Auswahl. Das ursprüngliche Rezept stammt angeblich aus den 1880er-Jahren.

Unabhängigkeitskämpfer

 B&B-Tipp

*******An Garran Coir** €€, Clonakilty, ☏ 023-8848236, www.angarrancoir.com. Jo und Michael Calnan sind die öko-freundlichen Besitzer des netten B&B, eingerichtet in einem ehemaligen Farmhaus. Besonders toll ist die Küche, wo die Bio-Produkte aus eigenem Anbau verwertet werden. Das stattliche Frühstück beeinhaltet warmen Obstsalat, selbstgebackene Scones und farmfrische Eier. Die fünf Zimmer sind sehr behaglich und bieten herrliche Ausblicke auf den Garten und die Landschaft.

Nicht nur für Kinder lohnt ein Besuch im **West Cork Model Railway Village**, ein nett am Ufer der Clonakilty Bay gelegenes kleines Museum, wo man eine Miniatur-Nachbildung von Westcork in den 1940er-Jahren bestaunen kann. In einem alten Bahnwagen kann man zur Teepause einkehren.
West Cork Model Railway Village, *Inchydoney Road,* ☏ *023-8833224, www.modelvillage.ie, tgl. 11–17 Uhr, Erw. 7, Kinder 4 € (mit Zugfahrt 10 bzw. 6 €). Die Museumsbahn fährt Okt.–Mai Sa/So, Juni–Sept. tgl. jeweils zur vollen Stunde von Clonakilty.*

Lisnagun, außerhalb von Clonakilty, ist das einzige der rund 30.000 Ringforte in Irland, das an seinem originalen Standort rekonstruiert wurde (☏ 023-8832565).

Inchydoney (5 km S Clonakilty) hat einen fantastischen Strand. Die Inchydoney Surf School (www.westcorksurfing.com) bietet Unterricht für Kinder und Erwachsene. Bretter und Wetsuits können ausgeliehen werden.

Lisselan Gardens ist eine wunderschöne Gartenanlage, durch die sich der Argideen River schlängelt. Es gibt viele seltene Pflanzen, aber auch farbenprächtige Rhododendren und Fuchsien. Das Landhaus ist in Privatbesitz und kann nicht besichtigt werden.
Lisselan Gardens, *3 km O Clonakilty an der N71,* ☏ *023-8833249, www.lisselan.com, tgl. im Sommer 9–Sonnenuntergang, im Winter bis 17 Uhr, Erw. 6 €, Kinder unter 12 Jahren frei.*

Gartenlandschaft

Von dem stimmungsvoll gelegenen **Drombeg Stone Circle** (13 km W Clonakilty, von Rosscarbery ausgeschildert) hat man einen herrlichen Blick über die Küste. Ver-

Drombeg Stone Circle

mutlich entstand der Steinkreis zwischen 153 v. Chr. und 127 n. Chr. Die kreisförmig angeordneten 17 Steine stehen eng beieinander. Westlich davon kann man die Reste zweier Rundbauten erkennen, einer davon mit einer Art Backofen, genannt *fulachta fiadh*. Vermutlich entstanden sie zwischen 109 und 349 n. Chr.

Der hübsche Ort **Castletownshend** wurde von englischen Siedlern im späten 17. Jh. gegründet. Im Inneren der St. Barrahane's Church gibt es zahlreiche Grabsteine der Familien Townsend/Townshend und Somerville, die an verstreuten Ecken des British Empire gestorben sind. Der schöne Mosaikfußboden der Kirche wurde von Edith Somerville gestaltet (s. auch S. 43). Im Castle Townsend, direkt am Wasser gelegen, kann man stilvoll übernachten (€€, ☏ 028 36100, www.castle-townshend.com, auch Apartments).

Familiengrab

Skibbereen

Skibbereen ist ein lebhafter Ort mit farbenfrohen, bunten Häuschen entlang der Hauptstraße. Im 17. Jh. wurde die Marktstadt von englischen Siedlern gegründet, die nach einem Angriff durch Sklavenhändler aus Baltimore geflohen waren. Im **Heritage**

Centre dokumentieren die Great Famine Exhibition, eine herzerschütternde Ausstellung über die große Hungersnot, und das Loch Hyne Visitor Centre die Geschichte und Naturkunde des Orts.
Skibbereen Heritage Centre, *Old Gasworks Building, Upper Bridge Street,* ☏ *028-40900, www.skibbheritage.com, Mitte März–Mitte Mai sowie Okt. Di–Sa 10–18, Mitte Mai–Sept. Mo–Sa 10–18, Nov. Mo–Fr 9.30–17.30 Uhr, Erw. 6, Kinder 3 €.*

> **Tipp: Abstecher**
> *Eine kleine Straße biegt 3 km hinter Skibbereen von der R595 ab und führt durch eine wunderschöne hügelige Heidelandschaft und Wald zum* **Lough Hyne,** *einem kleinen See mit Zugang zum Meer, der einer erstaunlichen Vielfalt an Pflanzen und Tieren einen natürlichen Lebensraum bietet. In diesem Naturschutzgebiet kommen Naturliebhaber auf ihre Kosten. Über das* **Lough Hyne Marine Nature Reserve** *kann man sich im Heritage Centre in Skibbereen informieren.*

Ausflug zum See

Reisepraktische Informationen Skibbereen

Information
Tourist Information Skibbereen, *North Street,* ☏ *028-21766, ganzjährig geöffnet.*

Unterkunft
★★★★ Cottages for Couples €€, *Grove House,* ☏ *028-22957, www.cottagesforcouples.ie. Über 200 Jahre altes Landhaus mit viel Charakter. Unter neuem Namen bietet das ehemalige Grove House & Courtyard Cottages luxuriöse und geschmackvoll gestaltete Zimmer, Cottages und Baumhäuser für einen romantischen Pärchenurlaub. Dabei wurde darauf geachtet, das Flair der alten Gebäude zu bewahren.*
Russagh Mill Hostel and Adventure Centre €, ☏ *028-22451, www.russaghmillhostel.com. April–Okt. Knapp 2 km außerhalb, sehr ruhig gelegenes, helles und sauberes Hostel in einer ehemaligen 200 Jahre alten Getreidemühle, die vom Besitzer Michael Murphy renoviert wurde. Familien- und Mehrbettzimmer vorhanden, auch Camping möglich. Angeboten werden Kajak, Klettern, Wandern.*

Essen und Trinken
Annie May's Pub, Restaurant und B&B, *11 Bridge Street,* ☏ *028-22930, www.anniemays.ie. Das etablierte Restaurant, das als Familienbetrieb geführt wird, bietet eine gute Auswahl an Gerichten für den großen und kleinen Hunger. Darüber hinaus ist es preisgünstig. Auch Unterkunft möglich (€€).*
Baby Hannah's, *42 Bridge Street,* ☏ *028-22783. Beliebter Pub und Mi und Fr im Sommer gibt es Live-Musik.*

Einkaufen
Farmer's Market, *Sa 9–13.30 Uhr.*

Verkehrsverbindungen
Bus Éireann *bietet tägliche Verbindungen zwischen Skibbereen und Cork.*

Baltimore

Segelhochburg

Der kleine Fischerort **Baltimore** liegt an der Spitze einer Landzunge und bietet seinen Gästen viele Übernachtungsmöglichkeiten, einen Laden, ein paar Pubs und auch einige Restaurants. Im Sommer wird es recht voll – vor allem bei Seglern erfreut sich Baltimore großer Beliebtheit. Von hier verkehren Boote zu den vorgelagerten Inseln Sherkin und Cape Clear Island. Im Jahr 1631 hatten die Bewohner Pech. Algerier überfielen Baltimore und kidnappten rund 100 Menschen, um sie als „weiße Sklaven" zu verkaufen. Im 18. Jh. kam der Ort zu einem bescheidenen Wohlstand, der dem Verkauf von gesalzenen Makrelen nach Amerika zu verdanken war. Die Burg stammt von 1215 und war bis zum Jahr 1601 die Residenz des O'Driscoll-Clans. Der Ort ist auch für seine guten Tauchmöglichkeiten beliebt, denn in der Bucht liegen zahlreiche Schiffswracks, und durch den Golfstrom ist das Wasser erwärmt.

Reisepraktische Informationen Baltimore

Unterkunft

*** Rolf's Country House €€€, Baltimore Hill, ☎ 028-20289, www.rolfscountryhouse.com. Rolf's ist in Baltimore ein Begriff. Seit den Anfängen als Hostel hat sich einiges getan auf dem schönen Grundstück, das es umgibt. Heutzutage bietet das Hotel 14 Gästezimmer und darüber hinaus auch Cottages für Selbstversorger (4 Personen). Dazu gehören auch ein beliebtes, ganzjährig geöffnetes Restaurant und eine Weinbar.

*** Rathmore House €€, ☎ 028-20362, www.baltimorebb.com. Sauberes B&B, das von Inhaberin Marguerite mit großer Herzlichkeit geführt wird. Das georgianische Äußere des Hauses täuscht allerdings: Es wurde erst 1987 gebaut.

Essen und Trinken

The Waterfront, The Pier, ☎ 028-20600. Zum Waterfront gehören La Jolie Brise, The Lookout und Jacob's Bar. **La Jolie Brise**, mit rustikalen Holztischen, ist sehr beliebt und eigentlich immer voll. Hier kommen hauptsächlich leckere Pizzen (12–18 €), z. B. mit Räucherlachs, Muscheln oder Austern belegt, auf den Tisch. Geöffnet ist ab 8.30 Uhr zum Frühstück bis Mitternacht. Viele Tische und Bänke laden zum Draußensitzen ein (Unterkunft in Standard und Superior Rooms gleich nebenan, €€–€€€).

Segeln/Tauchen

Baltimore Sailing School, ☎ 028-20141, www.baltimoresailingschool.com. Seit 1974 etablierte Segelschule. Die Kurse dauern jeweils von Mo bis Fr, am Ende der Woche sollen die Studenten bereits in der Lage sein, ohne Lehrer segeln. Die Teilnahme ist ab 9 Jahren möglich.

Baltimore Diving Centre, ☎ 028-20300, www.baltimorediving.com, bietet Kurse für Anfänger und Fortgeschrittene, auch mit Unterkunft buchbar.

Feste/Veranstaltungen

Der Mai bietet gleich drei Feste: die Fiddle Fair, das Walking Festival und das Seafood Festival am Monatsende, jeweils mit bunten Begleitprogramm.

Vorgelagerte Inseln: Cape Clear und Sherkin Island

Cape Clear Island

On the verge of the ocean
Whose waves wash many lands
You'll find a lovely island
With glittering strands.
(Patrick Cotter, 1893–1962)

Cape Clear Island (auch Clear Island genannt) hat 120 Einwohner, ist 5 km lang, 2km breit und liegt 15 km von der Küste entfernt. Die hügelige Insel mit ihrer wunderschönen Küsten- und Klippenlandschaft bildet am Cape Clear den südlichsten Punkt der Republik. Von der Anlegestelle führt ein steiler Weg zur **St. Kieran's Church**, einem Bau des 12. Jh. an der Stelle eines ehemaligen Klosters. Dort steht der Schrein des St. Kieran, der die Insel zum Christentum bekehrt hat. Cape Clear Island hat keine Sandstrände, wohl aber schöne Spazierwege entlang bunter Wildwiesen. Immerhin kann man ein Drittel aller in Irland lebenden Pflanzen auf Cape Clear Island finden. Auf der Insel befindet sich auch Irlands einzige bemannte Vogelbeobachtungsstation.

Südlichster Punkt Irlands

Reisepraktische Informationen Cape Clear Island

Information
www.capeclearisland.eu

Unterkunft
Es gibt verschiedene Unterkünfte, die über jede Tourist Information buchbar sind.
*** An Oigé Hostel €, *South Harbour,* ☎ *028-41968, www.anoige.ie. Fast auf dem Strand gelegen mit herrlichen Blicken über die Bucht. 42 Betten, sehr familienorientiert. März–Okt. geöffnet. Das Hostel ist seit 1994 jeweils Anf. Sept. Veranstaltungsort des Storytelling Festivals, oft finden hier auch Musiksessions statt.*
*** Cape Clear Cottages *(für Selbstversorger),* ☎ *028-39153, capeclearcottages@eir com.net, www.capeclearisland.eu. 3 Schlafzimmer, 350–600 €, je nach Saison. Es gibt auch Apartments für 2–3 Pers. für 60 €/Nacht.*

Essen und Trinken
Ciarán Danny Mike's Pub Restaurant, *ganzjährig geöffnet, solides Pub-Restaurant, in dem regelmäßig Live-Musik geboten wird.*

Fähren
Von März bis Anf. Sept. gibt es mehrmals tägl. Fahrten zwischen Cape Clear Island und Baltimore, im Sommer (Juni–Aug.) auch regelmäßige Verbindungen mit Schull. Juni–Aug. gibt es auch mehrmals wöchentlich (Di/Do/So) Touren zum Fastnet Lighthouse (s. S. 247).
Cailín Óir/Cape Clear Ferries, ☎ *028-39159 oder 028-41923, www.capeclearferry.info u. www.capeclearferries.com.*

Sherkin Island

Tagesausflug

Viele Urlauber besuchen die 5 x 2 km große **Sherkin Island** im Rahmen eines Tagesausflugs. Wegen der häufigen Verbindungen nach Baltimore (www.sherkinferry.com, Fahrtdauer 15 Min., hin und zurück Erw. 10, erm. 4 €) ist dies auch problemlos möglich. Hier lässt es sich gemütlich wandern oder an einem der herrlichen Sandstrände baden. Weiterhin gibt es die Reste eines Franziskanerklosters (1460 errichtet) zu entdecken sowie die Ruinen einer mittelalterlichen Burg. Die privat betriebene Marinestation beschäftigt sich mit Flora und Fauna der Roaringwater Bay. Unweit des Hafens gibt es zwei nette Pubs, wo man zum Abschluss eines schönen Tages sicherlich gerne einkehrt.

Reisepraktische Informationen Sherkin Island

Übernachten/Essen und Trinken/Pub
Jolly Roger Pub, ☎ 028-20662. *Der beliebte Pub serviert die beste Fischsuppe weit und breit, im Sommer täglich Live-Musik.*
Islander's Rest €€, ☎ 028-20116, info@islandersrest.ie. *Der Pub bietet 21 Zimmer zum Übernachten.*

Tipp: Inselhüpfen
Zwischen den Inseln besteht im Sommer die Möglichkeit zum Island Hopping: Von Cunnamore (Abholung auch in Baltimore) geht es über Heir Island nach Sherkin Island oder umgekehrt. Auskunft: Danny Murphy ☎ 086-8887799, www.heirislandferries.com. Von Cunnamore bestehen auch tägliche Verbindungen nach Heir Island (www.heirislandsailingschool.com).

Island Hopping zwischen Baltimore und Schull

Mizen Pensinsula

Ballydehob bildet den Ausgangspunkt zur **Mizen Peninsula**, der südlichsten der fünf Halbinseln, die sich wie die fünf Finger einer Hand in den Atlantik strecken. Auf der linken Seite am Ortseingang sieht man die zwölfbogige Brücke der nicht mehr benutzten Eisenbahn. Von Ballydehob führt die R592 westlich nach Schull und weiter nach Goleen.

Schull

Schull ist vor allem bei Iren und Engländern als Ferienort beliebt. Von hier aus bestehen Fährverbindungen zu den vorgelagerten Inseln. Es gibt einige Restaurants, Pubs, in denen regelmäßig Live-Musik geboten wird, und Unterkunftsmöglichkeiten. Eine Sehenswürdigkeit ist das von einem deutschen Besucher gegründete **Planetarium** auf dem Gelände des örtlichen College, das einzige Planetarium der Republik Irland.
Planetarium, ☏ 028-28315, 45-minütige Show: Juli/Aug. Mo, Mi, Fr und Sa 20 Uhr, Erw. 6, erm. 4 €.

Ausgangspunkt zur Halbinselerkundung

Reisepraktische Informationen Schull

Unterkunft
The Heron's Cove B&B and Restaurant €–€€, The Harbour, Goleen, ☏ 028-35225, www.heronscove.com. Vom über der Bucht gelegenen Restaurant hat man einen herrlichen Blick. Im dazugehörigen B&B werden 5 Gästezimmer vermietet, ganzjährig außer Weihnachten geöffnet. Das Restaurant (gehobene Preisklasse) ist für seine Fischgerichte berühmt.
Grove House €€, Colla Road, ☏ 028-28067, www.grovehouseschull.com. Wunderbar behagliche Unterkunft und tolles Restaurant mit schwedischem Einfluss.

Essen und Trinken
The New Haven, Main Street, ☏ 028-28642. Ein netter Ort zum Einkehren, sowohl kleinere Snacks als auch größere Gerichte. Sept.–Mai Mi–So 12–21 Uhr. Günstig bis mittlere Preisklasse.
West Cork Gourmet Store, ☏ 028-27613. Weinbar, Deli, Café. Bei warmem Wetter kann man auch draußen sitzen.

Einkaufen
Markt mit landwirtschaftlichen Produkten und Kunstgewerbe, So 10–14 Uhr.

Verkehrsverbindungen

Fähre: Im Sommer (Jun–Sept.) regelmäßige Verbindungen nach Cape Clear Island, www.schullferry.com.
Bus: Bus Éireann bietet tägliche Verbindungen zwischen Cork, Clonakilty, Roscarberry, Skibbereen, Ballydehob, Schull und Goleen.

Ende der Welt

Hinter Schull und Goleen ändert sich das landschaftliche Bild. Das Land wird verlassener, rauer und die Farmstellen kleiner. Schließlich ist Crookhaven erreicht. Dort hat man das Gefühl, am Ende der Welt zu sein. Das Dorf liegt am Ende einer Stichstraße auf der spitz zulaufenden Halbinsel.

> **Tipp: Schwimmen**
> *Am Ende der Mizen-Halbinsel liegt die wunderschöne **Barleycove**, bei schönem Wetter ein Traum. Gegenüber, auf der anderen Straßenseite, befindet sich ein kleiner Ferienpark mit feststehenden Caravans.*

Mizen Head

Der **Mizen Head** auf der Mizen-Halbinsel bildet den äußersten Rand Europas. Zerklüftete, bis zu 200 m hohe Klippen fallen in die Wogen des mit aller Kraft herantosenden Atlantik. In beeindruckender Lage steht oben auf dem Felsen ein Leuchtturm. Die Hängebrücke, die den Felsen mit dem Festland verbindet, erreicht man über 99 Stufen.

Alles zum Leuchtturm

Das **Leuchtturm-Museum** veranschaulicht das Leben und die Arbeit eines Leuchtturmwärters sowie die technische Seite eines Leuchtturms. Ein weiterer Raum ist dem Unterwasserbereich vor Mizen Head gewidmet. Über 80 Schiffswracks und Hunderte kleinerer Boote liegen an dieser Küste. Der dritte Raum vermittelt einen Eindruck von dem Licht des Fasnet-Leuchtturms, wie man es vom Deck eines Ozeankreuzers aus sieht. Von der Plattform vor dem Museum hat man fantastische Ausblicke, es sei denn, es stürmt so sehr, dass man mehr auf seinen Schritt achten muss als auf die Aussicht.
Leuchtturm-Museum, ☎ 028-35225, www.mizenhead.net, Mitte März, April, Mai, Sept. u. Okt. tgl. 10.30–17, Juni–Aug. tgl. 10–18, Nov.–März Sa/So 11–16 Uhr, mit Café, Erw. 6, erm. 3,50 €.

Barleycove

Fastnet-Leuchtturm und Fog Signal Station

5 km von Cape Clear entfernt liegt der Fasnet Rock. Bis 1810 gab es nur drei Leuchttürme an der Südwestküste: Loop Head, Cape Clear und den Old Head of Kinsale. 1847 sank bei Crookhaven das amerikanische Schiff Stephen Whitney mit einem Verlust von fast 100 Menschenleben. Daraufhin entschied das Irish Lights Board, einen Leuchtturm auf dem Fasnet Rock zu bauen, da der bereits existierende Leuchtturm auf Clear Island nicht ausreichte. Der Leuchtturm war 1854 fertig und bis 1891 in Gebrauch. Er war seinerzeit der wichtigste Leuchtturm an der Küste, aber nicht stark genug, um den Winden des Atlantiks standzuhalten. 1865 brach der Turm zusammen und ebenso Teile des Felsens. Der Wiederaufbau dauerte von 1899 bis 1903. Der neue Leuchtturm war ein technisches Meisterwerk: Das Licht des 52 m über dem Meeresspiegel liegenden Leuchtturms konnte 30 km weit gesehen werden Der irische Name lautet *Carraig Aonar* (einsamer Felsen), aber er wird auch *the teardrop of Ireland* genannt, weil es das letzte Stück Land war, das die Auswanderer auf ihrem Weg nach Amerika noch sehen konnten. Drei Leuchtturmwärter arbeiteten dort in Schichten von jeweils sechs Wochen, bis der Leuchtturmdienst automatisiert wurde.

1906 entschied sich das Board of Trade zusammen mit dem Irish Lights Board, auf der Cloghane Island die **Mizen Head Fog Signal Station** zu bauen. 1909 wurde dieses Nebelsignal eingerichtet. Bei schlechten Wetterbedingungen setzte der Leuchtturmwärter in einem Intervall von drei Minuten ein Zeichen. Die Hängebrücke wurde 1908 bis 1910 gebaut, um die kleine Insel mit dem Festland zu verbinden. Sie war 52 m lang und schwebte in 45 m Höhe. 2011 wurde sie durch eine Steinbrücke ersetzt. 1931 installierte man ein kabelloses Leuchtsignal, ein Blinklicht, das im Laufe der Zeit stetig verbessert wurde. In den 1970er-Jahren wurde das Nebelsignal eingestellt und Sonar- sowie Satellit-Navigation eingeführt. Im April 1993 verließ der letzte Leuchtturmwärter Mizen Head und die Station wurde voll automatisiert. Das lohnenswerte **Leuchtturm-Museum** und die Nebelstation veranschaulichen das Leben und die Arbeit eines Leuchtturmwärters sowie die technische Seite eines Leuchtturms.

Sheep's Head Peninsula

Noch abgeschiedener als am Mizen Head geht es auf der nördlich der Dunmanus Bay gelegenen Landzunge, der **Sheep's Head Peninsula**, zu – ein wunderbarer Ort zum Entspannen und zum Wandern. Es ist der kleinste und unberührteste der fünf Finger. Eine Rundtour um die Halbinsel ist 60 km lang und macht vor allem per Fahrrad Spaß. Entlang den schmalen Straßen zu radeln, die auf der einen Seite von Meeresbuchten, auf der anderen Seite von karstigen Hochflächen, auf denen vereinzelt Kühe weiden, gerahmt sind, ist herrlich. Die meisten Besucher fahren nur bis **Kilcrohane**, dem einzigen Dorf. Dahinter beginnt die 10 km lange Stichstraße zum westlichsten Zipfel, dem **Sheep's Head**, die sich mit phänomenalen Panoramen über Hügel und durch Hochmoore zieht.

Schöne Fahrradtour

Reisepraktische Informationen Sheep's Head Peninsula

Restaurant mit Unterkunft
*** **Blair's Cove House and Restaurant** €€€, *Durrus, Bantry,* 027-61127 *www.blairscove.ie, 3 km außerhalb Durrus an der Barleycove Road gelegen. Das Restaurant wurde in einem alten umgebauten Stall eingerichtet und bietet wunderschöne Ausblicke über Dunmanus Bay und die umgebende Landschaft. Mitte März–Ende Oktober Di–Sa abends, Juli/Aug. auch Mo, Dinner 56 €. Jazz Lunch jeden 2. So/Monat. Reservierung erwünscht. Übernachten: B&B mit 4 Suiten sowie 1 Cottage für Selbstversorger.*

Wandern
Der **Sheep's Head Way** *ist ein 88 km langer Weg, für den man vier Tage einplanen sollte. Zunächst geht es auf dem Bergrücken in der Mitte der Insel entlang und dann ganz bis an den westlichen Zipfel. Die letzte Wegstrecke von Durrus ist nicht so interessant und kann ausgelassen werden. Die ersten drei Tage hingegen sind fantastisch. Unterkunft sollte im Voraus gebucht werden.*

Bantry

Der rund 3.000 Einwohner zählende Hafenort **Bantry** wird von vielen Besuchern als Ausgangsbasis für die Entdeckung der landschaftlichen Schönheiten des Südwestens genutzt. Auf dem großen Marktplatz, dem Wolfe Tone Square, steht die **Statue St. Brendan the Navigator**, ein Geschenk der Ölfirma Gulf Oil an die Stadt. In dem großen Erdölhafen auf Whiddy Island, wenige Kilometer vor Bantry, kamen 1978 bei einem großen Feuer 51 Menschen ums Leben.

Sehenswert ist **Bantry House**, das wunderschön an der Bantry Bay liegt. Das klassizistische Gebäude wurde im Jahr 1739 von der Familie White erworben und 1946 der Öffentlichkeit zugänglich gemacht. Das Gebäude ist voller Kunstschätze: Möbel, Wandteppiche, Lampen und Bilder, die der zweite Graf von Bantry während seiner Grand-Tour durch Europa erwarb. Das Gebäude wird auch heute noch von der Familie bewohnt.

St. Brendan the Navigator

In dem italienischen Garten, der das Haus umgibt, kann man schön spazieren gehen und die Aussicht auf die Caha Mountains gegenüber genießen.
Bantry House und Garten, *April–Ende Okt. 10–18 Uhr, Erw. 10, Kinder 5–16 J. 3 €, auch Übernachtung möglich, s. S. 249.*

In der Geschichte Irlands spielten Bantry und die gleichnamige Bucht mehrmals (fast) eine entscheidende Rolle. Zweimal kamen französische Truppen den Iren im Kampf gegen die Engländer zur Hilfe: einmal 1689 zur Unterstützung des katholischen James II. und rund hundert Jahre später, 1796, als General Hoche auf Veranlassung von Theobald Wolfe Tone (1763–1798) und den United Irishmen mit einer französischen Armada mit fast 15.000 Mann Besatzung von Brest zur Bantry Bay segelte. Aufgrund widrigen Wetters konnten lediglich 16 Schiffe am 22.12.1796 die Bucht erreichen, jedoch wegen des Sturmes nicht anlanden. Sie mussten nach Frankreich zurückkehren. Ein Schiff, die Surveillante, war zu sehr vom Sturm beschädigt, um die Rückreise anzutreten, und strandete auf Whiddy Island, wo sie immer noch liegt. 1982 wurde sie zum Irish National Monument erklärt.

Unterstützung der Franzosen

Reisepraktische Informationen Bantry

Information
Tourist Information Bantry, *Old Courthouse, The Square,* ☎ *027-50229, März–Okt. geöffnet.*

Unterkunft
Bantry House €€€, ☎ *027-50047, www.bantryhouse.com. In einem Seitentrakt des prachtvollen Bantry House stehen den Besuchern neun elegant eingerichtete Zimmer zur Verfügung. Zwei Zimmer haben sowohl Garten als auch Seeblick. Sobald die Tagesbesucher weg sind, wird es ruhig im Haus und beim Billiard spielen oder in der Bibliothek kann man sich herrlich entspannen. Im Gatehouse besteht Unterkunft für Selbstversorger (4 Personen).*
Ballylickey Manor House €€–€€€, *Ballylickey, Bantry Bay,* ☎ *027-50071, www.ballylickeymanorhouse.com. Das wunderschöne Landhaus von Christiane & George Graves, ein ehemaliges Jagdhaus, wurde um 1650 erbaut und ist von einem herrlichen Garten umgeben. Unterkunft im Haus selber sowie in herrlichen Gartensuites.*

Essen und Trinken
O'Connor's Seafood Restaurant, *Wolfe Tone Square,* ☎ *027-55664, www.oconnorseafood.com. Neben dem Bantry Bay Hotel gelegenes Fischrestaurant. Die Spezialität des Hauses sind Muschelgerichte, es werden aber auch Lamm und Rind serviert. Tgl. Dinner 20–30 €, So–Fr auch Lunch.*
J.J. Crowleys, *Wolfe Tone Square,* ☎ *027-50029. Traditioneller Pub direkt am Marktplatz, oft mit Live-Musik.*

Feste/Veranstaltungen
West Cork Chamber Music Festival: *Im Juni/Juli einwöchiger Musikgenuss im Bantry House, www.westcorkmusic.ie.*

Umgebung von Bantry

Von Bantry aus lohnt eine Fahrt ins Landesinnere zum **Gougane Barra** (24 km O Bantry, von der Hauptstraße Bantry – Macroom ab, ausgeschildert), ein bezaubernder Bergsee, der am Ende einer steilen Stichstraße in den Shehy Mountains liegt. Von einem weiten und schroffen Felskegel begrenzt, bildet er das natürliche Reservoir, das den größten Fluss der Grafschaft Cork, den Lee, speist. Auf der kleinen Insel im See steht, durch einen Landsteg mit dem Ufer verbunden, eine romantische Kapelle an der Stelle eines Klosters, das St. Finbarr um das 7. Jh. herum gegründet hatte.

Wanderwege

Hinter dem See beginnt der **Gougane Barra Forest Park**, ein etwa 150 Hektar großes Waldareal. Hier kann man die Wanderwege nutzen, auf den Picknickplätzen ausgiebig rasten und den Blick von den wunderschönen Aussichtspunkten genießen. Vom **Pass of Keimaneigh** bietet sich ein faszinierendes Panorama über die einsam bewaldete Berglandschaft.

Glengarriff ist ein netter Ferienort und schon seit viktorianischer Zeit beliebt. Die Vegetation ist hier fast mediterran. Nicht versäumen sollte man einen Ausflug auf die **Garinish Island**. Hier befindet sich ein im italienischen Stil entworfener Garten mit einer vom Golfstrom begünstigten Artenvielfalt der subtropisch anmutenden Pflanzenwelt. Während der 15-minütigen Bootsfahrt und auf die Insel hat man herrliche Ausblicke auf Bantry Bay und auf die Caha Mountains. Auch Seehunde kann man beobachten und fotografieren. Verschiedene Anbieter setzen Besucher von Glengarriff per Boot zur Insel über.

Reisepraktische Informationen Gougane Barra und Glengarriff

Unterkunft

*** **Glengarriff Eccles Hotel** €€, Glengarriff, ☎ 027-63003, www.eccles hotel.com, geöffnet April–Okt.. Das traditionsreiche, grandiose Hotel in einem Gebäude aus dem 19. Jh. liegt in einer wunderschönen Landschaft, die seinen Gästen Erholung in unmittelbarer Umgebung bietet. Es hat 66 behagliche Zimmer, und dazu gehören auch ein Restaurant und eine Bar (Bar Food tgl. 12–21 Uhr). Das Hotel liegt gegenüber von Garinish Island.

*** **Gougane Barra Hotel** €€–€€€, Gougane Barra, Ballingeary, ☎ 026-47069 www.gouganebarrahotel.com. Herrlich zwischen Macroom und Bantry gelegenes, etwas altmodisches Hotel mit 26 Zimmern, das vor allem von Wanderern, Anglern und Radfahrern aufgesucht wird.

Arches B&B €€, The Village, Glengarriff, ☎ 027-63836, www.archesglengarriff.com. Außen eine knallig pinke Tür, innen ein schönes B&B mit Außenterrasse.

Fähre

Nach Ilnacullin und Garinish Island verschiedene Anbieter, z. B. www.bluepool ferry.com, ☎ 027-63333 oder www.harbourqueenferry.com, ☎ 027-63116, Erw. 10, Kinder 5 € hin- und zurück.

Ilnacullin (Island of Holly)

Ilnacullin (auch Garinish Island) ist 15 Hektar groß und liegt an der Nordseite von Bantry Bay. Zu Beginn des 20. Jh. noch vollkommen karg, befindet sich heute inmitten einer zauberhaften Natur ein wunderschöner Garten, der vom warmen Golfstrom umgeben ist. Die Insel war in einem sehr vernachlässigten Zustand, als sie von dem Briten Annan Bryce 1910 erworben wurde. Mit dem Wissen um das ideale Klima dieser Region, beauftragte er den Landschaftsarchitekten Herald Peto, einen Landschaftsgarten anzulegen. Heute ist der Garten für seine große Vielfalt an Bäumen und Sträuchern und im Sommer für die farbenprächtigen Staudenbeete bekannt. Zarte, empfindliche Pflanzen gedeihen hier genauso prächtig wie die robusten, baumähnlichen Farne. Das Besondere an Ilnacullin ist das Zusammenspiel des formalen italienischen Gartens in der Mitte mit dem wilden Landschaftspark ringsherum und die Einbettung in die weitere Umgebung von See und Bergszenerie um Glengarriff. Architekturelemente wie der Martello Tower, der errichtet wurde, als eine napoleonische Invasion bevorstand, oder ein Uhrturm, integrieren sich hervorragend in den Garten.

Berühmter Landschaftsgarten

Ilnacullin, *Glengarriff,* ☎ *027-63040, www.heritageireland.ie, April Mo–Sa 10–18.30, So 13–18.30, Mai u. Sept. So ab 12, Juni So ab 11, Juli/Aug. Mo–Sa 9.30–18.30, So 11–18.30, Okt. Mo–Sa 10–16, So 13–17 Uhr, Erw. 4, erm. 2 €.*

Der Ring of Beara

Die 150 km lange Küstenstraße entlang des **Ring of Beara** ist atemberaubend schön und zieht sich mit herrlichen Aussichten auf das Meer und die zahlreichen vorgelagerten Inseln durch eine ursprüngliche Landschaft. Castletownbere, Allihies und Eyeries sind kleine Orte entlang der Strecke. Es gibt kaum Bäume, dafür Weiden, Mauern und karge Felsenrücken. Die beiden großen Gebirgszüge sind die Caha Mountains, mit Gipfelhöhen bis zu 687 m (Hungry Hill), und die sich südwestlich anschließenden Slieve Miskisch Mountains mit Höhen bis zu 489 m.

Atemberaubende Küstenstraße

Die Grenze zwischen der Grafschaft Cork und der Grafschaft Kerry verläuft quer über die Beara-Halbinsel. Die Ringstraße beginnt in Kenmare oder Glengarriff. Die Tour ist nicht ganz so befahren wie der Ring of Kerry.

Streckenführung

Das Befahren des Ring of Beara bietet sich im Uhrzeigersinn an: Von Glengarriff über Adrigole (vom Hungry Hill fällt mit 214 m Irlands höchster Wasserfall in die Tiefe) nach Castletownbere (hier kann man einen Abstecher zur Bere Island machen), dann über Cahermore zum Garnish Point und zur Dursey Island. An der Nordküste geht es über Allihies (einst gab es hier ausgedehnte Kupferminen) und Eyeries nach Lauragh, von wo aus man den Healy Pass von Norden her ansteuern kann. Nach Glengarriff zurückgekehrt, geht es entlang der N71 nach Kenmare. Befährt man den Ring of Beara von Kenmare aus, sollte man kurz vor Coornagillagh die kleine Stichstraße nehmen.

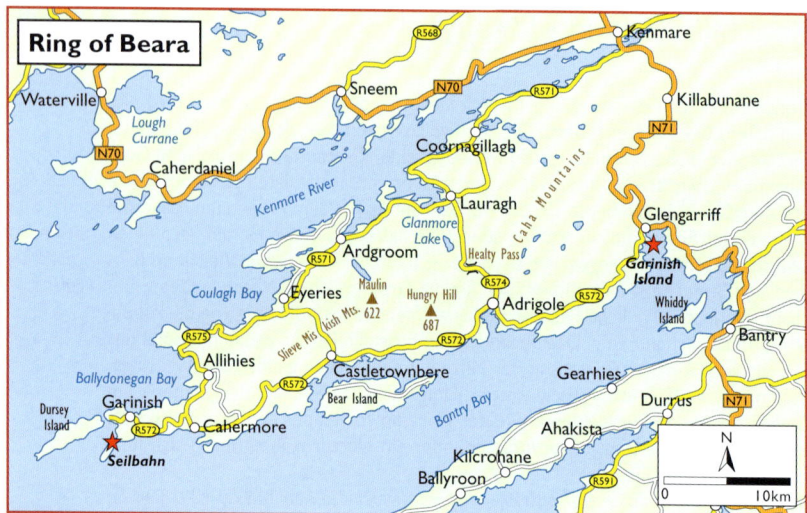

 Am Ende dieser wunderschönen 8 km langen Strecke liegt der Gleninchaquin Park mit einem Wasserfall und einem romantischen See.

> **Tipp: Fotografieren**
> Von der Passhöhe hat man spektakuläre Ausblicke auf die kahlen Caha Mountains, auf die mehr als 300 einsam gelegenen kleinen Seen und auf das Meer. Häufig ist das Panorama von dramatischen Wolkenbildern eingerahmt und bietet dadurch spektakuläre Fotomotive.

Castletownbere (Tourist Office: 027-70054) ist der Hauptort der Halbinsel und einer der größten Fischereihäfen Irlands. Es gibt einige Geschäfte, Restaurants, B&Bs und ein paar Pubs und vom Hafen aus werden Angeltrips veranstaltet. Der gewaltige Naturhafen ist durch die vorgelagerte Bere Island geschützt. Nicht versäumen sollte man eine Einkehr in **McCarthy's Bar** in der Hauptstraße, unsterblich gemacht durch Pete McCarthy's Bestseller „McCarthy's Bar" – eine lebhafte Beschreibung irischen Lebens.

Wandern auf dem Beara Way

Der Beara Way ist ein 197 km langer Weg durch die wilde Landschaft der Beara-Halbinsel. Ausblicke auf die Küste, zwei Inselwanderungen, eine Fahrt mit einer Seilbahn und Sandstrand machen die neuntägige Wanderung abwechslungsreich. Der Weg beginnt in Glengarriff, führt über Castletownbere und Bere Island nach Allihies und führt entlang der Nordküste wieder zurück nach Glengarriff. Die besten Karten für den Weg sind die Ordnance Survey Discoveries Series Nr. 84 und 85. Unterkünfte gibt es in z. B. in den Orten Adrigole, Allihies, Castletownbere, Eyeries und Lauragh.

Fantastische Ausblicke auf die Beara Peninsula

Die kleine Insel **Bere Island** (auch Bear Island) ist 5 x 11 km groß und war jahrhundertelang ein Militärstützpunkt der britischen Armee. Zwei Martello Towers aus dem 19. Jh. erinnern daran. Die Insel zählt 210 Einwohner, die hier abgeschieden und ruhig leben. Es gibt aber Übernachtungsmöglichkeiten, ein Restaurant und Pubs. Das Befahren der etwa 8 km langen Stichstraße zum Ende der Beara-Halbinsel lohnt sich wegen des schönen Panoramas auch für Reisende, die nicht Dursey Island besichtigen wollen.

Nur rund 200 Einwohner

Fähre

Murphy's Ferry Service, Lawrence Cove, Bere Island, ☎ 027-75014, www.murphysferry.com. Mehrfach täglich fahren zwischen Pontoon und Bere Island. Passagiere 8 € hin u. zurück.
Bere Island Ferries, Castletownbere, ☎ 027-75009, www.bereislandferries.com. Mehrfach täglich, Fahrzeit 20 Min.

Dursey Island ist eine 8 km lange gebirgige Insel mit einer grandiosen Klippenlandschaft. Sieben Menschen leben noch auf der Insel, auf der es weder einen Pub noch einen Einkaufsladen und auch keine Übernachtungsmöglichkeiten gibt. Die einzige Straße endet in einem Weg, der zum Martello Tower auf der höchsten Erhebung führt. Wege führen außerdem zum Dursey Head mit den drei Felsen, *the Bull, the Cow and the Calf* genannt. Auf die Insel gelangt man von Ballaghboy aus mit einer **Seilbahn**. Die einzige Seilbahn Europas, die übers Meer führt, wird seit 1969 betrieben. Die Kabine und auch die Stahlseile wurden mittlerweile ausgewechselt, doch ist die 5–10-minütige Überfahrt, insbesondere bei peitschendem Wind, nach wie vor abenteuerlich.
Seilbahn: ☎ 028-21766, Okt.–Mai Mo–Sa 9.30–11, 14.30–17, 19–20, So 9.30–10, 13–14, 19–20 Uhr, Juni–Sept. tgl. 9.30–20 Uhr, hin u. zurück 8, erm. 4 €.

Abenteuerliche Seilbahn

Kupfermine

Das wunderschön gelegene kleine Dorf **Allihies** mit seinen bunt angemalten Häusern war im 19. Jh. das Zentrum der Kupferminen auf der Beara-Halbinsel. Die anglo-irische Familie Puxley eröffnete hier die erste Kupfermine und kam so zu enormem Reichtum. 1930 wurden die Minen geschlossen. Einige Maschinenhäuser und Schornsteine sind noch erhalten. Am weißen Sandstrand in der Ballydonegan Bay kann man schön schwimmen. Das **Allihies Copper Mine Museum** wurde in liebevoller Kleinarbeit von der Gemeinde Allihies aufgebaut und dokumentiert die Geschichte der Kupferminen.
Allihies Copper Mine Museum, ☎ 027 73218, www.acmm.ie, tgl. 10.30–16.30 Uhr, Erw 5, Kinder 2 €.

Filmkulissse

Von Allihies führt die wunderschöne Küstenstraße mit Fuchsien und Rhododendren in 12 km nach **Eyeries**. Die bunt gestrichenen Häuser mit Blick auf die Coulagh Bay wurden oft als Filmkulisse benutzt. Aus Eyeries stammt auch der leckere *Milleens Cheese* (www.milleenscheese.com). Von Eyeries kann man statt der R571 die noch kleinere Küstenstraße nach Norden und Osten nehmen und dabei spektakuläre Ausblicke hinüber auf den Ring of Kerry genießen. Zauberhaft ist Glanmore Lake, ca. 4 km S von Lauragh, mit fantastischen Wandermöglichkeiten.

Lohnend ist auch ein Besuch des **Derreen Garden**. Der Garten wurde 1870 angelegt und 1920 erweitert. In der üppigen Waldlandschaft mit Blick auf das Meer und auf die urwüchsige Umgebung kann man sich herrlich ergehen. Moosige Pfade und mit Flechten bewachsene Felsen führen durch hochgewachsene Rhododendron-, Eukalyptus- und Bambushaine, die eine subtropische Atmosphäre vermitteln. Entlang der Wege stehen beeindruckende neuseeländische Baumfarne, die über 5 m hoch werden.
Derreen Garden, *Lauragh, 24 km W Kenmare an der R571, ausgeschildert*, ☎ 064-83588, www.derreengarden.com, tgl. 10–18 Uhr, Erw. 7, Kinder 2 €.

Im Landesinneren führt eine 12 km lange Straße (R574) über den **Healy Pass** (330 m). Die wunderschöne Strecke verbindet Lauragh mit Adrigole. Mit dem Bau wurde 1845–1849 begonnen, gewissermaßen als Arbeitsbeschaffungsmaßnahme, um die gewaltige Zahl von Arbeitslosen zu verringern. Die Arbeitsbedingungen waren allerdings katastrophal. Als die Unfall- und Todesrate die Grenze des Erträglichen überschritt, stellte die Regierung die Arbeit ein. Erst 1928 nahm man die Fertigstellung der Straße neu in Angriff, bereits drei Jahre später wurde sie eingeweiht.

Killarney und der Ring of Kerry

Killarney und Umgebung

Killarney ist ein richtiges Touristennest und lebt überwiegend von dieser Branche. Bereits um 1750 ließ Lord Kenmare den Ort Killarney „touristisch" entwickeln und vier Verbindungsstraßen in alle Landesteile bauen. Im 19. Jh. gehörte Killarney zu einer der unverzichtbaren Stationen der damals vor allem britischen Bildungsreisenden, was auch durch die Eisenbahnlinie vereinfacht wurde. Seit den frühen Tagen des Tourismus beklagen sich aber auch die Reisenden über den Ort. So schreibt beispielsweise der Autor A. I. Shand im Jahr 1884 in seinen „Letters from the West of Ireland": „Wohin man auch geht, man kann sich der Belästigung durch Bettler, durch Bootsleute und Führer von auf Fahrgeld lauernden Kutschern [...] kaum erwehren, und am Wegesrand warten fliegende Händler mit Whiskey, Ziegenmilch und anderen Getränken, gleichsam giftig und ungenießbar."

Beginn des Tourismus

Besonders im Sommer ist Killarney überfüllt. Es ist nicht nur Ausgangspunkt für Besichtigungen im Killarney National Park, sondern auch für Fahrten um den Ring of Kerry und die Dingle-Halbinsel. Der Ortskern selbst ist ein Nadelöhr mit beidseitig geparkten Autos, durch die sich der Durchgangsverkehr quält. Warum nur ist dieses Städtchen so beliebt?

In der **New Street** kann man einige gut erhaltene georgianische Häuser sehen. Am Ende der Straße lohnt ein Blick in die **St. Mary's Cathedral** (Baubeginn 1842) mit schönen Lanzetten- und Rosenfenstern. Während der großen Hungersnot im 19. Jh. diente die Kathedrale als Notunterkunft. Der große Baum auf der Rasenfläche markiert das Massengrab derjenigen, die an Hunger starben.

Massengrab

Während Killarney selbst über keine besonderen Sehenswürdigkeiten verfügt, ist die Natur in der Umgebung hinreißend schön. Killarney liegt in einem Tal und wird von drei Seen, dem **Lough Leane**, dem **Muckross Lake** und dem **Upper Lake**, eingerahmt. Der Lough Leane, der auch Lower Lake genannt wird, ist mit einer Fläche von 2.000 Hektar der größte, ihm folgen der Muckross Lake (275 ha) und als kleinster und landschaftlich reizvollster der Upper Lake (175 ha). Lough Leane hat über 30 Inseln. Die Gewässer werden von etlichen Flüssen gespeist. Im Hintergrund ragen zahlreiche Berggipfel hervor, unter anderen die höchsten Berge Irlands, die **MacGillycuddy's Reeks**, deren höchster Gipfel, der Carrantuohill, mit 1.041 m auch der höchste Berg Irlands ist.

Der Killarney-Nationalpark

Seit dem Jahr 1932 ist das an Killarney anschließende Gebiet als Nationalpark und seit 1982 auch als Unesco-Biosphärenreservat ausgewiesen. Das Naturreservat ist 60 km² groß, 22 km² davon sind Wasserfläche. Es zeichnet sich durch eine für Irland ungewöhnlich reiche Flora und Fauna aus: Hier leben z. B. Irlands einzige wilde Rotwildherde sowie 14 Vogelarten, wovon ungefähr die Hälfte Brutvögel sind. Der Nationalpark umfasst die Seen Lough Leane, Muckross Lake und Upper Lake. Das milde ozeanische Klima sorgt für eine reiche Vegetation. Für Irland typisch sind die alten Eichen- und Eiben sowie die hier gezüchteten Erdbeerbäume. Für den Killarney National Park und die Gärten von Muckross House wird kein Eintrittsgeld erhoben, wohl aber für Muckross House und die „Traditional Farm" (siehe S. 257). Zahlreiche Anbieter haben Touren hierher in ihren Programmen, man kann den Park aber auch problemlos auf eigene Faust erkunden (www.killarneynationalpark.ie).

Killarney und der Ring of Kerry

4 km NW Killarney in Richtung Killorglin liegt **Aghadoe**. Die Aussicht von hier oben auf den Lough Leane ist bezaubernd. Neben einer Kirchenruine aus dem 12. Jh. (in der Südmauer ist ein Ogham-Stein zu sehen) steht der Stumpf eines Rundturms und südlich der Kirche die Ruine einer runden Burg aus dem 13. Jh.

Ross Castle ist ein gut restauriertes Tower House aus dem 16. Jh. und liegt auf einer Landzunge im Lough Leane. Auch diese Burg hat Cromwell erobert, allerdings erst nach heftigem Widerstand der Bewohner. Ross Castle ist von einer teilweise erhaltenen Mauer mit zylindrischen Ecktürmen umgeben. Seit ihrer Restaurierung beherbergt die Burg eine schöne *Sammlung von Eichenmöbeln* aus dem 16. und 17. Jh.
Ross Castle, ☎ 064-6663851, www.heritageireland.ie, März–Okt. tgl. 9.30–17.45 Uhr, Erw. 4, Kinder 2 €.

Vom Ross Castle Pier fahren Boote zur Insel **Inisfallen**, die 1,6 km vom Ufer entfernt liegt. Sie ist mit 8,5 Hektar die größte der Inseln im Lough Leane und gehört mit zum

Nationalpark. Die Bootstour dauert insgesamt eine Stunde, wobei man 20 Minuten Aufenthalt auf der Insel hat. Das Inselkloster soll im 7. Jh. von St. Finian, dem Aussätzigen, gegründet worden sein und entwickelte sich zu einem blühenden Zentrum der Gelehrsamkeit. Die „Annalen von Innisfallen" (um 1215) sind eine wichtige Quelle für die irische Geschichte. Sie sind heute in der Bodleian Library in Oxford aufbewahrt. Vom Kloster ist nichts mehr erhalten, wohl aber die Ruinen eines Oratoriums aus dem 12. Jh. mit einem schönen romanischen Portal.

Quelle der irischen Geschichte

An der Ostseite des Sees, 6 km S Killarney an der N71, liegt **Muckross**, mit Muckross House, seinen umliegenden Gärten und einem traditionellen Farmbetrieb Anziehungspunkt für Urlauber. Im Sommer gibt es einen regelmäßigen Busservice von der Stadt hierher. Man kann sich aber auch per Pferdekutsche fahren lassen. Laufen ist an der recht befahrenen Straße weniger schön. **Muckross House** wurde 1843 im elisabethanischen Neo-Tudorstil erbaut. Einige Räume sind als Volkskundemuseum eingerichtet, in anderen sind Kunsthandwerker tätig, denen man bei ihrer Arbeit zuschauen kann. Hinweisschilder und Karten informieren über verschiedene Wander- und Spaziermöglichkeiten, die hier beginnen: zur Ruine der Muckross Abbey, zum Torc-Wasserfall oder zur Old-Weir-Brücke. Am beliebtesten ist der Weg rund um die Nordseite des Middle Lake zum *Meeting of the Waters*. Der Weg ist auch für Radfahrer geeignet. Alle Wege sind gut ausgeschildert. Im Garten und überall in der Gegend sieht man den in Killarney gezüchtete Erdbeerbaum *Arbutus unedo*, eine immergrüne Pflanze mit cremeweißen Blüten, aus denen erdbeerähnliche Früchte wachsen.

Beliebtes Ausflugsziel

Muckross House, ☏ 064-6670144, www.muckross-house.ie, ganzjährig tgl. Juli/Aug. 9–19, Sept.–Juni. 9–17.30 Uhr, Erw. 9, Kinder 6 € (Kombi-Ticket mit Traditional Farm Erw. 15, Kinder 10,50 €).

Auf dem Gelände des Muckross House befindet sich auch die **Traditional Farm**, ein Farmbetrieb, wie er in den 1930er-Jahren in Irland üblich war. Man kann alte Maschinen und Geräte bestaunen und vielerlei Viehzeug sehen.
Traditional Farm, ☏ 064-6630804, www.muckross-house.ie, März, April, Okt. Sa/So 13–18, Mai und Sept. tgl. 13–18, Juni und Aug. tgl. 10–19 Uhr, Erw. 9, Kinder 6 € oder Kombi-Ticket s.o.

Muckross Abbey ist eine wohlerhaltene Klosterruine. Der Bau des Franziskanerklosters begann um 1445 und zog sich über 50 Jahre hin, was an den unterschiedlichen Fenstern und an den Arkaden des Kreuzganges ersichtlich ist. Ungewöhnlich für Franziskanerklöster, nimmt hier der Vierungsturm die ganze Breite des Schiffs ein. Er wurde allerdings erst nach Vollendung der Kirche angefügt.

Der **Gap of Dunloe** ist eine rund 10 km lange Schlucht. Die Straße schlängelt sich zwischen den MacGillycuddy's Reeks zur Rechten und den Purple Mountains zur Linken durch herrliche Landschaft. Wasserfälle und mit Seerosen bewachsene Teiche säumen den Weg. Unbedingt früh aufbrechen! An einem schönen Sommertag drängeln sich Busse und Autos später um die Parkplätze rund um Kate Kearney's Cottage. Allerdings gehen die meisten Besucher nur ein kurzes Stück, sodass man die Heerscharen bald hinter sich gelassen hat. Zu Fuß braucht man ca. 3 ½ Stunden (hin und zurück), um zu dem eigentlichen Gap oberhalb des höchst gelegenen der drei Seen zu gelangen. Fußmüde Besucher können von Kate Kearney's Cottage aber auch mit einer

Früh aufbrechen

Killarney und der Ring of Kerry

Mit der Pferdekutsche durch die Schlucht

Pferdekutsche fahren (50 €/Stunde). Von Killarney werden organisierte Tagestouren angeboten. Mit einem Bus wird man zu Kate Kearney's Cottage gebracht. Von dort geht es in Kutschen zum Gap, per Boot über den See nach Ross Castle und von dort mit einem Bus zurück nach Killarney.

Atemberaubende Bootsfahrt

Die beste Art, die Schlucht zu sehen, ist, morgens ein Fahrrad in Killarney zu mieten und nach Ross Castle zu radeln. Gegen 11 Uhr (im Touristenbüro genau erkundigen) fahren Boote hinüber zu Brandon's Cottage. Von dort durch den Gap hindurchradeln und zurück in die Stadt entlang der N7. Farradverleih und Bootsfahrt ca. 30 €. Die 1 ½-stündige Bootsfahrt ist schon atemberaubend: Alle Seen werden passiert. Falls man kein Fahrrad leihen möchte, geht es von Brandon's Cottage auch mit einer Pferdekutsche durch die Schlucht. Die Kutschfahrt zwischen Brandon's Cottage und Kate Kearney's Cottage kostet ca. 80 € und dauert rund 2 Stunden. Von Kate Kearney allerdings ist es ein langer und unerfreulicher Weg nach Killarney. Am besten ruft man von hier ein Taxi. Man kann die Strecke auch mit dem Auto fahren, aber nur außerhalb der Saison und auch dann muss man Rücksicht auf Wanderer und Radfahrer nehmen. Brandan's Cottage errreicht man von der N71 über die zauberhafte R568.

11 km S an der N71 Richtung Kenmare gelangt man zum **Lady's View**, der nach den Hofdamen Königin Victorias benannt worden ist. Von hier aus hat man einen wunderbaren Blick über die gesamte Seenlandschaft, auf die MacGillycuddy's Reeks und den Carrantuohill. Fährt man weiter in Richtung Kenmare, kommt man zu **Molly's Gap**, einem auf 275 m Höhe gelegenen Pass, ebenfalls mit sagenhaftem Ausblick.

Wandern zum Devil's Punchbowl

Eine schöne Halbtagestour führt zum Gebirgssee Devil's Punchbowl. Die Strecke umfasst 9,7 km und ist gut ausgeschildert. Von der Kenmare Road (N71) fährt man hinter dem Muckross Hotel nach links ab (ausgeschildert: Mangerton Viewing Park). Dort, wo die Straße das Waldstück verlässt, geht es rechts ab und über die Brücke des Finoulagh River. Hier kann man den Wagen parken.

Reisepraktische Informationen Killarney und Umgebung

Information
Tourist Information Killarney, Beech Road, ☎ 064-6631633, www.killarney.ie, ganzjährig geöffnet.

Unterkunft
***** **Aghadoe Heights Hotel** €€€€, Aghadoe, ca. 6 km W Killarney, ☎ 064-6631766, www.aghadoeheights.com, Wunderschön gelegenes, luxuriöses Spa-Hotel mit 57 Zimmern.
***** **The Europe** €€€–€€€€, Fossa,, ca. 7 km W Killarney, ☎ 064-6671300, www.theeurope.com. Das moderne 5-Sterne-Hotel in traumhafter Lage bietet 190 Zimmer und Suiten, die meisten davon mit Seeblick und mit jeglichem Komfort ausgestattet. Es gibt ein Fitness-Studio, Spa, Swimmingpool und ein Panoramarestaurant.
***** **Hotel Dunloe Castle** €€€–€€€€, ☎ 064-44111, www.killarneyhotels.ie. Das 5-Sterne-Hotel liegt unweit des Gap of Dunloe. Im Hotelgarten befinden sich seltene Pflanzen, beispielsweise der Kopfschmerzbaum mit seinen scharfen, gebogenen Blättern. Im Park des Hotels liegt romantisch die Ruine von Dunloe Castle. Neben dem Hotel befindet sich der 9-Loch-Dunloe Golf Course. 102 Zimmer, auch Familienzimmer.
**** **Randles Court Hotel** €€€, Muckross Road, ☎ 064-6635333, www.randlescourt.com. Das elegante, behagliche Hotel wird seit drei Generationen im Familienbetrieb geführt. Es gibt 68 individuell gestaltete Zimmer, ein Restaurant und Fitness-einrichtungen, u. a. ein kleines Hallenbad. An der Hauptstraße zum Nationalpark gelegen.
**** **Foley's Townhouse** €€, 24 High Street, ☎ 064-6631217, www.foleystownhouse.com. Im Ortszentrum gelegenes, etabliertes Gästehaus im Familienbetrieb mit beliebtem Fisch- und Steak-Restaurant. 28 Zimmer.
**** **Fuchsia House** €€, Muckross Road, ☎ 064-6633743, www.fuchsiahouse.com. An der Hauptstraße zum Nationalpark gelegenes Gästehaus mit zehn komfortabel ausgestatteten Zimmern.
**** **Killarney International Youth Hostel** €, Aghadoe House, ☎ 064-6631240, www.anoige.ie. Die Herberge ist in einem stattlichen, von einem Park umgebenen Herrenhaus untergebracht. Sie bietet gute Unterkunft, liegt allerdings 5 km außerhalb des Ortes. Im Hostel kann man sich aber Fahrräder ausleihen und es gibt einen Abholservice vom Bahnhof in Killarney. 137 Betten (auch DZ). Beliebt bei Familien und Schulklassen. DZ 38–49 €, ganzjährig geöffnet.
Neptune's Killarney Town Hostel €–€€, New Street, ☎ 064-6635255, www.neptuneshostel.com. ganzjährig, 150 Betten (Doppel- oder Mehrbettzimmer), im Stadtzentrum von Killarney gelegen.

Camping/Caravan
In der näheren Umgebung von Killarney gibt es einige Camping- und Caravanplätze.
**** **Fossa Caravan & Camping Park**, Fossa, ☎ 064-6631497, www.camping-holidaysireland.com.

Essen und Trinken
Gaby's Seafood Restaurant, 27 High Street, ☎ 064-6632519, www.gabysireland.com. Seit vielen Jahren etabliertes Restaurant, das vor allem für Fischgerichte bekannt

ist. Beispielsweise Gerichte wie frischer Hummer in Cognac und Sahnesoße lassen einem das Wasser im Mund zusammenlaufen. Mo–Sa 18–22 Uhr. Gehobene Preisklasse. Lange Weinkarte.
Foley's Seafood and Steak Restaurant, 23 High Street, ☏ 064-6631217. Etabliertes Familienrestaurant im Stadtzentrum, bei Einheimischen und Urlaubern gleichermaßen beliebt. Tgl. 12.30–15 u. 17–23 Uhr. Mittlere bis gehobene Preisklasse. Auch Übernachtung möglich, s. o.

Pubs/Live-Musik

In Killarney tobt im Sommer allabendlich das Leben und fast jeder Pub der Stadt bietet dann auch Live-Musik. Die bekanntesten (und vollsten) Pubs sind **Laurels** und **O'Connor's Pub and Internet Café** in der Main Street. Auch die Hotels bieten abendliche Unterhaltung.

Sightseeing per Pferdekutsche

Die sogenannten **Jaunting Cars** bringen Besucher nach Muckross House, Ross Abbey oder zum Gap of Dunloe. Die Kutschen stehen in der East Avenue Road, vor Muckross House und am Kate Kearney's Cottage. Der Preis hängt von der Saison, der Anzahl der Passagiere und der gefahrenen Strecke ab. Eine Fahrt vom Kate Kearney's Cottage zum Gap kostet 50 €.

Bootstouren

Bootsfahrten auf dem Lough Leane sind ein nettes Urlaubsvergnügen. Das Boot heißt **Pride of the Lakes** (Stolz der Seen) und fährt vom Ross Castle Pier ab, und zwar jeweils um 11, 12.30, 14.30, 16 und 17 Uhr.
Vom Destination Killarney Information Kiosk, Scott's Garden, in Killarney gibt es einen **Shuttlebus-Service**, der jeweils 15 Min. vor Abfahrt losfährt.

Gaelic Football

County Kerry ist besessen von Gaelic Football. Veranstalter der zwischen Februar und September stattfindenden Spiele ist die Gaelic Athletic Association (Austragungsort: Fossa GAA Ground an der N72, 3 km W Killarney.) Die beste Anlaufstelle, um alles über den beliebtesten Sport der Kerryaner zu erfahren, ist der **Pub Jimmy O'Brien's**, College Street, in Fair Hill. Auch **Tatler Jack**, nahebei, ist eine große GAA-Bar.

Angeln

Forellen und Lachse in den Flüssen Flesk (ab 10 €/Tag) und Laune (ab 25 €/Tag), man braucht allerdings eine Lachsgenehmigung. In den Seen des Killarney National Park kann man ohne Lizenz Forellen angeln. Auskunft bei O'Neill's, ☏ 064-6631970, Plunkett Street. In dem Anglerfachgeschäft erhält man Lizenzen und kann auch Ausrüstung mieten.

Verkehrsverbindungen

Regelmäßige **Busverbindungen** in alle Landesteile zu finden, ist in dieser Gegend kein Problem. Im Sommer gibt es zusätzliche Busse, die den Ring of Kerry entgegen dem Uhrzeigersinn abfahren.
Zugverbindungen nach Dublin, Tralee, Limerick, Ennis und nach Cork.
Flughafen: Kerry Airport Farranfore ☏ 066-9764644, www.kerryairport.ie. Zwischen Tralee und Killarney gelegen, Busservice nach Killarney.

Der Ring of Kerry

Die knapp 200 km lange Panorama- und Küstenstraße führt rund um die Iveragh-Halbinsel und ist eine der schönsten Touren des Landes. Die bezaubernde Landschaft ist von einer üppigen Flora überzogen und wird von schroffen Felsen und dicht bewachsenen Bergen umsäumt. Bereits in viktorianischer Zeit war der **Ring of Kerry** ein beliebtes Reiseziel, da die Verbindung von sanfter und wilder Schönheit ganz dem damaligen Zeitgeschmack entsprach. Die Westseite ist der eindrucksvollste Teil der Strecke, insbesondere zwischen Waterville and Caherdaniel. Der Ring beginnt in Kenmare oder, wenn man ihn gegen den Uhrzeigersinn fahren will, in Killorglin. Viele Reisende meinen, dass sich so die schönsten Ausblicke auf die oftmals bizarren Landschaftsszenen der Panoramastraße ergeben. Man sollte davon Abstand nehmen, den Ring „mal eben mitzunehmen" und sich für den Ausflug mindestens zwei Tage Zeit lassen, um die Landschaft richtig auf sich wirken lassen zu können. Im Sommer ist der Ring of Kerry sehr befahren, und unangenehm ist es morgens, wenn die Reisebusse Stoßstange an Stoßstange fahren. Die schönste Art, die Iveragh-Halbinsel zu erkunden, ist zweifellos zu Fuß (s. u.). Auch Fahrradfahren bietet sich an, allerdings nicht am Ring selber, sondern quer über die Halbinsel von Killorglin nach Waterville über den Ballaghbeama Pass.

Schroffe Felsen und grüne Berge

 Unterkunft: An der ganzen Ringstraße gibt es zahllose Hotels, B&Bs, Hostels und Jugendherbergen.

Killorglin

In **Killorglin** beginnt (oder – für umgekehrt Reisende – endet) der Ring of Kerry. Killorglin ist ein Marktflecken ohne besondere Sehenswürdigkeiten, abgesehen von der alljährlich im Sommer stattfindenden **Puck Fair**. Zu diesem Fest, angeblich das älteste Irlands, kommen Besucher selbst von Übersee angereist. Das Wort Puck ist zwar dem Altenglischen entlehnt, der Ursprung des Festes ist jedoch nicht genau geklärt. Vermutlich handelt es sich um ein altkeltisches Fruchtbarkeitsfest, das den Beginn der Erntezeit markiert und für den Gott Lug abgehalten wurde. Am ersten Tag der Feierlichkeiten wird ein weißer Ziegenbock zum Marktplatz geführt und zum König gekrönt. Die nächsten Tage werden ausgelassen gefeiert. Begleitend gibt es einen Rinder- und Pferdemarkt, der unzählige Tierbesitzer aus dem ganzen Land anzieht. Während des Festes ist der kleine Ort überfüllt, um nach drei Tagen wieder in den Alltag zurückzufallen.

King Puck!

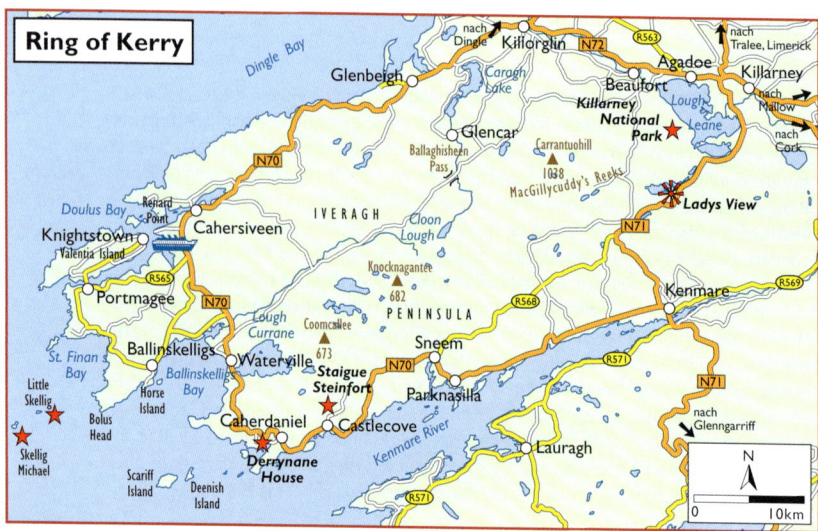

Wandern auf dem Kerry Way

Der Kerry Way ist Irlands längster Wanderweg. Er beginnt im Killarney National Park am Muckross House und zieht sich in einer etwa 215 km langen Schleife über die Halbinsel Iveragh. Für den kompletten Weg sind mindestens zehn Tage zu veranschlagen. Der Kerry Way lässt sich gut in Teilstücke unterteilen, denn mit Hilfe des Bus Éireann kann man wieder an den Ausgangspunkt zurückkehren. Der Weg ist vollständig ausgebaut, es gibt ausreichend Übernachtungsmöglichkeiten und Hinweisschilder.

Daneben bieten zahlreiche Anbieter Gepäckservice und Unterkunftsbuchungen. Es ist aber auch möglich, alles alleine zu machen und nach Gutdünken zu wandern. Die ersten sechs Tage bieten die schönsten Aussichten. Tag 8 ist der am wenigsten schöne Teil, da man ca. 6 km an der Hauptstraße entlanggehen muss. Die Karten der Ordnance Survey Discoveries Series Nr. 78, 83 und 84 decken das gesamte Gebiet ab.

Die Tagesetappen verlaufen folgendermaßen:
Tag 1: Killarney zum Black Valley: 22 km
Tag 2: Black Valley nach Glencar: 20 km
Tag 3: Glencar nach Glenbeigh: 13 km
Tag 4: Glenbeigh nach Cahersiveen: 28 km
Tag 5: Cahersiveen nach Waterville: 30 km
Tag 6: Waterville nach Caherdaniel: 28 km (oder kürzere Variante 12 km)
Tag 7: Caherdaniel nach Tahilla: 29 km
Tag 8: Tahilla nach Kenmare: 20 km
Tag 9: Kenmare nach Killarney: 25 km

Der Ring of Kerry

10 km W Killorglin liegt **Glenbeigh**, ein netter kleiner Seeort mit einigen lebhaften Pubs. Kurz vor Glenbeigh liegt das **Kerry Bog Village Museum**, wo man Nachbildungen einstiger Handwerkerhäuser in einem eigens dafür angelegten Dorf sehen kann. Mit großer Liebe zum Detail wurden Alltagsszenen aus dem 18./19. Jh. nachgestellt. Der Red Fox Pub gleich nebenan lädt zur Einkehr ein. Die schönste Attraktion Glenbeighs ist jedoch der 5 km lange **Rossbeigh Strand**, wo man schwimmen, surfen und sogar reiten kann (Burke's Horse Trekking Centre, ☏ 087-2379110).
Schöner Strand

Kerry Bog Village Museum, Ballincleave, ☏ 066-9769184, www.kerrybogvillage.ie, Erw. 6,50, Kinder 4,50 €.

Die Strecke von Glenbeigh nach Cahersiveen wird von herrlichen Ausblicken auf die Dingle-Halbinsel gesäumt. Allerdings ist dieser Streckenabschnitt nicht ganz so spektakulär wie die südliche und westliche Etappe. Die Landschaft läuft in sanft ansteigenden, weit von der Straße zurücktretenden Hügeln aus. Wunderschön ist ein Abstecher zum **Caragh Lake**, einem von üppigster Vegetation und dunklen Bergen gerahmten See.

Reisepraktische Informationen Killorglin

Unterkunft
**** **Hotel Ard Na Sidhe** €€€–€€€€, Caragh Lake, ☏ 066-9769105, www.killarneyhotels.ie. Das viktorianische Herrenhaus wurde 1913 gebaut und liegt wunderschön am Caragh Lake. Der gälische Name Ard na Sidhe bedeutet „Feenhügel". Vom Hotel hat man herrliche Ausblicke über den See. 18 luxuriöse Zimmer und höchster Komfort machen den Aufenthalt zu einem besonderen Erlebnis. Mai–Sept. geöffnet.

Essen und Trinken
Bianconi, Lower Bridge Street, ☏ 066-9761146, www.bianconi.ie. Freundliches Restaurant mit Bar im Ortszentrum, leckere Meeresfrüchte wie Muscheln in Knoblauchsoße. mittlere Preisklasse. Auch 15 Gästezimmer.
Jacks' Coastguard Restaurant, Cromane, ☏ 066-9769102, www.jackscromane.com, Do–So 18–21, So auch 13–15 Uhr, mittlere Preisklasse. Herausragendes Fischrestaurant in alter Küstenwache. Das modernes Ambiente und ein toller Ausblick aufs Wasser sind ein extra Bonus.
The Fishery, The Bridge, ☏ 066-9761670. Traditioneller Pub, Bar-Food bis 21 Uhr. Do So irische Folklore.

Feste/Veranstaltungen
Zwischen dem 10. und 12. August findet in Killorglin die **Puck Fair** statt, Irlands ältestes und größtes Volksfest, zu dem alljährlich Zehntausende von Gästen kommen.

Cahersiveen

Der durch das Engagement der Bürger „aufgehübschte" kleine Ort **Cahersiveen** (andere Schreibweisen: Caherciveen oder Cahirciveen) am Fuße des Beentee Moun-

Geburtsort von Daniel O'Connell

tain ist der „Hauptort" der Iveragh-Halbinsel und überblickt den malerischen Hafen von Valentia. Von hier aus bieten sich gute Möglichkeiten zum Hochseeangeln. Außerdem kann man an den geschützten Stränden im Meer baden. Cahersiveen ist der Geburtsort von **Daniel O'Connell** (1775–1847). Von seinem Geburtshaus ist nichts mehr erhalten, doch gibt es einen O`Connell Memorial Park mit einer Büste des Mannes, der sich erfolgreich für die Rechte der Katholiken einsetzte (s. S. 24 und S. 268). Das unübersehbare weiße Militärgebäude **The Old Barracks** wurde von den Engländern nach dem Aufbegehren der Fenier in den 1870er-Jahren gebaut. Heute ist hier ein Heritage Centre untergebracht, mit volkskundlichen sowie sozialgeschichtlichen Ausstellungsstücken aus der Region.

The Old Barracks, www.theoldbarracks.com, Mo–Fr 10–16.30, Sa 11.30–16.30, So 13–17 Uhr, Erw. 4, Kinder 2 €.

Wandern
Cahersiveen bietet sich als Ausgangspunkt für schöne Wanderungen an, beispielsweise eine Tagestour nach Glenbeigh oder nach Waterville (30 km). Von dort kann man mit dem Bus zurückkehren. Eine andere Tour ist der herrliche Killelan Mountain Circuit von rund 5-6 Stunden Gehzeit. Auch kürzere Touren sind in der Umgebung von Cahersiveen möglich. Geeignet ist die Karte Nr. 83 Ordnance Survey Discovery Series.

Reisepraktische Informationen Cahersiveen

Information
Tourist Information Cahersiveen, ☎ 066-9472777, *saisonal geöffnet.*

Unterkunft
Sive Hostel €, *15 East End,* ☎ 066-9472717, www.sivehostel.ie, *ganzjährig geöffnet, 28 Betten, auch Familien- und DZ, kinderfreundlich. DZ ab 48 €.*

Fähre nach Valentia Island
Die kleine Autofähre erspart den Umweg über Portmagee. April–Okt. regelmäßig zwischen 8.15–22 Uhr von Renard Point (5 km W Cahersiveen) nach Knightstown Pier auf Valentia. Fahrtdauer 5 Min., ☎ 066-9476141.

Valentia Island

Erst 1971 wurde **Valentia Island** durch eine Brücke mit dem Festland verbunden. Im 19. Jh. lebten noch über 2.000 Einwohner auf der Insel. Heute ist diese Zahl auf ein Drittel zusammengeschrumpft. Die Einwohner verteilen sich auf die beiden Orte Knightstown und Chapeltown.

Knightstown ist der größte Ort der Halbinsel. Er bietet einen guten Ausgangspunkt für Tauch- und Angeltouren (Informationen dazu bekommt man im Tourist Office). 1857 wurde in Knightstown die erste transatlantische Telegraphenverbindung Europas

Spur der Amphibien

Die irische Regierung hat eine 15 m lange Fußspur von Amphibien, den **Terapod Trackway**, unter Naturschutz gestellt. Die von einem Schweizer Wissenschaftler 1993 entdeckten Abdrücke auf einem Felsplateau in der Nähe der Valentia Seenotrettungsstation sind 385 Mio. Jahre alt und damit nachweislich die ältesten der nördlichen Hemisphäre. Es handelt sich um 150 Abdrücke und vermutlich hatten die Amphibien die Größe eines kleinen Hundes.

eingerichtet. Das berühmteste *cable*, das damals auch die amerikanischen Iren zutiefst schockierte, lautete: „*Our mother died last night*". Es war die verschlüsselte Nachricht vom fehlgeschlagenen Aufstand der von Amerika massiv unterstützten Fenian-Bewegung im Jahre 1867. Fenian, Finian oder Fenier war der Beiname der 1858 gegründeten Irisch-Republikanischen Bruderschaft. Der Name leitete sich von den *Fianna* her, den sagenumwobenen Kriegern des keltischen Irland. Auch bestand nach Valentia Island eine Eisenbahnverbindung, da Reisende aus Europa von hier die kürzeste Seeverbindung nach Amerika hätten – eine Route, die aber nie verwirklicht wurde. Die Eisenbahn wurde 1950 eingestellt.

Gescheiterter Aufstand

Eine andere Errungenschaft der viktorianischen Zeit war der Schieferabbau, der zwischen 1816 und 1911 hier betrieben wurde. Bis zu 4 m lange Schieferplatten wurden aus der Mine gehoben und in Stücke gesägt. Der Schiefer aus Valentia hatte einen hohen Marktwert und wurde bis nach Südamerika exportiert. Auch das House of Parliament in London ist damit gedeckt.

Auf Valentia Island lohnt ein Besuch des **Skellig Experience**. Das Besucherzentrum liegt genau an der Straßenbrücke, die die Halbinsel mit dem Festland verbindet, direkt gegenüber von Portmagee. Das ungewöhnliche, mit einem Naturdach versehene Gebäude passt sich gut in die Landschaft ein. Das Bemühen um eine naturgerechte und integrative Bauweise fällt überhaupt in Irland positiv auf. Die Ausstellung berichtet über die Geschichte und Archäologie des frühchristlichen Klosters auf Skellig Michael, über die Seevogel und ihren Lebensraum, weiterhin über die Leuchttürme, die hier seit mehr als 100 Jahren den Seeleuten geleuchtet haben, und über die Unterwasserwelt der Skelligs. Diese verschiedenen Themen werden durch Modelle, Grafiken, multimediale Effekte und Tonbildshow anschaulich präsentiert.

Frühchristliches Kloster

Skellig Experience, ☎ 066-9476306, www.skelligexperience.com, März, April, Okt., Nov. Mo–Fr 10–17, Mai, Juni, Sept. 10–18, Juli, Aug. 10–19 Uhr, Erw. 5, Kinder 3 € für die Ausstellung, Ausstellung u. Round Skellig Cruise (2 Std.) 30 bzw. 17,50 €. Es gibt auch eine Mini-Cruise (90 Min) für 22 bzw. 11 €.

B&B-Tipp

Glanleam House €€–€€€, Glanleam House, Valentia Island, ☎ 066-9476176, www.hiddenireland.com. 1775 erbaut, diente Glanleam House als Sitz der Knights of Kerry. Im 19. Jh. wurde das Haus zum Landhaus umgestaltet. Es ist von einem fantastischen Garten mit exotischen Pflanzen umgeben, und der Blick über den Hafen ist atemberaubend schön. Mit behaglich-dezenter Inneneinrichtung bieten Besitzer Jessica & Eoin O'Donoghue eine entspannende Unterkunft. 4 Zimmer, Dez.–Feb. geschl. Dinner 45–50 €.

Die Skellig Islands

12 km vor Bolus Head ragen die **Skellig-Inseln** wie Nadeln aus dem Ozean heraus. Die als Welterbe ausgewiesenen Skelligfelsen sind wegen ihrer landschaftlichen Schönheit, der vielen Seevögelkolonien, des lang andauernden Leuchtturmdienstes, der frühchristlichen Klosterarchitektur und der vielseitigen Meeresfauna und -flora berühmt.

Ein Besuch auf **Skellig Michael** ist der Höhepunkt mancher Irlandreise. Der 218 m über den Meeresspiegel sich erhebende höhere der beiden Felsen ist mit 14 Hektar auch der größere. Unter dem Wasser fallen die steilen Klippen noch weitere 50 m ab. Little Skellig, ein Naturschutzgebiet, wird von rund 20.000 Seevögeln – Möwen, Basstölpeln, Eissturmvögeln und Sturmtauchern – bewohnt. Die Insel wirkt mit ihrer weißen Wolke an Seevögeln geradezu unwirklich und geisterhaft. Skellig Michael wurde von Bernhard Shaw als eine Stätte beschrieben, „deren Zauber weit aus Zeit und Raum, weit aus dieser Welt hinausführt". Auch heute fühlt man sich dort der Wirklichkeit seltsam entrückt. Hier stehen die Ruinen einer Mönchssiedlung, die angeblich vom hl. Finian im 6. Jh. gegründet und vom 6. bis zum 13. Jh. bewohnt wurde. Bis zur

Seevogel-Kolonie

Erstaunlich gut erhalten: das Kloster aus dem 6. Jh. auf den Skellig Islands

Mit dem Boot nach Skellig Michael

Für den Ausflug nach Skellig Michael muss man einen ganzen Tag einplanen. Verschiedene private Anbieter in Cahersiveen, Portmagee oder Ballinskelligs setzen die Besucher auf die Felsnadel im Atlantik über. Anfahrt von Killarney zu den Abfahrtsorten ca. 1 ½ Stunden. Die Dauer der Überfahrt beträgt von Ballinskelligs ca. 1 Stunde, von Derrynane knapp 2 Stunden, von Portmagee 1 ½ Stunden, je nach Windaufkommen auch länger. Die Boote fahren gegen 10 oder 11 Uhr los. Da die Besucherzahl auf täglich 200 Personen beschränkt ist, sollte man im Juli und August vorher buchen. Man kann sich aber auch organisierten Touren in Cahersiveen oder in Killarney anschließen.

Überfahrten gibt es nur zwischen Mai und September, allerdings nicht bei stürmischem Wetter. Trotzdem: Die kleinen Boote schaukeln gewaltig. Wer zu Seekrankheit neigt, nimmt am besten schon eine Stunde vor der Überfahrt Tabletten ein. Belohnt wird man dafür während der Fahrt mit spektakulären Ausblicken auf die grünen, von Felsen durchbrochenen Hänge von Valentia Island und den Westzipfel der Iveragh-Halbinsel. Die Boote fahren am Naturschutzgebiet Little Skellig vorbei, ein Felsennest, auf dem man Abertausende von brütenden Basstölpeln sehen kann.

Für den Inselbesuch hat man meist zwei Stunden Zeit, bevor die kleinen Boote wieder ablegen. Die Fahrt kostet rund 60 €. John O'Shea (☎ 087 689 8431) bietet nicht nur die Überfahrt, sondern überrascht seine Fahrgäste nach der Besichtigung der Skellig Insel mit fangfrisch gegrillter Makrele. Himmlisch!

Entdeckung Amerikas waren die Skelligs der westlichste Punkt des mittelalterlichen Weltbildes. Die Gemeinschaft der Mönche bestand durchgehend aus 13 Eremiten.

Am Pier im Blind Man's Cove angekommen, gelangt man auf einem asphaltierten Weg zur **Monks Staircase**, die aus 670 Stufen besteht und von den Mönchen angelegt wurde. Oben erwarten einen sechs Bienenkorbhütten, zwei Oratorien aus dem 6./7. Jh., Kreuze und Grabsteine sowie die Reste einer Kirche aus dem 12. Jh. Der gegenüber liegende zweite Gipfel der Insel, Jesus Saddle, war im Mittelalter und verstärkt im 17. und 18. Jh. Schauplatz einer der härtesten Pilger- und Bußreisen Europas. Die Pilger mussten nach der ohnehin beschwerlichen Bootsfahrt über einen (mittlerweile abgebrochenen) 60 cm breiten und ca. 3 m langen Felsen, dessen Seiten im rechten Winkel nach unten fallen, bis zum höchsten Punkt der Felsnadel kriechen, um dort ein grob in den Stein gehauenes Kreuz zu erreichen.

Mönchstreppe

Am Fuße des Berges am Meer ist das Gehen wegen des starken Windes beschwerlich. Oben ist es sehr viel leichter, fast windstill und auch wärmer. Dieses Phänomen ist leicht zu erklären: Das Kloster liegt nahe der Spitze des Nordgipfels, unterhalb einer Felsschräge, die etwa 45 Grad abfällt, zum Meer hingegen fast senkrecht. Technisch gesprochen handelt es sich um einen Spoiler, der selbst die schwersten Stürme hochwirbelt und ein unsichtbares Dach über das Kloster breitet, unter dem sich ein mildes Mikroklima bilden kann.

Von Waterville nach Sneem

Angler-Paradies

Zurück auf der N70, kommt man nach **Waterville**. Der hübsche Flecken hat Unterkunftsmöglichkeiten, Pubs, Restaurants und ist, wie Cahersiveen, ein guter Ausgangspunkt für Wanderungen oder Ausflüge in die Umgebung. Von Waterville aus führt die fantastische Inlandstraße über den Ballaghisheen Pass nach Killarney. In der Umgebung von Waterville gibt es schöne Strände, die auch zum Schwimmen geeignet sind.

Abgeschieden an der R566 liegt die **Siopa Cill Rialaig Art Gallery**, wo Ausstellungen internationaler und lokaler Kunst gezeigt werden. Das **Cill Rialaig Project** bietet Künstlern, Musikern und Schriftstellern für eine begrenzte Zeit günstige Unterkunft und Studioplätze (Auskunft: Noelle Campbell Sharp, ☎ 01-4785159).
Cill Rialaig Arts Centre, Dun Geagan, ☎ 066-9479277, April–Sept. tgl. 11–18, Okt.–März Mi–So 11–17 Uhr.

> **Ausblick**
> Auf halber Strecke zwischen Waterville und Sneem rühmt sich der **Scarriff Inn** (☎ 066-9475132, www.scarriffinn.com) mit seinen riesigen Fensterflächen, die den Blick auf die spektakuläre Küstenlinie freigebenden, den „schönsten Ausblicken Irlands" zu haben. Auch 6 Gästezimmer gibt es hier. DZ ab 70 Euro.

Emanzipation der Katholiken

In **Caherdaniel** lohnt das **Derrynane House** einen Besuch. 1825 errichtet, war das Haus der Wohnsitz des irischen „Nationalhelden" Daniel O'Connell (s. S. 24). Der Anwalt und Politiker setzte sich für menschliche Grundrechte ein und kämpfte für die Emanzipation der Katholiken. 1823 gründete er die Catholic Association. Obwohl zum Parlamentsabgeordneten für die Grafschaft Clare gewählt, konnte er als Katholik dieses Amt nicht antreten. Trotz oder wegen dieses Vorfalls kam es 1829 zum sogenannten Emancipation Act. O'Connell wurde als „Befreier" gefeiert. Im Haus kann man persönliche Erinnerungsstücke und Dokumente seiner Arbeit bewundern. Der das Haus umgebende Park **Derrynane National Historic Park** ist ebenfalls zu besichtigen. Der Park umfasst ein Gebiet von 130 Hektar mit großartiger Küstenlandschaft, ausgedehnten Dünen und exotischer Vegetation. Bei Ebbe kann man bis zur Abbey Island wandern. Von dort ergeben sich herrliche Blicke auf die Küste und auf die Skellig Islands.
Derrynane House, ☎ 066-9475113, www.heritageireland.ie, März und Okt. 10–17, April und Sept. tgl. 10.30–18, Nov.–Mitte Dez. 10–16 Uhr, Erw. 4, erm. 2 €.

Steinzeitliches Ringfort

Nordöstlich von Castlecove führt eine 4 km lange schmale Stichstraße zu dem herrlich gelegenen **Staigue Stone Fort**, einem wohlerhaltenen steinzeitlichen Ringfort. Vermutlich vor 400 n.Chr. entstanden, gilt es als das vollkommenste Beispiel einer irischen Steinfestung. Das Fort ist kreisförmig und hat einen Durchmesser von 34,50 m. Durch einen langen Gang, der mit Steinen abgedeckt ist, gelangt man in das Fort. Die Mauern sind 6 m hoch und über 4 m dick und haben zwei Kammern und Laufgänge für die Verteidiger. Der fast intakte Zustand der Trockensteinmauern gibt ein Zeugnis von der hoch entwickelten Baukunst der damaligen Erbauer ab. Nur einzelne Teile des Forts wurden restauriert. Im Staigue Fort Exhibition Centre (☎ 066-9475127, tgl. Ostern–Sept.) wird die Geschichte des Forts erläutert. Ein vollständiges Modell verdeutlicht anschaulich die erstaunliche Konstruktion.

Sneem

Sneem (ausgesprochen: Schneem) ist ein beliebter Urlaubsort. Im Dorfzentrum gibt es eine pittoreske Brücke und in vielen verschiedenen Farben angestrichene Häuser. Eine etwas merkwürdige Attraktion ist der **Skulpturenpark** mit zeitgenössischen Kunstwerken aus der ganzen Welt (jederzeit frei zugänglich).

Reisepraktische Informationen Sneem

Unterkunft
Parknasilla Resort and Spa €€€–€€€€, ☏ 064-6675600, www.parknasillahotel.ie. Das wunderschön gelegene ehemalige Great Southern Hotel wurde Ende des 17. Jh. gegründet. Viele berühmte Gäste sind hier einst abgestiegen. Heute beherbergt das rundum modernisierte Hotel 92 luxuriöse Zimmer und Suiten sowie 24 Lodges und 38 Villas für Selbstversorger sowie einen eleganten Spa. Oft Sonderpreise im Internet!

Essen und Trinken
Blue Bull Bar & Restaurant, South Square, ☏ 064-45382. Bodenständige, irische Küche. Günstig bis mittlere Preisklasse. Oft wird Live-Musik geboten.
Sacre Coeur Restaurant, North Square, ☏ 064-6645186. Etabliertes Restaurant mit irischer Küche zu moderaten Preisen, tgl. 18–22 Uhr, Nov.–Ostern Mi–Sa.

Streckenführung

Hinter Sneem führt die Strecke weiter über Parknasilla nach Kenmare. Linkerhand erstrecken sich weite Ebenen, auf denen Schafe weiden und riesige Rhododendren, Fuchsien und Brombeersträucher wachsen. Dahinter sieht man die beeindruckenden MacGillycuddy's Reeks. Auf der anderen Seite kann man über die Kenmare Bay hinweg die Caha Mountains im Süden sehen. Ist man die Strecke Kenmare–Killarney bereits gefahren, bietet sich ab Sneem die Fahrt durch das Landesinnere entweder über Molly's Gap oder bei genügend Zeit über schmale Sträßchen mitten durch die Berge nach Glencar und Beaufort an. So gelangt man wieder nach Killarney.

Kenmare

Kenmare wird nicht zu Unrecht als einer der hübschesten Orte in ganz Irland bezeichnet. Mittlerweile fast ebenso beliebt, ist es jedoch längst nicht so voll wie in Killarney und es geht eher „gediegen" zu. Der Ort wurde 1775 von William Petty-Fitzmaurice, später zum ersten Marquess of Landsdowne ernannt, planmäßig angelegt und erhielt dabei sein x-förmiges Straßennetz.

Hübschester Ort Irlands

Berühmt ist Kenmare für seine Spitze. 1862 gründete der Poor Clare Order hier ein Konvent. Die Nonnen dieses Ordens führten die Produktion von Spitze ein, um jungen Mädchen und Frauen nach der großen Hungersnot Arbeit zu verschaffen. Die Spitzen erlangten bald internationale Anerkennung. Heutzutage erlebt das Kenmare Lace

Weltweit bekannte Spitze

dank der eifrigen Bemühungen der einheimischen Frauen eine Wiederbelebung. Im **Kenmare Lace & Design Centre** (im Heritage Centre, im gleichen Gebäude wie die Tourist Information, s. „Reisepraktische Informationen") kann man schöne Beispiele dieser komplizierten Technik bewundern und natürlich auch kaufen. Im Heritage Centre kann man sich auch über die Geschichte der Stadt sowie über die archäologischen Stätten der Umgebung informieren. Am Ufer des Finnihy liegt beispielsweise ein Steinkreis mit 15 Steinen, in deren Mitte ein Dolmen steht. Er ist der größte im Südwesten Irlands.

Etwas außerhalb des Ortes liegt **Our Lady's Well**. Der Brunnen ist der hl. Jungfrau gewidmet. *Holy wells* (heilige Brunnen) waren in Irland sehr beliebt und bildeten einen wichtigen Bestandteil der Volksreligion während der Zeit der *Penal Laws* 1691–1829, als der Katholizismus verboten war. Den Brunnen wurden oft heilende Kräfte zugesprochen.

Reisepraktische Informationen Kenmare

Information

Tourist Information, *Kenmare Heritage Centre, ☎ 064-6641233, www.kenmare.com, saisonal geöffnet.*

Unterkunft

***** **Park Hotel Kenmare** €€€€, *☎ 064-6641200, www.parkkenmare.com. Das Hotel wurde 1897 von der Great Southern and Western Railway Group errichtet, um Bahnreisende zu beherbergen. Es liegt zauberhaft in einem wunderschönen Park und die 37 Zimmer und 9 Suiten bieten Luxus schlechthin, Dinner 68 €. Im Deluxe Spa Samas geht es um therapeutische Traditionen aus Ost und West, um die Regenerierung von Körper und Seele. Das Hotel hat weiterhin ein Lifestyle-Angebot mit Jogging, Yoga, Spaziergängen, Mediatation, Sauna und Schwimmen.*
***** **Sheen Falls Lodge** €€€€, *☎ 064-6641600, www.sheenfallslodge.ie. Einst der Landsitz des Earl of Landsdowne, liegt das elegante Gebäude vor einem Hintergrund aus riesigen Pinien. 66 elegante Zimmer, ein großes Spa und Freizeitangebote wie Reiten und Tennis. Auch Angeln auf Lachs ist auf dem Grundstück möglich. Luxus pur.*
* **Landsdowne Arms Hotel** €€-€€€, *William Street, ☎ 064-6641368, www.lansdownearms.com, ganzjährig geöffnet. Etabliertes Hotel im Ortszentrum mit 26 Zimmern, traditionelles Ambiente, aber modern renoviert. Mit Bar und Restaurant.*
Failte Hostel €, *Shelbourne Street, ☎ 064-6642333, www.kenmarehostel.com, Mitte Mai–Mitte Okt. Nett gelegene Herberge mit 39 Betten, Mehrbett- und Familienzimmer sowie 4 DZ. Ab 22 € p. P.*

Essen und Trinken

Oscar's Bar und Bistro, *Sheen Falls Lodge, s.o., ☎ 064-6641600. Vom Restaurant hat man spektakuläre Aussichten über den Wasserfall und den Wald. Ostern–Okt. Mi–So 18–22 Uhr, Nebensaison Fr–So. Gehobene bis obere Preisklasse.*
Lime Tree, *Shelbourne Street, ☎ 064-6641225, www.limetreerestaurant.com, Ostern–Okt. tgl. 18.30–22 Uhr. Etabliertes Restaurant, das bei Einheimischen und Besuchern gleichermaßen beliebt ist. Steaks und Lammgerichte sind die Spezialität. Gehobene Preisklasse.*

Tom Crean Fish & Wine, Main Street, ☎ 064-41589, www.tomcrean.ie, tgl. 17–21.30 Uhr, im Winter Mo–Mi teilw. geschlossen. Freundliche Atmosphäre. Fangfrischer Fisch, die Karte wechselt mit dem jahreszeitlichen Angebot. Mittlere bis gehobene Preisklasse.

 Einkaufen
Es gibt mehrere große Geschäfte in Kenmare, die Woll- und Strickwaren sowie die üblichen irischen Artikel verkaufen.
Cleo Gallery, 2 Shelbourne Street, ☎ 064-6679879, hat feine handgestrickte Wollsachen, Leinen und hübschen Schmuck.

Die Dingle-Halbinsel

Die **Dingle Peninsula** streckt sich als Gebirgszunge 48 km in den Atlantik hinein. Das westliche Ende ist eine der irischsprachigen *Gaeltachts*, jenen Gebieten Irlands, in denen hauptsächlich Irisch gesprochen wird. Die Landschaft ist einsam und karg und gerade dadurch so faszinierend. Enge, gewundene Straßen werden von Hecken mit scharlachroten, blühenden Fuchsienbüschen und lila Fingerhut gesäumt. Im Juli und August sieht man überall Weiderich, Weidenröschen und Veilchen. Die weitläufigen Torfflächen sind mit einem Teppich aus Heidekraut überzogen.

Faszinierende Landschaft

Auf der Dingle-Halbinsel gibt es etliche archäologische Stätten. Bienenkorbzellen, Ogham-Steine und frühe Kirchen sowie einige eisenzeitliche Befestigungsanlagen liegen dicht an dicht und sind mit kleinen Spaziergängen gut von der Straße aus zu erreichen. Viele der christlichen Stätten sind dem Gedenken an den hl. Brendan gewidmet, der 484 im nahe gelegenen Ardfert geboren wurde und dessen Entdeckungsrei-

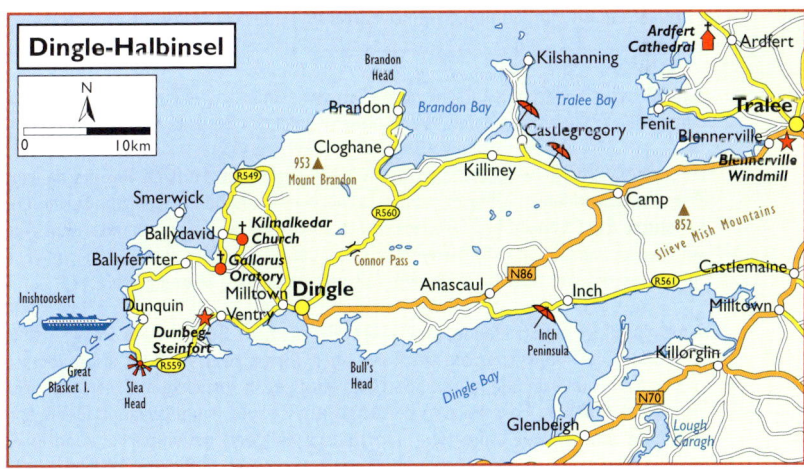

Unterwegs auf der Dingle-Halbinsel

Wandern
Der **Dingle Way** umfasst 150 km und lässt sich gut in acht Tagesetappen bewältigen. Man kann auch einzelne Teilabschnitte auswählen. Während der Kerry Way atemberaubend romantisch und der Beara Way wild und menschenleer ist, hat der Dingle Way von beidem etwas. Bei einer Wanderung auf der Dingle-Halbinsel kann man die Schönheit dieses Landstriches erst richtig genießen. Die Karten Nr. 70 und 71 der Ordnance Survey Discovery Series decken das Gebiet ab. Folgende Tagesetappen bieten sich an:
Tag 1: Tralee nach Camp: 17 km
Tag 2: Camp nach Anascaul: 17 km
Tag 3: Anascaul nach Dingle: 19 km
Tag 4: Dingle nach Dunquin: 22 km (Tipp: einen Bus nach Ventry nehmen und erst am Ventry Beach den Weg beginnen!)
Tag 5: Dunquin nach Ballydavid: 21 km
Tag 6: Ballydavid nach Cloghane: 28 km
Tag 7: Cloghane nach Castlegregory: 29 km
Tag 8: Castlegregory nach Tralee: 25 km

Radfahren
Die Dingle-Halbinsel ist zum Fahrradfahren ideal: Die Steigungen sind kurz und überall hat man wunderschöne Ausblicke – allerdings gibt es im Juli und August zu viele Reisebusse, Campervans und Pkws.

Auto-Rundtour
Bei einer Rundfahrt kann man die wichtigsten kulturellen Sehenswürdigkeiten sehen und die grandiose Klippenlandschaft um Slea Head und Clogher Head genießen. Die Tour um die Dingle-Halbinsel beginnt für die meisten Besucher in Castlemaine. Im Sommer sind die Straßen leider oft sehr voll

sen ihn unter anderem wahrscheinlich auch nach Amerika geführt haben. Einmal im Jahr finden Wallfahrten auf den 952 m hohen Gipfel des Bergs Brandon statt.

Auf halber Strecke zwischen Castlemaine und Dingle liegt die **Inch Peninsula**, eine 5 km lange Sanddüne mit Traumstrand und tollen 1–3 m hohen Wellen zum Surfen. Die **Offshore Surf School** (☎ 087-2946519) bietet Einzel- und Gruppenunterricht. Aufwärmen kann man sich in **Sammy's Cafe** (☎ 066-9158118, tgl. 9.30–22 Uhr, im Winter eingeschränkt). Man kann mit dem Auto direkt auf den Strand fahren.

Annascaul ist ein Straßendorf mit einem Pub namens **South Pole Inn** (☎ 066-9157388). Der Pub wurde vom Dorfbewohner **Tom Crean** eröffnet, als er von seiner letzten Tour zum Südpol mit Scott und Shackleton zurückkam. Crean war dreimal mit den beiden Forschern in der Antarktis, ist aber kaum bekannt. Der wenig besuchte **Annascaul Lake** (vom Dorf ausgeschildert) ist zauberhaft und lohnt einen Umweg.

Pub des unbekannten Forschungsreisenden: das South Pole Inn

Dingle

Dingle ist der Hauptort der Halbinsel, eine nette und geschäftige Stadt mit kleinen Gässchen, Kunsthandwerksläden, Pubs und Cafés und 1.500 Einwohnern. Der Ort, dessen gälischer Name *An Daingean* (= Fort) lautet, ist die westlichste Stadt Europas. Im Sommer ist er sehr voll mit Besuchern aus allen Herren Ländern. Außerhalb der Saison verwandelt sich Dingle wieder in eine normale Marktstadt mit Fischereihafen. Die größte „Attraktion" hier ist ein Flaschennasen-Delfin, der 1984 zum ersten Mal gesichtet wurde und sich noch immer bester Gesundheit erfreut. Zahlreiche Veranstalter bieten Bootsfahrten vom Pier aus an, die allerdings nur stattfinden wenn das Wetter es zulässt. Ist die der Fall, kann man kann sogar mit „Fungie" schwimmen (tgl. Bootfahrten 8–10 Uhr, Abfahrt von Dingle Hafen). Die **Dingle Oceanworld** am Hafen ist ein familienfreundliches, wunderbar aufbereitetes Aquarium und macht viel Spaß, insbesondere der Pool, wo man die Fische auch anfassen kann.

Flaschen-nasen-Delfin

Dingle Oceanworld, *The Wood (An Choill),* ☏ *066-9152111, www.dingle-oceanworld.ie, ganzjährig tgl. ab 10 Uhr, Erw. 13, Kinder 7,50 €.*

Reisepraktische Informationen Dingle

Information
Dingle Tourist Office, Strand Street, ☎ 066-9151188, Mai–Sept. Mo–Sa 9.15–17 (13–14 Uhr geschl.), Juni–Sept. auch So 10–17 Uhr.
Informative Website: www.dingle-peninsula.ie.

Unterkunft
Im Ort gibt es zahlreiche Unterkunftsmöglichkeiten: Hotels, Gästehäuser, B&Bs, Hostels und einen Campingplatz.

**** Dingle Skellig Hotel €€€–€€€€, ☎ 066-9150200, www.dingleskellig.com. Großes, modernes Hotel mit Spa, Swimming Pool und Kinderbetreuung, 111 Zimmer.

*** Dingle Benners Hotel €€€, Main Street, ☎ 066-9151638, www.dingleben ners.com. Freundliches Haus an der Hauptstraße mit ihren vielen Pubs. Dennoch gibt es auch ruhige Zimmer. Die Einrichtung bewegt sich zwischen altehrwürdig, gemütlich und luxuriös.

**** Milltown House €€, ☎ 066-9151372, www.milltownhouse.com. Gepflegtes Gästehaus im Familienbetrieb mit schönem Blick auf die Dingle Bay. 10 Zimmer. Sehr gutes Frühstück, geöffnet Mai–Ende Okt.

**** Pax House €€, Upper John Street, ☎ 066-9151518, www.pax-house.com. Gästehaus im Familienbetrieb mit 12 gemütlichen Zimmern, ca. 1 km außerhalb von Dingle. Sagenhafter Ausblick über die Bucht. 3 größere Zimmer, 4 mit Seeblick, 5 ohne Seeblick, viele Kunstgegenstände im Haus, die der Hausherr aus aller Welt zusammengetragen hat.

*** Captain's House €€, The Mall, ☎ 066-9151531, www.captainshousedingle.com. Nettes Gästehaus im Familienbetrieb mit 8 gemütlichen Zimmern und hübschem Garten.

Grapevine Hostel €, Dykegate Lane, ☎ 066-9151434, www.grapevinedingle.com. Im Ortszentrum von Dingle gelegen, gepflegt und sauber, 26 Betten, auch DZ. 24 € p. P. im DZ.

Ballybeag Hostel €, Ventre, 6 km W Dingle, ☎ 066-9159876. Kleine Herberge, sauber und freundlich. 4–6 Bett-Zimmer, 14 € p. P.

Dunquin (Dún Chaoin) Hostel €, ☎ 066-9156121, www.anoige.ie. Fantastische Lage in der Nähe des Blasket Centre. Zwischen 10 und 17 Uhr geschlossen. 2-Bettzimmer vorhanden.

Mount Brandon Hostel €, Cloghane, Castlegregory, ☎ 085-1363454, www.mount brendonhostel.com. Herrlich gelegene Herberge mit 39 Betten in Doppel-, Familien- und Mehrbettzimmern. Mit Pub und Restaurant. Ab 17 €.

Essen und Trinken
Out of the Blue, Waterside, ☎ 066-9150811, www.outoftheblue.ie. Kleines Restaurant direkt am Hafen, das nur öffnet, wenn frischer Fisch da ist, der kreativ zubereitet wird. Gilt als bestes Lokal am Ort! Ab 17 und So 12.30–17 Uhr, gehobene Preisklasse.

Half Door Restaurant, John Street, ☎ 066-9151600. Nettes Fischspezialitäten-Restaurant mit freundlicher und ungezwungener Atmosphäre. Lecker ist die Seafood platter. Mittlere bis gehobene Preisklasse.

Pubs/Live-Musik
Foxy John's, Main Street, ☎ 066-9151316. Bei Foxy John's gibt es Eisenwaren, einen Fahrradverleih sowie Gummistiefel, Hüte, Hemden – und einen Pub!

J. Curran, *Main Street. Auch hier gibt es vom Nagel bis zum Pint Guinness (fast) alles, was man(n) braucht.*
Dick Mack's, ☏ *066-9151787, Green Street. Platten mit den Namen der berühmten Leute, die hier bereits eingekehrt sind, führen zu diesem alten, gemütlichen Pub.*
Hannie Agnes, *Green Street,* ☏ *087-9490832. Beliebter Pub mit karger Inneneinrichtung, aber gutem Guinness und im Sommer gibt es traditionelle Musik.*

Golf
Dingle Golf Links, *Ballyferriter, 16 km W Dingle,* ☏ *066-9156255, www.dinglelinks.com. Einer der besten 18-Loch-Golfplätze in Irland – sagen Kenner, ganzjährig geöffnet. Gebühren: Winter 30–50, Sommer 55–65 €.*

Reiten
Dingle Horse Riding, *Ballinaboula,* ☏ *086-8211225, www.dinglehorseriding.com, ganzjährig. Abholservice vom Flughafen. Reiterferien, auch mit Unterkunft und Halbpension buchbar. Luxuriös ausgestattete Unterkunft..*

Feste/Veranstaltungen
Mai: buntes **Kunstfestival** *mit Tanz, Literatur, Musik, Film, www.feilenabealtaine.ie. August: Die* **Dingle Races**, *ein berühmtes 3-tägiges Pferderennen, werden von einem bunten Begleitprogramm umrahmt. Der Ballintaggert Racecourse liegt 1,6 km außerhalb von Dingle, www.dingleraces.ie.*

Fahrradverleih
Foxy John's, *Main Street,* ☏ *066-9151316. Raleigh-Rent-a-Bike-Agent und Pub.*

Verkehrsverbindungen/Taxi
Regelmäßige **Busverbindungen** *zwischen Tralee und Dingle.*
Taxi-Service *in Dingle: Colm Bambury,* ☏ *087-222 2248 (auch Inseltouren nach individuellen Wünschen).*

Von Dingle zum Connor-Pass

Von Dingle verläuft die Strecke über Milltown und Ventry weiter in Richtung Westen. Die Natur wird immer einsamer und wilder. Beliebt war dieser Flecken Erde bereits in vorgeschichtlicher Zeit, als hier die ersten Steinkreise und Gräber errichtet wurden. Entlang der Küste finden sich etliche Zeugnisse der frühen irischen Kultur, wie zum Beispiel Bienenkorbzellen und Befestigungsanlagen.

5 km W Ventry lohnt das **Celtic & Prehistoric Museum** einen Besuch. Rund 500 authentische Gegenstände aus der Stein- und Bronzezeit sowie von den Wikingern, den Angelsachsen und Römern sind ausgestellt. Publikumshit ist das fossile Eiernest eines Dinosauriers sowie „Smokey", das 40.000 Jahre alte Skelett eines Bären. **Celtic & Prehistoric Museum**, *Kilvicadownig, 5 km W Ventry,* ☏ *066-9159191, www.celticmuseum.com, März–Okt. tgl. 10–18 Uhr, Erw. 4 €.*

Grandiose Lage

6 km W Ventry gelangt man zu dem gut erhaltenen **Dunbeg-Steinfort**, das unter den prähistorischen und frühchristlichen Monumenten der Halbinsel durch seine grandiose Lage direkt an den Klippen besonders heraussticht. Das Fort wurde vermutlich im 8. oder 9. Jh. gebaut. Es ist 45 m lang, 3 m hoch und unten 7,50 m dick und in drei Terrassen angelegt. Die vier parallelen äußeren Verteidigungsanlagen bestehen aus aufgeschütteten, mit Steinen befestigten Erdwällen und Gräben. Ein unterirdischer Gang verbindet den Eingang mit der zweiten Verteidigungsanlage. Diese unterirdischen Tunnel dienten auch als Fluchtweg und um Essen zu lagern. Innerhalb des Forts kann man Reste einer Bienenkorbzelle sehen. Es ist ungeklärt, ob das Fort defensive Zwecke hatte, rituellen Handlungen diente oder einfach nur eine Behausung darstellte. Zwischen Slea Head und Dunbeg gibt es weitere Bienenkorbzellen, die teilweise restauriert sind. Sie werden als Fahad-Gruppe bezeichnet.

Dunbeg Fort, *Slea Head Drive, Fahan, Besucherzentrum beim Stone House Restaurant, 066-9159070, www.dunbegfort.com, März–Nov. tgl. 9–18, im Sommer bis 19 Uhr, Erw. 3, Kinder über 5 J. 1,50 €.*

Von **Slea Head** führt die Küstenstraße in nördliche Richtung nach Dunquin. Entlang der Strecke bietet sich ein großartiges Panorama: im Süden bis zu den Skellig Islands und der Iveragh Halbinsel und im Westen zu den Blasket Islands. Mit aller Kraft donnert die Brandung des Atlantiks an die hoch aufragenden Klippen. Es gibt aber auch zahlreiche Buchten mit nahezu unberührten Stränden. Dunmore Head ist der westlichste Punkt des irischen Festlandes.

In **Dunquin** lohnt ein Besuch im **Blasket Centre**. Die hervorragende Ausstellung und ein 20-minütiger Videofilm (der von ehemaligen Insulanern selber gedreht wurde)

Das Blasket Centre

Europas westlichster Pub

Der westlichste Pub in Europa heißt **Kruger's Pub** und ist zwischen Dunquin und Ballyferriter gelegen. Der Name geht auf „Kruger" Kavanagh zurück, der im Ersten Weltkrieg in der US-Armee kämpfte, und später Bodyguard von de Valera und Hollywood-Agent wurde. Der Pub selber ist nicht sonderlich spektakulär, doch bekommt man hier solides Barfood und es wird traditionelle irische Musik gespielt. Robert Mitchum kehrte hier während der Dreharbeiten zu „Ryan's Daughter" gerne ein. An der Wand dokumentieren Schwarz-Weiß-Fotos die Entstehung des Films. Krugers hat auch einige Gästezimmer.
☏ 066-9156127, www.krugers.ie.

geben vielfältige Hintergrundinformationen über die Geschichte und Kultur der Blasket Islands und ihrer Bewohner. Insbesondere widmet sich das Besucherzentrum dem literarischen Schaffen der isolierten Gemeinde auf den nunmehr völlig verlassenen Inseln. Es gibt auch ein Café und einen kleinen Buchladen.
Blasket Centre, *Dunquin,* ☏ *066-9156444/9156371, www.heritageireland.ie, Ostern–Okt. tgl. 10–18 Uhr, Erw. 4, Kinder/Studenten 2 €.*

 Filmtipp
David Lean's Film „Ryan's Daughter" (1971) beschreibt die Liebe einer Irin zu einem englischen Offizier. In Dunquin kann man das Schulhaus, das für diesen Film erbaut wurde, besichtigen.

Die Blasket Islands

Die felsigen Blasket Islands wurden bis 1954 von einer Irisch sprechenden Bevölkerung bewohnt. Die frühesten Berichte über Familien der Inseln stammen aus dem 17. Jh. 1821 lebten dort 128 Personen und vor den schlimmen Hungerjahren waren es sogar 153. Die Inseln waren nicht so stark von der Katastrophe betroffen, weil sie hauptsächlich vom Fischfang und nicht von Kartoffeln lebten. Die Insulaner waren völlig autark und stellten sogar ihre eigene Kleidung her. Per Regierungsbescheid wurden die letzten 22 Bewohner der Insel 1954 zwangsweise auf das Festland umgesiedelt. Es hieß, dass der Fischfang die Insulaner nicht mehr ernähren könne.

Das Leben der Bewohner wäre sicherlich in Vergessenheit geraten, wenn es nicht jene Laiendichter gegeben hätte, die heute zu den Klassikern der irischen Sprache zählen. Die einzige Form der Unterhaltung auf diesen Inseln war das Geschichtenerzählen. Gewöhnlich waren es alte Männer oder auch Junggesellen, die auf ihren abgelegenen Katen oft tage- oder wochenlang mit keinem anderen Menschen zusammenkamen, die von ihrem Alltag auf der Insel erzählten. Später wurden diese Memoiren von Fremden niedergeschrieben und unweigerlich romantisch verklärt und idealisiert. In den 1930er-Jahren strömten Sprachforscher und Ethnologen in Scharen auf die Blaskets, denn schon zu jener Zeit gab es in

Europa kaum einen anderen Ort, wo alte Traditionen noch so intakt waren. Eine erstaunliche Anzahl an Büchern entstand hier. In ihren Werken beschreiben die Autoren den täglichen Überlebenskampf auf diesen unwirklichen Inseln. Zu nennen sind beispielsweise Tomás O'Crohan, dessen „The Islandman" 1929 erschien und sofort in seiner Bedeutung erkannt wurde, Maurice O'Sullivan mit seinem Werk „Twenty Years A-growing" von 1933, oder Peig Sayers „Woman's reflections", in der die Autorin das einsame und mühevolle Leben auf den kargen Blasket-Inseln schilder.

 Buchtipps:
O'Crohan, Tomás: Die Boote fahren nicht mehr aus. Bericht eines irischen Fischers. Übersetzt von Annemarie und Heinrich Böll, Lamuv Verlag, Göttingen, 2006.
Sayers, Peig: So irisch wie ich. Eine Fischersfrau erzählt ihr Leben. Übersetzt von Hans-Christian Oeser, Lamuv Verlag, Göttingen, 2006.

Fähren
Es gibt verschiedene Anbieter von Dingle oder Dunquin aus.
Blasket Island Ferry von Dunquin Harbour, ☎ 066-9151344, www.blasketisland.com. In der Saison alle 2 Stunden, die Fahrt dauert 20 Min.
Eco Tour, www.blasketisland.com, ☎ 066-9156422, Ostern-Okt. tgl. 10.30–16.30 Uhr stdl. Erw. 25, Kinder 15 €. Abfahrt von Ventry Harbour.

Unterkünfte gibt es auf den Inseln nicht, man kann aber wild campen.

Die Straße führt weiter nach **Clogherhead** mit einem tollen Strand in Clogher, und dann nach **Ballyferriter**, einem kleinen Dorf mit Heimatmuseum.

Beim Dorf **Ballynaga** liegt das **Gallarus Oratory**, ein perfektes Beispiel der frühen christlichen Kultur in Irland. Bemerkenswert ist das fugenlose Trockenmauerwerk der kleinen Kirche, denn noch immer ist das Gebäude „wasserdicht". Die Kunst, unbehauene Steine trocken aufzuschichten, ist sagenhaft. Die Kirche hat die Form eines umgekippten Bootes und ist von außen 6,5 m lang, knapp 6 m breit und fast 5,5 m hoch. Das Dach entsteht durch den allmählichen Anstieg der Seitenwände vom Boden an aufwärts. Die Türöffnung im Westen ist fast 2 m hoch, im Osten befindet sich eine Fensteröffnung. Das Gallarus Oratorium ist größer als andere Oratorien, weshalb manche annehmen, dass das Bauwerk jüngeren Datums ist (11. oder 12. Jh.). Anderen Meinungen nach ist das Gebäude 1.300 Jahre alt.
Gallarus Oratory, Ballynage, ☎ 064-6632402, www.heritageireland.ie, Juni–Aug. 10–18 Uhr, Eintritt frei. Kleines Café, Toiletten und Parkplatz beim Besucherzentrum, wo ein 15-minütiger Film Hintergrundinformationen über das Gallarus Oratory vermittelt. Eintritt 3 €.

Kunst der Steinaufschichtung

Nicht weit vom Gallarus Oratorium entfernt liegen die Ruinen vom **Kloster Kilmalkedar**. Das Kloster wurde im 6. Jh. von St. Maolcethair (gest. 636) gegründet. Die **Kilmalkedar Church** stammt aus dem 12. Jh. Ursprünglich nur ein einziger Raum mit Ostnische, wurde später der Chor angefügt. Der Bauschmuck, obgleich wesentlich

Das Gallarus Oratory

sparsamer, erinnert an Cormac's Chapel auf dem Rock of Cashel (s. S. 213). Ein interessantes Merkmal der malerischen Kirche ist die Gestaltung über der Tür. Das Tympanon hat einen Kopf auf der einen Seite und eine Tiergestalt auf der anderen. Schön sind auch die Zickzackmuster am Westportal.

Die Landschaft an der Nordküste der Dingle-Halbinsel ist mit ihren kahlen Felsen, Bergen und Seen sehr romantisch und für Wanderungen ideal. Am Fuß des Berges Brandon liegt in der Bucht der kleine Fischerort **Cloghane**. Es gibt einige Pubs, Geschäfte, B&Bs, ein Hostel, ein Postamt und eine Tankstelle. Herrlich ist der auch zum Schwimmen sichere Strand von Fermoyle. Hier oder am Ufer des Owenmore-Flusses, der unterhalb des Connor-Passes fließt, gibt es außerdem sehr gute Angelmöglichkeiten. Im letzten Wochenende im Juli feiert Cloghane das uralte Celtic Harvest Festival Lughnasa mit Feuerwerk und viel Musik und Tanz. Ende August findet die Brendan Regatta statt, ein Bootsrennen in traditionellen Curraghs.

Keltisches Festival

 Wandern auf den Mount Brandon

Mount Brandon ist mit 953 m der zweithöchste Berg Irlands und ein Paradies für Wanderfreunde. Vom Gipfel kann man im Westen, Norden und Süden das Meer sehen, im Osten erstreckt sich die ganze Dingle-Halbinsel. Die Besteigung des Mount Brandon ist relativ unkompliziert. Der schönste Weg ist die Pilgrim's Route, die in Cloghane an dem geschwungenen Ende der Brandon Bay beginnt. Für den Auf- und Abstieg sollte man 4–5 Stunden einkalkulieren.

Der Connor-Pass

Der Connor-Pass

Der **Connor-Pass** krönt gewissermaßen als Dach die Halbinsel. Es ist eine auf 500 m ansteigende Pass-Straße, die nur in wenigen, aber steilen Windungen die Verbindung zur Nordseite schafft. Vom Parkplatz, der im Sommer leider voller Autos und Menschen ist, hat man eine grandiose Aussicht auf die Weiten des Atlantiks und auf den Mount Brandon.

Zwischen Tralee und Limerick

Tralee

Keine historische Substanz

Tralee ist die bodenständige Hauptstadt der Grafschaft Kerry und hat 22.000 Einwohner. Im Mittelalter wurde die Stadt so oft und gründlich von den Engländern zerstört, dass heute kaum mehr historische Bausubstanz vorhanden ist. Leider leidet auch Tralee unter furchtbarem Verkehr.

Berühmt ist der Ort für sein Festival **The Rose of Tralee**. Das seit 1959 immer im Sommer stattfindende Fest ist ein internationales Ereignis und lockt zahlreiche Besucher an. Junge Frauen irischer Abstammung kommen aus der ganzen Welt hierher, in der Hoffnung, den Titel der „Rose of Tralee" zu erlangen. Während der vier Tage finden viele Veranstaltungen statt: Straßenmusik und Folkloreprogramm, traditionelle irische Musiksessions und Kinderprogramme, Paraden sowie allabendliche Unterhaltung (www.roseoftralee.ie). Das Fest erinnert an die Liebesgeschichte von Mary O'Connor, die in dem Lied „The Rose of Tralee" unsterblich gemacht wurde:

The pale moon was rising above the green mountain,
The sun was declining beneath the blue sea;
When I strayed with my love by the pure crystal fountain,
That stands in the beautiful Vale of Tralee.
She was lovely and fair as the rose of the summer,
Yet 'twas not her beauty alone that won me;
Oh no, 'twas the truth in her eyes ever dawning,
That made me love Mary, the Rose of Tralee.

Unsterbliche Liebesgeschichte

Das **Kerry County Museum** verfolgt die Geschichte Kerrys und Irlands über 8.000 Jahre zurück. Der Film „Kerry the Kingdom" handelt von der Geschichte und Landschaft der Grafschaft Kerry und in der Ausstellung dokumentieren zahlreiche Exponate die Geschichte des Landes von 5000 v. Chr. bis heute. Außerdem kann man in kleinen Wägelchen eine Fahrt durch den mittelalterlich rekonstruierten Ort Tralee machen. Spezielle Licht-, Sound- und Geruchseffekte machen dieses Erlebnis besonders für Kinder spannend.
Kerry County Museum, *Ashe Memorial Hall, Denny Street, ☏ 066-7127777, www.kerrymuseum.ie, Jan.–Mai Di–Sa 9.30–17, Juni–Aug. tgl. 9.30–17.30, Sept.-Dez. tgl. 9.30–17 Uhr, Erw. 5 €, Kinder frei.*

Interessant ist der Besuch einer Aufführung von **Siamsa Tíre,** dem National Folk Theatre of Ireland im **Theatre and Arts Centre**. Die Theatergruppe bietet Tanz, Theater und Musik. Ein Schwerpunkt liegt auf Schaffung von neuem Volkstheater, wobei an alte Traditionen angeknüpft wird. Das Theatergebäude ist einem keltischen Ringfort nachgebildet.
Theatre Síamsa Tíre, *Town Park, ☏ 066-7123055, www.siamsutire.com.*

Das kleine Dorf **Blennerville** war im 19. Jh. während der Großen Hungersnot (1845–1848) der Auswanderungshafen der Iren aus Kerry nach Amerika. Die *Jeannie Johnston* war eines der Auswandererschiffe, das den Atlantik mehrmals überquerte, ohne dabei auch nur einen Passagier verloren zu haben. Schon von weitem sichtbar ist die weiß gekalkte **Blennerville Windmill**. Sie ist im „Guinness-Buch der Rekorde" als größte betriebsbereite Windmühle Irlands und Großbritanniens verzeichnet. Ende des 18. Jh. erbaut, wurde Blennerville Windmill 100 Jahre später wieder aufgegeben. Ein Restaurierungsprogramm, das als Arbeitsbeschaffungsmaßnahme ins Leben gerufen wurde, konnte die Mühle vor dem Verfall retten. Im Besucherzentrum wird die Arbeitsweise der Windmühle gezeigt. Es werden auch Führungen durch die fünf Stockwerke der Mühle veranstaltet, wobei der Prozess der Mehlherstellung demonstriert wird, und man kann sogar selbst Mehl mahlen.
Blennerville Windmill, *3 km SW Tralee an der Hauptstraße nach Dingle, N86, ☏ 066-7121064, Juni–Aug. 9–18 , April, Mai, Sept., Okt. 9.30–17.30 Uhr. Restaurant tgl. Ostern-Okt.*

Auswandererhafen

Zwischen Tralee und Limerick

Erw. 5, Kinder 3 €. Von Tralee verkehrt eine historische Eisenbahn zur Windmühle. Die Schmalspureisenbahn verband 1891–1953 Tralee mit Dingle. Die Fahrt dauert 20 Min., die Bahn fährt ab 11 Uhr zur vollen Stunde von Tralee Ballyard Station, von Blennerville zur halben Stunde. ☎ *066 7121064.*

Reisepraktische Informationen Tralee

Information
Tourist Information Tralee, Ashe Memorial Hall, ☎ 066-7121288, ganzjährig geöffnet.

Unterkunft
*** **Grand Hotel** €€, Denny Street, ☎ 066-7121499, www.grandhoteltralee.com. Etabliertes Hotel im Ortszentrum mit 48 Zimmern.

Essen und Trinken
Kirby's Broque Inn & Steakhouse, Rock Street, ☎ 066-7123221, www.thebrogue.ie. Gemütlicher Pub und Restaurant im Familienbetrieb.
Keanes Bar & Restaurant, Curraheen, 6 km außerhalb von Tralee an der Straße nach Dingle, ☎ 066-7181998, www.keanesofcurraheen.com. Etabliertes, gemütliches Pub-Restaurant. Tgl. und ganzjährig Barfood ab 12.30 Uhr, Restaurant 17.30–22 Uhr. Auch 39 Gästezimmer (€€).

Hunderennen
Greyhound Races finden Di, Fr und Sa um 19.45 Uhr im Oakview Park statt, ☎ 066-7124033.

Verkehrsverbindungen
Tägliche **Busverbindungen** mit Bus Éireann nach Dublin und in andere Landesteile. Tägliche **Zugverbindungen** gibt es nach Dublin sowie nach Cork, Limerick und Ballina.

Nördlich von Tralee

Nach den landschaftlichen Höhepunkten der fünf atlantischen Halbinseln in Cork und Kerry präsentiert sich der Norden der Grafschaft recht gleichförmig. Wenn man rasch ins County Clare weiterfahren möchte, kann man auch auf der N69 bis nach Tarbert fahren und dort per Fähre über den Shannon übersetzen.

Listowel ist eine Kleinstadt mit 4.000 Einwohnern. Regelmäßig wiederkehrend gibt es hier zwei Ereignisse. Die **Listowel Writer's Week** im Frühsommer, anlässlich derer Dichter und Schriftsteller aus ganz Irland hierher kommen, um aus ihren Werken zu lesen (www.writersweek.ie). Erfinder des Treffens ist der Dramatiker John B.

Keane (1928–2002). Das **Seanchaí – Kerry Writers' Museum** beschäftigt sich mit Listowel als „Literaturstadt". Das zweite Ereignis ist das **Harvest Festival** im Herbst mit Pferderennen, Tanz und Musik (www.listowel.ie/festivals).
Seanchaí – Kerry Writers' Museum, 24 The Square, ☎ 068-22212, www.kerrywritersmuseum.com.

Festivals

In **Ardfert**, 10 km NW Tralee, gründetet der hl. Brendan im 6. Jh. ein Kloster, das sich später zu einem wichtigen Bischofssitz entwickelte. An dieser Stelle befinden sich heute drei mittelalterliche Kirchen. Das früheste Gebäude ist **Ardfert Cathedral**. Die Bauzeit dauerte vom 12. bis zum 17. Jh. Beeindruckend sind das romanische Portal an der Westseite, das großartige Ostfenster aus dem 13. Jh. und die aus neun Kleeblattbögen gebildete Arkade an der Südwand des Chors. Nordwestlich der Kirche steht die Ruine der kleinen romanischen Kirche **Temple na Hoe**. Sie stammt aus dem 12. Jh. Nicht weit davon entfernt liegt **Temple na Griffin** aus dem 15. Jh. Sie ist nach den Greifenfiguren im Inneren benannt. **Ardfert Abbey** wurde 1253 von den Franziskanern gegründet, wobei die Klosterkirche nach dem Vorbild der Kathedrale gebaut wurde. Auch hier findet man, wie in der Kathedrale, neun Kleeblattfenster in der Südmauer.
Ardfert Cathedral, ☎ 066-7134711, www.heritageireland.ie, Mai–Ende Sept. tgl. 10–18 Uhr. Erw. 4, erm.2 €.

Gründung des hl. Brendan

Banna Strand ist ein 8 km langer Sandstrand, der auch sicher zum Schwimmen ist. Vor allem irische Familien kommen gerne hierher. Entlang der Küste ziehen sich Camping- und Caravanplätze bis nach Ballyheige.

Crag Cave, die sicherlich eindruckvollste Tropfsteinhöhle Irlands, wurde 1983 durch Zufall entdeckt und man nimmt an, dass sie über 1 Million Jahre alt ist. 300 m der 4 km langen Höhle können im Rahmen einer Führung begangen werden.
Crag Cave, bei Castleisland, 18 km O Tralee, an der N23, ☎ 066-7141244, www.cragcave.com, März–Nov. tgl. 10–18 Uhr, Erw. 12, Kinder 5 €, online billiger.

Vor allem bei irischen Urlaubern beliebt sind die Badeorte **Ballyheige** und **Ballybunion**, wobei letzterer touristisch stärker ausgebaut ist. Bekannt ist der Ort für seine beiden Golfplätze, die direkt über dem Atlantik liegen und von Kennern sehr gerühmt werden. Ballybunion hat viele Unterkunftsmöglichkeiten, zahlreiche Pubs, Spielhallen und Restaurants – ein typisches Seebad also.

Tarbert ist ein relativ verschlafener Ort, an der N69, 1 km von der Shannon-Autofähre entfernt. Fährboote verkehren von hier regelmäßig nach Killimer in der Grafschaft Clare. Die Überfahrt dauert nur 20 Minuten, erspart dem Reisenden jedoch eine Straßendistanz von rund 140 km. Dies ist vor allem für Radler interessant, es sei denn, sie wollen die Orte am unteren Shannon besichtigen oder der Stadt Limerick einen Besuch abstatten.

Fährüberfahrt

Fähre
Shannon Ferry Ltd, ☎ *068-9053124, www.shannonferries.com. Überfahrten ab Tarbert Okt.–März stdl. zwischen 7.30 (So ab 9.30) und 19.30, April, Mai, Sept. bis 20.30, Juni–Aug. bis 21.30 Uhr. Juni–Sept. verkehrt eine zweite Fähre stdl. 11–18 Uhr. Bezahlt wird auf der Fähre. Keine Reservierung erforderlich.*

6. DER WESTEN

Überblick

Irlands Westen ist das beliebteste Feriengebiet der Insel. Etliche Urlauber landen direkt auf dem Ferienflughafen Shannon. In der fruchtbaren **Grafschaft Limerick** wird überwiegend Landwirtschaft betrieben. Der **Shannon** zieht als breiter Strom an Limerick vorbei und weitet sich dann zu einem großen Mündungsdelta. Von Tarbert in der Grafschaft Kerry nach Killimer in der Grafschaft Clare überquert eine Autofähre den Fluss. Die **Grafschaft Clare** führt an die Atlantikküste. Landeinwärts liegen die Hauptstadt Ennis, der Shannon-Flughafen und die weiten Wasserflächen des Shannon mit seinen Seen. Das felsige, karge Hochplateau des **Burren** ist eine faszinierende Landschaft mit unterirdischen Gängen und Höhlen. Am schönsten ist diese Gegend im Frühjahr, wenn zwischen den Felsen bunte Blumen blühen. Ein Besuchermagnet sind die berühmten **Cliffs of Moher** an der Atlantikküste.

Galway, die gleichnamige Hauptstadt der Grafschaft, ist ein lebhafter, junger Ort. Von dort geht es nach **Connemara** mit Bergketten, aber auch kahlen, einzeln stehenden Bergen. Das Zusammentreffen von Gewässern, Höhen, felsenreicher Atlantikküste und Sandstränden macht Connemara so attraktiv.

Redaktionstipps

Sehens- und Erlebenswertes
- Die einzigartige Flora der „Mondlandschaft" **Burren** kennenlernen (S. 303).
- Eine Führung durch die **Aillwee Cave** machen (S. 312).
- Die **Cliffs of Moher** bestaunen (S. 308).
- An den Stränden in der Umgebung von Roundstone, Connemara, träumen (S. 331).
- In **Galway** einen Stadtbummel machen (S. 320).
- Wandern oder Fahrrad fahren in **Connemara** (S. 329, 330).
- Am **Silver Strand** bei Louisburgh im Co. Mayo die Seele baumeln lassen (S. 344).
- Im **Algenbad** bei Kilcullen's entspannen (S. 358).
- Am **Pferdemarkt** in Ballinasloe teilnehmen (S. 365).

Übernachten
- Übernachten im **Dolphin Beach House** (S. 334) in Clifden oder im **Enniscoe** (S. 357) in Castlehill.

Der Westen und die Mitte

Die sich nördlich anschließende **Grafschaft Mayo** ist eine großartige Moor- und Berglandschaft. Auch hier wechseln an den Küsten felsige Ufer mit Klippen und Sandstränden ab. Der Hauptort der Grafschaft ist das eher unscheinbare Castlebar, wo es eine Zweigstelle des Museum of Ireland gibt. Irlands heiliger Berg, der **Croagh Patrick**, erhebt sich über der Küste der Clew Bay nahe Westport. Die **Achill Island** ist durch eine Brücke mit dem Fest-

Der Westen: Überblick

Der Westen: Überblick 287

land verbunden. Die **Céide Cliffs** sind das größte archäologische Freilichtmuseum Europas. Im Süden Mayos hat sich Knock als Stätte einer Marienerscheinung zu einem bedeutenden Wallfahrtsort entwickelt.

Streckenführung und Zeiteinteilung

Mindestens eine Woche

Für die Besichtigung von Irlands Westen sollte man mindestens eine Woche einplanen und unbedingt selektiv vorgehen. Die Fahrt durch Connemara ist im Eiltempo nicht möglich, und am besten lernt man diese Gegend per Fahrrad oder zu Fuß kennen. Auch ein Ausflug auf die Aran-Inseln ist ein besonderes Erlebnis. Für die Weiterfahrt nach Sligo durchquert man die Grafschaft Mayo und hat die Wahl zwischen der schöneren, aber längeren Küstenstraße und der kürzeren Route über Castlebar.

Limerick und Umgebung

Limerick hat rund 56.500 Einwohner und wirkt auf den ersten Blick nicht sonderlich attraktiv. Das 19. und auch die erste Hälfte des 20. Jh. waren eine Zeit des wirtschaftlichen Niedergangs, und obwohl die Stadt durch den Bau des Shannon-Flughafens und später im Zuge des „Celtic Tiger"-Phänomens einen wirtschaftlichen Aufschwung erfuhr, kann von Hochglanz hier keine Rede sein. Limerick ist zwar nicht weniger sicher als andere Städte, wird von Einheimischen aber als *stab city* (Stadt der Messerstechereien) bezeichnet. Dennoch bemüht man sich, den Fremdenverkehr auch in dieser Gegend zu fördern, wobei die Zielgruppe hauptsächlich amerikanische Urlauber sind. Orte wie Adare oder ein mittelalterliches Bankett in einer alten Burg scheinen dem amerikanischen Geschmack zu entsprechen. Für Berühmtheit sorgte Frank McCourts Bestsellerroman „Angela's Ashes" („Die Asche meiner Mutter"), in dem der Autor eine Kindheit in Limerick beschreibt. Vom Ashes Museum aus werden Führungen zu den Schauplätzen des Romans veranstaltet. In den letzten Jahren wurde der Stadt mit Erfolg eine Verjüngungskur verpasst: 2014 wurde Limerick zur Irish City of Culture gewählt.

Angela's Ashes

☞ Entfernungen von Limerick

Ennis 37 km	The Burren 56 km	Belfast 334 km
Derry 347 km	Galway 104 km	Waterford 126 km
Dublin 200 km	Tralee 101 km	Cork 100 km
Killarney 108 km	Shannon Airport 21 km	

Geschichtlicher Überblick

An der trichterförmigen Mündung des Shannon entstand im 9. Jh. eine Wikingersiedlung. 1100 machte sie Brian Boru zu seiner Hauptstadt. Später eroberten Normannen die Stadt, errichteten Mauern und Burgen und bauten eine Brücke über den Shannon.

Erst von Oliver Cromwell, später von William of Orange besiegt, wurde die Stadt durch regen Handel im 18. Jahrhundert reich, doch der Act of Union von 1800 und die Hungersnot führten zu starken wirtschaftlichen Niedergang.

Das alte Stadtzentrum besteht aus drei Teilen. In der **English Town** stehen die ältesten Häuser der Stadt mit kleinen und engen Straßen aus dem Mittelalter. Hier ließ sich King John um 1200 seine Festung errichten. **Irish Town** südlich des Abbey River entwickelte sich im 13. Jh. Südlich liegt der Stadtteil **Newtown Pery**, der im 18. Jh. planmäßig angelegt wurde.

Der Limerick

There was a young Lady from Riga
Who smiled as she rode on a tiger.
They returned from the ride
With the lady inside
And the smile on the face of the tiger.
(Rudyard Kipling)

Die Stadt Limerick gab dem berühmten fünfzeiligen Spottvers seinen Namen. Wieso ist jedoch umstritten. Eine Erklärung besagt, dass der „Ur-Limerick" ein Gedicht war, das nach zur Melodie des Soldatenlieds „Won't You Come to Limerick" gesungen wurde. Bekannt wurde die Versform durch den Engländer **Edward Lear** (1812–1888). 1846 erschien sein „Book of Nonsense" mit 112 Kinderversen in eben jener Limerick-Form. Das Schema ist bei allen Limericks stets dasselbe, Kindlers Literaturlexikon erklärt es folgendermaßen: „Die ersten beiden daktylischen Zeilen führen die Person in die Handlung ein, wobei das Reimwort der ersten Zeile meist aus einem Ortsnamen besteht. Die Person wird in einer bestimmten Situation gezeigt. Die beiden folgenden anapästischen Kurzzeilen wenden die Ausgangssituation ins Absurde. Die letzte Langzeile gibt die Pointe des Verses oder eine Variation des Anfangs und verleiht dem Gedicht so seine geschlossene Form."

Sehenswertes in Limerick

In **English Town** befinden sich die meisten Sehenswürdigkeiten. Die protestantische **St. Mary's Cathedral**, ganz in der Nähe der Matthew Bridge, wurde im letzten Drittel des 12. Jh. erbaut. Teile des Hauptschiffs, der Quer- und Seitenschiffe sowie des Westportals stammen aus dieser Zeit. Der Chor, die Kapellen der Seitenschiffe und des südlichen Querschiffs wurden im 15. Jh. angefügt. Im 19. Jh. wurde die Kirche mehrfach restauriert. Wunderschön ist das aus Eichenholz geschnitzte Chorgestühl (um 1489), das kunstfertig mit mythologischen Figuren und Tierdarstellungen verziert und das einzige erhaltene in Irland ist. Von dem 36,5 m hohen Turm haben Besucher eine gute Aussicht über die Häuser der Stadt.

Limerick und Umgebung

Limerick

Restaurants/Pubs
1 Freddy's Bistro
2 Moll Darby's Restaurant
3 The Locke Bar and Restaurant
4 Dolan's Pub & Restaurant
5 Tavern at the Castle
6 James Gleeson's White House Pub

Hotels
1 The George Hotel
2 Railway Hotel

King John's Castle hatte ursprünglich vier Rundtürme, von denen einer als Bastion umgebildet wurde. Am schönsten sieht die Normannenburg von der gegenüberliegenden Flussseite aus. Im letzten Viertel des 20. Jh. wurde die gesamte Burganlage restauriert, wobei man Fundamente von drei mittelalterlichen Gebäuden fand. Der Zugang zur Burganlage führt durch das Besucherzentrum. In der Ausstellung wird die

Limerick: Blick auf St. John's Castle

Geschichte der Stadt dargestellt. Im Inneren sind Rekonstruktionen mittelalterlicher Waffen zu sehen, einer Wikingersiedlung und normannische Strukturen.
King John's Castle, *Castle Parade/Nicholas Street, 061-360788, tgl. 9–16.30 Uhr, Erw. 8, erm. 4,50 €.*

Das **Limerick City Museum** zeigt Exponate zur Geschichte der Stadt sowie archäologische Funde, u. a. vom Lough Gur, dem 20 km entfernt gelegenen See. Weiterhin gibt es eine beeindruckende Sammlung an Exponaten aus der Wikingerzeit. Historische Landkarten dokumentieren die Stadtentwicklung.
Limerick City Museum, *Castle Lane/Nicholas Street, 061-417826, www.limerickcity.ie, Mo–Fr 10–13 u. 14–17 Uhr, Eintritt frei.*

Wikingerzeit

Auf der anderen Flussseite, gegenüber von King John's Castle, steht auf einem kleinen Podest ein Kalksteinblock, der sogenannte **Treaty Stone**. Hier soll ein Vertrag unterschrieben worden sein, der allerdings nie ausgeführt wurde: 1691 ergab sich der Limmericker Kommandeur Sarsfield den Oraniern. Der von ihm ausgehandelte Vertrag hätte, wäre er eingehalten worden, seinen Glaubensbrüdern freie Religionsausübung und andere Rechte verschafft. Von dieser Episode her stammt Limericks Beiname als „Stadt des gebrochenen Vertrages".

In **Irish Town** siedelte sich die irische Bevölkerung an, nachdem sie von den Normannen vertrieben worden waren. Es entstand ein wichtiges Handelszentrum, das sogar eine eigene kleine Befestigung hatte. Die neugotische katholische **St. John's**

Höchster Kirchturm Irlands

Cathedral, erbaut 1856–1894, rühmt sich des höchsten Kirchturms in Irland mit über 83 m.

Fantastisches Museum

Das **Custom House** steht an der Stelle, wo der Shannon und der Abbey River zusammentreffen. Das elegante Gebäude im palladianischen Stil wurde zwischen 1765 und 1769 erbaut. Hier ist das fantastische **Hunt Museum** untergebracht, eine wahre Schatzkammer! Man darf Schubladen aufmachen und sich recht frei zwischen den Schätzen der Bronze- und Eisenzeit und den mittelalterlichen Kunstgegenständen bewegen. Die Bilder- und Antiquitätensammlungen von John und Gertrude Hunt umfassen Gemälde von Renoir und Picasso, Funde aus der Bronzezeit, Metallhandwerk aus frühchristlicher Zeit und Silberwerk des 18. Jh. Die Hunts trugen ihre Sammlungen aus ganz Europa zusammen. In den 1930er-Jahren in England interniert (Gertrude war Deutsche), fanden sie in Irland, wohin sie ausreisen durften, zunächst in Howth, später in Limerick, ein neues Zuhause. John Hunt, der maßgeblich an den Ausgrabungen von Lough Gur beteiligt war, hinterließ seine über 1.000 Ausstellungsstücke umfassende Sammlung dem irischen Volk. Sachkundige und unterhaltsame Führungen geben interessante Hintergrundsinformationen.

Hunt Museum, *The Custom House, Rutland Street, ☎ 061-312833, www.huntmuseum.com, Mo–Sa 10–17, So 14–17 Uhr, Erw 5, erm. 3,50, Kinder 2,50 €, So Eintritt frei.*

In **Newtown Pery**, benannt nach Edmond Sexton Pery (1719–1806), dem Gründer dieses georgianischen Stadtteils und Sprecher im irischen Parlament, befinden sich die O'Connell Street und andere Geschäftsstraßen. Die schönen Häuser am Pery Square stammen von 1839. Nr. 2 ist als **Georgian House Museum** eingerichtet worden und verdeutlicht anschaulich die Lebensweise im 18. Jh. Im **People's Park** kann man ein Picknick machen und sich von der Stadtbesichtigung erholen. An der Ecke des Parks befindet sich die ausgezeichnete und sehr engagierte **Limerick City Gallery of Art (LCGA)**. Sie zeigt vor allem zeitgenössische irische und internationale Künstler sowie Sonderausstellungen.

Georgian House Museum, *Pery Square, ☎ 061-314130, Mo–Fr 10–16 Uhr, Erw. 6, erm 4 €.*

Limerick City Gallery of Art, *Pery Square, ☎ 061-310633, www.gallery.limerick.ie, Mo–Sa 10–17.30, Do bis 19, So ab 12 Uhr, Eintritt frei.*

Reisepraktische Informationen Limerick

Information
Tourist Information Limerick, *Arthur's Quay, ☎ 061-317522, www.limerick.ie, ganzjährig.*

Unterkunft
****The George Hotel €€€ **(1)**, *O'Connell Street, ☎ 061-460400, www.thegeorgeboutiquehotel.com. Mitten an der belebten Einkaufsstraße gelegenes, ultramodernes Hotel mit 125 Zimmern, Bar, Restaurant und Fitnesseinrichtungen.*

** Railway Hotel €–€€ **(2)**, *Parnell Street, ☎ 061-413653 www.railwayhotel.ie. Kleineres Hotel im Familienbetrieb (30 Zimmer), sehr zentral am (Bus-)Bahnhof gelegen*

Essen und Trinken

Freddy's Bistro (1), Theatre Lane, Lower Glentworth Street, ☎ 061-418749, www.freddysbistro.com. Das Restaurant wird im Familienbetrieb geführt und hat eine gemütliche Atmosphäre. Rustikales Gebäude aus dem 19. Jh. mit Steinwänden und Holzfußboden. Irische Küche, Di–Sa ab 18.30 Uhr. Gehobene Preisklasse.

Moll Darby's Restaurant (2), 7–8 Georges Quay, ☎ 061-312199. Beliebtes Restaurant mit guter irischer Küche.

The Locke Bar and Restaurant (3), 3 Georges Quay, ☎ 061-413733, www.locke bar.com. Etablierter, behaglicher Gastropub. Vom Restaurant hat man einen netten Blick auf den Abbey River. Mittlere Preisklasse.

Pubs/Live-Musik

Zahlreiche Pubs bieten an einem oder an mehreren Abenden der Woche Live-Musik.
Dolan's Pub & Restaurant (4), 3–4 Dock Road, ☎ 061-314483, www.dolanspub.com, tgl. 8–22 Uhr (traditionelle irische Musik tgl. 21.30 Uhr). Zu Dolan's gehört auch der **Warehouse Nightclub**, wo von russischer Folklore über Jazz und Blues alle Musikrichtungen geboten werden.

James Gleeson's White House Pub (6), Ecke Glentworth/52 O'Connell Street, ☎ 061-412377, www.whitehousepoets.blogspot.com. Ein klassischer Eckpub im Zentrum, auch Sitze draußen, manchmal Live-Musik oder Dichterlesungen.

Tavern at the Castle (5), Castle Lane, neben King John's Castle, ☎ 061-318044. Der Traditionspub bietet ebenfalls Live-Musik.

Hunderennen

Limerick Greyhound Stadium, New Dog Road, Fr und Sa abends, ☎ 061-448080, www.limerickgreyhoundstadium.ie.

Stadtführungen

Auf den Spuren des Bestellers „Die Asche meiner Mutter" von Frank McCourt (1996) werden Touren angeboten, die zu den im Roman erwähnten Schauplätzen führen. Treffpunkt Tourist Information 14.30 Uhr, Auskunft: ☎ 061-317522.

Einkaufen

Die **O'Connell Street** ist eine lange Einkaufsstraße mit zahlreichen Kaufhäusern, kleineren Läden und Einkehrmöglichkeiten. Die verkehrsberuhigte **Cruise's Street** lädt zum Schlendern ein. Ganz in der Nähe lockt das **Arthur's Quay Centre**, ein großes Einkaufszentrum mit zahlreichen kleineren Geschäften und Supermarkt.

Milk Market, Ecke Ellen Street/Wickham Street, Fr 10–16, Sa 8–15, So 11–15 Uhr. Ein bunter Wochenmarkt.

Verkehrsverbindungen

Regelmäßige Verbindungen per **Bahn** oder **Bus** in alle Landesteile. Der Bahnhof befindet sich in der Parnell Street, ☎ 061-315555. Zugverbindungen nach Dublin, Ennis, Rosslare Europort, Cork und Tralee, Galway. Der Busbahnhof (Bus Eireann, ☎ 061-418855) befindet sich neben dem Bahnhof.

Flughafen: Internationaler Flughafen Shannon Airport, 16 km NW an der N18, ☎ 061-712000, www.shannonairport.com. Flughafenbusse verkehren regelmäßig von und nach Limerick.

Sehenswertes in der Umgebung

Adare

Das 700 Einwohner zählende Dorf wird in vielen Reiseführern als schönstes Dorf Irlands gepriesen und ist daher Anlaufstelle für Bustouren. Es wurde um 1828 vom Earl of Dunraven planmäßig angelegt. **Adare** war und ist der Traum vom irischen Landleben, obwohl er im Grunde nichts typisch Irisches aufzuweisen hat: Es gibt eine lange Straße, an deren Seiten schmucke Cottages aufgereiht sind. Nur einige sind tatsächlich bewohnt, in den meisten befinden sich Souvenir- oder Kunsthandwerksläden. Im **Heritage Centre**, wo auch die Tourist Information, ein Restaurant und verschiedene Kunsthandwerk- und Souvenirläden untergebracht sind, informieren Schautafeln und eine Audiovisionsshow über den Ort und dessen Umgebung. **Adare Manor** (erbaut 1720–1730), zwei Jh. lang Sitz der Earls of Dunraven, ist heute ein Luxushotel.

Schmucke Cottages

Heritage Centre, *Main Street,* ☏ *061-396666, www.adareheritagecentre.ie, tgl. 9–18 Uhr.*

Adare Manor

Lough Gur

Die Gegend um den **Lough Gur** ist seit mindestens 5.000 Jahren kontinuierlich besiedelt. Am Ufer des Lochs bestand in neolithischer Zeit eine Siedlung, wie die vielen steinzeitlichen Überreste – Monolithen, Steinkreise, Gräber, Cairns und Crannógs – beweisen. Der Grange Stone Circle, auch als Lios bekannt, ist ein 4000 Jahre alter Steinkreis aus 113 aufrecht stehenden Steinen, der größte seiner Art in ganz Irland. Tausende von Objekten aus der Steinzeit wurden hier ausgegraben, von denen etliche im Museum des **Lough Gur Heritage Centre** ausgestellt sind. Außerdem kann man Modelle von Grabkammern und Steinkreisen sowie Waffen, Werkzeuge und Tonwaren sehen, die einen Einblick in die Entwicklung des Lough Gur von der Steinzeit bis heute und die Lebensumstände der damaligen Bewohner geben.

Steinzeit

Lough Gur Heritage Centre, ☎ 061-385186, Feb.–Okt. Mo–Fr 10–16, Sa/So 12–18, Nov.–Jan. tgl. 12–16 Uhr, Erw. 5, Kinder 3 €.

Von Limerick nach Galway: die Grafschaft Clare

Zwischen Shannon und Ennis

Der Ort **Shannon** besteht mehr oder weniger aus dem Flughafen **Shannon Airport** (www.shannonairport.com). Fast der gesamte irische Charterverkehr wird über Shannon abgewickelt

👉 Mietwagen und Taxi vom Flughafen
Mietwagen: *Alle großen Autoverleiher sowie Irish Car Rentals, Dooley Car Rentals und Thrifty sind vertreten.*
Taxi: *Eine Taxifahrt vom Flughafen nach Limerick oder Ennis kostet rund 35 €.*

Bunratty Castle ist eine der beliebtesten Besucherattraktionen in ganz Irland, direkt neben der N18 Autobahn gelegen und mit riesigem Parkplatz für Reisebusse … Das Gelände von Bunratty war schon vor dem Eintreffen der Wikinger befestigt. Im späten 13. Jh. entstand hier eine Burg, um die sich eine kleine Stadt entwickelte. Heutzutage ist die Burg, dank reichhaltiger finanzieller Unterstützung der Regierung, von verschiedenen Attraktionen umgeben. Ein Themenpark rekonstruiert ein „typisches"

Beliebtes Schloss

irisches Dorf und die zahlreichen Souvenirgeschäfte verkaufen „typische" irische Waren – *made in China*.

Das jetzige Tower House wurde Mitte des 15. Jh. errichtet. Im 17. Jh. erfolgte eine Erweiterung der gesamten Anlage. 1954 ließ Lord Gort die Burg restaurieren und mit authentischen Möbeln aus dem Spätmittelalter und der Frührenaissance und mit wertvollen Tapisserien aus seiner Privatsammlung ausstatten, die einen guten Eindruck des 15. und 16. Jh. vermitteln. Prunkstück ist die große Halle im zweiten Stock. Die Holzdecke und der Stuck stammen aus dem späten 16. und frühen 17. Jh. Stuckaturen aus dieser Zeit sind eine Seltenheit. Auch die kleine Kapelle hat eine stuckverzierte Decke (1619).

Wertvolle Ausstattung

Bunratty Castle, *16 km NW Limerick, an der N18 nach Ennis, ☎ 061-360788, ganzjährig tgl. 9–17.30 Uhr, Erw. 15, Kinder 9 €. Mittelalterliche Bankette finden das ganze Jahr, jeweils um 17.30 und 20.45 Uhr, statt. Reservierung erforderlich. Tgl. gibt es in der Corn Barn einen „traditionellen irischen Abend" mit Musik, Tanz und Gesang.*

Hinter der Burg erstreckt sich **Bunratty Folk Park**, die Nachbildung eines „typisch" irischen Dorfes aus dem 19. Jh. – so auf Hochglanz geputzt, dass die Anlage auch in Disneyland stehen könnte. Es gibt eine Schule, einen Pub, ein Postamt, eine Kirche und einige strohgedeckte, originalgetreu eingerichtete Cottages. Sie wurden von ihrem ursprünglichen Standort am Shannon hierher gebracht oder nach alten Vorlagen neu errichtet. Handwerker in Kostümen des 19. Jh. demonstrieren ihre Arbeit.

In **Kilmurry**, nahe Quin, lohnt das **Craggaunowen Project** einen Besuch. In dem Freilichtmuseum kann man u. a. die Nachbildung des Lederbootes, mit dem der hl. Brendan, der „Navigator", angeblich nach Amerika fuhr, sehen. 1976 segelte Tim Severin in einem Nachbau dieses „Naomhogs" über den Atlantik. Er wollte damit beweisen, dass eine solche Reise möglich sei. Das Boot ist in einem Glashaus untergebracht, einem Bau von Liam McCormick. Weiterhin gibt es ein Ringfort, den originalgetreuen Nachbau eines Bauernhofes aus dem 4. und 5. Jh., eine eisenzeitliche Straße und eine Gemeinschaftskochstelle. Auch eine keltische Pfahlbausiedlung, einen sogenannten Crannóg, kann man sehen. Dabei handelt es sich um eine künstlich aufgeschüttete Insel mit Wohnstätten aus Reet und Lehm. In der Nähe liegt das restaurierte **Craggaunowen Castle** (Mitte 16. Jh. erbaut).

Sehenswertes Freilichtmuseum

Craggaunowen Project, *☎ 061-367178, tgl. Mai–Aug. 10–17 Uhr, Erw. 9, erm. 6,85, Kinder 5,50 €.*

> **Buchtipp**
> Tim Severin, The Brendan Voyage, London 2005. Spannend geschriebener Bericht über die unglaubliche Reise nach Amerika mit einem Boot.

Quin

Das Land um Quin gehörte über 1.000 Jahre lang den MacNamaras, deren Burgen und Schlösser – insgesamt bauten sie 42 – in der Umgebung verstreut liegen. Die Ruinen von **Quin Abbey**, eine Franziskaner-Abtei, sind sehr gut erhalten. Sie wurde an der Stelle um 1350 errichtet und 100 Jahre später erneuert. Die Ringmauer am Südende der viertürmigen Burg nutzte man als Südmauer der Kirche, weshalb die Fenster dort fast 3 m tief sind. Auch für die Ost- und Westseite wurden Burgmauern verwendet, dort allerdings wurde die Mauerstärke verringert. Beeindruckend ist vor allem der schöne Kreuzgang (☏ 065-6828366, tgl. außer Di 10–15.30, im Winter 16 Uhr).

Kreuzgang

Lough Derg und Umgebung

Die Gegend rund um den Lough Derg bietet sich für Aktivurlaube an. Es gibt schöne Wandermöglichkeiten, Bootsverleih, Reiterhöfe und Golfplätze. Auch Freunden des Wassersports und Bootsurlaubern ist Lough Derg ein Begriff. Der langgestreckte See wird von sanften grünen Hügeln gerahmt und bietet ein liebliches und ruhiges Landschaftsbild – ideal für Entspannung und Erholung. Am gesamten Ufer finden sich Übernachtungsmöglichkeiten, z. B. in Killaloe, Ballina und in Mountshannon.

Ganz im Süden des Lough Derg liegt **Killaloe**, ein lebhafter Ort mit Restaurants, Pubs, Läden und Bootsverleihern. Das Heritage Centre informiert über Lokalgeschichtliches. Auf der anderen Seite des Shannons liegt der Ort Ballina. Killaloe leidet unter starkem Verkehr und oft kommt es an der Brücke zu langen Warteschlangen.

1182 wurde in Killaloe eine Kirche errichtet, jedoch 1185 bereits wieder zerstört. Der jetzige Bau, der aus der Zeit 1200–1225 stammt, ist kreuzförmig und hat keine Seitenschiffe. Das romanische Portal der früheren Kirche mit seinen schönen, grotesken Köpfen und floralem Design wurde mit in den Bau einbezogen. Der **Thorgrim's Stone** neben dem Portal ist der Schaft eines Hochkreuzes (ca. um das Jahr 1000 entstanden). Es weist eine zweisprachige Inschrift in Runen und Ogham auf. In der Inschrift konnten Wissenschaftler ein „Gebet für Thorgrim" entziffern, der dieses Kreuz wohl erbauen ließ. Im Friedhof von Killaloe steht eine kleine romanische Kirche, das **St. Flannan's Oratorium** (11./12. Jh.). Es hat, wie auch die frühen Oratorien von Cashel, Glendalough und Kells, ein steiles Steindach. Auch bei Killaloes zweiter Kirche steht ein kleines Oratorium, gewidmet St. Lua oder Molua, dem Namensgeber des Ortes. Das Oratorium wurde 1929 von Friar's Island (Shannon) dorthin gebracht.

Alte Inschriften

> ### 🚶 Wandertipp
>
> Der **East Clare Way**, ein 180 km langer Wanderweg, beginnt in Killaloe und führt durch den Osten der Grafschaft Clare. Der schönste Abschnitt ist zwischen Tulla und Mountshannon, wo man drei Tage lang durch offenes Land und Wald geht. Unterkunftsmöglichkeiten bestehen in Mountshannon, Feakle und Tulla. Schöner ist der **Lough Derg Way**, der sich von Limerick über Killaloe (26 km) entlang der Ostseite des Lough Derg nach Dromineer (32 km) in der Grafschaft Tipperary erstreckt. Der höchste Berg in den östlich flankierenden Arra Mountains ist der Tountinna mit 462 m. Auf dessen Spitze befindet sich eine Radarstation. Die Karten Nr. 65 und 58 der Ordnance Survey decken den Weg ab.

Reisepraktische Informationen Killaloe

Information
Brian Boru Heritage Centre, The Bridge, ☎ 061-370788, www.shannonheritage.com, Mai–Sept. täglich 10–17 Uhr, Erw. 3,35, Kinder 1,75 €. Das Besucherzentrum ist dem irischen Großkönig BrianBorú gewidmet, der im Jahre 1014 bei Clontarf die Wikinger besiegte. Im gleichen Gebäude befindet sich auch die Tourist Information.

Unterkunft
Kincora House €€, Church Street, ☎ 061-376149, mobil: 086-8334433, www.kincorahouse.com. Heimelige Unterkunft mitten im Zentrum, schön dekoriert, Frühstück inkl.

Essen und Trinken
The Coffee Pot, ☎ 061-375599, schräg gegenüber der Kirche an der Straßenecke. Beliebtes Café und Deli, kleine Gerichte und Kuchen, auch zum Mitnehmen. Günstig. Mo–Sa 8–16, So 9–16 Uhr.
Anchor Inn, wenige Schritte entfernt vom „Coffee Pot", ☎ 061-376108. Alteingesessener Pub, wo man sich in der Kunst des traditionellen Set Dancing üben kann.
Crotty's, Bridge Street, ☎ 061-376 965, direkt am Wasser gelegen mit Holztischen draußen. Leckere Fish&Chips.

Bootsfahrten
Einstündige Bootsfahrten auf dem **Lough Derg** täglich während der Saison, z. B. mit **Spirit of Killaloe**, ☎ 086-8140559, www.spiritofkillaloe. Abfahrt auf der Ballina Seite der Killaloe Brücke.
Bootsfahrten zur **Holy Island** (s. u.) werden zwischen Mai und September veranstaltet. Abfahrtsorte sind Killaloe und Nenagh. Die Fahrt dauert 10 Min. Auch von Mountshannon gibt es eine kleine Fähre zur Holy Island.

Die Kirche von **Tuamgraney** westlich des Lough Derg ist angeblich die älteste noch in Gebrauch befindliche Kirche in Irland. Es heißt, dass sie um das Jahr 1000 von Brian Boru, dem Hochkönig von Irland zwischen 1002 und 1014, persönlich erneuert wurde. Einige der erhaltenen Gebäudeteile stammen aus dem 12. Jh. Am Ostgiebel kann man einen kleinen Kopf erkennen, der wohl den hl. Cronan darstellt. Um 550 gründete er hier das erste Kloster. Das **East Clare Heritage Centre** (☎ 061-921351, www.clare.ie), das in der Kirche untergebracht ist, informiert über die Geschichte des Ortes.

Von **Mountshannon** setzt eine kleine Fähre zur 2 km vom Ufer entfernten **Holy Island** über. Im 7. Jh. gründete St. Caiman hier ein Kloster, das später von den Wikingern niedergebrannt wurde. Auf Holy Island gibt es drei Kirchen aus dem 13. Jh., einen Rundturm und eine „heilige Quelle", die zum Ziel vieler Pilger wurde.

Portumna liegt am Nordende des Lough Derg und ist Ausgangspunkt für den Schiffstourismus. **Portumna Castle** ist ein großes, zum Teil befestigtes Herrenhaus. Auf

Im Ruderboot zur Holy Island

seiner Nordseite erstreckt sich ein klassischer, geometrisch exakt angelegter Garten. Diese Art von Gärten ist typisch für die Regierungszeit von James I. (1603–1625). Weiterhin gibt es einen nach originalen Plänen wiederhergestellten Küchengarten aus dem 17. Jh. Das Erdgeschoss des Hauses und die Gärten können besichtigt werden.
Portumna Castle, ☎ 090-9741658, *www.heritageireland.ie*, April–Mitte Okt. tgl. 9.30–18, Rest-Okt. Sa/So 9.30–17 Uhr, Erw. 4, Kinder 2 €.

Ennis

Ennis ist die Hauptstadt der Grafschaft Clare. Die hübsche Kleinstadt hat einladende Geschäften und gemütliche Pubs, in denen im Sommer oft Live-Musik gespielt wird. Allerdings leidet auch Ennis, wie die meisten Städte Irlands, unter sehr starkem Verkehr, der sich durch die engen Straßen quält. Am besten stellt man den Wagen außerhalb des Stadtzentrums ab.

Das Kloster **Ennis Friary** wurde 1240 von der Familie O'Brian, die über Jahrhunderte die Könige dieses Gebietes stellte, für Franziskanermönche gegründet und in den folgenden Jahrhunderten ständig erweitert. In der langen, hallenartigen Predigerkirche fällt der Blick auf das große, bunt bemalte Ostfenster. Der viereckige Turm wurde im 15. Jh. aufgestockt. Das MacMahon- oder Königsgrab von 1457 ist mit interessanten Skulpturen, die die Leidensgeschichte Christi in Reliefszenen darstellen, verziert. Im 14. Jh. lebten und studierten 350 Mönche und 600 Schüler hier. Noch bis zum Anfang des 17. Jh. bewohnten Franziskanermönche das Kloster. Dann verkamen die Gebäude, und die Schule löste sich auf.

Königsgrab

Ennis Friary, *Abbey Street*, ☎ 065-6829100, *www.heritageireland.ie*, April–Sep. tgl 10–18, im Okt. bis 17 Uhr, Erw. 4, erm. 2 €.

In Arthur's Row ist im Clare County Museum die Dauerausstellung **„The Riches of Clare – it's People, Places and Treasures"** zu sehen. 6.000 Jahre Geschichte der

Grafschaft Clare werden interaktiv und anschaulich präsentiert. Im gleichen Gebäude befindet sich auch die Touristeninformation.
Clare County Museum, Arthur's Row, ☏ 065-6823382, Okt.–Mai Di–Sa 9.30–13 u. 14–17.30 Uhr, Juni–Sep. auch Mo, Eintritt frei.

Reisepraktische Informationen Ennis

Information
Tourist Information Ennis, Arthur's Row, ☏ 065-6828366, www.visitennis.com, ganzjährig geöffnet.

Unterkunft
*** **Old Ground Hotel** €€€–€€€€, O'Connell Street, ☏ 065-6828127, www.flynnhotels.com. Das mit Efeu bewachsene Haus ist eine Institution in Ennis und die Lobby ein Treffpunkt der Einheimischen. Behaglich und gleichzeitig modern.
Rowan Tree Hostel €, Harmony Road, ☏ 065 686 8687, www.rowantreehostel.ie. Schön am River Fergus gelegenes Hostel mit 150 Betten. Tolle Café-Bar. DZ, EZ und Mehrbettzimmer ab 19 €.

Essen und Trinken
Rowan Tree Cafe Bar: Gesunde Küche mit mediterranem Einschlag bietet die hervorragende Café-Bar des gleichnamigen Hostels (s. o.). Im Sommer auch Tische draußen. 10.30–23 Uhr, Hauptgerichte 7–20 €.

Pubs/Live-Musik
Die meisten Pubs in Ennis bieten zumindest an einem Abend der Woche traditionelle irische Live-Musik, z. B. die beliebte **Ciaran's Bar**, Francis Street, ☏ 086-8674695.

Feste/Veranstaltungen
Am letzten Wochenende im Mai findet das große **Folkfestival** statt, das **Fleadh Nua** (www.fleadhnua.com). Zu diesem beliebten Volksfest kommen Tänzer und Musiker aus allen Landesteilen in die Stadt. Es gibt Konzerte, Paraden und Straßenmusik. Im November findet das **Ennis Traditional Festival** (www.ennistradfest.com) statt.

Einkaufen
Es gibt mehrere große **Supermärkte** an der Straße nach Tulla. Das ist evtl. interessant, wenn man sich für einen Aufenthalt im Feriencottage eindecken möchte. Die Preisunterschiede gegenüber dem kleinen Eckladen sind immens.

Verkehrsverbindungen
Bus Éireann verbindet Ennis mit Galway, Dublin, Cork und Limerick. **Zugverbindungen** nach Limerick und Dublin sowie Cork und Tralee. Bahnhof: ☏ 065-6840444.

Tipp: Parken
Ennis besteht aus lauter Einbahnstraßen. Am besten stellt man den Wagen auf einem Parkplatz außerhalb der Innenstadt ab und geht zu Fuß weiter.

Von Ennis zum Burren

Dysert O'Dea

Die Klosteranlage **Dysert O'Dea** liegt inmitten von Wiesen. Das Tower House wurde 1480 erbaut und von privater Hand hervorragend restauriert. Es dient heute als kleines Museum, dem **Clare Archaeology Centre**. Vom Tower House führt ein Spaziergang zu 25 archäologischen Stätten, die alle in einem Radius von 3 km vom Tower House entfernt liegen.

Zwischen dem 7. und 8. Jh. diente Dysert O'Dea dem hl. Tola als Einsiedelei. Von der lateinischen Bezeichnung *desertum* für Einsiedelei hat der Ort den ersten Teil seines Namens, O'Dea weist auf den Familiennamen der späteren Besitzer hin. Der hl. Tola (734 gest.), dessen Gebeine in einem Schrein im National Museum in Dublin aufbewahrt werden, wurde zu seiner Zeit von vielen Pilgern verehrt. Die Denkmäler, die wir heute hier sehen, wurden jedoch erst einige Jahrhunderte nach seinem Tod erbaut. Sie geben Zeugnis von der hervorragenden Steinmetzkunst des 12. Jh. Kirche und Rundturm stehen an der Stelle des im 8. Jh. von St. Tola gegründeten Klosters. Der Rundturm wurde zwischen 900 und 1100 erbaut und 1651 stark von Cromwells Truppen zerstört.

Einst eine Einsiedelei

Die **Kirche** ist für ihr 2 m hohes, reich geschmücktes romanisches Westportal berühmt. Das Portal hat vier Bögen. Der äußere bildet eine Reihe von zwölf Menschenköpfen mit sehr individuellen Gesichtszügen, zwischen denen einzelne Tierköpfe platziert sind. Die meisten Kapitelle sind verwittert. Auf einem ist allerdings ein Menschenkopf zu erkennen, und zwar das Kapitell zwischen der achteckigen äußeren Säule rechts und der runden Säule links.

Östlich der Kirche steht in einem Feld ein **Hochkreuz** aus dem 12. Jh. Es ist über 3 m hoch und mit reliefartigen Figuren von Christus und dem hl. Tola sowie mit geometrischen Motiven, Tieren und Pflanzen verziert. Auf der Vorderseite kann man zwei stark stilisierte Figuren sehen: oben der Gekreuzigte, darunter einen Bischof. Auffällig an der Christusfigur ist der ungewöhnliche Faltenrock. Nägel und Wundmale sind nicht zu erkennen, der Gesichtsausdruck zeigt den triumphierenden Christus. Der Rest des Kreuzes ist mit verschiedenen Ornamenten sowie mit Tier- und Menschendarstellungen in Flachrelief versehen. Auf der Rückseite sind kleine Unregelmäßigkeiten im Muster erkennbar. Der Kurator erklärt, dass diese absichtlich gemacht wurden, um zu zeigen, dass nur Gott Perfektes herstellen kann.

Christus mit Faltenrock

Dysert O'Dea und Clare Archaeology Centre, *5 km S Corofin, von der R 476 Ennis–Corofin abgehend,* ☎ *065-6837401, www.dysertcastle.com, Mai–Sept. 10–18 Uhr, Erw. 4, Kinder 2,50 €.*

Corofin

Der freundliche Ort mit vielen Pubs und kleinen, bunt angemalten Häusern entlang der Hauptstraße ist besonders bei Anglern beliebt. Abgesehen von dem Fluss Fergus gibt es acht Seen in einem Umkreis von 8 km. In der St. Cathrine's Church (18. Jh.) befin-

Geschichte des Westens im 19. Jh.

det sich jetzt ein kleines, aber feines Museum, das zum Clare Heritage & Genealogy Centre gehört (☏ 065-6837955, Mo–Fr 9–17 Uhr, www.clareroots.com). Es befasst sich (angenehmerweise ohne interaktives Hightech) mit der Geschichte des irischen Westens im 19. Jh., genauer gesagt der Zeit zwischen 1800 und 1860. Die Themen sind die große Hungersnot, die Bauernvertreibung, die Auswanderung und die wiederholten Versuche zur Ausrottung der gälischen Kultur. Die dargestellte Fakten erschrecken immer wieder: Während einige wenige Grundbesitzer über 10.000 Hektar Land besaßen, hatten mehr als 16.000 Familien in der Grafschaft Clare überhaupt kein Land. Zwischen 1851 und 1881 verließen 100.496 Menschen die Grafschaft. Das Clare Heritage & Genealogy Centre selbst ist ein Ahnenforschungsinstitut für all jene, die ihre familiären Spuren in der Grafschaft Clare suchen wollen.

Reisepraktische Informationen Corofin

Unterkunft/Camping
Corofin Village Hostel & Camping Park €, Main Street, ☏ 065-68537683, www.corofincamping.com. Es gibt 8 Zimmer (auch Doppel- und Familienzimmer), und neben dem Hostel befindet sich ein kleiner, netter Campingplatz. Ab 16 €.

Essen und Trinken
Es gibt mindestens 10 Pubs entlang der Hauptstraße. Einige Take-Aways und das **Corofin Arms Restaurant** (☏ 065-6837373) lassen den Besucher weder verhungern noch verdursten.

Typische Landschaft im Burren

An der Kreuzung der R476 und R480 liegt **Lemaneagh Castle**. Um das Anwesen ranken sich zahlreiche Legenden über die tapfere, clevere Máire Rua, die Frau von Connor O'Brian, dem Erbauer des Herrenhauses. Nachdem ihr Mann in der Schlacht gefallen war, heiratete sie einen von Cromwells Männern, um so ihr Land zu retten.

Der Burren

Der sogenannte Burren (gäl. = großer Stein), eine urzeitlich wirkende „Mondlandschaft", erstreckt sich auf einer Fläche von knapp 250 km² zwischen dem Atlantik im Norden und Westen und der Grafschaftsgrenze nach Galway. Der Burren war während der Frühgeschichte Irlands bewohnt, worauf zahlreiche Dolmen und Ringforts hinweisen. Früher war das Gebiet auch bewaldet. Die Steinzeitmenschen rodeten es, wodurch Erosion eingeleitet wurde. Im Laufe der Jahrhunderte haben sich durch die Erosion seltsame Wege und bizarre Hügel in die Kalksteinlandschaft eingegraben. Die R 480 und davon abzweigende Sträßchen führen durch die gleichförmige Steinwüste mit ihren langgestreckten, verkarsteten Hügelketten. Ein Teil der Burren-Landschaft ist als Nationalpark geschützt. Die höchste Erhebung ist der Slieva Elva, 3 km südlich von Ballyvaughan. Zum Burren gehört auch die Aillwee Caves, ein riesiges Höhlensystem, das teilweise besichtigt werden kann.

Die Landschaft besteht aus kahlem Kalkstein und entstand vor 15.000 Jahren. Sie ist in Europa einzigartig. Die Eismassen der eiszeitlichen Gletscher ließen die Samen arktischer Pflanzen zurück. So erklärt sich die reiche Vegetation des Burren. Auf den ersten Blick rau und trostlos, erkennt man beim näheren Hinschauen arktische, alpine, aber auch mediterrane Pflanzen, die für diese Breitengrade sehr ungewöhnlich sind. Alle Pflanzen des Burren stehen unter Naturschutz und dürfen nicht gepflückt werden.
Information im Internet: www.burrenbeo.com. Die Webseite des Burrenbeo Trust ist eine unerläßliche Quelle.

Kilfenora

In dem kleinen Ort **Kilfenora** informiert das **Burren Display Centre** mit einer Ausstellung und einem Film über Flora, Fauna und Naturgeschichte des Burren.
Burren Display Centre, ☎ 065-7088030, www.theburrencentre.ie, tgl. März–Okt. 10–17, Juni–Aug. 9.30–17.30 Uhr.

Die kleine **Kathedrale** von Kilfenora ist ein Bau des späten 12. Jh. Das Kloster muss im 12. Jh. recht bekannt gewesen sein, da es 1152 zum Bischofssitz erhoben wurde. Das sogenannte Doorty Cross aus dem 12. Jh. und andere Fragmente sind unter einem Plastikdach geschützt. Auf der Ostseite des Kreuzes ist oben eine große Figur mit Mitra und Krummstab erkennbar, die auf zwei Figuren unter ihr zeigt. Kilfenora hat eine starke Musiktradition, ähnlich wie Doolin, aber ohne die Publikumsmassen. Die **Kilfenora Céili Band** (www.kilfenoraceiliband.com) besteht bereits seit über 100

Kitty's Corner

Jahren. **Linnane's Pub** (📞 065-7088157) ist auch als Kitty's Corner bekannt in Erinnerung an Kitty Leenane, die die Kilfenora Ceili Band 40 Jahre lang leitete. Bei **Linnane's** oder in **Vaughan's Pub** (📞 065-7088004, www.vaughanspub.ie), die beide in der Main Street zu finden sind, gibt es nicht nur traditionelle Musik, sondern man bekommt auch solides Pub-Food. Bei Vaughan's finden Do und So abends auch traditionelle Tänze in der Scheune statt. Ende April/Mai wird ein traditionelles Musikfestival veranstaltet.

🚶 Wandertipp

Der Burren Way, ein 45 km langer ausgeschilderter Wanderweg, führt zwischen Ballinalacken bei Lisdoonvarna und Ballyvaughan durch das Herz des Burren. Mehrere Veranstalter bieten geführte Touren an. Auskunft und Wanderkarten sind in jeder Tourist Information der Region erhältlich. Die karge Landschaft ist allerdings nicht Jedermanns Sache. Cromwells General Ludlow hatte wohl nur wenig Sinn dafür. Er sagte: „Kein Baum, an dem man einen Mann aufhängen, kein Tümpel, worin man ihn ersäufen, keine Erde, in der man ihn verscharren könnte."

Im Westen von Clare

🚢 Fähre
Wenn man die Fähre zwischen Killimer und Tarbert benutzt und nicht den „Umweg" über Limerick wählt, kann man 137 km sparen. Vor allem für Radfahrer ist diese Möglichkeit interessant (s. S. 306).

⛱ Strände/Schwimmen
In der Grafschaft Clare gibt es mehrere Strände, die zum Schwimmen geeignet sind, z. B. White Strand, Spanish Point, Doonbeg, Fanore und Bishop's Quarter bei Ballyvaughan. Surfern ist die Küste sowieso bekannt!

Kilrush

Kilrush ist eine nette und „normale" Marktstadt, die sich für einen Zwischenstopp anbietet. Es gibt viele kleine, altmodische Läden, Pubs und andere Einkehrmöglichkeiten. In der **St. Senan's Catholic Church** kann man acht Glasfenster von Harry Clarke bestaunen. Die breite Hauptstraße, die Frances Street, führt direkt zum Hafen. Von Kilrush aus werden **Delfin-Beobachtungstouren** angeboten. Die Flaschennasen (*Bottlenose Dolphins*) sind die einzigen bekannten standorttreuen Delfine vor Ir-

Im Westen von Clare

lands Küste. Manche Ausflugsfahrten kombinieren auch Delfinbeobachtung mit einem Besuch von **Scattery Island**, einer winzigen Insel 3 km S Kilrush im Mündungstrichter des Shannon. Im Sommer verkehren täglich Fähren von Kilrush Creek Marina zur Scattery Island. Seit den 1980er-Jahren ist die Insel unbewohnt. Zu sehen sind die Reste des zu Beginn des 6. Jh. vom hl. Senan gegründeten Klosters. Die Legende besagt, dass der hl. Senan ein Monster von der Insel vertrieben habe, bevor er dort sein Kloster gründete – daher der irische Name *Inis Cathaigh*, Insel des Monsters. Einst gab es hier sieben Kirchen und einen 36 m hohen Rundturm. Ungewöhnlich ist, dass dessen Eingang auf Fußbodenniveau liegt.

Unbewohnte Insel

Das **Scattery Island Centre** in Kilrush bietet vielfältige Informationen über die Geschichte, Pflanzen- und Tierwelt der Insel sowie über die Forschungs- und Konservierungsprogramme der Wale und Delfine im Shannon. Weiterhin gibt es einige Walskelette zu bestaunen und man kann den Tönen von Delfinen lauschen.
Scattery Island Centre, ☎ 065-6829100, www.heritageireland.ie, tgl. Juni–Aug. 10–18 Uhr. Besichtigung der Insel abhängig vom Wetter und den Gezeiten.

Gartenliebhaber freuen sich in Kilrush an dem schönen **Vandeleur Walled Garden**, der nach alten Plänen wieder hergerichtet wurde und in dem auch viele seltene und tropische Pflanzen wachsen. Es war früher der Privatgarten der reichen Vandeleurs, einer Familie von Kaufleuten und Landbesitzern.
Vandeleur Walled Garden, ☎ 065-9051760, vandeleurwalledgarden.ie, April–Sept. Mo–Fr 10–17, Sa/So 12–17, Okt.–März Mo–Fr 9.30–16.30 Uhr, Eintritt frei.

Reisepraktische Informationen Kilrush

Information
Tourist Information, ☎ 065-9051577, www.kilrush.ie, Juni-Mitte Sept. Mo–Sa 10–13, 14–18, So 10–14 Uhr.

Unterkunft
Katie O'Connors's Holiday Hostel €, Frances Street, ☎ 065-9051133, www.katieshostel.com. Das schöne Haus aus dem 18. Jh., einst eines der Stadthäuser der Vandeleurs, beherbergt heute eine Jugendherberge (IHH) mit 16 Zimmern in 2 Häusern.

Pub
Crotty's, Market Square, ☎ 065-9052470, www.crottyspubkilrush.com. Charaktervolle, altmodische Bar mit Live-Musik an vielen Abenden.

Golf
Der 18-Loch Golfclub in Kilrush wird als der „friendliest golfclub in Ireland" bezeichnet. ☎ 065-9051138, www.kilrushgolfclub.com.

Delfin-Beobachtungstouren
Dolphin Watching on the Shannon, Kilrush Creek Marina, ☎ 065-9051327, www.discoverdolphins.ie. April–Okt Abfahrten tgl., Fahrzeit 2–2 ½ Std., Erw. 22, Kinder 10 €

 **Fähren**
Fähren zwischen **Killimer** (Kilrush) und **Tarbert** (Co. Kerry): tgl. außer Weihnachten. Überfahrt: 20 Min., Reservierung nicht erforderlich. Auskunft: ☎ 065-9053124, www.shannonferries.com. Von Killimer (Co. Clare) jeweils um die volle Stunde (7–21 Uhr), von Tarbert (Co. Kerry) jeweils um die halbe Stunde (7.30–21.30 Uhr). 18 € einfache Fahrt (Auto u. Passagiere), 5 € Radfahrer/Fußgänger.
Fähren zur **Scattery Island**: Im Sommer täglich von Kilrush Creek Marina. Überfahrt: 15 Min. Scattery Island Ferries, ☎ 065-9053127.

Abstecher zum Loop Head

Sehr schön ist eine Fahrt rund um **Loop Head**, der südwestlichsten Ecke von Clare. Genau genommen heißt Loop Head „Leap Head". Die Legende besagt, dass die Liebenden Diarmuid und Gráinne vom Festland auf den Felsen sprangen, um vor ihren Verfolgern zu fliehen. Deshalb wird der isoliert stehende Felsen auch „Diarmuid und Gráinnes Bett" genannt. Entlang der Klippen von Loop Head kann man herrlich wandern.

Spektakuläre Küstenlandschaft

Die Küstenszenerie ist genauso beeindruckend wie an den Cliffs of Moher, doch gibt es weitaus weniger Touristen. An klaren Tagen kann man die Berge von Kerry und die Aran-Inseln sehen. Außerdem bestehen sehr gute Möglichkeiten zur Vogelbeobachtung. Am Loop Head, wo die Klippen knapp 70 m steil abfallen, steht ein Leuchtturm und das ehemalige Cottage des Leuchtturmwärters kann als Ferienwohnung gemietet werden (www.irishlandmark.com).

In **Carrigaholt** gibt es ein fünfstöckiges Tower House (15. Jh.), das noch bis in das späte 19. Jh. hinein bewohnt war, einige nette Pubs (im Sommer meist mit Live-Musik) und einen kleinen Strand.

Kilkee liegt an der Moore Bay, die durch ein vorgelagertes Riff vor den Brandungen des Atlantiks geschützt wird. Der etwas verschlafene und unspektakuläre Ort war bereits zu viktorianischer Zeit ein Seebad, und nach wie vor gibt es zahlreiche Unterkunftsmöglichkeiten. Der halbmondförmige Sandstrand von Kilkee ist sehr schön. Man kann an beiden Seiten des Strandes entlang der Klippen wandern.

Doonbeg

10 km nördlich von Kilrush liegt **Doonbeg** mit schönem Strand und fabelhaften Golfplätzen. Das **Doonbeg Golf Resort** in den Sanddünen umfasst zwei 18- und einen 9-Loch-Golfplatz. Die Anlage wurde von Greg Norman konzipiert und gilt als sein Meisterwerk. Es ist der erste Norman-Platz in Europa. Der private Club öffnet seine Fairways zeitweilig für Gastspieler.

Untergang der spanischen Armada

Ein kleines Schild weist auf den **Spanish Point** hin. Hier fand ein folgenschweres Ereignis der militärischen Seefahrt statt: Im Mai des Jahres 1588 war die unüberwindliche spanische Armada mit 129 Segelbarkassen, fast 20.000 Soldaten und rund 8.500 Matrosen sowie etlichen Galeerensklaven nach England gesegelt. Dem englischen Admiral Francis Drake gelang es, sie in die Flucht zu schlagen. Auf dem Rückweg nach Spanien verloren sie dann vor der irischen Küste noch einmal 25 Schiffe. Ihre Karten zeigten den Küstenverlauf geradliniger an, als er war. Die protestantische Welt wertete die Katastrophe als göttliches Omen gegen den Papst und die spanischen Inquisitoren. Der breite Strand von **Spanish Point** erstreckt sich weit zur offenen See hin und ist bei schönem Wetter eine tolle Badestelle.

Schöner Strand

Wenige Kilometer von Spanish Point liegt der kleine Ort **Miltown Malbay**, ein Mekka der irischen Folkmusik. Seit 1973 werden alljährlich im Juli in der **Willie Clancy Summer School** (www.scoilsamhraidhwillieclancy.com) einwöchige Kurse in irischer Folklore abgehalten. Zum Festival (1. oder 2. Juliwoche) pilgern Musiker aus aller Welt. Während der Festtage sind die Straßen überfüllt, bis in den frühen Morgen hinein wird musiziert und die Pubs machen später Feierabend als sonst. Willie Clancy (1918–1973) gilt als einer der besten Pipers weltweit.

Lahinch

Der einstige Familienurlaubsort **Lahinch** ist das angesagteste Surfzentrum in Irland, und demenstprechend gibt es Sufschulen und Ausrüstungsläden zuhauf (2 Stunden Unterricht inkl. Ausrüstung kosten rund 40 €). Die Stadt liegt an der geschützten Liscannor Bay mit einem schönen Strand und langer Promenade. Zahlreiche B&Bs, ein Hostel, Restaurants, Pubs und ein Aquarium, die **Lahinch Sea World**, freuen sich auf Besucher.

Surfer-Paradies

Lahinch Sea World & Leisure Club, *The Promenade,* ☎ *065-7081900, www.lahinchseaworld.com, tgl. 10–18 Uhr.*

Die Streusiedlung **Liscannor**, 5 km NW Lahinch, kann ebenfalls mit Unterkünften und ein paar Pubs aufwarten. Aus Liscannor stammt **John Philip Holland**, der Erfinder des Unterseebootes. Gleich am Dorfeingang sieht man rechterhand ein ihm gewidmetes Denkmal, ein Geschenk der US Navy.

Reisepraktische Informationen Lahinch

Unterkunft
★★★★ Moy House €€€–€€€€, *Lahinch,* ☎ *065-7082800, www.moyhouse.com. Wunderschön gelegenes, behagliches Landhaushotel mit gepflegtem Ambiente. Nahe an den Surfstränden und den Golfplätzen gelegen.*

Essen und Trinken
Vaughan's Anchor Inn, *Liscannor, Main Street,* ☎ *065-7081548, www.vaughans.ie, tgl. 12.30–21 Uhr. Auch Übernachtung möglich (DZ 90 €).*
Joseph McHugh's, *Liscannor, Main Street,* ☎ *065-7081163. Ein typisch irischer Pub mit viel lokalem Flair.*

Cliffs of Moher

Die bis zu 200 m hohen **Cliffs of Moher** erstrecken sich über 8 km lang von Hag's Head im Südwesten zur Landzunge Aillensharragh im Nordosten. Mit 1 Million Besuchern pro Jahr sind sie eine der meistbesuchten Sehenswürdigkeiten in Irland, und dementsprechend voll ist es hier, vor allem im Sommer. Die aus Sandstein und Schieferton zusammengesetzten Felsen bieten idealen Lebensraum und Niststätten für Massen von Seemöwen und Dreizehenmöwen, aber auch für Papageientaucher, Eissturmvögel und vereinzelt Wanderfalken. Mit 20 Spezies mit bis zu 30.000 Brutpaaren sind die Cliffs of Moher die größte Seevogelkolonie auf dem irischen Festland. Zwischen April und Ende Juli, am besten morgens bis mittags, ist die beste Zeit, Vögel zu beobachten.

Meistbesuchte Sehenswürdigkeit

Das **Besucherzentrum** ist so geschickt in den Felsen gebaut, dass die Architektur die Umgebung kaum stört. In der multimedialen Ausstellung „Atlantic Edge" werden vier Themen behandelt: Ozean, Felsen, Natur und Mensch.

Vorsicht an den berühmten Klippen von Moher!

Im Westen von Clare

Cliffs of Moher New Visitor Experience, *Cliffs of Moher*, ☎ 065-7086141, *www.cliffsofmoher.ie, Nov.–Feb. 9.15–17, März u. Okt. 9–18, April 9–18.30, Mai, Sept. 9–19, Juni 9–19.30, Juli/Aug. 9–21, Okt. 8.30–18 Uhr. Erw. 6, erm. 4 €, Kinder unter 16 J. frei.*

Aus Steinplatten gelegte Wege führen vom Besucherzentrum zu den Klippen. An einem klaren Tag schweift der Blick von den Aran Islands zur Galway Bay, den Twelve Pins und sogar den Maum Turk Mountains in Connemara. Die besten Aussichten hat man vom **O'Brian's Tower** aus (tgl. ab 10, im Winter ab 11 Uhr, Erw. 2, Kinder 1 €). Gewaltige Felsabstürze erstrecken sich zu beiden Seiten des Aussichtsturms. Der Turm wurde 1835 von dem damaligen Landbesitzer als Aussichtsturm für Touristen errichtet. Bereits seit 175 Jahren kommen also schon Besucher zu den berühmten Klippen! Auch als Filmkulisse dienten die Cliffs bereits u. a. für „Harry Potter und der Halbblutprinz".

Aussichtsturm

Wandern

Genug von den Menschenmassen? In 5,5 km geht es auf einem Klippenweg zum **Hag's Head**, wo man mit spektakulären Ausblicken belohnt wird. Von dort wandert man entweder wieder zurück oder weiter nach Liscannor (insgesamt 12 km). In nördliche Richtung verläuft der **Doolin Trail** vom O'Brian's Tower in rund 7 km nach Doolin.

Doolin

Doolin, eine aus drei kleinen Streusiedlungen bestehende Gemeinde 6 km N Cliffs of Moher, ist seit Jahrzehnten das Musikmekka für Folk-Fans. Es gibt drei legendäre Pubs: O'Connor's, McGann's und McDermott's. Allerdings finden spontane Sessions heutzutage eher selten statt. Neben den drei genannten Pubs gibt es mehrere Restaurants, Unterkünfte und Einkaufsmöglichkeiten. Von Doolin aus verkehren Fähren zu allen drei Aran-Inseln.

Mekka für Folk-Fans

Neben McGann's Pub wurde 1952 eine **Höhle** entdeckt, die besichtigt werden kann. Einer der **Stalaktiten** ist fast 7 m lang und damit einer der längsten freihängenden Stalaktiten in der Welt.
Poll an Ionain, ☎ 065-7075761, *www.doolincave.ie, Führungen um 10, 11 und jede halbe Stunde bis 17 Uhr. Erw. 15, Kinder 8 €, online günstiger.*

Reisepraktische Informationen Doolin

Information
Websites: *www.doolin-tourism.com, www.michorussellweekend.ie*

Unterkunft
Es gibt zahlreiche Unterkünfte in Doolin, vom Hostel bis zum Hotel. Im Sommer wird es allerdings recht voll. Es empfiehlt sich, die Unterkunft im Voraus zu buchen.

***Aran View House Hotel & Restaurant** €€-€€€, Coast Road, ☏ 065-7074061, www.aranview.com. Wunderschön gelegenes Haus aus dem 18. Jh. mit Blick auf die Aran-Inseln, den Burren und die Cliffs of Moher. 19 Zimmer, auch Familienzimmer sowie Appartments für Selbstversorger.

*** **Doonmacfelim House** €€, ☏ 087-1250303, www.doonmacfelim.com. Gepflegtes Gästehaus mit 8 Zimmern im Ortszentrum. Das Haus ist mit seinem karminroten Anstrich unübersehbar.

The Lodge Doolin €€, ☏ 065-7074888, www.doolinlodge.com. Zentral im Ortszentrum gelegene tolle Unterkunft für Selbstversorger. Darüber hinaus gibt es ein gepflegtes B&B (14 Zimmer).

Doolin Hostel €, Fisher Street, ☏ 087-2820587, www.doolinhostel.ie. Etablierte, freundliche Herberge, nahe dem O'Connor Pub gelegen. Mehrbett-, Doppel- und Familienzimmer. Ab 18 €.

Rainbow Hostel €, Toomullin, ☏ 065-7074415, www.rainbowhostel.net. Das neben dem McDermott Pub gelegene angenehme Hostel ist leicht an seiner farbenfrohen Fassade erkennbar. Ganzjährig, 24 Betten (auch DZ). Ab 15 €. Die gleiche Familie betreibt auch ein kleines B&B.

Aille River Hostel €, Roadford, ☏ 065-7074260, www.ailleriverhosteldoolin.ie. Hübsch gelegenes Hostel (IHH) in altem Bauernhaus im oberen Dorf, 30 Betten sowie Camping und Fahrradverleih.

Essen und Trinken
Cullinan's Seafood Restaurant and Guesthouse, ☏ 065-7074183, www.cullinansdoolin.com. Moderne irische Küche, leckere Fischgerichte. Ostern–Okt. tgl. außer Mi und So 18–21.15 Uhr. Gehobene Preisklasse. Im Gästehaus gibt es 8 helle Zimmer und morgens ein wunderbares Frühstück (€€).

Pubs/Live-Musik
O'Connor's, ☏ 065-7074168, www.gusoconnorsdoolin.com, **McGann's**, ☏ 065-7074133, www.mcgannspubdoolin.com und **McDermott's**, ☏ 065-7074328, www.mcdermottspubdoolin.com, sind die „Institutionen" des Ortes. Im Sommer brechen die „Singing Pubs" aus allen Nähten mit handy-bewaffneten Touristen.

Einkaufen
Doolin ist nicht nur ein Anziehungspunkt für Musiker, sondern auch für bildende Künstler und Kunsthandwerker. Jährliche Kunstausstellungen lokaler Künstler im **Russell Cultural Centre**.

Fähren und Bootstouren
Doolin Ferries, ☏ 065-7074455, www.doolinferries.com. Ostern–Okt. tägliche Fährverbindungen auf alle drei Aran-Inseln. Es ist möglich, von Doolin aus auf die Inseln zu fahren, zurück aber nach Galway.

Cliffs of Moher Cruises, ☏ 065-7075949, www.mohercruises.com. Tägliche Abfahrten von Doolin entlang der Küste und zu den Aran-Inseln.

Verkehrsverbindungen
Tägliche **Busverbindungen** mit Bus Eireann von und nach Dublin, Galway und Limerick via Ennis.

Lisdoonvarna

Lisdoonvarna ist ein hübscher Ort mit zahlreichen B&Bs und einigen Hotels. Es gibt einige Restaurants, Pubs und Einkaufsmöglichkeiten. Drei Quellen (eisen-, magnesium- und schwefelhaltig) sprudeln seit dem 19. Jh. für wohlhabendere Bürger, die hierhin zur Kur fuhren, und sorgten schon in den frühen Tagen des Tourismus für die nötige Infrastruktur.

Heilende Quellen

Im **Spa Wells Centre** (☎ 065-7074023) im Kurpark kann man sich mit Massagen und Aromatherapie verwöhnen lassen. Lisdoonvarna ist auch für seinen Heiratsmarkt bekannt. Traditionell brachten Familien ihre Töchter und Söhne im September hierher, um Kontakte zu knüpfen. Auch heute noch gibt es im September ein großes Fest mit zahlreichen Tanzveranstaltungen und Live-Musik – wenn man gerade in der Nähe ist, sollte man sich das Spektakel nicht entgehen lassen.

Das **Burren Smokehouse** ist für geräucherten wilden Atlantik-Lachs berühmt. Folienverpackt wird er sogar per Post verschickt. Direkt neben dem Burren Smokehouse, das wegen Hygienebestimmungen nicht besichtigt werden kann, wird im Besucherzentrum in einem Kiln (Räucherofen) Lachs zur Demonstration und zum anschließenden Probieren geräuchert. Ein 10-minütiges Video erläutert den Räuchervorgang. An der Delikatessentheke kann man neben Fisch auch Käse, Marmelade und Schokolade erstehen. Außerdem gibt es einen Verkaufsraum mit schönem Kunstgewerbe.

Wilder Atlantik-Lachs

Burren Smokehouse, Kincora Road, ☎ 065-7074432 www.burrensmokehouse.ie, Jan./Feb. Mo–Sa 11–16, März/April tgl. 9–17, So ab 11, Mai–Aug. tgl. 9–19, Sep./Okt. tgl. 10–17, So ab 11, Nov./Dez. 10–16 Uhr. Ein Kilo „Organic Smoked Salmon" kostet z. B. 35 €.

Unterkunft
Sleepzone, Lisdoonvarna, ☎ 091-566999, www.sleepzone.ie. Modernes Hostel mit 22 Zimmern (auch Doppel- u. Familienzimmer), Bar und nettem Aufenthaltsraum mit Internetanschluss.

Salmon of Knowledge

Laut irischer Mythologie war der *Salmon of Knowledge* die einzige Kreatur, die weiser als der Mensch war. Der erste Mensch, der je davon kosten würde, sollte dessen Weisheit und Klarsicht erben. Laut Legende hatte ein alter Mann sein Leben lang versucht, den begehrten Fisch zu fangen. Als er schließlich sein Ziel erreichte, übertrug er einem jungen Lehrling die Aufgabe, den Lachs zuzubereiten, warnte ihn aber, dass er diesen Fisch unter keinen Umständen probieren dürfe. Der Junge verbrannte sich jedoch beim Kochen den Finger. Um die Schmerzen zu mildern, steckte er den Finger in den Mund. Dadurch wurde er derjenige, der den Fisch zum ersten Mal probierte und in den Genuss seiner magischen Kraft kam. Aus dem kleinen Jungen wurde der legendäre Fionn MacCumhaill, der große Krieger des alten Irland. Sein ganzes Leben verbrachte Fionn fortan damit, seine Weisheit zu verbreiten.

Ballyvaughan und Umgebung

Der kleine Urlaubsort mit Post, einigen Unterkünften, Pubs und Fahrradverleih liegt unmittelbar an der N67. Die Attraktion des Ortes sind die nur wenige Kilometer südlich gelegenen Aillwee Caves. Westlich von Ballyvaughan beginnt eine wunderschöne Panoramastraße, die durch Gleninagh und Fanore rund um die Gleninagh Mountains führt.

> **Tipp: Strand**
> Bishop's Quarter an der R477 ist ein geschützt in der Galway-Bucht gelegener Strand, wo man schön schwimmen kann. Ebenfalls zu empfehlen ist Fanore Beach, ebenfalls an der R477.

Aillwee Cave ist ein unterirdisches Labyrinth, das sich 11 km lang unter dem Slieva Elva entlangzieht und ein umfangreiches System von Höhlen, Flüssen und Gängen bildet. Die Stalaktiten (von der Decke herabhängend), Stalagmiten (vom Boden emporwachsend), Orgeln und Stalagnaten (zusammengewachsene Stalaktiten und Stalagmiten) sind Kalkablagerungen des durch den porösen Kalk versickernden Wassers. Aufgrund der im Inneren konstanten Temperatur von 10 °C nutzten vor einem Jahrtausend Braunbären die Nischen für den Winterschlaf. 300 m tief führen die Gänge in den Berg hinein. Die Höhlen wurden 1944 entdeckt, sind aber noch nicht komplett erschlossen. 1,3 km unterirdische Passagen werden bei einer Führung begangen, wobei der besondere Höhepunkt ein unterirdischer Wasserfall ist.

Höhle mit unterirdischem Wasserfall

Aillwee Cave, *Ballyvaughan, ☎ 065-7077036, www.aillweecave.ie, tgl. ab 10 Uhr, letzte Tour 17.30, Juli/Aug. 18.30 Uhr. Die Touren dauern 30 Min., Erw. 12, Kinder (6–16 J.) 5 €. online billiger.*

Der **Poulnabrone Dolmen** (3 km von Aillwee Cave, zwischen Carran und Ballyvaughan und von der R480 aus zu sehen) wird auf ca. 3500 v. Chr. datiert. Er passt sich wunderbar in die Landschaft ein und bietet ein tolles Fotomotiv. Der Deckstein wiegt

Der Poulnabrone Dolmen

ca. 5 Tonnen. Aus ähnlicher Zeit stammen weitere über den Burren verteilte Grabstätten, z. B. der Ballynahown Dolmen zwischen Doolin und Fanore und zahlreiche unbenannte Steine zwischen Kilfonera und Ballyvaughan.

Fotomotiv

Aus späterer Zeit haben sich mehr als 100 Steinforts erhalten. Das eindrucksvolle **Caherconnell Stone Fort** wurde vermutlich vor 1.500 Jahren errichtet und war noch bis zum 16. Jh. bewohnt. Es gibt ein Besucherzentrum mit einer interessanten Ausstellung über die Entwicklung befestigter Siedlungen und einer Audiovisionstour. **Caherconnell Stone Fort**, Carran, 10 km von Ballyvaughan an der R480, ☏ 065-7089999, www.burrenforts.ie, tgl. Mitte März/April/Okt. 10.30–17, Mai/Juni/Sep. 10–17.30, Juli/Aug. 10–18 Uhr.

Reisepraktische Informationen Ballyvaughan

Unterkunft
**** Gregans Castle Hotel €€€–€€€€, ☏ 065-7077005, www.gregans.ie. Am Fuße des Corkscrew Hill außerhalb von Ballyvaughan gelegen, bietet Gregans Castle Hotel eine behagliche Unterkunft und eine gute Küche (Dinner 35–70 €). Das Haus ist mit vielen Antiquitäten und moderner Kunst ausgestattet und von einem schönen Landschaftsgarten umgeben. Alle 15 Zimmer und 5 Suiten sind individuell gestaltet. Feb.–Nov. geöffnet.
***Hylands Burren Hotel €€–€€€, ☏ 065-7077037, www.hylandsburren.com. Traditionelles und gediegenes Hotel im Familienbetrieb mit 20 Zimmern mitten im Ortszentrum gelegen, März–Dez. geöffnet. Viele Stammgäste. Sonntags gibt es traditionelle Musik in der Bar.

Essen und Trinken
Tea and Garden Rooms, ☏ 065-7077157, www.tearoomsballyvaughan.com. Jane O'Donoghue führt diese gemütliche Teestube mit viel Einsatz. Es gibt leckeren Kuchen und anderen Kleinigkeiten. Traditionelle Scones ab 2 €. April–Anf. Jan. 11–17.30 Uhr. Günstig.

Die Grafschaft Galway

Südlich von Galway

Der kleine Ort **Kinvara** (auch Kinvarra, 27 km S Galway) bietet mehrere B&Bs, einige Pubs, Restaurants und Einkaufsmöglichkeiten und am beschaulichen Hafen kann man schön spazieren gehen. Traditionelle „Galway Hooker"-Segelboote wetteifern hier alljährlich am zweiten Augustwochenende beim *Gathering of the Boats*. Daneben kann Kinvara noch mit dem fröhlichen **Fleadh nag Cuach** (*Cuckoo Festival*) aufwarten, einem traditionellen Musikfestival Ende Mai (www.kinvara.com).

Segel- und Musikfestival

Tipp: Bar/Restaurant
Im **Pier Head** – mit seinem gelben Anstrich unübersehbar – am Hafen Kinvaras kann man nett einkehren und im Sommer auch draußen sitzen. ☎ 091-638188,, www.pier head.ie, Lunch tgl. 12–15.30 u. 17–21.30 Uhr, mittlere Preisklasse.

Malerisch gelegen

Dunguaire Castle liegt malerisch auf dem nackten Felsen einer Landzunge an der Bucht von Kinvara und bietet ein schönes Fotomotiv. Vermutlich bestand hier bereits im 7. Jh. eine Festung. Die jetzige Burg wurde im Jahr 1520 erbaut und ist von einem Mauerkranz umgeben. Der dreistöckige Burgturm und die Befestigungsmauern sind noch vollständig erhalten.

Jahrhundertelang war die Burg Mittelpunkt kriegerischer Auseinandersetzungen, ehe sie 1924 von Oliver St. John Gogarty, Dichter und Zeitgenosse und Freund von W. B. Yeats und Lady Gregory, erworben wurde. Die restaurierte Burg vermittelt einen Einblick in das Leben der Menschen, die zwischen 1520 und heute dort wohnten.
Dunguaire Castle, ☎ 061-360788, April–Okt. 10–17 Uhr. Mittelalterliche Bankette (Reservierung erforderlich) tgl. 17.30 u. 20.45 Uhr.

Die **Kirchenruinen von Kilmacduagh** (4 km W Gort an der R460) lohnen einen Abstecher. Hier gründete St. Colman im frühen 7. Jh. ein Kloster. Das auffälligste Merkmal der Klosteranlage ist ein schon von weitem sichtbarer, etwas schiefer Rundturm. Er ist 34 m hoch und gut restauriert. Der Eingang liegt 8 m hoch und kann nur über eine Treppe erreicht werden. In der Nähe des Turmes steht eine Kirche ohne Dach (12.–13. Jh., evtl. früher). Weiterhin gibt es eine Anzahl kleinerer Kirchen, von denen die O'Heyne's Church die schönste ist. Sie stammt aus dem frühen 13. Jh. und liegt malerisch an einem kleinen See. Besonders schön ist der Chorbogen. An den Säulen sieht man Tier- und Pflanzenmotive.

Yeats-Museum

Thoor Ballylee ist ein romantisch gelegenes Tower House aus dem 16. Jh. Im Jahr 1919 kaufte der Schriftsteller Yeats das Turmhaus für 35 Pfund, um hier in Ruhe und Zurückgezogenheit zu arbeiten. Im mittlerweile restaurierten Yeats Tower zeigt heute das Yeats-Museum Erinnerungsstücke sowie Erstausgaben des Dichters. Wer noch Zeit hat: Am Fluss entlang kann man in schöner landschaftlicher Umgebung spazieren.
Thoor Ballylee, 30 km SW Galway, von Gort 3 km Richtung Loughrea an der N33, dann ausgeschildert, ☎ 091-631436, www.yeatsthoorballylee.org, Mitte Juni–Aug. tgl 11–18, Sept. Mo–Fr 10–13, Sa/So 12–16 Uhr.

3 km N Gort an der N18 liegt der Landsitz **Coole Park**. Lady Augusta Gregory, Mitbegründerin des Abbey Theatre in Dublin (1898), beköstigte und beherbergte Schriftsteller und Dramatiker und machte so aus ihrem Haus ein Zentrum des *Irish Literary Revival*. Nach dem Tod von Lady Gregory zerfiel das Haus und wurde in den 1940er-Jahren abgerissen. Die Ausstellung im Besucherzentrum informiert über die Umgebung des Ortes und würdigt seine literarische Bedeutung. Zu sehen sind Erinnerungsstücke, Gemälde, Fotografien sowie die Texte von Shaw, Synge und Yeats, der 20 Jahre lang Sommer für Sommer Gast in Coole Park war. Im Park steht der *Autograph Tree*. In dieser Buche verewigten sich die berühmten Dichter mit ihren Initialen.
Coole Park, ☎ 091-631804, www.coolepark.ie, April–Mitte Sept. tgl. 10–17, Juli/Aug. bis 18 Uhr. Eintritt frei.

Die Aran Islands

The holy island that sleeps like a great shark
on the grey water of the Atlantic ocean.
(James Joyce)

Die Inseln **Inisheer** (östliche Insel), **Inishmaan** (mittlere Insel) und **Inishmore** (große Insel) sowie vier unbewohnte, kleinere Eilande in der Bucht von Galway bilden die Aran Islands, die für ihre relativ ursprüngliche Natur, aber auch für ihre Kultur bekannt sind. Insgesamt leben rund 1.000 Einwohner auf den drei bewohnten Inseln. Die Inselgruppe bildet die aktivste *Gaeltacht* der Republik, in kaum einer anderen Region haben sich die gälische Sprache und Kultur im Alltag so stark erhalten. Eines der Ziele der Inselbewohner ist die Bewahrung ihrer Sprache.

Ursprüngliche Natur

Die Aran-Inseln sind seit rund 4.000 Jahren bewohnt. Auf Inishmore gründete der hl. Enda im 5. Jh. Irlands erstes wichtiges Kloster. In geologischer und morphologischer Hinsicht stellen die sieben Inseln eine Verlängerung der Karstlandschaft des Burren dar. Ähnlich dem Burren wurden die heute unbewaldeten, windumtosten Felsinseln kahlgeschlagen. Die folgende Erosion vernichtete den wertvollen Humusboden. Die kargen Felsinseln werden vor allem durch Steine geprägt: Man kann hier prähistorische Steinforts, frühchristliche Oratorien, Ruinen von Rundtürmen und Dolmen sowie die für Irland typischen, in Trockenbauweise aufgeschichteten Feldmauern sehen.

Prähistorische Forts

Die Inseln sind von einem Netz an **Steinmauern** überzogen, insgesamt rund 1.600 km lang. Das Stapeln von Steinen, also das Mauern ohne Mörtel, ist hier geradezu zu

Mauern ohne Mörtel

> **Buchtipp**
>
> **John M. Synge: Die Aran-Inseln,** 1907. John Millington Synge verbrachte um die Jahrhundertwende mehrere Monate auf Inishmaan, um Gälisch zu lernen und Anregungen für seine Dramen zu finden. Seine Aufzeichnungen liefern einen guten Einblick in das Leben der insularen Bevölkerung. Auch seine Tragödie „Riders to the Sea" von 1904 spielt auf einer der Inseln und behandelt mit der Geschichte einer Frau, deren Mann und Söhne im Meer umkamen, den Konflikt zwischen Mensch und Natur, dem die Bewohner Arans ständig ausgesetzt waren. „Ein Mann, der keine Angst hat vor dem Meer, wird bald ertrinken" – lautet die Warnung, die in seinen Aufzeichnungen immer wieder auftaucht. Siehe auch S. 317.

einer Kunst geworden. Die Wälle halten Wind ab und speichern Wärme, von oben sehen sie wie ein gemauertes Spinnennetz aus. Die Steinwälle trennen die Grundstücke und bieten Schutz für die Tiere.

Hartes Leben

Das Leben auf den Inseln war (und ist immer noch) hart. Es gab dort kaum fruchtbaren Boden. Mit Lagen von Seetang, Sand und Erde versuchte man, einen Nährboden für den Anbau von Kartoffeln und Gemüse zu schaffen. Getrockneter Kuhdung diente als Dünger. Öl, Torf, Kohle oder Holz gab es nicht, ebensowenig natürliche Wasserreservoirs. Mit geschickt angelegten Kanälen auf den Feldern konnte man wenigstens das abfließende Regenwasser nutzbar machen. Ein wichtiger Erwerbszweig auf den Inseln war das Ernten von Seetang. Im Winter wurde er als Dünger für die kommende Kartoffelernte benötigt, im Frühling wurde er angehäuft und im Juni verbrannt. Erst in den 1970er-Jahren haben diese kahlen Inseln Stromversorgung erhalten.

Über Tausende von Jahren benutzten die Inselbewohner sogenannte **Curraghs** – offene Kanus, die aus einem Holzrahmen bestehen, welcher mit teergetränktem Leinen oder anderen wasserfesten, strapazierfähigen Stoffen überzogen wird. Früher bestand die Außenhaut aus Tierfellen. Ein Curragh ist zwar leicht zu tragen, aber schwer zu manövrieren. Mit ihrer leicht nach oben gedrückten Nase sind die leichten Boote jedoch geeignet, selbst die hohen, unberechenbaren Wellen der Westküste zu bezwingen. Curraghs brauchen keinen Hafen oder Landungssteg, sie können an jedem ebenen Strand landen. Mittlerweile wird auf den Aran-Inseln aber mit moderner Technik gearbeitet. Die Fischfangindustrie ist der wichtigste Arbeitgeber der Inseln. Die Fangflotte liegt in Kilronan.

Im Winter menschenleer

Die Inseln im Atlantik leben ein Doppelleben. In den kurzen touristischen Sommermonaten werden sie von Besuchern schier überrannt. Im Winter jedoch sind sie fast menschenleer. Der Tourismus bildet heute neben dem Fischfang die wichtigste Einnahmequelle. Inishmore ist die am meisten besuchte Insel. Hier gibt es die höchsten Klippen und das berühmte Ringfort Dún Aengus. Inishmaan ist das am wenigsten besuchte Eiland. Vor allem Künstler und Naturliebhaber kommen gerne hierher. Inisheer ist ein Paradies für Botaniker. Man kann hier 427 verschiedene Wildblumen finden. Auf Inishmaan und Inisheer ist alles zu Fuß gut erreichbar. Es lohnt sich daher

Filmtipp

Der 1934 von dem amerikanischen Dokumentarfilmemacher Robert Flaherty gedrehte expressionistische Schwarz-Weiß-Film **„Man of Aran"** beschreibt eindringlich das Leben der Inselbewohner um die Jahrhundertwende. Thema ist die Verlassenheit der Menschen inmitten von Meer und Sturm. Gigantische Wellen, die ungebremst in Winterstürmen auf das Festland prallen, turmhohe Gischt, Licht und Wasser bestimmen die dramatische Inszenierung. Zwischen diesen Elementen wirken die Inselbewohner, die sich selbst darstellen, bei ihrem Überlebenskampf nur noch wie Statisten. Eine nennenswerte Handlung gibt es nicht, aber der Film ist trotzdem sehr sehenswert.

kaum, Fahrräder mitzubringen. Die Wohnhauser der Insel werden in der Regel von sieben bis acht Generationen hintereinander bewohnt. Kein Auswärtiger darf auf den Inseln bauen, es ist jedoch möglich, ein Haus zu kaufen oder in eine Familie einzuheiraten.

John Millington Synge (1871–1909)

J. M. Synge studierte am Trinity College in Dublin Sprachen und lebte dann als Literaturkritiker und „Lebemann" in Paris. 1899 ging er auf Anraten von Yeats auf die Aran-Inseln, um dort das „wahre" irische Leben kennenzulernen und Stoff für seine Dramen zu sammeln. Der Realismus und die verborgene Ironie seiner Stücke wurden von vielen Zeitgenossen als kränkend empfunden. Synge war seit 1904 der Direktor des Abbey Theaters in Dublin, wo auch seine Stücke aufgeführt wurden. Seine Tragikomödie „The Playboy of the Western World" (1907), sein letztes Werk, zählt heute zu den Klassikern des Welttheaters. Es wurde von dem Ehepaar Böll unter dem Titel „Ein wahrer Held" ins Deutsche übersetzt. Es behandelt den Augenblick des Ruhmes für einen jungen Landarbeiter, der im Dorf damit angibt, seinen Vater umgebracht zu haben. Zu seinem Unglück taucht der vermeintlich tote Vater wenig später auf und mit dem Ruhm und dem Respekt der Dorfbewohner ist es aus. Synges unsentimentale Behandlung des irischen Hangs zum Angeben und Übertreiben wurde während der Uraufführung des Stückes mit heftigem Protest quittiert.

Inishmore (Inis Mór)

Inishmore ist die westlichste und die größte der drei bewohnten Inseln. Sie ist 14 km lang, 4 km breit und mit etwa 800 Einwohnern auch die bevölkerungsreichste Aran-Insel. Es gibt zwei Polizisten, zwei Ärzte und zehn Krankenschwestern sowie eine weiterführende Schule mit 60 Schülern und neun Lehrern. Der Hauptort heißt **Kilronan**. Hier legen die Fähren an und es gibt zahlreiche Unterkünfte, Einkehrmöglichkeiten und einen kleinen Supermarkt. Im **Heritage Centre** kann man sich über die

Landschaft, die Tradition und über die Kultur der Inseln informieren (☎ 099-61355, April–Okt. 11–17 Uhr).

Jahrtausendealtes Steinfort

8 km W Kilronan liegt die Hauptattraktion der Insel, **Dún Aengus** (oder Dún Aonghasa), das eindrucksvollste Steinfort Irlands, wenn nicht ganz Europas. Am Rande der Steilküste, über einer knapp 100 m hohen Klippenwand gelegen, beeindruckt es schon allein durch seine Lage: Ohne jegliche Absperrung kann man sich direkt bis zum Klippenrand wagen. Dún Aengus ist nach dem mythischen Held Aonghasa benannt. Das Steinfort ist vermutlich 2.500 Jahre alt. Ungeklärt ist, ob Dún Aengus eine Festung oder eine Kultstätte war. Wer dieser Aonghus genau war, ist ebenfalls nicht bekannt. Angeblich gehörte er zu einer hochrangigen Dynastie, die aus der Grafschaft Meath vertrieben worden war. Es käme aber auch ein „Aonghus" in Frage, König von Cashel im 5. Jh. Drei konzentrische, nur unvollständig erhaltene Wälle aus Trockenmauerwerk schützen den inneren Verteidigungsring, der einen Durchmesser von 45 m aufweist. Man nimmt an, dass ein großer Teil der Anlage durch „Klippenwanderung", also aufgrund von Erosionsprozessen, ins Meer abgesunken ist. Die „Spanischen Reiter", die spitzen Steine zwischen der zweiten und dritten Mauer, sollten Eindringlinge von der Landseite her abweisen.

Dún Aengus, *Kilmurvey,* ☎ *099-61008, www.heritageireland.ie, Nov.–März tgl 9.30–16, Jan./Feb. Mo/Di geschlossen, April–Okt. tgl. 9.45–18 Uhr, Erw. 4, erm. 2 €.*

Das **Oghil Fort**, das aus zwei konzentrischen Wällen besteht, befindet sich auf halber Strecke zwischen Kilronan und Dún Aengus am höchsten Punkt von Inishmore. Von hier aus bietet sich die beste Aussicht über die drei Inseln sowie auf Connemara und den Burren. **Arkyn's Castle** (1587) liegt an der Südseite der Killeany Bay. Die Burg wurde vermutlich von John Rawson errichtet, der die Inseln von Elizabeth I. geschenkt bekommen hatte. Gegenüber kann man die Überreste des St.-Eany's-(Enda-) Rundturms sehen. **Teampall Bhreacáin** ist ein kleines steinernes Oratorium, nicht weit vom Rundturm entfernt. Es stammt vermutlich aus dem 6. Jh.

Aussicht auf die Inseln

Tipp: Radfahren
Zwar gibt es zahlreiche Anbieter am Hafen, die die Besucher in Minibussen zu den einzelnen Sehenswürdigkeiten bringen, doch am Schönsten ist es, sich dort ein Fahrrad zu mieten (ca. 10 € pro Tag) und den Tag nach eigenem Gutdünken zu gestalten. Es gibt allerdings einige Steigungen und man sollte unbedingt auf die Zeit achten, wenn man die letzte Fähre abends erwischen möchte. Von Kilronan zum Dún Aengus braucht man 30–60 Minuten.

Inishmaan (Inis Meáin)

Inishmaan hat weniger Besucher als Inishmore, weshalb sich hier gälische Traditionen ausgeprägter erhalten konnten als auf den Inselnachbarn. Die Insel ist flächenmäßig etwa halb so groß wie Inishmore und hat rund 150 Einwohner. Wegen ihrer Abgeschiedenheit und der geringen Ausdehnung wird Inishmaan von den meisten Besuchern nur als Tagestrip eingeplant, obwohl es Übernachtungsmöglichkeiten gibt. **Dún Conor** ist ein ovales, restauriertes Steinfort. Mitten auf der Insel auf einer Höhe von knapp 80 m gelegen, ist es mit 70 x 75 m das größte der Aran-Inseln. Von hier aus eröffnen sich weite Blicke über die Insel. Der Inselrundweg passiert auch den Inselpub und die Kirche, wo es ein schönes Fenster von Harry Clarke zu sehen gibt.

Inisheer (Inis Oírr)

Auf **Inisheer**, der kleinsten und östlichsten der Aran-Inseln gibt es ebenfalls einige Übernachtungsmöglichkeiten. Die mit einem Durchmesser von etwa 3 km nahezu kreisförmige Insel wird von ca. 220 Menschen bewohnt. Es gibt hier herrliche Strände, aber vor allem ist die Insel ein Paradies für Ornithologen und Naturkundler. An den Ufern des 6 Hektar großen Sees wachsen seltene Wildblumen. Ein Rundweg von 10 km Länge beginnt am Pier und dauert etwa 3 Stunden.

Reisepraktische Informationen Aran Islands

Information
Tourist Information, Kilronan, ☎ 099-61263, www.aranislands.ie, ganzjährig geöffnet.

Unterkunft
B&B-Unterkünfte gibt es auf allen drei Inseln. Während der kurzen Saisonmonate sollte man im Voraus buchen.
The Man of Aran Cottage €€, Kilmurvey, Inishmore, ☎ 099-61301, www.manofarancottage.com. Das weißgekalkte Cottage liegt wunderschön und hat drei Gästezimmer. Hier drehte Robert Flaherty seinen berühmten Film „Man of Aran" (1934). Die Besitzer sind aktive Bio-Gärtner, und beim Mittag- oder Abendessen kann man ihre Produkte verkosten. März–Okt., Lunch ab 6 €, Dinner ab 35 € (nach Vorbestellung).
Bayview House €€, Kilronan, ☎ 099-61260. Am Fährhafen gelegenes Café mit Restaurant und einigen Gästezimmern.

The Man of Aran Cottage

Bru Radharc Na Mara Hostel €, Inishere, ☎ 099-75024, www.bruhostelaran.com, ganzjährig geöffnet. Herberge mit 39 Betten, auch Familienzimmer, sehr sauber. Nebenan befindet sich ein B&B, das von der gleichen Familie betrieben wird.

Essen und Trinken
The Man of Aran Cottage, siehe Unterkunft
Dun Aonghasa Seafood Restaurant and Bar, Kilronan, ☎ 099-61108. Frischer Fisch steht ganz oben auf der Karte; es gibt aber auch vegetarische Gerichte, tgl. 18–22 Uhr. Mittlere bis gehobene Preisklasse. Im Sommer Live-Musik in der Bar.

Flüge
Aer Árann Islands, Connemara Regional Airport, Inverin, ☎ 091-593034, www.aerarannislands.ie, fliegt von Inverin (28 km W Galway) alle 3 Inseln an. Die Flugzeit

beträgt 10 Min. Während der Hochsaison gibt es tgl. mehrere Flüge. Von Galway und Salthill besteht ein Busservice zum Flughafen. Die Fluggesellschaft bietet Kombi-Tickets Flug plus Übernachtung an. Achtung: bei schlechtem Wetter (starker Wind, starke Bewölkung) können die kleinen Flugzeuge nicht fliegen. Vom Connemara Airport werden bei gutem Wetter auch Panoramaflüge angeboten, tgl. 12 Uhr.

Fähren

Von Rossaveal (Ros-a-Mhíl): Die Überfahrt von Rossaveal, 37 km W Galway, ist die meistgenutzte Verbindung zu allen drei Inseln. Die Fahrzeit beträgt 40 Min.

Aran Island Ferries, 4 Forster Street, Galway, ☏ 091-568903, www.aranislandferries.com, Inishmore: Okt–März tgl. 10.30 u. 18, April–Sept. tgl. 10.30, 13 u. 18.30 Uhr; Rückfahrten tgl. 8.15 (So: 9) u. 17, April–Sept. zus. 12 sowie 16 (Juni) bzw. 18.30 Uhr (Juli/Aug.). Nach Inishmaan/Inisheer tgl. 10.30 u. 18 (Fr. 18.30); Rückfahrt 8 (So 8.45) und 16.30 Uhr. Shuttle-Bus vom Tourist Office in Galway nach Rossaveal jeweils 60 Min. vor Abfahrt der Fähre.

Doolin Ferries, ☏ 065-74455, www.doolinferries.com. Fährverbindungen von Doolin: März–Okt. Inisheer 10, 11, 13 u. 17.30; Inishmor u. Inishmaan 10 u. 13 Uhr.

Fortbewegung auf der Insel

Auf Inishmore gibt es verschiedene Anbieter von **Taxis** und **Kleinbussen**, die mehrmals täglich die Inselrunde machen, sowie **Pferdedroschken**.

Radeln ist eine ideale Möglichkeit, die Insel zu erkunden. Mit dem Fahrrad ist das prähistorische Fort Dún Aengus gemütlich in einer Stunde zu erreichen.

Aran Bike Hire, ☏ 099-61132, www.aranbikehire.com, 10 €/Tag.

Galway

Galway (gäl.: An Ghailimh) ist mit knapp 75.400 Einwohnern nach Dublin und Cork die drittgrößte Stadt Irlands. Sie ist das Verwaltungs- und Wirtschaftszentrum des Nordwestens sowie Universitätsstadt. Als eine der am schnellsten wachsenden Städte Europas ist Galway eine sehr junge Stadt: Die 14- bis 44-jährigen stellen über die Hälfte der Einwohner. Ein Viertel sind Studenten und es gibt eine lebhafte Kunstszene und ein quirliges Nachtleben.

Festivals

Galway ist an Sehenswürdigkeiten eher arm, lädt jedoch mit seinen vielen kleinen Läden und Pubs zum Bummeln und Verweilen ein, ohne gewollt touristisch zu wirken. Im Sommer locken verschiedene Festivals Besucher an: Im Juli findet das berühmte Pferderennen statt, im August das Arts Festival und im September können Besucher das Austern-Festival miterleben.

In der verkehrsberuhigten High Street und ihren Nebenstraßen kann man gut einkaufen. Vor allem das Gebiet rund um den Hafen von Galway wurde recht nett saniert und zeugt von wirtschaftlichem Aufschwung. Eine lange Promenade führt in den Vorort Salthill westlich von Galway. Hier kommen die berühmten Austern der Gegend her. Salthill hat einen langen Sandstrand und bietet zahlreiche Unterkünfte in B&Bs und Hotels.

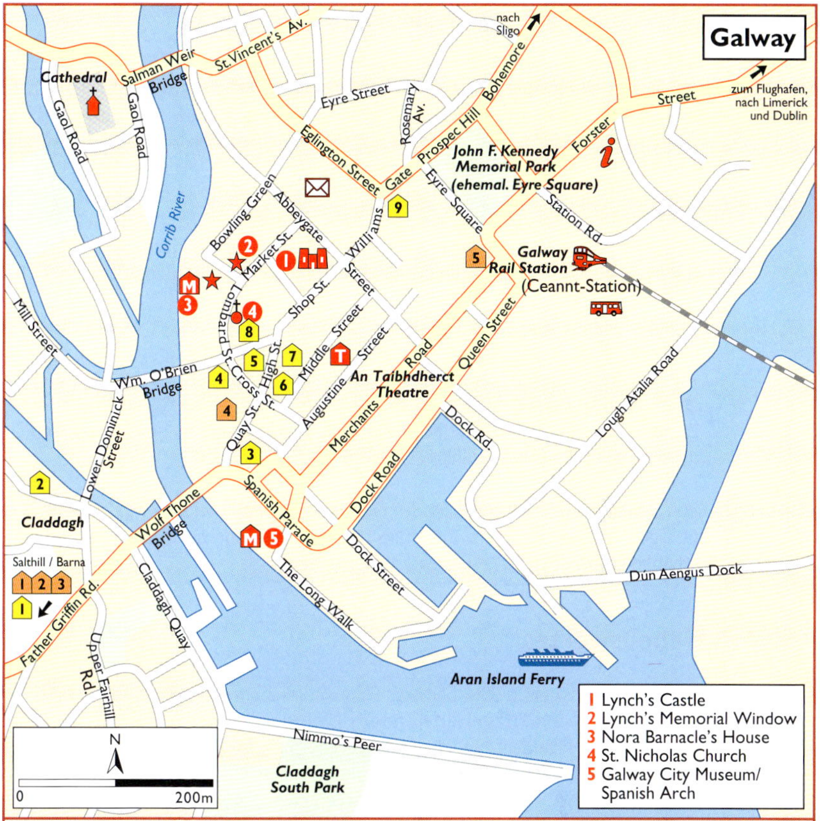

Galway

Unterkunft
1 Connemara Coast Hotel
2 Atlantic View Guesthouse
3 The Twelve Hotel
4 Barnacles Hostel
5 Kinlay Hostel

Restaurants/Pubs
1 Barna O'Grady's Restaurant
2 Róisín Dubh
3 Martine's Restaurant
4 Busker Brown's Bar & Kirby's Restaurant
5 Murphy's Bar
6 The Malt House
7 The King's Head
8 Tig Cóilí
9 Galway Bakery Company

Sehenswürdigkeiten:
1 Lynch's Castle
2 Lynch's Memorial Window
3 Nora Barnacle's House
4 St. Nicholas Church
5 Galway City Museum/Spanish Arch

Geschichtlicher Überblick

1124 wurde an der breiten Galway Bay ein Fort angelegt, dass jedoch wenige Jahre später von dem Anglo-Normannen Richard de Burgh eingenommen wurde, der daraufhin das Land von Henry II. als Lehen erhielt. Die 14 normannischen Familien, die sich hier ansiedelten, waren maßgeblich an der weiteren Entwicklung der Stadt beteiligt. Bald entwickelte sich Galway zum wichtigsten Hafen Irlands, von dem aus mit Frankreich, Spanien und vor allem mit Portugal Handel betrieben wurde: Fisch im Austausch für Wein und feine Kleidung. 1396 erhob Richard II. Galway zur Stadt. Im Mittelalter hatte Galway 14 Stadttore, 14 Kirchen und 14 Hauptstraßen und wurde von 14 mäch-

Wichtiger Hafen

Wirtschaftlicher Abstieg

tigen Familien beherrscht. Diese anglonormannischen Händlerfamilien, die sogenannten *tribes*, regierten jahrhundertelang wie unabhängige Fürsten in einer Art Stadtstaat. Die wichtigste Familie waren die Lynchs, die von 1484 an die nächsten 83 Bürgermeister der Stadt stellten. Bis zum 17. Jh. war Galway der wohlhabendste Umschlagplatz Irlands. Die Blütezeit endete 1652, als Cromwells General Ludlow die Befestigungsanlagen und etliche Stadthäuser zerstörte. Bereits 1473 hatte allerdings eine Feuersbrunst große Schäden angerichtet. Das Tor Spanish Arch ist eines der wenigen Überbleibsel der alten Stadtmauern. Auch die Kirche des hl. Nikolaus wurde nicht zerstört, denn sie diente den Eindringlingen als Pferdestall. 1691 eroberten die Truppen von William of Orange die Stadt. Danach ging es mit dem Handel bergab. Das Handelsgeschehen verlagerte sich an die Ostküste, und Galway verlor zunehmend an Bedeutung.

Heute ist vom mittelalterlichen Galway fast nichts mehr erhalten. Der wirtschaftliche Niedergang im ausgehenden 19. Jh. ließ die alten Handelshäuser zerfallen, der Rest wurde später durch unkontrollierte Bauwut zerstört. Bereits James Joyce hatte in einem Brief an seine Frau Nora, deren Heimathaus in Bowling Green Nr. 8 zu sehen ist, von der „sterbenden Stadt im Westen" gesprochen. Und so ist es wenig verwunderlich, dass auch seine Erzählung „Die Toten" hier endet.

Von „Niedergang" kann heute jedoch nicht mehr die Rede sein. Galway hat vom „Celtic Tiger" immens profitiert und präsentiert sich als moderne, dynamische und wirtschaftlich aufstrebende, selbstbewusste junge Stadt.

Sehenswertes

Eyre Square ist ein großer belebter Platz im Zentrum Galways. In seiner Mitte befindet sich der **John Fitzgerald Kennedy Memorial Park**. 1963 erhielt der frühere amerikanische Präsident hier die Ehrenbürgerschaft. Im Sommer wird der Platz für Konzerte und andere Open-Air-Veranstaltungen genutzt, aber auch zu anderen Zeiten ist hier immer irgendetwas los. Am oberen Ende des Eyre Squares steht **Brown's Gateway** aus dem 17. Jh. Es ist der ehemalige Eingang zum Stadthaus eines reichen Galwayer Bürgers. Vom Eyre Square führen die verkehrsberuhigten Einkaufsstraßen bis hinunter an den Hafen.

Lynch's Castle (1) in der Shop Street/Lower Abbeygate Street stammt aus dem 14. Jh., mit Veränderungen des 15./16. Jh. An der Fassade des prächtigen und gut erhaltenen, viergeschossigen Stadtpalastes kann man Wasserspeier, Wappen und andere spätgotische Dekorationen erkennen. Heute ist hier eine Bank untergebracht.

Kleinstes Museum Irlands

Das **Lynch's Memorial Window (2)** an der Wand des ehemaligen Gefängnisses (Market Street) trägt einen schwarzen Marmorstein über einem gotischen Türbogen, der an folgenden Vorfall erinnert: 1493 erklärte der damalige Bürgermeister der Stadt, James Lynch, dass sein Sohn Fitz Stephen schuldig sei, aus Eifersucht einen Spanier umgebracht zu haben. Niemand wollte jedoch den Sohn aus einflussreicher Familie hinrichten, sodass der Vater eigenhändig den Sohn hängte. Unweit der Kirche, in Bowling Green Nr. 8, steht **Nora Barnacle's House (3)**, das kleinste Museum in Irland. Es ist das Haus von Nora Barnacle, der Gefährtin und späteren Ehefrau von James Joyce.

Galways belebte Shop Street

Nora Barnacle's House, *Bowling Green Nr. 8, ℡ 091-564743, April–Okt. Mo–Sa zu unregelmäßigen Zeiten, Erw. 2,50, erm. 2 €.*

St. Nicholas Church (4) in der Shop Street ist die größte mittelalterliche Gemeindekirche Irlands und stammt von 1320. In den folgenden Jahrhunderten wurde sie mehrfach umgebaut und erweitert. Der schöne Altar ist ein Werk des 16. Jh. St. Nicholas of Myra ist jener hl. Nikolaus, der am 6. Dezember kommt und Geschenke mitbringt. Er war im 4. Jh. Bischof von Myra und der Heilige der Seefahrer und Kaufleute.

Der berühmte Pub **The King's Head** (s. S. 326) in der High Street wurde nach dem Kopf König Charles I. von England (enthauptet 1649) benannt. Der Henker des englischen Königs stammte aus Galway. Als „Belohnung" erhielt er dieses Haus. Trotz Erweiterungen hat der alte Pub seine gemütliche Atmosphäre erhalten. King's Head bietet auch Kulturelles: Oft finden Theateraufführungen zur Mittagszeit statt, am Abend gibt es regelmäßig Live-Musik und sonntags Jazz.

Des Königs Kopf

Spanish Arch ist das einzig erhaltene Tor der alten Stadtmauern und erinnert an die früheren Handelsbeziehungen Galways mit Spanien. Die Rasenflächen und das Flußufer sind ein toller Platz zum „chillen". Hier befindet sich auch das in einem modernen

Blick auf die Stadt

Glaskasten untergebrachte **Galway City Museum (5)**, wo man sich über die Geschichte der Stadt informieren kann. Auch archäologische Exponate vom Lough Corrib sind ausgestellt. Von der Terrasse des Museums hat man einen schönen Blick auf die Stadt und den Hafen.

Galway City Museum, *Spanish Arch*, ☏ *091-532460, www.galwaycitymuseum.ie, Di–Sa 10–17, So ab 12 Uhr, Eintritt frei.*

Claddagh war in früherer Zeit ein unabhängiger kleiner Staat mit einem eigenen König, eigenen Gesetzen, eigener Sprache und eigenen Kleidungsvorschriften. Noch bis zum Jahr 1900 bildete Claddagh eine eigenständige Gemeinde, heute ist es ein Teil von Galway. Einst lebten 8.000 Irisch sprechende Menschen in den kleinen reedgedeckten Häusern. Aus Claddagh stammen auch die berühmten Ringe mit dem Motiv zweier Hände, die ein Herz halten (s. auch S. 99). Die Ringe werden rund um Galway hergestellt. Man kann sie erwerben und dafür von 20 € bis zu 1000 € bezahlen. Die hohen Preise sind für eine diamantenbesetzte Ausführung. Irlands ältester Juwelier ist Thomas Dillon's Claddagh Gold. Im Hinterraum des 1750 gegründeten Geschäftes kann man einige uralte Exemplare besichtigen.

Beliebter Badeort

Westlich der Innenstadt liegt der Badeort **Salthill**, der mit seinen vielen Unterhaltungsarkaden, der langen Promenade und seinem Sandstrand vor allem bei Familienurlaubern beliebt ist. Ein 2,5 lm langer Promenadenweg führt von Galway hierher. Lohnenswert, insbesondere wenn man mit Kindern unterwegs ist, ist das toll aufbereitete **Aquarium Atlantaquaria** mit über 150 Spezies an Meeresgetier.

Atlantaquaria, *The Promenade*, ☏ *091-585100, www.nationalaquarium.ie, Mo–Fr 10–17, Sa/So 10–18 Uhr, Erw. 11,50, Kinder (3–16 J.) 7,50 €.*

 Mehrtägige Rundtouren von Galway aus

- **Die große Acht durch Connemara**: Diese Tour umfasst 240 km und führt von Galway entlang der Küste über Barna, Spiddle, Screeb, Maam Cross, Clifden, Cleggan, Letterfrack, Leenane, Maum zurück zum Maam Cross und von dort nach Galway (siehe Kapitel „Connemara", S. 328).
- **Die Mayo-Tour**: Die Strecke ist 178 km lang und führt von Galway über Tuam, Knock, Foxford nach Castlebar und über Headford zurück nach Galway (siehe Kapitel „Nordwestliches Mayo", S. 352).
- **Die historische Tour** umfasst 154 km und führt von Galway über Loughrea (hier Abstecher nach Aughrim) nach Gort und über Kinvara zurück nach Galway (siehe Kapitel „Die Grafschaft Galway", S. 313).
- **Die Corrib Country Tour**: Diese Tour ist 140 km lang und führt von Galway über Oughterard und Maam Cross nach Cong und über Headford zurück nach Galway (siehe Kapitel „Lough Corrib und Lough Mask", S. 342).
- **Die Burren Tour**: Diese Route umfasst 200 km und führt von Galway über Kinvara nach Ballyvaughan, von dort über Kilfenora, Ennistymon, Lahinch an die Küste und über Liscannor, Doolin und Fanore zurück nach Ballyvaughan. Von dort geht es wieder zurück nach Galway (siehe Kapitel „Von Limerick nach Galway: Die Grafschaft Clare", S. 295).

Reisepraktische Informationen Galway

ℹ Information
Ireland West Tourism *(Galway, Mayo, Roscommon), Aras Fáilte, Forster Street, Galway, ☏ 091-537700, www.discoverireland.com Hier können Fährpassagen zu den Aran-Inseln gebucht werden sowie Ausflugsfahrten nach Connemara.*

🛏 Übernachten
An Unterkunftsmöglichkeiten mangelt es in Galway nicht. Allein um den Eyre Square befinden sich sechs Hotels. In der Hochsaison und zu den Festivals empfiehlt es sich, im Voraus ein Quartier zu buchen, denn trotz des reichhaltigen Angebotes können Engpässe auftreten. Zahlreiche B&Bs befinden sich entlang der College Road und in Salthill. In Galway gibt es mehrere Jugendherbergen und Hostels – eine gute Alternative zu den oft hohen Hotelpreisen. Hier eine kleine Auswahl:

**** Connemara Coast Hotel €€€–€€€€ **(1)**, *Furbo, ☏ 091-592108, www.sinn otthotels.com. 8 km von Galway Stadtzentrum entfernt liegt dieses 4-Sterne-Hotel, ein Flachbau im Kolonialstil mit 112 Zimmern, direkt an der Galway Bay. Mit Restaurant (Fischgerichte sind hier die Spezialität), Bar mit abendlicher Unterhaltung und Fitnesseinrichtungen.*

**** The Twelve Hotel €€€–€€€€ **(3)**, *Barna, 15 km W Galway, ☏ 091-597 000, www.thetwelvehotel.ie. Frisches Boutique-Hotel mit Restaurant, Bar und Wellnessbereich. Oft Spezialangebote – Website beachten.*

*** Atlantic View Guesthouse €€ **(2)**, *4 Ocean Wave, Dr. Colohan Road, ☏ 091-582109, www.atlanticbandb.com. 5 Zimmer mit Blick auf die Galway Bay. Gehentfernung zur Altstadt.*

Kinlay House €–€€ **(5)**, *Merchants Road, Eyre Square, ☏ 091-565244, www.kinlaygal way.ie. Helles, freundliches und sauberes Hostel gleich um die Ecke vom Eyre Square mit Einzel-, Doppel und Mehrbettzimmern.*

Barnacles Quay Street Hostel € **(4)**, *10 Quay Street, ☏ 091-568644, www.bar nacles.ie. Beliebtes Hostel mitten im Zentrum, 112 Betten, Doppel- und Familienzimmer oder Mehrbettzimmer. Ab 19 €, inkl. Frühstück mit Scones und Soda-Brot!*

🍴 Essen und Trinken
The Malt House **(6)**, *Olde Malt Mall, 15 High Street, ☏ 091-567866, www.the malthouse.ie. Kleines, aber feines Restaurant mit traditioneller irischer Küche, raffiniert zubereitet. 12–15 u. 17.30–22 Uhr. Mittlere bis gehobene Preisklasse. Vorher oder hinterher kann man sich im benachbarten King's Head Pub stärken.*

Martine's Restaurant **(3)**, *21 Quay Street, ☏ 091-565662, www.winebar.ie. Behagliches Restaurant im Familienbetrieb. Steaks und Fischsind die Spezialitäten des Hauses. Tgl. 12–16 und 17–22.30 Uhr, mittlere Preisklasse.*

Galway Bakery Company (GBC) **(9)**, *7 Williamsgate Street, ☏ 091-563087, www. gbcgalway.com. 1926 gegründet, ist GBC eine Institution in Galway. Für den kleinen Imbiss zwischendurch bleibt man unten im Café; im oberen Stockwerk gibt es ein Restaurant. Café: 8–21, Restaurant So–Do 12–20, Fr/Sa 12–21, Lunch 12-16 Uhr. Günstig bis mittlere Preisklasse.*

Barna O'Grady's Restaurant **(1)**, *Seapoint, Barna, 15 km O Galway, ☏ 091-592223, www.ogradysonthepier.com, Mo–Sa 12.30–16 u. 18–22, So 12.30–14.45 u. 18–22 Uhr. Direkt am Wasser gelegen, kann man hier ausgezeichnete Fischgerichte genießen.*

Pubs/Live-Musik

Zahlreiche Pubs befinden sich rund um den Eyre Square, in der Forster Street, in der Shop, High und Quay Street und unten am Hafen. Die Webseite www.galwaycitypubguide.com hilft bei der Suche.

Busker Browne's Bar & Kirby's Restaurant (4), Cross Street/Kiwan's Lane, ☏ 091-563377, www.buskerbrownes.com, Mo, Do, Fr, So Live-Musik. Im Sommer und an Wochenenden tanzt hier der Bär.

The King's Head (7), High Street, ☏ 091-566630, www.thekingshead.ie. Allabendlich Live-Musik und mittags Theater (10 €).

Murphy's (5), High Street, ☏ 091-564589. Etablierter Pub und ein idealer Ort, um ein ruhiges Bier zu genießen.

Tig Cóilí (8), Mainguard Street, ☏ 091-56124. Zwei Ceilidhs pro Tag ziehen das Publikum, vor allem Künstler oder solche die es werden wollen, an.

Róisín Dubh (2), Upper Dominik Street, ☏ 091-586540, www.roisindubh.net. DER Pub, um Bands zu hören. Von der Dachterasse hat man einen tollen Blick auf die Stadt.

Theater

Taibhdhearc na Gaillimhe, Middle Street, ☏ 091-563600, www.antaibhdhearc.com. Im Sommer finden in diesem 1928 gegründeten Theater Aufführungen ausschließlich in gälischer Sprache statt. Die Kombination von Musik, Tanz, Liedern und folkloristischen Einlagen machen auch dann Spaß, wenn man die Sprache nicht versteht.

Druid Theatre, Druid Lane, ☏ 091-568660, www.druid.ie. Das interessante Theater hat sich mit Inszenierungen zeitgenössischer irischer Dramatiker sowie irischer Klassiker über die Landesgrenzen hinweg einen Namen gemacht. Untergebracht in einem alten Teelager.

Town Hall Theater, Courthouse Square, ☏ 091-569777, www.tht.ie. Theater, Konzerte, Ballett, Musicals und Operetten.

Angeln

Stromaufwärts von der Salmon Weir Bridge, die den Fluss Corrib östlich von der Kathedrale quert, kaskiert der Fluss hinunter und bietet beste Angelmöglichkeiten (Lachs, Forelle). Auskunft Angelgenehmigungen (ca. 18 €/halber Tag): www.fisheriesireland.ie.

Pferderennen

Das Ereignis hier sind natürlich die **Galway Races** im August, zu denen Zehntausende Besucher kommen. Sehen und gesehen werden ist wichtiger Bestandteil dieser Riesenparty, bei der das eigentliche Pferderennen fast zur Nebensache wird. Der **Galway Racecourse** liegt 5 km außerhalb des Zentrums in Ballybrit, ☏ 091-753870, www.galwayraces.com. Auskunft über die Renntermine erhält man über die Tourist Information sowie in den Lokalzeitungen.

Golf

Galway Bay Golf Resort, Oranmore, ☏ 091-790711, www.galwaybaygolfresort.com. Der 18-Loch-Platz ist an drei Seiten vom Meer umgeben.

Organisierte Bustouren

Es gibt verschiedene Anbieter, die ganztägige organisierte Bustouren durch Connemara, zum Burren, Cliffs of Moher, auf die Aran-Inseln und in das „Joyce Country" veranstalten. Informationen und Tickets erhält man von der Tourist Information.

Bootstouren

Corrib Tours, Furbo Hill, Furbo, ☎ 091-592447, www.corribprincess.ie, bieten 90-min. Bootstouren auf dem River und Lake Corrib. Tgl. Mai, Juni, Sept. 14.30 u. 16.30, Juli, Aug. 12.30, 14.30, 16.30 Uhr.

Feste/Veranstaltungen

In Galway gibt es drei große Festivals:

Galway Arts Festival, www.galwayartsfestival.com. 2 Wochen lang im Juli Musik, Kunst, Theater, Filme, Tanz und Folklore. Zahlreiche Künstler aus aller Herren Länder reisen für dieses beliebte Festival an. Neben den offiziellen Konzerten und Veranstaltungen zahlreiche spontane Sessions und Gigs.

Galway Races, www.galwayraces.com. Die berühmte Renn- und Gesellschaftsveranstaltung findet im August statt. Der Rennplatz, Ballybrit, liegt 2 km außerhalb der Stadt auf dem Weg zum Flughafen.

Oyster Festival, www.galwayoysterfest.com. In der letzten Septemberwoche findet das Oyster Festival in Clarenbridge statt. Paddy Burkes Inn und Moran's Pub and Restaurant sind die beiden „Hauptveranstaltungsorte" zum Schlemmen von Austern. Der Bürgermeister öffnet die ersten Austern der Saison. Danach verwandelt sich die Stadt in eine Schlemmeroase, die von zahlreichen Begleitveranstaltungen gerahmt wird. Seit 1954 wird das Fest veranstaltet, Austern werden allerdings schon seit dem 18. Jh. in der Bucht gefischt.

Austern verlocken Genießer zum Schlemmen

Einkaufen

Bücher: Easons, 33 Shop Street, bietet Lokalgeschichtliches, Karten und internationale Zeitungen. **Charlie Byrne's Bookstore**, Middle Street, hat eine fantastische Auswahl an neuen und Secondhand-Büchern.

Kleidung: Zahlreiche Geschäfte mit traditionellen Woll- und Strickwaren findet man rund um den Eyre Square, entlang der High Street bis zur Quay Street.

Schmuck: T. Dillon and Sons, Ecke Quay Street und Cross Street. Im hinteren Teil des Geschäfts befindet sich eine kleine Ausstellung zur Geschichte des Claddagh-Designs (s. S. 99).

Verkehrsverbindungen

Gute Verbindung in alle Landesteile.

Ceannt Station (Bus und Bahn), Station Road, ☎ 091-562730, liegt am nördlichen Ende des Eyre Square. Zugverbindungen nach Dublin.

Citylink, ☎ 091-564164, verbindet Galway mit Dublin Airport und Shannon Airport. Abfahrt Forster Street Coach Park.

Flughafen: Galway Airport befindet sich 10 km O von Galway in Canmore. Vom Flughafen bestehen gute Busverbindungen in die Stadt. Direktflüge nach Dublin, Edinburgh, London und in andere Städte in England.

Flug- und Fährverbindung auf die Aran-Inseln: siehe Aran-Inseln.

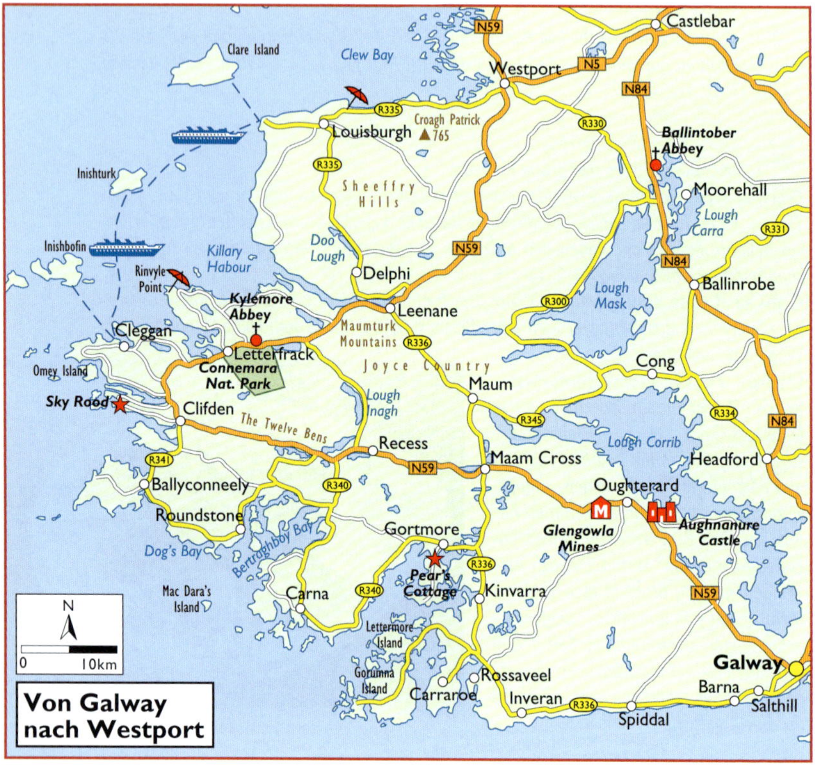

Die Grafschaft Galway

Von Galway nach Westport

Connemara

Connemara ist Teil der Provinz **Connaught** (gäl.: *Conn Cétchathach* = Conn der 1.000 Schlachten), eine der vier alten irischen Provinzen. In Connemara wird vielfach Irisch gesprochen. Aufgrund der Abgeschiedenheit erhielt die Region wenige Einflüsse von außen, sodass sich hier das größte irische Gaeltacht-Gebiet erhalten konnte.

Massaker an den Katholiken

„*To hell or to Connaught*" (Zur Hölle oder nach Connaught) – so lautet ein Spruch aus Cromwells Zeiten, als nach der Niederlage der Ulster-Revolution (1641–1653) die katholischen Bauern massakriert und der irische Landadel in die nur wenig fruchtbare, karstige Einöde westlich des Shannon vertrieben wurde. Etliche Grundbesitzer verloren ihr gutes Ackerland in den mittleren und östlichen Landesteilen und mussten fortan die sauren und felsigen Böden von Connemara bearbeiten.

Connemara, das hieß Hunger und Armut, denn auf dem kargen Boden wuchs kaum mehr als das Futter für Schafe, Kühe und die wetterfesten Connemara-Ponys. Die große Hungersnot traf die nordwestliche Provinz besonders hart. Hungertote und Auswanderungswellen reduzierten die Bevölkerung auf weniger als ein Drittel (Gesamteinwohnerzahl Connaughts 1841: 1,55 Millionen, 1971: 437.000). Heutzutage, wo Stress und Alltagsdruck Sehnsüchte nach unverfälschter und unverdorbener Natur wachrufen, ist Connemara mit sentimentalen Vorstellungen verbunden. Die ursprüngliche Natur und die traditionellen, reetgedeckten kleinen Cottages, die mit ihren dicken Steinwänden, kleinen Fenstern und Moosdächern eine Trutzburg gegen Wind und Sturm darstellen, erwecken romantische Gefühle.

Eine Million Auswanderer

Connemaras herbe Landschaft hat einen Reiz besonderer Art. Steinmauern durchziehen die Felder. Die Küstenlinie ist von unberührten, feinen Sandstränden, von zerklüfteten Halbinseln, unzähligen vorgelagerten Inseln und Felsklippen gesäumt. Die Twelve Bens, deren höchster Berg mit 730 m der Benbaun ist, sind sanfte, von den Gletschern der Eiszeit geschliffene Bergkegel. Für die einst hier lebenden Menschen war die Gegend jedoch alles andere als romantisch. Ruinen von verlassenen Gehöften und Kirchen sind sichtbare Beweise der harten Lebensbedingungen, der Armut und Not.

In den letzten Jahrzehnten fanden erhebliche wirtschaftliche Veränderungen statt. So wird beispielsweise eine intensive Fischzucht in Meer und Seen betrieben, die Moore werden aufgeforstet, die Weiden für eine intensivierte Schafzucht eingezäunt sowie der Tourismus forciert.

Verbesserung der Lebensbedingungen

Streckenführung
Route 1: Die schönste Route führt entlang der Küste über kleine bis winzige Sträßchen nach Clifden. Eine gute Landkarte ist wichtig. Für die nur 120 km lange Route sollten aber mindestens 3–4 Autostunden eingeplant werden, denn (lohnende) Abstecher zu den Inseln Lettermore und Gorumna oder nach Rosmuck fordern zusätzliche Kilometer. Außerdem bieten sich nahezu hinter jeder Biegung der wenig befahrenen Straßen so viele Naturschönheiten, dass man immer wieder anhalten möchte.
Route 2: Die zweite Route führt von Galway direkt in knapp 80 km nach Clifden über Oughterard, Maam Cross und Recess, vorbei an der erhabenen Kulisse der Twelve Bens. Für diese Route braucht man etwa ein Drittel der Zeit, die Route 1 dauert.

Für Connemara sollte man auf jeden Fall Zeit mitbringen, denn das Fortkommen auf den engen Straßen ist beschwerlich und dauert recht lange. Viele der Straßen sind sogenannte *famine roads*, die in der Mitte des 19. Jh. während der großen Hungersnot im Rahmen von Arbeitsbeschaffungsmaßnahmen angelegt wurden – allerdings mit einfachen und billigen Mitteln. So hat sich der Asphalt dem nachgiebigen Untergrund und der Bewegung der Hochmoore angepasst. Senken und Schlaglöcher sind die Folgen.

Zum Teil schlechte Straßen

Radfahren
Per Fahrrad lässt sich Connemara ideal erkunden. Als Radwanderkarte sind die Ordnance Survey-Karten Nr. 10, 11 und 14 im Maßstab 1:126.000 zu empfehlen.

Transport
Die **Dublin-Galway Tour Company** bietet mit dem Herbergsbetreiber **Sleepzone** (www.sleepzone.ie) im Sommer einen „Connemara Loop Bus" an („jump on – jump off").

Die Grafschaft Galway

 Wanderrouten

Die schroffe, einsame Bergwelt Connemaras ist bei Hobby-Alpinisten sehr beliebt. Attraktive Ziele bilden die beiden höchsten Gebirgszüge: die kantigen **Maumturk Mountains** und die kegelförmigen **Twelve Bens**. Sie sind durch ein tiefes Tal, durch das eine Straße führt, voneinander getrennt. In den Tourist-Information-Büros in Clifden, Westport und Galway sind ausführliche Beschreibungen und Wanderrouten erhältlich. Für Wanderungen in die Maumturk Mountains bietet sich Leenane als Standquartier an, für Wanderungen in den Twelve Bens ist Ben Lettery ein geeigneter Startpunkt.

Der **Western Way** beginnt außerhalb Oughterards und erstreckt sich 217 km durch Connemara und Mayo. Der gesamte Weg dauert rund 14 Tage. Die meisten Menschen bewältigen ihn in zwei oder drei Tagesetappen. Man kann z. B. sein Auto in Oughterard stehen lassen, eine dreitägige Wanderung nach Leenane machen und von dort den Bus Èireann zurück nach Oughterard nehmen. Eine zweitägige Tour führt nach Kylemore. Auch von dort gibt es einen Bus zurück nach Oughterard.

Entlang der Küste nach Clifden

Fährhafen zu den Aran-Inseln

Barna und **Spiddal** an der R336 sind Durchgangsorte. Hier findet man auch einige Restaurants, Pubs, Shops, B&Bs und schöne Strände. Wenige Kilometer hinter Inveran zweigt eine Straße nach **Rossaveal** ab, dem wichtigsten Fährhafen zu den Aran-Inseln. Hinter Costelloe lohnt sich ein Abstecher nach **Carraroe**, dem Hauptort der kleinen, tropfenförmigen Halbinsel. In Carraroe begeistern insbesondere die fantastischen Muschelstrände.

Zurück auf der Hauptstraße, kann man einen Abstecher zu den durch Brücken verbundenen Inseln **Lettermore** und **Gorumna** machen. Die Inseln bestechen durch ihre raue, von Heidekraut bewachsene Landschaft – und ihre Einsamkeit. Weit und breit trifft man hier manchmal keine Menschenseele. Der Umweg auf die Inseln beträgt ca. 40 km und „lohnt" sich nur für Reisende mit viel Zeit. Hinter Gortmore wird die Landschaft immer verlassener und einsamer.

Rebell

An der Küstenstraße bei Gortmore, von der R340 ab, liegt **Pearse's Cottage**. Die beiden Räume zeigen Erinnerungsstücke an den Dichter, Nationalisten und Pädagogen Patrick Pearse (1879–1916), einer der führenden Rebellen des Osteraufstandes von 1916. Hierhin kam er zum Schreiben und Kräftesammeln. Zudem nutzte er das Haus als Sommerschule für die Schüler seiner St.-Enda's-Schule in Dublin.
Pearse's Cottage, *Ros Muc, ☎ 091-574292, www.heritageireland.ie, Ende März–Mitte April tgl. 10–17, Mitte Mai–Aug. tgl. 10–18 Uhr, Erw. 4, erm. 2 €.*

Die winzige Straße führt entlang der Küste weiter nach **Carna**, einem wichtigen Hummerhafen. Vor Carna liegt verlassen **Finish Island**, die man bei Ebbe sogar zu Fuß erreichen kann. In der Umgebung befinden sich einige gute Sandstrände.

Roundstone ist ein kleiner Ort an einer Bucht. Einfache Fischerhäuschen säumen die leicht ansteigende Dorfstraße, hinter der sich der „Hausberg" des Ortes, der Errisberg (300 m) erhebt. Von oben hat man einen großartigen Blick über die Küste und die Seen im Norden. Roundstone bietet sich als Übernachtungsort an. Es gibt auch einige Einkehrmöglichkeiten. Bunt gestrichene Reihenhäuser und einladene Pubs überblicken die Bertraghboy Bay, wo Hummerboote und traditionelle Curraghs andocken.

Empfehlenswerter Zwischenstopp

Einkaufstipp

In Roundstone werden die traditionellen mit Ziegenhaut bespannten **Bodhráns** *(ausgesprochen: bau-rohn) hergestellt, eine flache Handtrommel, die Ähnlichkeiten mit dem Tambourin aufweist. Malachy Kearns und sein Team sind die Einzigen in ganz Irland, die sich hauptberuflich mit der Herstellung dieser Instrumente beschäftigen. Im kleinen Laden kann man Lektüre, Noten, Musikkassetten und natürlich die schönen Instrumente sowie Kunstgewerbliches und Textilien erwerben.* **Roundstone Music, Craft & Fashion**, *Roundstone, ☎ 095-35808, www.bodhran.com, tgl. 9–19 Uhr (im Winter So geschl.). In Clifden gibt es eine Zweigstelle.*

Die schönste Route führt nach Clifden

In der Umgebung von Roundstone liegen fantastische Strände. In der traumhaften Gurteen Bay und in der Dog's Bay gibt es herrlich weißen Sand. Von **Ballyconneely**, auch hier gibt es einen schönen Strand sowie die Ruinen von Bunowen Castle, sind es nur noch wenige Kilometer bis nach Clifden, dem Hauptort Connemaras.

Making Kelp

Das sogenannte *Kelpmaking*, das Tangbrennen, war noch bis Anfang dieses Jh. ein wichtiger Erwerbszweig. Die Asche des Seetangs diente als Rohstoff zur Jodproduktion. Zu Beginn des Sommers wurde der Tang gesammelt, getrocknet und in niedrigen Brennöfen, die man am Strand errichtet hatte, bis zu 20 Stunden lang zu einer schwarzglänzenden Flüssigkeit geschmolzen. Nach einigen Tagen war sie so hart wie Stein und konnte dann an die Jodhersteller verkauft werden.

Über Oughterard und durch das „Joyce Country" nach Clifden

Die kilometermäßig kürzeste und hinsichtlich der Straßen am besten befahrbare Route nach Clifden ist 80 km lang und von Galway in 1½ Stunden „zu schaffen". 3,5 km vor Oughertard, von der N59 ab, erhebt sich aus der weiten Wiesenlandschaft **Aughnanure Castle**, ein restauriertes Tower House aus dem 16. Jh. Die Festung liegt auf einer Felseninsel und imponiert vor allem wegen ihrer ungewöhnlichen doppelten Befestigungswälle. Vom Dach des sechsgeschossigen Turms aus hat man eine schöne Aussicht. **Aughnanure Castle**, ☏ 091-552214, www.heritageireland.ie, Mitte März–Okt. tgl. 9.30–18 Uhr, Erw. 4, erm. 2 €.

Ausgangspunkt für Ausflüge

Oughterard, 27 km N Galway an der N59, ist ein sympathischer Durchgangsort mit mehreren Pubs und kleineren Restaurants entlang der lebhaften Hauptstraße. Eine kurze Zufahrt führt zum Lough Corrib, wo es von Enten und Sumpfschnepfen nur so wimmelt. Oughterard ist vor allem als Angelzentrum bekannt und als *Gateway to Connemara*. In der Tourist Information gibt es eine gute Auswahl an Informations- und Kartenmaterial für Wanderungen oder Radtouren in Connemara.

Wenig außerhalb Oughterards, von der N59 nach Maam Cross ab, liegen die **Glengowla Mines**, ein industriegeschichtliches Museum, das die Abbau- und Weiterverarbeitungsmethoden der 1865 aufgegebenen Mine (Silber, Zink) dokumentiert. Es gibt eine 25-minütige Führung sowie eine kleine Ausstellung, wo man auch schöne Mineralien kaufen kann (☏ 091-552360/552021, www.glengowlamines.ie, März–Nov. tgl. 10–18 Uhr, Erw. 10, Kinder 4 €).

Reisepraktische Informationen Oughterard

Unterkunft
**** Currarevagh House €€€, ☎ 091-552312, www.currarevagh.com. Das Mitte des 19. Jh. erbaute Landhaus ist von einem 60 ha großen Park umgeben und liegt romantisch am Ufer des Lough Corrib. Außerordentlich komfortabel, ohne dabei übermäßig luxuriös zu sein, bieten 15 geräumige Zimmer erholsame Unterkunft. Golf und Fischen (insbesondere braune Forelle) möglich. Das Hotel hat eigene Boote, mit denen man Lough Corrib entdecken kann. Nov.–Febr. geschl.

Oughterards Holiday Hostel €, Station Road, 1 km vom Ortszentrum, ☎ 091-552388, www.oughterardhostel.com. 46 Betten, Familien- und kleine Mehrbettzimmer, Mahlzeiten auf Wunsch erhältlich, ab 17 €.

Bootstouren
Corrib Cruises, ☎ 087-9946380, www.corribcruises.com. Tägliche Abfahrt von Oughterard nach Cong mit halbstündigem Aufenthalt in Inchagoill.

Angeln
Thomas Tuck's Fishing Tackle, Main Street, ☎ 091-552335. Das Fachgeschäft bietet alles, was man zum Angeln braucht und beste Sachkenntnis dazu.

Weiter nach Clifden
Der wichtigste Straßenknotenpunkt Connemaras heißt **Maam Cross**. Hier muss man sich – je nach geplanter Route – für eine Strecke entscheiden: Entweder man fährt nach Norden und stößt nach wenigen Kilometern auf die R336, die nach Leenane führt, oder man bleibt auf der N59 und fährt über Recess nach Clifden. In Recess hat man noch einmal die Chance, Clifden auszulassen und nach Leenane zu fahren. Die schmale, 16 km lange Straße führt durch die einsame Landschaft am Lough Inagh, der zwischen den beiden Gebirgszügen Connemaras, den Twelve Bens und den Maumturk Mountains, liegt.

Recess ist zauberhaft gelegen und besteht lediglich aus ein paar Häusern. Ballynahinch Castle, ein Hotel der Luxusklasse (s. u.), war einst das Haus von Richard („Humanity Dick") Martin (1754–1834), der sich Zeit seines Lebens intensiv für Tierrechte einsetzte und an der Gründung der Tierschutzorganisation RSPCA („Royal Society for the Prevention of Cruelty to Animals") beteiligt war. Auch wenn man nicht im Hotel absteigen möchte, ist es schön, in der Bar einen Drink zu sich zu nehmen oder die herrliche Umgebung zu erkunden.

Haus des Tierschützers

Übernachtungstipp
**** Ballynahinch Castle Hotel €€€–€€€€, Recess, ☎ 095-31006, www.ballynahinch-castle.com. Das Schlosshotel (40 Zimmer) liegt wundervoll am Fluss Owenmore. Umgeben von Bergen, Wald, Fluss und Seen, bietet Ballynahinch aktiven Urlaubern das ideale Standquartier für sportive Unternehmungen wie Fischen, Wandern und Radfahren. Man kann aber auch Reiten und Golfen oder einfach nur die herrliche Landschaft genießen.

Clifden

Denkmal für die Pioniere des Transatlantik-Flugs

Clifden, 78 km W Galway, liegt malerisch zwischen den Twelve Bens und der Atlantikküste am Ufer der Arbear Bay. Der am Reißbrett entworfene Ort wurde 1812 gegründet. Die beiden Kirchen (1820 und 1830) dominieren das sympathische Stadtbild. Durch die einzigartige Landschaft in der Umgebung entwickelte sich Clifden schon früh zu einem beliebten Ziel im irischen Westen. Es gibt ein reiches Angebot an B&Bs, Hotels und Pubs – für Wanderer, die einige Tage in der „Wildnis" zugebracht haben, eine nette Abwechslung. 7 km SW Clifden befindet sich das **Alcock & Brown Memorial**, eine Gedenkstätte für die Pioniere des Transatlantik-Flugs. Bereits im Juni 1910 überquerten John Alcock und Arthur Whitten-Brown von Neufundland aus den Ozean. Charles Lindbergh schaffte es erst acht Jahre später. Durch bessere Vermarktung wurde sein Flug bekannter.

Reisepraktische Informationen Clifden

Information
Tourist Information Clifden, Galway Road, ☏ 095-21163, März–Okt. offen.

Unterkunft

In und um Clifden gibt es zahlreiche Unterkunftsmöglichkeiten: Hotels, B&Bs, Gästehäuser und mehrere Hostels.
The Quay House €€€, Beach Road, ☏ 095-21369, www.thequayhouse.com. Das Hotel Baujahr 1820 ist das älteste Gebäude in Clifden und war früher der Wohnsitz des Hafenmeisters. Es liegt direkt am Hafen, wenige Minuten zu Fuß vom Stadtzentrum. Das von Paddy und Julia Foyle geführte Haus beherbergt ein Sammelsurium mit Kuriositäten aus aller Welt. Fast alle 7 Zimmer und 7 Studios haben Ausblick auf den Hafen. Kinder sind willkommen. Nov.-Feb. geschl.
Dolphin Beach House €€–€€€, Lower Sky Road, ☏ 095-21204, www.dolphinbeachhouse.com. 5 km außerhalb von Clifden, traumhaft am Atlantik gelegenes B&B. Wie nicht anders von der Foyle-Familie zu erwarten (seit vier Generationen im Hotelbetrieb), wird das Dolphin Beach House professionell und erstklassig geführt. Geschmackvoll und dezent gestaltete Zimmer (Fußbodenheizung) mit herrlicher Aussicht auf das Meer bieten Ruhe und Entspannung und morgens gibt es ein wunderbares Frühstück, z. B. Buttermilch-Pfannkuchen mit Sirup. Dinner ist auf Anfrage möglich. Nicht für Kinder unter 12 Jahren geeignet.
Foyles Hotel €€, Main Street, ☏ 095-21801, www.foyleshotel.com. Direkt im Ortszentrum und seit 1917 im Familienbetrieb. Kleiner Garten. 25 freundliche Zimmer.
Clifden Town Hostel €, Market Street, ☏ 095-21076, www.clifdentownhostel.com. Unabhängige im Ortszentrum gelegene, kleine Herberge, sehr sauber und persönlich geführt.
Hostel Ben Lettery (IYH) €, Ballinafad, ☏ 086-8493712, www.anoige.ie. Außerhalb von Clifden, 12 km O an der N59 schön gelegene renovierte Herberge mit gemütlicher Küche und 50 Betten. Die Citylink-Busse halten auf Wunsch an der Hauptstraße. Ab 16,50 €.

Essen und Trinken
O'Grady's Seafood Restaurant, Lower Market Street, ☏ 095-21450. Etabliertes Fischrestaurant. Mittlere Preisklasse. Mo–Sa 12.30–14.30 u. 18.30–22 Uhr.

Mitchell's Restaurant, Market Street, ☎ 095-21867, www.mitchellsrestaurantclifden.com. Beliebtes Restaurant mit lokalen Spezialitäten. Günstig bis mittlere Preisklasse, tgl. 12–22 Uhr.
Fogerty's Restaurant, Market Street, ☎ 095-21427. Fischgerichte und Lamm sind die Spezialitäten des beliebten, im Familienbetrieb geführten Restaurants. März–Okt. tgl. 17–22 Uhr.
Marconi's Restaurant in Foyles Hotel, s. „Unterkunft"

Pubs
Mullarkey's Bar im Foyles Hotel, Main Street, bietet jeden 2. Do abends traditionelle irische Folklore.
Lowry's Bar, Market Street, ☎ 095-21347, www.lowrysbar.ie. Freundlicher traditioneller irischer Pub, solides Bar-Food und mehrfach in der Woche irische Folklore.
Mannion's Bar, Market Street, ☎ 095-21780. Traditionelle irische Folklore und solides Mittagessen.
Tom King's Bar, Market Square, ☎ 095-21900. Tom King's, bereits in der dritten Generation, ist nach wie vor sowohl bei Einheimischen als auch bei Urlaubern wegen der gemütlichen Atmosphäre beliebt.

Wandern
Michael Gibbons' **Walking Ireland**, Market Street, ☎ 095-21379 www.walkingireland.com. Der aus Clifden stammende renommierte Archäologe Gibbons bietet organisierte Wanderungen verschiedener Schwierigkeitsgrade, auch maßgeschneiderte Touren und sachkundige Führungen.

Reiten
Cleggan Beach Riding Centre, ☎ 095-44746, www.clegganridingcentre.com, organisiert Reitstunden und Trekking-Touren zur Omey Island, rund 10 km SW Cleggan.
Errislannan Manor, Ballyconneely Road, 3.5 km S Clifden an der R341, ☎ 095-21134, www.connemaraponyriding.com, bietet Unterricht sowie Ausritte an den Strand und in die Berge. Ab 30 €/Stunde.

Radtour
Von Clifden aus umrundet die ausgeschilderte Sky Road in etwa 15 km eine kleine Halbinsel und gewährt herrliche Ausblicke auf die Küste. Radfahrer müssen einige stattliche Steigungen in Kauf nehmen, die fantastischen Panoramen machen die Anstrengungen aber schnell wieder wett. Es gibt keine Einkaufsmöglichkeiten entlang der Strecke, deshalb sollte man ein wenig Verpflegung mitnehmen.
Fahrradverleih: John Mannion, Bridge Street, ☎ 095-21160, www.clifdenbikes.com.

Feste/Veranstaltungen
Ende September findet seit über 30 Jahren die **Clifden Community Arts Week** statt, ein 10-tägiges buntes Programm mit zahlreichen Musik- und Theaterveranstaltungen. Auch einige Wanderungen und Lesungen stehen auf dem Festivalprogramm, www.clifdenartsweek.ie.
Die **Connemara Pony Show** im August, bietet neben der Pferdeshow Anlass für einen großen Jahrmarkt, ein fröhliches Volksfest mit viel Tanz, Musik und buntem Treiben. www.cpbs.ie.

Connemara-Ponys

Die weltweit bekannten Ponies entwickelten sich aus den Ponies der Kelten, in die später andalusische Pferde eingekreuzt wurden. Dies geht auf die Handelsbeziehungen zwischen Galway und Spanien zurück. Connemara Ponies werden 130–140 cm hoch und sind gutmütige, kompakte Tiere. Im August wird in Clifden alljährlich die beliebte **Connemara Pony Show** veranstaltet. Weiterführende Informationen finden sich auf der Website der Breeders Society: www.cpbs.ie.

Cleggan, 16 km NW Clifden, ist ein kleines Fischerdorf an der Cleggan Bay. Ende des 19./Anfang des 20. Jh. gab es hier eine florierende Makrelenindustrie, die in den letzten Jahren wieder Aufschwung erhalten hat. Das Dorf besteht aus einigen Häusern, ein paar B&Bs, einem Laden und einem Hafen. Von hier aus fahren Fähren nach Inishbofin und Inishturk (Co. Mayo). Im Ort können Boote für Angeltouren gemietet werden. Das Cleggan Beach Riding Centre (s. S. 335) organisiert Reitstunden und Trekking-Touren zur **Omey Island**, eine im Süden von Klippen gerahmte Insel mit 20 Einwohnern rund 10 km SW Cleggan. Bei Ebbe kann sie von Claddaghduff zu Fuß erreicht werden.

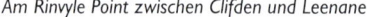
Inishbofin Island und Inishturk Island

Die beiden Inseln **Inishbofin** und **Inishturk** vor der Westküste Connemaras zählen zu den touristisch unberührtesten Flecken Westirlands. Obwohl das größere, 12 km W Cleggan und 5 km von der Küste entfernt gelegene Inishbofin seit 1989 eine regelmäßige Fährverbindung zum Festland hat (die Überfahrt dauert 45 Min.), kommen nur wenige Besucher hierher. Es gibt zwei Kirchenruinen, ein Tower House sowie die

Am Rinvyle Point zwischen Clifden und Leenane

Überreste einer Festung. Auf der klippengesäumten, 3 km langen Insel leben etwa 200 Einwohner. Inishbofin wird von Moorflächen bestimmt, deren hügelige Oberfläche mit Wildblumen übersät ist. Unterhalb der Steilküsten, die die Inseln nach drei Seiten hin abschotten, finden sich vereinzelte einsame Strände: ein idealer Ort für Hobbymaler, Angler, Naturliebhaber oder Ruhesuchende. Aufgrund der nur geringen Ausmaße lohnt sich die Mitnahme eines Fahrrades nicht. Zu Fuß kommt man besser zurecht.

Reisepraktische Informationen Inishbofin

Information
Im Internet: www.inishbofin.com

Unterkunft
Day's Inishbofin House Hotel €€€, ☏ 095-45809, www.inishbofinhouse.com. Auf der Ostseite der Insel gelegenes Hotel mit 34 Zimmern. Vom Spa hat man einen herrlichen Blick auf den Hafen. In der Hochsaison teils 2 Nächte Mindestaufenthalt.
** **Doonmore Hotel** €€, ☏ 095-45804, www.doonmorehotel.com, 10 Min. vom Fähranleger entfernt, 30. Sept.–7. April geschlossen. 19 Zimmer, mit Restaurant und einer Bar, wo man oft Live-Musik hören kann. In der Hochsaison teils 2 Nächte Mindestaufenthalt.
Inishbofin Island Hostel €, ☏ 095-45855, www.inishbofin-hostel.ie. Hostel mit 38 Betten nahe der Bootsanlegestelle. DZ-, Familien- u. Mehrbettzimmer. April-Sept., ab 15 €, auch Camping 10 €.

Essen und Trinken
Beide Hotels (s. o.) servieren sowohl Lunch als auch Dinner.

Feste/Veranstaltungen
Ende April/Anf. Mai findet das **Inishbofin Art Festival** statt, mit Akkordeon Workshops, geführten Wanderungen, Kunstausstellungen und viel Musik und Tanz.

Fährverbindungen
Inishbofin ist von Cleggan per Fähre zu erreichen. Die Überfahrt dauert 30–45 Min. **Inishbofin Ferry**, ☏ 095-45819, www.inishbofinislanddiscovery.com.

Inishturk, 11 km von der Küste entfernt, ist noch unberührter als Inishbofin. Rund 80 Menschen leben hier. Bis auf eine schmale Öffnung im Nordosten wird die gesamte Küstenlinie der etwa 2 km großen Insel von Klippenzügen beherrscht. Ein kleiner Laden versorgt die Bewohner und wenigen Touristen (es gibt drei B&Bs) mit dem Nötigsten. Fährverbindungen (50 Min.) bestehen vom Roonagh Pier (www.omalleyferries.com).

Von Clifden nach Leenane

Das Gebiet zwischen Letterfrack und Leenane ist überwältigend schön. Nach Norden und Westen erstreckt sich eine hügelige, von braun-grünen Deckenmooren überzogene Landschaft, die von zahllosen kleinen Seen und Wasserläufen aufgelockert wird. Nach Süden hin erheben sich die gewaltigen Berge Connemaras.

Letterfrack wurde im 19. Jh. von Quäkern gegründet. Das freundliche Dorf bietet Einkaufs- und Einkehrmöglichkeiten, mehrere B&Bs und ein nettes Hostel.

Tipp: Abstecher
Von Letterfrack lohnt sich ein kleiner Abstecher zum **Rinvyle Point** *mit seinen herrlichen Stränden. Dort befindet sich auch das Rinvyle Hotel (s. u.).*

Reisepraktische Informationen Letterfrack

Unterkunft
**** Rosleague Manor House €€€, Letterfrack, 10 km NW Clifden, ☎ 095-41101, www.rosleague.com. Das schöne Landhaus beherbergt ein wunderbares Hotel, das von der Familie Foyle geführt wird (gleiche Familie wie das Quay House und das Dolphin Beach House in Clifden). Es gibt 16 elegant eingerichtete Zimmer und vier Suiten, Kinder sind willkommen. Der das Haus umgebende herrliche Landschaftsgarten reicht bis an das Meer heran. 2010 wurde das Hotel mit dem begehrten César (nach César Ritz) als eines der feinsten Landhotels ausgezeichnet. Frischer Fisch und Connemara-Lamm sind die Spezialitäten der Hotelküche.

Renvyle House Hotel €€-€€€, Renvyle, 10 km N Letterfrack, ☎ 095-46100, www.renvyle.com. Abgeschiedene, aber spektakuläre Lage an der Westküste mit den Twelve Bens im Hintergrund. Das alteingesessene Hotel aus den 1920er-Jahren hat 68 Zimmer und bietet zahlreiche Freizeitaktivitäten wie Forellenangeln und Wandern, es gibt einen eigenen Golfplatz.

Old Monastery Hostel €, Letterfrack, ☎ 087-2349543, www.oldmonasteryhostel.com. Ganzjährig geöffnet. Uriges Hostel mit 50 Betten in 4 Doppel- u. Familienzimmern, auf dem Grundstück ist Camping möglich. Viele Sofas laden zum Verweilen ein und sorgen für gemütliche Stimmung.

Wandertipp

Der schönste Ausblick über die kahlen, heidebewachsenen Hochebenen, schroffen Felsabhänge, Hochmoore und Bergseen ergibt sich vom 445 m hohen **Diamond Hill**. Der Aufstieg zum Gipfel dauert 1–1 ½ Stunden (ab dem Besucherzentrum) und ist auch für Ungeübte zu schaffen. Je nach Jahreszeit ist die Landschaft bräunlich bis grünlich rot gefärbt. Man wandert inmitten von Erika, Ginster und Fuchsienbüschen und sieht freilaufende Connemara-Ponys. Das Campen im Park ist verboten. Beachten sollte man, dass es hier sehr häufig zu plötzlichem Wetterumschwung kommt. Regenkleidung daher auf jeden Fall mitnehmen!

Auch vom **Tully Mountain** hat man einen fantastischen Blick auf das Meer. Der Aufstieg dauert ca. 40 Minuten.

Südlich des Ortes liegt der etwa 20 km² große **Connemara National Park**, der eine Landschaft aus intakten Deckenmooren, Heide, Wald und Gebirge sowie weitläufige Sümpfe und Grasland umfasst. Zum Park gehören auch die nördlichen Ausläufer der Twelve Bens, so auch die Berge Benbaun, Bencullagh, Benbrack und Muckanaght. Der Eingang zum Park befindet sich an der Straße von Letterfrack nach Clifden. Im **Besucherzentrum** sind vielfältige Wanderbücher und Karten erhältlich. Eine Ausstellung veranschaulicht die tausendjährige Entwicklung der Landschaft Connemaras. Außerdem gibt es einen Picknickbereich eine Cafeteria, Naturlehrpfade und Wanderwege.
Besucherzentrum Connemara National Park, ☏ 095-41054, www.connemaranationalpark.ie, März–Okt. tgl. 9–17.30 Uhr, Eintritt frei.

Der Connemara National Park

Flora
Sumpfpflanzen und Heide sind die am weitesten verbreiteten Pflanzen des Parks. Die feuchten Sumpfbereiche liegen in den tieferen Gebieten. Dort häufig anzutreffen ist das Lila Besenried. Es wächst in Büscheln und prägt über das Jahr hinweg die Farbe der Landschaft. Auch fleischfressende Pflanzen gibt es hier. Sonnentau und Fettkraut fangen und verdauen Insekten mit ihren Blättern, um die im Sumpf raren Nährstoffe zu gewinnen. Weiter sieht man Läusekraut, Himmelfahrtsblümchen, Orchideen und Heidemyrte sowie eine Vielzahl an Moosen und Flechten. Wenn die Sumpfpflanzen absterben, verrotten sie – bedingt durch die ständig sehr hohen Niederschläge – nur teilweise. Im Park herrscht durch den Einfluss des Atlantiks ein mildes Klima. Die Niederschlagswerte sind hoch, der Durchschnitt liegt bei 1.600 mm an 250 Regentagen. Die Pflanzenüberreste sammeln sich an und werden zu Torf verdichtet. Die tiefste Torfschicht ist 5 m tief. Die Geschichte der Vegetation in diesen Gebieten wird durch erhaltene Pollenkörner belegt. Durch die Bestimmung der Pollen kann man feststellen, welche Pflanzen hier in der Vergangenheit wuchsen. Man hat im Torf erhaltene Kiefernstämme gefunden, die 4.000 Jahre alt sind.

Fauna
Die Vogelwelt des Connemara National Parks ist sehr vielfältig. Pieper, Feldlerchen, Schwarzkehlchen, Buchfinken, Rotkehlchen und Zaunkönige sind nur einige der hier beheimateten Singvögel. Raubvögel werden gelegentlich gesichtet, vor allem Turmfalken, manchmal auch Sperber, Zwerg- und Wanderfalken. Im Winter steigt die Zahl an Waldschnepfen, Schnepfen, Staren, Singdrosseln und Misteldrosseln. Häufig zu sehende Zugvögel aus anderen Ländern sind Rotdrosseln, Krammetsvögel und Bergfinken. Wegen ihres scheuen Wesens und aufgrund ihrer nächtlichen Aktivitäten sind einige Tiere nur schwer zu Gesicht zu bekommen. Spuren und Zeichen deuten jedoch auf Dachse, Feldmäuse, Hasen, Kaninchen, Wiesel, Spitzmäuse und Fledermäuse hin. Einst gab es auf den Bergen Connemaras Rothirsche, die jedoch im 19. Jh. ausstarben. Eine Herde Rothirsche wurde in Connemara erneut beheimatet. Das größte Tier im Park ist das Connemara Pony. Eine Herde wurde im Park ausgewildert, damit diese einzigartige Pferderasse erhalten bleibt. Am International Biodiversity Day 21.5./22.5.2011 wurden innerhalb von 24 Stunden 542 verschiedene Spezies im Park dokumentiert!

Die Grafschaft Galway

info

Geologie
Die Bergkuppen der Twelve Bens sind aus hartem Quarzit, während die Flanken aus weniger widerstandsfähigem Schiefer und grauem Marmor bestehen. Diese Felsen stammen aus Sedimenten, die sich vor 550 bis 700 Millionen Jahren auf dem Küstensockel ablagerten. Die letzte Eiszeit gab der Landschaft ihre endgültige Form und hinterließ stellenweise Ablagerungen aus Sand, Kies und Lehm. Sie bestimmen zum größten Teil die Vegetation im Park.

Einige Kilometer hinter Letterfrack liegt inmitten eines Waldgebietes an einem kleinen See **Kylemore Abbey**, eine der Hauptattraktionen des Nordwestens. Das neogotische Schloss wurde 1860 von einem reichen Industriellen für dessen Frau gebaut. 1920 erwarben Benediktinerinnen den zinnenverzierten Prachtbau. Im Frühsommer liegt die Abtei in einem Blütenmeer aus Rhododendron, Ginster und mannshohen Fuchsienbüschen. Auch die wunderbar restaurierten viktorianischen Mauergärten sowie die Kapelle können besichtigt werden.

Kylemore Abbey, ☎ 095-52011, www.kylemoreabbey.com, Sommer 9–18, Winter 10–16.30 Uhr, Erw. 13, erm. 9, Kinder unter 10 J. frei, Familien 26–35 €. Führungen (30 Min.) April–Sept. 14.30, Juli/Aug. zusätzlich 13.30 u. 15.30 Uhr.

Etwa 6 km vor Leenane stößt die N59 auf den gewaltigen, 15 km langen fjordähnlichen **Killary Harbour** – der als einziger irischer Meeresarm mit schottischen oder norwegischen Fjorden vergleichbar ist.

Kylemore Abbey

Leenane

Am Ende des Fjordes, der die Grafschaften Galway und Mayo trennt, liegt **Leenane**. Der betriebsame Ort ist eher eine große Straßenkreuzung mit Hotel, mehreren B&Bs und Tankstelle. Im Hafenwasser liegen in endloser Reihe Holzgestelle für die Muschelzucht. Auch Lachszucht wird hier betrieben. Leenane ist als Ausgangspunkt für die Erkundung der bis zu 700 m hohen Maamturk Mountains ideal. Im **Sheep and Wool Centre** wird in anschaulicher Weise die örtliche Wollindustrie dargestellt und das Spinnen und Weben demonstriert (s. u.).

Reisepraktische Informationen Leenane

Information
Im Internet: www.leenanevillage.com.

Unterkunft
Delphi Mountain Resort €€€, ☏ 095-42208, www.delphiadventureresort.com. Das luxuriöse Resort und Aktivcenter liegt wunderbar zwischen Leenane und Louisburgh und bietet entweder Entspannung bei Wellness-Angeboten oder Nervenkitzel. z. B. Windsurfen, Kanufahren, Klettern oder „Orientierungs-Kurse". Sehr hell und freundlich, alles natürlich im Einklang mit der Natur.
*** Leenane Hotel €€, ☏ 095-42249, www.leenanehotel.com. Am Ufer des Killary Harbour gelegenes, alteingesessenes Hotel im Familienbetrieb. Auf der Speisekarte steht täglich frischer Fisch. Das Hotel hat 34 Zimmer, 20 davon bieten einen schönen Blick auf den Hafen.
The Killary Centre €–€€, 6 km außerhalb Leenane, ☏ 095-43411, www.killaryadventure.com. Helles und modernes Hostel mit 2-, 4- und 6-Bett-Zimmern mit Fußbodenheizung. Dazu gehören ein Café und eine Bar. Auch hier gibt es viele Outdoor-Aktivitäten.
Sleepzone Connemara €, ☏ 091-42929, www.sleepzone.ie. Wunderbar gelegenes (lizensiertes) Hostel mit Blick auf den Killary Fjord, 6 km außerhalb Leenane Richtung Clifden. 111 Betten in Duppel- und Mehrbettzimmern. Das alte Haus ist umweltfreundlich mit Solar und Windkraft ausgestattet. Bergwandern, Mountain Biking und Touren auf dem Fjord werden angeboten. Es gibt einen Fahrradverleih, einen Tennisplatz und Camping ist ebenfalls möglich. Die Dublin-Galway Tour Company bietet einen Busdienst („jump on – jump off") an, der direkt am Hostel hält.

Bootstour
Killary Cruises, ☏ 091-566736, www.killarycruises.com, Sightseeing-Touren per Katamaran auf dem Killary Fjord. April–Okt. tgl. 12.30 und 14.30, Mai–Sept auch 10.30, Juni–Aug. auch 16 Uhr.

Einkaufen
Sheep and Wool Centre, ☏ 095-42323, www.sheepandwoolcentre.com, Apil–Okt. tgl. 9–18 Uhr. Im Schaf- und Wollzentrum gibt es nicht nur Vorführungen im Spinnen und Weben, sondern auch eine interessante Ausstellung zur Geschichte der Schafzucht in Irland. Im Laden kann man schöne Web- und Strickwaren erstehen.

Streckenführung

Atemberaubend schöne Landschaft

Kurz hinter Leenane beginnt die Grafschaft Mayo. Reisende nach Westport müssen sich hier entscheiden: Die kürzere N59 führt in knapp 30 km zügig ans Ziel. Landschaftlich eindrucksvoller, wenn auch zeitaufwendiger, ist die gut 50 km lange R335, die an Delphi, Louisburgh und am Croagh Patrick vorbeiführt. Atemberaubend schön ist die Landschaft beim Doo Lough. Der See wird von felsigen Hügelketten gerahmt und ist ein Paradies für Romantiker, Angler und Wanderer. Die kleine Straße verläuft durch die Sheeffry Hills und trifft kurz vor Westport wieder auf die N59.

Lough Corrib und Lough Mask

Lough Corrib ist mit 48 km Länge der größte See der Republik Irland. Er ist auch der inselreichste See des Landes, wobei **Inchagoill** die größte der rund 300 Inseln ist. Auf der „Insel der Fremden" stehen zwei kleine romanische Kirchen, die St. Patrick's Church und die Saint's Church. Letztere wurde im Auftrag von Benjamin Guinness im 19. Jh. renoviert. Hier kann man einen 75 cm hohen Obelisken sehen, den sogenannten „Lie Luguaedon Macci Menueh" (= Stein des Luguaedon, Sohn des Menueh), auf dem die angeblich älteste Inschrift in lateinischen Lettern in Irland steht. Bootsfahrten auf die Insel werden im Sommer von Cong und Oughterard aus veranstaltet.

Tipp: Angeln

Sowohl Lough Corrib als auch Lough Mask sind vorzügliche Fischgründe (Schlei, Hecht, Forelle). Viele Hotels haben sich auf Angler spezialisiert. In den umliegenden Orten können Boote für Angeltouren gemietet werden.

Das Gebiet rund um Lough Corrib ist wegen der lieblichen Umgebung ein begehrtes Ausflugsziel. Cong und Oughterard (s. S. 332) sind die Hauptferienorte. Der Ort **Cong** wird wegen seiner „unbeschreiblichen" Schönheit besonders gerühmt und erfreut sich vor allem im Sommer großer Beliebtheit. Gebettet zwischen dem Lough Mask und Lough Corrib, liegt das Dorf inmitten einer traumhaft schönen Landschaft mit grünen Wiesen und kleinen Wäldchen.

Filmvermarktung

Weltweit berühmt wurde Cong, als John Ford hier 1951 seinen Film „The Quiet Man" (dt. „Der Sieger") drehte. Das Ereignis ist noch lange nicht vergessen, und von seiner Vermarktung lebt das halbe Dorf. Das Haus, in dem John Wayne um die rebellische Maureen O'Hara warb, ist heute das **Quiet Man Cottage Museum, Archaeological and Historical Interpretative Centre**. Das Untergeschoss des Hauses ist der Filmkulisse exakt nachgebildet. Im oberen Stockwerk gibt es eine Dauerausstellung zur Archäologie und Lokalgeschichte der Region.
Quiet Man Cottage Museum, *Circular Road, 094-9546089, www.quietman-cong.com, tgl. März–Okt. 10–16 Uhr. Juni–Aug. für besondere Filmfans tgl. um 11 Uhr Führungen zu den Drehorten.*

Am Ortsausgang liegt **Ashford Castle**, seit 1939 eines der schönsten und exklusivsten Hotels Irlands, das in einer 140 Hektar großen Parkanlage liegt. 1850 ließ Benjamin Guinness das Schloss zu seinem Wohnsitz in dem damals modernen neogoti-

neogotischen Baronialstil ausbauen. Teile einer Normannenburg des 13. Jh. wurden in den Bau integriert. Zum Vergnügen einer feudalen Elite gebaut, setzt Ashford auch heute die Tradition einer Luxusherberge fort. Der Weg zum See ist von jahrhundertealten Rosskastanien gesäumt.

Reisepraktische Informationen Cong

Information
Tourist Information, Old Court House, ☎ 094-9546542.

Unterkunft
***** **Ashford Castle** €€€€, Cong, ☎ 094-9546003, www.ashford.ie. Das von einem herrlichen Anwesen umgebene ehemalige Schloss der Guinness-Familie beherbergt ein Hotel der Luxusklasse mit Antiquitäten in der Eingangshalle und in den luxuriösen Räumen. Für Aktivurlauber gibt es Golf- und Tennisplätze, ein Fitnesszentrum und eine Reithalle. Ungewöhnlich ist auch die Falknerei, die hier in „Ireland's School of Falconry" betrieben wird. Natürlich verfügt Ashford Castle auch über einen eigenen Heliport.
Cong Hostel €, Lisloughrey, Quay Road, ☎ 094-9546089, www.anoige.ie. Ganzjährig und ganztägig geöffnet, 80 Betten, Familienzimmer, Mahlzeiten erhältlich, Camping ist auf dem Grundstück möglich, Fahrradverleih.

🍴 **Essen und Trinken**
Echoes, Main Street, ☎ 094-9546059. Das kleine Restaurant wird im Familienbetrieb geführt. Spezialität sind die Fleischwaren von der hauseigenen Schlachterei und Fischgerichte. Mittlere Preisklasse.

Bootsfahrten
Corrib Cruises, ☎ 087-9946380, www.corribcruises.com. Tägliche Fahrten von Ashford Castle nach Cong mit Halt auf Inchagoill Island.

Verkehrsverbindungen
Bus Éireann verbindet Cong mit Galway und Ballina.

Über **Ballinrobe**, 15 km NO Cong an der N84 (zeitaufwendiger, aber landschaftlich schöner ist die Strecke am Westufer des Lough Mask), führt der Weg anschließend weiter gen Norden.

Auf **Loughmask House**, ganz in der Nähe von Ballinrobe, war der Engländer Captain Charles Boycott (1832–1897) im Auftrag von Lord Earne als Verwalter tätig. Es war die Zeit, als die Irish Land League, die sich zum Ziel gesetzt hatte, die Situation der armen Bauern und Pächter zu verbessern und unter ihrem Führer Charles Stewart Parnell Reformen des Landrechts, wie die Reduzierung der Pacht, forderte. Boycott behandelte seine Männer sehr schlecht, und aus Protest wurde er von ihnen „boykottiert". Captain Boycott ist Namensgeber für den heutigen Protestbegriff.

Namensgeber des Boykotts

Die Grafschaft Mayo

Im Süden von Mayo überwiegt sanft hügeliges Moor- und Weideland, je weiter man jedoch nach Norden kommt, umso unzugänglicher und einsamer wird die Landschaft. Auch die Grafschaft Mayo hat einen Nationalpark: das 20.000 Hektar große Gebiet rund um den Nephin-Beg-Höhenzug. Neben Killarney, Glenveagh, Connemara, Burren und Wicklow ist Ballycroy Irlands sechster Nationalpark. Aber nicht nur bei Wanderern, auch bei Anglern ist Mayo beliebt. Lough Conn, Lough Cullin, Lough Carra und Lough Mask sind für ihre wilden Braunforellen berühmt.

Ziel für Wanderer und Angler

Zwischen Leenane und Westport

Wenn man von Leenane weiter nördlich fahren möchte, sollte man die landschaftlich spektakuläre R335 über Delphi nehmen und nicht die Hauptstraße N59, insbesondere, wenn man mit dem Fahrrad unterwegs ist.

Der sympathische Ort **Louisburgh** wurde 1795 gegründet. Außer dem Grace O'Malley Museum (s. u.) bietet Louisburgh nicht viel, liegt jedoch wunderschön in der Nähe des Atlantik mit den herrlichen Stränden Carrowmore, Old Head und Silver Strand. Für Bergwanderungen in den Mweelrea-Bergen, für Wassersport und für Bootstouren zur Clare Island und nach Inisturk bietet sich Louisburgh als Standquartier an. Das **Granuaile Visitor Centre** veranschaulicht mittels Schautafeln, Kunstgegenständen, alten Landkarten und einem Film das Leben der berühmten Piratenkönigin Grace O'Malley, die aus dieser Gegend stammte.

Leben einer Piratenkönigin

Granuaile Visitor Centre, ☏ 098-66341, ganzjährig Mo–Fr 10–16 Uhr, Abweichungen möglich, Erw. 4, erm. 2 €.

info

Wer war Grace O'Malley?

Die Gegend um Westport, vor allem die Clew Bay, gehörte bis ins 17. Jh. den O'Malleys. Die von zahlreichen kleinen Inseln durchsetzte Bucht war strategisch für Küstenpiraterie wie geschaffen. Die Familie war dem Provinzkönig von Connaught tributpflichtig. Grace war eine sehr unabhängige Frau und für ihre Aktivitäten als Piratin berühmt-berüchtigt. Sie war zweimal verheiratet.

Ihre Audienz bei Königin Elizabeth von England wurde legendär: Sie beklagte sich bei der Königin über die englische Herrschaft in Irland, wollte von ihr aber auch Land erbitten. Nach gälischem Recht hatte sie nämlich als Witwe keinen Anspruch auf eigenes Land. Viele Legenden ranken sich um das Treffen der beiden starken Frauen. Angeblich sprachen sie Lateinisch miteinander, denn weder konnte Grace Englisch noch Elizabeth Irisch.

Buchtipp: Anne Chambers: Granuaile: The Life and Times of Grace O'Malley 1530–1603, Dublin (7) 2009. Chambers stammt aus der Grafschaft Mayo und ist Grace-O'Malley-Expertin. Ihr informativer Roman bietet gute Unterhaltung.

Clare Island

Von Roonagh Point verkehren Boote zur rund 4 km vom Ufer entfernt gelegenen **Clare Island**. Die Insel ist 7 x 4 km groß und hat 130 Einwohner. Vor der großen Hungersnot lebten rund 1.500 Einwohner hier. Clare Island bietet schöne Wanderwege und einsame Strände, die zum Faulenzen und Schwimmen einladen. Im Norden der Insel gibt es fantastische Steilküsten. Einen wunderschönen Rundblick hat man vom leicht zu besteigenden Knockmore Mountain, mit 461 m der höchste Berg der Insel. Auf der Insel gibt es ein Hotel und mehrere B&Bs, auch Zelten ist möglich. Das Tower House am Hafen war eines der Wohnhäuser von Grace O'Malley. Es stammt aus dem 15. Jh. Neben der Burg steht **Clare Abbey**, eine um 1220 gegründete Zisterzienserniederlassung. Die Klosterkirche St. Bridget's Church ist als Ruine erhalten. Im Chor der Kirche kann man Fresken mit Menschen- und Tierdarstellungen sehen. Mittelalterliche Wandmalereien sind in Irland sehr selten.

Einsame Strecke

Reisepraktische Informationen Clare Island

Information
Im Internet: www.clareisland.ie.

Unterkunft
Es gibt ausreichend Übernachtungsmöglichkeiten auf Clare Island: mehrere B&Bs und Hostels, Cottages für Selbstversorger und einen Campingplatz.
Go Explore Hostel & Sailor's Bar €, ☎ 087-4108706, www.goexplorehostel.ie. Neueres Hostel mit großen Fenstern, toller Terrasse und lebhafter Bar, oft mit Live-Musik.

Entspannung
Zivilisationsmüde? Alltagsstress? Die **Macalle Farm** bietet herrliche **Entspannungskurse**, www.yogaretreats.ie.

Wandern
Wenn man länger auf der Insel verweilen und dort wandern möchte, lohnt sich die Anschaffung der Karte Nr. 30 der Ordnance Survey Discoveries Series.

Fährverbindungen
Es gibt zwei Anbieter, die beide von Roonagh Pier, 8 km W Louisburgh, die Insel anfahren. Im Sommer 3–4 x tgl., im Winter seltener. Die Fahrt dauert 15 Min.
Clare Island Ferry, ☎ 098-23737, www.clareislandferry.com.
O'Malley Ferries, ☎ 098-25045, www.omalleyferries.com.

Croagh Patrick

Auf halbem Weg zwischen Louisburgh und Westport (9 km SW Westport) erhebt sich der **Croagh Patrick**, die berühmteste irische Wallfahrtsstätte. Vom Gipfel des

Pilgerziel Croagh Patrick

heiligen Berges (765 m) bietet sich ein berauschender Rundblick auf die von unzähligen Inselchen übersäte Clew Bay bis hinüber zur Achill Island und auf das gebirgige Hinterland. Der Bergkegel ist allerdings oft in Nebel eingehüllt.

Wallfahrtsstätte

Auf dem Gipfelplateau steht eine kleine Kapelle. An dieser Stelle soll der hl. Patrick im Jahr 441 40 Tage gefastet haben. Seitdem ist der Berg ein wichtiges Pilgerziel. Während seiner Bußübungen wurde der hl. Patrick von verschiedenen Dämonen versucht. Einer Legende nach ließ der hl. Patrick an der steilen Südseite des Berges eine Glocke ertönen, die alle Schlangen Irlands herbeilockte. Diese stürzten sich über den Abhang und so wurde Irland von Schlangen befreit. Die Druiden konnte der hl. Patrick mit dem Kleeblatt von der Dreifaltigkeit Gottes überzeugen.

Jeweils am letzten Sonntag im Juli findet eine Wallfahrt auf den Berg statt, an der bis zu 25.000 Pilger teilnehmen. Schon in heidnischen Zeiten war Croagh Patrick der Ort für ein alljährlich stattfindendes Fest zu Ehren des keltischen Lichtgottes Lug. Menschen jeden Alters und jeder Kondition ziehen auf den Berg, wobei eine ausgelassene Stimmung herrscht. Wenn man es ganz richtig machen will, geht man barfuß. Die leuchtend weiße Patrick-Statue am Fuße des Croagh Patrick markiert den Beginn des Pilgerpfades. 750 Steigungsmeter müssen erklommen werden. Für den Aufstieg sollte man mit zwei Stunden rechnen, für den Abstieg mit einer Stunde. Auf dem Gipfel ist es oft sehr windig. Warme und regenfeste Kleidung sollte man auf jeden Fall mitnehmen.

Am Fuße des Berges – beim Parkplatz – kann man sich im **Croagh Patrick Visitor Centre** mit Pilgerstäben aus Haselnuss, Rosenkränzen, Statuen von Jesus und verschiedenen Heiligen, Erfrischungen und Souvenirs (z. B. Zertifikate oder T-Shirts mit der Aufschrift „*I climbed the reek*") versorgen. Auch Waschräume gibt es hier.
Croagh Patrick Visitor Centre, *Murrisk,* ☎ *098-64114, www.croagh-patrick.com, 17. März–Ende Okt.*

Gegenüber vom Besucherzentrum beeindruckt das **National Famine Monument**, ein Segelschiff aus Bronze, aus dem „Skelette" herausragen. Die Skulptur entstand 1997 und ist ein Werk von John Behan. Erinnert wird hier an jene Auswanderer, die ihr Leben auf den sogenannten *coffin ships* auf der Fahrt nach Übersee verloren.

National Famine Monument

Westport

Westport ist eine freundliche, im Sommer lebhafte Kleinstadt mit rund 5.000 Einwohnern. Stolz sind die Westporter auf die Auszeichnung „saubere Stadt", die sie bereits dreimal gewannen. Das Städtchen wurde im 18. Jh. von der Familie Browne, den späteren Marquesses of Sligo, angelegt. Durch Handel mit Stoffen und Garnen und durch den Hafen, über den landwirtschaftliche Produkte ausgeführt und Holz eingeführt wurden, erlangte Westport erhebliche Reichtum. Eine Reihe stattlicher Wohnhäuser geben davon Zeugnis. Im 19. Jh., als die Konkurrenz in England günstigere Leinen- und Baumwollstoffe liefern konnte, ging es mit Westports Wohlstand bergab. Aufgrund der Abgeschiedenheit des Ortes und mangelnder städtebaulicher Veränderung sind die wesentlichen Merkmale der ursprünglichen Planung nahezu vollständig erhalten.

Originale Stadtstruktur

Die Stadt verteilt sich um einen achtseitigen Platz, der **The Octagon** genannt wird. Von den acht Seiten gleicher Länge werden drei durch Straßeneinmündung geteilt. Im Zentrum des Platzes steht eine dorische Säule auf einer achteckigen Basis, die mit einer Statue des hl. Patrick bekrönt ist. Zu beiden Seiten des kleinen kanalisierten Flusses Carrowbeg, der, von mehreren Brücken überspannt, die Stadt in zwei Hälften teilt, verläuft die „Hauptstraße" Westports, eine von Linden gesäumte Doppelallee namens North und South Mall.

Restaurierung der alten Lagerhäuser

Der Hafen liegt knapp 2 km entfernt. Er wurde gleichzeitig mit der Stadt angelegt und bildete bis zum Bau der Eisenbahnlinie das wirtschaftliche Kernstück der Stadt. Die Lagerhäuser und Kaianlagen am Westquay Quay stammen weitgehend aus der Gründerzeit der Stadt. Da die meisten Gebäude leer standen und zu verfallen drohten, hat sich die Stadt zu einem Renovierungsprogramm entschlossen. In einigen der alten Speichergebäude befinden sich heute Pubs, Restaurants und nette kleine Geschäfte mit Kunsthandwerk.

Die Hauptattraktion Westports ist **Westport House**. Das Herrenhaus ist eines der größten in ganz Irland. Es wurde 1730–1734 auf den Fundamenten eines Vorgängerbaus errichtet und Ende des 18. Jh. erheblich erweitert. Der Architekt war der Deutsche Richard Cassels. Der Landsitz befindet sich noch immer in den Händen der Gründerfamilie, die meist auch hier lebt. Um die enormen Kosten des Gebäudes zu decken, wurde das Parkgelände zu einem Piratenabenteuerspielplatz mit zahlreichen Attraktionen umgestaltet.

Westport House, 2 km vom Stadtzentrum entfernt an der Straße nach Clew Bay, ☎ 098-27766, www.westporthouse.ie. In der Regel tgl. Mitte April–Mitte Sept. 10–16 Uhr, Nebensaison eingeschränkt. Führungen durch das Herrenhaus mehrfach tgl. Auf dem Gelände befindet sich auch ein Camping- und Caravanplatz.

Reisepraktische Informationen Westport

Information
Tourist Information, The Mall, ☎ 098-25711, www.westporttourism.com, ganzjährig.

Unterkunft
Knockranny House Hotel €€€, Castlebar Road, ☎ 01-2958900, www.manorhousehotels.com. Elegantes Landhaushotel und Spa mit 97 Zimmern, die meisten mit wunderschönem Blick auf die Bucht.

Old Mill Holiday Hostel €, Barrack Yard, James Street, ☎ 098-27045. Im Stadtzentrum gelegenes Hostel im Familienbetrieb, 52 Betten in Mehrbett-, Doppel- und Familienzimmern, rollstuhlgerecht. Mahlzeiten auf Wunsch. Ab 20 € p. P.

Essen und Trinken
Quay Cottage Restaurant, The Harbour, ☎ 098-50692, www.quaycottage.com. Etabliertes Restaurant in Cottage mit maritimem Ambiente. Am Eingang zum Park vom Westport House gelegen. Die Spezialität ist Fisch, es gibt aber auch Fleisch und vegetarische Gerichte. Sommer Mo–Sa Winter Di–Sa 18–22 Uhr. Gehobene Preisklasse.

The Asgard Tavern & Restaurant, Quay Road, ☎ 098-25319, Bar Food 12–15 Uhr (günstig), Dinner 18–22 Uhr (mittlere Preisklasse). Fischspezialitäten.

Cronin's Sheebeen, Rosbeg, ☎ 098-26528, www.croninssheebeen.com. Vater und Sohn Colm und Simon Cronin betreiben dieses ausgezeichnete Restaurant (mit Bar) in einem reetgedeckten Haus am Ufer der Clew Bay. Hervorragende Meeresfrüchte, z. B. gedämpfte Muscheln in Sahne oder Heilbutt mit Krabbenbutter. Hauptgerichte 15–25 €. Im Sommer gibt es Live-Musik in der Bar.

Pubs/Live-Musik
Im **Matt Molloy's**, Bridge Street, ☎ 098-27663, nahm die Folkgruppe The Chieftains ihren Ausgang. Matt gilt als einer der besten Flötisten in Irland (www.mattmolloy.ie).

Wandern
Rund um Westport gibt es gute Wander- und Spaziermöglichkeiten, beispielsweise im Tourmakeady Forest, im Nephin Beg Forest, im Letterkeen Wood oder im Newport and Old Head Wood. Ein Faltblatt mit Wandervorschlägen, kurzen Streckenbeschreibungen und Karten ist in der Tourist Information erhältlich. Die Wege sind zwischen 3 und 20 km lang.

Radfahren
Der beliebte **Great Western Greenway** ist eine herrliche, 42 km lange Strecke zwischen Westport und Achill. **Clew Bay Bike Hire** (www.clewbayoutdoors.ie) bietet Fahrradverleih und flexiblen Shuttle Service.

Feste/Veranstaltungen
Seit über 50 Jahren findet alljährlich in der 3. oder 4. Juniwoche das **Westport International Sea Angling Festival** statt (☎ 087-7656202, www.westportseaanglingfestival.eu). Im Herbst folgt das **Westport Art Festival** (www.westportartsfestival.com), ein großes Fest mit viel Kunst, Musik und Literatur.

Verkehrsverbindungen
Bus Éireann nach Ballina, Belfast, Galway, Achill, Sligo, Dublin, Clifden, Ennis und nach Cork, Abfahrt Mill Street. Tickets und Fahrplanauskunft von der Tourist Information. **Bahnverbindungen** mehrmals täglich nach Dublin. Der Bahnhof liegt in der Altamount Road, ☎ 098-25253.
Flughafen: Knock, Charlestown, Co. Mayo, ☎ 094-9368100, www.knockairport.com. Der Flughafen liegt 40 km O Westport.

☞ Ausflug nach Ballintober Abbey

Von Westport lohnt ein Ausflug in südöstliche Richtung zum **Lough Carra** und zur **Ballintober Abbey** (auch *Ballintubber* geschrieben). Die im Jahre 1216 entstandene Abtei war Ausgangspunkt und Zwischenstation für viele Gläubige, die auf der alten Pilgerstraße zum Croagh Patrick wanderten. Die Steinmetzarbeiten, besonders die der Kanzel, sind erstaunlich qualitätsvoll. Von Cromwells Truppen später zerstört, wurde die Anlage zunächst im 19. Jh. und dann erneut im Jahr 1966 aus Anlass der 750-Jahresfeier, grundlegend restauriert. Hier werden seit fast 800 Jahren kontinuierlich Gottesdienste abgehalten. Der Spitzname der Abtei lautet daher auch „*the abbey that refused to die*". Direkt neben der Abtei lädt **Celtic Furrow** zu einem Besuch ein. Anschaulich informiert die Ausstellung über viele interessante Aspekte des irischen Lebens, darunter beispielsweise die Anfänge des Christentums, aber auch die keltischen Traditionen (Juni–Aug. tgl. 10–17 Uhr).
Ballintober Abbey, *17 km O Westport,* ☎ *094-9030934.*

Von Westport nach Achill Island

Hunderte Inseln

Die **Clew Bay** ist eine mit unzähligen Inseln übersäte Bucht, die auch die „Bucht der 365 Inseln" genannt wird. Die meisten Strände hier sind *Blue Flag Beaches* (s. S. 79). Die Strecke entlang der Bucht ist eine beliebte Fahrradstrecke der Great Western Greenway. In der nordöstlichen Ecke der Bucht, 12 km N Westport, liegt der sympathische Ort **Newport**. Die breite Dorfstraße zieht sich von der Brown Oak Bridge, die den gleichnamigen Fluss überspannt, bis zum oberen Dorfende. Die Eisenbahnbrücke aus dem 19. Jh. ist Teil der ehemaligen Verbindung von Achill Island über Newport nach Westport. Am Fußufer liegt **Newport House**, ein Gebäude aus dem 18. Jh., wo heute ein Hotel untergebracht ist. In der **St. Patrick's Church** kann man ein Fenster von Harry Clarke bestaunen. Es wurde 1900 unter seiner Aufsicht gemalt.

Unterkunft/Essen und Trinken
****Newport House Hotel and Restaurant** €€€, *Newport,* ☎ *098-41222, www.newporthouse.ie. Das Hotel hat 18 elegant-gediegen ausgestattete Zimmer und ein gepflegtes Restaurant. Berühmtes Anglerhotel, insbesondere für Lachsangeln in den nahegelegenenen Loughs, Spezialität des Restaurants ist natürlich Lachs!*

In **Mulrany**, einem kleinen Dorf mit Autowerkstatt und Supermarkt, biegt die R319 zur **Corraun Peninsula** und zu Achill Island ab. Eine 33 km lange Ringstraße führt um die Halbinsel. Der nördliche Teil ist die R319 nach Achill Island. Die klippengesäumte südliche Strecke ist zwar 6 km länger, aber schöner zum Radfahren. Das Landesinnere der Halbinsel ist nahezu unbewohnt und mit seiner Stille, Weite und Ursprünglichkeit ein Paradies für Wanderer. Die höchste Erhebung ist mit 521 m der **Corraun Hill**.

Achill Island

Bauboom durch staatliche Förderung

Die größte Insel Irlands hat eine Fläche von knapp 130 km^2. Sie ist 22 km lang, 19 km breit und hat eine Küstenlinie von 129 km. Rund 2.700 Menschen leben hier. Seit 1888 ist die Insel am Achill Sound durch eine Brücke mit der Halbinsel Corraun verbunden. Bis 1936 war sie sogar per Eisenbahn zu erreichen. Achill Island war noch bis in die 1960er-Jahre von Auswanderung betroffen. Erst in den 1990er-Jahren wendete sich das Blatt und durch staatliche Fördermaßnahmen und günstige Kredite wurde ein regelrechter Bauboom für Ferienhäuser oder Alterswohnsitze angekurbelt. Entlang der Küste ziehen sich spektakuläre Klippen, insbesondere die **Cathedral Rock Cliffs** im Westen der Insel. Daneben gibt es zehn herrliche Strände, von denen fünf als *Blue Flag Beaches* ausgezeichnet sind. Der längste Strand erstreckt sich 4 km lang bei Keel. Das Inselinnere beherrschen mehrere bis zu 670 m hohe Berge, zwischen denen sich Moore und Heideflächen erstrecken. Der **Atlantic Drive** zieht sich mit wunderbaren Ausblicken auf das Meer 40 km rund um die Insel. Achill Island bietet viele Möglichkeiten für aktive Urlaubstage: Man kann Golf spielen, wandern, reiten, angeln, Drachen fliegen, Kanu- und Bootstouren unternehmen, segeln und tauchen. Die Strände sind zum Surfen für Anfänger und auch für Fortgeschrittene geeignet. Hochseeangeln ist vom Boot oder auch vom Ufer aus möglich.

Achill Island: Inspiration für Heinrich Böll

Interessant ist auch das **Slievemore Deserted Village**, von Heinrich Böll als „Skelett einer menschlichen Siedlung" bezeichnet. Es besteht aus rund 70 winzigen Häusern, die parallel zueinander stehen. Ihre Giebel zeigen nach Süden, die Türen nach Osten und die Fenster nach Nordosten. Es handelt sich um eine sogenannte *booley*-Siedlung, ein System, bei dem die Farmer jeweils Winter- und Sommersiedlungen haben, um ihrem Vieh die besten Weidemöglichkeiten zu bieten. Die Siedlung bei Slievemore war eine Sommerunterkunft. Von hier aus kann man in rund einer Stunde den Gipfel des Berges Slievemore erreichen. Von oben bieten sich herrliche Ausblicke auf die Blacksod Bay und auf Mullet. Ausgangspunkt für die Wanderung ist Keem Bay. Die Karte Nr. 30 aus der Ordnance Survey Discovery Series deckt den Weg ab.

Keel ist der sympathische Hauptort der Insel. Über **Dooagh** geht es in etwa 7 km zum „Ende der Welt", zur von mächtigen Klippen gerahmte Keem Bay. Auf der Fahrt zum **Achill Head** wird man mit einer traumhaften menschenleeren Bucht und unvergesslichen Panoramen belohnt.

Zum „Ende der Welt"

In dem kleinen Ort **Doogort** (Dugort) befindet sich das Cottage Heinrich Bölls, wo der Literaturnobelpreisträger ab Mitte der 1950er- bis in die 1970er-Jahre hinein viele Sommer verbrachte, weg vom Trubel im Nachkriegsdeutschland. Durch sein „Irisches Tagebuch" (1957), eine eindringliche Beschreibung der Iren und Irlands, wurde der Westen Irlands zum Ort der Träume für viele Deutsche. Seit 1992 wird das Feriencottage als Gästehaus für internationale und irische Künstler und als literarische Begegnungsstätte genutzt (siehe auch www.heinrichboellcottage.com).

Reisepraktische Informationen Achill Island

Information
Tourist Information Achill Island, Achill Sound, ☎ 098-20705, www.achill tourism.com. Hier gibt es detaillierte Informationen über die vielfältigen Freizeitangebote auf Achill Island.

Unterkunft
Auf Achill Island gibt es zahlreiche Unterkünfte: Hotels, B&Bs und Hostels. Die meisten findet man in Keel, Dooagh und in Doogort.
The Valley House Hostel €, ☎ 098-47204, www.valley-house.com. Dieses abgeschiedene Hostel in einem alten Haus bietet viel Atmosphäre und 42 Betten, darunter auch Familienzimmer und DZ. Zum Frühstück gibts leckere Scones. Mehrbettzimmer 16–22, DZ 22–25 €.

Essen und Trinken
In allen Ortschaften der Insel gibt es Einkehrmöglichkeiten. Achtung: Im Herbst und Winter sind die meisten touristischen Einrichtungen geschlossen. Beliebt ist **Calvey's Restaurant**, Keel, ☎ 098-43158, www.calveysofachill.com. Das Restaurant gehört zur hauseigenen Bio-Schlachterei, daher stehen die Fleischgerichte ganz oben auf der Speisekarte. Besonders schmackhaft: Bio-Lamm. Günstig bis mittlere Preisklasse.

Verkehrsverbindungen
Zug- und Busverbindung von Dublin nach Westport oder Castlebar. Von dort weitere Busverbindung zur Achill Island. Der **Flughafen** Knock International Airport ist rund 90 Autominuten entfernt.

Tipp: Archäologie und Geschichte
Achill Archaeological Field School, Dooagh, ☎ 098-43564, www.achill-field school.com. Die Sommerschule bietet Kurse, Vorträge und Ausstellungen zur Geschichte und Archäologie der Insel sowie Grabungen für Studenten der Archäologie und Anthropologie. Im Folklife-Centre gibt es Volkskundliches zu sehen. Mo–Sa 9.30–17.30 Uhr.

Nordwestliches Mayo

Der **Ballycroy National Park**, auch Mayo National Park genannt, wurde 1998 gegründet. 11.837 Hektar umfassend, gibt es hier interessante Oberflächenmoore. Die Owendruff-Region in den Nephin Mountains bildet das Zentrum des Parks. Der Owendruff River ist der letzte Fluss in Westeuropa, der in ein relativ intaktes Oberflächenmoor mündet. Wandervögel, u. a. auch seltene Arten, nutzen das Gebiet als zeitweiliges Terrain. In **Ballycroy** an der N59 gibt es ein ausgezeichnetes Besucherzentrum mit detaillierten Informationen über den Nationalpark und Wandermöglichkeiten.

Unwiderstehlich abgeschieden und wunderschön ist der kleine, in einer Bucht gelegene Ort **Pollatomish** (auch Pullathomas genannt), 16 km O Belmullet (ausgeschildert an der Straße nach Ballycastle R314). 16 km N Glenamoy geht es zum atemberaubend schönen **Benwee Head**.

Mullet Peninsula

Das Tor zur Mullet Peninsula bildet der Ort **Bangor**. Die flache Halbinsel ist etwa 33 km lang und an der breitesten Stelle 12 km weit. Windig ist es eigentlich immer. An der Küste wechseln sich Klippen und einsame Sandstrände ab. Mullet vorgelagert liegen einige kleine Inseln. Wunderbare Strände gibt es in der Elly Bay.

Reisepraktische Informationen Mullet Peninsula

Unterkunft
Kilcommon Lodge €, Pollatomish, ☎ 097-84621, www.kilcommonlodge.ie. Einzigartig in Gehentfernung zum Strand gelegenes Hostel, freundlich und sauber. 25 Betten in Familien- und kleinen Mehrbettzimmern. Es wird im Familienbetrieb jetzt bereits in der zweiten Generation, geleitet. Ciarán organisiert auch Outdoor Activities, wie Surfen, Reiten, geführte Wanderungen sowie irische Sprachkurse.

Golf
Carn Golf Course, Belmullet, ☎ 097-82292, www.carnegolflinks.com. Der 18-Loch-Golfplatz liegt einzigartig in einer Landschaft aus Sanddünen. Er wurde von dem renommierten Golfplatzdesigner Eddie Hackett gestaltet.

Entlang der Nordküste nach Killala

Von Benwee Head und den eindrucksvollen Stags of Broad Haven zieht sich die Klippenlandschaft, die nur von wenigen Buchten unterbrochen wird, bis in die **Killala Bay**. Am **Downpatrick Head**, nördlich von Ballycastle, gibt es Kolonien von Fissturmvögeln. Die Landzunge kann über eine schmale Straße erreicht werden, die zu einem kleinen Parkplatz führt. Ab hier geht es zu Fuß weiter. Von **Ballycastle** bieten sich schöne Spaziergänge inmitten der einsamen Klippen- und Moorlandschaft.

Unterkunft
Stella Maris Country House Hotel €€€, Ballycastle, ☎ 096-43322, www.stellamarisIreland.com. Im Jahr 1853 als Küstenwachstation erbaut, wurde das Gebäude ab 1914 umfunktioniert und fortan als Konvent genutzt. Nach aufwändigen Restaurierungsarbeiten befindet sich heute hier ein behagliches Hotel, das günstig zwischen verschiedenen Golfplätzen gelegen ist. Auch für Angler ist das Hotel ideal. Von den meisten Zimmern hat man fantastische Blicke auf das Meer. 11 Zimmer (eines davon behindertengerecht), 1 Suite. April–Okt. geöffnet.

Wenige Kilometer vor Ballycastle stößt man auf ein besonderes Highlight, die **Céide Fields** (ausgesprochen: *Ceidscha*). Auf den ersten Blick ist hier nichts Außergewöhnliches zu sehen. Das Besondere ist aber, dass sich hier unter einer natürlichen Torfschicht eine regelrechte Steinzeitlandschaft erhalten hat, die mindestens 5.000 Jahre alt ist: Felder mit Steinwällen, Dorfgrundmauern, Behausungen und Hünengräbern. Nach jahrelanger systematischer Freilegung bietet sich hier dem Besucher eines der interessantesten und größten Freilichtmuseen steinzeitlicher Frühkultur. Der moderne oktogonale Museumsbau aus Stahl und Beton ist mit seinem bepflanzten Glasdach schon von Weitem zu sehen.

Céide Fields, *Ballycastle*, ☎ *096-43325, www.heritageireland.ie und www.ceidefields.com, tgl. April–Mai 10–17, Juni–Sept. 10–18, Okt. 10–17 Uhr, Erw. 4 €, erm. 2 €.*

Céide Fields – eine Steinzeitlandschaft unter Torf

Im Grunde handelt es sich bei Céide Fields nur um ein paar aus dem Moor ausgegrabene Haufen von Steinen. Hinter diesen Steinen verbirgt sich jedoch eine der faszinierendsten archäologischen Entdeckungen unserer Zeit. Die „Felder" von Céide umfassen ein mehrere Quadratkilometer großes Areal. Dieses wurde vor mehr als 5.000 Jahren urbar gemacht, mit Steinmauern unterteilt und über Generationen bewirtschaftet. Auch in anderen Gegenden Westeuropas mag es zu jener Zeit ähnliche Landschaften gegeben haben, aber während anderswo nachfolgende Generationen das Aussehen ihrer Umgebung immer wieder veränderten, wurden die Céide Fields unter dem Moor begraben. Nur etwa 200 Jahre, nachdem die ersten Siedler sich dort niedergelassen hatten, begann es sich zu bilden. Das steinerne Skelett dieser Besiedlung ist so vollständig erhalten, dass man meinen konnte, die Zeit sei in Céide 5.000 Jahre lang angehalten worden.

Patrick Caulfield, Lehrer aus Belderrig, versuchte 1934, das Nationalmuseum in Dublin auf die zusammengefallenen Steinmauern aufmerksam zu machen, die bei einem als Céide bekannten Landstrich zwischen seinem Heimatdorf und Ballycastle unter dem gestochenen Torf auftauchten. Er hatte keinerlei archäologische Vorbildung, war sich aber bewusst, dass diese Steinmauern von großer Bedeutung sein mussten, da sie auf dem mineralischen Grund eines Torfmoores aufgeschichtet lagen. Bei den Archäologen in Dublin stieß seine Entdeckung aber nur auf mäßiges Interesse, und auch Ruaidhri de Valera (Sohn des damaligen irischen Präsidenten), der Anfang der 1960er-Jahre zusammen mit anderen Archäologen bei Behy, unmittelbar westlich von Céide, mit Ausgrabungsarbeiten beschäftigt war, maß den direkt daneben liegenden Mauern keine Bedeutung zu.

Erst ab 1969 wurde mit der systematischen Untersuchung der Céide Fields begonnen. Die Leitung hatte Dr. Seamus Caulfield, der Sohn von Patrick Caulfield. Er war durch das Interesse seines Vaters an den alten Grabstätten und den Mauern in den Mooren der Umgebung zur Archäologie gekommen. Um den Verlauf der Mauern in ihrem ganzen Umfang festzustellen, bediente er sich einer alten Methode, die die Einheimischen seit langem zum Auffinden von Baumstämmen unter dem Moor anwandten. Ein etwa 2 m langer Stab aus Eisen, am oberen Ende mit einem kurzen Querstück versehen, wurde alle 50 cm in den Boden gedrückt, bis er auf festen Untergrund stieß. Das war entweder die Bodenoberfläche, wie sie vor mehr als 5.000 Jahren freigelegen hatte, oder die darauf errichteten Mauern von Feldern, Weiden oder Gehöften. An die Stelle der Eisenstange wurden dann gleichlange Bambusstöcke gesetzt, die den ganzen Verlauf der Mauern über zwei große Hügel nachzeichneten. Insgesamt ergab sich eine Fläche von mehreren Quadratkilometern.

Mit den einfachen Mitteln, die ihnen damals zur Verfügung standen, vor allem mit polierten Steinäxten, fällten die frühen Bewohner von Céide eine Viertelmillion Bäume, gruben ihre Wurzeln aus, bewegten eine Viertelmillion Tonnen Steine, um Mauern von mehr als 120 km Länge zu bauen. Das regelmäßige Muster lässt auf das geplante Vorgehen einer größeren Gemeinschaft schließen. In anderen Gegenden der britischen Inseln vorgefundene alte Feldsysteme zeigen unregelmäßige Muster: Ein Feld nach dem anderen wurde nach Bedarf angelegt, vergrößert oder geteilt, meist den natürlichen Gegebenheiten der Landschaft folgend. Die Felder von Céide verlaufen dagegen parallel und sind von gleichmäßiger Größe und ähnlichem Zuschnitt. Vieles deutet darauf hin, dass die Felder individuell, vielleicht von einzelnen Großfamilien, bewirtschaftet wurden. Die Überreste der Gehöfte – Bodenvertiefungen, in denen die Stützpfosten der Häuser verankert waren, Feuerstellen und die Steinwälle, die die Häuser und Höfe umgaben – liegen verstreut in den Feldern, nicht in geschlossenen Siedlungen. Es wird vermutet, dass etwa 50–60 Familien in Céide lebten, also bis zu 300 Menschen. Die Anlage der Gehöfte, die über das ganze Gebiet verteilt sind und keine größeren Befestigungen aufweisen, deutet darauf hin, dass sie friedlich miteinander auskamen.

Woher sie kamen, ist nicht sicher, möglicherweise direkt aus Frankreich. Nach der Radiokarbondatierung der Holzkohle in einer der Feuerstellen lässt sich das Alter der Céide Fields auf etwa 3200 v. Chr. bestimmen. Als Tatsache steht fest, dass sich ab etwa 3000 v.Chr. die Torfmoore Irlands bildeten, und zwar vermutlich aufgrund von plötzlichen Veränderungen des Klimas, das kälter und feuchter wurde. Zur Zeit der Besiedlung von Céide war es dort durchschnittlich 2 Grad wärmer als heute. Das Klima förderte so das Wachstum von Moosen und Pflanzen, die die Moore entstehen ließen. Andere Wissenschaftler geben den Menschen Teilschuld an der Entstehung der Moore. Die ersten verhängnisvollen ökologischen Schäden seien in den ursprünglichen Wäldern angerichtet worden. Nach Schätzungen halten die Kronen der Bäume in dichtem Wald 70–80 % des Regenwassers vom Boden ab. Als die frühen Siedler den Wald in Céide rodeten, sorgten sie somit dafür, dass bis zu fünfmal mehr Wasser in den Boden sickerte, und schufen so die Grundbedingungen für eine Verschlechterung ihres Landes. Übermäßiges Abgrasen der Weiden und deren Überdüngung, mögen die Lage noch verschärft haben.

Céide wurde nicht plötzlich verlassen, sondern seine Bewohner müssen langsam über einen Zeitraum von mehreren Generationen in fruchtbarere Gegenden weitergezogen sein. Die Mauern zerfielen nach und nach, die Steine wurden von Moos und Heide überwuchert und versanken schließlich für 5.000 Jahre im Moor.

Killala und Umgebung

Killala ist ein kleiner, gemütlicher Fischerort mit einem schönen Strand. Früher gab es hier einen wichtigen Seehafen für den Norden Mayos. In der Bucht von Killcummin Strand landete im August 1798 der französische General Humbert mit drei Schiffen, um die Iren in ihrem Kampf gegen die Briten zu unterstützen. Entlang der R314 nach Norden und beim Hinweisschild rechts ab sieht man an der Straße ein Denkmal, das einen französischen Soldaten gemeinsam mit einem irischen Bauern darstellt.

Franziskanerklöster

Von den beiden Franziskanerklöstern **Moyne Friary** (1460 gegr.) und der nur wenig Kilometer südlich liegenden **Rosserk Friary** (um 1440) ist Letzteres besser erhalten. Ein tiefes Kielbogenportal führt in die aus Hauptschiff und Chor bestehende Kirche. Im Chor fällt der doppelte Taufstein mit den Skulpturen zweier Engel und einem Rundturm auf.

Tipp: Historische Radtour
Radtour für Historiker: Die **1798 Commemorative Cycle Route**, *auch „Tour de Humbert" genannt, beginnt in Killala. Über 264 km folgt die Route dem Weg der Truppen von General Humbert durch die Grafschaften Mayo, Sligo, Leitrim und Longford. Ein Radführer, erhältlich in den Touristeninformationen der Region, erläutert die historisch wichtigen Stätten und gibt praktische Informationen über den Streckenverlauf.*

Der 7.000 Einwohner zählende Ort **Ballina** wurde durch seine Lage an der Spitze der sich fjordähnlich verjüngenden Killala Bay zu einem wichtigen Seehafen. Die interessanteste Attraktion für Urlauber, überwiegend Hobbyangler, ist der Fluss Moy, wo Lachs und Forelle geangelt wird. Die Stadt wurde ursprünglich auf der Ostseite des Flusses gegründet und zwar dort, wo sich jetzt die St. Muredach-Kathedrale befindet.

Anglerparadies Ballina

Sie ist nicht sonderlich schön, hat aber viele Geschäfte und Lokale und ein neues Museum (2013), die **Jackie Clarke Collection**, wo es eine erstaunliche Sammlung von rund 100.000 Exponaten zur irischen Geschichte zu Bestaunen gibt.
Jackie Clarke Collection, *Pearse Street, ☎ 096-73508, Di–Sa 10–17 Uhr, Eintritt frei.*

Reisepraktische Informationen Ballina

Information
Tourist Information, *Cathedral Road, ☎ 096-72800, April–Sept.*

Unterkunft
The Ice Hotel €€€, *☎ 096-23500, www.icehousehotel.ie. Das sensibel restaurierte historische Eishaus, am Fluss Moy gelegen, beherbergt nun ein modernes Hotel und Spa. 32 luxuriösen Zimmern und Suiten.*
Enniscoe €€€, *Castlehill, 18 km von Ballina entfernt, 23 km S Crossmolina an der R315, ☎ 096-31112, www.enniscoe.com. Das von Susan Kellett geführte, schöne georgianische, von einem riesigen Park umgebene Landhaus ist seit sechs Generationen im Familienbesitz und hat eine warme und anheimelnde Atmosphäre. Es gibt 6 Gästezimmer und hinter dem Hauptgebäude zusätzlich einige Ferienwohnungen. Hunde sind willkommen. Am Ufer des Loch Conn gelegen, gibt es gute Angelmöglichkeiten für braune Forelle. April–Okt. geöffnet, Dinner 56 €. Ein 2,5 km langer Rundweg führt durch das Enniscoe Estate und ist auch (kostenlos) für Nicht-Hotelgäste zugänglich. Der Weg führt durch den herrlichen Park und am Lough Conn entlang. Besichtigung des Kulturzentrums und der ornamentalen Gärten mit Eintritt.*

Essen und Trinken
Crockets on the Quay Bar & Bistro & Guest Accommodation, *☎ 096-75930, www.crocketsonthequay.ie. Moderne irische Küche in entspannter Atmosphäre und mit Biergarten. Restaurant: 18–21.30, Barfood 12.30–21 Uhr. Günstig bis mittlere Preisklasse. Einmal in der Woche gibt es Live-Musik. 8 Gästezimmer (€).*
Murphy Brothers, *Clare Street, ☎ 096-22702, www.murphy-brothers.com. Oft Live-Musik, vor allem im Sommer. Man kann auf dem Balkon sitzen und den Blick auf den Fluss genießen. Murphy's betreibt auch ein Restaurant,* **Market Kitchen** *(tgl. 18–21.30 Uhr), und am Wochenende einen Nachtclub.*

Angeln

Der **Ridge Pool Tackle Shop** *in der Cathedral Road, bietet Informationen, Lizensen und Ausrüstung – alles was das Anglerherz begehrt.*

Feste/Veranstaltungen
Das **Ballina Salmon Festival** *(www.ballinasalmonfestival.ie) ist ein einwöchiges Fest im Juli mit viel Fisch, daneben aber auch Straßenkunst und Musik.*

Verkehrsverbindungen
Busse *täglich nach Sligo, Westport, Castlebar, Dublin und Galway sowie nach Foxford, Pontoon, Killala, Ballycastle und zur Achill Island. Mehrere* **Züge** *am Tag nach Dublin. Bahnhof (☎ 096-71820) und Busbahnhof befinden sich in der Kevin Barry Street.*

Baden in Seealgen

Nach einem anstrengenden Tag kann man sich bei einem Algenbad im **Kilcullen's Seaweed Bath** in Enniscrone erholen – *„the ultimate bathing experience"*! Das Badehaus wurde 1912 gegründet und ist seit vier Generationen im Familienbetrieb. Das Badewasser wird direkt aus dem Atlantik genommen, die Algen jeden Morgen frisch vom Felsen geschnitten. Pro Badewanne braucht man einen Eimer Algen. Die therapeutische Kraft bei Rheumatismus und Arthrose liegt in dem hohen Jodgehalt der Algen und des Seewassers. Während des Wachstums ziehen die Pflanzen das Jod aus dem Wasser an, sodass sie schließlich eine bis zu 20.000mal höhere Konzentration aufweisen als das Wasser. Ein Seealgenbad ist auch gut für die Haut. Das Badewasser hat ungefähr die Konsistenz von Olivenöl. Wenn man sich besonders verwöhnen möchte, kann man vorher in einem altmodischen Schwitzkasten, wo nur der Kopf rausguckt, ein Dampfbad nehmen. Das Badehaus wurde kaum verändert und hat noch die alten Porzellanwannen und teilweise sogar Jugendstilkacheln mit floralem Dekor.

Kilcullen's Seaweed Baths, *Enniscrone, 15 km N Ballina, ☎ 096-36238, Juni–Sept. tgl. 10–21, Okt.–Mai Sa/So 10–20, Mo–Fr 12–20 Uhr, Anmeldung nicht erforderlich, Bad und Dampfbad 25 €, Massage 30 Min. 30 €)*

Rund um Lough Conn

Sanfte Landschaft

Nach Lough Corrib und Lough Mask ist **Lough Conn**, rund 14 km lang und 3–6 km breit, der drittgrößte See in Westirland. Er ist im Süden durch eine Landbrücke vom kleineren Lough Cullin getrennt. Lough Conn bietet ein liebliches Kontrastprogramm zu den dramatischen Naturschauspielen in Connemara und dem Westen Mayos. Eingebettet in sanft ansteigende Wiesen, glitzert die glatte Oberfläche des Sees in der Sonne. Im Hintergrund steigen die bis zu 720 m hohen Berge des Nephin Beg Range auf. Vor allem kontinentale Angler haben die Gegend für sich entdeckt. Die Gewässer sind ungewöhnlich fischreich. Die umliegenden Ortschaften Crossmolina, Pontoon und Foxford stehen ganz im Zeichen der Anglerfreuden.

Der Ort **Foxford** ist für die Herstellung von qualitätsvollen Tweedstoffen und Wolldecken bekannt. Die **Foxford Woollen Mills** wurden 1892 gegründet. Während der „Historical Woollen Mill Tour" erfährt man Interessantes über das Leben in Foxford im ausgehenden 19. Jh. und kann bei der Herstellung von Tweedstoffen zuschauen. Zum Besucherzentrum gehören eine Kunstgalerie und eine Schmuckwerkstatt.
Foxford Woollen Mills Tours, ☏ 094-9256104, www.foxfordwoollenmills.com, tgl. Mo–Sa 10–17, So 12–17 Uhr, Eintritt frei.

In **Turlough** steht ein auffallend dicker und kurzer Rundturm. Er ist nur 21 m hoch und entstand zwischen dem 10. und 12. Jh. Die Ruinen daneben stammen von einer Kirche des 18. Jh., die allerdings an Stelle einer vom hl. Patrick gegründeten Kirche steht. In Turlough Park befindet sich das lohnenswerte **National Museum of Ireland – Country Life**. Untergebracht sind hier die nationale Folkloresammlung und Teile des irischen Nationalmuseums. Hervorragend präsentiert mit zahlreichen interaktiven Bildschirmen geben die volkskundlichen Exponate einen guten Eindruck von dem Leben in Irland in der Zeit zwischen 1850 und 1950.

Nationale Folkloresammlung

National Museum of Ireland – Country Life, ☏ 01-6777444, www.museum.ie, Di–Sa 10–17, So 14–17 Uhr, Eintritt frei.

In der restaurierten kleinen Kirche in **Straide** (auch: Strade, 14 km N Castlebar) ist das **Michael Davitt Museum** untergebracht, ein Heimatmuseum, das dem Gründer und Vorstand der 1879 gegründeten Land League Michael Davitt (1846–1906) gewidmet ist. Die Bewegung bemühte sich um eine Verbesserung der Lebensbedingungen der abhängigen Pachtarbeiter. Davitt war selbst der Sohn eines vertriebenen Pächters. Später inhaftiert, schrieb er im Gefängnis die „Leaves from a Prison Diary". Das Museum zeigt Dokumente, Fotografien, Briefe und Postkarten.
Michael Davitt Museum, ☏ 094-9031022, www.museumsofmayo.com, tgl. 10–18 Uhr, Erw. 3,20, erm. 2 €.

Straide Friary wurde in der Mitte des 13. Jh. erbaut. Interessant ist das um 1475 entstandene Grabmal im Chor. Die acht Nischen krönt ein reich verzierter Steinbaldachin. Die ausdrucksvollen Darstellungen in den Nischen zeigen vermutlich die Drei Heiligen Könige, Christus, einen Bischof und die Apostel Petrus und Paulus.

Castlebar ist eine lebhafte und prosperierende Kleinstadt mit 7.500 Einwohnern, Hauptstadt und Verwaltungssitz der Grafschaft Mayo. Über besondere Sehenswürdigkeiten verfügt Castlebar nicht. Im Gegensatz zu Westport ist Castlebar natürlich gewachsen und bekam 1611 die Stadtrechte verliehen. 1798 gelang es den aufständischen United Irishmen mit Hilfe ihrer französischen Verbündeten unter General Joseph Humbert, die Engländer zu besiegen und sie in die Flucht zu schlagen – als „Races of Castlebar" ging der Sieg in die Geschichte der Insel ein. Unter John Moore wurde danach die allerdings nur von kurzer Dauer bestehende „Republic of Connaught" gebildet. Wie jedoch zu erwarten, endete auch dieser Unabhängigkeitsversuch nach kurzer Zeit. Ein Denkmal im Zentrum der Stadt erinnert an die „glorreichen Tage".

Kurzlebige Unabhängigkeit

Reisepraktische Informationen Castlebar

Information
Tourist Information, Linenhall Street, ☏ 094-9021207, www.castlebar.ie, April–Sept. geöffnet.

Verkehrsverbindungen
Bus Éireann verbindet Castlebar und Dublin. Außerdem gibt es Verbindungen nach Ballina, Cork, Derry, Shannon und Sligo. **Zugverbindungen** nach Dublin und Westport. Bahnhof an der N84 nach Ballinrobe, ☏ 094-9021222.
Flugverbindungen nach London und anderen Städten in England. Flughafen: Ireland West Airport Knock, Charlestown, 30 km NO Castlebar, ☏ 094-9368100, www.ireland westairport.com.

40 km O Castlebar liegt **Irlands bekanntester Wallfahrtsort: Knock**. Am 21. August des Jahres 1879 um 8 Uhr hatten 15 Gläubige, die sich an dieser Stelle zum Gebet versammelten, eine Erscheinung. Sie sahen den heiligen Josef, die Jungfrau Maria und Johannes den Täufer, der als Bischof gekleidet war. Bei dieser Vision schwebten das Kreuz Christi, ein Lamm und ein Engel über einen Altar. Bei einer nur sechs Wochen später eingeleiteten kirchlichen Untersuchung stimmten die 15 Augenzeugen gänzlich überein. Eine zweite Untersuchung wurde 1936 angestellt, um die noch lebenden drei

Knock lebt von religiösen Souvenirs

Zeugen erneut zu befragen. Wieder blieben sie bei ihren Aussagen. Im Laufe des folgenden Jahrhunderts erwies sich die Kirche als zu klein, um die Massen der hierher pilgernden Gläubigen aufnehmen zu können. Zu ihrem 100-jährigen Jubiläum wurde eine gewaltige Basilika an ihrer Stelle erbaut, die im Jahre 1979 feierlich eingeweiht wurde. Sie bietet Platz für 7.500 Menschen. Auf dem Gelände der ehemaligen Kirche stehen noch zwei kleinere Kapellen, die für Andacht und Beichte genutzt werden. Am 30. September 1979 zelebrierte Papst Johannes Paul II. eine Messe in der Basilika, an der fast eine halbe Million Menschen teilnahmen. 1993 besuchte Mutter Teresa den Ort.

Basilika für 7.500 Menschen

Fast das ganze Jahr über strömen Pilger aus allen Teilen Irlands und aus Übersee herbei, um dem heiligen Ort nahe zu sein. Nahezu das gesamte Dorf lebt von den Einkünften aus Zimmervermietung und dem Verkauf von Andenken. Die Hauptpilgerzeit dauert vom letzten Sonntag im April bis zum zweiten Sonntag im November. Nicht weit entfernt liegt der Ireland West Airport, der es Pilgern von beiden Seiten des Atlantiks ermöglicht, die Stadt Knock schnell zu erreichen und der Jungfrau Maria zu huldigen. Das **Knock Folk Museum** informiert über das Leben im ländlichen Irland und über die Begleitumstände der Erscheinung von 1879.

Knock Folk Museum, ☎ *094-9388100, www.museumsofmayo.com/knockfolk.htm, Mai–Okt. tgl. 10–18, Nov.–April 12–16 Uhr.*

Abstecher in die mittleren Landesteile

Die Landschaft in der Mitte Irlands ist weniger spektakulär als der Westen oder Norden Irlands, jedoch auch weniger besucht und für erholsame Tage gut geeignet. Die Grafschaften in der Landesmitte sind hauptsächlich durch die Landwirtschaft geprägt. Sehr beliebt sind mehrtägige Bootsfahrten auf dem Shannon und seinen Seen – nicht nur eine gute Möglichkeit, diesen Landstrich kennenzulernen, sondern auch eine äußerst erholsame Art des Reisens. Ein kunstgeschichtliches „Highlight" in der Mitte Irlands ist die Klostersiedlung Clonmacnoise (s. S. 366).

Boyle

Der lebhafte Ort **Boyle** liegt eingebettet in die schöne Landschaft zwischen Lough Gara, Lough Key und Lough Arrow. Hier lohnt sich der Besuch der Zisterzienserabtei **Boyle Abbey**, die in der zweiten Hälfte des 12. Jh. von Mellifont aus besiedelt wurde. Die Ruinen der Abteikirche zeigen ein extrem langes Hauptschiff, ein südliches Seitenschiff, ein nördliches und ein südliches Querschiff mit je zwei Kapellen und einen quadratischen Chor. Der Chor, die Querschiffe und die Kapellen stammen vom Ende des 12. Jh. Aus dem 13. Jh. stammen die drei Lanzettfenster in der Ostmauer. Bemerkenswert an dem langen Kirchenschiff sind die frühgotischen Bögen der Nordseite (hier bereits Bündelpfeiler) und die romanischen Bögen über schweren zylindrischen Säulen der Südseite. Dadurch erscheint das Hauptschiff ein wenig unharmonisch. Dies ist ein häufiges Phänomen mittelalterlicher Bauwerke. Oft waren die Bauzeiten sehr

Sehenswerte Zisterzienserabtei

Lange Bauzeit lang, sodass stets entschieden werden musste, ob man in einem altmodischen Stil weiterbauen solle oder sich der neuen Architektur zuwenden, wodurch der Bau möglicherweise unharmonisch wirken könnte. Der jüngste Teil der Kirche ist das Westende. Interessant sind die Steinmetzarbeiten, wie z. B. am Westende des Hauptschiffs die Säulenkapitelle mit grotesken Tieren und menschlichen Figuren.
Boyle Abbey, ☏ *071-9662604, www.heritageisland.ie, April–Sept. tgl. 10–18 Uhr, Erw. 4, erm. 2 €.*

Das **King House Historic and Cultural Centre** wurde 1730 für die wohlhabende Familie King erbaut. Heute dient das imposante Gebäude als Kunstgalerie, Museum und Veranstaltungsraum. Dokumentiert werden die Bedeutung der Könige von Connaught, die Geschichte der Familie King und die spätere militärische Nutzung des King Houses. Die Boyle Civic Collection (www.boylearts.com) zeigt zeitgenössische Kunst.
King House Historic and Cultural Centre, ☏ *071-9663242, www.kinghouse.ie, April–Sept. Di–Sa ab 11 Uhr, letzter Einlass 17 Uhr, Erw. 5, erm. 2 €. Mit Teestube, Kunstgewerbeshop und Restaurant.*

3 km O Boyle liegt der **Lough Key Forest Park and Activity Park**, ein 350 Hektar großes Gelände mit altem Waldbestand und malerischen Ruinen. Man kann schön spazieren gehen oder Boote für Fahrten auf dem Lough Key ausleihen. Im Activity Park gibt es Attraktionen für Groß und Klein: das „BodaBorg"-Abenteuer-Haus, einen Abenteuerspielplatz, einen Aussichtsturm und einen Wipfelpfad, auf dem man den Wald in 9 m Höhe auf einem 300 m langen, stabilen Steg erkunden kann.
Lough Key Forest Park and Activity Park, *Boyle, ☏ 071-9673122, www.loughkey.ie, Park ganzjährig geöffnet, Aktivitäten: Jan., Febr., Nov., Dez. Fr–So 11–17, März, Sept. u. Okt. Do–So 10–18, April–Aug. tgl. 10–18 Uhr, Erw. 7,50, Kinder (5–17 J.) 5 €.*

Die **Arigna Mining Experience** wurde in einem Kohlebergwerk, das noch bis 1990 in Betrieb war, eingerichtet. Das architektonisch auffallende Gebäude über dem Bergwerk sieht wie Kohleflöze aus, die aus der Erde ragen. Ehemalige Kohlehauer über- *Tour unter Tage* nehmen die Führung, bei der die Besucher in den Schacht einfahren und bei der 40-minütigen Tour einen Stollen von innen kennenlernen kann. Das Museum informiert über 400 Jahre Bergwerksgeschichte. Ein Teil der Ausstellung ist erneuerbarer Energie von Biomasse über Sonnenkraft bis zur Energie aus Erdwärme und Windenergie gewidmet. Windenergie spielt in der Region eine große Rolle, da sich ganz in der Nähe die Rotormasten einer der größten irischen Windfarmen befinden.
Arigna Mining Experience, *Derreenavoggy, Arigna, 21 km NO Boyle, ☏ 071-9646466, www.arignaminingexperience.ie, tgl. 10–18 Uhr, Erw. 10, Kinder 6 €.*

Strokestown

Strokestown, 20 km N Roscommon, hat die breiteste Hauptstraße von allen Dörfern in Irland. Der Grund dafür ist, dass Thomas Mahon (1766–1835), der zweite Baron Hartland, hier eine dem Wiener Ring ähnliche prachtvolle Straße bauen wollte.

Durch einen Torbogen am Ende des „Boulevards" geht es zum **Strokestown Park House**. Das Gebäude wurde 1730 im palladianischen Stil von Richard Cassels erbaut.

Bis 1979 befand es sich im Besitz der Familie Mahon. Diese hatte in den 1650er-Jahren für ihre Unterstützung der englischen Kolonialisierungskampagne Land in Strokestown erhalten. Das mit Originalmöbeln eingerichtete Haus ist von einem wunderschönen Park umgeben.

Im Gegensatz zu dem Gold und Glitter des noblen Herrenhauses, zeigt das **National Famine Museum** umfassend die Geschichte der irischen Hungersnot, die fast die gesamte ärmste Bevölkerungsschicht des Landes auslöschte. Originaldokumente aus dem Strokestown Park Archive erzählen vom Schicksal der verarmten und vertriebenen Landbevölkerung. In zehn Räumen werden dem Besucher Hintergrund und Verlauf der Hungersnot nahegebracht. Für die Landbesitzer war es billiger, die Tagelöhner auf Auswandererschiffen nach Amerika zu schaffen, als sie in Armenhäusern versorgen zu lassen. Major Mahon charterte drei Schiffe, auf denen er 1.000 Landeigene nach Kanada schaffen ließ. Die Hälfte der Passagiere starb an den unhygienischen Bedingungen an Bord und an Mangelernährung, bevor sie Kanada erreichen konnten.

Irische Hungersnot

Strokestown Park House, Garden und Famine Museum, ☎ 071-9633013, *www.strokestownpark.ie, Mitte März–Okt. tgl. 10.30–17.30 Uhr, Führungen Haus jeweils 12, 14.30 und 16 Uhr, Erw. 13,50, Kinder 5,50 €. Stephen J. Campbells „The Great Irish Famine", interpretiert die Geschichte der irischen Hungersnot auf Strokestown.*

Strokestown Park House

Tipp: Unterkunft

Clonalis House €€€, *Pyers & Marguerite O'Connor Nash, Castlerea, Co. Roscommon,* ☎ *094-9620014, www.clonalis.com. Das von einem großen Garten umgebene Familienhaus der O'Connors of Connacht bietet stilvolle Unterkunft. Das Gelände gehört der Familie seit über 1.500 Jahren. Sie sind die direkten Nachfolger von Irlands letztem Hochkönig und den Königen von Connaught, Clonalis ist daher eines der großen historischen Häuser Irlands. Den Gästen stehen 4 Zimmer zur Verfügung, die mit altem Mobiliar ausgestattet sind. Daneben gibt es 4 Cottages für Selbstversorger. Mitte April–Sept. geöffnet.*

Athlone

Athlone ist das Zentrum des Boots- und Angeltourismus auf dem Shannon-River und seiner Seen. Auch wenn man nicht Boot fahren möchte, lohnt ein Zwischenstopp, um das Castle und die hübschen kleinen Gässchen rundherum zu erkunden. Die lebhafte Stadt liegt fast in der Mitte des Landes und außerdem an Irlands längstem Fluss, dem Shannon. Durch die geografische Lage und Knotenpunkt der Ost-West-Handelswege (heute Kreuzungspunkt von N6 und N61/62) erlangte *Áth Luain* im Mittelalter strategische Bedeutung. Der Anglonormanne John de Grey ließ 1210–1213 eine Burg erbauen, die bis 1922 in britischer Hand blieb. Im Laufe der Zeit wurden viele Veränderungen vorgenommen, der älteste Teil ist der Bergfried im Zentrum. Heute ist in **Athlone Castle** ein hervorragendes Besucherzentrum mit interaktiven und audiovisuellen Presentationen untergebracht, das in acht Galerien die turbulente Geschichte erfahrbar macht. Gegenüber vom Castle stellt die moderne **Luan Gallery** zeitgenössische irische und internationale Kunst aus (☎ 090-6442154, Di–Sa 11–17, So 12–17 Uhr).

Athlone Castle Visitor Centre, ☎ 090-6442130, www.athloneartsandtourism.ie, Juni–Aug. tgl. 10–18, Nov.–Feb. Mi–Sa 11–17, ansonsten Di–Sa 11–17, ganzjährig So ab 12 Uhr, Erw. 8, Kinder 4 €.

Reisepraktische Informationen Athlone

Information
Tourist Information, ☎ 0906-494630, www.athlone.ie, saisonal geöffnet.

Unterkunft
Wineport Lodge Restaurant and Lakeside Retreat €€–€€€€, Glasson (von der Dublin/Galway Road nach Longford/Cavan abbiegen. Beim Pub „Dog & Duck" links), ☎ 090-6439010, www.wineport.ie. Das kleine Restaurant–Hotel liegt wunderschön am Ufer des Shannon. Innovative und moderne Küche, Dinner ab 18 Uhr (45 €). 17 Zimmer und 12 Suites, luxurious gestaltet mit Balkonen und Fussbodenheizung.

Essen und Trinken

Kin Khao, Abbey Lane, ☎ 090 6498805, www.kinkhaothai.ie. Gilt als das BESTE Thai-Restaurant in ganz Irland. Mi–Fr 12.30–14.30, Mo–Sa 17.30–22.30, So ab 13 Uhr. Mittlere bis gehobene Preisklasse.

Glasson Village Restaurant, Glasson, 7 km von Athlone an der Longford/Cavan Road, ☎ 090-6485001, www.glassonvillagerestaurant.ie. Bekanntes Restaurant mit guter Küche, insbesondere Hummer. Di–Fr 17.30–21, Sa 18–21.30, So 13–15.30 Uhr. Mo geschl. Mittlere bis gehobene Preisklasse (Dinner 40 €, „Early Bird" Di–Fr 28 €).

Pub/Live-Musik
Sean's Bar, Main Street, ☎ 090-6492358, www.seansbar.ie. Zwar nicht der älteste Pub in Irland, jedoch angeblich derjenige, der am längsten kontinuierlich im Betrieb ist. Gemütliche Atmosphäre, besonders im Biergarten. Im Sommer gibt es regelmäßig traditionelle irische Musik-Sessions.

Bootstouren
Viking Tours, ☎ 090-6473383, www.vikingtoursireland.ie, veranstalten Fahrten in den typischen Langbooten der Wikinger.

Verkehrsverbindungen
Athlone ist ein Verkehrsknotenpunkt, und es gibt **Busverbindungen** zu fast jedem Ort in Irland. **Zugverbindungen** bestehen nach Ballina, Westport, Galway und Dublin. Der Bahnhof und der Busbahnhof befinden sich gegenüber dem Castle auf der anderen Flussseite.

Ballinasloe

Ein Vergnügen ganz besonderer Art ist der **Pferdemarkt in Ballinasloe** (22 km W Athlone am M6). Es handelt sich um einen der ältesten Pferdemärkte Europas, wobei hier mittlerweile jedoch nicht nur Pferde und Rinder verkauft werden, sondern zusätzlich ein großes herbstliches Fest mit buntem Unterhaltungsprogramm gefeiert wird. Während der neun Tage kommen in manchen Jahren bis zu sage und schreibe 80.000 Besucher. Falls man Anfang Oktober in der Gegend ist, sollte man sich das Ereignis auf keinen Fall entgehen lassen. Infos unter www.ballinasloeoctoberfair.com.

Abstecher nach Clonfert

Für kunsthistorisch Interessierte lohnt ein Abstecher nach **Clonfert** (von der R335 Ballinasloe nach Portumna ab). Das Kloster zu Clonfert wurde um 560 vom hl. Brendan gegründet, von diesem Bau sind aber keine Überreste mehr erhalten. Der Baubeginn der jetzigen **St Brendan's Cathedral** war 1164. Sie ist nur 25 m lang. Im 15. Jh. wurden die Sakristei und der Chorbogen angefügt. Eine interessante Verzierung beim Chorbogen ist eine kleine Meerjungfrau, die sich die Haare kämmt. Das romanische Portal stammt aus dem Jahre 1200. Es ist über und über verziert, wobei sich kontinentale romanische, keltische und skandinavische Motive vermischen. Das Ergebnis könnte man vielleicht als spät-iroromanischen Stil bezeichnen. Der innere Torbogen, farblich von dem ansonsten braunen Sandstein abgesetzt und mit floralen Motiven verziert, stammt aus dem 15. Jh. Darüber liegen fünf Bögen, die alternierend von runden und oktogonalen Pfeilern gestützt werden. Die Pfeiler sind mit verschiedenen Ornamenten verziert, und unter den quadratischen Abaki sind Tierköpfe zu sehen.

Gründung des hl. Brendan

Das romanische Portal von Clonfert

Auch die halbkreisförmigen Portalbögen sind reich dekoriert. Auf dem ersten Bogen kann man sechsblättrige Palmblätter sehen, auf dem zweiten Hundeköpfe (die ein Seil in ihrem Maul halten), die oberen drei Bögen zeigen florale und geometrische Motive. Die breiten Bögen werden durch ein spitzwinkliges Ziergiebelfeld bekrönt. In seinem unteren Teil sieht man eine kleine rundbogige Blendarkade aus sechs Säulen, von denen jede ein anderes Muster trägt. Unter jeden der fünf Bögen ist ein menschlicher Kopf gesetzt. Das spitze Dreieck über der Arkade ist mit kleinen dreieckigen Feldern verziert, die abwechselnd mit Blüten und Blättern und menschlichen Köpfen, die individuelle Gesichtszüge zeigen, ausgestaltet sind.

Neben dem Kirchhof lohnt es sich, ein paar Schritte in das kleine Waldstück hinein zu gehen, wo man recht bald eine über und über mit Votivgaben versehene Eibe entdecken kann.

Clonmacnoise

Kunsthistorisch bedeutsam

Clonmacnoise (Grafschaft Offaly), wunderschön in die malerische Shannon-Landschaft eingebettet, ist ein typisches Beispiel einer frühen irischen Klosteranlage und zweifellos einer der kunsthistorischen Höhepunkte einer Irlandreise. Die Anlage wurde im Jahre 548 vom hl. Ciarán gegründet und von König Dermot finanziert. Sie umschließt eine Kathedrale, sieben Kirchen (10.–13. Jh.) und zwei Rundtürme, die über den sanft zum Shannon abfallenden Uferhang verstreut liegen, drei Hochkreuze sowie die größte Sammlung an alten Grabsteinen in Westeuropa.

Das Kloster entwickelte sich rasch zu einem Zentrum der Gelehrsamkeit und war in seiner Bedeutung nur mit dem Kloster in Armagh zu vergleichen. Aufgrund der hier aufbewahrten Schätze und der äußerst günstigen Lage (Knotenpunkt der Ost-West-Handelswege und dem Shannon als wichtigster Nord-Süd-Transportweg) wurde Clonmacnoise sowohl von den Wikingern als auch den Normannen mehrfach zerstört. Trotzdem konnte es noch das späte Mittelalter überdauern, bis es schließlich 1552 von englischen Truppen aus Athlone überfallen, ausgeraubt und anschließend dem Verfall preisgegeben wurde.

Clonmacnoise bestand in seiner Blütezeit, etwa vom 6. bis 12. Jh. aus mehreren kleinen, schlichten Holzkirchen. Eine einzelne, große Kirche, wie etwa in Jerpoint, gab es nicht. Man vermutet, dass die gesamte Anlage von einem Erd- oder Steinwall umgeben war. Die Ruinen der Steinkirchen, die man heute sehen kann, stammen aus späterer Zeit.

Besichtigung

Inschriften für die Verstorbenen

Man betritt das Gelände durch das Besucherzentrum. In den Ausstellungsräumen befinden sich drei Hochkreuze (Originale) sowie eine Sammlung erstaunlich gut erhaltener Grabsteine vom 8. bis zum 12. Jh. Viele tragen Inschriften, meistens in irischer Sprache. Die übliche Inschrift lautete OR oder ORROIT DO (oder AR), „ein Gebet für ..." vor dem Namen des Verstorbenen. Kunstgeschichtlich bedeutsam ist das Inschriftenkreuz **Cross of the Scriptures**, auch Flann's Cross genannt. In kaum mehr erkennbarer Schrift weihte ein gewisser Colman dieses Kreuz dem Hochkönig Flann Sinna (877–915). Das Kreuz entstand Anfang des 10. Jh. und ist über 4 m hoch. Vergleichbar mit dem Südkreuz von Monasterboice (s. S. 164) stellt dieses Kreuz einen Höhepunkt in der Entwicklung der irischen Hochkreuze dar. Auffallend sind die leicht angehobenen kurzen Kreuzarme und der Kreuzschnittpunkt mit seinen ausgeprägten Verengungen. Die Reliefs sind von hoher künstlerischer Qualität, so zeigen die plastisch hervortretenden Figuren deutlich individuelle Züge. Auf Kopf, Schaft und Sockel sind bildliche Darstellungen gemeißelt, die jedoch nur schwer zu identifizieren sind. Auf der Ostseite ist im Kreuzring das Jüngste Gericht und auf der Westseite die Kreuzigung dargestellt. Das **Südkreuz** wird auf das frühe 9. Jh. datiert und ist 4 m hoch. Es zeigt geometrische Motive, Spiral- und Flechtmuster und einige Figuren, an der Westseite des Schafts z. B. eine Kreuzigungsszene. Hinter dem Südkreuz liegen zwei aneinander gebaute Kirchen: **Temple Doolin** und **Temple Hurpan**. Der schlichte, rechteckige Bau östlich davon ist der **Temple Rí** (ca. 1200), die beiden hohen Fenster in der Ostwand und das Südportal kamen allerdings erst später hinzu.

An der Südwestecke des **Temple Kelly** aus dem 12. Jh. steht ein Bullaun-Stein. Er hat eine Vertiefung, die von seiner Verwendung als Mahlstein herrührt. Diese Art von Gegenständen ist oft in frühchristlichen Klosteranlagen zu finden. Das größte Gebäude in Clonmacnoise ist die schlichte, rechteckige **Kathedrale**. Die Sandsteinkapitelle des romanischen Westportals sind die ältesten erhaltenen Reste. Durch viele Umbauten wurde das ursprüngliche Aussehen verändert.

Am äußeren Rand des Friedhofs liegt **Temple Finghin**, auch **St. Carthy's Church** genannt. Sie entstand wahrscheinlich zwischen 1160 und 1170. Der schöne romanische

Clonmacnoise

Clonmacnoise

1 Flann's Cross
2 Südkreuz
3 Kathedrale
4 Temple Doolin
5 Temple Hurpan
6 Temple Meaghllin/Temple Rí
7 Temple Kelly
8 O'Rourke's Tower
9 Temple Connor
10 Temple Finghin / Mac Carthy Tower
11 Kapelle
12 Castle

Chorbogen wurde im 17. Jh. durch Einfügen eines schlichten inneren Bogens verändert. Interessant an dieser Kirche ist der kleine Rundturm, der im Gegensatz zu den freistehenden Türmen Irlands an den Chor der Kirche angebaut und von dort aus zu betreten ist. Der Eingang des Rundturms befindet sich auf Erdbodenniveau.

Temple Connor wurde 1010 erbaut und wird seit ca. 1780 von der Church of Ireland für Gottesdienste genutzt. Der **O'Rourke-Rundturm** stammt aus dem 10. Jh. und ist 19 m hoch. Bis auf das konische Dach ist der Turm original erhalten. Der rundbogige Eingang liegt einige Meter hoch und ist mit keilförmigen Verzierungen versehen. Westlich des Klosterbezirks liegen auf einem kleinen Hügel die Ruinen einer Normannenburg, die vermutlich Anfang des 13. Jh. als Teil einer Wehrlinie längs des Shannon gebaut wurde. Die Erdwälle sind noch gut erkennbar. Im 17. Jh. wurde die Burg durch Cromwells Truppen zerstört.

Zerstörung durch Cromwell

Clonmacnoise, Shannonbridge, ☎ 090-9674195, www.heritageisland.ie, tgl. Nov.–Mitte März 10–17.30, Mitte März–Mai 10–18, Juni–Aug. 9–18.30, Sept.–Okt. 10–18 Uhr. Letzter Einlass: 45 Min. vor Schließung. Erw. 6, erm. 2 €.

Tipp: Anfahrt nach Clonmacnoise
Silver Line, ☎ 057-9151112, www.silverlinecruisers.com, bietet Sa/So Juni–Sept. 3 Bootstouren von Shannonbridge nach Clonmacnoise – eine wirklich schöne Anfahrt!

Birr

Die Stadt Birr, 48 km S Athlone an der N57, wurde im 17. Jh. von dem Engländer Sir Laurence Parson am Caincor River angelegt und hat schöne, baumgesäumte Straßen und vornehme Häuser. Die Hauptattraktion ist jedoch Birr Castle mit seinem wunderschönen Landschaftsgarten, einem Abenteuerspielplatz und dem Historic Science Centre. Die Grundmauern einer Burg aus dem Mittelalter wurden mit in den Bau des Schlosses einbezogen.

Der 50 Hektar große Park ist wunderschön und für seine exotischen Pflanzen berühmt: Er bietet über 1.000 verschiedene Pflanzenarten und rund 7 km Spazierwege. In den Millennium Gardens sind die weltweit höchsten geschnittenen Hecken sowie eine spektakuläre über 90 Jahre alte Glyzinie zu bestaunen sowie ein Riesenteleskop aus der Mitte des 19. Jh. Mit diesem Gerät war es möglich, Spiralnebel zu erkennen. 16,5 m lang, war es über 75 Jahre lang das größte Teleskop der Welt. Das Spekulum hat einen Durchmesser von 183 cm. In den restaurierten Kutschenhäusern im Schlosshof dokumentiert das **Historic Science Centre** die Pionierarbeit der Parsons-Familie sowie anderer irischer Wissenschaftler. Der Schwerpunkt liegt dabei auf Astronomie, Ingenieurwesen, Botanik, Gartenbau und Fotografie.

Über 1.000 Pflanzenarten

Birr Castle, ☏ 057-9120336, www.birrcastle.com, tgl. 9–18, Nov.–Febr. 10–16 Uhr, Erw. 9, erm. 7,50, Kinder 5 € (unter 5 J. freier Eintritt).

🚶 Wandertipp

Die Slieve Bloom Mountains beginnen nur wenige Kilometer östlich von Birr. Die sanften Hügel bieten sich für viele Freizeitaktivitäten an, insbesondere zum Rad fahren, Reiten und für lange Wanderungen. Der Slieve-Bloom-Weg ist ein 80 Kilometer langer, ausgeschilderter Wanderweg und führt durch Täler, Wälder, Moore. Entlang der Strecke gibt es zahlreiche Unterkunftsmöglichkeiten, sodass sich mehrtägige Wandertouren anbieten. Nützlich ist die Karte Nr. 54 der Ordnance Survey Discovery Series. Im Tourist Information Point in Kinnitty (www.slievebloom.ie) wird mittels Illustrationen, Karten und Fotografien die Geschichte, Archäologie und Naturkunde der Slieve Bloom Mountains erläutert.

Reisepraktische Informationen Birr

Information
Tourist Information Birr, Castle Street, ☏ 0509-20110, Mitte Mai–Sept. geöffnet.

Unterkunft
*** **Doolys Hotel** €€–€€€, Emmet Square, ☏ 057-9120032, www.doolyshotel.com. Etabliertes, gemütliches Hotel direkt am Emmet Square im Zentrum Birrs. Die ehemalige Postkutschenstation stammt aus dem Jahre 1747. 18 geräumige Zimmer, solides Restaurant und Bar. Am Wochenende ab 23 Uhr Nachtclub Melba's.

7. DER NORDWESTEN: DIE GRAFSCHAFTEN SLIGO UND DONEGAL

Überblick

Die Grafschaften Sligo und Donegal beeindrucken mehr durch ihre landschaftliche Schönheit als durch kulturelle Sehenswürdigkeiten. Die **Grafschaf Sligo** wird von den Ox Mountains und dem Ben Bulben bestimmt. Bekannt geworden ist Sligo vor allem durch den Nobelpreisträger **William Butler Yeats** (1865–1939), der die Landschaft in seinen Gedichten verherrlicht. Die Hauptstadt Sligo ist die größte Stadt im Nordwesten.

Nach Norden hin schließt sich die **Grafschaft Donegal** an, beliebt bei Freunden stiller Einsamkeit. Die Landschaft ist wild und gebirgig, feine Sandstrände wechseln mit buchtenreichen Küsten ab. Die Slieve League sind fantastische Klippenformationen und wegen des mangelnden Aufgebotes an Touristen sehr viel eindrucksvoller als beispielsweise die Cliffs of Moher. An den einsamen Bergketten im Landesinneren führen wenig befahrene Straßen entlang. Mitten im Moorgebiet südlich des Mount Errigal liegt, einer Oase gleich, der Glenveagh-Nationalpark.

Erwerbsquellen in Donegal sind die Landwirtschaft, der Torfabbau und die Herstellung feiner und unverwüstlicher Tweedstoffe. Daneben be-

Redaktionstipps

Sehens- und Erlebenswertes
▶ In **Ballyshannon** am Folk and Traditional Music Festival teilnehmen (S. 382).
▶ In der **Grafschaft Donegal** wandern, reiten oder Rad fahren (S.383).
▶ Am **Slieve League** wandern (S. 387).
▶ **Glencolmcille** besuchen (S. 388).
▶ Den **Glenveagh National Park** aufsuchen (S. 392).
▶ Die **Glebe Gallery** besuchen (S. 394).
▶ Zum nördlichsten Punkt Irlands am **Malin Head** fahren (S. 401).
▶ Den megalithischen **Friedhof in Carrowmore** besichtigen (S. 378).
▶ Das **Steinfort Grianán of Aileach** bestaunen (S. 400).

Übernachten
▶ Im **Temple House** in Ballymote (Co. Sligo) übernachten (S. 376).

Essen und Trinken
▶ Einkehren im **Smugglers Creek** (S. 383) in Ballyshannon (Co. Donegal).

müht man sich auch um eine Förderung des Tourismus. Der Westen von Donegal ist Gaeltacht-Gebiet, d. h. es wird überwiegend Irisch gesprochen. Die Straßenschilder sind hier fast alle auf Irisch, manchmal haben sie englische „Untertitel".

Streckenführung

Von Sligo aus lohnt die Besichtigung der prähistorischen Stätte von Carrowmore. Über Bundoran und Ballyshannon geht es nach Donegal. Hier muss man sich entscheiden: Hat

man es eilig, nach Nordirland zu kommen, nimmt man ab Donegal die N15 über Ballybofey und Strabane nach Derry. Sehr viel schöner ist es, von Donegal zunächst gen Westen zu fahren und dann entlang der Küste den nordwestlichen Zipfel Irlands zu umrunden. Ein Abstecher ins Landesinnere zum Glenveagh National Park lohnt unbedingt. Eine Zwischenstation könnte in der Gegend um Dungloe eingelegt werden, um in einer Tagestour den Glenveagh National Park zu besuchen. Auch Bootstouren zu den vorgelagerten Inseln – Aranmore oder Tory Island – sind von hier aus möglich. Für den Nordwesten sollte man mindestens drei Tage einplanen. Für Aktive gibt es herrliche Möglichkeiten zum Angeln, Reiten oder Golfspielen.

Reisepraktische Informationen

Angeln
*Während der Saison finden zahlreiche **Angelfestivals** statt, an denen Besucher gerne teilnehmen können. Donegal ist berühmt für sein **Frischwasserangeln**, insbesondere von Forellen.*
Infos: www.fisheriesinireland.ie oder www.donegalanglingcentre.com
*Infos zum **Hochseeangeln**: www.discoverireland.ie/northwest*

Schwimmen/Strände/Surfen
*Die schönsten **Strände** in der Grafschaft Sligo sind Rosses Point und Mullaghmore, in der Grafschaft Donegal Bundoran, Rossnowlagh, Narin/Portnoo, Marble Hill und Rathmullan. Zum **Surfen** sind besonders Strandhill und Easkey geeignet – zwei der besten ganzjährigen Surfplätze Europas.*
***Surfschulen** gibt es z. B. in Strandhill und Enniscrone. Siehe auch www.isasurf.ie.*

Festivals
*Es gibt zahlreiche Festivals im Nordwesten Irlands, besonders in den Sommermonaten. Bei den meisten geht es um Musik. Das **Eragail Arts Festival** findet seit 20 Jahren jeweils 10 Tage im Juli statt. Es gibt rund 100 Veranstaltungen an 30 verschiedenen Orten in Donegal.* ☎ *074-9168800, www.eaf.ie.*

Entfernungen von Sligo

Dublin 219 km	Limerick 235 km	Knock 76 km
Athlone 117 km	Ballina 60 km	Letterkenny 114 km
Donegal 64 km	Galway 140 km	Belfast 200 km
Westport 103 km	Castlebar 85 km	Enniskillen 64 km

Fahrzeiten mit dem Pkw:
Dublin (N4) 3 Stunden   Galway (N17) 2 Stunden
Donegal (N16) 1,5 Stunden   Belfast (M1) 3,5 Stunden

Sligo und Umgebung

Muschelfluss als Namensgeber

Das hübsch gelegene **Sligo** (ausgesprochen: Sleigo) hat rund 17.5000 Einwohner und ist somit die größte Stadt im Nordwesten. Mitten durch die Stadt fließt der Garavogue River auf seinem Weg vom Lough Gill in die Sligo Bay. Einst hieß der Fluss *Sligeach* (= Muschelfluss) – daher der Name Sligo. 537 wird die Stadt zum ersten Mal urkundlich erwähnt. In diesem Jahr fand hier eine Schlacht zwischen Connaught und Ulster statt. 807 zerstörten die Wikinger die Stadt. Im 13. Jh. errichteten die Normannen eine Burg und ein Dominikanerkloster, Sligo Abbey.

Die nette Kleinstadt hat zwar keine herausragenden Sehenswürdigkeiten, jedoch eine Reihe gemütlicher Pubs und hübsche Läden in verkehrsberuhigten Straßen. Der Dichter und Nobelpreisträger **W. B. Yeats**, der hier viele Jahre seiner Kindheit verbrachte, nannte die Landschaft rund um Sligo „*The Land of Heart's Desire*" („das Land der Sehnsucht"). In der Stadt erinnern viele Gebäude und Inschriften an den Lyriker. Seit 1958 pilgern Yeats-Fans aus aller Welt alljährlich im August zur „Yeats International Summer School". Dabei wird in Seminaren und Vorträgen das Werk des Dichters gewürdigt.

Sligo ist aber nicht nur wegen W. B. Yeats berühmt, sondern auch wegen eines anderen Kunstschaffenden, des in Sligo gebürtigen Filmemachers **Neil Jordan**. Bekannt geworden ist er durch seinen Film „Mona Lisa" von 1986. Andere Filme von Jordan sind „Angel", „Michael Collins", „The Crying Game" und „The Butcher Boy".

William Butler Yeats (1865–1939)

info

Ende des 19. Jh. begann die Wiederbelebung der irischen Literatur mit Werken sowohl in irischer als auch in englischer Sprache. William Butler Yeats wurde ein Teil dieser Bewegung und ein großer Förderer der neuen irischen Dichtung in englischer Sprache. Als Sohn protestantischer Eltern wurde er am 13. Juni 1865 in einem Dubliner Vorort geboren. Sein Vater war der Porträtmaler John Butler, seine Mutter, Susan Mary Pollexfen, die Tochter reicher Kaufleute in Sligo. William Butler lebte abwechselnd in Dublin, London und in Sligo bei den Großeltern mütterlicherseits. Er studierte zunächst an der Kunstakademie in Dublin, wandte sich aber schon bald der Dichtung zu. Sein besonderes Interesse galt der irischen Mythologie, er wollte das kulturelle Erbe Irlands wiederauferstehen lassen. Seine frühen Gedichte sind von einer reichen und prunkvollen Rhetorik geprägt. Sie stellen die mystische Natur der irischen Landschaft dar und drücken eine Traurigkeit über den Verlust der keltischen Kultur aus. Yeats' Nationalismus ist tief mit der Sagenwelt und Geschichte Irlands verknüpft.

1894 traf Yeats Lady Gregory, eine 43-jährige Witwe, die ihm eine enge Freundin wurde. 1899 gründeten sie zusammen das **Abbey Theatre** in Dublin, das er bis zu seinem Tod leitete und für das er seine Stücke verfasste. „The Countess Cathleen" war das erste Stück, das Yeats für das Abbey Theatre schrieb. Das Theater war vor allem in seiner Anfangszeit von Skandalen umwittert, denn das noch stark in provinziellem Katholizismus verankerte Publikum wollte fromme und erbauliche Aufführungen sehen. Die hier gezeigten Stücke hingegen waren oft kritisch und nahmen irische Charaktere auf die Schippe. Zwischen 1922 und 1928 war Yeats Senator des Irischen Freistaates. 1923 erhielt er den Nobelpreis für Literatur. 1938 ging er nach Südfrankreich, wo seine letzten Werke entstanden. Die späteren Texte sind von einer privaten Symbolik geprägt, die das Verständnis erschwerte. 1939 starb er in Frankreich und wurde dort begraben. 1948 überführte man die sterblichen Überreste nach Drumcliff.

Sehenswertes in der Stadt Sligo

Das Dominikanerkloster **Sligo Abbey** wurde 1252 gegründet. Anfang des 15. Jh. wurde es durch eine Feuersbrunst zerstört, aber sofort wieder aufgebaut, 1641 machten es Cromwells Truppen fast dem Erdboden gleich. Der überwiegende Teil der heute erhaltenen Bausubstanz ist Teil des Neubaus ab 1416. Im Chor kann man acht schmale, hohe Lanzettfenster an der Südseite sehen, die sogar noch aus dem 13. Jh. stammen.
Sligo Abbey, Abbey Street, 071-9146406, www.heritageireland.ie, Anf. April–Mitte Okt. tgl. 10–18 Uhr, Erw. 4, Kinder 2 €.

Zeitgenössische Kunst bietet das moderne Kunstforum **The Model**. Neben Wechselausstellungen gibt es ein interessantes Theater-, Musik- und Filmprogramm.
The Model, The Mall, 071-9141405, www.themodel.ie, Di–Sa 10–17.30, Do bis 20.30, So 12–17 Uhr, Eintritt variabel.

Das Heimatmuseum **Sligo County Museum and Municipal Art Gallery** zeigt Ausstellungsstücke von vorchristlicher Zeit bis zum 20. Jh. Ein weiterer Raum ist der modernen irischen Kunst gewidmet. Neben einer ständigen Ausstellung gibt es auch zahlreiche Wechselausstellungen von zeitgenössischen Künstlern. Hauptanziehungspunkt des Museums ist die Abteilung, die dem Leben und Schaffen von W. B. Yeats gewidmet ist. Gezeigt werden Briefe, Dokumente und Fotografien. In der Gemäldegalerie sind Werke von Jack Yeats ausgestellt. Beide Brüder liebten die Gegend um Sligo und verewigten sie in ihren Werken.
Sligo County Museum and Municipal Art Gallery, Stephen Street, 071-9111679, www.sligoarts.ie, ganzjährig Di–Sa 9.30–12.30 u. Mai–Sept. 14–16.50 Uhr.

Im Yeats Memorial Building in der Wine Street hat die **Yeats Summer School** ihren Sitz. Das attraktive Gebäude wurde für die Belfast Banking gebaut, von der Royal Bank of Ireland übernommen und 1973 der Yeats Society übergeben.

W. B. Yeats

Reisepraktische Informationen Sligo und Umgebung

ℹ Information
North West Tourism (Cavan, Donegal, Leitrim, Monaghan und Sligo), Temple Street, Sligo, ☎ 071-9161201, www.discoverireland.ie/northwest, www.sligotourism.ie.

Das hypermoderne Glass House

🛏 Unterkunft
Temple House €€€, Temple House, Ballymote, ☎ 071-9183329, www.templehouse.ie. Das stattliche Herrenhaus liegt 20 km S Sligo in einem riesigen Anwesen mit Blick auf Knights Templar, einer Burg aus dem 13. Jh. 6 geräumige Gästezimmer bieten stilvolle, entspannte Unterkunft. Kinder willkommen, keine Hunde im Haus.

Glass House €€–€€€, Swan Point, ☎ 071-9194300, www.theglasshouse.ie. Ein ultramoderner Bau mit viel Glas und futuristischer Struktur direkt am Fluss beherbergt Sligos jüngstes Hotel. Die Zimmer sind entweder orange oder grün gehalten.

Ardtarmon House €€, Ballinfull, 10 km W Sligo, von der N15 ab, ☎ 071-9163156, www.ardtarmon.com. 4 geräumige Zimmer im Herrenhaus und 5 Cottages für Selbstversorger in den ehemaligen Farmgebäuden. Durch den Garten geht es in ein paar Minuten direkt an den Strand.

The Benwiskin Centre €, Ballintrillick, 24 km N Sligo, nahe Cliffoney, ☎ 071-9176721, www.benwiskincentre.com. Das Hostel bietet Unterkunft für Selbstversorger, herrlich in den Benwiskin Mountains gelegen, 26 Betten, auch mit Doppel- u. Familienzimmern. 14 km von Bundoran.

🍽 Essen und Trinken
Coach Lane Restaurant, 1 Lord Edward Street, ☎ 071-9162417, www.coachlane.ie. Sehr gute internationale Küche und behagliche Atmosphäre. Mittlere bis gehobene Preisklasse.

Lyons Cafe, Quay Street, ☎ 071-9142969. Frische, saisonale Küche. Mo–Sa 9–18 Uhr, untere bis mittlere Preisklasse.

Fabio's in der Wine Street bietet das beste Eis und die besten Sorbets weit und breit. Ein Genuss! Mo–Sa 11–18 Uhr.

🍸 Pubs/Live-Musik
Viele Pubs in Sligo bieten zumindest an einem Abend der Woche traditionelle irische Folklore, z. B. **The Harp**, Quay Street (Mo), **Foleys**, 18 Castle Street (Di–Fr), **McGarrigles**, 11 O'Connell Street (Do) und **Furey's**, Bridge Street (So).

Theater
Hawks Well Theatre, Temple Street/Charles Street, ☏ 071-9161518, www.hawkswell.com. Das kleine Theater wurde 1982 eröffnet und hat sich auf die Aufführung irischer Stücke spezialisiert.
Factory Performance Space, Lower Quay Street, www.blueraincoat.com, ☏ 071-917 0431. Heimat der Blue Raincoat Theatre Company.

Bootstouren auf dem Lough Gill und in der Sligo Bay
Abfahrt: Parke's Castle, ☏ 071-9164266, www.roseofinnisfree.com, Ostern–Okt. Während der Fahrt hat man herrliche Blicke auf Knocknarea, Ben Bulben und die Ox Mountains und wird mit Yeats-Versen unterhalten.

Feste/Veranstaltungen
Im Januar findet die **Yeats International Winter School** und im Juli/August die **Yeats International Summer School** statt. In zahlreichen Seminaren, Lesungen und Workshops kann man das Werk des großen Dichters intensiv kennenlernen. Auskunft: ☏ 071-9142693, www.yeats-sligo.com. Das beste kulturelle Ereignis des Jahres ist jedoch **Sligo Live** (www.sligolie.ie), ein fünftägiges Musikfestival Ende Oktober.

Einkaufen
Quirke's Sculptures, Wine Street, ☏ 071-42624. Michael Quirke ist ein Unikum, leidenschaftlich und voller Sachkenntnis über die irische Sagenwelt und Mythologie, die die Vorlage für seine Holzschnitze bilden.
Michael Kennedy Ceramics, Market Cross, ☏ 071-9148844. Hübsche Töpferwaren.
The Cat & the Moon, Castle Street, ☏ 071-9143377, www.thecatandthemoon.com. Wunderschöner Schmuck nach keltischen Motiven.

Verkehrsverbindungen
Bahnhof und Busbahnhof befinden sich in der Lord Edward Street, unweit der Union Street. Mehrmals täglich **Zugverbindungen** nach Dublin. Gute **Busverbindungen** (Bus Éireann) mehrmals täglich in alle Landesteile.
Flughafen: Sligo Airport, Strandhill, 8 km von Sligo, ☏ 071-9168280, www.sligoairport.com.

Sehenswertes in der Umgebung

Im Osten von Sligo

Die Umrundung des malerisch von Bergen umrahmten **Lough Gill** dauert mit dem Auto, ohne Pausen und Besichtigungen, ca. 1 Stunde. Die Strecke ist mit braunen Schildern und dem Symbol einer Schreibfeder ausgeschildert. Die zum Verweilen einladende Landschaft rund um den See und die Sehenswürdigkeiten entlang der Strecke lassen aus dem geplanten kurzen Abstecher leicht eine Halbtagestour werden. Auch Bootstouren auf dem Lough Gill sind schön (s. „Reisepraktische Infos" oben). Mitten im See liegt die zauberhafte kleine Insel **Innisfree**, die Yeats zu dem bekannten Gedicht „The Lake Isle Innisfree" inspirierte.

The Lake of Innisfree

I will arise and go now, and go to Innisfree,
And a small cabin build there, of clay and wattles made:
Nine beanrows will I have there, a hive for the honey-bee,
And live alone in the bee-loud glade.

And I shall have some place there, for peace comes dropping slow,
Dropping from the veils of the morning to where the cricket sings;
There midnight's all a glimmer, and noon a purple glow,
And evening full of the linnet's wing.

I will arise and go now, for always night and day
I hear lake water lapping with low sounds by the shore;
While I stand on the roadway, or on the pavements grey,
I hear it in the deep heart's core.
(W. B. Yeats)

W. B. Yeats

Sligo auf der N16 verlassend, biegt man rechts zum **Hazelwood Estate** ab. Das Landhaus ist für die Öffentlichkeit nicht zugänglich. Allerdings kann man im Hazelwood Forest spazierengehen oder picknicken. Weiter geht es auf der R286 zu **Parke's Castle**. Es handelt sich um die Rekonstruktion eines befestigten Herrenhauses aus dem 17. Jh. Im Innenhof sind die Fundamente und Überreste eines noch früheren Verteidigungsbaus zu sehen. Die Burg wurde im 17. Jh. von einem schottischen Siedler errichtet, dem der englische König im Rahmen der „Ulster Plantations" das Gebiet um Lough Gill zugesprochen hatte (s. S. 21).
Parke's Castle, Fivemile Bourne, an der Sligo–Dromohair Road (R286), 11 km von Sligo, ☎ 071-9164149, www.heritageireland.ie, April–Sept. tgl. 10–18 Uhr, Erw. 4, erm. 2 €.

Am Eingang zum Dorf Dromahair liegen die malerischen Ruinen von **Creevylea Abbey**. Anfang des 16. Jh. gestiftet, ist es das letzte Franziskanerkloster, das in Irland gegründet wurde. 1536 fiel es einem Brand zum Opfer. Die Westfront und das große Ostfenster der Kirche sind gut erhalten. Nördlich der Kirche liegt der Kreuzgang. Der weitere Weg um den See entfernt sich ein wenig vom Ufer und erreicht erst beim Dooney Rock Forest wieder das Gewässer. Dooney's Rock ist ein beliebter Halt für Ausflugsbusse, da man von dort einen schönen Blick auf die Isle of Innisfree hat.

Malerische Ruinen

Im Westen und Norden von Sligo

Das Gebiet westlich von Sligo ist reich an archäologischen Schätzen. In **Carrowmore** befindet sich ein riesiger megalithischer Friedhof, der größte in Irland. Zu sehen sind die Überreste von Dolmen, Steinkreisen und mehr als 4.000 Jahre alten Grabkammern. Einige der Gräber sind älter als die von Newgrange. Man nimmt an, dass hier einst über 120 Gräber gewesen sein müssen. Von den 60 erhaltenen besitzt keines mehr den originalen Steinhügel. Im Friedhof kann man verschiedene Grabtypen sehen: Dolmen, die von Steinen umgeben sind, Ganggräber, aber auch Steinkreise mit mittigen Grabkammern. Eine kleine Ausstellung erläutert die historische Bedeutung des Friedhofs.

Carrowmore, *4 km S Sligo, von der R292 ab,* ☎ *071-9161534, www.heritageireland.ie, Ostern–Mitte Okt. tgl. 10–18 Uhr, Erw. 4, erm. 2 €.*

7 km W liegt der Berg **Knocknarea**. Der Aufstieg auf den 333 m hohen Gipfel dauert höchstens eine Stunde (ein Parkplatz befindet sich gegenüber vom Sligo Riding Centre) und lohnt sich nicht nur wegen der Aussicht, sondern auch aufgrund der archäologischen Funde. Oben steht ein Steinhügel von 10 m Höhe und 60 m Durchmesser. Experten vermuten, dass darunter ein Grab aus der Zeit um 2.500 v. Chr. liegt. Angeblich befindet sich hier die Begräbnisstätte der Königin Maeve von Connaught, die im 1. Jh. regierte.

Uraltes Grab

Der kleine Ort **Strandhill**, 8 km W Sligo an der R292, liegt an der Küste und ist ein beliebter Ferienort. Es gibt gute Surfmöglichkeiten, einen schönen Strand sowie einen 18-Loch-Golfplatz. Der Strand ist zwar nicht sicher genug zum Baden, jedoch ein Mekka für Surfer. Es gibt eine 24-stündige Surfcam (www.strandhillsurfschool.com/surf_cam), sodass man jederzeit über die Wetterlage informiert ist. In der Nähe von Strandhill liegt Sligo Airport. Neben täglichen Flügen nach Dublin werden auch Erkundungsflüge über die Küste, die Knocknarea Mountains und Sligo angeboten.

Rosses Point, 7 km NW Sligo, hat einen langen Sandstrand, wunderschöne Spazierwege und gemütliche Bars. Dort verbrachten W. B. Yeats und sein Bruder Jack Butler Yeats oft ihre Ferien.

Reisepraktische Informationen Westen von Sligo

Essen und Trinken
Shells, *Shore Road, Strandhill, www.shellscafe.com, tgl. 9.30-18.30 Uhr. Nettes, frisches Café mit Bäckerei.*

Surfen
Perfect Day Surf School, *Shore Rd. Strandhill,* ☎ *087-2029399, www.perfectdaysurfing.com.*
Strandhill Surf School, *Beach Front, Strandhill,* ☎ *071-9168483, www.strandhillsurfschool.com.*

Golf
County Sligo Golf Club, *Rosses Point,* ☎ *071-9177186, www.countysligogolfclub.ie. Der 18-Loch-Golfplatz ist wunderschön am Atlantik gelegen und gilt unter Kennern als einer der schönsten, aber auch anspruchsvollsten Plätze Irlands. Er ist täglich für Besucher geöffnet.*
Strandhill Golf Club, ☎ *071-9168188, www.strandhillgolfclub.com, 18-Loch-Platz, herrlich am Meer gelegen.*

Reiten
Horse Holiday Farm, *Grange, 16 km N Sligo, an der N15,* ☎ *071-9166152, www.horse-holiday-farm.com. Alteingesessener Reiterhof, der sich auf fortgeschrittene Reiter*

spezialisiert hat. Direkt am Atlantischen Ozean gelegen. Die Pferde sind Irish Hunters. Es gibt 7- bis 14-tägige Trekking-Touren ohne Führer oder geführte Touren.

Wellness

Voya Seaweed Baths, Strandhill, ☎ 071-9168686, www.voyaseaweedbaths.com. Bei Voya kann man sich im Seewasser mit frisch geschnittenen Seealgen erholen. Das Bad erfrischt und glättet die Haut und hilft bei Rheuma und Arthritis. Seealgen enthalten Öle mit einer hohen Konzentration an Jod. Bad inkl. Dampfbad, 25 €. Gesichtsbehandlungen ab 65 €. Voya bietet verschiedene Anwendungen an, auch Massagen und Body Wraps.

Der Tafelberg **Ben Bulben** liegt nördlich von Sligo und ist das Wahrzeichen der Gegend. Der eindrucksvolle Berg ist von vielen Sagen und Legenden umwoben. Angeblich soll es hier manchmal spuken. Der 8,5 km lange Weg auf den Ben Bulben beginnt in der Nähe von Drumcliff und ist relativ anstrengend.

Grab des berühmten Literaten

Auf dem Friedhof des kleinen Ortes **Drumcliff**, 10 km N Sligo, befindet sich das Grab von William Butler Yeats. Yeats starb 1939 in Frankreich und wurde dort auch begraben. 1948 bettete man ihn nach Drumcliff um. Auf dem Grabstein ist der berühmte Vers zu lesen: „*Cast a cold eye on life, on death, Horseman pass by*", der den Schluss des längeren Gedichtes „Under Ben Bulben" bildet. Auf dem Friedhof sollte man ein Hochkreuz beachten, das um 1.000 entstand und weitgehend intakt ist. Typisch sind die wenigen, dafür aber großformatigen Darstellungen, u. a. Adam und Eva, David und Goliath und die Kreuzigungsszene. Auf den späten Stil weisen die kurzen Kreuzarme und der verkleinerte Kreuzring hin (protestantischer Gottesdienst So 12 Uhr).

Ben Bulben

Wer Interesse an moderner Kunst hat, sollte die **Teach Ban Art Gallery** besuchen. Sie zeigt in wechselnden Ausstellungen die Werke von jeweils 10 Künstlern
Teach Ban Art Gallery, *Drumcliff, in der Nähe von Yeats' Grab,* ☏ *087-7549760, www.teachban-artgallery.com, tgl. 10–16 Uhr.*

Von Drumcliff führt die N15 nach **Grange**, wo man links nach Streedagh Point abbiegt. Hier gibt es herrliche Sandstrände. Die kleine Insel **Inishmurray** liegt 6 km vor der Küste und ist seit 1948 unbewohnt. Von Rosses Point und Mullaghmore aus verkehren Boote (Keith Clarke, ☏ 087-2540190, www.inishmurrayislandtrips.com). Auf der kleinen Insel befinden sich eine frühchristliche Klostersiedlung, die im 6. Jh. vom hl. Molaise gegründet wurde, drei Kirchen, Bienenkorbhütten sowie zahlreiche interessante Steine, sogenannte *cursing stones*. Die Insel ist einen Ausflug wert, wenn man seine Urlaubstage nicht zählen muss.

Frühchristliche Klostersiedlung

Mullaghmore ist ein kleines gepflegtes Dorf mit langem, dunkelgoldenem Sandstrand. Der Ort ist vor allem bei Anglern und bei Reitern beliebt. In der Umgebung gibt es einige Reitställe, wo man Reitunterricht nehmen oder Pferde ausleihen kann.

Donegal und Umgebung

Die Provinz Ulster ist nicht gleich Nordirland. Drei ihrer insgesamt neun Grafschaften, nämlich Cavan, Monaghan und Donegal, wurden bei der Teilung der Insel im Jahr 1921 der Irischen Republik zugeschlagen. Die anderen sechs Provinzen, Down, Antrim, Londonderry, Tyrone, Fermanagh und Armagh, bilden Nordirland und sind Teil des Vereinigten Königreichs. Die **Grafschaft Donegal**, geografisch und historisch Teil der Provinz Ulster, wurde durch die Trennung nicht nur von ihrem Handelshafen Derry (Nordirland), sondern bis auf einen schmalen Landstreifen auch von der Republik abgeschnürt. Sie ist landschaftlich wild, einsam und atemberaubend schön.

Teilung von Ulster

 Tanken
Bei Fahrten im Co. Donegal sollte man rechtzeitig und ausreichend tanken! Die nächste Tankstelle konnte geschlossen sein ...

Südlich von Donegal

Bundoran

Die N15 führt von Sligo nach **Bundoran**. Das typische Seebad bietet Besuchern ein reichhaltiges Unterhaltungsangebot mit Spielhallen und Pubs. Bekannt ist Bundoran aber vor allem für seine zwei fantastischen Surfplätze: The Peak (direkt vor der Stadt, nur für erfahrene Surfer) sowie Tullan Strand (nördlich der Stadt, auch für Anfänger geeignet). Jährlich, normalerweise im April, finden hier die Irish National Surfing Championships statt.

Nationaler Surfwettbewerb

Bundoran: Ein typischer Familienurlaubsort

> **Surfen**
> Es gibt in Bundoran verschiedene Surfschulen, die auch Ausrüstung verleihen und Unterkunft organisieren, z. B. **TurfnSurf**, 071-9841091, www.turfnsurf.ie (Anfänger, Fortgeschrittene und Surfcamps für Kinder) und **Bundoran Surf Co.**, 071-9841968, www.bundoransurfco.com.

Ballyshannon

Ballyshannon, einige km weiter nördlich, liegt an der Mündung des Flusses Erne. Während des seit Jahrzehnten etablierten Folk and Traditional Music Festival Ende *Festival* Juli/Anfang August platzt der Ort aus allen Nähten (086-2527400, www.ballyshannonfolkfestival.com). Von Ballyshannon kann man auch gut einen Abstecher nach Nordirland machen. Von Belleek im County Fermanagh (s. S. 465) geht es über Pettigo nach Kesh, und wenn man genügend Zeit hat, lohnt sich ein Besuch im Ulster American Folk Park bei Omagh (s. S. 456). Alternativ fährt man ohne den Umweg über Irvinestown weiter nach Enniskillen. Am Lower Lough Erne entlang geht es auf der A46 zurück nach Belleek und Ballyshannon.

Von Ballyshannon aus lohnt sich auch die Fahrt über die kleine R231 nach **Rossnowlagh** (keine öffentlichen Verkehrsmittel), wo es nicht nur die Ruinen einer wunderschön gelegenen Franziskanerabtei, sondern auch einen herrlichen, 4 km langen

Strand gibt, an dem man wunderbar surfen kann. Unterricht und Ausrüstung bietet die **Fin McCool Surf School** (☎ 071-9859020, www.finmccoolsurfschool.com). Ende Oktober findet in Rossnowlagh der Intercounty Surf Contest statt, geleitet von „Surfmeister" Neil Britton und Familienmitgliedern, von denen die meisten ebenfalls erfahrene Surfer sind. Auch Unterkunft möglich.

Unterkunft/Essen und Trinken

Smugglers Creek Inn €€, *Cliff Road,* ☎ *071-9852367, www.smugglerscreekinn.com. Der Pub mit Restaurant und Gästehaus ist für sein gutes Essen bekannt (Hauptgerichte um 15 €). Über der Bucht gelegen mit fantastischem Ausblick, im Sommer Live-Musik. Von Zimmer 4 hat man den besten Blick und einen Balkon. Die Besitzer betreiben auch die* **Ardeelan Lodge** €€ *(*☎ *087-2696669) in der Nähe der Franziskanerabtei.*

Donegal

Der rund 2.300 Einwohner zählende hübsche Ort liegt 65 km N Sligo strategisch an der Mündung des Eske River in die Donegal Bay. Der irische Name für **Donegal** lautet *Dún nan Gall* = die Festung der Fremden, gemeint sind die Wikinger. Ein großer dreieckiger Platz, The Diamond genannt, bildet das Zentrum. Hier treffen die Straßen aus Derry, West Donegal und Sligo zusammen. Donegal war der Stammsitz des O'Donnell Clans, der den Nordwesten vom 15. bis 17. Jh. beherrschte und im 17. Jh. im Zuge der *Flight of the Earls* Irland verließen. Damit war Platz für die *Ulster Plantation* geschaffen. Sir Basil Brooke brachte englische Siedler nach Donegal und legte das heutige Straßenbild an.

Festung der Fremden

Der große Platz in der Mitte des Ortes, **The Diamond**, wurde im 17. Jh. angelegt. Auf ihm steht ein 8 m hoher Obelisk.

Die malerischen Ruinen einer **Franziskanerabtei** liegen südlich der Stadt an der Mündung des Eske in die Donegal Bay. Das Kloster wurde in der zweiten Hälfte des 15. Jh. gegründet und mehrfach im Laufe seiner Geschichte zerstört. Hier entstanden zwischen 1632 und 1636 die berühmten „Annals of the Four Masters", eine Weltgeschichte, die bis zum Jahre 1616 reicht. Diesem Werk verdanken wir heute viel von unserer Kenntnis des alten Irland. Von den Klostergebäuden sind nur zwei Seiten des

Rad fahren

Der Nordwesten Irlands ist aufgrund des geringen Verkehrsaufkommens zum Fahrrad fahren geradezu ideal, allerdings manchmal recht anstrengend. In den kleinen Fischerdörfern und größeren Ortschaften kann man gut übernachten. Landeinwärts werden die Ortschaften rarer, aber die Landschaft ist dort besonders schön. Einige Gebirgszüge reichen bis an die See heran. So muss man beispielsweise beim Glengesh Pass mit Steigungen bis zu 270 m rechnen.

Wandern und angeln in der Umgebung von Donegal

Lough Eske und die Blue Stack Mountains sind leicht von Donegal aus zu erreichen und bieten herrliche Möglichkeiten zum Wandern und Angeln. Zum **Lough Eske** gelangt man über die N15 Richtung Norden oder direkt über die Lough Eske Road. Der „Lake of the Fish" ist bei Anglern sehr beliebt. Die Saison dauert von Mai bis September, und im Angelshop (ausgeschildert) kann man Angelgenehmigungen kaufen und Boote mieten.

Eine kleine Straße umrundet den Lough. Wanderungen in den **Blue Stack Mountains** beginnen am nördlichen Ende des Lough Eske. Die Ordnance Survey-Karte Nr. 11 (Discovery Series) gehört auf jeden Fall in den Wanderrucksack.

Kreuzganges sowie der Chor und Giebel des südlichen Querschiffs der Kirche erhalten.

Donegal Castle, um 1474 errichtet, liegt am felsigen Ufer des Flusses Eske. 1595 wurde es auf Veranlassung von Red Hugh O'Donnell abgebrannt, um zu verhindern, dass die Engländer die Burg einnahmen. Seine Flucht nach Frankreich (*Flight of the Earls*) bereitete den Weg für die *Plantation of Ulster*. Tausende schottische und englische Protestanten kamen als neue Siedler ins Land und schufen gleichzeitig die Trennung, die auch heute noch die Insel berührt. Die heutige Form des Castles stammt weitgehend aus dem 17. Jh. Ein dreistöckiges Herrenhaus kam 1623 hinzu. Lediglich ein kleiner Turm am Westende ist noch Teil der alten Burg. Bei einer Besichtigung des aufwendig restaurierten Castles kann man kostbare französische Wandteppiche bestaunen.

Protestantische Siedler

Donegal Castle, ☎ 074-9722405, www.heritageireland.ie, Ostern–Mitte Sept. tgl. 10–18, Mitte Sept.–April Do–Mo 9.30–16.30 Uhr, Erw. 4, erm. 2 €.

Eisenbahnfans kommen im **Donegal Railway Heritage Centre** auf ihre Kosten, wo man Tausende Fotos, alte Poster und Dokumente, restaurierte Waggons und Maschinen bestaunen kann.

Donegal Railway Heritage Centre, Old Station House, Tyrconnell Street, ☎ 074-9722655, www.countydonegalrailway.com, Mo–Fr 10–17, Juli/Aug. auch Sa/So 14–17 Uhr, Erw. 3,50, erm. 2 €.

Reisepraktische Informationen Donegal

Information
Tourist Information, The Quay, ☎ 074-9721148, www.donegaltown.ie, www.discoverireland.ie/northwest, ganzjährig geöffnet.

Unterkunft
The Central Hotel €€€, The Diamond, ☎ 074-9721027, www.centralhoteldonegal.com. Das Central Hotel bietet 112 funktionale Zimmer und ist – wie der Name

schon sagt – direkt im Zentrum gelegen. An den meisten Abenden der Woche gibt es Live-Musik. Mit Swimming Pool und Fitnessraum.
**** **Ard na Breatha** €€, Guesthouse and Restaurant, Drumrooske Middle, ☏ 074-9722288, www.ardnabreatha.com. Ca 1,5 km nördlich der Stadt auf einem Bauernhof gelegen, bietet dieses schöne B&B behagliche Unterkunft und ein tolles Restaurant (3-Gänge-Menu 39 €).
Donegal Town Hostel €, Killybegs Road, ☏ 074-9722805, www.donegaltownhostel.com. Ganzjährig geöffnet, 30 Betten, auch Doppel- u. Familienzimmer, Camping ist auf dem Grundstück möglich, Fahrradverleih, WLAN.

Essen und Trinken
Harbour Restaurant, Quay Street, ☏ 074-9721702, www.theharbour.ie, Mo–Do 17–21, Fr/Sa 17–22, So 15–21 Uhr. Das Harbour ist ein beliebtes Restaurant mit gemütlichem Ambiente. Steaks und Fisch dominieren, es gibt aber auch vegetarische Gerichte. Mittlere Preisklasse.

Pubs/Live-Musik
Live-Musik gibt es in **McGroarty's Bar** und bei **McCafferty's** (hier bekommt man angeblich auch das beste Guinness der Stadt), beide am Hauptplatz The Diamond, im **Reel Inn** in der Bridge Street und in der **National Bar**, Main Street.

Bootsfahrt
Donegal Bay Water Bus, The Pier, Donegal Town, ☏ 074-9723666, www.donegalbaywaterbus.com. Während der malerischen Fahrt (60 Min.) gibt es viele Informationen über Flora, Fauna und Geschichte der Region Donegal und man kann auch Seehunde beobachten. Vorausbuchung erforderlich. (Kinder ab 10 J.)

Ausflugsfahrten
Im Juli und August (Di, Do, Sa) bietet **Bus Eireann** (☏ 071-9160066) Fahrten zu den Slieve League Sea Cliffs, zur Donegal Bay und zum Glencolmcille Folk Village an. Abfahrt Donegal Abbey Hotel 11 Uhr, Erw. 25 €, erm. 20 €.

Einkaufen
Die „Spezialität" in Donegal sowie in den kleineren Orten der Umgebung sind Tweedstoffe und Strickwaren.
Magee of Donegal Ltd., The Diamond, ☏ 074-9721100, www.magee1866.com. Seit 1866 wird bei Magee handgewebter Tweed hergestellt, doch kann man hier mittlerweile auch andere irische Produkte, wie Waterford Crystal und Belleek Porzellan, erhalten. Auch Maßanfertigungen möglich.
Donegal Craft Village, an der Straße nach Ballyshannon, ☏ 074-9722225, www.donegalcraftvillage.com. Zeitgenössische Kunst aus Bronze, Glas, Textilien, Holz und Edelmetallen.

Verkehrsverbindungen
Bus: Gute Busverbindungen in alle Landesteile. Bus Éireann (☏ 074-9131008) fährt nach Dublin, Cork, Limerick, Galway, Sligo, Belfast, Derry und Enniskillen. Die Busse halten am Platz „The Diamond".
Flughafen: Donegal Airport, Carrickfinn, Kincasslagh, 70 km N Donegal, ☏ 074-9548284, www.donegalairport.ie. Flüge nach Dublin und London Gatwick.

Östlich von Donegal

Lough Derg

Südöstlich von Donegal liegt **Lough Derg** (nicht zu verwechseln mit Lough Derg in der Grafschaft Galway). Inmitten des Sees befindet sich die felsige **Station Island** – ein beliebtes Pilgerziel, wo einst der hl. Patrick 40 Tage lang gefastet haben soll und dabei vielerlei Versuchungen standhielt. Schon seit dem 12./13. Jh. pilgern Gläubige hierher, um diese Erscheinung nachzuerleben. Während der Pilgerzeit (1. Juni–15. Aug.) darf die Insel nur von Gläubigen betreten werden. Jedes Jahr kommen rund 30.000 Wallfahrer, die sich einem ein- bis dreitägigen – Körper und Geist reinigenden – Programm unterziehen. Das Motto lautet: *Reflection – Renewal – Growth* (Nachdenken – Erneuerung – Wachstum).

Pilgerziel

St Patrick's Puratory, Pettigo, ☎ 071-9861518, www.loughderg.org. Die sogenannten „Quiet Days" sind jeweils auf 50 Personen pro Tag beschränkt und kosten 25 €, inkl. Überfahrt und Lunch. Es gibt auch speziell auf Familien zugeschnittene Tage.

Von Donegal entlang der Küste bis Dungloe

Killybegs und Umgebung

Die N56 führt über Mountcharles und Inver nach **Dunkineely**, wo sich ein Abstecher zum **St. John's Point** anbietet. Die Straße endet an einem fast menschenleeren Strand mit Leuchtturm – ein idealer Ort für ein Picknick.

Killybegs hat einen Hochseefischereihafen, der mit EU-Mitteln auf den neuesten Stand gebracht wurde. Die Einwohner des Orts leben vom Makrelen- und Heringsfang, einigen Werften und vom Tourismus. Der größte Teil der Fische wird exportiert.

Der grandiose Slieve League

Von Donegal entlang der Küste bis Dungloe

Das **Maritime and Heritage Visitor Centre** dokumentiert die maritime Geschichte des Ortes und zeigt Aspekte der einstigen Teppichfabrik mit einem riesigen Webrahmen.
Maritime and Heritage Visitor Centre, *The Carpet Factory, Fintra Road*, ☏ 074-9741944, *Mo–Fr 10–18, Oster–Ende Sept. auch Sa/So 13–17 Uhr, Erw. 4, erm. 3 €)*

Reisepraktische Informationen Killybegs

Information
Killybegs Community Tourism Office, *Quay Street,* ☏ 074-9732346, www.killybegs.ie, www.visitkillybegs.com.

Unterkunft
Zahlreiche B&Bs, die sich alle mehr oder weniger ähneln, befinden sich entlang der Straße nach Kilcar.
Derrylahan Independent Hostel €, *Kilcar,* ☏ 074-9738079, *ganzjährig geöffnet. Ab 16 € p. P. Auch Camping ist auf dem Grundstück möglich, Fahrradverleih.*
The Ritz €, *Chapel Brae,* ☏ 074-9731309, www.theritz-killybegs.com. *Frisches und modernes IHO-Hostel im Ortszentrum von Killybegs, ab 20 €, Frühstück inkl.*

Pubs/Live-Musik
Im Sommer gibt es in zumindest einem der Pubs traditionelle irische Live-Musik, z. B. im **Fleet Inn**, und auch in Kilcar bieten alle Pubs an den meisten Abenden Live-Musik.

Verkehrsverbindungen
Bus Éireann *fährt zwischen Killybegs und Glencolmcille, Portnoo über Ardada, Glenties und Donegal.* Daneben gibt es **McGeehan's Bus**, *der täglich von Dublin nach Glencolmcille (mit Halt in Killybegs) fährt sowie zwischen Letterkenny und Glencolmcille (*☏ *074-9546150, www.mcgeehancoaches.com).*

Hinter Killybegs wird die Landschaft traumhaft schön. **Fintragh Bay**, 3 km W Killybegs, ist atemberaubend, mit dem Blick auf das Meer einerseits und den Crownarad- und Mulnanaff-Bergen im Hintergrund andererseits. Am **White Strand** oder **Muckross Head** kann man die Seele baumeln lassen. **Kilcar** ist ein kleiner, netter Ort und ein Zentrum für Tweedherstellung. Im **Donegal Studio** kann man bei der Herstellung des Tweed zuschauen und natürlich die feinen Wollwaren auch kaufen. Es gibt einige nette Lokale, wo man gut Fisch essen kann, und in den Pubs hat man die Chance, traditionelle irische Folklore zu hören.

Tweedproduktion

Donegal Studio, *The Glebe Mill,* ☏ 074-9738194, www.studiodonegal.ie, *Mai–Okt. Mo–Fr 9–17.30, Sa 9.30–17 Uhr.*

Hinter Kilcar wird die Klippenlandschaft nach und nach gebirgiger, bis schließlich der halbkreisförmige **Slieve League** (gäl.: *Sliabh Liag*) erreicht ist. Die Klippen fallen hier 600 m steil ins Meer. Der grandiose Anblick ist einer der Höhepunkte einer Irlandtour. Per Pkw erreicht man den Aussichtspunkt über eine winzige Straße von Teelin aus

Minibus-Service (Hinweisschild „The Cliffs"). Bei Gegenverkehr muss man auf der Passstraße ein paar hundert Meter im Rückwärtsgang zurücklegen. Im Sommer bringt ein Minibus-Service, Besucher von Teelin zu den Klippen. In Teelin bietet das **Slieve League Cliffs Centre** (www.slieveleaguecliffs.ie) ein Café sowie Wanderungen und archäologische Führungen zum Slieve League.

Bootsfahrt

Besonders eindrucksvoll sind die Klippen vom Meer aus. **Nuala Star** *(☏ 087-6284688, www.sliabhleagueboattrips.com) bietet Fahrten entlang der Klippen (wetterabhängig). 20–25 €/Person, je nach Auslastung des Bootes. Abfahrt von Teelin ca. alle 2 Std. in der Hauptsaison. Auch Angel- und Tauchtrips können arrangiert werden.*

Glencolmcille

Glencolmcille (auch: Glencolumbkille), ein kleines Dorf 56 km W Donegal, liegt an der Spitze der Halbinsel, am Ende eines einsamen Tales. Glencolmcille ist ein Gaeltacht-Gebiet, d. h. hier wird vorwiegend Irisch gesprochen. Lohnend ist ein Besuch im **Folk Village Museum**. Es wurde 1967 auf Veranlassung von Father James McDyer eingerichtet, der sich sehr um die Förderung der Gemeinde und die Bewahrung des alten Kulturgutes bemühte. Drei original eingerichtete Cottages, ein alter Laden, ein Pub und eine Schule aus der Zeit von 1700 bis 1900 demonstrieren die alten Lebensweisen und geben einen interessanten Einblick in das Alltagsleben der Bevölkerung. Ab und zu werden im Museumsdorf Folkloreabende veranstaltet.

Folk Village Museum, ☏ 074-9730017, www.glenfolkvillage.com, Ostern–Sept. Mo–Sa 10–18, So 12–18 Uhr, Erw. 4,50, erm. 2,50 €

Der heilige Colum Cille

Der hl. Colum Cille wurde im Jahre 521 in der Grafschaft Donegal geboren und gründete die Klöster in Derry, Durrow und wahrscheinlich auch in Moone, bevor er sich freiwillig auf die Insel Iona auf den Hebriden (Schottland) ins Exil begab. Von dort aus christianisierte er den schottischen Volksstamm der Pikten. Im Jahre 597 starb er auf der Insel Iona, die zum Wallfahrtsort für unzählige Pilger wurde. Auch in Glencolmcille soll er ein Kloster gegründet haben. Davon ist jedoch nichts mehr erhalten außer einigen mit seltsamen geometrischen und Kreuzmotiven verzierten Steinen, die sich über das Tal von ca. 5 km Länge verteilen. Früher waren dies wohl Grabsteine, heute dienen sie als Stationen eines Kreuzwegs, auch *turas* genannt. Alljährlich am 9. Juni, dem Festtag des Heiligen, pilgern die Gläubigen ins Tal. Der Legende nach soll der Heilige Dämonen vertrieben haben, die das Tal immer wieder in Nebel hüllten. 15 Stationen müssen mehrmals umrundet und ein kleiner Kiesel am Fuß der Steine niedergelegt werden. An jeder Station wird gebetet. Das religiöse Ritual hat einen Zeitrahmen: Es beginnt um Mitternacht, um drei Uhr morgens findet in der Dorfkirche ein Gottesdienst statt und bis zum Sonnenaufgang muss man alle Stationen besucht haben.

Wandern rund um Glencolmcille

Von Glencolmcille aus sind schöne Wanderungen möglich, so zum Beispiel auf den Glen Head (234 m) und weiter über Port und Port Hill in das Tal von Glenlough. Von Glencolmcille nach Glenlough sollte man mit vier Stunden rechnen. Ordnance Survey Discovery Series Nr. 10 deckt das Gebiet ab.

Reisepraktische Informationen Glencolmcille

 Unterkunft
Dooey Hostel €, ☏ 074-9730130. Die erste unabhängige Herberge in Irland liegt wunderschön, 2 km vom Dorf entfernt mit fantastischem Blick auf die Bucht. Ab 14 €. Auch DZ. Camping ist möglich.

Strände/Schwimmen
Schöne Sandstrände gibt es in Doonalt gegenüber Glen Head und in Malinbeg.

Irische Sprach- und Kulturkurse
Oideas Gael, Glencolmcille, ☏ 074-9730248, www.oideas-gael.com. Zwischen April und Oktober gibt es ein reiches Angebot an Kursen in und um Glencolmcille: Irische Sprachkurse sowie (zweisprachige) kulturelle und sportliche Aktivitäten wie Wandern, archäologische Ausflüge, Harfe, Tanz, keltische Töpferei, Bodhrán-Spielen und Weberei.

Einkaufen
Südlich des Ortes an der R263 in Malin More Valley liegt der **Glencolmcille Woolen Mill Shop**, ☏ 074-9730069, www.rossanknitwear.ie, Sommer tgl. 9–20 Uhr. In der kleinen Strickfabrik kann

Donegal ist ein Gaeltacht-Gebiet

man den Herstellern beim Stricken, Spinnen und Weben zuschauen. Auch im **Folk Village Museum** (s. o.) gibt es einen kleinen Laden, wo man Strickwaren und Kunstgewerbe erstehen kann.

Verkehrsverbindung
McGeehan's, ☏ 074-9746150, www.mcgeehancoaches.com, verbindet Glencolmcille mit Dublin via Carrick, Kilcar, Killybegs, Ardara, Donegal und Cavan oder über Killybegs, Fintown und Letterkenny.

Ardara

Von Glencolmcille gelangt man über den wunderschönen Glengesh Pass (Achtung Radfahrer! Der Pass hat Steigungen von bis zu 25 %) nach **Ardara**. Das **Heritage Centre** erläutert die Geschichte und die Herstellung des qualitativ hochwertigen Donegal Tweed (☎ *074-9541704, Ostern–Sept. Mo–Sa 10–18, So 14–18 Uhr*). Im Gegensatz zu früher stellen die Weber die Stoffe heute aber nicht mehr am häuslichen Webstuhl her und die Wolle wird auch nicht wie früher mit Flechten oder Moosen gefärbt.

Reisepraktische Informationen Ardara

Unterkunft
Brae House €, *Nora Molloy, Front Street,* ☎ *074-9541296. Direkt an der Hauptstraße gelegenes, kleines freundliches B&B.*

Essen und Trinken
Nancy's Seafood Bar, *Front Street,* ☎ *074-9541187, www.nancysardara.com. Beliebtes Fischrestaurant, seit Generationen in derselben Familie, direkt an der Hauptstraße, Di–So ab 18 Uhr, Juni–Sept. auch Mo.*

Einkaufen
Eddie Doherty Handweaver, *Front Street,* ☎ *074-9541304, www.handwoventweed.com. Hier kann man sich mit kuscheligen Decken, Schals und tollen Westen eindecken. Eddie demonstriert auch gerne seinen Webrahmen.*

Dawros Head, nördlich von Ardara, ist mit seinen schönen Stränden in Narin und Portnoo bei Familienurlaubern sehr beliebt. Bei Kennern bekannt ist der **Narin & Portnoo Golf Club** (☎ *074-9545107, www.narinportnoogolfclub.ie*). Insbesondere die Löcher 7 bis 11 des Clubs sollen spektakulär sein. Umfährt man Dawros Head, geht es auf der N56 weiter nach **Glenties**, einem kleinen Ort mit Einkaufs-, Einkehr-, Übernachtungs- und tollen Wandermöglichkeiten und dem heimatkundlichen **St. Connell's Museum and Heritage Centre** (☎ *074-9551277*). Von Glenties lohnt ein Abstecher landeinwärts auf der R250 nach **Fintown** (S. 394). In der **Craft Gallery** kann man Schmuck, Töpferwaren, Kunsthandwerk und warme Socken (!) kaufen.

Dungloe

26 km N Glenties ist **Dungloe** erreicht, der größte Ort der „Rosses", wie dieser wunderbare Küstenabschnitt genannt wird. Es gibt einige Pubs, Souvenirgeschäfte, Einkaufs- und Übernachtungsmöglichkeiten, einen Golfplatz, eine Tourist Information und lange Sandstrände. Von Dungloe oder Umgebung bieten sich Touren ins Landesinnere oder zu den vorgelagerten Inseln an. Burtonport ist der Abfahrtsort für die Fähren nach Arranmore sowie für Hochseeangeltouren.

Reisepraktische Informationen Dungloe

Information
Tourist Information, Main Street, ☏ 074-9522198, geöffnet Juni–Aug.

Unterkunft/Essen und Trinken
** **Atlantic House** €-€€, Main Street, ☏ 074-9521061. Das schlichte Hotel mit 10 Zimmern liegt oberhalb des Pubs und wird im Familienbetrieb geführt.

Verkehrsverbindungen
Verschiedene Busunternehmen verbinden Dungloe mit dem „Rest der Welt":
McGeehans Coaches, ☏ 074-9546150, fährt jeden Tag von Dublin nach Burtonport via Dungloe, Donegal und Enniskillen.
Feda O'Donnell, ☏ 074-9548114, fährt durch ganz Donegal, aber auch nach Galway.
Flughafen: Donegal International Airport, Carrickfinn, Kincasslagh, ☏ 074-9548284, www.donegalairport.ie, www.aerarannislands.ie. Flüge nach Dublin und Glasgow Prestwick.

Tipp: Unterwegs einkehren
Falls man zur Weiterfahrt nicht die Küstenstraße über Burtonport wählt, sondern auf der N56 bleibt, sollte man 12 km N von Dungloe Halt machen in **Leo's Tavern**, einem tollen Pub mit solidem Pub Food. Das Highlight sind aber die Live-Musiksessions der Musikerfamilie Brennan, im Sommer tgl, nicht ganz so häufig im Winter. Einfach toll! Von Crolly die R259 Richtung Flughafen, ☏ 074-9548143, www.leostavern.com.

Die Inseln Arranmore und Tory Island

Arranmore

Arranmore ist die größte bewohnte Insel im Co. Donegal und die zweitgrößte in Irland, aber man kann den 14 km langen Rundweg durchaus in ca. 4 Stunden zu Fuß schaffen. Sie liegt 5 km von der Küste entfernt und die Überfahrt dauert 15 Min. Rund 500 Einwohner leben hier, vor allem an der Ostküste in Leabgarrow und im Süden in Aphort. Besucher kommen wegen der schönen Sandstrände, um zu tauchen oder zu angeln.

Reisepraktische Informationen Arranmore

Unterkunft
* **The Glen Hotel** €-€€, ☏ 074-9520505, www.theglenhotel.weebly.com. The Glen Hotel liegt unweit des Fährenlegers und ist ein schlichtes Hotel mit 10 Zimmern.
**** **Muldowney's B&B** €€, Baile Ard, ☏ 087-9081277, www.muldowneysbb.com. Schön gelegenes B&B, auf Wunsch kostenlose Abholung von der Fähre.

Pubs

Auf Arranmore gibt es fünf Pubs, aber keine Polizeistation ... Die Öffnungszeiten werden daher recht lasch gehandhabt.

Fähren

Arranmore Island Car and Passenger Ferries Service, ☏ 074-952 0532/9542233, www.arranmoreferry.com.
Ganzjährige **Autofähre** von Burtonport. Im Sommer bis zu neun Fähren täglich, im Winter weniger. Fahrzeit 15 Min.
Die **Schnellfähre Realt Na Maidne** kann zwölf Passagiere in 5 Min. transportieren, ☏ 087-3171810, www.arranmorefastferry.com.

Tory Island

Die kleine Insel liegt 11 km vor der Küste, die Überfahrt von Magheraroarty dauert 40 Min., von Bunbeg 75 Min. **Tory Island** ist 5 km lang und hat knapp 200 Einwohner. Für Ornithologen ist die Insel ein Paradies: Über 100 Seevögel leben hier. Im Osten des kleinen baumlosen Eilandes ragen turmartige Klippen auf. Tory war schon in prähistorischer Zeit besiedelt. Im 6. Jh. gründete der hl. Colum Cille hier ein Kloster, von dem noch die Ruinen zweier Kirchen, der Stumpf eines Rundturms und Überreste eines Hochkreuzes zu sehen sind. Es gibt mehrere Übernachtungsmöglichkeiten, ein paar Pubs, einen Einkaufsladen und – Künstler! Nachdem der englische Maler Derek Hill in den 1950er-Jahren Tory Island besucht hatte, begannen auch die Insulaner zu malen. Ihre Kunst kann man in der Dixon Gallery auf Tory Island und im Glebe House betrachten (s. S. 394).

Frühe Klostergründung

Fähre

Im Sommer tgl. von Bunbeg und Magheroarty, im Winter: eingeschränkter Dienst. Auskunft über Fahrzeiten und Preise:
Donegal Coastal Cruises, Strand Road, Middletown, Derrybeg, ☏ 074-9531320/9531340 und **Magheroarty Pier Office**: ☏ 074-9135061, www.toryislandferry.com.

Rund um den Glenveagh National Park

Einige Kilometer nördlich von Dungloe biegt die R251 bei Gweedore rechts ins Landesinnere ab. Die Landschaft ist karg, menschenleer und wunderschön. Hoch ragen der 752 m hohe kahle Quarzkegel des Mount Errigal und der 670 m hohe Tafelberg Muckish Mountain hervor.

In **Dunlewey** bietet das **Lakeside Centre** eine Webwerkstätte, einen reich bestückten Souvenirshop mit schönem Kunsthandwerk, eine Cafeteria, einen Abenteuerspielplatz, Spazierwege am See und Picknickplätze. Ein Film informiert über die Geschichte der Gegend. Außerdem werden Bootstouren auf dem Lough Veagh und Ponyausritte veranstaltet.
Lakeside Centre, ☏ 074-9531699, www.dunleweycentre.com, Ostern–Ende Okt. Mo–Sa 10.30–18, So 11–18 Uhr.

Wandern auf den Mount Errigal

Es gibt unterschiedlich schwere Strecken auf den Mount Errigal (2–4 Stunden). Vom Gipfel hat man einen fantastischen Ausblick über das Land. Ein guter Ausgangspunkt beginnt hinter der Errigal-Jugendherberge. Ordnance Survey Discovery Series Nr. 1 deckt den Weg ab. Unbedingt auf Wetterhinweise achten: Die Strecke ist bei nassem und nebligem Wetter gefährlich. Auskunft im Lakeside Centre.

Unterkunft

***** **Errigal Hostel** €, *Dunlewey, Gweedore,* ☏ *074-9531180, www.anoige.ie. Neues Gebäude, mit 60 Betten in 2-, 4- und 6-Bett-Zimmern, gut ausgestatteter Küche (bei der Tankstelle nebenan gibts einen kleinen Laden) und hellen Gemeinschaftsräumen. Traumhaft am Fuß des Mount Errigal, direkt am Usher Way gelegen. Ab 19 €.*

Nach wenigen Kilometern ist der Eingang zum **Glenveagh National Park** erreicht. Glenveagh wurde 1986 gegründet und ist der jüngste Nationalpark der Republik. Er umschließt ein Gebiet von 16.000 Hektar mit einer fantastischen Moor-, Seen- und Gebirgslandschaft. Die höchsten Berge sind der Errigal und der Slieve Sneacht. Der Lough Veagh wird von den Hängen der Derryveagh Mountains eingefasst. Hier lebt eine große Rotwildherde, möglicherweise die größte in Europa. Im Jahr 2000 wurden im Park wieder Goldadler angesiedelt. Sie galten 100 Jahre lang als ausgestorben. Glenveagh ist eine der unberührtesten Landschaften Irlands, ein idealer Lebensraum für die scheuen Adler. Am schönsten ist der Park im Frühsommer, wenn der Rhododendron blüht. Das Besucherzentrum passt sich gut in die Landschaft ein. Es gleicht drei Erdhügeln, die mit Gras bewachsen sind. Eine Ausstellung informiert über die Geschichte des Parks, Flora, Fauna und geologische Aspekte der Region. Ein 30–45-minütiger Spaziergang führt von hier zum Glenveagh Castle. Für fußmüde Besucher gibt es einen Shuttlebus.

Unberührte Landschaft

1857–59 kaufte John George Adair mehrere kleine Besitztümer auf und vereinigte sie zum Besitz von Glenveagh. Er war ein grausamer Landlord. 250 Pächter ließ er vertreiben, um eine ungestörte Sicht auf die Landschaft zu haben. Um 1870 baute er **Glenveagh Castle** im neogotischen Stil aus grauem Granit um und stattete es mit viktorianischem Mobiliar aus. Mit der Anlage des prachtvollen, exotischen Gartens begann Adairs Witwe Ende des 19. Jh. Der spätere, aus Philadelphia stammende Besitzer Henry McIlhenny erweiterte den Park. Eine Augenweide ist der italienische Garten im August, wenn unzählige Lilien ihre größte Pracht entfalten. Henry McIlhenny verwandelte das Schloss und verzierte es mit Zeugnissen seiner Passion: Jagdtrophäen. In fast jedem Zimmer findet sich ein Hirschgeweih, außer im rosa gestreiften Raum im Rundturm, wo Greta Garbo immer übernachtete, wenn sie zu Besuch kam.

Grausamer Landlord

Glenveagh National Park and Castle, ☏ *076-1002551, www.glenveaghnationalpark.ie, www.heritageireland.ie. Besucherzentrum tgl. März–Okt. 9–18, Nov.–Feb. 9–17 Uhr, Castle 10–17 Uhr, Erw. 5, erm. 2 €. Unterhaltsame 30-min. Führungen. Shuttlebus zum Castle 3 € (5 Min.). Park und Besucherzentrum frei.*

Typische Landschaft in Donegal

Lohnend ist der Besuch im **Glebe House and Gallery**. Hier wohnte der englische Maler Derek Hill (1912–2000), der in den 1940er-Jahren erstmals nach Irland kam. 1980 vermachte er sein Haus mitsamt seiner Kunstsammlung dem Staat. Etliche Kunst- aber auch Kitschgegenstände und die eigenwillige Innenausstattung machen das Haus zu einem Gesamtkunstwerk. Einige Dekorationen von William Morris (1834–1896) sind erhalten, teilweise stammen die in kräftigen Farben gehaltenen Wanddekorationen von Derek Hill selbst. Die ehemaligen Stallgebäude beherbergen die Kunstsammlung des Malers, u. a. sind Werke von Kokoschka und Picasso sowie islamische Kunst zu sehen.

Gesamtkunstwerk

Glebe House and Gallery, *Churchill, Letterkenny, (am Ufer des Lough Gartan, 18 km NW Letterkenny an der R251), ☎ 074-9137071, www.heritageireland.ie, Besichtigung nur mit Führung, Ostern tgl. 11–18.30 Uhr, Ende Mai–Juni u. Sept. Sa–Do 11–18.30, Juli/Aug. tgl. 11–18.30 Uhr, letzter Eintritt jeweils 1 Std. vorher, Erw. 4, erm. 2 €.*

Von der Glebe Gallery führt die Strecke südlich am Glenveagh National Park entlang der R254 am Owenwee River über Doocharry nach Dungloe. Kilometerlang sieht man keinen Baum, keinen Strauch, kaum Autos, wohl aber viele Schafe.

ACHTUNG: *Tanken nicht vergessen! Auf halber Strecke liegen zu bleiben, macht keinen Spaß.*

Fintown (R252/R250) ist ein kleines, langgestrecktes Dorf am 5 km langen Loch Finn und ein Mekka für Bergwanderer und Angler. Hier war die Heimat von Johnny Simi Doherty (1895–1980), dem legendären wandernden Meisterfiedler Donegals. Er liegt im Familiengrab der Dohertys auf dem Friedhof in Fintown begraben. Die Bahn-Kooperative Cunmann Traenach na Gaeltachta Lair bietet im Sommer rund 40-minütige Fahrten auf einer kleinen Schmalspurbahn entlang des atemberaubenden Loch Finn an. Gefahren wird mit einer von nur noch sechs existierenden County Donegal Railways Railcars (Juni–Sept., ☎ 074-9546280, www.antraen.com).

Angeln und Wandern

Verkehrsverbindungen

Bus Éireann *fährt von Dublin nach Ballybofey und Letterkenny mit Halt in Fintown. Außerdem gibt es einen täglichen Busservice von Glencolmcille über Glenties und Fintown nach Letterkenny und zurück.*

Pub

Teach an Cheoil *(gäl. für „Haus der Musik") ist ein altes Haus mit einer kleinen Bar und weiß gekalkten Wänden. Es gibt keine Zapfanlage, sondern nur Flaschen bzw. Dosen. Live-Musik i.d.R. Do u. Fr.*

Torfstechen

Torf ist der Bodenschatz der Grafschaft Donegal. Überall sieht man Männer, Frauen und Kinder auf den Feldern, die bunte Plastiksäcke voll mit Torf bündeln und auf Wagen laden. Fast hinter jedem Häuschen im Westen steht eine Torfpyramide. Als Heizmaterial ist Torf zwar nicht ganz so heiß wie Kohle, jedoch angenehm und sauber im Verbrauch. Zum Heizen während des Winters benötigt man in etwa die Menge Torf, die dem Rauminhalt des beheizten Zimmers entspricht. Statistisch gesehen, benötigt ein Vier-Personen-Haushalt etwa 15.000 Stück Torf im Jahr, wenn ausschließlich damit geheizt und gekocht wird. Das dazu nötige Torfstechen dauert etwa einen Monat. Gestochen wird meist in den Monaten Mai und Juni. Im Gegensatz zu Schottland wird in Irland der Torf nicht nur für den Hausverbrauch verwertet, sondern im großen Stil abgebaut und industriell zur Energieerzeugung genutzt, vor allem in den mittleren Landesteilen (s. S. 354).

Torf: der Bodenschatz von Donegal

Von Dungloe entlang der Nordküste

Vogel-paradies

Von Dungloe führen die R259, später dann die R 257 und die N 56 über die Küstenorte Burtonport, Gweedore, Bunbeg, Brinlack und Dunfanaghy nach Creeslough. Bloody Foreland und Horn Head sind weitere landschaftliche Höhepunkte dieser Tour. Bloody Foreland besteht aus rotem Granit, daher der Name. Die Klippen fallen hier 200 m tief ins Meer. Vom Bloody Foreland Kap kann man an klaren Tagen die Felsen von Tory Island im Atlantik sehen. Horn Head ist ein Vogelparadies. Für die 18 km lange Wanderung rund um Horn Head sollte man mit sechs Stunden Gehzeit rechnen. Am besten offenbart sich die spektakuläre Küstenszenerie, wenn man im Uhrzeigersinn von Dunfanaghy aus wandert.

Auffällig sind an diesem Küstenabschnitt die zahlreichen Ferienhäuser und modernen Häuser. Für die Bewohner von Donegal (und anderen Gegenden) gibt es nichts Erstrebenswerteres, als in einen Neubau zu ziehen und die alten Cottages zu verlassen. Diese werden von den Zugereisten aufgekauft und renoviert. Obwohl die Neubauten meist von sehr geringer Qualität sind, stellen die kleinen, dunklen und unbequemen – in unseren kontinentalen Augen romantischen – Cottages für die Einheimischen einen Schandfleck dar, denn sie tragen das Stigma einer armen Vergangenheit.

Ausstellung zur Hungersnot

In **Dunfanaghy** lohnt sich ein Besuch im **Dunfanaghy Workhouse**. Das Arbeitshaus wurde 1845 eröffnet und bot den verarmten Menschen der Region eine Zuflucht. Heute ist hier ein Museum untergebracht, das die Zeit des großen Hungers in den 1840er-Jahren dokumentiert. Eine Ausstellung erläutert die sozialen und wirtschaftli-

Die Teestube im Dunfanaghy Workhouse

chen Zustände jener Zeit. Informiert wird auch über Flora und Fauna der Region. Es gibt eine gemütliche Teestube und einen kleinen Laden mit Kunsthandwerk.
Dunfanaghy Workhouse, ☏ 074-9136540, www.dunfanaghyworkhouse.ie, Mai/Juni u. Sep./Okt. 9.30–17, Juli/Aug. tgl. 9.30–17.30, im Winter Mo–Mi 9.30–16.30 Uhr.

In **Creeslough** kann man eine interessante moderne Kirche des Kirchenarchitekten Liam McCormick sehen. In harmonischer Weise fügt sich die **St. Michael's Church** (1971) in die umgebende Landschaft ein. Die Oberkante der Kirche ist leicht geschwungen und nimmt damit die Linie der Berge auf. Die verwendeten Materialien, wie beispielsweise die schweren Eichentüren, beziehen sich auf die traditionelle Schlichtheit des bäuerlichen Lebens dieser Region. Der Innenraum wirkt groß und klar. Das romantische **Doe Castle** (5 km von Cresslough) stammt aus dem 16. Jh. Es ist von drei Seiten vom Meer umgeben und an der vierten Seite von einem Wassergraben geschützt.

Moderner Kirchenbau

Reisepraktische Informationen Dunfanaghy

Unterkunft
*** Arnold's Hotel €€–€€€, Dunfanaghy, ☏ 074-9136208, www.arnolds-hotel.com. Arnold's Hotel, direkt am Killahoey Beach gelegen, ist seit drei Generationen im Familienbesitz. Die Atmosphäre ist freundlich und ungezwungen und das Hotel organisiert vielerlei Aktivitäten wie Reiten, Angeln, Mal- und Fotokurse oder kreatives Schreiben. 30 Zimmer.
Corcreggan Mill Hostel €–€€, Dunfanaghy ☏ 074-9136409, www.corcreggan.com, ganzjährig geöffnet. Mit viel Liebe hat Brendan Rohan das alte Mühlengebäude umgebaut und zu einem Begegnungsort umgestaltet. Das Mill Hostel bietet rustikale Unterkunft für Reisende, für Workshops oder für Retreats und es gibt verschiedene Angebote wie Pferdetrekking, Wassersport am Tramore Beach, Golf oder Wandern. Es gibt 28 Betten (auch 6 DZ) und Camping ist auf dem Grundstück möglich. Geeignet für Rollstuhlfahrer. Mahlzeiten erhältlich.

Essen und Trinken
The Cove Restaurant, Rockhill, Port Na Blagh, ☏ 074-9136300, www.thecoverestaurantdonegal.com. Innovative Küche, hauptsächlich Meeresfrüchte und Fisch, und verführerisch mit asiatischem Einschlag. Di–So 18–21 Uhr. 2/3-Gang-Dinner 20 bzw. 25 €.
Molly's Bar, Main Street, ☏ 074-9100050. Gemütlich und altmodisch, oft Live-Musik und Quiz Nights.

Golf
Dunfanaghy Golf Club, Sheephaven, ☏ 074-9136335, www.dunfanaghygolfclub.com. 18-Loch-Platz. Besucher sind täglich außer So willkommen. Absolut fantastische Lage, wenig außerhalb an der Straße nach Port Na Blagh. Ab 25 €.
Rosapenna Golf, Downings, Sheephaven, ☏ 074-9155000, www.rosapennagolflinks.com. Die beiden Links Courses (= 36 Loch) sind für ihre atemberaubende Lage bekannt.

Reiten
Dunfanaghy Stables, Main Street, ☏ 074-9100980, www.dunfanaghystables.com, arrangiert unvergessliche Ausritte am Strand und in die Umgebung.

Strände
Eine kleiner schöner Umweg führt von Creeslough (über Port Na Blagh) zum **Monk's Beach**. Von dort gelangt man in rund 30 Min. Fußmarsch zum reizenden **Silver Strand**. Der **Marble Hill Strand** in der Nähe von Port Na Blagh ist ebenfalls herrlich. Der schönste Strand in der näheren Umgebung von Dunfanaghy ist **Tramore**.

Verkehrsverbindungen
Feda O'Donnell, ☏ 074-9548114, www.fedaodonnell.com. Das Busunternehmen fährt durch ganz Donegal (Dungloe, Dunfanaghy, Creeslough und Letterkenny), aber auch runter nach Galway.

Die Halbinsel Fanad

Eine ausgeschilderte „Scenic Tour" mit herrlichen Ausblicken auf die Landschaft führt in 72 km über die Fanad-Peninsula. **Portsalon** hat einen fantastischen Golfplatz sowie einen herrlichen Strand in der Ballymastocker Bay. Im rosa gestrichenen Sarah's Restaurant (☏ 074-91 9135, tgl. 12–22 Uhr) kann man sich nach dem Sprung ins kalten Wasser aufwärmen. In **Rathmullan** erläutert im Heritage Centre (Ostern–Juni nur Sa/So, Juni–Sept. Mo–Sa 10–18, So ab 12.30 Uhr Uhr) die Ausstellung „Flight of the Earls" das Leben der Earls O'Donnell und O'Neill. Südlich von Rathmullan liegt **Rathmelton**. Die Lagerhauser dort stammen aus der zweiten Hälfte des 19. Jh., als der Ort es durch Kornmühlen, Leinenherstellung und Bierbrauerei zu Wohlstand brachte.

Reisepraktische Informationen Halbinsel Fanad

Unterkunft/Pub
**** Rathmullan House & Restaurant €€€–€€€€, Rathmullan, ☏ 074-9158188, www.rathmullanhouse.com. Das großzügig gestaltete Country House liegt herrlich direkt am Lough Swilly und ist von einem zauberhaften Landschaftsgarten umgeben. Man kann direkt durch den Garten an den 1½ km langen Sandstrand gelangen. Im Haus herrscht eine gemütlich informelle Landhausatmosphäre. Die 32 Zimmer sind unterschiedlich gestaltet: romantisch mit Gartenblick, historisch mit antiken Möbeln oder großen Familienzimmern. Das „Slow-Food-Restaurant", ein Swimmingpool, Spa-Einrichtungen und Sauna sorgen für Wohlbefinden.
Frewin House €€–€€, Rectory Road, Rathmelton, ☏ 074-9151246, www.frewinhouse.com. Schönes viktorianisches Haus inmitten eines großen Gartens, der zum „Lustwandeln" einlädt. Gemütliche Zimmer und Dinner bei Kerzenschein.
Bridge Bar, Bridgend, ☏ 074-9151119. Urgemütlicher alter Pub mit toller Live-Musik. Im Obergeschoss kann man im Restaurant Fish&Chips und andere Klassiker genießen.

Fähre
Im Sommer gibt es eine **Autofähre** von Rathmullan nach Buncrana, ☏ 074-9381901.

Der Strand bei Portsalon

Letterkenny

Letterkenny ist der größte Ort in der Grafschaft Donegal, und durch planlose Bauwut im Zuge des Celtic Tiger ziemlich verunstaltet. Allerdings gibt es viele Einkaufsmöglichkeiten, Restaurants und das **Donegal County Museum** in der High Street zeigt heimatgeschichtliche Exponate sowie Wanderausstellungen. Das neue **Regional Cultural Centre** (℡ 074-9129186, www.donegalculture.com) bietet Kino und kulturelle Veranstaltungen.
Donegal County Museum, High Street, ℡ 074-9124613, ganzjährig Mo–Fr 10–12.30 u. 13–16.30, Sa 13–16.30 Uhr, Eintritt frei.

Kurz hinter Raphoe, 20 km SO Letterkenny, liegt der **Beltany Stone Circle**, ein großer Steinkreis mit 60 Megalithen. Nach einem kurzen Fußmarsch kommt man zu einem Plateau, von dem aus man einen herrlichen Rundblick hat.

Steinkreis

Information
Tourist Information, Neil T. Blaney Road, ℡ 074-9121160, www.letterkennyguide.com, ganzjährig geöffnet.

Pubs/Live-Musik
Mc Ginley's Bar, 25 Lower Main Street, ℡ 074-9121106. Altmodischer Pub mit offenem Torffeuer. Mi–Sa oft Live-Musik.

Inishowen

Rundfahrt   Die ausgeschilderte Rundfahrt **Inish Eoghain 100** führt an allen landschaftlichen und kunsthistorischen Höhepunkten Inishowens vorbei. Wenn man nicht die ganze Strecke fahren möchte, kann man sie abkürzen und z. T. durch das Landesinnere fahren.

Das **Steinfort Grianán of Aileach**, vergleichbar mit dem Staigue Fort (Co. Kerry) und dem Dún Aengus (Co. Galway, Aran-Inseln), entstand vermutlich im 1. oder 2. Jh. Vom 5. bis zum 12. Jh. diente es den Königen von Ulster als Königssitz. Während der Restaurierung 1874–1878 hob man die einst 1,80 m hohen Mauern auf 5 m an. Anstelle von einst zwei Treppen gibt es jetzt vier. Die Mauer hat einen Durchmesser von über 25 m. Sie ist in Trockensteinbauweise errichtet und unten 4 m dick.

Die kleine Gemeinde **Burt** (24 km N Letterkenny) hat eine interessante, 1967 geweihte Kirche. **St. Aengus** ist die bekannteste Kirche des Architekten Liam McCormick. Wie auch in Creeslough zeigt sie das Zusammenspiel zwischen Architektur (in diesem Fall das Steinfort) und Landschaft. Der Kreis ist die bestimmende Form. Der Altar ist rund, und die Sitzbänke sind kreisförmig ringsherum angeordnet.

Verzierter Stein   Etwa 12 km weiter beeindruckt bei Fahan der **Fahan Cross Slab**. Dieser verzierte Stein ist der einzige Rest eines Klosters, das im 7. Jh. gegründet wurde und bis 1098 bestand. An beiden Seiten kann man ein aus verschlungenen Bändern gebildetes lateinisches Kreuz erkennen, auf der Ostseite über dem Kreuz zwei Vögel. Der Schaft auf der Westseite zeigt die Figuren zweier Bischöfe.

Buncrana hat 4.000 Einwohner, einen 5 km langen Strand und ein buntes Unterhaltungsprogramm für Sommergäste. Anfang des 19. Jh. entstand hier eine Webfabrik und bereits um 1805 war der Ort das größte Webereizentrum von ganz Irland mit 600 Beschäftigten. Aus dem 19. Jh. stammt auch die **Tullyarvan Mill** am Ufer des Flusses Crana. Die Kornmühle wurde vorbildlich restauriert und heute finden hier Ausstellungen, kunsthandwerkliche Workshops und kulturelle Veranstaltungen statt (☎ 074-9361613, www.tullyarvanmill.com). Gleich nebenan gibt es ein modernes Hostel. Das **Vintage Car & Carriage Museum** (Juni–Sept. Mo–So 10–20 Uhr) zeigt Fahrzeuge, die zwischen 1860 bis 1960 hergestellt wurden: alte Kutschen, Fahrräder und Oldtimer.

11 km N Buncrana liegt **Fort Dunree** am Ufer des Lough Swilly. Das **Fort Dunree Military Museum** zeigt Militaria sowie Kunstgegenstände. Von hier aus kann man schön spazieren gehen.
Fort Dunree Military Museum, *Dunree, Linsfort, Buncrana, ☎ 074-9361817, www.dunree.pro.ie, Juni–Sept. Mo–Sa 10.30–18, So 13–18 Uhr, im Winter Mo–Fr 10.30–16.30 Uhr, Sa/So 13–18 Uhr, Erw. 7, erm. 4 €.*

Freilichtmuseum   Das **Doagh Famine Village** 25 km N Buncrana ist ein unkommerzielles, liebevoll aufbereitetes Freilichtmuseum, dass sich mit der Geschichte Irlands ab 1845 beschäftigt.
Doagh Famine Village, *Doagh Island, ☎ 074-9378078, www.doaghfaminevillage.com, tgl. Ostern–Okt. 10–17 Uhr, Erw. 7,50, erm. 5 €.*

Über Clonmany und Ballyliffin geht es weiter nach **Carndonagh**. Am westlichen Ortseingang steht an der Straße das **Carndonagh Cross**. Es stammt aus dem 7. Jh. und ist demnach vermutlich das älteste Hochkreuz Irlands. Es gibt noch keinen Kreuzring, aber die Kreuzarme sind bereits ausgeprägt. Zu sehen ist eine Gestalt, die die Arme weit ausbreitet und von anderen Figuren umgeben wird. Darüber ist ornamentales Flechtwerk erkennbar. Das Kreuz wird von zwei kleinen Steinen flankiert. Andere Steine stehen im unweit gelegenen Friedhof.

Hochkreuz aus dem 7. Jh.

Ab Ballygorman verläuft die Straße in einem Kreis rund um die Nordspitze. Ganz oben gelangt man zum **Malin Head**, dem nördlichsten Punkt Irlands, der etwa auf Höhe der dänischen Insel Bornholm liegt. Hier stehen die Reste eines Wachturms. Banba's Tower wurde 1805 von der britischen Admiralität errichtet und war bis 1909 in Benutzung. Während des Zweiten Weltkriegs wurde er von den Irish Defence Forces als Aussichtsturm verwendet. Die riesigen Lettern EIRE zeigten während des Krieges den gegnerischen Flugzeugen, dass hier neutrales Gebiet überflogen wurde. Nur wenige Menschen leben hier, doch Vögel gibt es im Überfluss: Über 200 Arten leben hier oder kommen als Zugvögel aus Island, Grönland oder Nordamerika (siehe www.birdsireland.com).

Moville und Muff sind die nächsten Orte auf der Küstenstraße. Schöne Ausblicke und Panoramen beschließen die Fahrt über die Inishowen Peninsula.

Reisepraktische Informationen Inishowen

Information
Tourist Information, Buncrana, Railway Road, ☎ 074-9362600, Juni–Aug. **Im Internet**: www.visitinishowen.com

Unterkunft
McGrory's €€, Culdaff, ☎ 074-9379104, www.mcgrorys.ie. Für Liebhaber irischer Folklore ist McGrory's die richtige Anlaufstelle. Hotel mit 17 Zimmern, Restaurant und Pub, in dem regelmäßig Live-Musik geboten wird. McGrory's ist bereits in der dritten Generation im Familienbetrieb.
Sandrock Holiday Hostel €, Port Ronan Pier, Malin Head, ☎ 074-9370289, www.sandrockhostel.com. Ganzjährig geöffnet. 20 Betten. Fahrradverleih.

Essen und Trinken
Seaview Tavern, Malin Head, ☎ 074-9370117, www.seaviewtavern.biz. Irlands nördlichster Pub mit solidem Bar Food. Auch Gästezimmer (€€).
McClean's, Malin. Altmodischer Pub, oft mit Live-Musik, erkennbar an den Tanksäulen vor dem Haus.
Kealy's Seafood Bar, Greencastle, The Harbour, ☎ 074-9381010, i.d.R. Do–So Lunch u. Dinner. Hervorragendes Fischrestaurant im Familienbetrieb. Mittlere bis gehobene Preisklasse.

Verkehrsverbindungen
Northwest Busways, ☎ 074-9382619, www.foylecoaches.com, fahren täglich durch ganz Inishowen nach Derry und Letterkenny.

8. NORDIRLAND

Überblick

Nordirland ist mit einer Landfläche von ca. 14.000 km² etwas kleiner als Schleswig-Holstein. Die Einwohnerzahl beträgt 1,84 Millionen. Politisch gehört Nordirland zum Vereinigten Königreich. Dennoch bildet der Norden historisch, kulturell und landschaftlich eine Einheit mit der Irischen Republik im Süden. Es gibt eine abwechslungsreiche Natur, viele Sportmöglichkeiten und ein reiches Kulturerbe. Gräber aus der Steinzeit und keltische Kreuze findet man ebenso wie frühchristliche Klöster, normannische Burgen, Festungen aus dem 17. Jh., große Schlösser und Gärten sowie zahlreiche Zeugnisse des beginnenden Industriezeitalters.

Für den Aktivurlauber ist Nordirland ideal. Man kann auf über 80 Golfplätzen spielen, Bootstouren auf dem Lough Erne unternehmen, angeln, wandern oder reiten. Dass man – von der Republik Irland kommend – ein anderes Land betreten hat, ist nicht zu übersehen: Britische Farben dominieren die Hochburgen der Unionisten: Rot, Blau, Weiß auf den Bordsteinen oder an Bushaltestellen oder „God save the Queen"-Plakate, die keinesfalls unauffällig angebracht sind. In Gegenden mit überwiegend irischer Bevölkerung sieht man als „Ausgleich" orange-grün-weiße Fahnen.

Redaktionstipps

Sehens- und Erlebenswertes
➤ Auf Teilstrecken des **Ulster Way** wandern (S. 408).
➤ Die **Old Bushmills Distillery** besichtigen (S. 420).
➤ Den **Giant's Causeway** sehen (S. 421).
➤ Den **Ould Lammas Fair** in Ballycastle aufsuchen (S. 424).
➤ Die **Antrim Glens** genießen (S. 427).
➤ Eine Tour durch das **Titanic Quarter** in Belfast machen (S. 435).
➤ **Derry** (S. 410), **Belfast** (S. 430) und **Armagh** (S. 451) besichtigen.
➤ Nördlich von Omagh den **Ulster American Folk Park** besichtigen (S. 456).

Übernachten
➤ Ein **Hausboot** mieten und ein paar Tage auf dem Lough Erne schippern (S. 463).
➤ Übernachten im **Greenhill House** (S. 417) in Coleraine, in **Colliers Hall** (S. 425) in Ballycastle, im **Tyrella House** (S. 449) in Tyrella.

Von Donegal aus kommend, macht man seine erste Begegnung mit Nordirland in der Grafschaft **Londonderry** mit der Hauptstadt **Derry**. Im Süden schließt sich die Grafschaft **Tyrone** an. Zu dieser Grafschaft gehören größere Uferpartien des riesigen Lough Neagh. Die Grafschaft **Antrim** hat im Osten und Norden herrliche Küsten. Dort befindet sich auch der berühmte **Giant's Causeway**, ein natürlicher „Riesendamm" aus Basaltsäulen vulkanischen Ur-

Nordirland: Überblick

Sehenswerte Landschaften

sprungs. Wunderschön ist die Küstenstraße an der Antrim Coast, die zur Belfast Bay hinunterführt. Nach Westen zweigen malerische schmale Täler, die sogenannten Glens, ab. Weiter südlich am Belfast Lough beeindruckt Carrickfergus mit einer gewaltigen Burg.

Ganz im Süden der Grafschaft, an der Mündung des Flusses Lagan, liegt **Belfast**, die Hauptstadt Nordirlands. Die Grafschaft **Down** ist sehr fruchtbar, vorwiegend eben oder leicht hügelig. Nur im Süden erheben sich die malerischen Mourne Mountains, die zu ausgedehnten Wanderungen einladen. Wo dieses Gebirge zur Ostküste der Insel abfällt, liegen, besonders am Carlingford Lough, Bade- und Ferienorte. Der Strangford Lough reicht weit ins ebene Land hinein und bildet so die Ards Peninsula. Die Grafschaft **Armagh** liegt still im Landesinneren. Wegen ihrer vielen Obstbäume wird sie der „Garten von Ulster" genannt.

Kabinenkreuzer

Die Grafschaft **Fermanagh** ist sehr wasser- und waldreich. Das Seengebiet um den Lough Erne ist nach dem Shannon die zweitgrößte Wasserstraße der Insel. Auch hier – auf dem oberen und dem unteren See und auf dem Kanal, der sie verbindet – sind Fahrten mit Kabinenkreuzern möglich. Der Hauptort der Grafschaft, Enniskillen, liegt zwischen beiden Seen. Sehenswert sind Devenish Island mit Rundturm und Klostergründung des hl. Molaise, White Island mit sieben rätselhaften Steinfiguren in der Wand einer Klosterruine und Boa Island mit einem janusköpfigen heidnischen Kultstein.

Streckenführung

Nordirland verfügt über ein ausgedehntes Autobahn- und Straßennetz mit einer relativ geringen Verkehrsdichte. Die öffentlichen Verkehrsmittel (Bahn/Bus) sind gut. Die hier vorgestellte Streckenbeschreibung beginnt, von Donegal kommend, in der Grafschaft Londonderry und führt mit Abstechern ins Landesinnere im Uhrzeigersinn um Nordirland herum.

Entfernungen von Belfast

Dublin 165 km	Armgh 56 km	Cork 405 km
Enniskillen 133 km	Derry 117 km	Portrush 98 km
Rosslare 323 km	Shannon 338 km	Sligo 200 km

Reisepraktische Informationen Nordirland

 **Information**

Belfast Welcome Centre, 47 Donegall Place, ☎ 028-90246609, www.visitbelfast.com. Informationen über Nordirland, Unterkunftsbuchungen etc.
Derry Visitor and Convention Bureau, 44 Foyle Street, Derry BT48 6AT, ☎ 028-71267284, www.derryvisitor.com.
Fermanagh Lakeland Tourism, Wellington Road, Enniskillen BT74 7EF, ☎ 028-6632 3110, www.fermanaghlakelands.com.

Im Internet: Auf www.discovernorthernireland.com gibt es umfassende Informationen über Nordirland, einschließlich einem Veranstaltungskalender und diversen Unterkunftsmöglichkeiten.

Sehenswürdigkeiten
The National Trust, ☎ 028-9750721, www.nationaltrust.org.uk. Der National Trust kümmert sich um die Pflege des kulturellen Erbes in Nordirland.
National Museums Northern Ireland, ☎ 0845-6080000, www.nmni.com.
Northern Ireland Museums Council, ☎ 028-90550215, www.nimc.co.uk.

Unterkunft
Northern Ireland Hotels Federation, www.nihf.co.uk.
Northern Ireland Self-Catering Holidays Association, www.nischa.co.uk. Ferienwohnungen/Cottages für Selbstversorger.
Irish Farmstay, www.farmstay.co.uk. Ferien auf dem Bauernhof, B&Bs und Unterkünfte für Selbstversorger.
Jugendherbergen/Hostels: Es gibt eine stattliche Anzahl an unabhängigen Hostels in Irland sowie die des Internationalen Jugendherbergsverbandes, die hier YHANI genannt werden. Für YHANI ist ein Mitgliedsausweis erforderlich, den man aber auch direkt vor Ort, in der Jugendherberge, erwerben kann. „Hostelling" ist für alle Altersstufen möglich. YHANI bietet auch Urlaubspakete (Holiday Packages) an, die mit oder ohne Busfahrten kombiniert werden können. Auskunft: **Northern Ireland Hostelling International**, ☎ 028-9032 4733, www.hini.org.uk.

Telefonieren
Nach Nordirland gilt die britische Vorwahl 0044.
Von Nordirland in die Republik Irland wählt man 00353, dann die Vorwahl ohne die Null und dann die gewünschte Rufnummer.
Innerhalb Nordirlands muss man stets die Vorwahl 028 wählen.
Die Durchwahl von der Republik Irland sowie von Nordirland nach Deutschland lautet: 0049, dann folgt die Ortsnetzkennzahl ohne die 0 und dann die gewünschte Nummer. Die Vorwahl nach Österreich lautet 0043, die Vorwahl in die Schweiz 0041.

Währung
Nordirland (als Teil Großbritanniens) ist nicht der Eurozone beigetreten. Dort wird weiterhin in Pfund Sterling bezahlt. Es gibt Banknoten zu 5 Pfund, 10 Pfund, 20 Pfund, 50 Pfund und 100 Pfund. Münzen zu 2 Pfund, 1 Pfund, 50 pence, 20 pence, 10 pence, 5 pence, 2 pence und 1 pence. Es wird empfohlen, eine ausreichende Menge Pfund schon im Heimatland zu kaufen, weiteren Umtausch jedoch im Land vorzunehmen. An EC-Geldautomaten lässt sich mit der EC-Karte rund um die Uhr Geld abheben. Banken und größere Postämter, Hotels und Restaurants sowie Geschäfte nehmen internationale Kreditkarten an. Eurocard und Visa werden für Mietwagen, in Geschäften, Restaurants, Hotels usw. weitgehend akzeptiert. In kleineren Gasthäusern und B&Bs auf dem Lande werden meist keine Kreditkarten angenommen. Geld kann man bei den Banken, in Postämtern, American-Express- und Thomas-Cook-Büros sowie in großen Hotels wechseln. Auch in einigen größeren Geschenkeläden, Reisebüros und Tourist Information Offices ist es möglich, Geld umzutauschen.
Der Umtauschkurs im März 2016: 1 € = 0.78 £ bzw. 1 £ = 1,28 €.

Wandern

Der **Ulster Way** führt rund um Ulster. Er ist 660 km lang und komplett ausgeschildert. Man braucht gut einen Monat, um den ganzen Weg zu bewältigen. Man kann auch einen Teilabschnitt wandern und mit öffentlichen Verkehrsmitteln wieder zum Ausgangspunkt zurückkehren. Der gesamte Weg wird grob in fünf Abschnitte eingeteilt: Nordost, Nordwest, Südwest, Süd und Südost. Pro Abschnitt sollte man mit knapp einer Woche rechnen. Alle Abschnitte können auch in sich geteilt werden.

Es gibt viele Publikationen zum Ulster Way. Die 1:250.000 Ireland Holiday Map vom Ordnance Survey (OSNI) gibt einen Überblick und ist für die Planung hilfreich. Für das tatsächliche Wandern benötigt man je nach Strecke die OS Discovery Series im Maßstab 1:50.000. Beliebt ist das **Mourne International Walking Festival**, www.mournewalking.co.uk.

Radfahren

Das **National Cycle Network** umfasst rund 1.200 km. Es gibt mehrere Langstreckenrouten sowie zahlreiche Tagestouren, z. B. in den Sperrin Mountains oder am Ulster Canal. Auskunft von Cycle NI, www.cycleni.com

Wandern in den Mourne Mountains

Irish Cycle Tours and Walks bieten 1-wöchige oder 4-tägige Touren zu Fuß oder mit dem Rad an, ☏ 066-7128733, www.irishcycletours.com.

Angeln

Nordirland ist ein Anglerland. Ideale Möglichkeiten bieten der **Lough Erne** in der Grafschaft Fermanagh und der **Upper-Bann-Fluss**, der in den Lough Neagh fließt.
Infos im Internet: www.nidirect.gov.uk/angling.
Urlauber mit Behinderungen berät die **British Disabled Angling Association**, www.bdaa.co.uk.

Golf

In Nordirland gibt es über 100 Golfplätze, von denen der **Royal County Down** und der **Royal Portrush** berühmt sind. Der Royal County Down gilt weltweit als Nummer 1.

Feste

Am 12. Juli finden anlässlich des **Orangemen's Day** in zahlreichen Orten Paraden statt. Siehe S. 436 sowie www.grandorangelodge.co.uk

Flughäfen

Belfast City Airport, Sydenham Bypass, 5 km O Belfast, www.belfastcityairport.com.
Belfast International Airport, Aldergrove, 30 km W Belfast, www.belfastairport.com.
Derry Airport, Longfield Road, Eglinton, 11 km NO Derry an der A2, www.cityofderryairport.com.

Anreise per Fähre

Mit einer Fähre kann man von Frankreich in die Republik übersetzen und dann weiter nach Nordirland reisen. Oder man fährt vom Kontinent mit der Fähre oder durch den Tunnel nach England, weiter bis Schottland und von dort mit der Fähre nach Nordirland. (Siehe dazu auch das Kapitel „Allgemeine Reisetipps" unter dem Stichwort „An- und Weiterreise").
Die wichtigsten Routen von England/Schottland sind:
Liverpool – Belfast, Stena Line (www.stenaline.co.uk), 8 Stunden
Cairnryan – Belfast, Stena Line (www.stenaline.co.uk), 2 Stunden
Cairnryan – Larne, P&O Irish Sea (www.poirishsea.com), 1 Stunde oder 1 Std. 45 Min., je nach Fähre.

Bus- und Bahnverbindungen

In Nordirland informiert **Translink** über Bus- und Bahnverbindungen, www.translink.co.uk.
Ulsterbus (☏ 028-71262261) bedient fast sämtliche Strecken. In Belfast fährt die Firma **Metro. Airporter** (www.airporter.co.uk, ☏ 028-71269996) verbindet Belfast International und Belfast City 10 x täglich mit Derry.
Der **Antrim Coaster** verkehrt ganzjährig Mo–Sa (Juli/Aug. auch So) zwischen Belfast und Coleraine und hält an allen Orten von Interesse entlang der Küste: Portrush, Portballintrae, Bushmills, Giant's Causeway, Ballintoy, Ballycastle, Cushendun, Cushendall, Carnlough, Glenarm, Larne, Carrickfergus.
Zuginformationen: **Northern Ireland Railways**, ☏ 028-90666630, www.translink.co.uk. Zwischen Dublin und Belfast verkehrt die „Enterprise".

Die Grafschaft Londonderry

Derry

Derry ist mit rund 85.000 Einwohnern die zweitgrößte Stadt Nordirlands. Sie hatte fast noch mehr als Belfast unter den Unruhen, den *Troubles* zu leiden: Ständige Polizeistreifen, Durchsuchungen beim Betreten der Kaufhäuser, Polizeistationen, die mit Betonmauern, Stahltoren und hohem Stacheldraht abgeschirmt waren, und vor allem die Angst vor Bombenanschlägen wurde mehr oder weniger Teil des Lebens. All das machte Derry wenig anziehend und so war es lange Zeit alles andere als ein touristischer Anziehungspunkt. Mittlerweile hat sich das äußere Erscheinungsbild jedoch erheblich gewandelt, und die Bemühungen der Stadtväter, die Stadt wieder attraktiver zu gestalten, waren durchaus erfolgreich. Die Stadt lebt und pulsiert, und anlässlich der Wahl zur Kulturhauptstadt Großbritanniens 2013 erhielt sie eine Rundum-Verjüngungskur.

Kulturhauptstadt

Geschichtlicher Überblick

Bereits in prähistorischen Zeiten gab es hier eine Siedlung. Im Jahre 546 gründete der hl. Colum Cille in einem Eichenhain ein Kloster, das später von den Wikingern zerstört wurde. Im Laufe der Jahrhunderte wurde die Stadt immer wieder zerstört und neu aufgebaut. Als nach der legendären „Flucht der Grafen" (s. S. 21) König James I. die Stadt Londoner Gilden zusprach (1613), war die englische Herrschaft über Derry gefestigt. Derry wurde in **Londonderry** umbenannt und mit Protestanten besiedelt. Auf diese Siedler gehen die mächtigen Stadtmauern zurück. Es sind die längsten Stadtbefestigungen der Britischen Inseln und die einzigen vollständig erhaltenen in Europa. Sie wurden von der Honourable Irish Society gebaut, die 1613 von König James und den London Livery Companies (den Gilden) gegründet wurde, um die Befestigung Derrys und die Besiedlung mit Protestanten voranzutreiben. Die Gesellschaft existiert auch heute noch und noch immer gehören ihr die Derry Walls.

Lange Geschichte

Vom 7. Dezember 1688 bis 12. August 1689 belagerte die Armee des katholischen James II. die Stadt. Die Verteidigung schien aussichtslos, doch trotz schlimmster Lebensbedingungen hinter der Stadtmauer überstand die Bevölkerung 105 Tage Belagerung. Der Stadthalter Robert Lundy hatte die Stadt bereits aufgegeben, als 13 Lehrlinge (*apprentice boys*) die Schlüssel der Stadttore abzogen und somit symbolisch das Zeichen zum *No Surrender*, zum Widerstand gaben. Schließlich traf ein Heer von William of Orange ein, das die ausgehungerte Stadt mit Nachschub versorgte. Auch heute noch wird der 12. August als Befreiungstag ausgiebig gefeiert, wobei die *apprentice boys* unter Fahnenschwingen durch die Straßen ziehen.

Apprentice Boys

Im 19. Jh. florierte in Derry die Baumwoll- und Leinenindustrie. Hauptsächlich wurden dort katholische Frauen und Kinder beschäftigt. Sie lebten außerhalb der Stadtmauern im feuchten Bogside (*bog* = Moor). Obwohl Derry zur Zeit der Teilung 1921 zu drei Fünfteln von Katholiken bewohnt war und enge Handelsbeziehungen zum benachbarten Donegal bestanden, wurde die Grafschaft Nordirland zugeschlagen.

Derry

Unterkunft
1. Merchant's House
2. Saddler's House
3. Derry City Independent Hostel

Restaurants/Pubs
1. Metro Bar
2. Paedar O'Donnells
3. Sandinos Cafe Bar

Westlich der historischen Stadtmauern entwickelte sich im 19. und 20. Jh. der Wohnbezirk für die katholische Arbeiterklasse. In den 1960er-Jahren waren die kleinen Reihenhäuser hoffnungslos überfüllt. Das Ghetto aus Arbeitslosigkeit und Armut bildete den idealen Nährboden für die Bürgerrechtsbewegung. Die dreitägige *Battle of the Bogside* im August 1969 zwischen der Royal Ulster Constabulary (RUC) und den einheimischen Jugendlichen veranlasste die britische Regierung, Truppen zu entsenden. Dies war der Anfang der Jahrzehnte andauernden *Troubles* zwischen dem *nationalistic-repu-*

Wandmalerei der katholischen Republikaner

blican und dem *unionist-loyalist* Lager. 1969 marschierten die ersten 400 britischen Soldaten in Derry ein, weitere 600 in Belfast. Als Reaktion erklärten die Einwohner der Bogside und des benachbarten Brandywell ein von den zivilen Autoritäten unabhängiges Free Derry. Die IRA barrikadierte die Straßen und Free Derry wurde eine *no-go area* für die Polizei und Armee. Beim sogenannten *Bloody Sunday*, dem 30.1.1972, wurden die Straßen rund um die Rossville Street Schauplatz eines Blutbads: 13 Zivilisten wurden von Soldaten der britischen Armee erschossen, ein weiterer starb später an den Verletzungen. Am 21. Juli 1972 folgte in Belfast ein katastrophaler Bombenanschlag der IRA, bei dem neun Menschen starben. Nur zehn Tage später, am 31. Juli 1972, schickten die Briten im Zuge ihrer „Operation Motorman" Panzer und bewaffnete Wagen nach Derry – die größte britische Militäraktion seit der Suezkrise 1956. Das war das Ende von Free Derry.

Blutiger Sonntag

Anfang der 1990er-Jahre begannen die Stadtväter mit einem großen Investitionsprogramm. Ausgebombte Gebäude wurden niedergerissen oder renoviert und die gesamte Stadt aufgehübscht. In der Bogside erinnert nur noch die Free Derry Corner an die schrecklichen Ereignisse. Seit 1988 heißt die Stadt offiziell wieder Derry. Die neueste Brücke über den Foyle trägt bezeichnenderweise den Namen Peace Bridge.

Sehenswertes

The Walled City, das touristische Herzstück der Stadt, lässt sich gut an einem Tag zu Fuß besichtigen. Der zentrale Platz der Innenstadt wird **The Diamond** genannt. Die begehbaren Stadtmauern, errichtet 1617–1619, sind 8 m hoch, 1,6 km lang und 5,50 m stark und immer noch intakt.

Mächtige Stadtmauern

Die protestantische **St. Columb's Cathedral** (☏ 028-71262746, www.stcolumbs cathedral.org) ist ein Kirchenbau im spätgotischen Stil. Es ist die erste Kathedrale, die nach der Reformation in Großbritannien gebaut wurde. Das Hauptschiff stammt aus dem frühen 17. Jh., der Chor wurde erst im späten 19. Jh. hinzugefügt. Im Inneren beeindrucken vor allem die Holzschnitzereien des Gestühls. Im Kapitelhaus kann man ein Sammelsurium an Exponaten aus der Geschichte der Stadt und der Kathedrale bestaunen und sich über die Belagerung von 1688–1689 informieren.

Das **Centre for Contemporary Art** (2012 eröffnet) ist ein Ausstellungsforum für junge irische Künstler und bietet Wechselausstellungen zeitgenössischer Kunst.
Centre for Contemporary Art, *10–12 Artillery Street, www.cca-derry-londonderry.org, Di–Sa 12–18 Uhr.*

Das **Tower Museum** erzählt mittels moderner Technik die Geschichte Derrys. Von den ersten Anfängen bis hin zur modernen Stadt wird die Entwicklung anschaulich erklärt. Ein Teil der Ausstellung beschäftigt sich mit den 1588 vor der Küste Donegals gesunkenen Schiffen der Armada, die vom Tauchclub Derry entdeckt wurden. Das Tower Museum wurde bereits mehrfach ausgezeichnet, nicht zuletzt wegen der guten Darstellung der letzten 35 Jahre Stadtgeschichte. Am Ende der Tour geht man eine Treppe hoch, deren Kanten auf der einen Seite in den irischen, auf der anderen Seite in den britischen Farben gestrichen sind. Darüber befinden sich – von den beiden unterschiedlichen Standpunkten aus – Erklärungen über die Entwicklung im 19. und 20. Jh.
Tower Museum, *Union Hall Place*, ☏ *028-71372411, www.derrycity.gov.uk/museums tgl. 10–18, letzter Einlass um 16.30 Uhr, Erw. 4, erm. 2 £.*

Hervorragende Ausstellung

Über die Shipquay Street gelangt man zur **Guildhall**, dem 1887 im neugotischen Stil gestalteten, ehemaligen Rathaus der Stadt. Zweimal wurde das Gebäude Opfer von Bombenanschlägen: Für die IRA war die Guildhall als Sitz der Londonderry Corporation ein rotes Tuch. Die Guildhall steht außerhalb der Stadtmauer. Durch die imposanten Fenster aus Buntglas, die Epochen der Stadt in Bildern darstellen, strömt farbenprächtiges Licht ins Innere des Gebäudes (Mo–Fr 9–17 Uhr, Eintritt frei).

Außerhalb der Stadtmauern, in der Nähe der St. Eugene's Roman Catholic Cathedral, lohnt das **Museum of Free Derry & Bloody Sunday Memorial** einen Besuch. Die Ausstellung am Schauplatz des *Bloody Sunday* im Januar 1972 (s. o.) zeigt eine beeindruckende Sammlung an Kunstgegenständen, Dokumenten, Postern, Bildern und Tonaufnahmen, die die historischen Ereignisse der Bürgerrechtsbewegung der 1960er- und 1970er-Jahre dokumentieren. Gegenüber dem Museum steht ein Denkmal in Erinnerung an die Menschen, die während des *Bloody Sunday* von Soldaten der britischen Armee erschossen wurden.

Dokumentation der Bürgerrechtsbewegung

Museum of Free Derry & Bloody Sunday Memorial, 55 Glenfada Park, ☎ 028-71360880, www.museumoffreederry.org, Mo–Fr 9.30–16.30, Sa (April–Sept.) 13–16, So (Juli–Sept.) 13–16 Uhr, Erw. 3, erm. 2 £.

Ereignisse als Wandgemälde

The People's Gallery zeigt zwölf Wandgemälde an Häusern in der Rossville Street. Es handelt sich um die Werke von Tom Kelly, William Kelly und Kevin Hasson, die auch als „Bogside Artists" bekannt sind. Die Wandgemälde enstanden in den Jahren zwischen 1997 und 2001 und stellen verschiedene Ereignisse aus den nordirischen Unruhen dar. „Operation Motorman" zeigt z. B. einen britischen Soldaten, der eine Tür mit einem Vorschlaghammer einhaut. „The Death of Innocence" visualisiert das 14-jährige Schulmädchen Annette McGavigan, das im Kreuzfeuer erschossen wurde. „Peace Mura" zeigt eine Taube, die sich aus Blut und Trauer erhebt, um in eine hellere Zukunft zu fliegen. Es finden einstündige Führungen der Künstlern sowie Ausstellungen und Vorträge statt.

The People's Gallery, 46 Williams Street, ☎ 028-71373842, www.bogsideartists.com. Führungen 11, 14, 16 Uhr, 5 £, Vortrag 5 £, beides zusammen 8 £. Buchung vor Ort oder über die Website möglich.

Reisepraktische Informationen Derry

Information
Tourist Information Centre, 44 Foyle Street, ☎ 028-71267284, www.deryvisitor.com, ganzjährig Mo–Fr 9–17, Sa 10–17, Juli–Sept. Mo–Fr 9–19, Sa 10–18, So 10–17 Uhr.

Unterkunft
Merchant's House €€ **(1)**, 16 Queen Street, ☎ 028-71269691, www.thesaddlershouse.com. Das historische Stadthaus im georgianischen Stil beherbergt ein elegantes B&B mit vielen Antiquitäten. Hier verbindet sich die Atmosphäre vergangener Zeiten mit dem Komfort unseres Jahrhunderts. Gleiche Besitzer wie Saddler's House s. u.

Saddler's House €€ **(2)**, 36 Great James Street, ☎ 028-71269691, www.thesaddlershouse.com. Zentral gelegenes, freundliches B&B in einem schönen viktorianischen Stadthaus, 7 Zimmer mit privatem Bad, großes Frühstück.

Derry City Independent Hostel € **(3)**, 44 Great James Street, ☎ 028-71280542, www.derry-hostel.co.uk. Kleine freundliche Herberge mit 28 Betten. Ab 13,50 £, DZ ab 19 £. Parkplatz frei.

Essen und Trinken
Metro Bar (1), 3 Bank Place, ☎ 028-71267401. Unkompliziertes Lokal in der Innenstadt. Hier gibt es Suppen, Stews und Sandwiches. Unter der Woche nur zum Lunch geöffnet, am Wochenende auch länger.

Pubs/Live-Musik
Paedar O'Donnell's (2), 59–63 Waterloo Street, ☎ 028-71267295, www.paedars.com. Gemütlicher Pub (und kleiner Kramerladen), vollgestopft mit Krimskrams. Allabendlich Live-Musik.

Sandinos Cafe Bar (3), Water Street, ☏ 028-71309297, www.sandinoscafebar.com. Bei Studenten, Künstlern und Musikern beliebt, am Wochenende Live-Musik, traditionelle Folklore, Jazz und World Music.

Theater/Konzerte

Millennium Forum, Theatre and Conference Centre, Newmarket Street, ☏ 028-71264455, www.millenniumforum.co.uk. Irlands großes Forum bietet Theater, Konzerte, Opernaufführungen und Musikveranstaltungen.
Playhouse, 5–7 Artillery Street, ☏ 028-71268027, www.derryplayhouse.co.uk. Neben Theater, Tanzvorführungen und Konzerten werden hier auch Kunstausstellungen gezeigt. Alljährlich findet im September „The Big Tickle", Irlands größtes Comedy Festival statt.
Waterside Theatre, Glendermott Road, Waterside, ☏ 028-71314000, www.waterside theatre.com. In einem alten Fabrikgebäude untergebracht. Drama, Tanz, Musik, Kindertheater für alle Altersstufen.

Stadtbesichtigungen

Es gibt verschiedene Anbieter von Stadtführungen, zu Fuß oder mit dem Taxi. Auskunft bei der Tourist Information. Bewährt haben sich die sachkundigen 1-std. **City Tours**, www.derrycitytours.com, www.irishtourguides.com, ☏ 028-71271996. Sie finden bei jedem Wetter statt. Treffpunkt 11 Carlisle Road, 10, 12 u. 14 Uhr. 4 £ p. P., Kinder unter 11 J. frei. Auch Taxi-Touren durch Derry und zum Causeway werden angeboten.

Einkaufen

Das **Derry Craft Village** liegt zwischen Shipquay und Magazine Street und soll das Leben in Derry vom 16. bis zum 19. Jh. lebendig machen. Alle Schaufenster sind jeweils in einer anderen Epoche gestaltet. Im „Village" gibt es kleine Workshops, Kunsthandwerkläden und Cafés.
Austin's Department Store, The Diamond, ☏ 028-71261817, www.austinsstore.com. Das großes Warenhaus wurde 1830 gegründet und ist angeblich das älteste Warenhaus der Welt.

Golf

Foyle International Golf Centre, 12 Alder Road, Derry, ☏ 028-71352222, www.foylegolfcentre.co.uk. 18-Loch-Golfplatz, ein wenig außerhalb Derrys, Mo–Fr 18, Sa/So 22 £.
The City of Derry Golf Club, Victoria Road, ☏ 028-71346369, www.cityofderrygolf club.com, 18-Loch-Platz, Mo–Fr 18, Sa/So 25 £.

Feste/Veranstaltungen

März: **St. Patrick's Day Celebration**, www.discovernorthernireland.com/events.
April: **Feis Doire Cholmcille**, großes Fest irischer Musik, www.visitderry.com.
November: **Foyle Film Festival**, ☏ 028-71373456, www.foylefilmfestival.org.

Verkehrsverbindungen

Bus: Der Busbahnhof befindet sich in der Foyle Street. Der Goldline Express 274 verkehrt zwischen Derry und Dublin. Bus 212 Maiden City Flyer bietet eine schnelle Verbindung zwischen Derry und Belfast. Express Ulsterbus (☏ 028-71262261) verbindet Derry mit Belfast und mit den meisten anderen Orten in Nordirland. Bus Éireann verbindet Derry mit

Wandmalerei der protestantischen Unionisten

Städten in der Republik Irland. Daneben gibt es Regionalbusse in die kleineren Orte der Umgebung.
Bahn: Der Bahnhof befindet sich in der Duke Street auf der Ostseite des River Foyle. Auskunft: Northern Ireland Railway, ☏ 028-71342228. Mehrmals täglich Züge von und nach Belfast über Coleraine, Portrush, Ballymena, Antrim und Lisburn. Es gibt einen kostenlosen Shuttlebus zwischen dem Bahnhof und dem Busbahnhof in der Foyle Street. Die Zugfahrt nach Belfast ist langsamer aber schöner als der Bus.
Flughafen: City of Derry Airport, Longfield Road, Eglinton, 11 km NO von Derry, ☏ 028-71810784, www.cityofderryairport.com.

Von Derry nach Coleraine

Exzentrisch

Die A2 verläuft fast die ganze Strecke parallel zur Küste des Lough Foyle. Den 11 km langen Sandstrand Benone Strand passierend geht es nach **Downhill**. Hier ließ sich 1775 Frederick Hervey, der Bischof von Derry, ein extravagantes Haus und einen griechischen Tempel (1783–1785) errichten, den **Mussenden Temple**. Der weitgereiste anglikanische Bischof Hervey gab dem katholischen Priester von Downhill die Erlaubnis, einmal in der Woche in seinem Tempel eine Messe zu lesen, denn eine katholische Kirche gab es am Ort nicht. Leider brannte der Palast 1851 bis auf die Grundmauern nieder. Der Mussenden Temple blieb jedoch erhalten und steht heute unter der Obhut des National Trust.

Durch die Ruinen des Palastes hindurch führt ein kleiner Weg an die Steilküste zum Tempel. Die Lage an der Steilküste ist sehr romantisch und ein gutes Beispiel für die Verbindung von Baukunst und Natur. Ende des 18. Jh. prägte die Ästhetik des Edmund Burke vom „Erhabenen und Schönen" die ganze Epoche. Der kleine Tempel folgt ihr: Das „Schöne" ist der perfekte Tempel, ihm gegenüber steht das „Erhabene", hier die Steilküste und das Meer. Der Mensch ist nicht das Maß aller Dinge, sondern in Ehrfurcht den Naturgewalten ausgesetzt. Leider ist die klassizistische Rotunde durch die abbrechende Steilküste vom Einsturz bedroht.

Mussenden Tempel, ☏ *028-70848728, www.nationaltrust.org.uk. Das Grundstück ist jederzeit begehbar. Parkplatz am Bishop's Gate, Lion's Gate und Black Glen Gate. Erw 4, erm. 2,25 £.*

Tipp: Unterkunft
***** **Greenhill House** €€, *24 Greenhill Road, Aghadowey,* ☏ *028-70868241, www.greenhill-house.co.uk. Greenhill House wurde 1821 errichtet und liegt herrlich im Bann Valley mit Blick auf die Antrim Hills (an der B66, 12 km S Coleraine). 6 behagliche Zimmer.*

Lough Foyle Ferry Company Limited
The Pier, Greencastle, ☏ *028-74981901, www.loughfoyleferry.com. Verbindet Ende März–Mitte Okt. Greencastle mit Magillian. Hin- und Rückfahrt 3 £.*

In **Castlerock**, unweit Downhill, hat der National Trust das **Hezlett House**, ein strohgedecktes Bauernhaus aus dem 17. Jh. mit einem Anbau von 1823, als sozial- und volkskundliches Dokument wieder hergerichtet.
Hezlett House, *107 Sea Road, Castlerock,* ☏ *028-70848728, www.nationaltrust.org.uk, April–Anf. Okt. tgl. 10–17 Uhr, Erw. 4,50 £, erm. 2,25 £.*

Coleraine hat knapp 24.000 Einwohner. Über Sehenswertes verfügt der Ort nicht. Im Wesentlichen wird das Stadtbild von modernen Bürogebäuden geprägt. Etwas außerhalb liegt der große Universitätskomplex.

Portstewart, 12 km NO Coleraine, ist, wie der Nachbarort Portrush (Co. Antrim), ein alter Badeort, der mit seinem fantastischen Strand und den Golfplätzen ein zahlungskräftigeres Publikum anzieht. Schön ist ein Spaziergang entlang der Promenade zum Portstewart Strand. Der 5 km lange goldene Sandstrand ist vor allem bei Surfern beliebt. Der Strand wird vom National Trust betreut, der sich neben der Erhaltung historischer Baudenkmäler auch um den Landschaftsschutz kümmert. Der Strand ist jederzeit zugänglich.

Golf
S. unter Portrush.

Unterkunft
Rick's Causeway Coast Independent Hostel €, *4 Victoria Terrace, Portstewart,* ☏ *028-70833789. Nahe dem Meer und dem Ulster Way sowie an der Coleraine–Portstewart-Buslinie gelegen (Coleraine Bahnhof 5 km), Fahrradverleih, 33 Betten, Familienzimmer, ganzjährig.*

North West 200

Das bekannte Motorradrennen North West 200 auf der 14 km langen Strecke zwischen Coleraine, Portrush und Portsteward findet bereits seit 1929 statt (www.northwest200.org). Viel mehr als nur ein sportlicher Wettbewerb, gibt es zahlreiche Begleitveranstaltungen, wie Stuntshows, Reiterumzüge und Ausstellungen. Das Motorradgenie Joey Dunlop stammt aus dieser Gegend. Er wurde fünf Mal Formel-Eins-Weltmeister und gewann 15 North-West-200-Rennen. Ihm zu Ehren wurde der Joey Dunlop Memorial Garden in Ballymoney eingerichtet.

Die Grafschaft Antrim

Tipp: Die Antrim Coast per Bus

Die Küste entlang

Der **Antrim Coaster** verkehrt ganzjährig Mo–Sa (Juli/Aug. auch So) zwischen Belfast und Coleraine und hält an allen Orten entlang der Küste: Portrush, Portballintrae, Bushmills, Giant's Causeway, Ballintoy, Ballycastle, Cushendun, Cushendall, Carnlough, Glenarm, Larne und Carrickfergus. Der **Causeway Rambler** fährt zu den Hauptattraktionen der Strecke. Außerdem gibt es den **Open Topper** von Ulsterbus. Siehe auch www.translink.co.uk.

Portrush: Bei Familien beliebt

Portrush

Portrush ist ein etwas verlebter, aber lebendiger Ferienort. Es gibt vielfältige Unterhaltungsmöglichkeiten wie beispielsweise den Wasservergnügungspark Waterworld oder das bekannte Barrys, den größten Unterhaltungskomplex in Irland. Außerdem ist Portrush für seinen Meisterschaftsgolfplatz berühmt und Surfer kommen am Curran-Strand auf ihre Kosten.

5 km O Portrush erhebt sich die romantische Ruine von **Dunluce Castle**. An dieser markanten Stelle auf der Klippe stand bereits in frühchristlicher Zeit eine Befestigung. Im 14. Jh. wurde die erste Burg für schottische Kaufleute errichtet und später von den MacDonnells übernommen. 1584 fiel Dunluce Castle in englische Hände, doch konnte Sorley Boy MacDonnell durch eine List die Burg wieder in seinen Besitz bringen. Er bestach einen der Bediensteten, seine Männer in einem Korb die steile Klippe hinaufzuziehen. 1590 wurde das Schloss durch die MacDonnells renoviert und zwar mit Hilfe des Goldschatzes der 1588 vor der Küste gestrandeten spanischen Galeone Girona. Die erhabene Lage an der zerklüfteten Nordküste war offensichtlich nicht ungefährlich: Bei einem Sturm fiel 1639 ein Teil der Küche mitsamt den Köchen ins Meer.
Dunluce Castle, ☎ 028-20731938, tgl. April–Sept. 10–18, Okt.–März 10–17 Uhr, Erw. 5, erm. 3 £. Von Portrush geht man bis zur Ruine ca. 1 Stunde, aber es halten auch alle Busse dort.

Reisepraktische Informationen Portrush

Information
Tourist Information, Dunluce Centre, Sandhill Drive, ☎ 028-70823333, www.northcoastni.com, www.portrush.org.uk, März–Okt geöffnet.

Unterkunft
Maddybenny Farm House €€, 18 Maddybenny Park, ☎ 028-70823394, www.maddybenny.com. Nette Unterkunft mit 3 geräumigen Zimmern, geführt von. Karen White, ganzjährig geöffnet. Das Farm House serviert ein reichhaltiges Frühstück, es gibt neben dem B&B aber auch Cottages für Selbstversorger. Mit angeschlossenem Reitzentrum, wo Reitunterricht für Anfänger und Fortgeschrittene (ab 5 Jahre) sowie Showspringen und Ausritte angeboten werden.

Reiten
S. Unterkunft.

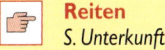
Golf
Royal Portrush Golf Club, Dunluce Road, ☎ 028-70822311, www.royalportrushgolfclub.com. Der Royal Portrush Golf Club wurde 1888 gegründet und einer der wichtigen Meisterschaftsplätze in ganz Irland. 18-Loch, Dunluce Green Fee für Gäste p. P. 180 £, im Winter außer am Wochenende günstiger, Valley Green Fee in der Woche p. P. 42,50 £, am Wochenende 55 £.

Bushmills

Die offizielle Verleihung der Rechte zum Whiskeybrennen reicht zurück bis in das Jahr 1608, als James I. Sir Thomas Philip die entsprechende Lizenz gab. Bushmills kann sich rühmen, die erste offizielle und lizensierte Brennerei der Welt zu sein. Die Brennerei entwickelte sich durch das Aufkommen von Wasserkraft im frühen 17. Jh. Die erste mit Wasserkraft betriebene Eisenbahn verlief durch Bushmills auf dem Weg von Portrush zum Causeway. Sie wurde 1883 eröffnet und war bis 1949 in Betrieb. Als Besucherattraktion wurde die historische Schmalspurbahn **Bushmills Railway** hergerichtet. Sie fährt 3 km entlang der alten Strecke zwischen Giant's Causeway und Bushmills.

Historische Schmalspurbahn

Bushmills Railway, *Giant's Causeway Station, Runkerry Road*, ☏ *028-20732844. Erw. hin u. zurück 5, Kinder 3 £. Ab Giant's Causeway stdl. zur vollen Stunde 11–17 Uhr, ab Bushmills jeweils um halb 11.30–17.30 Uhr. Ostern–Juni u. Sept./Okt. Sa/So, Juli/Aug. tgl.*

Die Brennerei **Bushmills** (mittlerweile im Besitz von Casa Cuervo) produziert drei verschiedene Whiskeysorten. Die Hausmarke Bushmills Original mit einer Lagerzeit von sechs Jahren hat einen weichen und leicht würzigen Geschmack. Der Black Bush, der neun Jahre in Sherryfässern lagert, ist dagegen im Geschmack stärker ausgeprägt. Der Single Malt, ein reiner Malzwhiskey, wird, wie die Hausmarke, ebenfalls in Sherryfässern gelagert. Die beiden ersten Sorten, Bushmills und Black Bush, sind Malzwhiskeys, die mit Getreidewhiskey gemischt wurden, also eine Mischung aus *single malt* und *grain*. Der Malzwhiskey stammt aus der Bushmills-Brennerei, während der Grainwhiskey aus einer anderen Brennerei kommt. Das Wasser, für den Geschmack sehr wichtig, wird einem Nebenarm des Flusses Bush, dem St. Columb's Rill, entnommen. Er entspringt einem Torfboden und fließt anschließend über Basaltgestein.

Geschmack des Wassers

The Old Bushmills Distillery, ☏ *028-20731521, www.bushmills.com. 3 Wochen im Juli, Ostern sowie 1 Woche im Sept. sind Betriebsferien, sodass man dann zwar die Destillerie besichtigen, jedoch nicht die Arbeitsvorgänge sehen kann. Führungen 45–60 Min., nicht für Kinder unter 8 J. Mo–Sa 9.15–16.45, So 12–16.45 Uhr (letzte Tour 16 Uhr), Nov.–Feb. ab 10, letzte Tour 15.30 Uhr. Erw. 7,50, erm. 6,50, Kinder 4 £.*

Reisepraktische Informationen Bushmills

Information

Giant's Causeway Tourist Information Centre, *44 Causeway Road*, ☏ *028-20731855 www.giantscausewaycentre.com, ganzjährig.*

Unterkunft/Essen und Trinken

★★★★ Bushmills Inn €€€–€€€€, *9 Dunluce Road*, ☏ *028-20733000, www.bushmillsinn.com*. Hier findet man offene Kaminfeuer, eine urige Bar und viel Atmosphäre! Die 41 Zimmer sind allerdings im modernen Anbau und nicht im alten Gebäude untergebracht. Dafür haben sie aber alle ModCons, die man sich wünschen kann. Das Restaurant bietet traditionelle, irische Küche mit modernem Twist. Lachs aus dem River Bush ist die Spezialität des Hauses.

Giant's Causeway

Der **Giant's Causeway** ist die größte Sehenswürdigkeit Nordirlands. Seit 1961 steht er unter der Obhut des National Trust und wurde 1986 zum Welterbe der UNESCO erklärt. Rund 40.000 aus vielen kleinen Stücken zusammengesetzte Basaltsäulen ragen aus dem Meer. Die Steine liegen eng aneinander und haben eine abgeplattete Ober-

UNESCO-Welterbe

Die Inschrift erinnert an den Mythos vom Finn McCool

fläche. Die meisten sind sechseckig, einige haben auch 7 oder 8, 4 oder 5 Seiten und die größten erreichen eine Höhe von 15 m. Wissenschaftliche Untersuchungen haben ergeben, dass die Formationen vor 40–60 Millionen Jahren entstanden sind. Bei einem unterirdischen Vulkanausbruch wurden riesige Mengen flüssiger Lava an die Oberfläche geschleudert. Sie formten sich abgekühlt zu Blöcken in regelmäßigen Abständen. Man nennt diesen Vorgang auch prismatische Abspaltung, womit eine säulenförmige Ausbildung senkrecht zur Abkühlungsfläche gemeint ist.

Buchtipp

Wer sich näher mit dem Giant's Causeway beschäftigen möchte, findet in Philip S. Watsons 50 Seiten starkem Büchlein **„The Giant's Causeway. A Remnant of Chaos"**, Belfast HMSO, 2000, zahlreiche Hintergrundinformationen. Der Autor erläutert anschaulich die geologischen und geomorphologischen Aspekte, die zahlreichen Mythen, die sich um diesen Ort ranken, die Flora und Fauna des Küstenabschnitts und berichtet über die Lebensumstände der hiesigen Bevölkerung. Das Buch ist mit schönen Fotografien versehen. Es ist im Besucherzentrum erhältlich.

> **Wandertipp**
>
> Rund um den Giant's Causeway gibt es Wander- und Spaziermöglichkeiten von 2 bis 15 km Länge. Im Besucherzentrum sind Wegbeschreibungen und Kartenmaterial erhältlich. Wunderschön ist der **North Antrim Cliff Path**, ein 17 km langer Weg zwischen Portballintrae und Ballintoy (schöner noch in umgekehrter Richtung). Am Ende der Wanderung kann man einen Bus zurück zum Ausgangspunkt nehmen. Vorher sollte man sich aber genau nach den Abfahrtszeiten erkundigen und die Tour entsprechend planen. Ordnance Survey Discovery Series Nr. 5 deckt den Weg ab.

Pfad des Riesen

Zahlreiche Mythen ranken sich um die Entstehung der Basaltsäulen. Eine handelt von dem Riesen Finn MacCool, der sich in ein schönes junges Mädchen verliebte, das auf einer einsamen Insel auf den Hebriden lebte. Um trockenen Fußes zu seiner Geliebten zu gelangen, schuf der Riese den steinernen Pfad. Camel Rock, der Felsbrocken links vom Causeway, ist der Sage nach ein versteinertes Kamel, das dem Riesen Finn als Lastträger diente.

Seit dem letzten Jahrzehnt des 17. Jh. ist der Giant's Causeway ein beliebtes Reiseziel. Manche Reisenden äußerten sich allerdings von dem hochgepriesenen, sogar als achtes Weltwunder bezeichneten Giant's Causeway enttäuscht. Als der englische Schriftsteller William Makepeace Thackeray 1842 mit einem Ruderboot in stürmischer See die berühmten Felsformationen erreichte, um Material für sein „Irish Sketch Book" (1843) zu sammeln, war er alles andere als beeindruckt. Als der Führer ihm sagte: „*That's the Causeway before you*", sagte Thackeray: „*Mon Dieu! And I have travelled a hundred and fifty miles to see that!*" Sein Kollege Samuel Johnson kommentierte im Jahr

Das Giant's Causeway Centre ist Ausgangspunkt für einen Besuch des „Riesenpfades"

Giant's Causeway

1862: „*Worth seeing, but not worth going to see.*" Gewiss war seine Reise zur damaligen Zeit lang und beschwerlich und daher tat er diesem Naturwunder Unrecht.

Der Giant's Causeway ist in den Little, Middle und Grand Causeway unterteilt. Die Felsgebilde tragen Namen. Der „Wishing Chair" lässt die Form eines Stuhles erkennen. Bei der „Orgel des Riesen" ragen die Basaltsäulen fast 15 m in die Höhe. Ausgangspunkt für eine Wanderung ist das 2012 eröffnete **Besucherzentrum** nach einem Entwurf des irischen Architektenbüro Heneghan Peng. Auf einem geteerten Weg geht es entlang der Küste in 15 Min. zum Causeway. Fußmüde Besucher können auf einen kleinen Shuttlebus zurückgreifen, der zwischen dem Besucherzentrum und dem Causeway hin- und herpendelt. Am schönsten ist der Besuch des Giant's Causeway bei Sonnenuntergang im Frühling oder Herbst. Vermeiden sollte man Wochenenden in der Hauptsaison.
Giant's Causeway Centre, ☏ 028-20731855, www.nationaltrust.org.uk, www.giantscausewaytickets.com. Nov.–Jan. 9–17, Feb./März/Okt. 9–18, April–Sept. 9–17 Uhr. Erw. 9, Kinder 4,50 £.

Shuttlebus

White Park Bay
Am westlichen Ende der Bucht, unweit des Dörfchens Portbradden, liegen die Jugendherberge (s. S. 425) und **St. Gobhan's Church** – die kleinsten Kirche Irlands. Sie misst nur 3,65 x 1,83 m.
Warnung: Schwimmer müssen das östliche Ende der Bucht meiden, denn dort kann es zu starken Strömungen kommen.

Carrick-a-Rede

Wackelpartie

Nur für Schwindelfreie geeignet ist ein Gang über die **Hängebrücke** in 25 m Höhe zu einer kleinen Insel. Die Wackelpartie lohnt wegen der schönen Aussicht. Der Zugang zur Brücke liegt 20 Min. vom Parkplatz des Besucherzentrums entfernt.
Carrick-a-Rede Visitor Centre, ☏ 028-20769839, www.nationaltrust.org.uk, März–Okt. ab 10, Nov.–Feb. ab 10.30, Winter bis 15.30, Sommer bis 18/19 Uhr, Erw 5,90, Kinder 3 £.

Ballycastle

Ballycastle ist ein Marktflecken mit guter Verkehrsanbindung, einem tollen Strand, Heimatmuseum (www.moyle-council.org), Einkehr- und Übernachtungsmöglichkeiten. Die Hauptstraßen treffen auf dem kleinen Platz, The Diamond, zusammen. Der Ort ist vor *Pferdemarkt* allem wegen seines **Ould Lammas Fair** bekannt, einem Pferdemarkt mit Volksfestcharakter und dem ältesten dieser Art in Irland. Heute dauert das Fest zwei Tage (Ende Aug., www.moyle-council.org). Die zweite Attraktion in der Nähe (15 Autominuten S) von Ballycastle ist die Alllee Dark Hedges mit ihren verwunschen wirkenden Bäumen.

> ### Kulinarische Spezialitäten
> Aus Ballycastle stammt der „Yellow Man", ein Karamell, der mit dem Hammer in kleine Stücke geschlagen wird. „Dulse", an der Sonne getrockneter Seetang, ist die andere Spezialität des Ortes. Wegen des hohen Jodgehaltes soll Seetang gut für das Gehirn sein.

> ### Pilgerreise zu Game of Thrones
>
> Die Fangemeinde der mystischen Welt von Westeros pilgert nach Nordirland, wo Teile der Kultserie gedreht wurden. Neben Ländern wie Kroatien, Marokko und Island wählten die Produzenten Nordirland, das für seine spektakuläre Landschaft bekannt ist und ideale Drehorte für die mittelalterliche Welt der Sieben Königslande bietet. Während viele der Innenaufnahmen in der Paint Hall der Titanic Studios in Belfast entstanden, wie z. B. der Thronsaal von Königsmund samt Eisernem Thron sowie die Innenräume von Schnellwasser, bieten die Außenaufnahmen in der Landschaft Nordirlands genau die richtige Atmosphäre, um die Königreiche von Westeros zum Leben zu erwecken: verfallene Burgen, die fabelhaften Vulkanformationen am Giant's Causeway oder die verwunschenen Antrim Glens mit ihren unheimlichen Dark Hedges. Verschiedene Reiseveranstalter bringen die Anhänger gezielt zu den Drehorten. Wem das nicht reicht, für den gibt es ganze Tourenpakete, bei denen man sich nicht nur im Langbogenschießen üben kann und später im dunklen Wald übernachtet, sondern auch einem mittelalterlichem Bankett auf Winterfell beiwohnt – der Nordmann-Umhang ist inklusive!
> Eine **Übersichtskarte** über die Drehorte findet sich unter: www.discovernorthernireland.com/gameofthrones. Anbieter von Touren sind z. B.:
> **Clearsky Adventures**, ☏ 028-43723933, www.clearsky-adventure.com
> **Game of Thrones Tours**, ☏ 028-95680023, www.gameofthronestours.com

Reisepraktische Informationen Ballycastle

Information
Tourist Information, Sheskburn House, 7 Mary Street, ☎ 028-20762024, www.moyle-council.org, ganzjährig geöffnet.

Unterkunft
Whitepark House B&B €€€, 150 Whitepark Road, Ballintoy, 9 km W Ballycastle, ☎ 028-20731482, www.whiteparkhouse.com. Wunderschön restauriertes Haus aus dem 18. Jh. mit vielen Antiquitäten. 3 Zimmer, eines mit Meerblick.
Colliers Hall €€, 50 Cushendall Road, ☎ 028-20762531, www.colliershallaccommodation.com, März–Okt. geöffnet. Das behagliche B&B unter Leitung von Maureen McCarry ist ein altes Farmhaus, das noch heute als Bauernhof betrieben wird. Es hat 9 Zimmer und liegt 2 km O vom Stadtzentrum von Ballycastle.
Ballycastle Backpackers €, 4 North Street, ☎ 028-20763612 www.ballycastlebackpackers.net. Das Hostel hat 6 Zimmer (Doppel-, Mehrbett- u. Familienzimmer), einige mit toller Aussicht.
Whitepark Bay Youth Hostel €, 157 Whitepark Road, Ballintoy, ☎ 028-20731745 www.hini.org.uk. Die Jugendherberge (YHANI) liegt zwischen dem Giant's Causeway und Carrick-a-Rede Bridge, ca. 9 km W Ballycastle, und ist daher für Wanderer des Ulster Way geeignet. 150 m von der Hauptstraße (ausgeschildert), zur nächsten Bushaltestelle sind es 200 m. 54 Betten.

Essen und Trinken
Morton's Fish & Chips, Bayview Road, ☎ 028-20761100. Alles wird frisch zubereitet und man kann mit seinem Essen schön am Hafen sitzen und den Fisch genießen.

Pubs/Live-Musik
House of McDonnell, 71 Castle Street, ☎ 028-20762975, www.houseofmcdonnell.blogspot.com. Gemütlicher Pub, seit über 200 Jahren im Familienbesitz. Freitags Live-Musik.

Verkehrsverbindungen
Bus: Ulster Bus (www.translink.co.uk) verbindet Belfast u. Coleraine (tgl. außer So) mit Halt in Ballycastle. Busbahnhof, ☎ 028-20762365.
Fähre: Fährverbindungen zwischen Ballycastle und Campbeltown in Schottland, www.kintyreexpress.com, 90 Min.

Rathlin Island

Rathlin Island liegt 9 km nördlich von Ballycastle und 23 km vom Mull of Kintyre in Schottland entfernt. Die Insel ist L-förmig: Eine Seite ist 6 km, die andere 4 km lang, nirgends ist sie mehr als 1,5 km breit. Rund 100 Einwohner leben hier. Von Ballycastle aus bestehen Bootsverbindungen über den Rathlin Sound nach Church Bay. Rathlin ist vor allem bei Ornithologen, Geologen, Botanikern, Hochseeanglern, Tauchern und

Die beeindruckende Küste von Antrim

allen, die Natur und frische Luft lieben, beliebt. Autos können auf die Insel nicht mitgenommen werden, sodass sie auch für Wanderungen sehr ruhig und angenehm ist. Im alten Bootshaus am Hafen gibt es ein Informationszentrum, in dem man sich über die Geschichte und Kultur der Insel informieren kann.

Vogelfelsen

Die Klippen sind Heimat von Tausenden von Seevögeln. Die beste Stelle zur Vogelbeobachtung ist das Kebble-Naturschutzgebiet im Westen der Insel. Der **RSPB West Light Viewpoint** (028-20760062, Eintritt frei) bietet fantastische Blicke auf die mit Vögeln bevölkerten Felsnadeln, die beste Zeit, die Tiere zu beobachten, ist von Mitte April bis August. Im Sommer fährt ein Minibus vom Hafen dorthin.

In **Bruce's Cave** beim Leuchtturm im Osten versteckte sich angeblich Robert the Bruce 1306 nach seiner Niederlage gegen die Engländer in der Schlacht bei Methven nahe Perth in Schottland. Hier in dieser Höhle soll er neuen Mut und neue Kräfte gesammelt haben, bevor er zum großen Gegenschlag ausholte: die für ihn siegreiche Schlacht bei Bannockburn. In der Vergangenheit war Rathlin durch seine Lage zwischen Irland und Schottland immer wieder ein Ort für kriegerische Auseinandersetzungen. Ein Hügel in der Mitte der Insel wird *Hill of Screaming* genannt. 1642 kam eine Gruppe von Mitgliedern des Campbell-Clans auf die Insel, um die Männer des ihnen verfeindeten MacDonald-Clans zu töten. Die Frauen beobachteten das grausame Treiben hilflos vom Hügel aus. Auch Schmuggler und Piraten kamen oft hierher. In der Nähe des südlichen Leuchtturms steht das sogenannte *Smuggler's House*.

Reisepraktische Informationen Rathlin Island

Information
www.rathlincommunity.org.

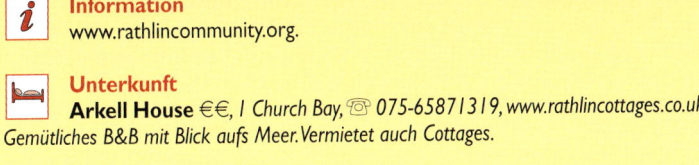

Unterkunft
Arkell House €€, 1 Church Bay, ☎ 075-65871319, www.rathlincottages.co.uk. Gemütliches B&B mit Blick aufs Meer. Vermietet auch Cottages.

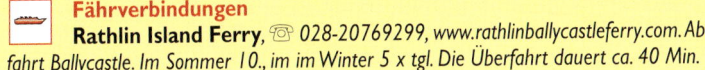

Fährverbindungen
Rathlin Island Ferry, ☎ 028-20769299, www.rathlinballycastleferry.com. Abfahrt Ballycastle. Im Sommer 10., im im Winter 5 x tgl. Die Überfahrt dauert ca. 40 Min.

Die Glens of Antrim

Das bergige Hinterland der Antrim Coast wird von schmalen Tälern, den Glens of Antrim, von Ost nach West geteilt. Sie erstrecken sich zwischen Ballycastle im Norden und Larne im Süden. Jedes Glen hat sein Küstendorf. Von Nord nach Süd sind dies Ballyvoy, Cushendun, Cushendall, Carnlough, Glenarm und Ballygally. In den unzugänglichen Tälern fanden die irischen Katholiken Zuflucht vor den protestantisch-schottischen Siedlern. Durch die räumliche Isolation blieb ein reicher Mythen- und Sagenschatz erhalten, und es heißt, dass die Menschen aus den Glens gute Geschichtenerzähler seien. Die Antrim Glens sind sehr romantisch: kleine Bäche, Wasserfälle, bewaldete Berghänge, wildwachsende Blumen, eine reiche Fauna und nette Dörfer machen den Charme dieses Gebietes aus.

Streckenführung
Von Ballycastle kann man entweder auf der Küstenstraße weiterfahren, was auf jeden Fall zu empfehlen ist, oder über die Schnellstraßen (A44 und A26) via Ballymena und kurz vor Antrim über die Autobahn die Reise nach Belfast fortsetzen.

Entlang der Antrim Coast

Entlang der berühmten Antrim Coast von Ballycastle nach Carrickfergus verläuft eine der schönsten Straßen in ganz Irland. Während der großen Hungersnot 1840 ließ man sie als Arbeitsbeschaffungsmaßnahme erbauen. Durch ihre Eröffnung hatte man Zugang zu den Antrim Glens. Vorher waren sie nicht zugänglich.

Landschaftlich schöne Straße

Der kleine, malerisch an der Mündung des Flusses Dun (Brown River) gelegener Ort **Cushendun** rühmt sich seiner Häuser rund um den Platz, die von dem Waliser Architekten Clough Williams-Ellis (1883–1977) entworfen wurden und unter der Obhut des National Trust stehen. Hinweisschilder informieren über Wandermöglichkeiten in der Umgebung. **Cushendall**, einige Kilometer weiter südlich, ist ein lebhafter und verkehrsreicher Ort mit Unterkunfts- und Einkehrmöglichkeiten. Nett ist es in der McCollam's Bar (Mill Street, ☎ 028-21771992, www.mccollamsbar.com), auch „Johnny Joe's Bar" genannt, wo freitagabends oft traditionelle irische Musiksessions stattfinden. Die Red Bay bei Cushendall ist ein besonders eindrucksvoller Küstenstreifen.

„Königin der Glens"

Von **Waterfoot**, 2 km S Cushendall, und seinem fantastischen Sandstrand führt die A43 landeinwärts. Das **Glenariff Glen** – *the Queen of the Glens* – ist das zugänglichste von allen Antrim-Tälern. Hier bieten sich herrliche Spazier- und Wandermöglichkeiten, insbesondere im Glenariff Forest Park. In Glenariff wird seit 1904 jedes Jahr im Sommer das Volksfest Feis na NGleann abgehalten mit Tanz, Musik und gälischen Wettbewerbsspielen, wie z. B. Hurling (www.feisnangleann.com).

Die Küstenstraße führt weiter nach **Carnlough**, wo man ebenfalls nett spazieren gehen kann, ebenso in dem hübschen Ort **Glenarm**. Glenarm Castle ist nur an ausgewählten Tagen zu besichtigen (www.glenarmcastle.com). Die schönen Gärten kann man zwischen Ostern und Mitte Oktober täglich besuchen. In **Ballygally** endet die schöne Küstenstraße, und schon bald ist **Larne**, der Fährhafen für die Fährpassagen nach Schottland (Cairnryan), erreicht. Im Stadtzentrum gibt es Geschäfte, Cafés und Restaurants. Das **Larne Historical Centre** ist im Carnegie Arts Centre untergebracht. Alte Fotografien, heimat- und lokalgeschichtliche Exponate und das Innere eines alten Cottage erlauben Einblicke in Larnes Vergangenheit.
Larne Historical Centre, *2 Victoria Road,* ☎ *028-28279482, www.larnemuseumandartscentre.co.uk, tgl. 10–16.30 Uhr.*

Reisepraktische Informationen Antrim Coast

Unterkunft
*** Londonderry Arms Hotel €€, *20 Harbour Road, Carnlough,* ☎ *028-28885255, www.glensofantrim.com.* Die ehemalige Kutschstation in dem kleinen Fischerort Carnlough, erbaut im Jahr 1848, beherbergt heute ein freundliches Hotel mit 35 behaglich eingerichteten Zimmern. Von den Zimmern zur Straße hin hat man eine wunderschöne Aussicht auf die Bucht. Zum Hotel gehören ein Restaurant und ein Bistro, in denen moderne, irische Küche (mit Lamm, Rind, Fisch) sorgfältig ausgewählt und zubereitet wird.
Sleepy Hollow €€, *107 Knocknacarry Road, Cushendun,* ☎ *028-21761513, www.sleepyhollowcushendun.com.* Mit Blümchendecken und schweren Teppichen ist das Interieur eher traditionell, die Begrüßung durch Gastgeberin Wendy passend dazu immer ausgesprochen herzlich.

Essen und Trinken
Matties House, *120 Brustin Road, Cairncastle, Ballygally,* ☎ *028-28583252, www.matties.co.uk.* Einer der ältesten, traditionellen Pubs in der Grafschaft Antrim an der B148. Serviert wird gute Hausmannskost und Mi abends und Sa nachmittags gibt es Live-Musik.
McKillops, *Harbour Road, Carnlough.* Direkt neben dem Londonderry Arms Hotel gelegen, gibt es hier alles, was Urlauber brauchen, vor allem aber leckeres Eis!

Bei McKillops gibt es fast alles

Einkaufen
The Steensons, Toberwine Street, Glenarm, ☎ 028-28841445, www.thesteensons.com. Hier kann man den Workshop der Schmuckdesigner Bill und Christina Steensons besichtigen, Mo–Sa 9.15–17.15 Uhr.

Carrickfergus

Carrickfergus Castle (s. u.) ist imposant, der Ort hingegen hat außer seiner wichtigen Vergangenheit nicht viel zu bieten. Bevor Belfast im Zuge der Industrialisierung die vorrangige Stadt im Norden des Landes wurde, war **Carrickfergus** über Jahrhunderte hinweg ein bedeutender Stützpunkt der Normannen und später der Engländer. Bevor ganz Irland Kolonie Großbritanniens wurde, gab es nur zwei kleine englische Kolonien: The Pale, ein 70-km-Gebiet um Dublin, und Carrickfergus. Hier landete 1688 William III., um zur Schlacht am Boyne zu ziehen.

Carrickfergus Castle wurde im späten 12. Jh. errichtet und liegt malerisch am Hafen. Es ist nicht nur die größte, sondern auch die besterhaltene mittelalterliche Festung in Nordirland. Durch den Torbau, der mit zwei halbrunden Türmen befestigt ist, geht man in den äußeren Bezirk. Einige Gebäude stammen aus dem 16. Jh. Im inneren Bezirk befindet sich der mächtige, mehrstöckige Hauptturm. Er ist 27 m hoch, hat eine Mauerstärke von 2,50 m und diente zur Bewachung der Zufahrt zum Belfast Lough. Heute befindet sich hier ein Museum, das Exponate (Waffen, Uniformen und Kupferstiche) der irischen Kavallerieregimenter zeigt. Die große Halle im zweiten Stock besitzt ein beeindruckendes Gewölbe und vom oberen Stockwerk hat man einen weiten Blick über die Stadt und den Hafen.

Mittelalterliche Festung

Carrickfergus Castle, ☎ 028-93351273, tgl. Ostern–Sept. 10–18, Okt.–Ostern 10–16 Uhr, Erw. 5, erm. 3 £.

Belfast

Viele Investitionen

Belfast hat ca. 337.00 Einwohner und ist die Hauptstadt Nordirlands. In den letzten Jahren hat die Stadt einen großen Wandel durchlebt. Überall wurde gebaut und vor allem investiert, sodass sie sich nun sauber und gepflegt präsentiert. Belfast ist eine junge Stadt: Immerhin 35 % der Bewohner sind unter 30 Jahre alt! Es gibt eine interessante Kulturszene, gute Einkaufsmöglichkeiten und am Abend ist immer viel los. Mit großem Elan wurde auch der Tourismus angekurbelt. Die Eröffnung von Titanic Belfast 2012 und das 50. Jubiläum des riesigen Belfast Festival at Queens bewirkten einen Anstieg der Besucherzahlen von 40 %! Die ehemals von den *Troubles* betroffenen Gebiete wie The Falls und die Shankill Road sind mittlerweile ins Besichtigungsprogramm aufgenommen, und Belfast ist nicht gefährlicher als andere Großstädte auch. Neben viktorianischen Prachtbauten bestimmen heute auch die vielen moderne Gebäude aus Glas und Stahl sowie zahlreiche moderne Kunstwerke im öffentlichen Raum das Bild. Um die Orientierung zu erleichtern (oder als Marketing-Gag) wurde Belfast in verschiedene Quartiere eingeteilt: City Centre, Cathedral Quarter, Laganside, Titanic Quarter und Queen's Quarter (South Belfast), Gaeltacht Quarter (West Belfast).

Geschichtlicher Überblick

Strategisch günstig gelegen, war das Gebiet rund um Belfast schon während der Stein-, Bronze- und Eisenzeit besiedelt. Bei Ausgrabungen fand man in der Gegend des heutigen Stadtzentrums etliche Steinforts. Im 12. Jh. entstand eine normannische Burg, die Bealfeirste (= Furt an der Sandbank) genannt wurde. Rundherum entwickelte sich eine kleine Stadt. Im 14. Jh. zerstört, fiel sie später an die Engländer. Belfast und die Grafschaften Antrim und Down wurden zu protestantischen Zentren.

Zentrum der Leinenherstellung

Der Aufstieg zur Handelsmetropole begann im 17. Jh.: Waren aus Frankreich, Spanien und von Übersee wurden importiert, irisches Getreide und Wolle sowie Fleisch hingegen exportiert. Der richtige Aufschwung erfolgte mit dem Ausbau der Baumwoll- und wenig später der Leinenindustrie. Zwischen 1870 und 1920 entwickelte sich Belfast zum führenden Zentrum der Leinenherstellung. 1888 verlieh Queen Victoria Belfast Stadtrechte und der Reichtum der Stadt manifestierte sich in zahlreichen Prunkbauten. Die Kehrseite der Medaille war das rasante Anwachsen einer verarmten Arbeiterklasse. Aufgrund der großen Hungersnot in Irland strömten Tausende katholische Landarbeiter auf der Suche nach Arbeit in die Stadt. Entsetzliche Wohnverhältnisse und mangelhafte Lebensbedingungen führten zu furchtbaren Epidemien.

1859 wurde die Schiffswerft Harland and Wolff gegründet, die auch heute noch das größte Trockendeck der Welt betreibt. Der auf seiner ersten Fahrt 1912 untergegangene Luxusdampfer Titanic wurde hier konstruiert und gebaut. Die Werft beschäftigte fast ausschließlich Protestanten. Die Katholiken arbeiteten als Hilfsarbeiter in anderen Industriezweigen, jedoch nicht im Schiffsbau.

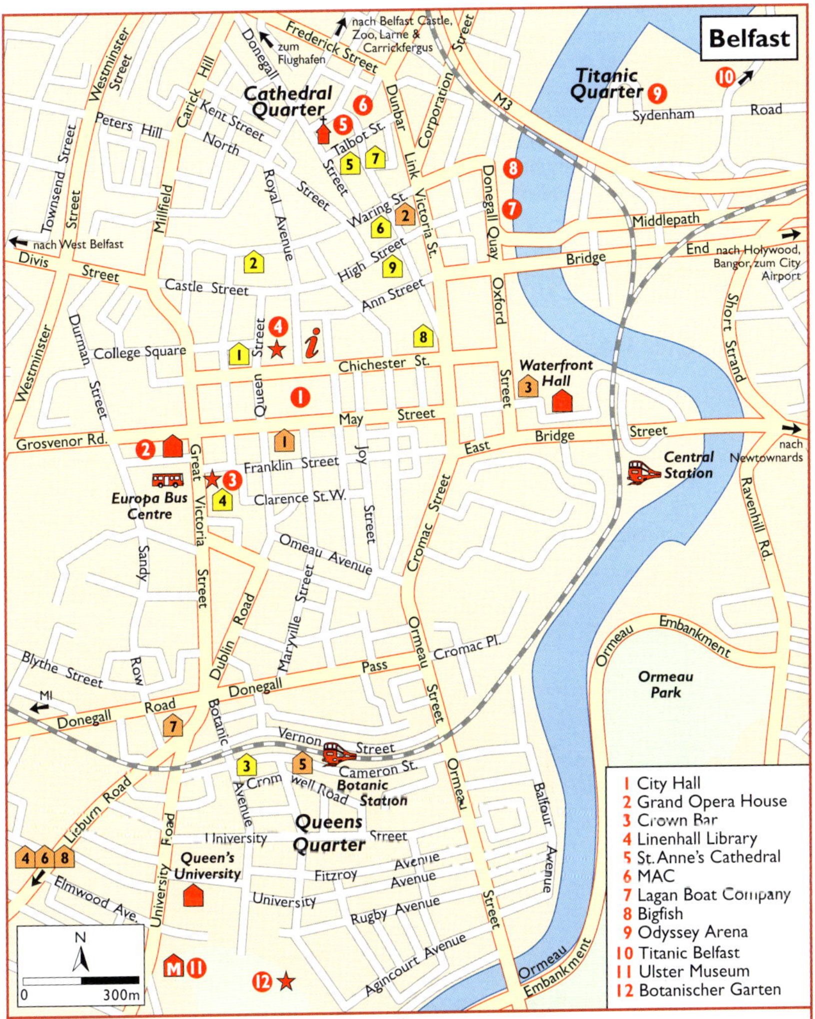

Geschichtlicher Überblick 431

Belfast

Sehenswürdigkeiten
1 City Hall
2 Grand Opera House
3 Crown Bar
4 Linenhall Library
5 St. Anne's Cathedral
6 MAC
7 Lagan Boat Company
8 Bigfish
9 Odyssey Arena
10 Titanic Belfast
11 Ulster Museum
12 Botanischer Garten

Unterkunft
1 Ten Square Hotel
2 Merchant Hotel
3 Belfast Hilton
4 Malone Lodge Hotel & Apartments
5 Tara Lodge
6 Camera House
7 Belfast International Youth Hostel (YHANI)
8 Arnie's Backpackers

Restaurants/Pubs
1 Deanes Restaurant
2 Mourne Seafood Bar
3 Maggie Mays
4 Crown Liquor Saloon
5 The John Hewitt Bar
6 White's Tavern
7 Duke of York
8 The Kitchen Bar
9 Morning Star

Belfast

Zerstörung im Zweiten Weltkrieg

1920 wurde Belfast Regierungssitz von Nordirland. In den folgenden Jahren und Jahrzehnten war die Stadt erheblich von der Wirtschaftskrise betroffen. Im Frühjahr des Jahres 1941 litt die Stadt unter heftigem Bombardement durch deutsche Lufttruppen, denn als Teil Großbritanniens war der Norden ja nicht – so wie das übrige Irland – neutral. 1.000 Menschen kamen ums Leben und ein großer Teil der viktorianischen Architektur wurde zerstört. Trotz der Zerstörungen durch den Zweiten Weltkrieg und die späteren Unruhen kann man den einstigen Wohlstand von Belfast an einigen öffentlichen Gebäuden bis heute erkennen.

Sehenswertes in der Stadt

City Centre

Spätviktorianischer Bau

Die **City Hall (1)**, das Rathaus am Donegal Square, wurde zwischen 1896 und 1909 im neoklassizistischen Stil errichtet. Es ist der beeindruckendste spätviktorianische Bau der Stadt. Die 100 m lange Front ist mit ionischen Säulen, Fenstergiebeln und einer Dachbalustrade verziert, darüber erhebt sich ein riesiger 53 m hoher Tympanon mit Kupferkuppel. Die Queen-Victoria-Statue vor der City Hall ist umgeben von drei Bronzefiguren, die Schiffbau, Bildung und Textilien symbolisieren.

Südlich des Donegal Square, in der Great Victoria Street, stehen zwei interessante viktorianische Gebäude: das Opernhaus und ein berühmter alter Pub. Das **Grand Opera House (2)** (Bauzeit 1854–1909) wurde Anfang der 1990er-Jahre durch Bombenanschläge zerstört. Was man heute sieht, sind überwiegend Rekonstruktionen. Überkandidelter viktorianischer Pomp vom Feinsten! Gegenüber beeindruckt der alte, mit Holzschnitzarbeiten geschmückte Pub **Crown Bar (3)**, der unter die Obhut des National Trust gestellt wurde. Die flamboyanten Keramikdekorationen, verschnörkelten Spiegel, Gaslampen und der Tresen vom Ende des 19. Jh. sind alle original erhalten.

Die **Linenhall Library (4)** wurde 1788 als Leihbibliothek eröffnet und

Moderne Kunst sieht man überall in Belfast

Belfasts Rathaus, die City Hall

beherbergt rund 260.000 Bücher, mehr als die Hälfte davon zur irischen Geschichte. Im ersten Stock befindet sich ein nettes Café, wo man auch Zeitungen ausleihen kann. **Linenhall Library**, *17 Donegall Square, Eingang Fountain Street,* ☎ *028-90321707, www.linenhall.com, Mo–Fr 9.30–17.30, Sa 9.30–16 Uhr, Café Mo–Fr 10–16, Sa 10–15.30 Uhr.*

Rund um den **Donegall Square** sieht man weitere pompöse Prachtbauten aus viktorianischer Zeit wie beispielsweise das sechs Stockwerke hohe Robinson and Cleaver Building (1884), das Pearl Assurance Building (1899–1902) oder das Scottish Provident Building (1897). Einige der eindrucksvollsten Gebäude Belfasts sind die Banken. Die ehemalige **Ulster Bank** in der Waring Street, heute ein nobles Restaurant, datiert von 1860 und ist der Sankt-Markus-Bibliothek in Venedig nachempfunden.

Beeindruckende Banken

Cathedral Quarter

Das **Cathedral Quarter** nördlich vom City Centre steht für restaurierte Lagerhäuser, Kopfsteinpflaster, Designer- und Künsterstudios, trendige Bars und viele junge Leute.

Die neoromanische **St. Anne's Cathedral (5)** in der Donegal Street wurde nach 77-jähriger Bauzeit 1904 geweiht. Besonders bemerkenswert ist das Mosaik „The Creation" im Baptisterium, bestehend aus 150.000 Glasstücken – ein Werk der Schwestern Gertrude und Margaret Martin (Besichtigung Mo–Sa 8–16 Uhr, So vor und nach dem Gottesdienst).

Bigfish: Moderne Kunst symbolisiert die Regeneration des Lagan

Das 2012 eröffnete sechs Stockwerke hohe **Metropolitan Arts Centre (MAC, 6)** am St. Anne's Square beherbergt drei Kunstgalerien, zwei Theater und ein Tanzstudio – moderne Kunst vom Feinsten.
The MAC, *10 Exchange Street, ☎ 028-90235053, www.themaclive.com. Galerie tgl. 10–19 Uhr.*

Der **Albert Memorial Clock Tower**, der Big Ben von Belfast (Ecke High/Victoria Street), wurde 1865 zu Ehren des Prinzgemahls Königin Victorias errichtet. Wegen Bodensenkungen lehnte sich der Turm bereits um 1,50 m zur Seite und musste stabilisiert werden. Belfast bedeutet auch „Siedlung an der Sandbank", und fast das gesamte Stadtzentrum ist auf Sand gebaut. Da hohe Türme oder Gebäude kippen würden, hat keine der großen Kirchen oder Kathedralen im Zentrum einen Turm.

Laganside und Titanic Quarter

Neues Stadtviertel

Das Laganside Project bemüht sich um die attraktive, öffentlich nutzbare Gestaltung des Flussufers. Es entstand ein schöner Uferweg, von dem auch die **Lagan Boat Company (7)** ablegt (www.laganboatcompany.com), die Touren durch das neue Titanic Quarter (s. u.) anbietet. Hier gibt es Apartments, ein Hotel, eine neue Konzerthalle und die Waterfront Hall, und zahlreiche Kunstwerke sorgen für ein modernes Flair. Eine Brücke führt auf die andere Seite des Flusses. Von hier aus kann man zum Titanic Quarter und zum Odyssey Complex gehen. Etwas weiter stromabwärts befindet sich der Lagan Weir, eine Art „Belüftungssystem", das dem Fluss Sauerstoff zuführt. Dieses System hat die Wasserqualität derart verbessert, dass aus der einst stinkenden „Grütze" jetzt ein sauberer Fluss geworden ist, in dem sich Lachse, Aale und Forellen tummeln. Der **Bigfish (8)**, eines von vielen modernen Kunstwerken in der Stadt ziert das Ufer zwischen Clarendon Dock und Ormeau Bridge. Der riesige Lachs aus Keramik steht symbolisch für die Regeneration des Flusses. Die Keramikplatten zeigen die Geschichte Belfasts.

Insgesamt ist der Lagan Towpath 20 km lang und fuhrt nach Lisburn. Am schönsten sind die Lagan Meadows, wo man auch schön picknicken kann.

Die **Odyssey Arena (9)** ist ein Freizeitkomplex mit Kinos, Restaurants, Bars, dem interaktiven „Wissenschaftszentrum" **W5** (whowhatwherewhenwhy) sowie einer Halle für 10.000 Personen (☏ 028-90739074 www.odysseyarena.com). Neben Konzerten und anderen Großveranstaltungen spielt hier auch das Eishockeyteam Belfast Giants.

Das **Titanic Quarter**, ein riesiges städtebauliches Regenerierungsprojekt (www.titanic-quarter.com), liegt ebenfalls auf der östlichen Seite des Lagan. Auf einem früheren Werftgelände, das seit Jahrzehnten brachlag, entstand es im Zuge der Hundertjahresfeier der Jungfernfahrt der berühmten Titanic 1912. **Titanic Belfast (10)**, das Besucherzentrum und Museum, ein postmoderner Bau im Stil eines Schiffrumpfes, wurde 2012 eröffnet und dokumentiert nicht nur die Geschichte der Titanic vom ersten Entwurf bis hin zur verhängnisvollen Fahrt, sondern auch die Geschichte von Belfast zu jener Zeit als das berühmteste Schiff aller Zeiten gebaut wurde.
Titanic Belfast, *Queens Road, ☏ 289-0766399, www.titanicbelfast.com, April/Mai/Sept. tgl. 9–18, Juni–Aug. bis 19, Okt.–März tgl. 10–17 Uhr, Erw. 15,50 £, Kinder (5–16 J.) 7,25 £, unter 5 J. frei.*

Andere Attraktionen im Titanic Quarter sind die SS Nomadic, das wunderschön restaurierte, ehemalige Zubringerschiff der Titanic, die Harland & Wolff Drawing Offices, in denen einst die Entwürfe entstanden, das Thompson Pump House & Graving Dock sowie als neueste Attraktion (eröffnet Juni 2016) ein schwimmendes Museum auf der HMS Caroline, dem letzten erhaltenen Kreuzer der Royal Navy aus dem 1. Weltkrieg.

Titanic Belfast lohnt einen Besuch

Gaeltacht Quarter (West Belfast)

Schlimme Auseinandersetzungen

Der Westen Belfasts ist durch Auseinandersetzungen zwischen Katholiken und Protestanten immer wieder in die Schlagzeilen geraten. Bereits im 19. Jh. gab es hier Konflikte zwischen den beiden Bevölkerungsgruppen: In den „Falls" wohnten die Katholiken, in den Shankills die Protestanten. Während der *Troubles* glich West Belfast (von der Stadt ist das Gebiet durch die Westlink-Autobahn getrennt) einem Schlachtfeld.

Heute ist davon nichts mehr zu spüren, und obwohl sich die Straßenzüge in ihrer Eintönigkeit ähneln, liegt ein Hauch von Hoffnung in der Luft. Bunte Wandgemälde erinnern noch an die Auseinandersetzungen. Als Besucher ist es unfassbar, dass die „Kampfzone" so klein war. Kaum hat man eine Straße mit irischen Farben durchquert, taucht hinter der nächsten Ecke eine britische Straße mit rot-weiß-blauen Fähnchen und „God Save the Queen"-Parolen auf. Entlang der **Falls Road** gehend oder fahrend gelangt man zum Milltown Cemetry. Im südlichen Teil des Friedhofs liegen die Gräber der Republikaner. In der Falls Road befindet sich auch **Culturlann McAdam Ó Fiaich**, ein tolles Kulturzentrum (www.culturlann.ie). Es gibt Konzerte, Kunstausstellungen, eine kleine Touristeninformation und viele Informationen über die *Troubles*.

Militante Wandmalereien

In der **Shankill Road**, von der katholischen Seite durch die *Peace Line* getrennt, sieht man mehr Wandmalereien als auf der katholischen Seite, und sie sind auch militanter in ihrem Ausdruck: bewaffnete Schützen, Sprüche wie „Wir wissen, wer ihr seid", die rote Hand als Zeichen Ulsters oder William of Orange hoch zu Ross.

> **Tipp: Black Taxi Tours**
> *Spaß macht eine Black Taxi Tour. Der Fahrer fährt zu den eindrucksvollen Wandmalereien und hält auch an der Peace Line, wo man eine Nachricht auf die Wand schreiben kann. Info: www.belfasttours.com.*

Was ist der Orange Order?

info

Der Orange Order ist eine religiöse Vereinigung, die den reformierten protestantischen Glauben repräsentiert. Er wurde im 18. Jh. in Portadown gegründet und erinnert vor allem an den Sieg des Holländers William of Orange über James II. in Boyne in der Grafschaft Louth im Jahre 1690. Die Mitglieder der Orange Lodges, die Ortstruppen der Orange Order, treffen sich monatlich in einer Orange Hall. Die Gesellschaften haben geheime Abmachungen, geheime Handzeichen und Schwüre. Zwischen Juni und August werden in Nordirland noch Paraden abgehalten. Der Höhepunkt ist der 12. Juli, der Orangeman's Day. Der Jahrestag ist ein bitter ernstes Ereignis: Die Männer tragen schwarze Anzüge mit orangefarbenen Schärpen, Bowler-Hüte und halten Regenschirme wie Schwerter. Begleitet von Marschmusik ziehen die Marschkolonnen durch die Stadt und sind natürlich für die katholische Bevölkerung eine Provokation. Leider kommt es immer wieder – meist alkoholbedingt – zu Ausschreitungen und die Bemühungen der Stadt, den Tag in ein familienfreundliches 'Orangefest' umzuwandeln, schlagen fehl.

Queen's Quarter (South Belfast)

Südlich des Stadtzentrums liegt das **Universitätsviertel**, mit seinen viktorianischen Häuserzeilen ein begehrter Stadtteil Belfasts. Entlang University Road und Botanic Avenue gibt es preiswerte Restaurants, Pubs und kleine Geschäfte. Bevor das Cathedral Quarter Fahrt aufnahm, war dies die Ausgehmeile. Entlang Lisburn Road gibt es schicke Boutiquen und trendige Bars. Südlich der Queen's University, die sich auf rund 250 Gebäude verteilt, liegen der Botanische Garten und das Ulster Museum.

Das **Ulster Museum (11)** wurde hervorragend restauriert und neu strukturiert und lohnt einen Besuch. Es zeigt irische, aber auch europäische und amerikanische Gemälde und Skulpturen. In anderen Abteilungen finden sich Exponate zur Geschichte, Geologie, Botanik und zur wirtschaftlichen Entwicklung des Landes. Vor allem die Darstellung der Leinenindustrie – der für Nordirland so wichtige Industriezweig – ist interessant. In einem weiteren Raum sind die Schätze der Girona ausgestellt. Die Galeone der Armada war 1588 an der Antrim-Küste gestrandet. An Bord befand sich ein wertvoller Goldschatz, der 1967–68 von belgischen Tauchern gehoben wurde. In das nunmehr renovierte Museum sind auch der 6 m lange, 68 Millionen Jahre alte Edmontosaurus sowie ein Triceratops und der Kopf eines Tyrannosaurus zurückgekehrt. Der Edmontosaurus wurde, in Einzelteilen, ebenfalls restauriert und ist der am besten erhaltene weltweit. Er steht jetzt an exponierter Stelle im „Window on Our World"-Tower.

Kunst und Naturwissenschaft

Ulster Museum, *Botanic Gardens,* ☏ *028-90440000, www.nmni.com/um, Di–So/Fei 10–17 Uhr, Eintritt frei.*

Der **Botanische Garten (12)** wurde 1827/29 angelegt. Das schöne Palmenhaus (Mitte des 19. Jh. erbaut) ist ein Bau aus Glas und Eisen. Bereits im 19. Jh. war der Park ein beliebtes Ausflugsziel: Im Jahre 1841 besuchten 50.000 Menschen ihn. Nachdem ab 1865 für Arbeiter der freie Samstag eingeführt worden war, wurden an manchen Samstagnachmittagen bis zu 10.000 Besucher gezählt.
Botanischer Garten, *Botanic Avenue,* ☏ *028-90314762, April–Aug. bis 21 Uhr, sonst bis es dunkel wird. Palmenhaus: April–Sept. 13–17, Okt.–März 13–16 Uhr.*

Der **Sir Thomas and Lady Dixon Park** (Malone Road, ☏ 028-90320202) am südlichen Stadtrand wurde 1990 eröffnet und ist ständig zugänglich. Er umfasst Wiesen, Wald und Felder, aber auch formale Gartenanlagen wie zum Beispiel einen japanischen Garten mit Wasserspielen oder den City of Belfast International Rose Garden. Der Rosengarten ist in Versuchsbeete, Schaurabatte und eine historische Abteilung aufgeteilt. Wenn man das spiralförmige Wegesystem von außen nach innen durchschreitet, kann man die Entwicklung der Rosen verfolgen. Es gibt 3.000 verschiedene Arten, von denen aber nur 150 bis 200 wilde Rosen sind, alle anderen sind Züchtungen. Außerdem gibt es einen Kinderspielplatz und viele ausgeschilderte Wanderwege.

3.000 Rosenarten

Nördlich des Stadtzentrums

Belfast Castle liegt außerhalb der Stadt im Norden an der A6. Es wurde im verspielten Stil des schottischen Baronial 1862–70 errichtet und beherbergt heute unter anderem ein Restaurant. Der umliegende **Cave Hill Country Park** ist jederzeit zu-

Blick auf die Stadt

gänglich. Es gibt fünf Eingänge zum Park, unter anderem vom Belfast Castle und vom Zoo. Der Park umfasst über 300 Hektar und ist das größte öffentliche Gelände im näheren Umkreis Belfasts. **Cave Hill**, vulkanischen Ursprungs, ist rund 550 m hoch. Von oben hat man einen schönen Blick über die Stadt.

Belfast Zoo beherbergt 120 Tierarten, von denen einige vom Aussterben bedroht sind. Der Zoo nimmt an weltweiten Zuchtprogrammen teil und führt zusammen mit anderen Zoos Forschungs- und Naturschutzprogramme durch. Publikumslieblinge sind die niedlichen Meerkatzen und die Herde majestätischer Rothschild-Giraffen.
Belfast Zoo, *Antrim Road,* ☏ *028-90776277, www.belfastzoo.co.uk, tgl. ab 10, April–Sept. bis 19 Uhr (letzter Einlass 17 Uhr), Okt.–März 16 Uhr (letzter Einlass 14.30 Uhr), Erw. 8,60, Kinder (4–17 J.) 4,30 £.*

Sehenswertes in der Umgebung

In **Holywood** lohnt sich ein Besuch im **Ulster Folk und Transport Museum**, wo auf über 7 Hektar ein kleines Dorf mit Bauernhäusern, Schulhaus und Schmiede vergangene Zeiten widerspiegelt. Ein besonderer Schwerpunkt des Freilichtmuseums liegt auf der Darstellung der Leinenproduktion: Neben der Bleichwiese kann man einen Wachturm sehen, von dem aus ein Mann das zum Bleichen in der Sonne ausgebreitete Leinen bewachte. Im Transportmuseum sind verschiedene Transportmittel ausgestellt und deren Entwicklung durch alte Fotografien und Modellen erläutert. Die neue **Titanica Ausstellung** zeigt originale Dokumente des Luxusliners.
Ulster Folk und Transport Museum, *Cultra Manor, Holywood BT18 0EU,* ☏ *028-90428428, www.nmni.com/uftm, März–Sept. Di–So 10–17, Okt.–Feb. Di–Fr 10–16, Sa/So ab 11 Uhr. Bus u. Bahn von Belfast (Info: Translink,* ☏ *028-90666630). Beide Museen: Erw. 11, Kinder (5–18 J.) 6 £, Einzelmuseum 9 bzw. 5,50 £.*

Lisburn (Co. Antrim) war einst das Zentrum der Leinenindustrie, im 19. Jh. der wichtigste Industriezweig in Ulster. Die Herstellung von Leinen geht auf die französischen Hugenotten zurück, die sich hier nach dem Edikt von Nantes 1685 niedergelassen hatten. Ihre besonderen Fähigkeiten wurden bald von den Einheimischen übernommen. Leinenherstellung konkurrierte nicht mit den englischen Wirtschaftsinteressen und konnte daher ungehindert florieren. Im 19. Jh. war Belfast weltführend in der Leinenherstellung. Vor dem 1. Weltkrieg arbeiteten 75.000 Menschen in diesem Bereich und erst in den 1920er- und 1930er-Jahren ließ die Bedeutung dieses Wirtschaftszweiges nach. Im **Irish Linen Centre & Lisburn Museum** am Market Square wird die Geschichte der Leinenherstellung vom 17. Jh. bis heute anschaulich mittels historischer Geräte und lebensecht wirkender Figuren demonstriert. Die vielen Mitmach-Aktivitäten machen nicht nur Kindern Spaß. Im Kunstgewerbeladen kann man schönen Schmuck und natürlich auch Leinen erwerben.
Irish Linen Centre & Lisburn Museum, *Market Square,* ☏ *028-92663377, www.lisburnmuseum.com, Mo–Sa 9.30–17 Uhr, Eintritt frei.*

Einige Kilometer südlich an der A1, bereits in der Grafschaft Down, liegt das hübsche Städtchen **Hillsborough**. Die Burg stammt von 1650 und diente dem Schutz der

Straße von Dublin nach Carrickfergus. Im 18. Jh. wurde sie zum prachtvollen Herrenhaus umgebaut und dient als offizielle Residenz des Staatssekretärs von Nordirland.

Einkehr- und Übernachtungs-Tipps Hillsborough

Beliebt ist **The Plough Inn**, ☎ 028-92682985, www.ploughgroup.com/ploughinn, tgl. 12–14.30 u. 18–21.30 Uhr, Bar So–Mi 11.30–23, Do–Sa 11.30–22.30 Uhr. Behaglicher Gastro-Pub, Bar und Restaurant. Im Sommer kann man auch draußen sitzen.

Fortwilliam Country House, 210 Ballynahinch Road, ☎ 028-92682255, www.fortwilliamcountryhouse.com, DZ ab 70 £. Tolles Landhaus mit herrlichem Garten. Vier gemütliche Zimmer und wunderbares Frühstück. Frühzeitig buchen!

Reisepraktische Informationen Belfast

Information

Belfast Welcome Centre, 47 Donegall Place, ☎ 028-90246609, www.visitbelfast.com. Informationen über Nordirland, Unterkunftsbuchungen, Souvenirs, Bücher, Wechselstube, Internetpoints, Gepäckaufbewahrung.

Cultúrlann McAdam O Fiaich, 216 Falls Road, ☎ 028-90964180, www.culturlann.ie. Kulturzentrum mit Touristeninformation in Westbelfast.

Unterkunft

Ten Square Hotel €€€–€€€€ **(1)**, 10 Donegall Square South, ☎ 028-90241001, www.tensquare.co.uk. Das Yorkshire House, ehemals ein Lagerhaus, wurde 1862 gebaut und beherbergt nun ein teures Boutique-Hotel mit 23 Zimmern, Restaurant, Bar und Deli. Sehr gestylt und modern – und teuer. Am Wochenende ist „disco-time" nach dem Motto: „Party like a Rockstar".

***** **Belfast Hilton** €€€–€€€€ **(3)**, 4 Lanyon Place, ☎ 028-90277000, www.hilton.co.uk/belfast. Klassisch modern, mit Flussblick. 198 Zimmer, zentral.

**** **Malone Lodge Hotel & Apartments** €€€–€€€€ **(4)**, 60 Eglantine Avenue, ☎ 028-90388000, www.malonelodgehotelbelfast.com. Südlich des Stadtzentrums, nahe der Queen's University gelegen. Gute Busverbindungen in die Innenstadt. Ruhig, elegant, gediegen und freundlich. Das Hotel hat 50 Zimmer und Suiten, daneben gibt es 23 *****-Apartments mit 1, 2 oder 3 Schlafzimmern. Fitnessstudio, Sauna, Bar und Restaurant.

***** **Merchant Hotel** €€€–€€€€ **(2)**, 35–39 Waring Street, ☎ 028-90234888, www.themercanthotel.com. Das viktorianische Haus steht unter Denkmalschutz. Altmodische Eleganz modern gestylt. 21 Zimmer und 5 Suiten. Das Restaurant serviert französische, irische und britische Fusion-Küche.

****Tara Lodge** €€ **(5)**, Botanic Avenue, 36 Cromwell Road, ☎ 028-90590900, www.taralodge.com. Modern und klar gestaltet, in Gehentfernung zur Stadt, aber abseits vom Trubel.

* **Camera House** €€ **(6)**, 44 Wellington Park, ☎ 028-90660026, www.cameraguesthouse.co.uk. Etabliertes Gästehaus in ruhiger Lage und mit guten Busverbindungen in die Stadt. 10 Zimmer, auch Familienzimmer.

Universitätsunterkünfte: University of Ulster €, Shore Road, Jordanstown, ☎ 028-90366924, www.ulster.ac.uk/accommodation. Der Campus von Jordanstown liegt nördlich von Belfast am Fuße der Antrim Hills beim Belfast Lough. Man kann auch den Swimmingpool und andere Sporteinrichtungen nutzen. Gute Busverbindungen in die Stadt.

Belfast International Youth Hostel (YHANI) € **(7)**, 22–32 Donegall Road, ☎ 028-90315435, www.hini.org.uk. Die Jugendherberge liegt nahe zur Universität und zum Ulster Museum. Sauber und modern eingerichtet. 54 Betten in Doppel-, Mehrbett- u. Familienzimmern. Ganzjährig u. ganztägig geöffnet, ab 11,50 £.

Arnie's Backpackers € **(8)**, 63 Fitzwilliam Street, ☎ 028-90242867, www.arnies backpackers.co.uk. Kleines, etabliertes Hostel in einem viktorianisches Stadthaus. 22 Betten. Nahe Queen's Universität. Ganzjährig, ab 14 £.

Essen und Trinken

In vielen Pubs in der Innenstadt kann man ein gutes Pub-Grub bekommen, z. B. im Duke of York, im Morning Star, in White's Tavern und in der Kitchen Bar.

Deanes Restaurant (1), 36–40 Howard Street, ☎ 028-90331134, www.michael deane.co.uk, Mo-Sa 12–15 u. 17.30–22 Uhr. Deanes ist Belfasts erste Adresse und eines der besten Restaurants in Nordirland. Minimalistisch und ultramodern eingerichtet. In Belfast mehrere Lokalitäten, z. B. die Seafood Bar, ein Café und einen Deli.

Mourne Seafood Bar (2), 34 Bank Street, ☎ 028-90248544, www.mourneseafood. com, Mo–Do 12–21.30, Fr u. Sa bis 22.30, So 13–18 Uhr. Sehr beliebtes Fischrestaurant, insbesondere die Austern sind spektakulär.

Maggie May's (3), 50 Botanic Avenue, ☎ 028-90668515, Mo–Sa 8–22.30, So ab 10 Uhr. Kleines, unkompliziertedes Café, ideal zum Frühstück oder Lunch. Nicht für Alkohol lizensiert, aber man kann seine eigene Flasche gegen ein Korkengeld mitbringen (BYO: Bring your own).

Unter Denkmalschutz: The Crown Liquor Saloon

Pubs/Live-Musik

Viele Pubs haben Live-Musik an zumindest einem Abend der Woche. Die kostenlose Zeitung „The Big List", erhältlich von der Touristeninfo und in Pubs, informiert über das aktuelle Programm. Das Nachtleben spielt sich in Uni-Nähe und im Cathedral Quarter ab.

Crown Bar – Crown Liquor Saloon (4), Great Victoria Street, ☎ 028-90243187. 1849 als Railway Tavern eröffnet, wurde der Pub 1885 in Crown Liquor Saloon umbenannt. Heute steht er unter der Obhut des National Trust (www.nationaltrust.org.uk/crown-bar). Die Inneneinrichtung prunkt mit holzgeschnitzten Vertäfelungen, Bleiverglasungen, bemalten Fliesen, palmenförmigen Holzsäulen, Messingzapfhähnen mit Porzellangriffen und Spiegeln mit eingravierten Jagdszenen.

The John Hewitt Bar (5), 51 Donegall Street, ☎ 028-90233768, www.thejohnhewitt.com. Liebevoll geführter, jüngerer Gastro-Pub im Cathedral Quarter mit Live-Musik aller Art. Gut zum Lunch!

White's Tavern (6), 1–4 Winecellar Entry, ☎ 028-90312582. Der älteste Pub in Belfast stammt von 1630 und liegt in einem der wenigen erhaltenen „entries", sehr schmalen Gassen, die von der Hauptstraße abgehen. Gegenüber wurde 1851 die Belfast Mercury Newspaper gegründet. Im Sommer auch Tische vor der Tür.

Duke of York (7), 3 Commercial Road, ☎ 028-90241062, www.dukeofyorkbelfast.com. Der gemütliche, in der Nähe der St. Anne's Cathedral gelegene Pub hat gutes Barfood und abends manchmal Live-Musik.

The Kitchen Bar (8), 1 Victoria Square, ☎ 028-90245268, www.thekitchenbar.com. Die einst legendäre Kitchen Bar wurde an einen neuen Standort versetzt, um Platz für das neue Victoria Square Shopping Centre zu machen. Lebhaft geht es um die Mittagszeit zu, denn trotz neuer Behausung, schmeckt Paddys Pizza (Cheddar-Käse und Tomaten auf Sodabrot) wunderbar.

Morning Star (9), 17 Pottingers Entry, ☎ 028-90325986, www.themorningstarbar.com. Historischer Pub mit liebevoll geführtem Restaurant im ersten Stock. Tgl. Bar-Buffet (All you can eat) 11–16 Uhr, Restaurant Mo–Mi 12–21, Do–Sa 12–22, So 12–17 Uhr.

Konzert-/Veranstaltungshallen

Ulster Hall, Bedford Street, ☎ 028-90334455, www.ulsterhall.co.uk. Klassische Aufführungen sowie Rockkonzerte und Konferenzen.

Waterfront Hall, Lanyon Place, Laganside, ☎ 028-90334400, www.waterfront.co.uk. Eine der schönsten Konzert- und Veranstaltungshallen Großbritanniens. Sie hat ein Auditorium für 2.200 Personen und eine kleinere Halle mit 500 Sitzen. Die Waterfront Hall ist der Eckstein des „Laganbank Development Projektes" und liegt gegenüber dem Hilton Hotel.

Odyssey, 2 Queen's Quay, ☎ 028-90766000, www.theodyssey.co.uk. Nordirlands Millennium Projekt ist ein riesiger Unterhaltungskomplex mit IMAX-Kinos, dem Wissenschaftsmuseum M5, verschiedenen Restaurants und Bars und der Arena, einer Halle für 10.000 Personen für Sportveranstaltungen oder Konzerte.

Theater

Grand Opera House, 2–4 Great Victoria Street, ☎ 028-90241919, www.goh.co.uk. Belfasts große Bühne präsentiert Klassiker, aber auch moderne Produktionen, die bereits in Dublin oder im Londoner West End gezeigt wurden.

Lyric Theatre, 55 Ridgeway Street, ☎ 028-90381081, www.lyrictheatre.co.uk. Das ultramoderne Theater (2011 eröffnet) bietet Stücke von und über Irland sowie interessante neue Produktionen.

Geführte Stadttouren

Bustour: City Sightseeing, ☏ 028-90321321, www.belfastcitysightseeing.com, tgl. 10–16.30 Uhr viertel- bis halbstündlich ab Castle Place. Die gesamte Fahrt dauert 90 Min., hat aber zahlreiche Haltestellen, an denen man ein- oder aussteigen kann. Während der Fahrt gibt es Erläuterungen. Die Tour führt auch ins Titanic Quarter und nach West Belfast. Die Tickets sind 48 Stunden lang gültig. Online 12,50 £.

Angeboten werden verschiedene **Stadtführungen zu Fuß**. So gibt es z. B. „Belfast – The Old Town of 1660–1685", den Belfast City Centre Walk, den Titanic Trail und natürlich auch einen Pub Walk. Auskunft vom Welcome Centre, 47 Donegall Place, ☏ 028-90246609.

Black Taxi Tours, ☏ 028-90642264, www.belfasttours.com. Black Taxi Tours führen zu den bekannten, aber auch zu „alternativen" Sehenswürdigkeiten, wie z. B den politischen Wandgemälden. Die Fahrten können nach individuellen Wünschen gestaltet werden. Ca. 25 £ für 1–2 Personen für 1 Stunde.

Golf

The Royal Belfast Golf Club, Station Road, Craigavad, Holywood, ☏ 028-90428165, www.royalbelfast.com. Irlands erster Golfclub.

Belvoir Park Golf Club, Newtonbreda, ☏ 028-90491693, www.belvoirparkgolfclub.com. Der 18-Loch-Gofplatz gilt als einer der schönsten des Landes.

Einkaufen

Die Haupteinkaufsstraßen liegen rund um Donegal Place, Royal Avenue und Fountain-Gebiet. Viele Geschäfte haben Do abends länger geöffnet.

Das **Castlecourt Centre** entlang der Royal Avenue, ☏ 028-90234591, www.castlecourt-uk.com, bietet unter einem großen Glasdach eine Anzahl an Geschäften, kleinen Cafés und Restaurants.

Zahlreiche trendige Boutigen, Bars und Geschäfte befinden sich entlang der Lisburn Road.

Kunsthandwerk:

Craftworks Gallery, Bedford House, Bedford Street, ☏ 028-90244465. Große Auswahl an schönen, in Nordirland hergestellten, kunstgewerblichen Dingen, wie Keramik, Schmuck, Seidenmalerei und Glasprodukte.

The Steensons, Bedford Street, ☏ 028-90248269, www.thesteensons.com. Steensons bietet außergewöhnliches Schmuckdesign und feines Kunsthandwerk. (Siehe auch „Reisepraktische Infos" S. 429.)

St. George's Market, 12–20 East Bridge Street (am Ende der May Street, gegenüber vom Hilton), ☏ 028-90270386. Der Wochenmarkt wurde in den 1890er-Jahren gegründet. Heute gibt es hier am Fr (6–14 Uhr) Obst, Gemüse, Kleider und Bücher, am Sa (9–15 Uhr) Kulinarisches und So (10–16 Uhr) eine Kombination aus Fr und Sa plus Kunsthandwerk.

Feste/Veranstaltungen

Ende April/Anf. Mai: **Cathedral Quarter Arts Festival**, www.cqaf.com. Buntes Kulturfestival mit Live-Musik, Tanz, Ausstellungen und Kinderprogramm.

Juli: **Orange Marches**, www.grandorangelodge.co.uk. In der 1. und 2. Juliwoche finden die meisten Orange Marches statt. Wichtigster Tag: der 12. Juli.

Okt. u. Nov.: **Belfast Festival at Queen's**, www.belfastinternationalartsfestival.com. Seit den 1960er-Jahren findet dieses Festival im Herbst statt. Es widmet sich den internationa-

Hop-on, hop-off

len Künsten. Theater, Tanz, Musik, Literatur, Jazz, Oper und Bildende Kunst werden präsentiert. Das zweitgrößte Kunstfestival in GB.

Verkehrsverbindungen

Flughäfen: George Best Belfast City Airport (5 km O), Sydenham Bypass, ☎ 028-90939093, www.belfastcityairport.com. Airbus Route 600 führt von hier alle 20 Min. in die Innenstadt. 2 £ einfach, 3 £ hin u. zurück.

Belfast International Airport (Aldergrove, 30 km W), ☎ 028-94484848, www.belfastairport.com. Flughafenbus alle 15–30 Min. nach Belfast 7 £ einfach, 10 £ hin u. zurück. Fahrtzeit: 30–40 Min.

Fähre: Liverpool–Belfast, Stena Line: 8,5 Stunden; Stranraer–Belfast, Stena Line: 2 Stunden, www.stenaline.de.

Bus: Ulsterbus, ☎ 028-90666630, www.translink.co.uk, fährt im gesamten Gebiet von Nordirland sowie in die Republik Irland.

Die roten Metro-Busse fahren im Stadtgebiet von Belfast. Nachtbusse Sa (1 u. 2 Uhr) ab Donegall Square West.

Bahn: Northern Ireland Railways, ☎ 028-90666630, www.translink.co.uk.

Das **Freedom of Northern Ireland Ticket** kostet 12 £ für 1 Tag, 30 £ für 3 (von 8 aufeinander folgenden) Tage u. 42 £ für 7 Tage. Es bietet in dieser Zeit unbegrenztes Fahren mit Bussen und der Eisenbahn. Erhältlich ist die Fahrkarte an Bahnhöfen und in Tourist Informationen.

Taxi: Value Cabs, ☎ 028-90809080, bieten 24-Stunden-Service.

Die Grafschaft Down

Die Grafschaft Down erstreckt sich südlich von Belfast. Das Land ist sehr fruchtbar und vorwiegend eben oder leicht hügelig. Die nördliche Hälfte ist ein Moränengebiet. Wegen der vielen kleinen Hügel wurde das Gebiet „Eierkorb" genannt. Das alte Seebad Bangor ist mittlerweile sehr trendy und lockt mit Promenade, Jachthafen und Fun Park. Die Tretboote in Schwanenform sind der Renner. Im Süden erheben sich die malerischen Mourne Mountains, ein herrliches Wandergebiet. Der Strangford Lough zieht sich tief ins Land und bildet die langgestreckte Ards Peninsula. Er ist ein tiefer Meereseinschnitt und eines der artenreichsten Gebiete in ganz Europa.

Die Grafschaft Down ist das Gebiet des hl. Patrick. Im Jahre 432 landete er an der Mündung des Flüsschens Slaney in den Strangford Lough. Nachdem er den Stammesfürsten Dichu hat bekehren können, erhielt er von diesem als Dank eine Scheune, in der er seine Gottesdienste abhalten sollte. 30 Jahre lang bereiste Patrick das ganze Land und brachte das Christentum nach Irland (s. S. 18). Dass der hl. Patrick der erste Missionar in Irland war, wird mittlerweile angezweifelt.

Die Halbinsel Ards

Ards ist der schmale Landstreifen zwischen dem Strangford Lough und der Irischen See. Zwei Straßen folgen auf den gegenüberliegenden Ufern der ganzen Länge dieser Halbinsel. Die am „Lough" gelegene A20 ist windgeschützt und passiert Grey Abbey und Mount Stewart. Die dem Meer zugewandte Strecke (A2) ist vom Wind gepeitscht und führt durch endlose Caravanparks.

Windmühle

Ballycopeland Windmill, 2 km W Millisle, ist eine der beiden noch funktionsfähigen Windmühlen Irlands. Sie wurde 1790 errichtet. Einst gab es über 100 Mühlen dieser Art in der Grafschaft Down.

Mount Stewart ist ein stattlicher klassizistischer Prachtbau mit kostbarer Innenausstattung und einem schönen Garten mit zahlreichen seltenen Pflanzen. Er wurde 1921 entworfen und in 17 verschiedene Teile aufgeteilt. So kann man die Geschichte der Gartenbaukunst vom streng formalen italienischen Garten bis hin zum englischen Landschaftspark verfolgen. Das Anwesen steht unter der Obhut des National Trust.

> **Austern schmausen**
>
> In einer riesigen Austerfarm gedeihen die beliebten Cuan-Austern. Sie gelten als Delikatesse. Der Tidenhub ist am Strangford Lough besonders schnell und das Wasser reich an Nährstoffen – Verhältnisse, die Austern offensichtlich gut gedeihen lassen.
> **Daft Eddy's Bar and Restaurant**, Shetrick Island, Whiterock, Killinchy, ☎ 028-97541615, www.dafteddys.co.uk. Hier gibt's herrliche Austern.

Das malerische Portaferry

Mount Stewart, *an der A20, 8 km S Newtownards,* ☏ *028-42788387, www.national trust.org.uk. Gärten: Lakeside ganzjährig tgl. 10–18, Gartenanlage: Mitte März–Okt. tgl. 10–17, Nov.–Mitte März 10–16, Haus: Mitte April–Okt. tgl. 10–17, Temple of the Winds: Mitte März–Okt. So 14–17 Uhr. Erw. 8,50, Kinder 4,25 £.*

Das bescheidene Dörfchen Greyabbey hat 700 Einwohner und kann mit kleinen Einkaufsläden, Pubs und Antiquitätengeschäften entlang der Hauptstraße aufwarten. Hauptattraktion sind die prächtigen Ruinen von Grey Abbey, eins von ehemals vier Zisterzienserklöstern der Grafschaft Down. **Grey Abbey** wurde von Affreca, der Frau des Normannen John de Courcy, 1193 gegründet. Affreca folgte der damals üblichen Praxis, indem sie Mönche aus England mitbrachte. Die Normannen misstrauten den irischen Kirchen und ihrer Verbindung zu den Clanchefs. Die Abtei wurde 1572 zerstört, aber die Kirche wiederhergerichtet und bis zum Bau einer neuen, 1778, genutzt. Die Ruinen der Abtei haben mit ihren dreigeteilten Spitzbogenfenstern starke Ähnlichkeit mit den englischen Kathedralen des späten 12. Jh. Sehr schön ist das Westportal. Im Inneren kann man verschiedene Steinfiguren sehen, wobei die Frauengestalt wohl Affreca darstellen soll. Hübsch ist auch der Kräutergarten vor der Kirche.

Mönche aus England

Grey Abbey, *Greyabbey,* ☏ *028 91811491, Sommer tgl. 10–17, Winter nur So 12–16 Uhr.*

Portaferry ist ein netter Ort direkt am Strangford Lough gelegen. Von hier führt eine kleine Autofähre über die Meerenge hinüber nach Strangford. Entlang der Wasserseite ziehen sich hübsche gepflegte Häuschen, kleine Geschäfte laden zum Shopping ein und Pubs zur Einkehr. Vom Windmill Hill hat man einen schönen Blick über den Ort und die Umgebung. Im sehenswerten **Exploris Aquarium**, Nordirlands einzigem Aquarium, kann man die Unterwasserwelt der Irischen See kennenlernen und in einigen Fischtanks die Fische sogar streicheln! Es gibt auch eine Seehundaufzuchtstation.

Exploris Aquarium, The Rope Walk, Castle Street, ☎ 028-42728062, www.exploris. org.uk, voraussichtlich bis Sommer 2016 wegen umfassender Renovierungsarbeiten geschlossen.

Bekannt ist Portaferry vor allem aber für **Sea Gen** – der weltweit erste Tidingenerator, der 2008 hier eingerichtet wurde. 18–20 Stunden täglich erzeugen zwei gigantische Turbinen unter Wasser rund 1,2 Megawatt Elekrizität (www.seagene ration.co.uk).

Reisepraktische Informationen Portaferry

Information
Tourist Information, Castle Street, ☎ 028-42729882, www.portaferry.info, April–Sept. Mo–Sa 10–17, So 14–18 Uhr.

Unterkunft
***Portaferry Hotel und Restaurant** €€–€€€, 10 The Strand, ☎ 028-42728231, www.portaferryhotel.com. Das Hotel liegt gegenüber dem Fähranleger und bietet schöne Ausblicke über den Strangford Lough. 14 gemütlich gestaltete Zimmer und solide Küche.
Adair's, 22 The Square, ☎ 028-42728412. Dieses kleine B&B-Juwel am zentralen Platz ist leicht zu übersehen, da Mrs. Adair auf Schilder ebenso verzichtet wie auf sonstige Werbung.
Barholm €, 11 The Strand, Portaferry, ☎ 028-42729967, www.barholmportaferry.co.uk. Die Herberge/Begegnungsstätte liegt beim Strangford Lough und ist hell und modern mit 47 Betten in Doppel-, Einzel- u. Familienzimmern. Auch für Wanderer des Ulster Way geeignet, ganzjährig geöffnet. Frühstück, Lunch, Dinner auf Wunsch.

Pubs/Live-Musik
Fiddlers Green Pub and Restaurant, ☎ 028-42728393, www.fiddlersgreen portaferry.com. Der soziale Treffpunkt des Ortes. Am Wochenende, wenn es Live-Musik gibt, wird es voll.

Verkehrsverbindungen
Bus: Der Ulsterbus fährt von Belfast über Newtownlands und Greyabbey nach Portaferry.
Autofähre: Die Strangford Lough Car Ferry, ☎ 028-44881637, überquert die Meerenge halbstündlich das ganze Jahr hindurch, außer an den Weihnachtsfeiertagen und Neujahr, von 7.30–22.45 Uhr. Abfahrt Strangford (jeweils halb und voll) Mo–Fr 7.30–22.30, Sa 8–23, So 9.30–22.30 Uhr. Abfahrt Portaferry Mo–Fr 7.45–22.45, Sa 8.15–23.15, So 9.45–10.45 Uhr.

Castle Ward hat eine recht ungewöhnliche Geschichte, denn das Besitzerehepaar hatte völlig unterschiedliche Geschmäcker. Das Schloss wurde 1762–68 für den ersten Baron Bangor und dessen Frau Lady Anne erbaut. Lord Bangor war eher klassizistisch orientiert (Südfront), Lady Anne hingegen liebte den „modernen" neugotischen Stil (Nordseite). Im Park kann man herrlich spazieren gehen, und es gibt einen Abenteuerspielplatz, ein kleines Museum und das Strangford Lough Wildlife Centre. **Castle Ward**, *Strangford, Downpatrick, 2 km W Strangford Village an der A25, am Süd-Ufer des Strangford Lough,* ☎ *028-44881204, www.nationaltrust.org.uk. Haus: Mitte März–Okt. tgl. 12–17, Park: ganzj. 10–16 od. 17, im Sommer 20 Uhr, Park und Haus: Erw. 8, erm. 3,80 £.*

Unterschiedliche Architektur

Die A22 führt die Westseite des Strangford Lough hoch und passiert den netten Ort **Killyleagh** mit einem beeindruckendem Castle (in Familienbesitz und nicht zu besichtigen). Der alteingesessene, gemütliche Pub **Dufferin Arms** (☎ 028-44821182) bietet gutes Bar-Food, B&B und oft auch Live-Musik (i. d. R. Fr ab 21 u. Sa ab 16 Uhr).

Downpatrick

Die historische Stadt **Downpatrick** trug ursprünglich den Namen „Dun" oder „Fort". Im 13. Jh. war sie nach Armagh die wichtigste normannische Siedlung in Ulster, mit befestigten Wällen und einem Benediktinerkloster. Die gut erhaltenen Stadtstrukturen, die man heute sehen kann, stammen aus dem 18. Jh. Downpatrick ist eine überwiegend katholische Stadt.

Wo heute **Down Cathedral** steht, gab es bereits vor Ankunft der Normannen eine Kirche, doch die normannischen Besatzer errichteten ein neues Gotteshaus. Nach seiner Zerstörung durch englische Truppen im Jahre 1538 stand die Kirche 250 Jahre leer. 1609 ernannte James I. sie trotz ihres desolaten Zustandes zur Kathedrale. Erst 1790–1827 wurde sie wieder neu aufgebaut. Die beiden Throne im Hauptschiff gehören dem Bischof und dem Richter. Diese Einrichtung stammt noch aus der Zeit, als hier Recht gesprochen wurde. Sehenswert ist ein Taufbecken aus dem 11. Jh.

Down Cathedral mit St. Patricks angeblichem Grabstein

Grab des hl. Patrick? Unübersehbar ist auf dem Friedhof der große **Monolith**, der den Namenszug des hl. Patrick trägt. Es handelt sich angeblich um das Grab eines häufig betrunkenen Metzgers, der behauptete, die Wiedergeburt des hl. Patrick zu sein (der Heilige starb ca. 491 in Saul, 3 km von Downpatrick). Um nicht vergessen zu werden, errichtete der Metzger sich sein eigenes Grab.

Das **Down County Museum** ist in einem alten Gefängnis untergebracht, das bis 1830 in Betrieb war. Im Zellentrakt kann man Zellen aus dem 18. Jh. sehen. Lebensecht wirkende Puppen verdeutlichen das Leben im Gefängnis zur damaligen Zeit. Im Haus des Gouverneurs ist eine Ausstellung zur Geschichte der Grafschaft Down untergebracht, dokumentiert durch 10.000 Exponate sowie rund 30.000 Fotografien. Aus dem 19. und 20. Jh. stammen Kleidungstücke, Gemälde und Geräte.
Down County Museum, *The Mall, ☏ 028-44615218, www.down countymuseum.com, Mo–Fr 10–17, Sa/So 13–17 Uhr. Eintritt frei.*

Die moderne, interaktive Ausstellung des **Saint Patrick Centre** berichtet vom Leben und Wirken des hl. Patrick. Übersichtliche Grafiken, lebensecht wirkende Skulpturen und eine Audiovisionsshow bringen dem Besucher die Ereignisse näher. Die Ausstellung beschäftigt sich weiterhin mit dem künstlerischen Schaffen jener Zeit und auch mit dem Wirken der irischen Missionare auf dem Kontinent.
Saint Patrick Centre, *53a Lower Market Street, ☏ 028-44619000, www.saintpatrick centre.com, Jan.–Dez. Mo–Sa 9–17, Juli/Aug. zusätzlich auch So 13–17 Uhr, Erw. 5,75, erm. 3,50 £.*

Eisenbahnmuseum für Liebhaber Im **Downpatrick and County Down Railway Museum**, das von Eisenbahnfans auf Freiwilligenbasis betrieben wird, kann man historische Eisenbahnwaggons bestaunen. Einer davon stammt von 1897. Man kann auch eine Fahrt mit einer alten Lok machen. Die Rundfahrt von Downpatrick Station nach Inch Abbey und zurück dauert 30 Min.
Downpatrick and County Down Railway Museum, *The Downpatrick Railway Society, Railway Station, Market Street, ☏ 074-82186019, www.downrail.co.uk. Erw. 6, Kinder (3–17 J.) 4,50, unter 3 J. frei.*

In **Saul**, 3 km NO Downpatrick, soll der hl. Patrick im Jahre 432 das erste irische Kloster gegründet haben und zwar in einer Scheune! Angeblich ist der Heilige auch in Saul gestorben und hier begraben. Die heutige Kirche mit Rundturm wurde 1932 zur Erinnerung an den 1.500. Jahrestag erbaut, an dem St. Patrick in Irland landete.

Reisepraktische Informationen Downpatrick

Information
Tourist Information, *St. Patrick Centre, 53A Market Street, ☏ 028-44612233, www.discovernorthernireland.com, ganzjährig.*

Unterkunft
**Denvirs Hotel €€, *14–16 English Street, Downpatrick ☏ 028-44612012, www.denvirshotel.com. Gemütliches Hotel mit 6 geräumigen Zimmern, ganzjährig. Boden-

ständiges Restaurant, Bar und Biergarten. Tgl. Frühstück 8–10, Lunch 12–17 und Dinner 17–21 Uhr.
Tyrella House €€, Clanmaghery Road, ca. 11 km S von Downpatrick, ☎ 028-44851422, www.hidden-ireland.com/tyrella. Das Grundstück des zauberhaften, von Efeu umwachsenen Landhauses von David & Sally Corbett zieht sich bis an den privaten Strand hinunter. 3 Zimmer, geöffnet März–Nov.

Verkehrsverbindungen
Ulsterbus Die Buslinien Nr. 18 und 20 von Belfast nach Newcastle fahren über Downpatrick.

Nördlich von Downpatrick

Das kleine Örtchen **Saintfield**, 20 km N Downpatrick an der A7, hat entlang der Hauptstraße hübsche und gepflegte Häuser aus dem 18. und 19. Jh. Wunderschön sind die südlich gelegenen **Rowallane Gardens**. Der über 20 Hektar umfassende Park wurde im 19. Jh. angelegt. Er ist vor allem wegen der Azaleen- und Rhododendronhaine, Kirsch- und Magnolienbäume berühmt. Hier befindet sich der Hauptsitz des National Trust.
Rowallane Gardens, Rowallane, 2 km SW Saintfield, ☎ 028-97510131, www.national trust.org.uk. Winter tgl. 10–16, Sommer 10–18 (oder 20) Uhr, Erw. 5,80, erm. 2,90 £.

Der National Trust

Dem Ende des 19. Jh. gegründeten National Trust gehören mehr als 880 km Küstenlinie und über 232.000 Hektar Land. Damit ist die Organisation der größte Landbesitzer in Großbritannien. Außerdem befinden sich Hunderte bedeutender Gebäude, Gärten, Schlösser und Cottages sowie Denkmäler, Leuchttürme und archäologische Stätten in ihrem Besitz.

Man kann Mitglied des National Trust werden und hat dann freien Eintritt zu allen von ihm verwalteten Gebäuden und Sehenswürdigkeiten. Weiterhin ist es möglich, als freiwilliges Mitglied zu helfen, beispielsweise bei Restaurierungsarbeiten. In Nordirland besitzt der National Trust acht Häuser, acht Gärten, 14 größere Land- und Küstengebiete, knapp 100.00 Hektar Land, 92 km Küste, zwei Dörfer und zwei Pubs. www.nationaltrust.org.uk.

Von Strangford in die Mourne Mountains

Wanderung
Südlich des Dorfes Dorf Killough beginnt an der Küstenwachstation ein netter 6 km langer Rundweg entlang der Küste.

Dundrum Castle an der Dundrum Bay wurde um 1177 von John de Courcy errichtet. Der zylindrische Wehrturm und Teile des in den Fels gehauenen Burggrabens sind erhalten. 2,5 km südwestlich davon steht der imposante **Slidderyford-Dolmen**. Drei Orthostaten (der größte davon 1,80 m) werden von einem Deckstein von 3 m Länge gedeckt. Die Dundrum Bay ist vor allem für Austern und Muscheln berühmt, die man z. B. in der Mourne Seafood Bar (Dundrum, ☏ 028-43751377, www.mourneseafood.com) genießen kann.
Dundrum Castle, ☏ 028-91811491, Juni–Aug. tgl. 10–17, Sept. Mo geschl., Okt.–Ostern So 12–16 Uhr. Eintritt frei.

Der Hafenort **Newcastle** hat zwar keine herausragende Sehenswürdigkeiten, kann aber mit einen 5 km langen Strand punkten. In den letzten Jahren erlebte er eine umfassende Verschönerungskur mit der Absicht, ihn in ein Zentrum für Aktivsport und Ausgangspunkt für Unternehmungen in die nahen Mourne Mountains zu verwandeln. In der Nähe befindet sich der Royal-County-Down-Golfplatz (www.royalcountydown.org), auf dem auch Meisterschaftsspiele ausgetragen werden. Entlang der Küstenstraße reihen sich die B&Bs aneinander. **Annalong** am Fuße der Mourne Mountains ist ein kleines, pittoreskes Fischerdorf, 12 km S Newcastle, mit einigen Übernachtungsmöglichkeiten.

> **Unterkunfts-Tipp**
> **Briers Country House** €€€, 39 Middle Tollymore Road, ☏ 028-43724347, www.thebriers.co.uk. Ruhig gelegenes Farmhaus, zwischen Newcastle und Bryansford. Riesiges Frühstück und Dinner (nach Anmeldung).

Die Mourne Mountains

Die **Mourne Mountains** bedecken eine Fläche von 24 km Länge und 13 km Breite und haben 12 abgerundete Gipfel, die auf der östlichen Seite bis über 600 m ansteigen. Der Schriftsteller C. S. Lewis liebte die zerklüftete Landschaft, die ihm als Inspiration für seine magische Romanwelt Narnia diente. Die Mournes gehören zu den schönsten Ecken in Nordirland, doch leider täuscht hier der schöne Schein einer unberührten Natur, denn die Berge sind stark von Erosion betroffen. Überweidung, unvorsichtige Forstwirtschaft und ein ungelenkter Tourismus haben dem Gebiet erheblichen Schaden zugefügt. Der National Trust bemüht sich um die Erhaltung der Landschaft und hat beispielsweise den Slieve Donard gekauft. Gut ausgebaute Fußwege, geführte Wanderungen, biologische und archäologische Untersuchungen sowie Öffentlichkeitsarbeit sind weitere Maßnahmen des National Trust. Zwei **Silent Valley** genannte Wasserreservoirs versorgen Belfast und die Grafschaft Down täglich mit 130 Millionen Liter Wasser. Im Jahr 1933 begann die Eindämmung des Kilkeel River Valley mit dem Mourne Wall. Das imposante Reservoir wurde später in Silent Valley umbenannt und in den 1950er-Jahren nochmals erweitert. Das umliegende Parkland ist ganzjährig für Besucher geöffnet und bietet schöne Wandermöglichkeiten.

Bedrohte Landschaft

Silent Valley, ☏ 08457-440088, Reservoir im Sommer tgl. 10–18.30, Okt.–April 10–16 Uhr. Besucherzentrum und Café tgl. 10–17 Uhr. Das Silent Valley ist von Kilkeel, Annalong und vom Spelga Dam ausgeschildert. Parken Pkw 4,50 £.

> **Wandern auf den Slieve Donard**
>
> Die kahle Spitze des Slieve Donard erhebt sich steil auf eine Höhe von 852 m. Er ist der höchste Berg Nordirlands. Ausgangspunkt ist der Parkplatz in Bloody Bridge in der Nähe von Newcastle. Vom Gipfel aus sind die Isle of Man, die ganze Grafschaft Down und der Strangford Lough in voller Länge zu sehen, ebenso der Scraba Tower, der im Andenken an den dritten Marquis of Londonderry errichtet wurde. Im Norden liegen die Hügel von Belfast und im Nordwesten lässt sich der Lough Neagh ausmachen, der sich über eine Fläche von über 400 km^2 erstreckt. Die Karte Nr. 29 der Ordnance Survey Discovery Series deckt das Gebiet ab. Im Juli und Aug. bietet der Ulsterbus 405 Mourne Rambler eine Rundtour von Newcastle und hält an verschiedenen Orten in den Mournes. Bus 34A (Juli u. Aug.) fährt von Newcastle zum Silent Valley Car Park.

Die Grafschaft Armagh

Die Grafschaft Armagh ist sehr hübsch und wird wegen ihrer vielen Obstbäume auch „Garten von Ulster" oder „*The Orchard County*" genannt. Besonders schön ist es hier zur Zeit der Apfelblüte. Von der Stadt Armagh aus führt eine eigene „Apfelblütenstraße" im Mai durch riesige Apfelplantagen. Bei den Äpfeln handelt es sich um die Sorte Bramley, die für Saft, Cider und zum Backen verwendet wird. Im 17. Jh. brachten Siedler aus Worcestershire die Tradition der Apfelplantagen ins Land. Angeblich sollen hier aber schon im Jahre 1150 Äpfel gewachsen sein.

Apfelblüte im Mai

Armagh

Geschichtlicher Überblick

Armagh war 1.500 Jahre lang das religiöse Zentrum Irlands. Heute ist die Stadt gleichzeitig Sitz des katholischen und des protestantischen Erzbischofs. Die Kathedralen beider Konfessionen sind dem hl. Patrick geweiht und liegen sich gegenüber auf zwei Hügeln. Die ältere der beiden, die protestantische Kathedrale, steht an der Stelle, an der St. Patrick vor Jahrhunderten sein Kloster gründete (444/445). Dieses Kloster entwickelte sich rasch zu einem Zentrum der Gelehrsamkeit. Im 9. Jh. war Armagh die größte und bedeutendste Siedlung in Irland. Obwohl man die Stadt aus verteidigungstechnischen Gründen auf Hügeln baute, wurde sie oft von Dänen und Normannen geplündert.

Häufige Plünderungen

Der Bishop's Palace, die öffentliche Bibliothek, das Gefängnis und die Royal School entstanden im 18. Jh., später das Gerichtshaus, die Bank of Ireland und das Observatorium. Die letztgenannten öffentlichen Gebäude entlang der Mall sind das Werk des Architekten Francis Johnston (1760–1829), der in Armagh geboren wurde und auch einige Gebäude im georgianischen Dublin schuf. Der Palast des Erzbischofs, die Bank of Ireland und die katholische Kathedrale sind aus hellem Kalkstein gebaut und wirken auch bei schlechtem Wetter hell und freundlich.

Im 19. Jh. wurde auch Armagh der Austragungsort für Konflikte zwischen der Land League und den Protestanten, die im 20. Jh. fortgeführt wurden. Zwar erreichten die *Troubles* hier nicht ganz die Ausmaße von Derry oder Belfast, doch es gab auch Straßenkämpfe und Bombenanschläge. Heute ist Armagh eine lebhafte Stadt mit viel Verkehr.

Sehenswertes

Die **protestantische St. Patrick's Cathedral** der Church of Ireland ist ein Bau des 18. Jh. im Stil der englischen Spätgotik. Die Kirche wurde auf den Mauern einer Ruine aus dem 13. Jh. gebaut, die viele Male zerstört wurde. Die mächtigen Grabmale im Inneren stammen aus dem 18. Jh. Am Ende des Kirchenschiffs stehen die Reste von zwei Hochkreuzen, die ursprünglich auf dem Marktplatz in der Stadt standen.
St. Patrick's Cathedral, Cathedral Close, ☏ 028-37523142, www.stpatricks-cathedral.org. April–Okt. 9–17, Nov.–März 9–16 Uhr.

Östlich des Stadtzentrums, in der Cathedral Road, liegt die **katholische St. Patrick's Cathedral**. Die Bauarbeiten begannen im Jahr 1838 unter Thomas Duff. Während der großen Hungersnot in den 1840er-Jahren ruhten die Arbeiten und wurden erst im Jahr 1873 beendet.

Die **Robinson Library**, die 1771 als erste öffentliche Bibliothek außerhalb Dublins gegründet wurde, umfasst eine wertvolle Sammlung von Büchern, hauptsächlich aus

St. Patrick blickt auf Armagh

den Bereichen der Theologie, Wissenschaft, Archäologie und Reisen sowie Manuskripte von Jonathan Swift (u. a. eine Erstausgabe von „Gulliver's Travels"!) und alte Kirchenregister.

Erstausgabe von Gullivers Reisen

Robinson Library, *43 Abbey Street,* ☏ *028-37523142, www.armaghrobinsonlibrary.org, Mo–Fr 10–13, 14–16 Uhr.*

Das **Armagh County Museum** ist in einem alten Schulhaus untergebracht. Als Teil des Ulster Museum in Belfast dokumentiert es die Geschichte der Grafschaft Armagh. Gezeigt werden archäologische, lokal- und naturgeschichtliche Exponate, viktorianische Puppen, Textilien sowie Dokumente der Eisenbahn- und Militärgeschichte, außerdem Gemälde. Zu sehen sind Werke von George Russell (1867–1935) und James Sleator, einem Portraitmaler aus Armagh, sowie von dem in Belfast geborenen Künstler John Luke (1906–1975).

Armagh County Museum, *The Mall East,* ☏ *028-37523070, www.nmni.com/acm, Mo–Fr 10–17, Sa 10–17 Uhr, 13–14 Uhr geschl. Eintritt frei.*

Lohnend ist ein Besuch im **Planetarium**, in dem man ein Modell der Gemini-Rakete, Raumanzüge von amerikanischen Astronauten, Modelle von Space Shuttle und Voyager, eine Wettersatelliten-Station, einen Radiosender sowie verschiedene Teleskope bestaunen kann.

Planetarium, *College Hill,* ☏ *028-37523689, www.armaghplanet.com, i. d. R. tgl. 10–17 Uhr, So geschl., Sternen-Shows mehrfach tgl., Erw. 6, erm. 5 £.*

An der A28, 2,5 km W Armagh, liegt **Navan Fort**. Der Erdhügel, den der Besucher heute vorfindet, erfordert schon einige Fantasie, um sich die einstige Bedeutung des Palastes der Könige von Ulster vorzustellen, die hier über 600 Jahre lang regierten. Um 300 v. Chr. ließ Königin Macha einen Palast aus Holz errichten. In den irischen Legenden war dies der Standort der „Ritter vom roten Zweig" und ihres Anführers Conor MacNessa. Um 450 n. Chr. wurden Palast und umgebende Stadt zerstört. Das Besucherzentrum passt sich sehr gut in die Landschaft ein, denn es sieht ebenfalls wie ein grüner Hügel aus. Film und Ausstellungstafeln informieren über die Geschichte des Ortes.

600 Jahre Regierungssitz

Navan Fort, *81 Killylea Road,* ☏ *028-37529644, Hügel immer geöffnet, Besucherzentrum April–Sept. tgl. 10–18.30, Okt.–März tgl. 10–16, Erw. 6,40, Kinder 4,25 £.*

Reisepraktische Informationen Armagh

i Information
Tourist Information, *Old Bank Building, 40 English Street,* ☏ *028-37521800, www.armagh.gov.uk, ganzjährig.*

Unterkunft/Essen und Trinken
Charlemont Arms Hotel €€, *57–65 Lower English Street,* ☏ *028-37522028, www.charlemontarmshotel.com. Freundliches Hotel im historischen Stadtzentrum von Armagh gelegen, mit 30 komfortabel eingerichteten Zimmern und solidem Barfood. Ganzjährig geöffnet.*

Südlich von Armagh

Das Gebiet südlich von Armagh ist sehr schön und man kann sich gar nicht vorstellen, dass die Gegend während der *Troubles* nur schwierig zu kontrollierendes Hinterland der IRA darstellte. Bewaffnete britische Soldaten in den Dörfern und das Knattern der Hubschrauber gehörten zum Alltag. Die Grafschaft Armagh ist aufgrund der Grenznähe zur Republik eine der Hochburgen der Katholiken. Eine schöne Tour beginnt in Newtownhamilton und endet in Crossmaglen. Von **Newtownhamilton** geht es zunächst nach **Camlough** (nette Pubs in der High Street) und von dort durch wunderschöne Landschaft nach **Killeavy**. Die **Killeavy Churches**, auch siamesische Kirchen genannt, da sie sich eine Giebelwand teilen, liegen am Rande der Slieve Gullion (575 m). An der B113 befindet sich der Eingang zum **Slieve Gullion Forest Park**. Ein 13 km langer Wanderweg führt auf den Gipfel des Hügels. Südlich von Jonesborough (ein geeigneter Ort für die Mittagspause, Sonntags mit einem *farmer's market*) steht in einem Feld der **Kilnasaggart Stone**. Er stammt aus dem 8. Jh. und weist gut erkennbare Inschriften auf. Über Mullach Ban fährt man in nördliche Richtung und biegt nach **Crossmaglen** ab. In den 1880er-Jahren wurden hier junge Frauen in der Herstellung von Spitze unterwiesen.

Stein aus dem 8. Jh.

Nördlich von Armagh

Zwischen Moy und Portadown liegen unterhalb des Lough Neagh zwei Herrenhäuser: Ardress House und The Argory. Beide stehen unter der Obhut des National Trust.

Ardress House

Aus dem einst schlichten Gutshaus **Ardress House** entwickelte sich im 18. Jh., nach der Vermählung des Architekten George Ensors mit Sarah Clarke of Ardress 1760 ein ansehnliches Herrenhaus. Beachtenswert sind die herrlichen Stuckaturen und Möbel aus dem 18. Jh. sowie die Portraits von König Charles I. und Königin Henrietta.

Herrenhaus

Ardress House, *Annaghmore, ☎ 028-87784753, www.nationaltrust.org.uk, Feb.–Okt. Sa/So 12–17, Juli/Aug. Do–So 13–18 Uhr, Erw. 5, Kinder 2,50 £. Garten ganzjährig geöffnet.*

The Argory wurde 1824 erbaut und liegt wunderbar mit Blick auf den Blackwater River. Beachtenswert ist die original erhaltene Inneneinrichtung mit den schönen Wandverkleidungen. Ein Prachtstück des Hauses ist die Orgel, eine *cabinet barrel organ*, die 1824 erbaut wurde und immer noch gespielt werden kann. Das Haus wird von einem 140 Hektar großen Park umgeben. Besonders schön ist der Rosengarten. Außerdem gibt es eine gemütliche Teestube.

Wunderschöne Rosen

The Argory, *Derrycaw Road, Moy, ☎ 028-87784753, www.nationaltrust.org.uk, Haus: März–Juni Do–So 11–17, Juli/Aug. tgl. 10–17, Sept. Do–Mo 11–17, Okt. Sa/So 11–16 Uhr, Grundstück: jederzeit, Erw. 5,50, erm. 2,50£.*

Lough Neagh

Lough Neagh ist mit 396 km² der größte Binnensee der Britischen Inseln. Er ist 32 km lang und 16 km breit. Sechs Flüsse fließen in den See. Lough Neagh ist für seinen Aalreichtum bekannt. Die Aale werden zur Weiterverarbeitung nach Holland und Deutschland exportiert. Die umliegenden Restaurants servieren Aal entweder als Vorspeise mit braunem Brot oder als Hauptgericht in einer Soße. Der Legende nach entstand Lough Neagh, weil der Riese Finn MacCool (s. S. 422) im Kampf gegen einen Riesen aus Schottland einen Erdblock auf seinen Gegner warf, der aber ins Meer fiel und dabei die Isle of Man schuf. Das Loch, aus dem der Erdklumpen stammte, wurde zum Lough Neagh, der die Form der Isle of Man hat.

Aale

Die Grafschaft Tyrone

Die **Grafschaft Tyrone** ist dicht bewaldet und von Mooren und Bergen durchzogen. Größere Uferpartien des riesigen Lough Neagh gehören zu Tyrone. Nach der *Flight of the Earls* (s. S. 21) ließen sich hier Engländer, Schotten und Waliser nieder. Abgesehen von Omagh, Cookstown und Dungannon ist das Gebiet nur spärlich besiedelt, dafür aber reich an vorgeschichtlichen und keltischen Zeugnissen. Ungefähr 1.000 aufrecht stehende Steine können entdeckt werden, wobei die **Beaghmore-Steinkreise** (30 km O Omagh bei Dunnamore, zwischen Cookstown und Gortin von der A505 ab) am eindrucksvollsten sind. Es handelt sich um sieben Steinkreise, neun Steinreihen und zwölf kleinere steinzeitliche Gräber, die in den 1940er-Jahren beim Torfstich entdeckt wurden. Man vermutet, dass sich unter dem Torf noch weitere Steinmonumente befinden. 1995 wurden südlich des Ortes 13 weitere Steinkreise entdeckt. Tyrone ist für erholungsuchende Urlauber, die lange Spaziergänge und beschauliche Dörfer lieben, ideal. Ein eigenes Transportmittel – Auto oder Fahrrad – ist jedoch empfehlenswert.

Moore und Berge

Omagh

Omagh, am Zusammenfluss von Camowen und Drumragh gelegen, ist die Hauptstadt von Tyrone. Die 21.000 Einwohner zählende Stadt hat viele Geschäfte und Pubs. Im August 1998 wurde sie Opfer eines Bombenanschlages seitens der Real IRA, einer Splittergruppe der IRA, bei dem 29 Menschen ums Leben kamen und 250 verletzt wurden. Blumen am Schauplatz des Geschehens sowie ein Gedächtnisgarten erinnern an die Katastrophe.

Reisepraktische Informationen Omagh

Information
Tourist Information, *Strule Arts Centre, Bridge Street, ☎ 028-82247831, www.omagh.gov.uk, Mo–Sa 10–17.30 Uhr. Im angeschlossenen Weir Café kann man es sich auf einem der gemütlichen Sofas bequem machen und bei Kaffee und Kuchen das Treiben auf dem Fluss beobachten.*

Nördlich von Omagh an der A5 bei Camphill lohnt ein Besuch im Freilichtmuseum **Ulster American Folk Park**. Auf dem Museumsgebäude gibt es eine interessante Darstellung der irischen Auswanderungsbewegung. Abertausende Menschen verließen im 18. und 19. Jh. ihre irische Heimat, um in Amerika ein neues Leben zu beginnen. Das Freilichtmuseum vergleicht das Leben auf beiden Seiten des Atlantiks, also in der „Alten" und der „Neuen Welt". So werden zum Beispiel Bauernhäuser aus Ulster amerikanischen Blockhütten gegenüber gestellt oder eine typische Dorfstraße aus Ulster mit einer typischen Straße in einer amerikanischen Hafenstadt verglichen.

Ulster American Folk Park, 2 Mellon Road, Castletown, ☎ 028-82243292, www.folkpark.com, Okt.–Feb. Di–Fr 10–16, Sa/So 11–16, März–Sept. Di–So 10–17 Uhr, Juli/Aug. auch So. Letzter Einlass 90 Min. vor Schließung. Erw. 9, erm. 5,50 £. Der Goldliner Express 273 Belfast – Derry hält auf Wunsch am Park.

Feines Leinen

Auf halber Strecke zwischen Derry und dem Ulster Amerian Folk Park, am Rande der Sperrin Mountains im schönen Mourne Tal, liegt **Sion Mills**. Rund 40 industriegeschichtliche Zeugnisse geben hier einen Einblick in die Lebens- und Arbeitsweisen der irischen Leinenproduktion. Sion Mills wurde 1835 von den drei Herdman-Brüdern James, John und George gegründet. In ihrer Gesinnung wohltätig und visionär, halfen sie der örtlichen Bevölkerung in ihrem Überlebenskampf und errichteten eine Flachsspinnerei. Die Herdman-Familie unterhielt sieben Generationen lang eine nicht-konfessionelle, erfolgreiche Gemeinschaft, die feines Leinen herstellte. Nach 170 Jahren endete schließlich die Flachsspinnerei in Sion Mills, doch dank der unermüdlichen Bewohner und der Gründung des Buildings Preservation Trust leben die ehemaligen Produktionsanlagen als Besucherattraktion fort.

Sion Mills, 11 Mill Avenue, ☎ 028-81659772, www.sionmills.org. Führungen nur auf Anfrage.

Die Auswanderungsbewegung in Ulster

Im 18. und 19. Jh. verließen über 2 Millionen Menschen die Grafschaft Ulster, um sich in Nordamerika ein neues Leben aufzubauen. Die Emigranten kamen aus allen Gesellschaftsschichten und religiösen Gruppen und etliche verließen ihr Land unfreiwillig. Zwischen 1713 und 1775 wurden immerhin 15.000 Sträflinge nach Amerika „verfrachtet". In den 1770er-Jahren verließen 10.000 Menschen jährlich das Land. Ein Drittel der Bevölkerung in Pennsylvania bestand aus schottisch-irischen Emigranten aus Ulster.

Wie kam es zu dieser andauernden Auswanderungswelle? Das 18. und 19. Jh. war durch extreme soziale, wirtschaftliche und religiöse Spannungen geprägt. Um das Jahr 1720 sollten viele Pachtverträge erneuert werden. Etliche Großgrundbesitzer nutzten die Gelegenheit, um eine höhere Pacht zu verlangen. Jene, die sich die Überfahrt leisten konnte, sahen in der Auswanderung nach Amerika eine Chance, dort eigenes Land zu erwerben. Im frühen 19. Jh. bedingten schlechte Ernten und eine allgemein schlechte Wirtschaftslage große Auswanderungsschübe. Der größte Schub kam mit der Hungersnot von 1845–1849. Zu jener Zeit verließen mehr als 1 Million Menschen das Land.

Derry war der Haupthafen für die Auswanderung von Ulster. Die meisten Menschen machten sich zu Fuß auf den Weg zum Hafen und als 1840 die Eisenbahn in Ulster eingeführt wurde, konnten sich die Fahrt anfangs auch nur die Reichen leisten. Im 18. und 19. Jh. brauchten die Schiffe für die Überquerung des Atlantiks acht bis zwölf Wochen. Die Reise nach Amerika war eine Reise ins Ungewisse und vor allem eine Reise ohne Rückkehr in die Heimat. Eine große Zahl der Menschen hatte zuvor noch nie das Heimatdorf verlassen. Viele Auswanderer wurden in ihrer Hoffnung auf ein besseres Leben enttäuscht.

Die Sperrin Mountains

Die **Sperrin Mountains** werden von den Städten Strabane, Dungiven, Magherafelt und Newtownstewart begrenzt. Ein Teil dieser Hügelkette erstreckt sich südwärts in Richtung der Stadt Omagh über den Owenkillew River. Das Gebiet ist von einem Netz an Bächen und kleinen Straßen durchzogen. In diesem Gebirge (einige Hügel sind rund 500 m hoch) lässt es sich ausgezeichnet wandern, wobei sich Gortin als Standquartier anbietet. Im **Gortin Glen Forest Park** kann man wunderschön spazieren gehen oder eine 9 km lange Rundtour per Auto durch den Wald machen.

Wandergebiet

Das **An Creagán Visitor Centre** ist ein Informationszentrum über die Sperrin Mountains, das darüber hinaus auch viele Aktivitäten anbietet. So gibt es häufig am Wochenende Live-Musik, Ausstellungen oder Geschichtenerzählen für Kinder. Ein Restaurant, eine Bar, Fahrradverleih und Unterkunftsmöglichkeiten für Selbstversorger gehören ebenfalls zum Besucherzentrum.
An Creagán Visitor Centre, *Creggan, von der A505 ab, ☏ 028-80761112, www.an creagan.com, tgl. 11–17 Uhr, Eintritt frei.*

In **Strabane** lohnt **Gray's Printers Museum**. Das Museum ist mit berühmten Ulster-Amerikanern verbunden, so z. B. mit John Dunlop, der die amerikanische Unabhängigkeitserklärung druckte. Im 18. Jh. war Strabane der wichtigste Druckerort in ganz Irland. Ausgestellt sind eine alte handbetriebene Druckerpresse aus dem 19. Jh. sowie viele Exponate zur Geschichte Strabanes.
Gray's Printers Museum, *49 Main Street, Strabane,* ☎ *028-86748210, www.nationaltrust.org.uk, Mitte März–Sept. Sa 12–15 Uhr, Erw. 3 £.*

Heimat des Großvaters von Präsident Wilson

Das **Wilson Ancestral Home** ist fast unverändert erhalten, seit James Wilson, der Großvater von Woodrow, dem 28. Präsident der USA, 1807 nach Amerika auswanderte. Die sorgfältig erhaltenen Räume, die im Zuge einer Führung zu besichtigen sind, vermitteln einen guten Eindruck vom Leben in damaliger Zeit.
Wilson Ancestral Home, *3 km SO Strabane an der B536 nach Plumbridge,* ☎ *028-7138 4444, Juli/Aug. Di–So 14–17 Uhr oder nach Anmeldung. Eintritt frei.*

Cookstown ist der größte Ort im Osten Tyrones. 6 km W Cookstown, von der A505 ab (von Cookstown rechts an der Kildress-Kirche), liegt am Fluss Ballinderry die **Wellbrook Beetling Mill**, eine Stampfkalanderei (gegründet 1760), die vom National Trust vollständig instand gesetzt wurde. Die Herstellung von Leinen war das wichtigste Gewerbe im 18. bis 20. Jh. Das sogenannte *beetling*, zu Deutsch „Kalandern", ist der letzte Arbeitsschritt bei der Leinenherstellung. Der harte Stoff wird gehämmert und durch Walzen gezogen, um damit das Gewebe zu verdichten und es gleichmäßig glänzen zu lassen. Am Ballinderry River kann man nett spazieren gehen.

Wellbrook Beetling Mill, *20 Wellbrook Road, Corkhill,* ☎ *028-86748210, www.nationaltrust.org.uk, März–Sept. Sa/So 14–17 Uhr, Erw. 5, Familien 10 £.*

Knapp 2 km O an der B18 nach Coagh liegt **Springhill House**. Das befestigte Herrenhaus ist ein gutes Beispiel eines *plantation house* aus dem 17. Jh. Seit seiner Erbauung befand es sich im Besitz einer einzigen Familie. Im Jahre 1957 übernahm der National Trust das Anwesen. Bei einer unterhaltsamen geführten Tour sieht

In den Sperrin Mountains

man heute die originale Inneneinrichtung mit schönen Möbeln, Gemälden und Kuriositäten. In einem Anbau ist eine große Kostümsammlung untergebracht, die Stücke vom 18. Jh. bis heute umfasst. Auch ein Spaziergang durch die weitläufigen Parkanlagen ist schön. Rund um das Springhill House erinnert ein Dickicht alter Eichen an die einst üppige und grüne Landschaft.

Springhill House, *20 Springhill Road, ☏ 028-86748210, www.nationaltrust.org.uk, Mitte März–Juni Do–So 12–17, Ostern tgl. 12–17, Juli/Aug. tgl. 12–17, Sept. Sa/So 12–17 Uhr, Erw. 5,50, Kinder 2,50, Familie 13,50 £. Zum Herrenhaus gehören außerdem ein Abenteuerpfad, ein Spielplatz und Teestube.*

Die Grafschaft Fermanagh

Die **Grafschaft Fermanagh** ist sehr wald- und wasserreich. Der landschaftlich reizvolle **Lough Erne** ist mit 80 km Länge nach dem Shannon die zweitgrößte Wasserstraße der Insel. Kein Wunder also, dass Wassersport die größte Attraktion in der Grafschaft ist. Darüber hinaus gibt es aber auch zahlreiche interessante Kulturstätten, wie beispielsweise die Klostergründung des heiligen Molaise auf Devenish Island, die rätselhaften Steinfiguren auf White Island und der janusköpfige Kultstein auf Boa Island. Auch die beiden Herrenhäuser Castle Coole und Florence Court lohnen einen Besuch.

Zweitlängste Wasserstraße

Der Hauptort der Grafschaft, **Enniskillen**, liegt zwischen dem Lower und dem Upper Lough Erne. Lange stellte der Erne die natürliche Grenze zu den englischen Siedlern in Tyrone dar. Deshalb konnte sich die irische Sprache in Fermanagh am längsten von allen nordirischen Grafschaften halten. Enniskillen entwickelte sich zu einem wichtigen Militärstandpunkt, und in den frühen 1920er-Jahren war die Stadt in die Konflikte über die Teilung des Landes beteiligt. Die nationalistische Stimmung erreichte einen Höhepunkt, als 1981 ein Parlamentsmitglied im Gefängnis als Folge eines Hungerstreiks starb.

Hungerstreik

Als Protest gegen die Bedingungen im Dubliner Mountjoy-Gefängnis begann Thomas Ashe 1917 einen Hungerstreik, an dessen Folgen er starb. Auch Terence MacSwiney, der Bürgermeister von Cork, starb als Folge eines Hungerstreiks. Nachdem 1976 den republikanischen Gefangenen der politische Status abgesprochen worden war, begannen in Nordirland Streiks. Zunächst versuchten die Gefangenen durch *dirty protest* – sie weigerten sich, ihre Zellen zu säubern – auf sich und die Umstände ihrer Inhaftierung aufmerksam zu machen. 1981 begannen die Hungerstreiks. Bobby Sands, Parlamentsabgeordneter für Fermanagh und Süd Tyrone, starb. Zehn weitere Männer starben, bevor der Streik abgebrochen wurde. 2008 verarbeitete Steve McQueen die Ereignisse in seinem vielfach ausgezeichneten Film „Hunger".

Enniskillen

Enniskillen, schön am Wasser gelegen, ist eine lebhafte Kleinstadt mit einer Kirche, kleinen Geschäften, Restaurants, Pubs und einer Burg. Die Bevölkerung ist überwiegend katholisch. Aufgrund der gut ausgebauten touristischen Infrastruktur bietet sich die Stadt auch als Ausgangspunkt für Touren in die Umgebung an. Nett ist der Buttermarket, ein Kunsthandwerksmarkt mit Cafés und kleinen Läden.

Angeln

In den fischreichen Flüssen und Seen der Grafschaft sind die Aussichten auf einen Fang besonders gut. Die am häufigsten vertretenen Arten sind Plötze, Rotaugen, Flussbarsche, Brassen, Rotfedern und Aale. Eine Besonderheit im Lough MacNean sind große Bestände schwerer Hechte. Die Einheimischen angeln vor allem auf Lachs und Forelle. Lough Malvin hat einen guten Schwarm Frühjahrslachse, junge Lachse und mehrere Forellenarten aufzuweisen. Darunter befinden sich auch die *gillaroo* – eine irische Forelle mit verdicktem Bauch, die *sonaghan*, die wie eine kämpferische Meeresforelle aussieht, und die Rotforelle, ein Vorfahr der heutigen Forelle.

Museen im Schloss

Die Hauptattraktion des Ortes ist **Enniskillen Castle** mit zwei Museen. Im **Fermanagh County Museum** kann man sich über die Geschichte Fermanaghs informieren. Das **Regimental Museum** beschäftigt sich mit der Geschichte der Enniskillen-Regimenter, die an der Schlacht bei Waterloo beteiligt waren. Enniskillen Castle diente im 17. und 18. Jh. als Kaserne dieser Regimenter.
Enniskillen Castle Museum, *Castle Barracks,*  *028-66325000, www.enniskillen castle.co.uk, Jan.–April, Okt.–Dez. Mo–Fr 14–17, Mai–Sept. Mo 14–17, Di–Fr 10–17, Juli/Aug. auch So 14–17, an Feiertagen ebenfalls geöffnet, Erw. 2, Kinder 1 £.*

> **Tipp: Autotour um den Lower Lough Erne**
> *Eine nette Rundtour führt von Enniskillen in nördlicher Richtung entlang dem Ostufer auf der B82 nach Kesh und zur Boa Island. Entlang dem Nordufer führt die A47 nach Belleek. Von dort geht es auf der A46 entlang der Westseite nach Enniskillen zurück.*

Radwandern

Der 350 km lange **Kingfisher Cycle Trail** verläuft in Form einer 8 durch die Grafschaften Fermanagh, Leitrim, Donegal, Cavan und Monaghan. An einigen Stellen führen auch zusätzliche Schleifen in die Umgebung. Der Weg ist komplett ausgeschildert und eignet sich sowohl für den Freizeitradler als auch für Experten. Es gibt auch eine kürzere Tour von 115 km, die man gut in 2 Tagen schaffen kann. Radferien für den Trail können vorausgebucht werden, einschließlich Unterkunft. Anbieter: z. B. www.kingfishercycletrail.com, www.cycleni.com, www.irishcycletours.com.

Reisepraktische Informationen Enniskillen

Information
Tourist Information, Wellington Road, ☎ 028-66323110, www.fermanagh omagh.com, ganzjährig.

Unterkunft
The Enniskillen Hotel €€, 72 Forthill Street, ☎ 028-66321177, www.ennis killenhotel.com. Das Gebäude wirkt von außen fast schon brutalistisch, das Innere ist aber schick, elegant und dennoch behaglich. Gutes Restaurant und Whiskey-Bar.
Blessingbourne €€, Fivemiletown, ☎ 028-89521188, www.blessingbourne.com, ganzjährig. Mehrere voll ausgestattete Ferienwohnungen mit 3–5 Betten. Blessingbourne ist wunderschön gelegen und ideal zum Wandern, Radfahren und Reiten. 430–550 £/Woche für ein Apartment.

Pubs/Live-Musik
Blake's of the Hollow, 6 Church Street, ☎ 028-66322143, www.blakesofthe hollow.com. Alter, gemütlicher Pub mit kleinen privaten Räumen. Die Seiteneingänge sind nützlich für Besucher, die nicht gesehen werden wollen. Fr Live-Musik. Mittlerweile fungiert das Pub gleichermaßen als Café, Weinbar und Restaurant und im hinteren Teil steht ein Billardtisch.

Bootstouren auf dem Lough Erne
Der **Kestrel-Wasserbus** mit überdachtem Deck und Bar an Bord fährt mehrfach täglich Ostern–Ende Sept. Abfahrt: Los geht es ab dem „Round O" Kai, Brook Park, Enniskillen. Fahrtzeit: 1 3/4 Stunden, Erw. 10, Kinder (unter 10 J.) 6 £. Auskunft: Tony McCullagh, ☎ 028-66322882, www.ernetours.com.

Umgebung von Enniskillen

Castle Coole wurde 1788–1798 für den Earl of Belmore errichtet, der mit diesem Bau seinen Schwager, dem Florence Court auf der anderen Seite des Erne gehörte, übertrumpfen wollte. Das elegante Anwesen hat 116 prachtvoll ausgestattete Räume, von denen der Oval Salon mit seinem georgianischen Stuckdekor der eindrucksvollste ist. Das Schlafzimmer wurde extra für den Besuch von George IV. hergerichtet. Von den Stallungen führt ein Tunnel zum Schloss. Dies war der einzige Zugang der Dienerschaft zum Haus, denn die Diener sollten nicht von der Familie und ihren Besuchern gesehen werden. Castle Coole ist von einer wunderschönen Parkanlage umgeben.

Prachtvolle Räume

Castle Coole, A4, 2,5 km SO Enniskillen, ☎ 028-66322690, www.nationaltrust.org.uk, Park: ganzjährig, tgl. 10–16, März–Okt. bis 19 Uhr, Haus: März–April, Mai/Sept. Mi–Mo 11–17, Sa/So 11–17, Juni–Aug. tgl. 11–17 Uhr.

Florence Court ist ein grauer Bau im palladianischen Stil, umgeben von einer schönen Parklandschaft mit altem Baumbestand. Auf der gegenüberliegenden Flussseite von Castle Coole wurde bereits 1751–1764 der zentrale Mittelblock errichtet, einige

Jahre später die Seitenflügel angebaut. 1775 war der Bau vollendet. Beachtenswert sind die feinen Rokoko-Stuckaturen, vor allem über der Treppe und im Speisezimmer. Die Bibliothek verwahrt eine Sammlung von Meißner Porzellan und Kupferstiche. Im Park ist die Original-Florence-Court-Eibe (*taxus baccata fastigiata*) zu bewundern, eine Baumart, die es mittlerweile überall auf der Welt gibt.

Florence Court, *12 km SW Enniskillen an der A4 Richtung Sligo,* ☏ *028-66348249, www.nationaltrust.org.uk. Park: ganzjährig, tgl. 10–16, März–Okt. 10–19, Haus: März, April u. Okt. Sa/So 11–17, Ostern u. Juni–Aug. tgl. 11–17, Mai–Sept. Sa–Do 11–17 Uhr. Im Florence Court Forest Park kann man sehr gut spazieren gehen. Es gibt vier ausgeschilderte Routen von 1½ bis 4 Stunden. Der Park ist täglich von 10 Uhr bis Sonnenuntergang geöffnet, Erw. 6, Kinder 3 £.*

Lust auf ein wenig Abenteuer? Dann sollte man unbedingt den Marble Arch Caves einen Besuch abstatten. Der **Marble Arch Caves Global Geopark** unter den Cuilcagh Mountains zählt zu den interessantesten Höhlen Europas. Die wissenschaftliche Erforschung begann in der Mitte des 19. Jh. Die breite Kalksteinkaskade – auch *The Porridge Pot* genannt – ist vermutlich vor mehr als 50.000 Jahren entstanden. Während der interessanten, 75-minütigen Tour erlebt der Besucher Wasserfälle, gewundene Gänge und zahlreiche unterschiedliche geologische Formationen. Ein besonderes Erlebnis ist die Fahrt mit einem Elektroboot auf einem der zahlreichen unterirdischen Flüsse (wetterabhängig). Während der Führung sollte man einen warmen Pullover und bequeme Schuhe tragen und über ausreichend Kondition verfügen, denn ca. 1,5 km werden gelaufen. Am Ende der Tour muss man 160 Stufen steigen.

Unterhaltsame Tour

Blick auf Devenish Island im Lough Erne

Bei der Fahrt durch die Höhle bitte den Kopf einziehen!

Marble Arch Caves Global Park, *20 km W Enniskillen, an der A4 nach Sligo für 5 km, dann auf der A32 Richtung Swanlinbar, ab dort ausgeschildert, ☏ 028-66348855, www.marblearchcavesgeopark.com, tgl. März–Juni und Sept./Okt. 10–16.30 (letzte Tour), Juli/Aug. 10–17 Uhr (letzte Tour), Erw. 8,75, Kinder 5,75, Familien (2+3) 20 £.*

Lough Erne

Der 80 km lange Fluss Erne schlängelt sich von einem Ende der Grafschaft Fermanagh zur anderen. An manchen Stellen ist er ein schmaler, seichter Kanal, an anderen aber bis zu 8 km breit und sehr tief. In seinem Verlauf verbreitert er sich zum Lower und Upper Lough Erne. Mit dem Shannon Erne Waterway und dem Fluss Shannon bildet der Lough Erne die längste navigationsfähige Wasserstraße in Europa.

Insgesamt gibt es 154 Inselchen auf dem Lough Erne sowie unzählige Buchten. Im nördlich gelegenen Lower Lough Erne liegen die Inseln Boa Island, White Island und Devenish Island, auf denen Kunstdenkmäler aus vor- und frühchristlicher Zeit erhalten sind. Lough Erne hat einen großen Fischbestand und ist bei Anglern sehr beliebt. Sogar Angelweltmeisterschaften werden hier ausgetragen. Die Gegend rund um den Lough Erne bietet sich für ein paar erholsame Tage an, denn im Vergleich zum Shannon ist der Lough Erne weitaus weniger von Touristen besucht. Man kann auch Hausboote mieten, wofür man weder Erfahrung noch einen Führerschein braucht – toll! (siehe www.fermanaghlakelands.com). Auf dem oberen und dem unteren Lough Erne sowie auf dem Kanal, der sie verbindet, sind Fahrten mit Kabinenkreuzern möglich.

Angel-Paradies

Devenish Island

Auf der sogenannten „Insel des Ochsen", wie Devenish Island auch genannt wird, befindet sich in bewaldetem Gebiet eine sehenswerte und gut erhaltene Klosteranlage. Vermutlich gab es hier bereits im 6. Jh. eine frühchristliche Gründung. Hier stehen drei

Die Grafschaft Fermanagh

Kirchen, von denen die kleinste und älteste, St. Molaise, aus dem 12. Jh. stammt. Sie wurde an der Stelle, an der sich angeblich das Grab des Heiligen befindet, errichtet. Nur die Außenmauern und ein Rundbogenportal sind erhalten. Aus derselben Zeit stammt ein gut erhaltener Rundturm, in dessen kegelförmigen Giebel Verzierungen geschnitzt sind. Man kann den 25 m hohen Turm über eine Holztreppe besteigen. Nicht weit davon entfernt wurde 1970 ein zweiter Rundturm ausgegraben. Die beiden anderen Kirchen sind der Teampull Mor, eine Kirchenruine aus dem 13. Jh., und etwas weiter entfernt die Abteikirche (15. Jh.). Südlich davon befindet sich ein Hochkreuz. Ein kleines Museum bietet Informationen über die Klosteranlage.

Rundtürme

Anreise per Boot
Im Sommer gibt es einen Fährdienst zur Devenish Island von Trory Point 5 km N Enniskillen von der A32 ab. Alternative: eine Ausflugsfahrt mit MV Kestrel (s. S. 461) machen oder selbst ein Boot ausleihen.

Auf dem **Friedhof von Killadeas**, südlich von White Island an der B82, stehen weitere interessante Steine. Der 1 m hohe **Bishop's Stone** zeigt auf der Südseite einen Bischof in vorgebeugter Haltung mit Krummstab. Bemerkenswert sind die fast karikaturhaft wirkende lange Nase und das spitze Kinn. Fast könnte man meinen, dass das Gesicht älter als der Rest des Körpers sei, denn für einen Bischof ist ein solches Gesicht recht unkonventionell. Vermutlich entstand der Stein zwischen 800 und 1000, als sich das Christentum noch gegen das heidnische Irland durchsetzen musste. Im **Castle Archdale Country Park** (16 km NW Enniskillen an der B82) befindet sich ein Bootsverleih. Im Besucherzentrum kann man sich über die Flora und Fauna der Region und über Spaziermöglichkeiten informieren. Zudem gibt es eine Ausstellung zum Zweiten Weltkrieg, als sich hier eine Militärbasis befand.

White Island

Hier befindet sich eine Kirchenruine aus dem 12. Jh. Die acht Steinskulpturen an einer der Wände stammen aus einer früheren Kirche. Es handelt sich um sieben Figuren und einen Kopf mit Haube. Obwohl diese vermutlich aus dem 7. und 9. Jh. stammen, also eindeutig christlichen Ursprungs sind, sehen sie alle recht heidnisch aus und erinnern an die Figuren von Boa Island. Eine stellt eine Sheela-na-gig dar. Dabei handelt es sich um eine überzogen wirkende weibliche Figur mit besonders hervortretenden Geschlechtsmerkmalen. Eine solche Darstellung geht sicher auf heidnische Fruchtbarkeitsriten zurück. Die übrigen Figuren sind nicht eindeutig zu interpretieren.

Heidnische Skulpturen

White Island, *5 km S Kesh, Boote fahren stdl. um die volle Stunde vom Castle Archdale Country Park. April, Mai, Juni u. Sept. Sa/So 11–17, Juli/Aug. tgl. 11–17 Uhr. Die Überfahrt dauert 20 Min.*

Boa Island

Die A47 führt am Nordufer des Lough Erne entlang auf die schmale **Boa Island**. Auf dem langen Landstreifen stehen auf einem kleinen, unscheinbaren Friedhof (Caldragh Cemetry) zwei schöne janusköpfige Steine. Um dorthin zu gelangen, muss man eine

Weide überqueren und durch ein Gatter gehen. Ein Besuch lohnt sich aber, vor allem weil es keinen Touristenrummel gibt. Diese beiden einzigartigen Kultsteine stammen vermutlich aus dem 5.–6. Jh. v. Chr. Aus einem Stein wurden jeweils zwei Gesichter herausgearbeitet. Sie sind leicht spitz zulaufend und haben große Augen und Münder im Flachrelief.

Der „Lusty Man" ist die kleinere Figur. Der Name rührt daher, dass sie zunächst auf Lusty Island, südlich von Boa Island, stand. Bei der größeren, etwa 75 cm hohen Figur sind die Arme über Kreuz dargestellt. Die Zickzackmuster könnte man als Haare interpretieren. An diesen Steinen wird der Übergang vom Heidentum zum Christentum besonders deutlich.

Lusty Man

Sheela-na-gig

Die äußerst ungewöhnlichen Figuren stammen aus dem 13. bis 16. Jh. und tauchen zahlreich in Irland, aber auch in England auf, insbesondere an mittelalterlichen Kirchen. Sheela-na-gig sind grob geschnittene, grimassierende Frauendarstellungen mit markant heraustretenden Geschlechtsorganen. Sie könnten auf heidnische Fruchtbarkeitsriten zurückzuführen sein. Möglicherweise symbolisierten sie aber auch die Wolllust, die die frommen Männer vom rechten Glauben abbringt. Eine andere Interpretation sieht sie als Schutzfiguren, als weibliche Kämpferinnen, die durch das Zurschaustellen ihrer Genitalien den Feind in die Flucht geschlagen haben sollen. Man nimmt an, dass etliche dieser Figuren im 17. Jh. zerstört wurden. Im National Museum in Dublin kann man weitere Sheela-na-gig sehen.

Belleek

In der kleinen, hübschen „Grenzstadt" **Belleek**, am Westufer des Lower Lough Erne, wird seit 1857 feines Porzellan hergestellt. Interessant ist eine Führung durch das **Belleek Pottery Visitor Centre**. In dem kleinen Museum kann man auch ältere Stücke dieser Porzellanmanufaktur bewundern. Ein besonders schöner Tafelaufsatz der Belleeker Manufaktur gewann sogar eine Goldmedaille bei der Weltausstellung 1890 in Paris. Bei einer Besichtigung kann man die Gießerei, die Formungswerkstätten und die Räume, in denen die fertigen Stücke mit Blumen verziert werden, sehen.
Belleek Pottery Visitor Centre, ☎ 028-68659300, www.belleek.ie, Führungen Mo–Fr alle 30 Min. 9.30–12.15 u. 13.45–15.30 Uhr. Letzte Tour Fr 15 Uhr.

Porzellan-Fabrik

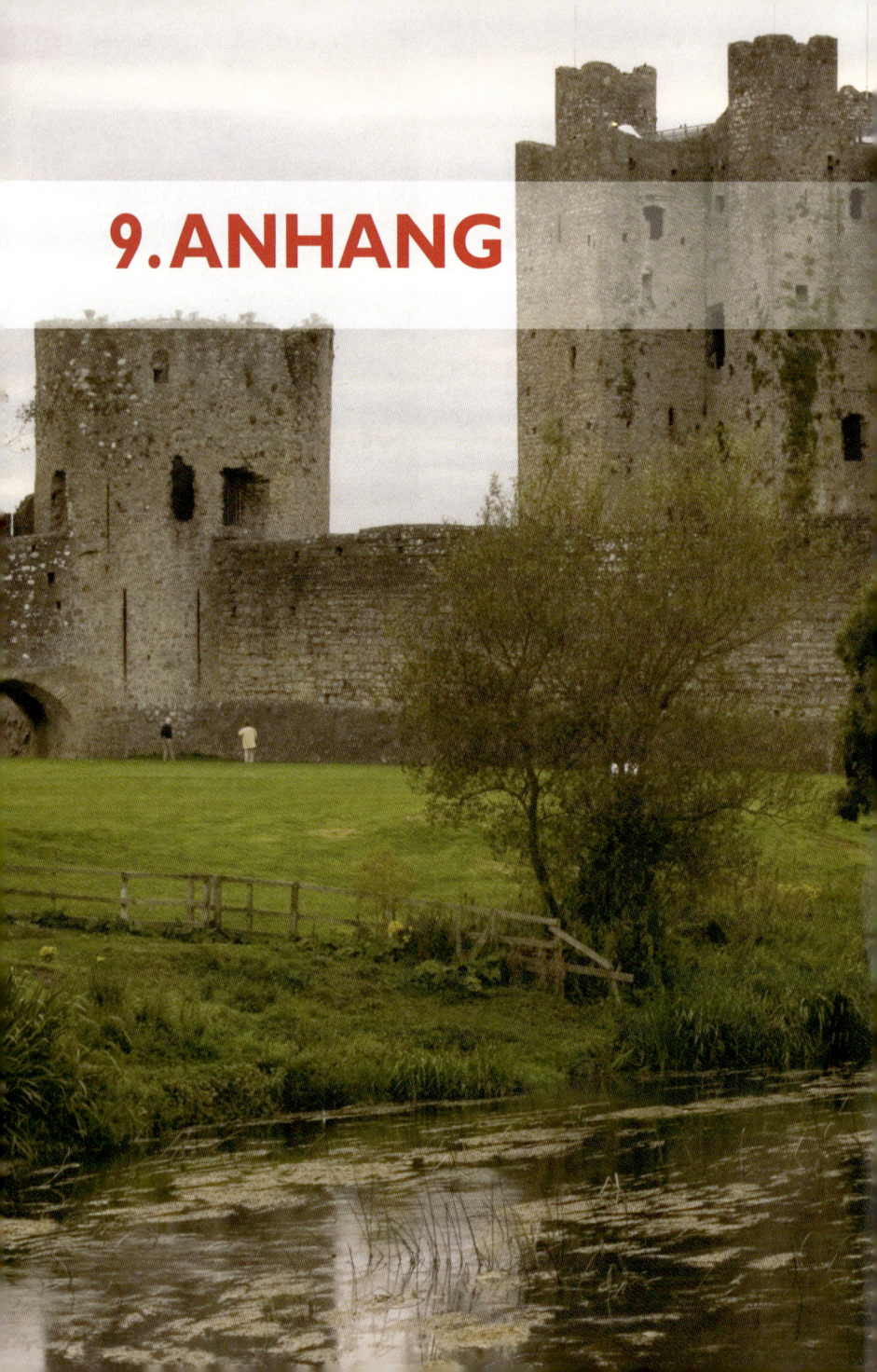

9. ANHANG

Kleines kulinarisches Wörterbuch

Apple pie with cream	Apfelkuchen mit Sahne
Bacon	Schinkenspeck
Bannocks	flaches rundes Brot
Beef	Rind
Black pudding	Blutwurst
boiled	gekocht
Cabbage	Kohl
Carrots	Karotten
Cereals	Getreideflocken
Champ	Kartoffelbrei mit gehackten Frühlingszwiebeln
Chicken	Huhn
Chips	Pommes frites
Chops	Kotelett
Cider	Apfelwein
Cream	Sahne
Cauliflower	Blumenkohl
Cutlet	Schnitzel
Duck	Ente
Dulse	essbarer Seetang
Fruit juice	Fruchtsaft
Gammon steak	Schinkensteak
Goose	Gans
Gravey	Bratensoße
Grouse	Moorhuhn
Herbs	Kräuter
Irish Stew	Hammeleintopf
Jam	Marmelade
Kidneys	Nieren
Leek	Lauch
Lettuce	Kopfsalat
Marmelade	Orangenmarmelade
Mashed potatoes	Kartoffelbrei
Mint sauce	Pfefferminzsauce
Mushrooms	Pilze
Mutton	Hammelfleisch
Onion	Zwiebel
Oxtail soup	Ochsenschwanzsuppe
Pastry	Pastete
Pancake	Pfannkuchen
Peas	Erbsen
Pie	mit Fleisch/Gemüse gefüllte Pastete
Pork	Schweinefleisch
Potato Farls	warme oder kalte Kartoffelküchlein
Poultry	Geflügel
Rabbit	Kaninchen
Roll	Brötchen
Sausage	Würstchen
Scone	Küchlein
Scrambled eggs	Rühreier
Slice	Scheibe
smoked	geräuchert
Soda Brown Bread	Sodabrot
Stew	Ragout/Eintopf
Tart	Torte
Turkey	Truthahn
Vinegar	Essig

Fisch und Meeresfrüchte

Cod	Kabeljau
Crab	Krebs
Crawfish	Languste
Eel	Aal
Haddock	Schellfisch
Halibut	Heilbutt
Hake	Seehecht
Herring	Hering
Lobster	Hummer
Mackarel	Makrele
Monkfish	Seeteufel
Mussels	Miesmuscheln
Oysters	Austern
Plaice	Scholle
Salmon	Lachs
Scallops	Jakobsmuscheln
Sea Bream	Seebrassen
Shrimp	Garnele
Smoked salmon	geräucherter Lachs
Sole	Seezunge
Squid	Kalamaris
Swordfish	Schwertfisch
Trout	Forelle
Tuna	Tunfisch
Turbot	Steinbutt
Whiting	Wittling

Literaturverzeichnis

Geschichte/Tagesgeschehen
Beckett, J. C.: The Making of Modern Ireland 1603–1923, London (1) 1966, 2014 als Taschenbuch erschienen. Gutes Nachschlagewerk über diesen Zeitabschnitt in der irischen Geschichte. Beckett, gebürtig und aufgewachsen in Belfast, war Professor für irische Geschichte in Belfast.
Connolly, S.J. (Hrsg.): The Oxford Companion to Irish History, Oxford 1998, 2011. Lexikon der irischen Geschichte mit über 1800 Eintragungen von den Anfängen bis heute.
Coogan, Tim Pat: Wherever Green is worn. The Story of the Irish Diaspora, London 2000. 745 Seiten umfassendes Werk über die irische Diaspora. Der bekannte irische Autor ist vor allem für seine Arbeit über die IRA und seine Biografien über de Valera und Michael Collins bekannt geworden.
Kenny, Mary: Goodbye to Catholic Ireland, London 1997, 2000. Mary Kenny beschreibt in ihrer lebendigen Sozialgeschichte des 20. Jh. das katholische Irland unter verschiedenen Aspekten: Die Rolle der Frauen und die Verlagerung des katholischen Irlands von einer britischen zu einer irischen Identität.
Foster, Roy (Hrsg.): The Oxford Illustrated History of Ireland, Oxford (1) 1989, 2001. Leicht verständlich geschriebene Geschichte Irlands von den Anfängen bis heute. Ausführliche Literaturangaben.
Sexton, Sean und Christine Kinealy: The Irish, London 2003. Der aufwendige Fotoband dokumentiert die Zeit zwischen 1840 und 1940 und gibt einen interessanten Einblick in diese entscheidenden 100 Jahre der irischen Geschichte.
Stewart, A.T.Q.: The Narrow Ground. Aspects of Ulster 1609–1969, London (1) 1977, 1997. Das Buch bietet eine gute und leicht lesbare Einführung in das Thema „Nordirland".

Kunst, Architektur, Gärten
Griffin, David J., The Knight of the Glin und Nicholas K. Robinson: Vanishing Country Houses of Ireland, (2) 1989. Beeindruckender Bild- und Textband der im Zerfall begriffenen Herrenhäuser und Landschlösser in Irland.
Howley, James: The Follies and Garden Buildings of Ireland, 1993, 2004. Großformatiges Buch mit wunderschönen Abbildungen von Gartengebäuden.
Streit, Jakob: Sonne und Kreuz. Irland zwischen Megalithkultur und frühem Christentum, 2001. Interessante Darstellung jener Epoche.

Autobiographien
Adams, Gerry: Before the Dawn, An Autobiography, London 1996, 2001.
Carson, Liam: Call mother a lonely field, 2010. In dem nur rund 100 Seiten starken Buch beschreibt der Autor sein Aufwachsen in Belfast, seine Eltern und vor allem die irische Sprache. Bewegend.
Sayers, Peig: An Old Woman's Reflections, Oxford Press, London 1962, 1991. 2006 auf deutsch unter dem Titel „So irisch wie ich. Eine Fischersfrau erzählt ihr Leben" erschienen. Sayers schildert das einsame und mühevolle Leben auf den Blasket-Inseln.
Therman, Dorothy Harrison: Stories from Tory Island (Town House and Country House), 1989, 1999. Aufzeichnungen der Gespräche mit den Inselbewohnern.

Romane

Bell, Sam Hanna: December Bride, Belfast (1) 1951, 2000. Der Roman handelt von dem puritanischen Leben der Presbyterier in Nordirland.

Böll, Heinrich: Irisches Tagebuch, Köln und Berlin 1957, 2000. 2007 in einer Ausgabe mit unveröffentlichten Dokumenten und Fotos erschienen. Heinrich Böll beschreibt die Iren als liebenswerte verträumte Geschichtenerzähler und vor allem als Individualisten, die sich weder Norm noch Zeit unterordnen. Böll begann seine Irlandreisen zu Beginn der 1950er-Jahre unter Schockwirkung des kriegszerstörten Deutschlands. Das Buch zog Tausende von Besuchern nach Irland, vor allem auf die Achill Island.

De Maurier, Daphne: Hungry Hill, 2008. Die Besitzer des Schlosses der Puxleys kamen im 19. Jh. durch die Ausbeutung der Kupferminen zu beträchtlichem Reichtum. In dem Roman wird dieses Kapitel der irischen Sozialgeschichte eindringlich geschildert.

Doyle, Roddy: Paddy Clarke HaHaHa, London 2008. Mit diesem Roman gelingt Doyle eine ironisch-melancholische Beschreibung einer Kindheit in Irland. Doyle gewann damit 1993 den begehrten Booker Prize.

Doyle, Roddy: A Star Called Henry, London 2000. Historischer Roman über einen Republikaner.

Joyce, James: Ulysses, London 1936. 2004 als Jubiläumsausgabe erschienen (der Roman spielt an einem Tag im Jahr 1904).

Joyce, James: Dubliner, 2008 als Taschenbuch im Suhrkamp Verlag erschienen.

Hamilton, Hugo: Die redselige Insel, 2007. Hamilton ist ein deutsch-irischer Schriftsteller, der auf den Spuren von Böll in Irland wandelte. Vom gleichen Autor stammt auch „The Speckled People" (2003), die bewegende Geschichte eines kleinen Jungen, der in den 1950er-Jahren in Dublin als Kind eines irischen Vaters und einer deutschen Mutter aufwächst.

McCabe, Patrick: The Butcher's Boy, 1992. Auf Deutsch 1995 unter dem Titel „Der Schlächterbursche" erschienen. Der Roman wurde von Neil Jordon verfilmt.

McCarthy, Pete: McCarthy's Bar: A Journey of Discovery in Ireland, 2001. Der Roman verkaufte sich rund 1 Million mal; McCarthy's Pub in Casteltownbere im Co. Cork wurde zu einer Pilgerstätte der Fangemeinde.

McCourt, Frank: Angela's Ashes. Auf Deutsch unter dem Titel „Die Asche meiner Mutter" 2010 in München erschienen. Frank McCourt beschreibt in diesem Bestseller seine Kindheit in Limerick. Der gleichnamige Film wurde allerdings nicht in Limerick, sondern in Dublin und Cork gedreht.

O'Crohan, Tomas: Die Boote fahren nicht mehr aus. Bericht eines irischen Fischers. Übersetzt von Heinrich und Annemarie Böll, Göttingen 1989, 2006. Erzählungen aus dem Leben eines Fischers von der Great Blasket Island.

O'Crohan, Tomas: The Islandman, 1977. O'Crohan (1865–1937) lebte auf Great Blasket Island und beschreibt in diesem Buch das Leben auf dieser abgeschiedenen Insel.

O'Flaherty, Liam: The Informer, Dublin (1) 1925, 2008. Der Roman spielt in Dublin in den 1920er-Jahren. Der lebhaft und spannend geschriebene Klassiker wurde von John Ford verfilmt.

Pückler-Muskau, Hermann von (hrsg. von Theresa Erler): Reisebriefe aus Irland, 1992. Amüsant geschriebene Briefe des reisenden Lebemannes an eine entfernte Freundin. Pückler berichtet von dem schönen, aber gebeutelten Irland, von seiner großen, aber traurigen Vergangenheit.

Synge, John Millington: Die Aran-Inseln, Zürich 1982, 1996. Mit zwölf Illustrationen von Jack B. Yeats.

Auch Leprechauns gehören zu den irischen Mythen und Märchen

Taylor, Alice: The Parish, 2009. Reizende Kurzgeschichten über das ländliche Irland.
Trolan, John: Any Other Time, Dingle 2000. Der Roman spielt in Dublin und schildert realistisch, aber auch ironisch die Drogenszene in Dublin.
Welch, Robert (Hrsg.): The Oxford Companion to Irish Literature, Oxford 1996. Das 614 Seiten umfassende Nachschlagewerk ist ein nützlicher Begleiter für alle, die sich für irische Literatur interessieren. Welch war Professor für Englisch an der Ulster University.

Märchen/Mythen

Botheroyd, Sylvia und Paul: Lexikon der irischen Mythologie, München 1997
Chambers, Anne: Granuaile. The Life and Times of Grace O'Malley 1530–1603, Dublin 2003. Anne Chambers stammt aus der Grafschaft Mayo und ist Grace O'Malley-Expertin.
Hetmann, Frederick (Hrsg.): Die Reise in die Anderswelt, Feengeschichten und Feenglaube in Irland, Düsseldorf/Köln 1981, 2005.
Hetmann, Frederick (Hrsg.): Irische Märchen, Frankfurt/M. 2009. Hetmann gibt eine gute Einführung in das Thema und hat dazu 23 charakteristische Märchen und Feengeschichten ausgewählt.
Hetmann, Frederick (Hrsg.): Irischer Zaubergarten, Köln 2004.
Hyde, Douglas: A Literary History of Ireland, London 2010. Hyde, Gründer der Gälischen Liga (1892), von 1938–1945 Präsident der Republik Irand, hat sich intensiv ums Sammeln und Bewahren irischer Märchen bemüht.
Kinsella, Thomas (Übers.): The Táin, mit Illustrationen von Louis Le Brocquy, Oxford 1989, 2002. Die zentrale Sage des Ulster-Zyklus, eines der vier großen Zyklen der mittelalterlichen irischen Literatur.
Löpelmann, Martin: Keltische Sagen, München 2004. Die Magie des keltischen Irland lernt der Leser in diesem Band kennen.

Wander-/Reiseführer und Naturgeschichte
Campbell, Georgina: Ireland for Garden Lovers, 2006. Die schönsten Gärten des Landes werden vorgestellt. Weiterhin gibt es praktische Reiseinformationen, Landkarten sowie Tipps für romantische Übernachtungen und kulinarische Highlights.
Malone, J.B.: The Complete Wicklow Way – A Step by Step Guide, 2005. Unersetzlicher Klassiker für Wandertouren in den Wicklow Mountains.
McDonald, Theresa: Achill Island – Archaeology, History, Folklore, 2006.
Stages, Ray: Blasket Island Guide, 2011. Der schmale, bebilderte Band gibt einen interessanten Einblick in das Leben auf den Blasket Islands.
Watson, Philip S.: The Giant's Causeway. A Remnant of Chaos, Belfast 2000. Der Autor erläutert anschaulich die geologischen und geomorphologischen Aspekte, die zahlreichen Mythen, die sich um den Giant's Causeway ranken, sowie die Flora und Fauna des Küstenabschnitts und berichtet über die Lebensumstände der dortigen Bevölkerung.

Musik
Vallely, Fintan: Companion to Irish Traditional Music, Cork University Press 2011. Interessant für alle, die sich für irische Folk-Musik interessieren. Enthält eine CD.

Verschiedenes
Sotscheck, Ralf: Gebrauchsanweisung Irland, Piper-Verlag 2010. Sind Iren wirklich rothaarig? Das und vieles mehr erfährt man in dem sehr netten Büchlein.

Glossar
Bienenkorbzelle (gäl.: *clochán*): In frühen Klostergemeinden kleine, runde Bauten aus Stein.
Bullaun: Mit einer oder mehreren Vertiefungen versehener Stein, der in frühchristlichen Klosteranlagen als Mahlstein verwendet wurde.
Cabochon: Schliff, bei dem die Oberseite eines Schmucksteins kuppelförmig erscheint.
Cairn: Steinhügel, oft über einem Grab oder als Wegmarke aufgeschichtet.
Crannóg: Künstliche, befestigte Inseln in Ufernähe eines Sees, die während der Eisenzeit angelegt wurden.
Dolmen (= Steintisch): Dolmen wurden in der Jungsteinzeit errichtet und bestehen aus mehreren Orthostaten, d. h. senkrecht stehenden Steinen, auf denen ein großer Deckstein liegt.
Early English: Englische Frühgotik, Ende des 12. Jh. bis 2. Hälfte des 13. Jh.
Fischblasenmaßwerk: Eine beliebte Grundform des gotischen Maßwerks, die an eine Fischblase oder an eine Flamme (Flamboyant) erinnert.
Georgianische Architektur: Bezeichnet die durch den Klassizismus geprägte Baukunst zur Regierungszeit der drei Georges auf dem englischen Königsthron (1714–1820). Die architektonischen Ideale dieser Zeit waren Eleganz, Harmonie, Regelmäßigkeit und Symmetrie, die Lebensweise durch Vernunft und einen verfeinerten Lebensstil geprägt.
Gothic revival: Wiederaufleben des gotischen Stils im 18. Jh., der im 19. Jh. in der Neugotik seinen Höhepunkt fand.

Hochkreuz: 3–4 m hohes steinernes Gedenkkreuz mit Kreuzring, figürlichen Darstellungen und abstrakten Ornamenten.
Kapitell: Kopfstück einer Säule oder eines Pfeilers mit Ausschmückungen.
Lunula: Halbmondförmiger (Hals-)Schmuck aus der Bronzezeit.
Martello-Turm: Runde Wachtürme, die an vielen Stellen der irischen Küste zum Schutz vor einer napoleonischen Invasion errichtet wurden.
Motte and Bailey: Die sogenannte „Motte-and-Bailey"-Burg war der normannische Burgenbautyp. Auf der *motte*, einem künstlichen Erdhügel, stand ein meist hölzerner Turm, der von einer Palisade umgeben war. Im bailey, dem Innenhof, befanden sich weitere Gebäude. Ab dem 13. Jh. wurde im Burgenbau anstelle von Holz nur noch Stein verwendet.
Ogham: Ogham-Schrift ist die älteste irische Schrift. Sie entstand um 300 n.Chr. und wurde bis ins 7./8. Jh. verwendet. Die Ogham-Schrift wurde fast ausschließlich auf Grab- und Gedenksteinen verwendet.
Oratorium: Eine kleine Kirche aus frühchristlicher Zeit.
Orthostaten: Die großen, meist aufrecht stehenden Steinblöcke der untersten Lage eines Mauerwerks.
Palladianismus: Eine Stilrichtung, die auf die Bauwerke und Publikationen von Andrea Palladio (1508–80) zurückgeht. Wichtigstes Kennzeichen dieser Architektur ist die „Harmonie der Proportionen".
Perpendicular: Sonderform der Spätgotik in England mit besonderer Betonung der vertikalen Dekorationselemente und Vergitterung der Flächen. Der Perpendicular-Stil setzt im 1. Drittel des 14. Jh. ein.
Plantation: Die gezielte Besiedlung Irlands mit Protestanten im 17. Jh.
Rath: Von den Kelten aus Erde oder Lehm errichtete Wälle, innerhalb derer sich einfache Behausungen fanden.
Rundturm: Schmale, hohe Glocken- und Schutztürme in Irland und Schottland.
Teppichseiten: Ganzseitige abstrakte Illustrationen einer Handschrift.
Venezianisches Fenster: Auch Palladiomotiv genannt. Ein häufig von Palladio verwendetes Fenster-Motiv, bei dem ein mittlerer breiter Bogen von zwei schmalen Öffnungen flankiert wird, die von einem Gebälk in Höhe des Bogenkämpfers abgeschlossen werden.
Viktorianische Architektur: Benannt nach Königin Victoria (1837–1901) und durch üppigen Reichtum, Überschwänglichkeit und Regellosigkeit gekennzeichnet.

Bildnachweis

Alle Bilder Annette Kossow, außer: Go to Belfast (www.gotobelfast.com): 433; Ireland Tourism: S. 53, 207, 294, 466; 19, 186, 331 (Chris Hill); 84 (Norbert Eisele-Hein); 114 (St. Patricks Festival); S. 192 (Alan O Connor); 205 (Terry Murphy); 214, 218, 408 (Brian Morrison); 220, 266 (Duby Tal); 253, 351, 462 (Holger Leue); 284, 402, 458 (Nutan); 323 (Jonathan Hession); 445 (Felix Friedman); iStock: 151 (infrontphoto); 154 (manuel velasco); 232 (Artur Bogacki); 240 (Joe Gough); 370 (Rafal Stachura); 447 (Roger Bradley); Pixabay: 120; Powerscourt House & Gardens: 12, 174.

Stichwortverzeichnis

A
Abbey Island 268
Achill Island 73, 79, 107, 113, 285, 346, 350ff.
Adair, John George 393
Adams, Gerry 17, 28f.
Adare 295f.
Aghadoe 256
Ahenny 34, 213
Aillwee Cave 285, 303, 312
Alcock, John 334
Allihies 251f., 254
Annalong 450
Anascaul 272
Anne Grove's Gardens 235
Annestown 107, 207
Antrim Coast 406, 418, 427ff.
Aran Islands 76, 309, 315ff.
Ardara 390
Ardfert 272, 283
Ardmore 209
Ardress House 454f.
Ards Peninsula 406, 444
Argory, The 454f.
Arklow 175
Armagh 381, 451ff.
Arranmore Island 391f.
Ascendancy 22, 131
Ashe, Thomas 459
Ashford 175, 183
Athlone 81, 363f.
Athy 50, 83
Aughnanure Castle 332
Avoca 183
Avondale House & Forest Park 183f.

B
Bacon, Francis 121
Bagenaltstown 83
Ballina 80, 83, 297, 356f.
Ballinasloe 97, 170, 285, 365
Ballincollig 231
Ballinskellig 267
Ballintober Abbey 349
Ballintoy 409, 418, 422, 425
Ballybunion 106f., 283
Ballycastle (Republik) 353f.
Ballycastle (Nordirland) 90, 403, 424f.
Ballyconneelly 332
Ballycopeland Windmill 444
Ballydehob 245
Ballyferriter 275
Ballygally 427f.
Ballyhack 188, 194f.
Ballyheige 283
Ballyliffin 401
Ballymaloe House 67, 98, 234
Ballynaga 278
Ballynahinch Castle 333
Ballyshannon 89, 371, 382f.
Ballyvaughan 106, 303f., 312f.
Ballyvourney 234
Baltimore 73, 107, 242
Baltinglass Abbey 177, 181
Banagher 83
Bangor 353
Banna Strand 283
Bannockburn, Schlacht bei 231, 426
Bansha 216
Bantry 248ff.
Barleycove 107, 221, 246
Barrow (Fluss) 50, 79, 80, 83, 184, 194, 204, 235
Barry, William Gerard 226
Beaghmore-Steinkreis 455
Bere Island 251ff.
Beatty, Sir Alfred Chester 133
Beaufort 269
Beckett, Samuel 41f., 44f., 125, 141
Beda, Mönch 133
Behan, Brendan 44, 121, 142
Beit, Sir Alfred 181
Belfast 23ff., 430ff.
Belfast Lough 406, 429
Belleek 80, 382, 385, 465
Belmore, Earl of 461
Beltany Stone Circle 399
Belturbet 80f.
Ben Bulben 371, 380
Benbaun 329, 339
Binchy, Maeve 45
Birr 369
Black Tom s. Butler, Thomas
Blackstairs Mountains 171, 184f.

Blackwater, Fluss 50, 209ff.
Blarney Castle 230f.
Blasket Island 276f.
Blennerville Windmill 281f.
Blessington Lakes 171, 175, 177
Bloody Foreland 396
Bloody Sunday 28, 412ff.
Boa Island 459, 463, 464f.
Böll, Heinrich 57, 278, 317, 351f.
Bolus Head 266
Book of Armagh 127
Book of Durrow 37, 127
Book of Kells 37, 115, 118, 126, 161, 213
Boru, Brian, irischer Hochkönig 15, 19, 116, 213, 288, 298
Boykott, Charles Captain 343
Boyle 361f.
Boyle, Richard 210
Boyne Valley 143, 148, 157ff, 160, 162
Boyne (Fluss) 40, 50, 156, 159, 162
Boyne, Schlacht am 15, 21, 60, 151, 164, 429, 434
Brandon Hill 204
Bray 175f
Brendan, Heiliger 248, 271, 283, 296, 365
Brigid, Heilige 61, 168
Britta's Bay 184
Brooke, Sir Basil 383
Browne's Hill Dolmen 184
Bruce, Robert the 231, 426
Bruce's Cave 426
Buncrana 398, 400
Bundoran 107, 373, 381
Bunmahon Bay 107
Bunowen Castle 332
Bunratty Castle 295f.
Burgh, Richard de 321
Burke, Edmund 41, 417
Burren 51f., 106, 285, 303f., 315, 324
Burt 33, 400
Burtonport 390, 396
Bushmills 69, 403, 420f.
Butler, James 198
Butler, Thomas 212
Butt, Isaac 25

C

Caha Mountains 248, 250ff., 269
Caherdaniel 268
Cahersiveen 73, 263f.
Cahir 217ff.
Cape Clear Island 243
Cappoquin 211
Carlingford 155, 166ff.
Carlingford Lough 166
Carlow 168, 184f.
Carna 330
Carndonagh 401
Carnlough 427f.
Carrantuohill 86, 255, 258
Carrick-a-Rede 423
Carrick-on-Shannon 81, 83
Carrick-on-Suir 38, 212
Carrickfergus 406, 427, 429
Carrowbeg (Fluss) 347
Carrowmore 344, 371, 378
Cashel 213ff.
Cassels (= Castle), Richard 38, 121, 181, 348, 362
Castle Coole 461
Castlebar 359f.
Castlecove 268
Castlerea 363
Castlerock 417
Castletown House 38, 170f.
Castletownbere 251, 252
Castletownshend 240
Caulfield, Dr. Seamus 354
Cecil, Edward, Lord Iveagh 137
Céide Fields 354f.
Celbridge 170f.
Chambers, Sir William 148
Chapeltown 264
Charlemont, Earl of 148
Ciarán, Heiliger 366
Claddagh 99, 324
Clare Abbey 345
Clare Island 53, 345
Clarke, Harry 121, 226, 228, 304, 318, 350
Cleggan 336
Clew Bay 73, 346, 350
Clifden 330ff., 334
Cliffony 381
Cliffs of Moher 285, 308ff.
Cloghane 279
Clogherhead 278
Clonakilty 239
Clonfert 33, 365
Clonmacnoise 35, 366ff.

Clontarf, Schlacht bei 15, 19, 116
Cobh 107, 221, 232f.
Coleraine 417
Collins, Michael 26, 48, 239
Colum Cille 18, 161, 388, 392, 410
Columba, Heiliger s. Colum Cille
Comhaltas Ceoltoiri Èireann 47
Cong 48, 342f.
Connaught 60, 328f., 359, 362, 374
Connemara 86, 90, 97, 285, 288, 324, 328ff., 332, 339
Connemara National Park 51, 339
Connolly, James 119
Connor Pass 275, 279f.
Cookstown 455, 458
Coolcarrigan Gardens 171
Coole Park 314
Cooley-Halbinsel 155, 166f.
Cork 19, 211, 221f., 224ff.
Cormac's Chapel 214f., 279, s. auch Rock of Cashel
Cornish Point 107
Corofin 301f.
Corraun Peninsula 350
Courcy, John de 445, 450
Crag Cave 283
Craggaunowen 296
Crannóg 31, 295f.
Crean, Tom 272
Creeslough 397
Creevylea Abbey 378
Creggan 457
Croagh Patrick 62, 285, 345ff.
Cromwell, Oliver 15, 21, 52, 135, 156, 162, 189, 217, 256, 289, 301, 303f.
Cromwell, Oliver 322, 328, 349, 368, 375
Cronan, Heiliger 298
Crookhaven 246f.
Crossmolina 358
Cuchullain, Sagenheld 61, 119
Cuilcagh Mountains 82, 462
Cullen, Erzbischof von Armagh und Dublin 61
Curracloe 188, 191
Curragh 64, 97, 168f.
Curran Strand 419
Cushendall 418, 427f.
Cushendun 418, 427

D

Dáil Èireann 16, 26
Dalkey 115, 155
Declan, Heiliger 209
Delphi 342, 344
Dermot, König 19f., 204, 366
Derreen Garden 254
Derry 28, 403, 410ff.
Derryveagh Mountains 106, 393
Devenish Island 406, 459, 463f.
Diarmuid 30, 306
Dingle 273f.
Dingle-Halbinsel 271ff.
Dingle Way 106, 221, 272
Doe Castle 397
Dog's Bay 332
Doherty, Johnny Simi 394
Donegal 79, 86, 106, 370ff., 381, 383ff.
Donore 157
Dooagh 351
Doocharry 394
Doogort 351
Doolin 47, 107, 309f.
Doonbeg 304, 306
Downpatrick 447ff.
Doyle, Roddy (geb.) 44f.
Drake, Francis, Admiral 307
Drogheda 156, 162f.
Drombeg Stone Circle 239
Drumcliff 35, 380f.
Dublin 114ff.
– Abbey Theatre 43, 86, 119, 130, 374
– Bank of Ireland 128
– Bord Gáis Energy Theatre 120, 144
– Botanischer Garten 125
– Casino Marino 148
– Chester Beatty Library and Gallery of Oriental Art 133
– Christ Church Cathedral 133
– City Hall 133
– Civic Museum 128
– Collins Barracks 124
– Croke Park Stadium 91, 122
– Custom House 120
– Docklands 120
– Dublin City Gallery The Hugh Lane 122
– Dublinia 134
– Dublin Castle 132
– Famine Memorial 120

- Fitzwilliam Square 132
- Four Courts 122
- Gaelic Athletic Association Museum 122
- Garden of Remembrance 121
- General Post Office 119
- Glasnevin Cemetery 124
- Grafton Street 128
- Guinness Storehouse 136f.
- Halfpenny Bridge 136
- Iveagh Gardens 129
- James Joyce Centre 122
- Jeanie Johnston 120
- Kilmainham 137f.
- Lower Fitzwilliam Street Nr. 29 132
- Marsh's Library 135
- Merrion Square 131f.
- Millennium Bridge 136
- National Concert Hall 129
- National Gallery 131
- National Library 131
- National Museum 130
- National Photographic Archive 135f.
- Natural History Museum 131
- O'Connell Street 118
- Old Library 125ff.
- Parnell Square 121ff.
- Phoenix Park 123
- Powerscourt Town Centre 128
- Prospect Cemetry s. Glasnevin Cemetry
- Rotunda Hospital 121
- Royal Hospital 137
- Samuel Beckett Bridge 120
- Shaw Birthplace 129
- Shelbourne Hotel 129
- Smithfield 123
- Spire, The 119
- St. Mary's Pro-Cathedral 119
- St. Michan's Church 122
- St. Patrick's Cathedral 134f.
- St. Stephen's Green 129
- Temple Bar 135f.
- Trinity College 125ff.
- Waterways Visitor's Centre 138
- Writer's Museum 121
- Zoo 124

Dubliners 47, 14
Duff, Thomas 452
Duiske Abbey 204
Dún Aengus 31, 316, 318
Dun Laoghaire 152
Dunbeg-Steinfort 276
Dunbrody 195
Dundalk 156
Dundrum Castle 450
Dunfanaghy 396
Dunganstown 194
Dungarvan 73, 79, 208
Dungloe 373, 390f.
Dunluce Castle 419
Dunmanus Bay 247
Dunmore Cave 201
Dunmore East 207f.
Dunquin 276f.
Dunraven, Earl of 294
Dursey Island 251, 253f.
Dysert O'Dea 301

E

Elly Bay 353
Enda, Heiliger 315, 318, 330
Ennis 63, 89, 285, 299f.
Enniscorthy 192f.
Enniskerry 171, 173
Enniskillen 406, 460ff.
Ensor, George 455
Ensor, John 121, 132
Erne (Fluss) 463
Eske River 383
Eyeries 251f., 254

F

Fahan 34, 400
Fanad-Halbinsel 398
Fanore Strand 107, 312f.
Fasnet-Leuchtturm 246f.
Fenier (auch Fenian, Finian) 25, 264f.
Fermoyle 279
Fianna Faíl 16f., 60, 62
Finbarr, Heiliger 225, 250
Fine Gael 16f., 60, 62
Finian, Heiliger 257, 267
Fintown 390, 394f.
Fitzgeralds, Earls of Kildare 20
Flaherty, Robert 43, 317
Florence Court 459, 461f.
Ford, John 48, 342
Fota Island 231
Foxford 359
Französische Armada 249

Frears, Stephen 45

G
Gaelic Football 64f., 90, 260
Gaelic League 16, 26, 40ff., 46, 63
Gaeltacht-Gebiete 59, 62, 98, 271, 315, 328, 371, 388
Gall, Heiliger 19
Gallagher, Rory 47
Gallarus Oratorium 32, 278
Galtee Mountains 187, 196, 216
Galway 285, 313, 320
Gandon, James 120f.
Gap of Dunloe 107, 257ff.
Garinish Island 250f.
Garrettstown 107, 238
Giant's Causeway 420ff.
Glen of Aherlow 216
Glenariff Glen 428
Glenarm 427f.
Glenbeigh 263
Glencar 107, 269
Glencolmcille 371, 388f.
Glencree 171
Glendalough 32, 106, 168, 171, 177ff.
Glengarriff 250ff.
Glengesh Pass 383, 390 ,
Glengowla Mines 332
Gleninchaquin Park 252
Glenlough 389
Glens of Antrim 427
Glenties 390
Glenveagh National Park 51, 371, 373, 392ff.
Gogarty, Oliver St. John 153, 314
Goldsmith, Oliver 41, 125, 131
Goleen 246
Good Friday Agreement 29
Gort, Lord 296
Gortin Glen 457
Gougane Barra 234f, 250
Gowran 197
Gráinne, Sagenheldin 30, 306
Grand Canal 50, 79ff., 83, 117, 125, 132, 138
Grattan, Henry 15, 23, 125
Great Sugar Loaf 171ff.
Gregory, Lady Augusta 39f., 120f., 314, 374
Grenagh 234

Grey Abbey 444f.
Grey, John de 363
Greystones 176
Grianán of Aileach 31, 33, 371, 400
Griffin, Arthur 26
Guinness 69, 88, 96, 137
Guinness, Arthur 136f.
Guinness, Sir Arth. Edw., Lord Ardilaun 129, 136
Guinness, Sir Benjamin Lee 135ff., 342 135
Gurteen Bay 332

H
Harland and Wolff 430, 435
Hartland, Lord 362
Hazelwood Estate 378
Healy-Pass 252, 254
Heaney, Seamus 45
Henry II. 15, 20, 116, 321
Henry VIII. 15, 20, 33
Hezlett House 417
Hill, Derek 394
Hillsborough 438
Holland, John P. 307
Holywood 438
Hook-Head-Halbinsel 187f., 194, 195ff.
Horn Head 53, 396
Howth 115, 148ff.
Humbert, General Joseph 356
Hume, John 28
Hunt, John 292
Hyde, Douglas 26f., 40

I
Ilnacullin s. Garinish Island
Inch Peninsula 272
Inisfallen 256f.
Inishbofin Island 336f.
Inisheer s. Aran Islands
Inishmaan s. Aran Islands
Inishmore s. Aran Islands
Inishowen Peninsula 400f.
Inishturk 336f.
Inistioge 204
Inniscarra 234
Innisfree 377f.
Inveran 330
IRA 16f., 26f., 28f., 44, 119, 226, 412f., 454, 456

Irische Folklore Kommission 39
Irische Märchen 39f.
Irish Free State 16, 61, 117
Irish National Heritage Park s. Wexford
Irish National Land League 25
Irish Renaissance 120, 130
Irish Tenant Right League 25
Irvinestown 382
Iveagh Trust 137
Iveleary 234
Iveragh-Halbinsel 221, 261, 267

J

James I. 21, 299, 410, 420, 447
James II. 15, 21, 60, 156, 164, 249, 410, 436
Jerpoint Abbey 34, 187, 197, 202f., 366
Johnston, Francis 451
Jordan, Neil 27, 48, 251, 374
Joyce, James 42, 44, 89, 116, 121f., 125, 135, 153, 315, 322

K

Kavanagh, Patrick 121
Keel 350ff.
Kells 126, 161
Kelly, Oisín 121
Kenmare 251f., 269ff.
Kennedy, John Fitzgerald 194, 322
Kevin, Heiliger 32, 177ff.
Kilbeggan 69
Kilcar 387
Kilcooly Abbey 203
Kilcullen's Seaweed Bath 358
Kildare 168f.
Kilfane Glen 201
Kilfenora 303f.
Kilian, hl. 19
Kilkee 108, 306
Kilkenny 90, 187, 197ff.
Kilkenny, Statues of 15, 20
Killala 73, 353, 356
Killaloe 83, 297f.
Killarney 47, 52, 254ff.
Killarney National Park 51, 255, 262
Killary Harbour 340
Killorglin 90, 261ff.
Killybegs 73, 386f.
Killyleagh 447
Kilmalkedar Church 278f.

Kilmichael 188, 234
Kilmore Quay 53, 188f.
Kilree 197
Kilronan 106, 316ff.
Kilruddery House 176
Kilrush 304ff.
Kinsale 73, 90, 108, 236f.
Kinsale, Schlacht bei 15, 21, 108
Kinvara 313f.
Knightstown 264
Knock 62f., 288, 360f.
Knockmore Mountain 345
Knocknarea 379
Knowth 157ff.
Kylemore Abbey 340

L

Lahinch 107, 307
Larne 428
Lauragh 251f.
Lear, Edward 289
Lee Valley 234
Lee, Fluss 224, 235
Leenane 330, 337, 341f.
Lemaneagh Castle 303
Letterfrack 337ff
Letterkeen Wood 349
Letterkenny 399
Lettermore 329f
Limerick 19, 58, 60, 285, 289ff.
Lindbergh, Charles 334
Lisburn 438
Liscannor 307
Lisdoonvarna 304, 311
Lismore 36, 211
Lisselan Gardens 239
Listowel 89, 97, 282
Loop Head 247, 306
Lory Meagher Heritage Centre 201
Lough Allen 81f.
Lough Arrow 361
Lough Barra 106
Lough Carra 344, 349
Lough Conn 344, 358f.
Lough Corrib 50, 53, 324, 332, 342f.
Lough Cullin 344, 358
Lough Currane 268
Lough Derg, Co. Clare 297f.
Lough Derg, Co. Donegal 386
Lough Erne 80, 382, 403, 406, 459ff., 463

Lough Eske 384
Lough Foyle 417
Lough Gara 361
Lough Gill 377f.
Lough Gur 291f., 295
Lough Hyne 241
Lough Key 81, 361f.
Lough Leane 255f., 260
Lough Malvin 460
Lough Mask 324, 342ff.
Lough Neagh 50, 403, 409, 454f.
Lough Swilly 400
Lough Veagh 392f.
Loughcrew 162
Loughmask House 343
Louisburgh 79, 285, 344
Lusty Island 465

M
Maam Cross 333
MacCool, Finn, legendärer Riese 30, 422, 455
MacCumhaill, Fionn, legendärer Krieger 311
MacGillycuddy's Reeks 224, 255, 258, 269
Macroom 234f
Maeve, Königin von Connaught 41, 379
Malahide 150f
Malin Head 401
Malinbeg 106, 389
Mallow 235
Marble Hill 373, 398
Marshall, William the Earl 195
Maumturk Mountains 330, 333
Maynooth 125
McCarthy, Diarmuid, Lord of Desmond 225
McCarthy, Cormac, König von Munster 231
McCormick, Liam 33, 296, 397, 400
McCourt, Frank 41, 45, 288, 293
Mellifont Abbey 33, 148, 155, 165f
Midleton 69, 98, 234
Miltown Malbay 89, 307
Mitchelstown Cave 219
Mizen Head 13, 49, 246f
Mizen Peninsula 245
Molaga, Heiliger 238
Molaise, Heiliger 381, 406, 459, 464
Molly's Gap 258, 269

Monaghan 381, 459
Monasterboice 35, 148, 155f, 164, 185, 367
Moone 164, 168, 185, 388
Motte-and-Bailey 37, 160, 197
Mount Errigal 371, 392f
Mount Stewart 443
Mount Usher Gardens 183
Mountcharles 386
Mountjoy, Lord 21
Mountshannon 83, 297f
Mourne Mountains 406, 442, 449
Moy (Fluss) 357
Moyne Friary 356
Muckish Mountains 392
Muckross Abbey 257
Muckross House 255, 257, 260
Muckross Lake 255
Muff 401
Muirdach, Abt von Monasterboice 35, 164
Mullet Peninsula 73, 353
Mullingar 50
Mussenden Temple 416f.

N
Navan Fort 453
Nephin Beg Forest 349
New Ross 194f
Newcastle 448f
Newgrange 30, 155f, 157ff
Newport 350
Nore (Fluss) 50, 187, 197, 204

O
O'Brian, Flann, siehe Brian O'Nolan 44
O'Casey, Sean 42f, 120
O'Connor, Frank 121
O'Connor, Sinead 206
O'Donnell, Hugh 15, 20, 384
O'Flaherty, Liam 43, 121
O'Malley, Grace 148, 344
O'Neill, Hugh 15, 20
O'Nolan, Brian 44
Old Head of Kinsale 233, 237, 247
Omagh 17, 29, 382, 456
Omey Island 335f
Operation Motorman 412, 414
Orange Order 23, 435
Ormond Castle 210, 212

Oughterard 329f, 332f, 342
Owenduff Nephin Beg 344
Ox Mountains 371, 377

P
Paisley, Ian 17, 30, 164
Parke's Castle 377f
Parker, Alan 45, 48
Parknasilla 369
Parnell, Charles Stewart 16, 25, 121, 124, 183, 343
Pearce, Sir Edward Lovett 38
Pearse, Patrick 16, 26, 119, 128
Pearse's Cottage 330
Pettigo 382, 386
Plantations 15, 21, 58, 378
Plunkett, Joseph 138
Plunkett, Oliver, Erzbischof von Armag 162
Pontoon 253, 258
Portadown 436
Portaferry 445f.
Portballintrae 422
Portmagee 265
Portrush 409, 417ff, 419f
Portumna 83, 298f
Poulnabrone Dolmen 312
Powerscourt House 128, 173
Poyning, Sir Edward 20
Poynings Laws 20, 23
Proleek Dolmen 166

Q
Quin 296

R
Raleigh, Sir Walter 66
Rathgar 153
Rathlin Island 425f
Rathmelton 398
Rathmullan 373, 398
Rathnew 168
Recess 329, 333
Richard de Clare, genannt Strongbow 20
Rinderraub von Cooley 41, 168
Ring of Beara 251ff
Ring of Kerry 221, 254, 261ff
Ringaskiddy 224
Rinvyle Point 338
Rock of Cashel 187, 213ff

Roonagh 337, 345
Rosbeg 107
Ross Castle 256, 258
Rosserk Friary 356
Rosses Point 73, 373, 379, 381
Rosslare 188f
Rosslare Harbour 188f
Roundstone 285, 331f
Royal Canal 50, 125
Russborough House 181

S
Saintfield 449
Saltee Island 53, 189
Salthill 320, 324f
Sandycove 153f
Sayer, Peig 278
Scattery Island 305f
Schull 245f
Shamrock 60, 88
Shannon (Ort) 285, 295
Shannon (Fluss) 13, 44, 50, 53, 72f, 79f, 82f, 138, 283
Shannon-Erne-Kanal 50, 80f
Shaw, Sir George Bernhard 41f, 45, 121, 129f
Sheep's Head Peninsula 247f
Shehy Mountains 235, 250
Sherkin Island 243f
Silent Valley 450
Silver Strand 107, 285, 344, 398
Skellig Islands 53, 266
Skibbereen 52, 108, 240f
Slane 156, 159f
Slaney (Fluss) 181, 184, 189, 191f
Slea Head 107, 272, 276
Slieve Bloom Mountains 369
Slieve League 371, 385ff
Slieve Miskisch Mountains 251
Slievemore 351
Sligo 97, 107, 371, 374ff
Sneem 269
Spanische Armada 57, 108, 306
Spanish Point 107, 304, 306f
Sperrin Mountains 408, 457ff
Spiddle 324
St. Columba d.Ä., siehe Colum Cille
St. Patrick's Day 88f, 144f, 415
Stags of Broad Haven 353
Staigue Fort 31, 268, 400

Station Island 386
Stonehenge 157
Stormont 16, 26, 28, 30
Strabane 44, 373, 458
Straide 359
Strandhill 107, 373, 379
Strangford Lough 406, 444f.
Strokestown 362f
Strongbow, siehe Richard de Clare
Swift, Jonathan 41f, 121, 125, 128, 131, 135, 453
Swiss Cottage 218f
Synge, John Millington 40, 42, 120f, 130, 314, 316, 317

T
Tacumshane 188
Tara 116, 155, 157, 161f
Tara-Fibel 36, 130
Tarbert 106, 282f, 285, 304, 306
The Vee 106, 219
Thomastown 187, 203
Thoor Ballylee 314
Thorgrim's Stone 297
Timoleague 238
Tintern Abbey 195
Tipperary 66, 187, 216f, 219, 297
Titanic 55, 233, 403, 430, 434f, 438
Tola, Heiliger 301
Tone, Theobald Wolfe 23, 249
Tory Island 373, 391f, 396
Tourmakeady Forest 349
Tralee 90, 106, 108, 224, 280ff
Tramore 107, 206, 207f
Trim 155, 160f
Trimble, David 17, 28f
Tuam 324
Tullamore 69
Tullaroan 65, 201
Tully 168f
Turlough 359
Twelve Bens 107, 329f, 333f, 338ff

U
Ulster 15, 23ff, 26ff, 60, 64, 381, 400
Ulster American Folk Park 382, 403, 4456
Urlingford 203

V
Valentia Island 108, 264ff
Valera, Eamon de 16, 26f, 58, 138

W
Waterford 15, 19, 62, 90, 187, 204ff, 207
Westport 73, 107, 285, 342, 344, 347ff, 350
Westport House 181, 348
Wexford 15, 19, 48, 90, 187f, 189ff
White Island 406, 459, 463, 464
Wicklow (Stadt) 182f
Wicklow Mountains 51, 106, 115, 143, 148, 168, 171ff, 175
Wicklow Way 106, 172
Wilde, Oscar 39, 42, 141
William III. of Orange 15, 21, 164, 429
Williams-Ellis, Clough 427
Williamstown 83

Y
Yeats, Jack B. 131, 139, 144, 226, 375, 379
Yeats, William Butler 39, 40ff, 45, 120f, 130, 314, 371, 375, 378ff, 380
Youghal 48, 73, 79, 187, 210

London individuell

In London ist die ganze Welt zu Besuch. Das kulturelle und touristische Angebot der Stadt ist unvergleichlich, hier finden Weltpremieren statt und werden Trends kreiert! All dies macht London zu einer der beliebtesten Destinationen weltweit, in der es eine schier unerschöpfliche Menge an Attraktionen zu entdecken gibt.

In diesem Sinne bietet der unkonventionelle Reiseführer „101 London – Geheimtipps und Top-Ziele" Einblicke in das weniger bekannte London und zeigt unbekannte Seiten namhafter Sehenswürdigkeiten: In 101 farbig bebilderten Porträts, gegliedert in Rubriken wie "Multikulturelles London", "Geschichte erleben", "Kunst und Kultur", "Bummeln, Einkaufen & Essen" oder "Ausflüge", vermitteln die Autoren Lilly Nielitz-Hart und Simon Hart das Lebensgefühl der Stadt. Dabei erhebt der „Reise-Verführer" keinen Anspruch auf Vollständigkeit, sondern konzentriert sich auf besondere Erlebnisse.

In dem Extra-Stadtplan sind alle Spots eingetragen.

Das komplette Verlagsprogramm unter:
www.iwanowski.de

Südengland individuell

Südengland bietet fast unbegrenzte Möglichkeiten für die Urlaubsgestaltung: Grafschaften wie Cornwall, Dorset, Devon, Kent, Surrey, East und West Sussex haben alle ihren eigenen Charakter und bieten für jeden Urlaubsgeschmack etwas.
Der Reiseführer „101 Südengland – Geheimtipps und Top-Ziele" der England-Experten Lilly Nielitz-Hart und Simon Hart stellt in zehn Rubriken eine Auswahl der wichtigsten Highlights vor und gibt einen Einblick in den British Way of Life, zu dem neben dem traditionellen CreamTea und der Seebad-Promenade auch zeitgenössische Trends wie Glamping und Nostalgiefestivals zählen. Ein Tageskurs in Falknerei, Küstenklettern oder Tauchen mit Haien zählen sicher zu den außergewöhnlichen Aktivitäten. Geschichte begegnet man allerorten: seien es die Menhire der Frühzeit wie Stonehenge oder Orte, die schon Jane Austen und Agatha Christie inspirierten.

Das komplette Verlagsprogramm unter:
www.iwanowski.de

Schottland individuell

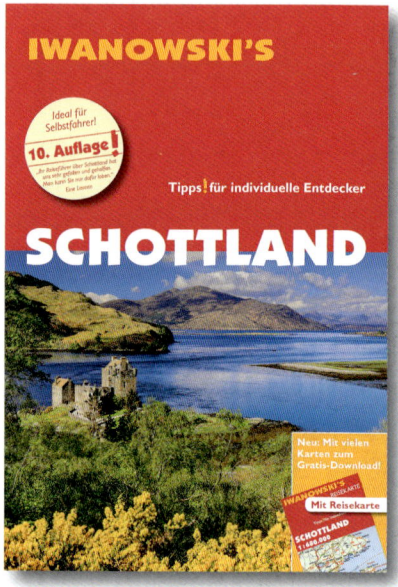

Schottland ist ein geschichts- und traditionsreiches Land, das seit Jahrzehnten gleichermaßen bei Individual- und Studienreisenden sowie Sprachschülern beliebt ist. Neben der atemberaubenden Natur wird der Urlauber einzigartige Kulturdenkmäler entdecken, die von einer langen und wechselvollen Geschichte zeugen.

Auf rund 540 Seiten hat die Autorin Annette Kossow ein großes Detailwissen zusammengetragen, das Hintergründe zu Land und Leuten kenntnisreich erläutert.
Die zwei- bis sechswöchigen Routenvorschläge richten sich speziell an Auto- und Wohnmobilfahrer. Für Outdoor-Freunde und Naturliebhaber finden sich ebenfalls zahlreiche Hinweise zu Wanderungen, Angeln, Surfen und Vogelbeobachtungen.
Alle Highlights sind auf der separaten Reisekarte eingezeichnet. Sämtliche Detailkarten können dank des QR-Codes kostenlos auf das eigene Smartphone oder das Tablet geladen werden.

Das komplette Verlagsprogramm unter:
www.iwanowski.de

IWANOWSKI'S *i* REISEBUCHVERLAG

FÜR INDIVIDUELLE ENTDECKER

Der Reiseblog vom Spezialisten
iwanowski.de/blog
Täglich aktuelle Reisehinweise & Tipps zu Unterkünften, Restaurants, Aktivitäten...

REISEHANDBÜCHER

Europa
Berlin*
Dänemark*
Finnland*
Irland*
Island*
Lissabon*
Madeira mit Porto Santo*
Malta, Gozo & Comino*
Norwegen*
Paris und Umgebung*
Piemont & Aostatal*
Rom*
Schweden*
Schottland*
Tal der Loire mit Chartres*

Asien
Oman*
Peking
Rajasthan mit Delhi & Agra*
Shanghai*
Singapur*
Sri Lanka*
Thailand*
Tokio mit Kyoto*
Vietnam*

Afrika
Äthiopien*
Botswana*
Kapstadt & Garden Route*
Kenia/Nordtanzania*
Madagaskar*
Mauritius mit Rodrigues*
Namibia*
Reunion*
Ruanda*
Südafrikas Norden & Ostküste*
Südafrika*
Uganda/Ruanda*

Australien / Neuseeland
Australien*
Neuseeland*

Amerika
Bahamas
Costa Rica*
Chile mit Osterinsel*

Florida*
Guadeloupe
Hawaii*
Kalifornien*
Kanada/Osten*
Kanada/Westen*
Karibik/Kleine Antillen*
New York
USA/Große Seen|Chicago*
USA/Nordosten*
USA/Nordwesten*
USA/Ostküste*
USA/Süden*
USA/Südwesten*
USA/Texas & Mittl. Westen*
USA/Westen*

101... - Serie: Geheimtipps und Top-Ziele
101 Berlin*
101 Bodensee
101 China
101 Deutsche Ostseeküste
101 Florida
101 Hamburg
101 Indien
101 Inseln
101 Kanada-Westen
101 London *
101 Mallorca
101 Namibia – Die schönsten Reiseziele, Lodges & Gästefarmen
101 Nepal
101 Reisen für die Seele – Relaxen & Genießen in aller Welt
101 Reisen mit der Eisenbahn – Die schönsten Strecken weltweit
101 Safaris
101 Skandinavien
101 Stockholm
101 Südafrika – Die schönsten Reiseziele & Lodges
101 Südengland
101 Tansania – Die schönsten Reiseziele & Lodges
101 Wien

REISEGAST IN...

Ägypten
China
England
Indien
Japan
Korea
Polen
Russland
Südafrika
Thailand

Neu: Karten per QR-Code gratis downloaden!

* mit Extra-Reisekarte
📄 auch als ebook (epub)
📁 Karten gratis downloaden

Iwanowski's Reisebuchverlag GmbH • Salm-Reifferscheidt-Allee 37 • D- 41540 Dormagen
Tel: 02133/260311 • Fax: 02133/260334 • E-mail: info@iwanowski.de
www.iwanowski.de • www.facebook.com/Iwanowski.Reisebuchverlag
www.iwanowski.de/blog • www.twitter.com/Iwanowskireisen

ERLEBEN SIE DAS
TITANIC BELFAST

EINE EINMALIGE SEHENSWÜRDIGKEIT IN NORDIRLAND

BESTELLEN SIE IHRE TICKETS BEI
TITANICBELFAST.COM